MARTIN HEIDEGGER

GESAMTAUSGABE

IV. ABTEILUNG: HINWEISE UND AUFZEICHNUNGEN

BAND 91

ERGÄNZUNGEN UND DENKSPLITTER

VITTORIO KLOSTERMANN
FRANKFURT AM MAIN

MARTIN HEIDEGGER

ERGÄNZUNGEN UND
DENKSPLITTER

VITTORIO KLOSTERMANN
FRANKFURT AM MAIN

Ergänzungen und Denksplitter
herausgegeben von Mark Michalski

© Vittorio Klostermann GmbH · Frankfurt am Main · 2022
Alle Rechte vorbehalten, insbesondere die des Nachdrucks und der Übersetzung.
Ohne Genehmigung des Verlages ist es nicht gestattet, dieses Werk oder Teile
in einem photomechanischen oder sonstigen Reproduktionsverfahren oder
unter Verwendung elektronischer Systeme zu verarbeiten, zu vervielfältigen
und zu verbreiten.
Satz: mittelstadt 21, Vogtsburg-Burkheim
Druck und Bindung: Hubert & Co., Göttingen
Gedruckt auf EOS Werkdruck von Salzer,
alterungsbeständig ⊗ ISO 9706 und PEFC-zertifiziert. Printed in Germany
ISBN 978-3-465-02723-2 kt · ISBN 978-3-465-02737-9 Ln

dem Gedenken an François Fédier

INHALTSÜBERSICHT

ERSTER TEIL
ERGÄNZUNGEN

I. Aristoteles: Seinsfrage und »Metaphysik« – Allgemeines
   (1930/31) 3
   - A. Das Aristotelische Seinsproblem. ›Ontologie‹ und
     ›Theologie‹ – ›Analogie‹ 5
   - B. Aristoteles – Allgemeines 12
   - C. Termini 18
   - D. Vollzug 26
   - E. δύναμις 29
   - F. Kategorien 55
   - G. Das πολλαχῶς 64
   - H. Analogie 77
   - I. Leitfäden der Interpretation von Met. Θ 84
   - J. κίνησις – ἀεί 95
   - K. ποίησις 107
   - L. [Zur Auseinandersetzung mit den Megarikern] ... 109

II. Aussage, ›Logik‹, Denken – Seyn, Wahrheit, Kopula
    (1929–1935) 117
    - A. Negation – Kopula 119
    - B. Kopula ([19]30/31) 137
    - C. Umbildung der Wesenscharakteristik der Aussage
      und Aussagewahrheit 150
    - D. Wahrheit und Sagen – Aus-sagen – Aus-legung ... 158
    - E. Sein und Denken. Urteil als Funktion der Einheit,
      ›Verbindung‹ (Subjekt – Prädikat), Synthesis 161
    - F. ›Logik‹ 166

G. Metapolitik als ›Logik‹ 172
H. Das Vorgehen (die Anstrengung) und die Weisung . 180

III. Der Satz Vom Widerspruch (1932) 189
    Vortrag 191
        Der Satz vom Widerspruch [Erste Fassung]........ 191
            Beilagen zur ersten Vortragsfassung 216
        Der Satz vom Widerspruch [Zweite Fassung] 217
            Beilagen zur zweiten Vortragsfassung 247
    Aufzeichnungen aus dem thematischen Umkreis des
    Vortrags 257
        A. [Die Grundsätze der ›Identität‹, des ›Widerspruchs‹] 257
        B. ἔλεγχος 272
        C. Die ›Begründung‹ des Satzes 292
        D. Aristoteles Met. Γ 319
        E. Zur Geschichte des Satzes vom Widerspruch .. 342

IV. Was ist das – die Philosophie? Gespräch in Cerisy-La-Salle (1955) 347
    Beilagen 467

ZWEITER TEIL
DENKSPLITTER

Denksplitter Nr. 1–141 493

Nachwort des Herausgebers 743

INHALT

ERSTER TEIL
ERGÄNZUNGEN

I.
ARISTOTELES: SEINSFRAGE UND
»METAPHYSIK« – ALLGEMEINES (1930/31)

A. Das Aristotelische Seinsproblem.
›Ontologie‹ und ›Theologie‹ – ›Analogie‹

1. Die Grundirrtümer der Aristoteles-Auslegung 5
2. [Die antike Ewigkeit] 6
3. ›Theologie‹ des Aristoteles 6
4. [Teleologische Weltanschauung] 6
5. Die ›Ontologie‹ und die ›Theologie‹ und die Seinsfrage 7
6. Aristoteles – Seinsentwurf 7
7. Das Aristotelische Seinsproblem 8
8. ›Aristoteles‹ – die Konstruktion des θεῖον 9
9. Aristoteles – ›Metaphysik‹ – ›Theologie‹ 10
10. ›Metaphysik‹ bei Aristoteles und [in der] Antike 11

B. Aristoteles – Allgemeines

1. Warum Aristoteles? 12
2. Philosophierende Auslegung, d.h. Auseinandersetzung 12
3. Aristoteles Philosophieren! 13
4. Aristoteles 14

Inhalt

5. Die philologische Arbeit am Corpus Aristotelicum seit Brandis und Trendelenburg bis in unsere Gegenwart und die philosophische Aufgabe 14
6. »Metaphysik« 15
7. »Metaphysik« 16

C. Termini

1. ἐνεργείᾳ 18
2. ἐντελέχεια 18
3. ἐνέργεια 19
4. ἐντελέχεια (ἐνέργεια) 19
5. ἔργον 20
6. ἔργον – ἐνέργεια 20
7. ἐνέργεια 21
8. ἐντελέχεια und ἐνέργεια 21
9. ἐντελέχεια – ἐνδελέχεια 21
10. Teichmüller 22
11. Teichmüller 23
12. αἰτία 23
13. τέλος und antikes Seinsverständnis – ›Teleologie‹ 24

D. Vollzug

1. [Vollzug] 26
2. [Der Vollzug] 26
3. [Entlassen] 28

E. δύναμις

1. δύναμις 29
2. [Vermögend sein] 30

3.	Das Nicht-Können	30
4.	δύναμις κατὰ κίνησιν	30
5.	δυνάμει: Beispiele	32
6.	δυνάμει – ἐνεργείᾳ: ἡ οἰκία (vgl. Met. H 2 fi.)	32
7.	δύναμις (οὖσα) – δυνάμει (ὄν)	33
8.	Zur Erfahrung von ›Kraft‹	34
9.	Das Vermögen zu …	38
10.	Das Vermögen ›verwirklicht‹ sich	39
11.	δύναμις	39
12.	δύναμις – allgemeine Fragen	40
13.	›Verletzung‹	43
14.	δύναμις κατὰ κίνησιν	43
15.	δύναμις	44
16.	περὶ δυνάμεως κατὰ κίνησιν	45
17.	δύναμις κατὰ κίνησιν und φύσις	47
18.	[Vermögen – Möglichkeit]	47
19.	δυνατός	47
20.	δύναμις – ἐνέργεια und Kategorien	48
21.	δύναμις	48
22.	δύναμις κατὰ κίνησιν und φύσις	48
23.	»Unvermögen zur Macht«	48
24.	Kraft-begabt	49
25.	Geschehen	49
26.	[δύναμις]	49
27.	δύναμις	50
28.	Plato – δύναμις	51
29.	δύναμις κατὰ κίνησιν	51
30.	δύναμις qua vorhandenes Vermögen, Kunst und ›Fertigkeit‹	52
31.	ἀρχὴ μεταβολῆς und αἰτία κινοῦσα	52
32.	δύναμις κατὰ κίνησιν als eine ποιότης?	53
33.	Das Mögliche	53
34.	δύναμις παθητική	53
35.	δυνάμει – ἐνεργείᾳ	54
36.	Macht und Gewalt	54

F. Kategorien

1. Kategorien 55
2. κατηγορίαι τοῦ ὄντος – τὰ ὄντα (Met. Θ 1, inc.) 55
3. Kategorien 56
4. Kategorien und Sein – τὸ ἔστιν 56
5. Über das Wesen der Kategorien 56
6. κατηγορίαι 57
7. Jede Kategorie διχῶς 57
8. Aristoteles und das Seinsproblem 57
9. ›Sein‹ der κατηγορίαι 58
10. Das ὂν τῶν κατηγοριῶν 58

G. Das πολλαχῶς

1. Im πολλαχῶς 64
2. [Analogie] 64
3. Analogie 65
4. [Analogie] 65
5. Das πολλαχῶς 66
6. Das ὂν πολλαχῶς 68
7. Das ὂν πολλαχῶς λεγόμενον 69
8. These, daß ὄν kein γένος (ἀνάλογον, πρὸς ἕν) 70
9. [τὸ ὂν λέγεται πολλαχῶς] 71
10. ὄν – ἕν 73
11. ὂν καθ' αὑτό und κατὰ συμβεβηκός 74
12. Die ἀναγωγὴ τοῦ ὄντος πρὸς ἕν ([Met.] K 3) 74
13. ὄν 74
14. τὸ ὂν πολλαχῶς καὶ οὐ καθ' ἕνα λέγεται τρόπον 75
15. Aristoteles 75
16. Zu Met. Θ 1 (inc.) 75

Inhalt   XIII

H. Analogie

1. [Hänssler] 77
2. ἀναλογία – ἀνάλογον 77
3. Analogie – Plato 81
4. ἀναλογία bei Plotin 82

I. Leitfäden der Interpretation von Met. Θ

1. Das Da-sein und ἐνέργεια (Met. Θ) 84
2. Met. Θ – Interpretation 84
3. δύναμις – ἐνέργεια und εἶναι überhaupt 85
4. Sein und Bewegung von Zeit her – antik und existenzial 89
5. Die Richtung der philosophischen Interpretation von Met. Θ: Vermögendheit und Fertigkeit und Seinsverständnis 90
6. Zu Anfang von Θ 1 in Bezug auf Z und ὂν τῶν κατηγοριῶν 92
7. Kategorien und δύναμις – ἐνέργεια 92
8. [Ein grundsätzlicher Neuanfang des Seinsproblems überhaupt] 93
9. Aristoteles: die ›Leitfäden‹ der Frage nach dem ὄν 93
10. Met. Θ 94

J. κίνησις – ἀεί

1. Aristoteles' κίνησις-Entdeckung (Met. Θ 1) 95
2. Aristoteles' Frage nach dem Sein des Seienden und seine Vorhabe des Seienden – κίνησις 95
3. Aristoteles' Frage nach dem Sein. Die Aufteilung des ganzen Seienden 98
4. Met. Θ: κίνησις – δύναμις – ἐνέργεια 98
5. γένεσις – κίνησις. κίνησις: Vorhabe und Sein 98

6. Aristoteles' Frage – Vorhabe des κινούμενον 99
7. Aristoteles 99
8. κίνησις in der Vorhabe des Seienden 100
9. Die Fragestellung bei der Frage nach der Bewegung .. 100
10. ›Bewegung‹ und ›Geschehen‹ und formaler Umschlag, Vor- und Nach-schlag 101
11. κίνησις – was sie nicht ist 102
12. κίνησις 102
13. ›Bewegung‹: Sprachgebrauch im Deutschen – κίνησις bei Aristoteles 103
14. ›Bewegung‹ (κίνησις) 104
15. κίνησις 104
16. πρῶτον κινοῦν ἀκίνητον 104
17. τὸ θεῖον 104
18. [Plotin] 105
19. κίνησις 105
20. Zeitlichkeit und Bewegung – Sein und Zeit 105
21. Bewegung (Met. Θ) 106
22. στέρησις und ὕλη 106

K. ποίησις

1. ›ποίησις‹ und κίνησις 107
2. ποίησις 108

L. [Zur Auseinandersetzung mit den Megarikern]

1. [ἐνεργεῖν] 109
2. Gegen die Megariker. Grundsätzliche Fassung des Problems von [Met. Θ,] cap. 3 109
3. Das Vermögen 110
4. [δύναμις und ἐνέργεια ἕτερον] 110
5. Megariker 110

6. Megariker	111
7. Megariker	111
8. Zu [Met. Θ] 3	112
9. [Met.] Θ 3	113
10. Wirken einer Kraft	113
11. Kraft (Wesen)	114
12. δύναμις als existenziales Phänomen	114
13. Wie sieht Aristoteles (antik) das nächst vorhandene Seiende? (αἰσθητὴ οὐσία, vgl. Met. H)	114
14. ἐντελέχεια (ontologische Differenz)	115
15. ἐντελέχεια	115

II.
AUSSAGE, ›LOGIK‹, DENKEN – SEYN, WAHRHEIT, KOPULA (1929–1935)

A. Negation – Kopula

1. [Aussage]	119
2. Ursprung der Verneinung	119
3. Ursprung der Falschheit und Täuschung in Zeit	120
4. [Bedeutetheit]	121
5. [Verneinung]	121
6. Verneinung	121
7. ἀπόφασις – ›Verneinung‹	122
8. [ὁρισμός – λόγος – ἀποφαίνεσθαι]	122
9. [Wahrheit]	123
10. Das ›nicht‹ der Aussage	124
11. Kopula	124
12. ›Kopula‹	124
13. ›Kopula‹	124
14. Kopula	125
15. Aristoteles – Kopula	125
16. ὂν ὡς ἀληθές ([Aristoteles, Met.] Θ 10)	125

17. ›Kopula‹ 126
18. Kopula 126
19. ›Kopula‹ 126
20. Wahrheit 127
21. Bedeutsamkeit und Bedeutung 127
22. ›Bedeutung‹ 128
23. [Bedeuten] 128
24. Bedeutung 129
25. Bedeutung 129
26. Bedeutung 130
27. Bedeutung (Hönigswald, 2. [Aufl.]) 130
28. Bedeutung im Zusammenhang von [»Sein und Zeit«,] § 12 131
29. Ursprung der ›Bedeutung‹ nach Cassirer 131
30. Entstehung der Sprache 132
31. Sprache und Mythos – aus Dasein! 133
32. Etwas als etwas 134
33. [Bedeutung] 134
34. [Sprache] 135
35. [Die als-Struktur] 136

B. Kopula ([19]30/31)

1. Das Sein als Gesagtsein 137
2. [Das ›ist‹] 137
3. Das Wesen der Copula 138
4. Entwurf als Anzeige 138
5. Das ›ist‹ 138
6. Sein und ›ist‹ 139
7. [Mit dem ›ist‹ qua Verfälschung des Seins ...] 139
8. [Schopenhauer] 139
9. Das ›ist‹ 140
10. [Be-nennung] 140
11. [Rilke] 140

Inhalt XVII

12. Das ›es‹ ... 141
13. ›Impersonale‹ 141
14. Das ›ist‹ 141
15. [Nietzsche] 141
16. Das ›ist‹ 142
17. Kopula 142
18. Sein – das ›ist‹ und Grundsätzliches über das Sein 142
19. ›ist‹ 143
20. Sein und ›ist‹ 143
21. Kopulaproblem 144
22. Über Kopula 144
23. Copula 145
24. λόγος 145
25. Kopula 146
26. Kopula 147
27. ›ist‹ 147
28. [Endlichkeit] 147
29. ›Logik‹ 147
30. Endlichkeit des Daseins und das ›ist‹ 148
31. Das ›ist‹ (nicht) 148
32. ›Kopula‹ bei Hegel 149
33. Das ›ist‹ 149
34. [Das ›es gibt‹] 149

C. Umbildung der Wesenscharakteristik der Aussage und Aussagewahrheit

1. Verstand 150
2. Entscheidend an der Mißherrschaft des λόγος 150
3. Dichten (Sagen) Denken 151
4. λόγος ἀποφαντικός 151
5. Die bisher geübte Herabsetzung der Aussage zugunsten der ›Anschauung‹ liegt schief 153
6. Aussage-wahrheit 154

7. λόγος	155
8. Aussagen – Seiendes setzen	155
9. Aussage – Urteil – Denken – Verstand	156
10. [Das Wesen des Nichts]	157
11. [Urteil]	157
12. Denken	157
13. Aussagetheorie in »Sein und Zeit«	157

D. Wahrheit und Sagen – Aus-sagen – Aus-legung

1. Kritische Übergangsfrage	158
2. Wahrheit – Auslegung	158
3. Die Auslegung und Wahrheit (Sprache)	158
4. Wahrheit – Wahrheit-Sagen – Aussagen	160

E. Sein und Denken.
Urteil als Funktion der Einheit, ›Verbindung‹ (Subjekt – Prädikat), Synthesis

1. ›Einheit und Denken‹ – ›als‹. Erkennen – Verstehen – Entwurf	161
2. Verstand – Denken	161
3. Gegenständliche Wahrheit	162
4. Wahr und Für-wahr-halten. ›Ja‹ (Nietzsche, Wille zur Macht, [n.] 506)	162
5. Ja und Nein	163
6. Die Endlichkeit des Daseins und der Begriff	163
7. Sein und Denken – Wahrheit	163
8. ›Urteil‹ – ›Aussage‹	164
9. Einheit und Urteil – Endlichkeit des Denkens	164

F. ›Logik‹

1.	Logik	166
2.	Wissen und Logik	166
3.	›Logik‹	167
4.	›Logik‹	168
5.	›Denken‹	168
6.	Nachdenken und Denken (und Sprache)	169
7.	Denken – ›Logik‹	169
8.	W.S. 31[/32]	170
9.	Fragen	170
10.	Logik	171
11.	[Impersonalien]	171
12.	[Wolff – Bergmann]	171

G. Metapolitik als ›Logik‹

1.	[Das metapolitische Wissen]	172
2.	Logik – als Metapolitik	172
3.	Philosophie	173

›Metaphysik‹ als Metapolitik des Volkes

4.	Metapolitik und Metaphysik	173
5.	›Das Grundverhalten‹	174
6.	Metaphysik oder Metapolitik?	174
7.	Die innere Gefahr des ›politischen‹ Willens	175
8.	Metapolitik	175
9.	Das Metapolitische	175
10.	Metapolitik	176
11.	[Auftrag und Bindung]	176
12.	Metapolitik	177
13.	Die Metaphysik als Metapolitik des Volkes	177
14.	Wissen und Volk	177

15. [Grundwissenschaft: volkspolitische Staatswissenschaft] 178
16. [Metapolitik des Volkes] 178
17. [Die Umwandlung des Geistes und Wissens] 179

H. Das Vorgehen (die Anstrengung) und die Weisung

1. Logik – als Fragen nach dem λόγος 180
2. [Sprache] 181
3. Logik: das Fragen nach dem λόγος 181
4. [Sagen – Wissen um] 182
5. [λόγος] 183
6. ›Analyse‹ und stellende Weisung 184
7. Die redende Weisung (formale Anzeige) 185
8. [Weisung] 185
9. [Zerklüftung] 185
10. Der In-begriff 185
11. [Welches Fragen?] 186
12. Mittelbare Mitteilung 186
13. [›Blut‹] 186
14. [Volklich-geschichtliches In-der-Welt-sein] 187

III.
DER SATZ VOM WIDERSPRUCH (1932)

Vortrag

Der Satz vom Widerspruch [Erste Fassung] 191
[I. Teil] Über die Gesichtspunkte als geläufige, wenngleich
nicht eigens zusammenhängend erläuterte 192
II. Teil Die erste Fragestellung bezüglich des Satzes
vom Widerspruch und ihre Lösung 200
A. Die Entfaltung der Fragestellung aus den
Grundzügen des griechischen Philosophierens 200

Inhalt XXI

    1. Die Grundzüge der griechischen Philosophie   200
   [2.] Wie ἀξιώματα immanent *aus ἐπιστήμη ἀποδεικτική* 202
[B. Die Lösung der Aporie und die Durchführung der Aufgabe] 203
   [1.] Die Lösung der Aporie 203
   2. Die Durchführung der Aufgabe [Met. Γ 3, 1005 b 8–34] 204
     [a.] 204
       a) Festlegung eines Leitfadens zur Auffindung der Axiome innerhalb der πρώτη φιλοσοφία (b 8–11) 204
       b) Entwurf des Wesens eines höchsten Prinzips aus der Aufgabe der πρώτη φιλοσοφία (b 11–18) 204
       c) Die Aufstellung des höchsten Prinzips (b 18–23) 205
       d) Der Beweis für den Satz als die standhafteste ἀρχή (b 23–31) 205
       e) Schluß [b 32–34] 207
     Übergang von Γ 3 zu Γ 4 sqq. (B 2 a zu b) .. 208
     [b.] Γ 4, 1005 b 35–1006 a 31: Die Sicherung der Wahrheit des Grundsatzes 209
       a) Der Hinweis auf die Unbestreitbarkeit und Unbeweisbarkeit des Satzes ([1005 b 35]–1006 a 11) 209
       b) Die Möglichkeit des Erweisens des Unbeweisbaren und Unbestreitbaren und der Charakter dieses ›Beweisens‹: die Bloßstellung (ὁ (τὸ) ἔλεγχος) (a 11–28)....................... 210
III. [Teil] 211

Beilagen zur ersten Vortragsfassung 216
   1. Satz vom Widerspruch 216

2. Die heutige Unempfindlichkeit gegen [die] Geltung des Satzes vom Widerspruch und seine Begründung (ἐλεγκτικῶς) 216

Der Satz vom Widerspruch [Zweite Fassung] 217
 I. Die Darbietung des überlieferten Fragebereichs .. 219
 II. Die erste Fragestellung bezüglich des Satzes vom Widerspruch und die Lösung der Frage 225
  A. Der Grundzug des griechischen Philosophierens und die darin entspringende Frage nach den Axiomen 225
  B. Die Lösung der Frage nach den Axiomen und die Durchführung der hieraus entspringenden Aufgabe 231
   1. Die Lösung der Frage (Met. Γ 3, 1005 a 19– b 8) 231
   2. Die jetzt entspringende Aufgabe der Aufstellung des höchsten Grundsatzes (1005 b 8–34, zweiter Teil von [Met.] Γ 3) 233
    a) b 8–11: Festlegung eines Leitfadens zur Auffindung der Axiome innerhalb der πρώτη φιλοσοφία 233
    b) b 11–18: Entwurf des Wesens eines höchsten Prinzips 234
    c) b 18–23: Die Aufstellung des höchsten Prinzips 234
    d) b 23–31: Der Beweis für den Satz als die standhafteste ἀρχή 235
    e) b 32–34: [Schluß] 237
   3. Die Begründung des Satzgehaltes des obersten Grundsatzes (Met. Γ 4 sqq.) 238
    1.) b 35–a 11: Der Hinweis auf die Unbestreitbarkeit und Unbeweisbarkeit des Satzes .. 238
    2.) a 11–28: Die Möglichkeit des Erweisens des Unbeweisbaren und Unbestreitbaren

Inhalt   XXIII

          und der Charakter dieses Erweisens als
          Bloßstellung (ὁ (τὸ) ἔλεγχος) 240
      3.) Der Ansatz zu der auszuführenden
          Bloßstellung (1006 a 18–28) 241
      4.) Die Ausarbeitung der so angesetzten
          Bloßstellung (1006 a 29 sqq.) 242
  III. Die Wiederaufnahme der Frage 242

Beilagen zur zweiten Vortragsfassung 247
  1. Beilage zu Satz vom Widerspruch,
     S. 3 [S. 224] 247
  2. Beilage zu Satz vom Widerspruch, S. 4 f. [S. 227 f.]
     Anknüpfen bei Beilage zu S. 3, p. 2. 249
  3. [Wesensursprung des Satzes vom Widerspruch] ... 253
  4. [Die Aporie] 253
  5. Seinsfrage – Wissensfrage – Axiome 254
  6. Der Inhalt der Aporie in Met. B 2, 996 b 26 sqq. ... 255
  7. [Satz vom Widerspruch] 255
  8. [Läßt sich das Axiom gar nicht aus dem Sein
     begründen?] 256

Aufzeichnungen aus dem thematischen Umkreis
des Vortrags

A. [Die Grundsätze der ›Identität‹, des ›Widerspruchs‹]

1. Die Grundsätze der ›Identität‹, des ›Widerspruchs‹ 257
2. Widerspruchslosigkeit – als ›logische Möglichkeit‹ 257
3. Met. Γ 4 258
4. ›Sein‹ und Nicht und Widerspruch 259
5. Widerspruchsfreiheit als erste Ermöglichung des Seins 259
6. Widerspruch und Sein 260
7. Satz vom Widerspruch und Seinsfrage als onto-logische 260
8. Zu Satz vom Widerspruch 261

9. Satz vom Widerspruch 261
10. Wider-spruch 262
11. Tatbestand (das Fragloseste – das Fragwürdigste) 262
12. [Übersetzung] Met. Γ 3 263
13. [Übersetzung Met.] Γ 4 sqq. 265
14. Satz vom Widerspruch 268
15. Kränzchen 269
16. Satz vom Widerspruch 269
17. Der Satz vom Widerspruch 270

B. ἔλεγχος

1. Indirekter Beweis des Satzes vom Widerspruch 272
2. ἐλεγκτικῶς 272
3. Frage zum ἐλεγκτικῶς 273
4. [ἀξίωμα] 273
5. ἀρχὴ βεβαιοτάτη 274
6. Sein 274
7. Satz vom Widerspruch und Sein (Anwesenheit) 275
8. Zu [Met.] Γ 3 275
9. Der ἔλεγχος 276
10. [Bedeuten] 276
11. ὁ ἔλεγχος 277
12. [ἔλεγχος] 278
13. Der indirekte Beweis – ἔλεγχος und Grundverstehen .. 278
14. Zu Aristoteles, Met. Γ 4 281
15. Der existenzial-transzendentale Sinn des ἔλεγχος 281
16. Das ἐλεγκτικῶς bezüglich der Rede 282
17. Die Aporie bezüglich des Ortes des Widerspruchssatzes als Aporie bezüglich des Themenfeldes der πρώτη φιλοσοφία 282
18. Met. Γ: Die Einordnung von Satz vom Widerspruch in πρώτη φιλοσοφία 283
19. Satz vom Widerspruch – Zugehörigkeit zu πρώτη φιλοσοφία 283

Inhalt

20. Satz vom Widerspruch und seine Zugehörigkeit zur πρώτη φιλοσοφία 284
21. Met. Γ 3 – Satz vom Widerspruch 285
22. Aristoteles über Satz vom Widerspruch 285
23. Das ἐλεγκτικῶς 286
24. [Met.] Γ 4 286
25. Die deductio ad ἄνθρωπον λόγον ἔχοντα 288
26. Satz vom Widerspruch 289
27. In welchem Sinne handelt die πρώτη φιλοσοφία von den ἀρχαί? 290
28. Der ›Satz vom Widerspruch‹ als Bedingung der Möglichkeit des Da-seins 290

C. Die ›Begründung‹ des Satzes

1. [Satz über Sein im ›allgemeinsten‹] 292
2. Wesentliche Zwiespältigkeit 292
3. [λόγος – διαλέγεσθαι – ἄνθρωπος] 292
4. Inwiefern existenziale Begründung den Zirkel nicht zu fürchten braucht 293
5. Zur Kritik 293
6. Zwei ›Beweise‹ bezüglich des Satzes vom Widerspruch (ad III) 294
7. Zu III – Beilage 295
8. ἔλεγχος und a priori 295
9. [Nicht einfach deductio ad absurdum] 296
10. [contra principia negantem non est disputandum] 296
11. Satz vom Widerspruch gehört in die Metaphysik ([ad] II/III) 296
12. [Ad] III 297
13. [Worin Sicherung? Wo Evidenz?] 297
14. [Die innere Wesensfülle] 297
15. [Mit Unbestreitbarkeit, mit Unbeweisbarkeit ...] 298
16. Zirkel im ›Beweis‹ des Satzes vom Widerspruch 298
17. Die Gründung der ἀξιώματα 299

Inhalt

18. Satz vom Widerspruch 300
19. λόγος 300
20. τὸ ὄν 300
21. Sprache – Mensch – Tier 301
22. Das Bedeuten von ὀνόματα – λέγειν 301
23. λέγειν wird zum κατηγορεῖν 302
24. [Metaphysischer Sinn des Satzes vom Widerspruch] ... 302
25. [Ganz klar, wie Aristoteles vom ›Seienden‹ abgedrängt wird ...] 302
26. [Existenz] 303
27. [Was unbestreitbar und was unbeweisbar ...] 303
28. ἀδύνατον ([Met. Γ 3,] 1005 b 23 sqq.) 303
29. [Unbeweisbarkeit] 304
30. [Prinzipcharakter des Satzes] 305
31. Schluß 306
32. Schluß 306
33. Ergebnis 306
34. Schluß 307
35. Zu III und Schluß 307
36. [Nur ein Stück] 308
37. [Die Frage: wohin gehören die ἀξιώματα ...] 308
38. [ἡ σκέψις περὶ τῶν ἀξιωμάτων] 308
39. Selbstheit und Selbigkeit 309
40. Beschränkte Geltung des Satzes der Identität? 309
41. Vor-stellung und Dar-stellung 310
42. Die Berufung auf unmittelbare Evidenz 311
43. Selbigkeit und ›als‹ 311
44. Inwiefern das Dargestellte immer auch irgendwie Vor-gestelltes ist 311
45. Evidenz des Satzes vom Widerspruch und Begründung 312
46. [Ist es möglich, den Satz vom Widerspruch ›objektiv‹ zu begründen?] 312
47. Beweisbarkeit und Unbeweisbarkeit des Satzes vom Widerspruch – ›Begründung‹ 313
48. Axiome 313

Inhalt XXVII

49. Die Behandlung des Satzes vom Widerspruch 314
50. Der Satz vom Widerspruch als ›Satz‹ 315
51. Satz vom Widerspruch und seine Evidenz 315
52. Unmöglichkeit der Herleitung 315
53. Der Satz vom Widerspruch – Aristoteles 316
54. Evidenz 316
55. Moderne Axiomatik und Evidenz 317
56. Zur Beweisbarkeit des Satzes vom Widerspruch 317
57. ›Wissenwollen‹ und In-der-Wahrheit-sein 318
58. Über den Satz vom Widerspruch 318
59. [Beweis des Satzes vom Widerspruch?] 318

D. Aristoteles Met. Γ

1. ἕξις – στέρησις ([Met.] I 4, 1055 b) 319
2. Fassungen des Satzes vom Widerspruch 319
3. Satz vom Widerspruch: ›logisch‹ – ›ontologisch‹ 319
4. ὑπάρχειν – herrschen, vorherrschen 320
5. [Met.] Γ 3 320
6. ›Logischer‹ oder ›ontologischer‹ Satz 321
7. Satz vom Widerspruch ›logisch‹ 321
8. Sein Begriff des ἀξίωμα 321
9. Verhältnis der verschiedenen ἀρχαί – bei πρώτη φιλοσοφία 322
10. [Was bedeutet βεβαιοτάτη ἀρχή …] 322
11. ἐπιστήμη ἀναπόδεικτος 323
12. ἀντίφασις 323
13. πρότασις ἀποδείξεως – ἀξίωμα 324
14. καθόλου, Seinsfrage und das Seiende (Methode) 324
15. Anal. post. A als Konstruktion der Idee der ἐπιστήμη .. 324
16. Satz vom Widerspruch als Satz von der einfachen, schlechthinnigen Ausschließung 325
17. Der strenge und ursprüngliche Begriff des Widerspruchs – ἀντίφασις 325
18. ἀντίφασις als Widerspruch 326

19. ἀξίωμα 327
20. Satz vom Widerspruch und ἀρχὴ τῆς ἀποδείξεως 327
21. [τὰ ἀξιώματα μάλιστα καθόλου ...] 328
22. Satz vom Widerspruch 328
23. Die ›Allgemeinheit‹ des Satzes vom Widerspruch
    als oberstes Prinzip 328
24. [Einsichtigkeit ...] 328
25. βέβαιον 329
26. ἀρχὴ ἀξιωμάτων – πιστότατον 329
27. Kenntnis der Axiome 330
28. Unterschied von δεικνύναι und λαμβάνειν
    (Anal. post. A 10) 331
29. [Die unbeweisbaren Sätze ...] 331
30. [Met.] Γ 3 – Disposition 331
31. [Über das ἔχειν ...] 332
32. [ἔχειν τὴν ἀρχήν] 332
33. Satz vom Widerspruch bei Aristoteles 332
34. Met. Γ 3 333
35. [Disposition] 333
36. Die sechs Gesichtspunkte 335
37. Zur Interpretation von Met. Γ 335
38. [Verständnis der πρώτη φιλοσοφία] 336
39. Zur Auslegung des Satzes vom Widerspruch –
    zur Kritik 336
40. αἴτιος ἀποδείξεως – beim ἐλεγκτικῶς 336
41. Wahrheit – ontologische 337
42. Zur Auslegung von Met. Γ 4 337
43. τὸ ἓν σημαίνειν 338
44. [Met.] Γ 4 338
45. [Ὁμώνυμα] 338
46. [τὸ ἀξιοῦν] 339
47. Satz vom Widerspruch 339
48. [σημαίνειν μὴ ἕν] 340
49. [τὸ μὴ ἓν σημαίνειν] 340
50. [Problem der Verständigung] 340

Inhalt

51. [Bedeutung] 341
52. [ἕν – ὄν] 341
53. [Dasselbe Wort ...] 341

    E. *Zur Geschichte des Satzes vom Widerspruch*

1. Widerspruch 342
2. Satz vom Widerspruch 342
3. Zur Entdeckung des Satzes vom Widerspruch 343
4. [Plato] 343
5. Satz vom Widerspruch 344
6. Kant – Satz vom Widerspruch 344
7. Hegel 344
8. Plato – Satz vom Widerspruch 345
9. Satz vom Widerspruch und Seinsbestimmung 345
10. Suarez über prima principia – Satz vom Widerspruch . 346
11. Wolff und Aristoteles – Satz vom Widerspruch 346

    IV.
  WAS IST DAS – DIE PHILOSOPHIE?
  GESPRÄCH IN CERISY-LA-SALLE (1955)

[Samstag, 27. August 1955 – 1. Tag] 349
[Sonntag, 28. August 1955 – 2. Tag] 356
   Programme de discussion – I. Fassung 356
[Montag, 29. August 1955 – 3. Tag] 361
   [Programme de discussion] – II. [Fassung] 361
   Discussion générale 366
[Dienstag, 30. August 1955 – 4. Tag] 378
   Réunion du 30 Août 1955, consacrée à l'interprétation
   du texte de Kant: »Der einzig mögliche Beweisgrund
   zu einer Demonstration des Daseins Gottes« (1763),
   [Erste Abteilung,] Erste Betrachtung: »Vom Dasein
   überhaupt« 378

Inhalt

[Mittwoch, 31. August 1955 – 5. Tag] 395
[Donnerstag, 1. September 1955 – 6. Tag] 418
    Réponse du professeur Heidegger à G. Marcel, Ricœur,
    Marías et Goldmann (1er Septembre 1955) 418
[Freitag, 2. September 1955 – 7. Tag] 425
    Explications sur le texte: Vorrede der »Phänomenologie
    des Geistes« von Hegel 425
[Samstag, 3. September 1955 – 8. Tag] 438
    Séance consacré à Hölderlin 438
    Exposé de M. Allemann sur Hölderlin 439
[Sonntag, 4. September 1955 – 9. Tag] 454

Beilagen

1. Interpretation 467
2. [Das eigentliche Welt-Gespräch] 467
3. [Gespräch mit Asien] 467
4. ›Das Griechische‹ 468
5. [Vorbemerkung zum ersten Kant-Seminar] 469
6. [›Dasein‹ – ›Gegenstand‹] 469
7. »Vom Dasein überhaupt« 470
8. [Eine These Kants] 470
9. Die Herkunft der Unterscheidung von essentia und existentia 471
10. Position = Vorstellung 472
11. [pro-positio] 472
12. [Zum Vortrag von Gabriel Marcel] 472
13. [ἀπόφανσις – πρότασις] 474
14. [κριτήριον – κρίσις] 474
15. il a été 475
16. [δύναμις] 475
17. ἐπιστάμενος 475
18. [Zum Vortrag von Paul Ricœur] 476
19. [Zum Vortrag von Lucien Goldmann] 476
20. [Wiederholung zu Beginn des Hegel-Seminars] 477

Inhalt XXXI

21. [Zum Hegel-Seminar] 478
22. [Hegels Bestimmung des Begriffs] 481
23. [Materielles, formales und begreifendes Denken] 481
24. [Versöhnung bei Hölderlin und Hegel] 482
25. Schlußbemerkung 482
26. [Welcher Art ist die Titelfrage?] 485
27. [Die Frage: Was ist das – die Philosophie?] 486
28. [φιλοσοφία] 486
29. [φιλόσοφος] 486
30. [Erläuterung der Philosophie oder Einblick in die Philosophie] 487
31. Einblick in die Philosophie 487
32. [Das griechische Denken] 488
33. Das Denken der Griechen und das Sagen 488
34. [Hegel nach Walter Schulz] 489
35. [Sein qua ~~Sein~~] 489
36. [Leitfrage und Grundfrage] 489
37. [Das Geschickliche des Seinsgeschickes] 490
38. [Die Jähe] 490
39. [Logik] 490
40. »Logik« 490
41. Vorwort 491

ZWEITER TEIL
DENKSPLITTER

1. [Die Frage nach dem Ding.] Wiederholung [der ersten Stunde] 495
2. Der unscheinbare Sachverhalt 497
3. Das Wesen der Wahrheit. Zu »Beiträge« 512
4. [Zum Denken gehören ...] 526
5. Denker 526
6. [Soll das herrschende Denken ...] 527
7. Was ist? 527

Inhalt

8. Der Unterschied 528
9. Wesen der Technik. Gestell (als Verweigerung aus Enteignis im Ereignis) 528
10. Schrumpfung der Erde und Explosion der Atombombe 529
11. [Die Denkenden und Dichtenden ...] 529
12. Universität und Gestell 529
13. Die Verwahrlosung des Dinges und das Gegenstandlose 530
14. Kunsthistorie 530
15. [Wie andere Vergnügungsindustrien ...] 531
16. [Viele sind, zumal unter den Schreibenden ...] 531
17. Technik 532
18. Die Einfalt des Gevierts 532
19. Das Abend-land – die Geschichte 533
20. Der Brauch 536
21. [Sein – Seyn] 537
22. Die Gelassenheit (Gelassenheit und Verhältnis). D[urchblick] 538
23. Philosophie 538
24. ›Die Welt‹ 539
25. Was erklingt im Klang der Stille? 539
26. Das Volk der Denker und Dichter 540
27. Die Sage des Denkens – Weg 540
28. Aussteh den Übergang 541
29. [Bleibe in der Ortschaft des Unterschiedes] 542
30. Von der Philosophie 544
31. Geworfenheit 552
32. Die Dinge 552
33. Ἀ-ληθεσία 553
34. Zum Wort Ἀλήθεια 555
35. Hegel und die Griechen 559
36. Weltisches Ereignis unter-scheidet das Selbe 560
37. Nähe und Ferne 562
38. Das Ding 564
39. Die geschickhafte Herausforderung in das Bestellen und die moderne Physik 565

Inhalt XXXIII

40. Das Geringfügige und das Ge-Stell 566
41. [Was ist Bewegung?] 567
42. Die Grunderfahrung der ›Seinsvergessenheit‹ 567
43. [Die Frage nach der Technik] 567
44. [Zu Heisenberg] 570
45. [Wissenschaft und Besinnung] 575
46. Die Mehrdeutigkeit im Wesen des ὑποκείμενον (subjectum) 577
47. Kants Begriff der ›Erscheinung‹ 577
48. [Die Frage nach dem Ding]. Wiederholung der zweiten Stunde 579
49. [Zwei Entwürfe zum Gutachten über Hermann Mörchen, »Die Einbildungskraft bei Kant«] 581
50. Gutachten über Hermann Mörchen, »Die Einbildungskraft bei Kant« 586
51. Das Verhältnis des Menschen zum Absoluten 590
52. [Das Verhältnis des Menschen zum Absoluten] 591
53. Hölderlin: »Der Rhein« 594
54. Der Satz vom Grund 596
55. Inwiefern Sein das Nichts ›ist‹ 597
56. Übergang von einer Tonart zur anderen. [Der Satz vom Grund.] Wiederholung zur 9. Stunde ... 597
57. Der Weg 602
58. [Sein ist ...] 604
59. Der Denker 604
60. [Der Satz vom Grund] – Bremer Vortrag 605
61. Weshalb der Satz vom Grund bei Leibniz? 611
62. Die Sprache 612
63. ›Sprache‹ 614
64. Das Wesen der Sprache 614
65. [Maschinentechnik – Ent-götterung – Saekularisierung] 615
66. [Nur Vor-gänger können Nachfolger sein] 617
67. Die Ausflucht in eine ›mehrwertige Logik‹ 618
68. Endlichkeit des Seins 619
69. Der An-fang 624

70. Aigina 628
71. Die Sache und die Sage 638
72. Sagen und ›Logik‹ 640
73. Denken als Ent-sagen 640
74. Ἀ-Λήθεια und λόγος 646
75. Ent-sagen und ›die formale Anzeige‹ 647
76. ›Überwindung der Metaphysik‹ 651
77. Ent-sagen. Die Be-Stimmung des Denkens in das an-fängliche Entsagen 652
78. Ent-sagen 653
79. Das Entsagen und der Schritt zurück 654
80. Die Sprache spricht 655
81. Endlichkeit 656
82. Das Ereignis 656
83. Denken und Reflexion 657
84. Die ontologische Differenz die crux 657
85. [Nähe] 659
86. [Im Ge-Stelle] 660
87. Das mißverstandene Mißverständnis 660
88. Das Ge-stelle 661
89. [Ein Maß für die wesenhaften Dinge] 662
90. Huld 663
91. [Jeder Gedanke] 665
92. Verstehen *und* ent-sagen 667
93. [Stiller als die Stille] 668
94. ›Endlichkeit des Seins‹ – die Eignis 668
95. Die Ortschaft 669
96. Die ›Gegenwendigkeit‹ 673
97. Befugnis und Brauch 674
98. Austrag (Differenz) und die Verwandlung der Transzendenz 674
99. [Hinter den Leit-Satz zurück] 675
100. Das An-nehmen 677
101. Sprache 678

Inhalt XXXV

102. Das Verhältnis zum Denken des Griechentums als dem Anfang der Philosophie 679
103. Prüfung aus der Be-Stimmung 683
104. Die Sache des Denkens 687
105. Inwiefern ist die Frage nach der Bestimmung der Sache des Denkens zu einer Besinnung auf die Überlieferung des Denkens genötigt? 689
106. ›Das Sein selbst‹ und das Ereignis 690
107. ›Technik‹, ›Wissenschaft‹ und Denken 694
108. Zur Frage nach der Bestimmung der Kunst 694
109. [Immer bleibt es gewagt, ein Gedicht auszulegen] ... 697
110. Dichten – dihton – dictare 698
111. Verwahrlosung 699
112. Die Weltdeutigkeit der Sprache als des Gesprächs des Unterschieds 700
113. Das Gespräch 701
114. Das Gespräch 702
115. Das Unübersetzbare 703
116. Philosophie 704
117. Phänomenologie und die Seinsfrage 704
118. Weg und Methode 706
119. ›Wahrheit‹ 707
120. Der Weg in das Ereignis 708
121. Die Sage der Fuge des Ratsals aus dem Ereignis 709
122. Die Bracht des Andenkens 709
123. Das rückgängige Denken und das Sprachwesen 711
124. Geschichte – Historie – Information (Bezug) 715
125. Die Be-Fugnis 715
126. Die Be-fugnis 716
127. Sätze von der Sprache 716
128. Der von Parmenides gehörte μῦθος des εἶναι. Die anfängliche Sage des Anwesens 717
129. Das Eigentümliche der Metaphysik 719
130. Ge-Stell – Gesellschaft – ›Kommunismus‹ 721
131. Ge-Stell und Gesellschaft 721

Inhalt

132. Das Ge-Stell 722
133. Vergessenheit 722
134. Vergessenheit des Ereignisses 726
135. Die Seinsvergessenheit 728
136. Vergessenheit und das Unvergeßliche 729
137. Vergessenheit 732
138. ›Seinsvergessenheit‹ 732
139. ›Seinsvergessenheit‹ 734
140. Seinsvergessenheit – ihre Stufen in den Anfang 737
141. [Das Wesen der Sprache – Beilagen zum Manuskript] 739

Nachwort des Herausgebers 743

ERSTER TEIL

ERGÄNZUNGEN

I.

ARISTOTELES:
SEINSFRAGE UND »METAPHYSIK« – ALLGEMEINES
(1930/31)

ARISTOTELES:
SEINSFRAGE UND »METAPHYSIK« – ALLGEMEINES[1]

A. DAS ARISTOTELISCHE SEINSPROBLEM.
›ONTOLOGIE‹ UND ›THEOLOGIE‹ – ›ANALOGIE‹[2]

1. Die Grundirrtümer der Aristoteles-Auslegung

1. als Realismus
2. als Teleologie
3. als ›Logik‹
4. als Theologie
5. Lehre von der ›Substanz‹!

darin sieht man
die spezifisch aristotelische
»*Metaphysik*«!

Mißdeutung von οὐσία als *Ontisches* – Problem!

a) Der Zusammenhang dieser Mißdeutungen,
b) der Grund derselben: *Unverständnis des Seinsproblems.*
οὐσία – Zugegenheit.

Also die Aristoteles-Auffassungen ›falsch‹ und so zu berichtigen?
Nein! Nicht falsch – alles belegt, übereinstimmend mit Schriften! exakt! ›philosophisch‹-gelehrt –, sondern *unvermögend, schwach, nicht philosophierend.*

---

[1] [Überschrift auf dem Umschlag, mit dem Heidegger die im Folgenden vom Herausgeber als A und B gezählten Teilkonvolute zusammengefaßt hat. Zur Verwendung dieser Überschrift als Titel des Gesamtkonvoluts siehe das Nachwort des Herausgebers, S. 746. Auf der Innenseite des für das zweite Teilkonvolut (B) verwendeten Umschlags findet sich die leicht variierte Überschrift:] *Aristoteles* / im *Allgemeinen,* / *Seinsfrage* / u. / *»Metaphysik«.*

[2] [Überschrift auf dem Umschlag, mit dem Heidegger die im Folgenden vom Herausgeber von 1 bis 10 durchgezählten Aufzeichnungen zusammengefaßt hat.]

2. [Die antike Ewigkeit]

Die antike Ewigkeit (κύκλος) *ist tiefste Endlichkeit* (eigentlich πέρας), nicht, wie die christliche Verfälschung meint und die vermeintlich moderne idealistische Tuerei nachredet, ›*Unendlichkeit*‹.

Das τέλειον nicht das ›Vollkommene‹ — christliche —, sondern das, was Schluß gemacht hat und in dieser Geschlossenheit sich erträgt und *aushält*.

Aber die ›Mühelosigkeit‹!!
Keine *Müdigkeit* und kein Sattwerden *(Nietzsche).*[3]
Die Teleologie und die absolute Zugegenheit.

3. ›Theologie‹ des Aristoteles

Auch hier: Phys. Θ.
Eine ›*Ontologie*‹, nämlich der Bewegtheit der ihrem Wesen nach *ewigen Bewegung.*

Weder ›teleologisch‹ noch naturwissenschaftlich-›empirisch‹, sondern die äußerste Verfolgung des Ansatzes ὄν – κινούμενον.

Die ›Zeit‹ spielt dabei u. a. noch eine ganz andere Rolle als im *Hinblick* auf ihre *Endlosigkeit*, die sich auf ihre *Ständigkeit* zurückführen läßt.

Diese das entscheidende Sein, weil Sein ›*Anwesenheit*‹.

4. [Teleologische Weltanschauung]

Die *Oberflächlichkeit der Rede* von einer *teleologischen* Weltanschauung des *Aristoteles.*
Was im Grunde wirksam ist.

---

[3] [Friedrich Nietzsche: Der Wille zur Macht. Drittes und Viertes Buch. Zweite, völlig neugestaltete und vermehrte Ausgabe (= Nietzsches Werke, Band XVI). Leipzig: Kröner, 1911, n. 1067: »[...] ein Werden, das kein Sattwerden, keinen Überdruß, keine Müdigkeit kennt [...]«.]

I. *Aristoteles: Seinsfrage und »Metaphysik« – Allgemeines*   7

5. Die ›Ontologie‹ und die ›Theologie‹ und die Seinsfrage

›Ontologie‹: Was gehört dazu? Nur [Met.] Z oder auch und gerade Θ? Was heißt dann Onto-*logie?* Onto-*kinesie!* Entwurf des Seins – πολλαχῶς und doch κατὰ κοινόν τι.

›Theologie‹: nicht *ontisch* Erklärung und Ableitung, sondern *Konstruktion des θεῖον*, vgl. ▢,[4] sondern wieder und gerade *Entwurf* des Seienden im Lichte des ersten.

Beides hat Entwurfscharakter und beides ist in sich eines.
    Was heißt denn Frage nach ὂν ᾗ ὄν? Das Seiende auf es selbst als solches zurückbringen und so enthüllen! Was heißt denn *Sein?* Nicht ein kategorialer Abhub, sondern das Waltende ›im‹ Dasein – das *Sichdurchstehen* des Daseins in s[einem] Geschehen.
    Warum Entwurf und was heißt das?
    Warum beides: *Sein des Seienden als das Seiende des Seins?*
    Auf welche Weise genügt dem Aristoteles und warum gerade *so?* Aristoteles beidemal φύσις. Vgl. zu Ontologie Met. Γ und E! I.
    Zu ›Theologie‹ κίνησις: das κινοῦν des Wesens der κίνησις, die *als solche* ἀεί sein *muß.* Vgl. Λ 10 inc.: ἡ τοῦ ὅλου φύσις.[5]
    Vgl. die Axiome am Schluß von Λ 10.

6. Aristoteles – Seinsentwurf

οὐσία – παρουσία:
1. Anwesenheit, Zugegenheit, Fertigkeit, Hergestelltheit.
Von [der] Hergestelltheit, Getanheit, [dem] als *Fertiges* Fertigen die Anwesenheit ausgelegt.
So durch das Seiende hindurch – *beziehungsweise Fertigkeiten.*
Was sagt das?

---

[4] [Siehe unten S. 9, Abschnitt 8.]
[5] [Aristotelis Metaphysica. Recognovit W. Christ. Lipsiae, in aedibus B. G. Teubneri, 1886, Λ 10, 1075 a 12.]

Wodurch die Beziehung der Selbesten und die ›Relativität‹ bestimmt und wie gefaßt.
2. Wie dies Anwesende erfahren ist: a) τὸ θεῖον, οὐρανός, φύσις,
b) *εἶδος, ἀεί,* ζωή,
c) λόγος,
d) *ἕν,*
e) ἀλήθεια.
3. Wodurch gerade diese ›Welt‹-erfahrung ermöglicht?
Das Dionysische und das Apollinische!
Wie *dieses zurücktritt* und jenes[6] freischwebt und sich verfestigt.
Wie diesem die Philosophie nicht gewachsen ist.
Warum das ›Sein‹ übermächtig wird im Sinne der ›Gegenwart‹, so daß das ›Werden‹ *nicht* Sein ist und so ein entwurzelter Gegensatz sich breit macht.
Das Nichtgewachsensein der Seinsfrage im Ganzen.

7. *Das Aristotelische Seinsproblem*

Die entscheidenden Motive des antiken Seinsverständnisses, vgl. die Axiome [Met.] *Λ 10 fi.*: 1. Hergestelltheit, 2. Aussehen, 3. Eigenständigkeit, Diesheit, 4. Anwesenheit, 5. Offenbarkeit, 6. Besprechendes Ansprechen des ›ist‹, 7. Beständigkeit (ἀεί), 8. *Gegenwärtigen* (ἐγρήγορσις, αἴσθησις, νόησις, [vgl.] Λ 7 [1072 b 17 sq.]).

1. Die schärfere Erfassung des λόγος und des ἔστιν bringt das *Sein* deutlicher zur Abhebung.
2. Das πολλαχῶς im weiteren Sinne erweitert zugleich den Blick für die *Universalität* des Seins. *κίνησις* – *ἐνέργεια*. Entsprechend ›ontisch‹, wie die möglichen κινήσεις zueinander *stehen müssen.*
3. Dieses ὂν καθόλου kann aber keine οὐσία sein; daher φύσις τις, weil doch irgendwie alles *Sein* bestimmend.

---

[6] [In der Handschrift zeigt ein Pfeil an, dass »jenes« sich auf »das Apollinische« bezieht, woraus folgt, daß »dieses« in diesem wie im nächsten Satz auf »Das Dionysische« zu beziehen ist.]

I. Aristoteles: Seinsfrage und »Metaphysik« – Allgemeines 9

4. Dabei bleibt aber οὐσία und τιμιώτατον ὄν: *τὸ θεῖον*.
Dieses sogar das Erste, *und zwar von κινούμενον her*, vgl. *n. 2*;
οὐρανός nicht als Gegenstand der ›Naturwissenschaft‹.
Besser: sobald Seinsfrage erwacht, *ist beides da*.
5. *Sein überhaupt und* das eigentlich Seiende – *das Mächtige*.
Aber nicht zusammengebracht. Je schärfer auf der einen
Seite *λόγος* und *Auslegung der κίνησις* als solcher, um so mehr
κινούμενα gesehen – *ἀεὶ* κινούμενον.
6. *NB:* Sein und *das Welten: das Weltende und seine Verweltung*.
Das Sein kein ›*Rauch*‹, sondern das *Mächtigste*, das *Dasein* in
sich aber gerade *verbergend*.
Einsamkeit und Macht des Daseins.

8. ›*Aristoteles*‹ – *die Konstruktion des θεῖον*

1. Wie die Konstruktion im antiken Seinsverständnis und der Erfahrung des Seienden gründet.
ὄν – ἕν, πρὸς [...] ἓν ἅπαντα συντέτακται [Met. Λ 10, 1075 a 18 sq.],
κοινωνεῖ ἅπαντα εἰς τὸ ὅλον [1075 a 23 sq.].
Je eigentlicher aber ein Seiendes ist, um so *gebundener* ist
es, um so *mehr verweltet vom Ganzen*. Dieses das Wesen des
eigentlich Freien. Leicht und mühelos.
[Vgl.] *Λ 10* fi.: *τάξις* entspringt aus πρὸς ἕν und dieses aus ἕν.
Welt – Sein – Zeit.
2. Wie die Konstruktion durchgeführt wird.
3. Woher überhaupt die Möglichkeit und Notwendigkeit dieser Konstruktion *(Endlichkeit)*.
4. Die *Wahrheit* einer solchen Konstruktion.
5. Zergliedern den inneren Duktus von *Met. Λ 6–10*.

9. Aristoteles – ›Metaphysik‹ – ›Theologie‹

In der »Physik« klar geschieden:
Untersuchung über ἕν, ἀκίνητον, τὸ ὄν ist *nicht περὶ φύσεως*, [vgl.] Phys. A 2.[7] Vgl. A 9 fi. [192 a 34 sqq.]: τῆς πρώτης φιλοσοφίας ἔργον περὶ δὲ τῆς κατὰ τὸ εἶδος ἀρχῆς.
Vgl. De caelo Γ 1: Parmenides' These vielleicht καλῶς, aber nicht φυσικῶς λεγόμενον, 298 b 18.[8] ἡ περὶ φύσεως ἱστορία, [vgl.] De caelo, l. c., [Γ 1,] 298 b 2 sqq.
Vgl. entsprechend in *Phys.* die Abgrenzung gegen περὶ φύσεως, d. h. κινήσεως.
Was ist nun die *ἄλλη μέθοδος*?
Betrachtet sie das ὄν ᾗ ὄν und wie?
Doch nur von φύσει ὄντα aus in Phys. Θ.
Metaphysik als *Meta* der *Natur*, aber nicht das *Seiende im Ganzen*: πρᾶξις usf.
Vgl. *Met. Θ* [1, 1046 a 1 sq.]: ἐπὶ πλέον – die δύναμις nicht nur κατὰ κίνησιν (φορά), sondern auch νόησις usf.
Die häufige Zitation von περὶ φύσεως in der »Metaphysik«.
Vgl. die Stellen bei Schwegler, Ko[mmentar, S.] 386 f.[9]

---

[7] [Vgl. Aristotelis Physica. Recensuit Carolus Prantl. Lipsiae, in aedibus B. G. Teubneri, 1879, A 2, 184 b 25 sqq.]
[8] [Vgl. Aristoteles Graece. Ex recensione Immanuelis Bekkeri. Edidit Academia Regia Borussica. Volumen prius. Berolini, apud Georgium Reimerum, 1831, De caelo Γ 1, 298 b 18.]
[9] [Vgl. Albert Schwegler: Die Metaphysik des Aristoteles. Grundtext, Übersetzung und Commentar nebst erläuternden Abhandlungen. Vierter Band: Des Commentars zweite Hälfte. Tübingen: L. Fr. Fues, 1848, S. 386 f.]

I. Aristoteles: Seinsfrage und »Metaphysik« − Allgemeines

10. ›Metaphysik‹[10] bei Aristoteles und [in der] Antike

Nicht einmal das *Übersinnliche* im späteren Sinne findet sich bei Aristoteles.
Was nicht αἰσθητά, die νοητά, ganz anders, d. h. unmittelbar in ihrer Weise da! (Vgl. Aristoteles, Phys. Θ 1 fi. über φύσις und ἀξίωμα.) Ja gerade das zuerst und eigentlich Gegenwärtige. Vom Ganzen der φύσις aus − dieses das Erste, und nicht etwa zuerst positivistisch das ›Sinnliche‹ und dann eine ›falsche‹ ›Transzendenz‹.

Ausgang von den φανερά und rechtes Ansetzen. | Grundprinzip
Phys. B [1], 193 a 4 [sq.]
Θ 3, 254 a 30 [sqq.]
Entsprechend Begriff der *αἴσθησις* − φανερά.
Vernehmen, Anschauung − Sich-Gebenlassen.
Nicht *sensitiv*!!

---

[10] [Notiz über der Überschrift:] Vgl. Scholz [?] 32 Anm. 2 [Dieser Verweis konnte nicht verifiziert werden.]

B. ARISTOTELES – ALLGEMEINES[11]

1. *Warum Aristoteles?*

Weil größer als andere?
Wirkliche Philosophen, die großen, sind für uns groß schlechthin und nicht *unter sich* größer und kleiner, und jeder *dasselbe* im Grunde! Differenzierungslos? *Umgekehrt!* Die *Macht* dieses *Grundes!*
[Nein, nicht weil größer als andere,] sondern weil *Abbruch* eines unerhörten Ausbruches und Anbrechens der Existenz aus Dasein. Heißt?
Wie das verfallend-*unbewältigt* und erst recht ungesichert und -wiederholt sich weiterschiebt.
›Zeit‹: Wirklichkeit. Überzeitlich? Nein! Eine *wirkliche Vergangenheit* haben für ein Philosophieren! Zumal *zeitlicher Abstand* und Ferne.
Absolut sich selbst überlassen.
Warum nicht dabei bleiben?
Weil entwurzelt? Inwiefern? Kant; Idealismus.
Haben wir ein Recht und die Kraft und die Würde des Anspruchs?
Philosophie immer *Vermessenheit des Menschen.* Und doch: inwiefern muß sie ihm zugestanden werden?

2. *Philosophierende Auslegung, d. h. Auseinandersetzung*

Auseinandersetzung mit der antiken Philosophie in ihren eigentlichen Fragen; *nicht irgendeine* Lehre oder These.
Warum? Weil es die uns nötigste ist.

---

[11] [Überschrift auf dem Umschlag, mit dem Heidegger die im Folgenden vom Herausgeber von 1 bis 7 durchgezählten Aufzeichnungen zusammengefaßt hat. Auf der Innenseite des Umschlags findet sich die Überschrift:] *Aristoteles / im Allgemeinen / Seinsfrage / u. / »Metaphysik«.*

I. *Aristoteles: Seinsfrage und »Metaphysik« – Allgemeines* 13

Sind wir *genötigt?*
Was für eine Nötigung? Sind wir reif dafür?
Bleibenlassen!
Warum diese abgelegenste, vergangenste?
Anfang und ›Ursprung‹.
Vergangenheit haben.
Nicht das *Vielerlei dazwischen* – zumal Abfall.
Aber wie dergleichen wirklich machen?
Wirklichkeit des Fragens, Geistes, Existenz.
Benommenheit von *Beschäftigungen*; *Kultur.*

3. *Aristoteles Philosophieren!*

Abbruch im Ganzen und im *Einzelnen.*
Wie ein jäh stehengebliebenes Greifen ins Dunkle auf dem Wege eines Durchbruchs im Fragen nach dem ὄν.
Dieses im Ganzen zu fassen suchen und so das philosophische Geschehen.
NB: Dagegen später δόγματα, Sätze, Meinungen, Lehren – entwurzelt aus dem Frageboden und schulmäßig in fremden Absichten zusammengestellt und immer wieder nachgesprochen und mehr und mehr verhärtet und verdünnt und abgelöst vom *Frageblickfeld.*
So denn überhaupt üblich geworden nach Sätzen und Thesen; falscher Wissenschaftsbegriff in der philosophischen Neuzeit.
Außerstande, das *Werk* zu fassen, nicht literarisch, sondern das Erwirkte in seiner ungeborgenen Geschehensbewegtheit und Fragefülle.
Dazu hilft die spätere zumal [...]* Gestaltung, die *nicht* zu fehlen braucht, im Gegenteil, wenn die Fraglichkeit entsprechend ist.
Beides schließt sich nicht aus.

---

* [Ein Wort unleserlich.]

4. Aristoteles

1. Kein Philosophieren später so *verhärtet* übernommen und als starres, eindeutiges, klares System ausgegeben und in Herrschaft gehalten wie dieses, so daß rückläufig von da die Auslegung des antiken Aristoteles bestimmt wurde.
2. Dagegen kein Philosophieren so unfertig und überall unterwegs stehen geblieben und daher alle Wege und Ansätze auseinander liegen geblieben wie dieses. Selbst Plato nicht. All das schließt straffe Gedankenführung, Aufbau und Begrifflichkeit nicht aus (das gibt es nur: ans ferne [?] Ende zu sehen), im Gegenteil, je unentwegter jenes, um so weniger vorschnelle Abhandlung.
3. Daher hier der *schärfste* und stoßkräftigste ›*Ausdruck*‹ des antiken Philosophierens, d. h. des wirklichen Philosophierens überhaupt.
4. Bis heute *kaum eingedrungen* in die innere Lebendigkeit und Gebrochenheit, Ansatzfülle des Aristotelischen Philosophierens,[12] zu stark lastet das ›System‹ auch da, wo man auszugleichen sucht mit Hilfe von Entwicklung; auch da Systemform statt Probleme. Das Stehenbleiben, Nichtweiterkommen, Ent-Setzen und Einwenden [...]* – dieses wissen und umleiten in wirkliche Fragen.

5. Die philologische Arbeit am Corpus Aristotelicum seit Brandis und Trendelenburg bis in unsere Gegenwart und die philosophische Aufgabe

Hinter dieser Forschung bleibt die philosophische Arbeit weit *zurück*, jedenfalls *nach Hegel und Schelling*. Nicht nur das, man begreift nicht einmal mehr, daß hier eine Arbeit notwendig ist.

---

[12] Was verlangt das? Nicht Resultat, sondern innere Richtung des *Fragens* und daher *Boden und Ausblickfeld*.
* [Ein Wort unleserlich.]

I. Aristoteles: Seinsfrage und »Metaphysik« – Allgemeines

Keine Beletage. Warum begreift man's nicht? Keine entsprechende Problematik, man glaubt weit hinaus zu sein über Antike.[13]
Sein und Sollen.
Sein und Werden.
Sein und Bewußtsein.
Sein selbst dabei *unklar.* Kein *Problem*, weil kein *Da-sein. Sein in der Antike* in seiner ganzen Weite und Fragwürdigkeit und *Hang zur Verfestigung.*
Nicht als seien in der ›Antike‹ alle Türen geöffnet. Gar nicht, nicht einmal die *Schlüssel.* Und *trotzdem*!
Warum Auseinandersetzung mit Aristoteles? Nicht, weil *er* nach gemeiner Meinung ein großer Philosoph ist, sondern weil uns der Boden fest zu werden beginnt. Inwiefern? Vielen – ob man davon weiß, ist *gleichgültig* – im Gegenteil wünschenswert. Eroberte [?] sich doch d[as] Philos[ophieren] wieder Macht zurück.

6. *»Metaphysik«*

Jaeger Korrektiv![14] *Für uns* nicht das Interesse an der Einheit des Werkes, auch nicht an der Zusammengehörigkeit und Verteilung und [am] Ein-, Nachtrag der Stücke, sondern allein die Problematik.

Diese in ihrer eigenen, immer wieder ansetzenden Bewegtheit und [ihrem] *Unterwegs* – gerade dann am schärfsten, wenn wir uns der Tendenz des *Zusammenstoppelns* begeben.

Offenlassen – im positiv problematischen, *sachlichen Sinne.*

Keine literarische Veröffentlichung, sondern Untersuchungen, Lehrschriften, Vorlesungen.

---

[13] nur etwas nachholen! heute! oder Begeisterung für A[ntike], *Zuflucht* und dergleichen oder das Aufkommen des *Daseins*!

[14] [Vgl. Werner Jaeger: Studien zur Entstehungsgeschichte der Metaphysik des Aristoteles. Berlin: Weidmannsche Buchhandlung, 1912; ders.: Aristoteles. Grundlegung einer Geschichte seiner Entwicklung. Berlin: Weidmannsche Buchhandlung, 1923.]

Anlaufen.
Jaeger: Blick für diese *Bruchstellen*, vom Werk aus, aber *zuviel*, vgl. Θ *10*!
Wie Z 12 und H 6.

7. »*Metaphysik*«

Die »*Metaphysik*« *kein Werk*, einzelne Abhandlungen.
Zusammenhang — jeweilige Zusammengehörigkeit.
Brandis, Bonitz, Schwegler, Jaeger.[15]
Co[mmentare]   kritischer — literarische Form —
                        ›*Entwicklung*‹.
Aber: all das wichtig — und doch *ganz ohne Philosophie*.
Brandis; Jaeger gemäßigter *Neukantianer — Riehl.*
Jaeger Korrektiv — wichtig genug, *um so mehr* alles *Inhaltliche* kritisch.
Aber nicht nur dieses gelingt der Beschäftigung mit Aristoteles, *sondern* — von ganz anderswoher — [d. h.][16] *philosophische Grundstellung.*

Weder Begeisterung für d[as] Klass[ische] noch Förderung und Erledigung bisher dunkler Fragen, auch nicht besser *Geschichte der Philosophie*, sondern Auseinandersetzung — grundsätzlich — um unser Dasein selbst!

---

[15] [Vgl. Aristoteles Metaphysik. Übersetzt von Dr. Ernst Wilh. Hengstenberg. Mit Anmerkungen und erläuternden Abhandlungen von Dr. Christian August Brandis. Erster Theil. Bonn: Eduard Weber, 1824; Aristotelis Metaphysica. Recognovit et enarravit Hermannus Bonitz. Pars posterior: Commentarius in Metaphysica Aristotelis. Bonnae, Ad. Marcus, 1849; Die Metaphysik des Aristoteles. Grundtext, Übersetzung und Commentar nebst erläuternden Abhandlungen von Albert Schwegler. 4 Bde. Tübingen: L. Fr. Fues, 1847–1848; Werner Jaeger: Studien zur Entstehungsgeschichte der Metaphysik des Aristoteles; ders.: Aristoteles. Grundlegung einer Geschichte seiner Entwicklung.]

[16] [In der Handschrift ist die Formulierung »von ganz anderswoher« als Korrektur der Formulierung »ganz andere« erkennbar. Gemäß dieser Korrektur muß wohl »d. h.« fortfallen.]

Antike noch von Bedeutung? Ja, und nicht nur, weil antik und klassisch! Sondern *Anfang* des *Philosophierens*. Was das für das Philosophieren selbst *bedeutet* – ›*Stillstand*‹. ›Geschichte‹ heißt hier? Unser Dasein in seinem Grundgeschehen. In dieses zurück und aus ihm her.

C. TERMINI[17]

ἔργον
ἐνέργεια
ἐντελέχεια
τέλος
αἰτία (die 4 Weisen)

1. ἐνεργείᾳ

Vgl. Met. H 2!
Wesen des Hauses von *Bewandtnis* her, von dem *Wozu* der Hergestelltheit.
Dieses als τέλος beendet die Hergestelltheit und macht sie eigentlich aus und damit die *Anwesenheit*.
ἐνεργείᾳ betrifft also nicht direkt das τόδε τι, bzw. doch, sofern dieses σύνολον, und dieses ist es, weil Vorhandenheit qua Her-*kommend*heit.

2. ἐντελέχεια

Von dem σύνολον – τόδε τι des γνωρίζεται μετὰ νοήσεως ἢ αἰσθήσεως [vgl. Met. Z 10, 1036 a 5 sq.] wird gesagt: ἀπελθόντες δ' ἐκ τῆς ἐντελεχείας οὐ δῆλον πότερόν ποτέ εἰσιν ἢ οὐκ εἰσίν, ἀλλ' αἰεὶ λέγονται καὶ γνωρίζονται τῷ καθόλου λόγῳ *(Met. Z 10, 1036 a 6 sqq.)*.
Vgl. Z 15, 1040 a 2 sqq.: ἄδηλα γὰρ τὰ φθειρόμενα τοῖς ἔχουσιν τὴν ἐπιστήμην, ὅταν *ἐκ τῆς αἰσθήσεως ἀπέλθῃ*.
Eth. Nic.: ἐπιστήμη! [Z 3,] *1139 b 20.* [Vgl.] Schw[egler] II, [S.] 122.[18]

---

[17] [Überschrift auf dem Umschlag, mit dem Heidegger die im Folgenden vom Herausgeber von 1 bis 13 durchgezählten Aufzeichnungen zusammengefaßt hat. Unter der Überschrift finden sich auf dem Umschlag die fünf folgenden griechischen Begriffe notiert.]
[18] [Vgl. Albert Schwegler: Die Metaphysik des Aristoteles. Vierter Band: Des Commentars zweite Hälfte, S. 122.]

I. Aristoteles: Seinsfrage und »Metaphysik« – Allgemeines

ἐντελέχεια: *Anwesenheit* des Fertigen – *Her-* und *Zu-gestellt*, was unmittelbar enthüllt werden kann.
ἐνέργεια und αἴσθησις: vgl. [Met.] *Θ 10*.
Vgl. [Met.] Z 13, 1038 b 5 sq.: ὑποκείμενον als ὕλη, die ὑπόκειται τῇ ἐντελεχείᾳ, *der Fertigkeit* und so *dem Ganzen*, ἓν ὄν.
ἡ γὰρ ἐντελέχεια χωρίζει (Z 13, 1039 a 7): Die Fertigkeit »trennt«, »entzweit« – macht eigenständig.
Das Doppelte kann *δυνάμει* aus zwei Hälften bestehen, aber nicht ἐνεργείᾳ – sonst fallen diese eigenständig auseinander und sind keine Hälften mehr?[19]
Phys. Γ 5, 204 a 28 [sq.]: ἀλλ' ἀδύνατον τὸ ἐντελεχείᾳ ὂν ἄπειρον· ποσὸν γάρ τι εἶναι ἀναγκαῖον.
ἐντελέχεια! πέρας, *Fertigkeit*.

3. ἐνέργεια

Hergestelltheit – Anwesenheit – *Sein – existens*.
Die Weisen des Herstellens – entsprechend.
Vgl. [Met.] *H 2. Konkrete Analyse* der Phänomene.

4. ἐντελέχεια (ἐνέργεια)

1. Das *Innehaben der Fertigkeit*,
   innehaben damit *den Hergang*, Gang.
2. Das Im-Werk-halten, *Werken*,
   wieder das ›ἐν‹.

Beidemal ein *haltendes Behalten* und damit *Vor-halten*, Anwesend-sein-lassen.
Von *hier* aus δύναμις?
Bzw. von *dem, was diesen Unterschied aus sich entläßt*.
ἐνέργεια: das im Werk haltende *Zu-Werk-bringen, Zu-bringen*.

---

[19] [Vgl. Met. Z 13, 1038 b 4 sqq.]

5. ἔργον

1. *Arbeit* [als] arbeiten: Geschäft, Beschäftigung; was einem obliegt.
ἔργα – was Gegenstand – zunächst: Acker, Land.
Daher = Vermögen, Hab und Gut, *οὐσία*.
2. Arbeit als das *Gearbeitete*: das *Gemachte*, das *Erworbene*, der *Ertrag*.

»Das Werk«: Eisenwerk, *Hüttenwerk*.

Woher diese Doppelung?
Gehört zum Phänomen. Die ursprüngliche Einheit ist woraus?
*Her*stellen, Hervor-bringen, *Zu-Stand-bringen* – *In-Stand-halten.*
Stand, Her, Fertig, *vollendet, ἐν τέλ[ει]*.

6. ἔργον – ἐνέργεια

ἔργῳ: in der Tat, in Wirklichkeit.
λόγῳ: der bloßen Gemeintheit nach.

Tat, Tätigkeit: ἐνέργεια.

Werk, *Im-Werke-sein* und *»Werkschaft«*
   daraus   =
Teichmüller – Hinweis[20]

---

[20] [Siehe unten S. 22 den Abschnitt 10.]

I. Aristoteles: Seinsfrage und »Metaphysik« – Allgemeines   21

7. ἐνέργεια

Das Am-Werke-sein: Dabeisein bei etwas, In-Tätigkeit-begriffensein, Zustandebringen.
νοῦς ἐνέργεια: das *Zu-Stand-bringende* schlechthin; nicht nur *Tätigkeit, Vollzug,* sondern: ständig *in Stand* halten.
Der ontische Begriff der ἐνέργεια, wofür es einen Plural gibt, vgl. [Met.] Θ 6, unterschieden gegen ποιήσεις.
›Vollzug‹, *vollziehende Vollzogenheit!* Was heißt das *existenzial?*

8. ἐντελέχεια *und* ἐνέργεια

Zunächst auch κατὰ κινήσεις [vgl. Met Θ 1, 1046 a 2].
Dann: das *Ausführen,* Vollziehen, ›Dabei-sein‹.
ἐπὶ πλέον [a 1] aber: nicht wieder ›Kräfte‹ und Wirksamkeiten, sondern *jetzt wohin gesehen und wie,* wo das unterbringen?
Warum wird was in der Antike davon gesagt? *Soviel?*
*Dabei-*sein, *Her-, Da-*heit, Zugegenheit, Anwesenheit.
Wie kommt es zu diesem ἐπὶ πλέον?
Von *ἐνέργεια* aus? Warum von da?
Notwendig von hier oder nur *methodisch* leichter?
Der Sache nach: (παρ-) *οὐσία* liegt allem schon zugrunde.

9. ἐντελέχεια — ἐνδελέχεια

Nach Teichmüller dasselbe Wort.[21]
Und ἐνδελέχεια gibt erst gerade die rechte Auslegung für ἐντελέχεια.

---

[21] [Vgl. Gustav Teichmüller: Aristotelische Forschungen. Band III: Geschichte des Begriffs der Parusie. Halle: G. Emil Barthel, 1873, S. 97 ff.]

ἐνδελεχῶς: ständig, fortwährend; *das Währen, Bleiben; Bleibendheit!* ›immer da‹; *ausdauernd, die Dauer aushaltend;* ›inständig‹, in sich stehend; *immer dasselbe bleibend.*
NB: Nicht so sehr das ›ohne Anfang und Ende‹, das ›*immer fort*‹, sondern die *Zugegenheit!* Nicht das *Innerzeitige*, sondern ekstatisch Zeithafte.

Aristoteles hat aus ἐνδελέχεια ἐντελέχεια gemacht und das ist nicht wie Sintflut – Sündflut, sondern das Zweite *verstärkt* das Erste und nimmt das *Erste* gerade echt antik in die ebenfalls antike Erfahrung der Fertigkeit auf!

[In Met. Θ 8,] *1050 a 22* wird ausdrücklich ἐνέργεια auf ἐντελέχεια [bezogen], nicht weil diese verständlicher, sondern erst eigentlich das Wesen von ἐνέργεια *ausmacht.*
Vgl. ἡ χείρ, [...] ἡ δυναμένη τὸ ἔργον ἀποτελεῖν (Z 11, 1036 b 31).

10. Teichmüller

Hinzuweisen auf die Untersuchung von Teichmüller »Geschichte des Begriffs der Parusie«, 1873.
παρουσία als geläufiger Terminus!
Nur das Faktum; die Interpretation unzureichend, aber doch wichtig genug, weil er nicht dem Verdacht ausgesetzt ist, etwa dergleichen aus einer Probl[ematik] von Sein und Zeit in die antike Philosophie hineinzudeuten.
So Bestätigung, aber nicht das Problem gefaßt.

I. Aristoteles: Seinsfrage und »Metaphysik« – Allgemeines 23

11. Teichmüller

kommt nicht durch und sieht, vom Systematischen abgesehen, noch nicht die innere Tragweite.
Übersetzt τέλος mit »Zweck« ([S.] 117 oben),[22] das »Vollendete« ([S.] 107, aber nicht temporal gesehen! Das hat ja gerade ein Ende, also *gegen* ›ohne Ende‹ des ἐνδελεχῶς), und οὐσία mit »Substanz« [S. 103] (zur Stelle De gen. et corr. B 10).
Man muß sich nur von der üblichen Aristoteles-Auslegung, auch der Trendelenburgischen, die Teichmüller ganz annimmt, freimachen.
Ganz schief: Teichmüller, [S.] 106/7.
Ganz unmöglich: S. 115!

12. αἰτία

δύναμις κατὰ κίνησιν
   qua ἀρχή – πρώτη αἰτία;
   das διὰ τί, das *Wodurch* – nur dann, im λαβεῖν des διὰ τί,
      das εἰδέναι, ἐπιστήμη, ›εἶδος‹ im vollen Sinne.

1. *Woraus* des Entstehens und Bestehens – ἐνυπάρχον.
2. *Wonach* des Bildens und Herstellens – εἶδος, παράδειγμα, was daneben schon *vor-gezeigt* ist, was wir uns *vor-zeigen* müssen – vor: 1. anwesend, 2. voraus!
3. Das *erste Von-wo-aus*, *Woher* des Anfangs des Umschlagens bzw. Ruhens.
4. Das *Worauf-zu*, *Wozu* als τέλος (es ist das οὗ ἕνεκα, ἀγαθόν, αὐτό oder φαινόμενον), Ende, Fertig – *Worauf-hinaus* (das ist zwar nur das Ende, Fertigkeit, ἔργον und so Ziel und so vom Mittel her (ὄργανον) ›Zweck‹ und so ›Absicht‹).

[22] [Vgl. Gustav Teichmüller: Aristotelische Forschungen, Band III, S. 117.]

24 Erster Teil: Ergänzungen

1–4: das *Wo-*, παρουσία, ἀπουσία.
Wie diese Verteilung geschieht! *Das αἴτιον-hafte überhaupt.*
Das αἴτιον-hafte ist:
als Beteiligung am Herstellen, Seiendes zu solchem machen.
Sein: Hergestelltheit, Fertigkeit, *Zugegenheit.*
Nur so τέλος, aber *wie* die *Beteiligung?*
Das Wesen der Beteiligung, des Ur-sache-seins.
Ur-sache: das Schon-eigen- oder -mit-und-vor-vorhanden-*sein*
und *dadurch Bestimmen.*
Wie das? Wie weit kommt dieser Ansatz?
Worin begrenzt?
μεταβολή – Zugegenhaftes: *Umschlag.*

13. τέλος und antikes Seinsverständnis – ›Teleologie‹

Das Ende: was Fertigkeit ausmacht.
Fertigkeit des Werkes: das *Worauf-zu* des Tuns, worauf wir es absehen, das Beabsichtigte und die Absicht.
Das Beabsichtigte – das Worauf-zu, Ziel, das *Wozu* des Tuns: wieder die Scheidung von ποίησις und ἔργον – Herstellungsaufklärung.
Das Wozu als Worumwillen – der Zweck.
Der *Zweck* als Vorhandenheits- und Zuhandenheitscharakter.
Diese Beziehungen werden nun, indem das Tun selbst vorganghaft erscheint, als vorgangsmäßig nebeneinandergestellt, wobei sich erhält der vorhandene bestimmende Bezug, dieser aber unekstatisch jetzt als das *Wirkende* im Wirkenden die Ursache – *Zweck-ursache,* τέλος *als* αἰτία.
In all dem *nicht* entscheidend ([das] philosophische Seinsproblem betreffend) die ›Teleologie‹, teleologische Welt, sondern diese nur eine Folge der Seinsauffassung qua Vorhandenheit, *Zugegenheit.*
Daher τέλος *und* εἶδος!

I. Aristoteles: Seinsfrage und »Metaphysik« – Allgemeines 25

τέλος – existenzialer Ursprung.
Nur ein ›Symptom‹ des Geschehens, nicht eine Ursache – das *vorausgeworfene Bild*.
Warum das? Weil sich auch da Gegenwärtigung eindrängt und das reine Geschehen *zurücksinkt*.

Das *Zurücksinken* (weil ekstatisch Geworfenheit und Verfallen) ist der Grund der τέλος-Bildung qua εἶδος und eine Folge dieses Zurücksinkens das τέλος qua *Zweck*.

So das Dasein als ein *Sich-her-stellendes-Vorhandenes*.

D. VOLLZUG[23]

1. *[Vollzug]*

Aus-setzen — Ein-setzen
In-sich-zurück-gehen — Über-lassen
  Ent-lassen
  Sich-be-freien
Auf-geben — Weg-geben
Verzichten —
Ver-gessen

2. *[Der Vollzug]*[24]

Der Vollzug ist zwar Anwesenheit, Nichtvollzug Abwesenheit, aber dieses schlechthin; dagegen ist Vollzug qua Ausübung, wenn überhaupt Anwesenheit, allenfalls Anwesenheit von Einübung; aber wir sehen leicht, daß hier gerade die Kennzeichnung von Anwesenheit nicht genügt. Und warum nicht? Weil von dem Eingeübtsein zur Ausübung nur das führt, was wir Übergang nennen — welcher Übergang aber das, von wo er übergeht, Eingeübtsein, mitnimmt in das, wozu er übergeht, Ausübung; aber nicht nur mitnimmt, sondern in der Mitnahme gerade verwandelt, *überführt* in die Ausführung. Ausübung und Ausführung können nur

---

[23] [Überschrift auf dem Umschlag, den Heidegger um das Blatt mit der Aufzeichnung »Dieses Entlassen...« (siehe unten S. 28 den Abschnitt 3) gelegt hat. Die unter der Überschrift auf dem Umschlagblatt sich findenden Notizen werden im Folgenden als Abschnitt 1, der Text auf der Vorderseite des Umschlagblatts (siehe die folgende Fußnote) als Abschnitt 2 wiedergegeben.]

[24] [Der vorliegende Text befindet sich auf der Vorderseite des Blattes, das Heidegger als Umschlag für dieses Konvolut benutzt hat, und stellt eine unvollendete und durch eine neue Ausarbeitung ersetzte Seite (oben links paginiert als Seite 39) zu dem Manuskript der Freiburger Vorlesung vom Sommersemester 1931 dar. Vgl. Martin Heidegger: Aristoteles, Metaphysik Θ 1–3. Von Wesen und Wirklichkeit der Kraft. Gesamtausgabe Band 33. Hrsg. von Heinrich Hüni. Frankfurt a. M.: Vittorio Klostermann, 1981, ³2006, S. 191 f.]

I. Aristoteles: Seinsfrage und »Metaphysik« – Allgemeines   27

sein und anheben zu sein in der Weise der *Überführung.* Vollzug ist nicht nur mehr als das bloße Auftauchen von etwas, was zuvor abwesend war; es ist in sich etwas völlig Anderes, so zwar, daß es wesenhaft das Moment der Überführung in sich schließt.

Umgekehrt: nicht vollziehen – an sich zurückziehen aus der Ausübung und damit das Werk als solches sich selbst überlassen –, gerade dieses wäre gar nicht möglich, wenn Nichtvollzug einfach Verschwinden der δύναμις.

Zwar: Baumeister stirbt, dann bleibt doch alles liegen. Aber was heißt das? Da sagen wir: von uns aus nicht Vollzug – des Nichtvollziehenkönnens –, aber gleichsam doch [des] Verstehens gerade, was jener könnte, wenn er noch da wäre. Häuser als Häuser vor uns sonst verborgen – andernfalls Häuser nur, wenn in der Herstellung begriffen, *Werk nur, wenn im Werk seiend,* mit dem Aussetzen des Vollzugs müßten die Werke in die Verborgenheit zurücksinken.

In die Richtung dieses Phänomens zielt Aristoteles, wenn er auf Anfangen und Aufhören, auf Lernen und Verlernen hinweist. Wenn dagegen die megarische These zu Recht besteht, dann ist all dergleichen nicht verständlich zu machen und gerade das nicht zu fassen, worin die Megariker die Wirklichkeit des Vermögens sehen – der Vollzug selbst. Weil die Fassung seines Wesens von Anfang an ein Mißgriff, deshalb der Weg verschlossen zur Einsicht in seine Möglichkeit. Nur wenn das erreicht ist, läßt sich aber das Sein des unvollzogenen Vermögens fassen, also das Vorhandensein im Sinne des *Eingeübtseins* in etwas. Wenn aber gezeigt werden kann, nicht nur daß, sondern wie auch und gerade ein nichtvollzogenes Vermögen als solches *ist,* dann wird auch erst sichtbar, daß das Vorhandensein des Vermögens nicht gebunden ist an das, was im Vollzug zu Auswirkung und Herstellung zu gelangen vermag – an das Werk. Umgekehrt, dieses kann für sich hergestellt und vorhanden sein, ohne daß nach der vollendeten und somit aufhörenden Herstellung deshalb das Vorhandensein des Vermögens verschwinden muß. Das müßte freilich der Fall sein auf Grund der megarischen These. Ja noch mehr: bestünde die Wirklichkeit des Vermögens nur im Vollzug, dann könnte das Vermögen des Herstellens zum Beispiel nie ein Hergestelltes als für sich vorhandenes gleichsam entlassen und das Werk sich selbst überlassen; denn ein Werk sich selbst überlassen heißt eben: das Herstellen *einstellen*.

3. [Entlassen]

Dieses *Entlassen* – was sagt das?
Nur ›Aufhören‹ oder gar Verschwinden des Vermögens?
Worin ist der Baumeister?
In dem Am-Werke-sein? Dann könnte ein Vermögen auch nur sein, wenn ein Werk *im* Werk ist, und umgekehrt dieses nur, wenn ein Vermögen am Werk ist.

Zwar – könnte man sagen – ein Werk kann doch für sich sein und soll es sein, gerade nachdem und wenn das Herstellen zu Ende ist.

Es *ist* in seinem Vorhandensein unabhängig davon, ob δύναμις *vollzogen* wird oder nicht.

Allerdings, aber folgt daraus die Unabhängigkeit von δύναμις überhaupt?

Was heißt: diese ist im Herstellungsvollzug fertig?
Entlassen, einstellen.
Was da im Werk ist, bleibt, auch wenn das Vermögen im Vollzug aussetzt. Ja gerade *von ihm aus*, dem nicht vollzogenen, kann die Unabhängigkeit des Werkes vom Herstellen und Herstellungsvollzug eigentlich erfahren werden.

E. ΔΥΝΑΜΙΣ[25]

1. δύναμις

Anklänge von möglichen Bedeutungen:

Vermögen	das Ermöglichende, möglich Machende – in welchem Sinne?
	etwas ›fertigbringen‹ | ἐνέργεια – ἐντελέχεια
	im Werke sein ╱ Fertigkeit
	bzw. am Werke sein ╱ qua ἐντελέχεια
Fähigkeit	
Verfügen	›Fertigkeit‹ qua δύναμις ╱
Befähigung	
Eignung	*Disposition*, διάθεσις (was diese wieder in sich ist,
Begabung	vgl. Met. Δ 19, τάξις!)
Geschick	*Nachgiebigkeit – Abwehr*
Geschicklichkeit	*Zulassen – Versagen*
Anlage	Gebung, Habe, ἕξις!
Macht	›Können‹: er kann's, er versteht es in der rechten
	Weise zu machen, er beherrscht die
Kraft	Sache wirklich
Möglichkeit	›Beherrschung‹ (Macht)
Ermöglichung	›einer Sache *gewachsen* sein‹
	Macht als aus … auswählendes ›Fertig‹-machen-wollen

Grundbedeutung? Oder ist *sie* gerade schon gesplittert? Und zwar wie? Und warum?

Was meint der ›Begriff‹ Möglichkeit? Einen Grundcharakter des *Seins*? Inwiefern?

Und wohin mit dem Sein? Endlichkeit.

---

[25] [Überschrift auf dem Umschlag, mit dem Heidegger die im Folgenden vom Herausgeber von 1 bis 36 durchgezählten Aufzeichnungen zusammengefaßt hat.]

2. [Vermögend sein]

Vermögend sein – Bereitschaft zu –
Verfügen über – Beherrschen – | *vgl. Manuskript*
Übergriff – Ein-be-ziehen!

3. Das Nicht-Können

Un-vermögen
Nicht-widerstehen-Können
Versagen
Nicht-gewachsen-sein (Unbeherrschung)
Schwachheit
Verderbtheit
Ohn-macht

4. δύναμις κατὰ κίνησιν[26]

Die πρώτη δύναμις – Vermögen im leitenden Sinne.

Welche es gibt – ihr Wesen – was und *wie wirklich – was bewirkend.*

Bedingungen der Möglichkeit für das δυνατὸν εἶναι, für das *wirklich Vermögen.*

πῶς ἔστι δύναμις, [vgl. Met. Θ 5, 10]48 a 18.

Θ [1–2] brachte die verschiedenen Hinsichten der Einteilung (Bestimmung) der δύναμις und des δυνατόν.

Wie steht die Unterscheidung von δύναμις [als] ποιεῖν – πάσχειν – καλῶς zu δύναμις ἄνευ λόγου – μετὰ λόγου?

[26] [Die vorliegende Aufzeichnung befindet sich auf der linken und rechten Seite eines Blattes im Folio-Format, das zugleich als Umschlag für die folgenden, vom Herausgeber von 5 bis 17 durchgezählten Aufzeichnungen dient. Oben links auf dem Blatt die Notiz:] zu 11 f. [Diese Seitenangabe bezieht sich auf die Handschrift der Freiburger Vorlesung vom Sommersemester 1931. Vgl. Martin Heidegger: Aristoteles, Metaphysik Θ 1–3. Gesamtausgabe Band 33, S. 56 ff.]

I. Aristoteles: Seinsfrage und »Metaphysik« – Allgemeines   31

Davon verschieden die Frage: wie ist die δύναμις qua δύναμις *vorhanden?*
Davon verschieden die Frage: wie steht sie zu der ihr möglicherweise *folgenden Verwirklichung?*
Wie kommt in all das schon *eigentliche* ἐνέργεια und δύναμις hinein?

Worauf stößt die Frage: was ist die ἐνέργεια (Plural)? Tätigkeit – Vollzug?
Gar nichts zu sagen! Warum nicht? Aber *Anwesenheit*! Warum dieses?
Und so rückwärts dann δυνατόν als δυνάμει.
Der Bezug der δύναμις (Plural) zu ἐνέργεια *(Plural / Singular)* ist anders als der umgekehrte. Bei der Umkehrung eine ›*Erweiterung*‹ – warum?
ἐπὶ πλέον [Θ 1, 1046 a 1]: *zweideutig* – Aristoteles kommt nicht durch.

δυνατόν, Δ 12 [1019 b 34 sq.]:
1. κατὰ δύναμιν,
2. <u>οὐ</u> *κατὰ δύναμιν* – das mathematische und logische – *κατὰ* <u>τί</u>?
Vgl. dagegen De interpr. cap. 9 und cap. 13.

δύναμις: 1. *Vermögen zu ...*,
         2. als dieses Vermögen zu ... selbst *in der Möglichkeit des Vollzugs* und Nichtvollzugs. Wie ist der *Bezug hierzu?* Ist er nicht mit (1) enger verwurzelt?
         Vgl. [Θ 3,] *1047 a 24 sqq.* – nur zu entscheiden aus der Frage, wie δυνάμεις qua ὄντα *selbst sind.*
         Was heißt: δύναμις ἐνεργεῖ?[27]   a) *Selbst etwas Vorhandenes.*
         Was heißt: *δύναμις ἐνεργείᾳ ἐστίν?* b) τὸ δυνατῷ *εἶναι.*
         Wie hier das κατὰ κίνησιν. (b) ist die Voraussetzung für

---

[27] d. h. ἡ ἐνέργεια αὐτοῦ ὑπάρχει, [Met. Θ 4, 10]47 b 3: ἀκολουθεῖ.

(a), kann aber seinem Wesen nach nicht aus (a) und durch (a) begriffen werden.

δυνατόν, [vgl.] cap. 5 [1048 a 1]: τί δυνατόν, ποτέ, πῶς, καὶ ἄλλα.

5. *δυνάμει: Beispiele*[28]

τὸ σῶμα δυνάμει	ὑγιεινόν	κάμνον
τὸ ὕδωρ δυνάμει	οἶνος	ὄξος
	καθ' ἕξιν	κατὰ στέρησιν
	παρουσία	ἀπουσία
	οὐσία	

ὁ ζῶν δυνάμει νεκρός? Vgl. [Met.] H 5 fi. [1044 b 36].
Oder ἡ ὕλη κατὰ στέρησιν νεκροῦ δύναμις [vgl. 1045 a 1 sq.].

6. *δυνάμει – ἐνεργείᾳ: ἡ οἰκία*[29] *(vgl. Met. H 2 fi.)*

δυνάμει: Stein, Ziegel, Balken; das ›mögliche‹ Haus im Sinne dessen, was es ermöglicht.

Warum wird gerade das ›Material‹ das Ermöglichende genannt? Ist nicht εἶδος ebenso sehr ermöglichend? Warum nicht εἶδος das δυνάμει? εἶδος, λόγῳ genommen (λόγῳ χωριστόν), ist doch auch und gerade das ›mögliche‹ Haus?

Das δυνάμει eben vom Herstellen her gesehen: der Stoff ist das *Zulassende*, und zwar dasjenige, das schon vorhanden sein muß und auch für sich vorhanden sein kann.

Das ἐνεργείᾳ liegt dagegen gerade schon im εἶδος, obzwar [dieses] auch wie ὕλη mit ermöglichend. Aber in εἶδος liegt das *Aus-*

---

[28] [Vgl. Met. H 5, 1044 b 30–1045 a 6.]
[29] ἡ οἰκία zweideutig, vgl. H 3 inc.: 1. das Ganze als Woraus und als Was, 2. das Aussehen für sich: (Holz-) *Haus* im *Unterschied von* Tisch, *Tisch – Stuhl*. H 4: ἐκ ξύλου καὶ κιβωτὸς [Kiste] καὶ κλίνη [1044 a 26 sq.] – *διὰ τὴν κινοῦσαν αἰτίαν* [a 26].

I. Aristoteles: Seinsfrage und »Metaphysik« – Allgemeines 33

sehen, das als *Was* hier schon die eigentliche *Anwesenheit*: das *Wie*, in dem es *sein wird*.

Und δυνάμει lebt (vgl. H 3) immer von ἐνεργείᾳ; an sich ist Stein und Holz nicht Haus ermöglichend, es gehört nicht zu ihrem Wesen, sondern nur eine Wesensfolge, sofern εἶδος Haus besteht, *gebildet wird*; ὑπάρχοντα zwar, aber nicht ἐνυπάρχοντα notwendig. Das *werden sie erst* durch und in Herstellungsvorhabe. Aber *sie* werden es doch aufgrund *ihres* Wesens.

H 6! *τὸ τί ἦν εἶναι* als Grund des ἐνεργείᾳ εἶναι des δυνάμει ὄν [vgl. 1045 a 31 sqq.].

τὸ συνάμφω (τὸ κοινόν) (τὸ σύνθετον) [vgl. H 2–3, 1043 a 22 sqq.].

7. *δύναμις (οὖσα) – δυνάμει (ὄν)*

Ein Vermögen ist übergehend, ausgreifend ›zu‹ anderem. Nun kann es als tätiges auftreten, in Vollzug treten, dann kommt das Vermögen selbst seinsmäßig ins Hintertreffen, es sieht so aus wie etwas, das noch nicht *voll* zu nehmen ist: ›nur‹ Vermögen und ›noch nicht‹.

Tätigkeit aber ist dann überdies noch herstellend; mit dem Hergestellten ist die Tätigkeit zwar seinsmäßig gleichgestellt, auch vorhanden, aber mit Vorhandensein des Hergestellten gerade auch nicht mehr vorhanden. Aber anders: die Tätigkeit hört einfach auf, verschwindet; dagegen das Vermögen ist noch da, ja gerade jetzt wieder, und es ist so, als zöge sich die Tätigkeit in das Vermögen zurück. Und sie *ist* jetzt nur »der Möglichkeit nach«, *δυνάμει*, die δύναμις selbst aber ist *ἐνεργείᾳ*, wirklich im *ersten* Sinne [vgl. ☐ Das Vermögen ›verwirklicht‹ sich].[30]

δυνάμει wird sichtbar, wo δύναμις im Bezug lediglich auf ihren Vollzug und nur diesen genommen wird – also gerade nicht hin-

---

[30] [Die eckigen Klammern in der Handschrift. Bei dem Manuskript, auf das hier verwiesen wird, handelt es sich um die unten S. 39 als Abschnitt 10 wiedergegebene Aufzeichnung.]

sichtlich des Wozu qua *Werk*. Das ist nicht κατὰ κίνησιν, sondern ἑτέρως.

Aber könnte man nicht sagen: gerade *hier* [κατὰ] κίνησιν, im Hinblick auf Tätigkeit? Nein, der Vollzug ist ja nicht das *vom* Vermögen bewirkte Andere, sondern *es ist es selbst, nur anders*.

Das Vermögen bewahrt also in sich *eine zwiefache Weise* der Vorhandenheit. Oder ist die *erste* eben nur das Gehemmtsein und Ruhen der zweiten? Gewiß, aber so, daß man gemeinhin dieses nicht sieht.

Wozu dann aber überhaupt die Erörterung der δύναμις οὖσα? Diese Frage erörtert Aristoteles gar nicht; er läßt es in der Indifferenz (ruhend — vorhanden). Nur die Ausrichtung auf Anderes.

8. *Zur Erfahrung von* ›Kraft‹[31]

[[...] und leisten können; aus dem Subjekt trägt er dergleichen hinaus und hinein in die Objekte. Demgemäß ist auch die Aristotelische δύναμις und der Gegenbegriff ἐνέργεια zu beurteilen. Das ist ein Begriffsschema, entsprungen einer naiven Weltansicht, ein Schema, das nun Aristoteles bei jeder Gelegenheit anwendet, um mit diesem Universalmittel alle Fragen zu lösen. Kraft, Fähigkeit, Vermögen, eine Übertragung von vermeintlich wirklichen subjektiven Erlebnissen in die Objekte. Das ist so die gang und gäbe Ansicht über diese Dinge. Auch wenn man hier und da merkt, daß am Ende doch nicht so leicht hindurchzukommen ist über das, was wir mit Kraft, Vermögen und dergleichen nun einmal wirklich meinen und ständig erfahren, drückt man sich doch stillschweigend und läßt die Dinge stehen. Ganz zu schweigen von der merkwürdigen Meinung, man habe etwas erklärt dadurch, daß man

---

[31] [Überschrift auf einem Blatt, das Heidegger zwei Blättern vorgelegt hat, die zwei später ersetzte Manuskriptseiten (oben links paginiert als Seite 14 und Seite 15, im Folgenden wiedergegeben als Abschnitt 8) zu seiner Freiburger Vorlesung vom Sommersemester 1931 darstellen. Vgl. Martin Heidegger: Aristoteles, Metaphysik Θ 1–3. Gesamtausgabe Band 33, S. 77 ff.]

I. Aristoteles: Seinsfrage und »Metaphysik« – Allgemeines 35

sagt, es sei aus subjektiven Erfahrungen übertragen worden auf die Objekte. Man vermag nicht zu sehen, daß die Begriffe ›subjektiv‹ und ›Subjekt‹ und gar der der Übertragung aus diesem subjektiv Seienden in die Objekte noch weit barbarischer und primitiver ist als dieses unmittelbare Vorfinden von Kräften und Fähigkeiten in den Dingen, gesetzt daß dies überhaupt ›nur‹ ein primitives Vorstellen der Welt ist, wie jene weise Erklärung es ausgibt. Man verkennt gerade bei dieser landläufigen und gerade in den Wissenschaften beliebten Erklärung die volle grundsätzliche Schwierigkeit der Wesensbestimmung dessen, was wir Kraft, Fähigkeit, Vermögen usf. nennen – als ob ›subjektive Erfahrungen‹, gesetzt, es wären solche, nur im Geringsten leichter zugänglich [wären] (Natur – Geschichte – Welt; *Kräfte – Geschehen – Mächte*). Und so ist denn auch seit Aristoteles zur Klärung und Erkenntnis der bezeichneten Phänomene nichts geschehen, von einem schüchternen Versuch bei Leibniz abgesehen. Aber [das] wäre noch gar nicht so beklagenswert, wenn wir wenigstens imstande wären, *das* zu begreifen, was Aristoteles erreichte. Aber selbst davon sind wir weit entfernt; wir wissen nicht einmal, *wie* weit wir davon entfernt sind. Was sollen wir da tun? Was anderes als wirklich einmal versuchen, einen Schritt zu machen in das unwegsame Gebiet, in dem wir uns zunächst ohne Richtschnur bewegen und unversehens an den Ausgangspunkt zurückgeraten – d.h. uns im Kreise drehen. Versuchen wir, einen kleinen Schritt zu machen an einer kleinen Ecke. Fragen wir: was ist das, eine Kraft?][32] Wie stellen wir überhaupt so etwas wie eine Kraft fest? Finden wir eine Kraft vor, so wie wir Steine, Tisch und Stuhl antreffen? Offenbar nicht – auch in einem elektrischen Kraftwerk, das Kräfte aufspeichert, finden wir diese nicht nebeneinanderliegend. Aber man kann doch jederzeit in dem Werk ablesen, wieviel Kraft abgegeben wurde; dann muß sie auch vorhanden gewesen sein. Ohne Zweifel – und es ist sogar von Bedeutung zu beachten, daß wir von Kräften als

---

[32] [Der vom Herausgeber in eckige Klammern gesetzte Textteil ist in der Handschrift durchgestrichen.]

etwas Vorhandenem sprechen; etwa daß die Kräfte so und so verteilt sind. Wenn wir nun eine so vorhandene Kraft einmal einfach direkt festnehmen wollen, geht es offenbar nicht. Wir stellen eine Kraft immer nur fest an der Wirkung, die sie hervorbringt. Das Her*vor*gebrachte, das ist dann ein Vorhandenes, was wir vorfinden können. Von diesem ›schließen wir dann zurück‹ auf eine vorhandene Kraft als die Ursache. Aber ist das zutreffend? Wenn wir einen Koffer tragen, sagen wir: er zieht; oder der Rucksack *drückt*. Stellen wir da zuerst eine Wirkung fest, um dann einen Schluß zu ziehen, daß da eine Kraft wirke? Das ist eine pure Erfindung und eine gekünstelte der Wissenschaft. Wir tragen den Koffer und *er* zieht – und nichts weiter. Das ist ein unbestreitbarer Tatbestand. Die Psychologie kann feststellen, daß wir in der Hand gewisse Tastempfindungen haben; die Physiologie wird Veränderung der Armmuskeln usf. feststellen. Sie ›erklärt‹ den ganzen Vorgang des Koffertragens, aber so, daß sie ihn wegerklärt, oder besser: überhaupt gar nicht faßt. Diese wissenschaftliche Erklärung springt sofort in Zusammenhänge psychologisch-physischer Natur, von denen erst gezeigt werden müßte, daß sie die wahre Wirklichkeit erfassen, dergegenüber das unmittelbare Erfahren des schweren Koffers ein naives vorwissenschaftliches und daher bloßer Schein sei. Aber diesen Nachweis kann eine Psychologie und Physiologie gar nie liefern, weil diesen und jeder Wissenschaft solcher Art eben die unmittelbare Erfahrung und das in ihr Erfahrene grundsätzlich unzugänglich bleibt. Und erst recht haben diese Wissenschaften keine Möglichkeit, die angeblich naive Scheinwirklichkeit mit der wahren zu vergleichen. In welcher Dimension von Wirklichkeiten sollen denn diese beiden gegeneinandergehalten werden?

Nun könnte man allerdings zugeben, daß wir Zugkräfte, Druck- und Stoßkräfte in gewisser Weise unmittelbar erfahren, aber das bedeutet ja dann eben: jedes ›Subjekt‹ für sich – die Erfahrungen sind rein subjektiv. Die Frage ist aber doch, wie wir objektiv eine Kraft feststellen. Nehmen wir einmal an, es sei hinreichend klar, was da ›objektiv‹ besagt. Müssen wir, um die Schwere eines

Dinges zu erfahren, zuerst eine Wirkung feststellen? Keineswegs. Wenn wir etwa, ohne Geologie und Physik zu treiben, im Hochgebirge wandern und einen über eine Schlucht hängenden Felsen antreffen, dann sehen wir ihm die Wucht und Schwere unmittelbar an; er braucht nicht erst herabzustürzen und alles kurz und klein zu schlagen. Wir stellen auch nicht zuerst fest, daß der Fels einen bestimmten Umfang hat und daß die Gesteinsart, daraus er zusammengesetzt ist, besonders schwer ist, um dann daraus zu schließen, daß er schwer drohend über der Schlucht hängt. Jenes Messen und Berechnen könnte in alle Ewigkeit nie das ergeben, was wir unmittelbar dem Felsen an-sehen. Es wäre ebenso reine Willkür zu behaupten, wir sähen das dem Felsen allerdings nur [an] in dem Sinne, daß wir dergleichen an ihn hinsehen und auf ihn übertragen, während er an sich – wirklich – gar nicht wuchtet und droht. Was heißt da ›an sich‹? An sich – so müssen wir entgegnen – hängt der Fels auch nicht, denn von einem anderen Standort aus, etwa im Inneren des Berges, *steht* er. An sich ist er auch nicht schwer, im Vergleich zum Gewicht der Erde so leicht, daß er überhaupt nicht ins Gewicht fällt. Versuchen wir einmal, in dieser angeblichen Wirklichkeit an sich, die die Wissenschaften schön objektiv feststellen, als wirkliche Menschen, nicht etwa als Objekte der Physiologie und Biologie, zu existieren – kein Augenblick menschlicher Existenz wäre möglich, weil jede Welt verschlossen bliebe. Wenn jene ›*Wirklichkeit*‹, die die Naturwissenschaft entdeckt, die wahre wäre, dann müßten alle Künste nicht nur zu einem Schein herabsinken, sondern zum reinen Unsinn werden. Ja, aber vielleicht müssen wir eben im Zeitalter [...].[33]

Wo ist also das Wirkliche an sich? Sind die Gewalten und Mächte und Kräfte nicht sogenannte ›Personifizierungen‹, die in der Kunst gerade noch erlaubt sein mögen, an sich aber nur die letzten Reste eines Dämonenglaubens sogenannter primitiver

---

[33] [An dieser Stelle endet die Manuskriptseite 14. Die unvollendete und skizzenhaft endende Manuskriptseite 15 führt den begonnenen Satz nicht fort, sondern beginnt mit einem neuen Satz.]

Kulturen ausmachen? Kräfte gibt es oder gibt es nicht, je nachdem [wie man] das Wirkliche ansieht? Aber wie soll es angesehen werden? Was entscheidet da? Wir entnehmen aus all dem, daß die Art und Weise, Kraft anzusetzen und vorzufinden, im voraus bestimmt ist durch den Charakter der Wirklichkeit des Wirklichen, dem Kraftwirkungen zugehören sollen. Wenn wir demnach fragen: läßt sich eine Kraft unmittelbar feststellen? dann zeigt sich jetzt: diese Frage ist unbeantwortbar, weil sie unterbestimmt ist. Aber auch wenn Bezirke angenommen, wo Kräfte wirken, auch da nicht unmittelbar.

Vgl. Physik, Descartes, Leibniz: auch hier von der *Wirkung*. Aber läßt sich eine Wirkung unmittelbar feststellen? Nein! Was heißt hier *unmittelbar*? Ursache *gleich* unmittelbar!

9. Das Vermögen zu ...

wieder zwiefach: 1. Das Wozu als Vollzug, Ausübung, Gebrauchmachen, und wieder a) tuend: hervorbringen, b) leidend: ertragen.
Gehört das nicht zu *Wesen des Vermögens selbst*, nicht sein *Wozu*? Aber dieses gehört auch zu Wesen.
2. Das Wozu das, worauf das Tun (Leiden) es absieht: Erfolg, Werk.
Dieses Zweite im wesenhaften Durchgang durch (1).
Und 3. Diese beiden in einem (zusammengehörig): δύναμις 1) μεταβολῆς, 2) ἐν ἄλλῳ.
Oder gehört eben μεταβολή *zum Erfolg*? Sie selbst nicht eher actu genannt denn als Erfolg: die vorgegangene Veränderung.

Das Vermögen ist so — übergehend —, aber eben *vermögenderweise*. Und was heißt das? *Nicht:* nur der Möglichkeit nach und nicht

I. Aristoteles: Seinsfrage und »Metaphysik« – Allgemeines 39

actu – sondern es *ist* ja qua Vermögen. Aber es ist auch nicht notwendig eine Strebung! Oder doch? Kann ein Vermögen nur einfach ›latent‹ vorhanden sein? Nein; wenn es so aussieht, als sei es so, dann ist es nur *gehemmt, noch gehemmt.* Dergleichen nur eine Abwandlung der Strebung.
   Die Strebung und ihr Ausgriff – *Bereich bildend.*
   Worin bekundet sich dergleichen, wenn wir das Vermögen ganz konkret und nicht phänomenal isoliert nehmen?

10. Das Vermögen ›verwirklicht‹ sich

1. Das besagt: ein Vermögen – Sehvermögen – kommt zur Wirklichkeit, indem z. B. ein Lebewesen *geboren* wird; es braucht dabei gerade noch [nicht] *wirklich* zu sehen.
2. Kommt es aber dazu, dann besagt Verwirklichung des Vermögens soviel wie: das *tun* (vollziehen), wozu das Vermögen je solches ist. Vermögen zu … ist dann Vermögen zu Tun oder Leiden.
3. Tritt Vollzug – Tätigkeit – ein und ist das Vermögen zu … ein herstellendes, dann kann Verwirklichung auch genannt werden das im Vollzug schließlich Hergestellte: ›Werk‹ – Erfolg.

So wandert die Bestimmung ›Wirklichkeit‹ vom Vermögen zum Vollzug, zum Erfolg und Werk; und dabei ist nur darauf geachtet, daß es je verschiedene Vorhandene gibt, die irgend zum Vermögen Beziehung haben.

11. δύναμις

Der isolierte Ansatz des Phänomens, statt sofort zu fragen: in welchen Zusammenhang gehört es? Aber kann der Zusammenhang anders bestimmt werden als so, daß wir den phänomenalen Anweisungen des Phänomens folgen?

40   *Erster Teil: Ergänzungen*

Dabei aber ausgehen von der natürlich vorgefundenen (?), vorgemeinten vorhandenen Kraft.
Hier liegt eine Schwierigkeit.

12. δύναμις – allgemeine Fragen³⁴

Woher der Begriff geschöpft?
Aus der Selbsterfahrung des menschlichen Verhaltens (Subjekt)?
Aus den Vorgängen der Natur?
Aus dem Benehmen der *Tiere*?
Aus all dem und keinem besonders?

Wo die Veranlassung, das Gemeinte zu erfahren?
  Bei einem selbst? Ja, aber nicht in isolierter Analyse des Subjekts, innerer Betrachtung der Erlebnisse und dergleichen, sondern gerade ›draußen‹, im Wozu des Verhaltens – von diesem her und im Bezug auf dieses. *Vgl. das Obige.*

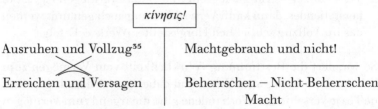

voller: Ruhen und Aussetzen
im Hervorbringen bzw. *Ertragen*

Und dann *Übertragen*?! Von *wo* auf *was*? Und wie diese Übertragung? Welche *Veranlassung* und welches Recht? ›κίνησις-Erfahrung‹ – und darin was zunächst? Nicht *Möglichkeit.*

---

³⁴ [Links oben auf dem Blatt die Notiz:] vgl. S. *3* [Diese Angabe bezieht sich auf die Seite 3 der vorliegenden von 1 bis 3 durchpaginierten Aufzeichnung. Siehe unten S. 42 ab »Macht als *Über-etwas-weg-sein* …«.]
³⁵ Ausübung, Verwendung, Anwendung

I. Aristoteles: Seinsfrage und »Metaphysik« – Allgemeines

Und so das alles ganz schief.
Kann es noch gelingen, die einheitliche Dimension dieses Phänomens zu fassen? Was gibt uns Aristoteles?
δύναμις: 1. Sammeltitel für verschiedene Vermögen,
2. was vermögen überhaupt besagt – Vermögendheit.
Ad 1. Vermögen – einzeln vorhandene: *worin* vereinzelt zu nehmen *ohne* das Wozu? *Nicht schlechthin*, sondern eben κατὰ κίνησιν: in Bewegung setzen – *bewegendes Verhalten* zugleich Ins-Werksetzen. Aber so, daß das Wozu unbestimmt, allgemein bleibt. Was heißt das? Die *Breite der Ausbreitung* eines *Vermögens*.
Tatkraft, Stärke – hier noch mehr das *isolierende Vorhandensein*!
ὑπὲρ δύναμιν, »über die Kraft«!
δυνάμεις, die »*Streitkräfte*«, »*Truppen*«! Zu Fuß, zu Pferd, zur See.
[δύναμις,] die »*Geltung*« einer Münze, »*Bedeutung*« von Worten (vis vocis), »*Vermögen*«, aber auch an Besitz.

Wie stellen wir eine Kraft fest? An einer Wirkung!
Aber wie verstehen wir *Wirkung*?
Wirkung: 1. als ›Werk‹ – Erfolg: das Gefolge, das Erfolgte, die Folge; und 2. als ›neuer, anderer Vorgang‹ (physikalisch-mechanisch); zugleich dann (2) von (1) her oder umgekehrt.
Ad 1. Was wiederum am *Werk* gesehen wird, vgl. ποίησις:
a) das Hergestelltsein, Fertigkeit und *Verfügbarkeit* – weitere! Zuhandenheit – Vorhandenheit;
b) das *Herr-werden*, Herr-schaft ausbilden, *nicht herstellen*!
[Wir verstehen] etwas *als* Wirkung nur, wo wir Kraft vermuten. Und was veranlaßt, etwas als Wirkung zu nehmen? *Wechsel! Bewegung!*
Können wir überhaupt *Kräfte als solche feststellen* oder immer nur Wirkungen? Und was heißt das? Was *stellen wir uns vor –* unter Kraft?
Vor-stellen und Fest-stellen.
Unvorstellbarkeit eines Geschehens *ohne Absicht*.

Wie in der ›Dynamik‹ der Physik das Kraftphänomen beschnitten und verdinglicht wird.

Die *Art der κίνησις*, die man ansetzt.

Kraft-gefühl: Fühlen *der* Kraft, sich gewachsen glauben, in der Macht sich befinden, Befindlichkeit als Macht-befindlichkeit.[36]

Im Tun, *vor* dem Tun – sich gewachsen glauben (Nietzsche).

Dieses gefühlte Können als zu-gegenhaft – als die *vorhandene* ›*Kraft*‹, diese vorhandene Kraft dann als Ur-sache, ἀρχή.

Keine *Auslegung des Geschehens, sondern Zerlegen von Vorgängen.*

Macht als *Über-etwas-weg-sein,* ihm gewachsen – *überhöhend.*

Dieses *Über-weg* ist es, was erst das ›etwas‹ als solches *zugegenhaft fassen* läßt, [als] das *Zurückgebliebene,* aber als solches ›Privation‹ des *Über-weg-haften.* Woher ›*Privation*‹? Aus demselben *Phänomen.*

Ursprünglich ist es in das Über-weg eingenommen.

Dieses *Über-weg* in welchen Grundformen?

Das *Über-weg-hafte* als das ursprüngliche ›*Sein*‹ und eigentlich *Seiende.*

NB: Also nicht ein ›Seiendes‹ (vorhandenes), das dann auch noch Über-*weg* ›ist‹, und zwar so, daß es in sich Streben ist und *nach* sich bzw. *vor sich hin* strebt – *sich vor sich.*

Das *Über-weg*-Phänomen zunächst aus δύναμις im obigen Sinne sichtbar machen, [aus] ποίησις qua *Herr werdendes Herstellen.*

Das Über-weg-hafte und die Ekstase.

Die Ekstase und die Befindlichkeit; das begleitende ›Gefühl‹ der *Kräfte.*

---

[36] [An dieser Stelle verweist ein Symbol auf die Aufzeichnung mit der Überschrift »›Verletzung‹«. Siehe unten S. 43 den Abschnitt 13.]

13. ›Verletzung‹

Zwang – *Erzwingung*.
Macht des Geistes *er*zwingt nicht, aber zwingt.

14. δύναμις κατὰ κίνησιν

Kraft definiert durch Fähigkeit zu wirken (vgl. [S.] 2),[37] vom Wirken her, und das ›Wirken‹ von Veränderung, μεταβολή. Und diese? Von Ruhe-Zustand, Bleiben, Anwesenheit, ›*Habe*‹, Zugegenheit!
Kraft: *vorhandene Wirkfähigkeit*.
ἀρχή – von wo aus! Das ἄλλο![38] Warum?
Dagegen: 1. vis als Tendenz, vgl. Leibniz IV.[39]
            2. Tendenz wozu?
              a) Zum Herstellen von etwas,
              b) *Hervor*-, *Vor*-bringen in die Vorhandenheit, Bringen einer Änderung, *geändertes* Vorhandenes,
              c) Streben nach ›Macht‹.
Und dagegen: Tendenz selbst qua (c) als ›*Sein*‹ – nicht selbst Eigenschaft.

δύναμις
1. also auf *dem Grunde von* κινούμενον;
2. als μεταβάλλειν;

---

[37] [Diese Angabe bezieht sich auf die Seite 2 der oben als Abschnitt 12 wiedergegebenen dreiseitigen Aufzeichnung mit der Überschrift »δύναμις – allgemeine Fragen«. Siehe oben S. 41 f. von »Wie stellen wir eine Kraft fest?« bis »[...] Zerlegen von Vorgängen«.]
[38] [Vgl. Met. Θ 1, 1046 a 10 sq.]
[39] [Vgl. Die philosophischen Schriften von Gottfried Wilhelm Leibniz. Hrsg. von C. I. Gerhardt. Vierter Band. Berlin: Weidmannsche Buchhandlung, 1880. In diesem Band sind für den leibnizischen Begriff der ›vis‹ relevante Schriften enthalten wie »De Primae Philosophiae Emendatione« und »De ipsa natura sive de vi insita actionibusque Creaturarum«.]

3. ἀρχή-Frage (ὑποκείμενον): *was* zuvor schon mit vorhanden sein muß – *woher* – *Her-stellung*;
4. so Bewegtes selbst nur erkannt, wenn [seine][40] *Her*gestelltheit, Hervor-bringung (ἔργον) festgestellt ist, und das zunächst einfach zurück auf δύναμις – Zerlegung, ›Verlegung‹;
5. dabei *Bewegung selbst* als solche noch gar nicht näher Problem;
6. erst wenn δύναμις [und] *ἐνέργεια ἐπὶ πλέον*,[41] nicht *nur* quantitativ, sondern *anders*: zum *Wesen* der Bewegung als solcher, daher »mehr«.

15. *δύναμις*

ποίησις	–	*πάθησις* [vgl.] Phys. Γ 3 [202 a 22 sq.]
ποίημα	–	πάθος
(ἔργον)		(ἔργον)
(τέλος)		(τέλος)
ποιητικόν	–	παθητικόν

Wenn wir Bewegung antreffen, d. h. ein in Bewegung befindliches Vorhandenes, dann greifen wir zuerst auf eben das in Bewegung Befindliche, und zwar als *Bewegtes* (πάθησις) im Lichte von πάθος im weiteren Sinne, und damit setzen wir auch schon, ob wir es kennen oder nicht, ein Bewegendes – *ποίησις*.

Und zunächst ist man versucht, mit Hilfe dieser beiden Stücke die Bewegung zu erklären. Vgl. Aristoteles, [Phys.] Γ 2 und 3.

Und diese ποίησις als ποιοῦν und das als ein ποιητικόν – *δύναμις*.

All das Vorige steht also im seinsverstehenden Blick, wenn wir so auslegen. Woher der Vorblick? Woher die Auslegung? Vgl. ☐ δύναμις und ›Bewegung‹.[42]

---

[40] [Handschrift: ihre. Das Femininum ist versehentlich stehen geblieben, nachdem Heidegger »Bewegung« zu »Bewegtes« korrigiert hat.]
[41] [Met. Θ 1, 1046 a 1.]
[42] [Es ist nicht klar, auf welches Manuskript oder welche Manuskripte Heidegger sich hier bezieht.]

I. Aristoteles: Seinsfrage und »Metaphysik« – Allgemeines 45

Und diese δύναμις dann zugleich auch rückübertragen auf πάθησις – auch da ein *Vermögen* bzw. Sich-nicht-wehren-können, Zulassen.

16. περὶ δυνάμεως κατὰ κίνησιν

Ein direktes Aufgreifen von Vermögen, Kräften und dergleichen – solche kennen wir und wir arbeiten damit und setzen uns damit auseinander. Gar kein Recht, das zu bestreiten oder irgendwoher wegzuerklären. Tatbestand.
Aber was geschieht, sobald wir dergleichen unter die Was-Frage stellen?
Es gibt für das so eingeleitete Nachfragen verschiedene Wege! Welche geht Aristoteles? Das Nächste ist: die Mannigfaltigkeiten sehen – abwandeln – das Selbige anfassen.
Mannigfaltig – in welchen Hinsichten? ποιεῖν – πάσχειν. Woher dieser Unterschied? Wie steht er zu *δύναμις*? Liegt er in κίνησις? Vgl. Physik!
Das Entscheidende ist, daß das Phänomen selbst *von sich weg weist auf* ... Diese Wegweisung aber müssen wir gerade fassen, um das volle Phänomen zu fassen. Zugleich weitet sich damit der phänomenale Horizont des Ansatzes! Oder gar eine Wandlung. Das Wegweisen führt ontologisch gerade *hin* zum Phänomen, nicht *weg.*
So *hingeführt, ergibt* es was? [Vgl. Plato, Res publ. lib. V fi.][43]
Weg-weisung – das ist eine leere und von außen kommende Bestimmung. Aber sie faßt etwas! Was denn? Kommt es in der Aristotelischen Bestimmung zum Ausdruck? Das ἐν ἄλλῳ [Met. Θ 1, 1046 a 10 sq.] – *hin zu auf ein anderes.*
ἀρχὴ μεταβολῆς [a 10], des *Antuns.*
NB: Später, ab cap. 6, nicht mehr dieses, sondern ἑτέρως [1048 a 30]. Die δύναμις in sich (d. h. zwar mit dieser Wegweisung), aber

---

[43] [Die eckigen Klammern in der Handschrift.]

jetzt die δύναμις als δυνάμει [a 32]: ist sie das ausgezeichnete δυνάμει oder wird an ihr nur dieses δυνάμει zuerst greifbar und aufgrund welchen Entwurfs? Nicht mehr κατὰ κίνησιν – sondern? Die Art der ersten zu fassenden Was-Frage führt über sich selbst hinaus. Und wie ist die ursprüngliche umfassende Frage? (Aristoteles kommt nicht dazu, dergleichen zu erörtern.) Das *Be-dingen – Entwerfen –* Seins-verständnis! Vgl. ☐ Grund – Bedingung.[44]

Was liegt in der Aristotelischen ›Definition‹?
1. ἀρχὴ *μεταβολῆς* [Θ 1, 1046 a 10] – hier κατὰ κίνησιν,
2. μεταβολὴ *ἐν ἄλλῳ ἢ ᾗ ἄλλο* [a 10 sq.], als das Vermögende qua tale.

Also δύναμις eine Art ›Grund‹ – qua Ur-sache.
Wie *gründend? Hervor-bringend – zu-lassen* an sich.
Vorhabe von:
Grund – Bewegtheit – eines und anderes – Bezug auf
bringen – beibringen – zu-lassen – bei sich tragen – ertragen
Hervor-bringung   –   Erträgnis
                    Ergebnisse – Erfolg
Ist in dieser Definition das Vermögenshafte überhaupt noch da?
Ja und nein; ja, sofern Kraft eben *hervorbringend* ist; nein, sofern der ›tendenziöse‹ Charakter verlorengegangen ist. Nur dieser? Auch *Vor- und Übergriffe!*
ἀρχή – das *von wo aus* – und das Ergebnis.
Vermessen wir etwas? Das *Vermögen* – das *Mächtig*sein und das *Mächtig*sein.
Vermessen wir es überall? Bei physischer Ursache! Davon ist jetzt nicht die Rede.
Welche δυνάμεις meint Aristoteles? Besser: *was* lediglich als *δυνάμεις?*
›Kraft‹ und ›Kräfte‹ in der Physik – ›*Dynamik*‹.

---

[44] [Es ist nicht klar, auf welches Manuskript Heidegger sich hier bezieht.]

I. *Aristoteles: Seinsfrage und »Metaphysik« – Allgemeines* 47

οἰκοδόμος: Warum dieser? Ist die damit gezogene Grenze eingehalten? *θερμόν!* [Vgl. Θ 1, 1046 a 26 sq.]
Vgl. Cap. 2 [1046 b 2]: δυνάμεις ἄνευ λόγου – μετὰ λόγου.

17. *δύναμις κατὰ κίνησιν* und *φύσις*

φύσις ist auch ἀρχὴ μεταβολῆς, [vgl.] Phys. Γ [1,] 200 b 12.

18. [Vermögen – Möglichkeit]

Sein im eigentlichen Sinne das *Vermögen – Möglichkeit.*
>Ich< vermag.

Vgl. *Vermögen, Fähigkeit, Möglichkeit, Ermöglichung, Eignung,* Anlage, Kraft, Potenz,
Erlaubnis,
Zulassung,
Gestatten.

Vermögen: als *in der* Hand haben *die volle* Anwesenheit
von anderem (>Augenblick<)
oder seiner selbst als eines anderen.
Formale
Möglichkeit: *Abwesenheit des Wider-spruchs.*

19. *δυνατός*

Imstande –
aber auch >kräftig< – >tüchtig<.

20. δύναμις – ἐνέργεια und Kategorien

[Vgl.] *Brandis* II 2, 1, [S.] 396; III 1, [S.] 40.[45]

21. δύναμις

στέρησις δυνάμεως, [vgl. Met.] Δ 15, 1021 a 25.
κατὰ δύναμιν πρός τι [vgl. a 27].

22. δύναμις κατὰ κίνησιν und φύσις

φύσις: [vgl.] Phys B [1, 192 b 21]: ἀρχὴ κινήσεως.

23. »Unvermögen zur Macht«

Nietzsche, Der Wille zur Macht, [n.] 721.[46]

»die *Stärke*«, [n.] *800*:
Stark*sein* – »Herrschafts*gefühl* in den Muskeln«.[47]

---

[45] [Vgl. Christian August Brandis: Handbuch der Griechisch-Römischen Philosophie. Zweiten Theils zweite Abtheilung: Aristoteles, seine akademischen Zeitgenossen und nächsten Nachfolger. Erste Hälfte. Berlin: G. Reimer, 1853, S. 396; Dritten Theils erste Abtheilung: Uebersicht über das Aristotelische Lehrgebäude und Erörterung der Lehren seiner nächsten Nachfolger, als Uebergang zur dritten Entwickelungsperiode der Griechischen Philosophie. Berlin: G. Reimer, 1860, S. 40.]
[46] [Friedrich Nietzsche: Der Wille zur Macht, n. 721.]
[47] [Friedrich Nietzsche: Der Wille zur Macht, n. 800. Hervorhebung von Heidegger.]

I. *Aristoteles: Seinsfrage und »Metaphysik« – Allgemeines* 49

24. Kraft-begabt

Begabtheit – an sich haben.
Das Vermögen zu wirken?
Leibniz – *Tendenz*.

25. Geschehen

als *Machtentfaltung*; nicht nur ›*Mehrung*‹ – zu *quantitativ*.
In der Entfaltung liegt: Ausbreitung,
                        Einigende Vereinfachung,
                        Sammlung.

26. [δύναμις]

δύναμις =
τὸ δυνατῷ εἶναι, z. B. οἰκοδομεῖν, [Met. Θ 3,] 1046 b 35,
τὸ δυνατόν,
τὸ δυνάμει ὄν.

Das Vermögende –
Seiendes als *Vermögendes*.
Vermögendheit hier also gerade als Charakter des ›*Vorhandenen*‹
[≠ essentia!].[48]
Vermögend zu ... und *in Bezug auf* Anderes, ἐν ἑτέρῳ ἢ ᾗ ἕτερον.

Demgegenüber: ἐνέργεια
    das *Am-Werke-sein*,
    am Werk eben bei dem, wozu das Vermögen solches ist.

---

[48] [Die eckigen Klammern in der Handschrift.]

δύναμις: zunächst vier Bedeutungen:
1. Vermögen zu wirken
   Fähigkeit – Befähigung
2. Vermögen zu erleiden –
   an sich zu-lassen, *Beeinflußbarkeit – nicht* widerstehen
   Eignung – *Geeignetheit – Veranlagung* – Angelegt[heit] auf –
   Aufgelegtheit zu
3. Widerstandsvermögen
4. καλῶς von (1) und (2).

Was ist in allem die Grunderfahrung *am Seienden*?
Dieses im *Übergang von-zu*, das bestimmte *seiende Noch-nicht.*
Noch-Nichtheit als *Wesenscharakter des Seins.*

Die Grunderfahrung des Seienden derart, daß sie nicht in ihren λόγοι ἐξαιροῦσι καὶ κίνησιν καὶ γένεσιν (Θ 3, 1047 a 14), κίνησις und γένεσις ursprünglich *sein* lassen, d. h. so nehmen, daß ihr Wesen mit in das Vor-verstehen des Seienden als solchen eingeht,
statt: das Bewegte qua Seiendes an [der] starren Vorhandenheit und Nichtvorhandenheit abprallen zu lassen.

Das Wesen des Seins nicht etwa ergänzen, sondern von Grund aus tiefer legen.

Gleichwohl Vorhandenheitscharakter durchgehalten, weil Bewegung nicht innere Geschichte, sondern primär *Um-schlag*, *Anderswerden.*

27. δύναμις

διὰ τὸ ἀδυνατεῖν ποιήσει τοῦτο, [Met.] Z 12, 1038 a 13 [sq.],
z. B. definieren bzw. διαιρεῖσθαι τὴν τῆς διαφορᾶς διαφοράν [a 9 sq.]:
ζῷον ὑπόπουν, »befußt«, und dann dieses etwa auseinanderlegen in befiedert – unbefiedert, sondern: σχιζόπουν und ἄσχιστον [vgl. a 10–14].

I. *Aristoteles: Seinsfrage und »Metaphysik« — Allgemeines* 51

28. *Plato — δύναμις*

Vermögen, z. B. *Res publ.* V, 477:[49]
γνῶσις ἐπὶ τῷ ὄντι ἦν, ἀγνωσία ἐπὶ μὴ ὄντι [vgl. a 9 sq.].
δόξα — ἄλλη δύναμις ἐπιστήμης ἢ ἡ αὐτή; [vgl. b 3 sqq.]
Ἐπ' ἄλλῳ [...] τέτακται δόξα καὶ ἐπ' ἄλλῳ ἐπιστήμη [b 7].
(τεταγμένον ἐπί.)
δυνάμεις [...] γένος τι τῶν ὄντων [c 1].
Wie δύναμις zugänglich!
»Ausgerichtetheit auf«, τεταγμένη,
»Bewerkstelligend«, ἀπεργαζομένη [vgl. d 3] — worum man sich abarbeitet.
Hier klar: das Wegsehen auf *das*, woraufhin *gerichtet* und was *hergestellt*.
Aber *nicht* auch als Vorhandenes — jene Struktur zwar mit!

29. *δύναμις κατὰ κίνησιν*

nicht κατὰ κινήσεως — als *von ihr gesagt*, nämlich als zu ihr konstitutiv gehörig, nämlich zum *δυνάμει ὂν ᾗ δυνάμει*,
   sondern: nach ihr, der vollen Bewegung, genannt, *auf diese* bezogen, nicht sie konstituierend.
   So δύναμις als ἀρχή, »*Ausgang*« *für* eine Bewegung, *daß diese wirklich wird* — ὃ πέφυκε κινεῖν, [Met.] Θ 6, 1048 a 28 (κινητικόν, vgl. Phys.) —, *nicht, daß sie im Wesen möglich wird.*
   δύναμις hier als *vorhandene Kraft*, *Agens* (das, was sonst ›Entelechie‹ genannt wird!).

Gewalt ⎤
Macht ⎦ *verschiedene Phänomene*
Antrieb — Treibendes — Stoßendes.

---

[49] [Vgl. Platonis opera. Recognovit brevique adnotatione critica instruxit Ioannes Burnet. Tomus IV. Oxonii, e Typographeo Clarendoniano, 1902, Res publica V, 477 sqq.]

30. δύναμις qua vorhandenes Vermögen, Kunst und ›Fertigkeit‹

Vgl. Met. Z 7, 1032 a 27 sq.: πᾶσαι [...] αἱ ποιήσεις ἢ ἀπὸ τέχνης ἢ ἀπὸ δυνάμεως ἢ ἀπὸ διανοίας.

Strenger nach der Struktur der γένεσις Z 8, 1033 b 7 sq.: [τὸ εἶδος, τὸ τί ἦν εἶναι] γάρ ἐστιν ὃ *ἐν ἄλλῳ* [ὑποκειμένῳ, ὕλῃ] γίγνεται ἢ ὑπὸ τέχνης ἢ ὑπὸ φύσεως ἢ δυνάμεως.

Vgl. dazu δύναμις qua ἀρχὴ μεταβολῆς ἐν ἄλλῳ [Θ 1, 1046 a 10 sq.]. ἐν ἄλλῳ besagt hier etwas anderes – oder ist jenes erst nur die nähere positive Bestimmung bezüglich der μεταβολή (κίνησις) qua ποίησις?

οὐ γὰρ πάντως τοῦ ἀνθρώπου μέρος ἡ χείρ, ἀλλ' ἡ δυναμένη τὸ ἔργον ἀποτελεῖν, ὥστε ἔμψυχος οὖσα· μὴ ἔμψυχος δὲ οὐ μέρος (Z 11, 1036 b 30 sq.).

χείρ hat eine δύναμις bzw. diese *δύναμις* als solche macht das *wirkliche Handsein aus.*

Hier zugleich *δύναμις – ἔργον – τέλος,* aber ontisch.

31. ἀρχὴ μεταβολῆς und αἰτία κινοῦσα

δύναμις ὡς κινοῦν: κινητικὸν [...] τῷ δύνασθαι (Phys. Γ 3, 202 a 16 sq.).
Vgl. [Met.] H 4 [1044 a 26 sq.] (κίνησις = ποίησις):
macht aus Holz einmal Kiste, einmal Bettstelle.
Also dabei εἶδος *beteiligt?*
Vgl. Säge – notwendig aus Eisen, nicht aus Wolle oder Holz.
Das *Verfertigende: ἡ τέχνη.* Und diese? *μετὰ λόγου!*
Wo *μεταβολή,* da ist *ὕλη* (und daher Her-gestelltheit aus!).
ὅσα δ' ἄνευ τοῦ μεταβάλλειν ἔστιν ἢ μή, οὐκ ἔστι τούτων ὕλη ([Met.] H 5, 1044 b 28 sq.).

I. Aristoteles: Seinsfrage und »Metaphysik« – Allgemeines   53

32. δύναμις κατὰ κίνησιν als eine ποιότης?

Nicht nur eine *vorhandene* Beschaffenheit als einzelne, *sondern eine Art von Beschaffensein.* Etwas Vorhandenes ist je die einzelne, aber in einer bestimmten *kategorialen Weise des Vorhandenseins –* *Mitsein mit* οὐσία. Vgl. »Kategorien«, *cap. 8.*
Oder ist nur δύναμις φυσική eine ποιότης? Vgl. [Cat. 8,] 9 a 16 sqq.: πυκτικός – δρομικός: einer ist ein *geborener* Läufer, *Boxer, wie dazu geschaffen.*
Von Natur fähig sein zu etwas – τοῦ ποιῆσαί τι ῥᾳδίως.[50]

33. Das Mögliche

≠ das *noch nicht* Seiende, sondern das noch nichtige *Seiende.*
Noch nichtig nämlich das, was es als das Seiende, das es ist, sein *kann.*
Wie ist hier ›sein‹ jeweils gebraucht?
Nichtig hier keine bloße abgeschnittene und abschneidende Verneinung, sondern eine *fernhaltende,* d. h. die Ferne haltende, in der *Ferne haltende,* und zwar ein ausgerichtetes Fernes und Ferne, und so haltend gerade *Näherung,* und darin das *Primäre* des *Überhaltens.*

34. δύναμις παθητική

Erleiden-Können – leidensfähig.
›Leiden‹ und ›Schmerzen‹ im Sinne des ›geistigen‹ und sinnlichen Duldens.
Erduldung und das Dulden.
Geduld.

---

[50] [Aristotelis Organon Graece. Edidit Theodorus Waitz. Pars prior. Lipsiae, sumtibus Hahnii, 1844, Cat. 8, 9 a 20 sq.]

35. *δυνάμει – ἐνεργείᾳ*

Von Haus:
Das Haus δυνάμει (reduktiv! *abbauend!*): Holz, Steine (Balken, Ziegel).
Das Haus ἐνεργείᾳ: *schützende Unterkunft für Menschen und Dinge.*
τέλος? οὗ ἕνεκα.
›Funktion‹ – *Bewandtnis* – das Zeug.

36. Macht und Gewalt

Mächtigkeit – *wirkliches Vermögen.*
»*Verbrennlich*«![51]
Aus *sich*: entsprechend Dimension dafür.
Macht: sein*lassendes Beherrschen* und *Führen* und *Werken.*
Gewalt gerade *nicht*; Eingriffe, Zerstörung, Änderung.

---

[51] [Vgl. Met Θ 1, 1046 a 24: καυστόν.]

F. KATEGORIEN[52]

1. Kategorien

τὸ τόδε, τὸ ποιόν.
Vgl.: [ὅσα δὲ][53] *μὴ ἔχει ὕλην, μήτε νοητήν* (μήτε αἰσθητήν)[54] [d. h. kein bestimmbares γένος] *εὐθὺς* [...] *ἐστιν* [...] ὅπερ ὄν τι ([Met.] H 6, 1045 a 36 sq.):»sofort« – nicht erst durch γένεσις und Zusammenfassung.
[τὸ ὄν] ὑπάρχει [...] εὐθὺς γένη ἔχοντα (Γ 2, 1004 a 4 sq.).
Vgl. Δ 28, 1024 b 15 [sq.]: αἱ κατηγορίαι – οὐδὲ ἀναλύεται [οὔτ'][55] εἰς ἄλληλα οὔτ' εἰς ἕν τι.
[Vgl.] Λ 4, 1070 b 1.

2. κατηγορίαι τοῦ ὄντος – τὰ ὄντα *(Met. Θ 1, inc.)*

Sie ›sagen aus‹ das ὂν ᾗ ὄν,
›sprechen an‹, *ᾗ ὄν*, λόγῳ λεγόμενον,
bringen zum Anspruch,
betreffen das Seiende als solches, das Sein des Seienden qua Angesprochenes.
Selbst <u>die</u> Seienden.
Die Kategorien gehören zum Seienden, sind es selbst.
Das Seiende *sein*, d. h. *das Sein ausmachend*.

---

[52] [Überschrift auf dem Umschlag, mit dem Heidegger die im Folgenden vom Herausgeber von 1 bis 10 durchgezählten Aufzeichnungen zusammengefaßt hat.]
[53] [Die vom Herausgeber in eckige Klammern gesetzten Wörter sind nach der zitierten Quelle ergänzt.]
[54] [Die runden Klammern sind von Heidegger eingefügt.]
[55] [Das vom Herausgeber in eckige Klammern gesetzte Wort ist nach der zitierten Quelle ergänzt.]

3. Kategorien

als ἕτερα τῷ γένει in einem bestimmten Sinne.
Anders als ἕτερον τῷ γένει ὕλη und εἶδος.
Nicht möglich das ἀναλύειν εἰς ἕν, noch εἰς ἄλληλα.
[Vgl.] Met. Δ 28: γένος.
 D. h. hier überhaupt der Gattung *entfremdet*, haben nichts mit ihr zu tun, *andersartig* als *sie* und das, was in ihr vorliegt.
Was sich *nicht aufeinander zurückführen läßt* (heißt [das] Transzendentale!) und nicht *auf*einander begründen kann. Umgekehrt: Herkunft.
Aber heißt es: fallen unter *verschiedene* Gattungen, jede selbst Gattung: γένη τοῦ ὄντος – jede je für sich und keine *höhere*.
Vgl. aber analogia proportionalitatis.
Vgl. Δ 9, 1018 a 12 [sq.]: τὰ διάφορα: ὅσα ἕτερά ἐστι τὸ αὐτό τι ὄντα, μὴ μόνον ἀριθμῷ, ἀλλ' ἢ εἴδει ἢ γένει ἢ ἀναλογίᾳ.

4. Kategorien und Sein – τὸ ἔστιν

[Met.] Z 4, *1030 a 20 sqq.*: »so wie auch«, [ὥσπερ γὰρ][56] καὶ τὸ ἔστιν ὑπάρχει πᾶσιν [λεγόμενον im weiteren Sinne] ἀλλ' οὐχ ὁμοίως, ἀλλὰ τῷ μὲν πρώτως τοῖς δ' *ἑπομένως*, οὕτω καὶ τὸ *τί ἐστιν*.
Das Was-sein entsprechend dem *Sein*.

5. Über das Wesen der Kategorien

Vgl. Met. H 6, 1045 b 1 sqq.
 ὕλη νοητή, z. B. die Gattung: für Kreis – *Flächigkeit!*

---

[56] [Die vom Herausgeber in eckige Klammern gesetzten Wörter sind nach der zitierten Quelle ergänzt.]

I. *Aristoteles: Seinsfrage und »Metaphysik« – Allgemeines*   57

6. κατηγορίαι

[τοιοῦτον] *οἷς ὥρισται τὸ ὄν,* [Met.] Z 3, 1029 a 21.
Die *ganze Stelle.*

7. *Jede Kategorie* διχῶς

Vgl. *Phys.* Γ *1.* Vgl. S.S. 28 Übung.[57]
Verhältnis: πρός τι
Gegen-›satz‹   Gegen-liegend
                 ἀντι-κείμενον
                 ὑπο-κείμενον
κίνησις
δύναμις – ἐνέργεια
δύναμις und ἐνέργεια als das transzendental Ursprüngliche.

8. *Aristoteles und das Seinsproblem*

Das eigentliche ὄν ist das τόδε τι als οὐσία, d. h. aber das *Worüber der einfachen Aussage,* ὑποκείμενον.

Also entscheidet der rechtverstandene λόγος über das Wesen und den Sinn des Seins.

Vgl. Anal. post. A 22.

Das ὑποκείμενον: Anwesenheit und die Weisen des Mitseins, συμβαίνειν mit ihm.

Das Mithafte als *Anwesentliches,* und dieses Mithafte gegliedert vom λόγος her, dem ›ist‹.

Das ›ist‹ nicht rein kopulativ im formal logischen Sinne, aber

---

[57] [Vgl. Martin Heidegger: Aristoteles, Physik Γ 1–3. Übungen im Sommersemester 1928. In: Seminare: Platon – Aristoteles – Augustinus. Gesamtausgabe Band 83. Hrsg. von Mark Michalski. Frankfurt a. M.: Vittorio Klostermann, 2012, S. 1–22.]

ebenso wenig Existenz setzend, sondern überhaupt *Seiendes* in seinem *So-und-so-sein*.

9. ›Sein‹ der κατηγορίαι

Das Wesen qua Was-sein ist eine logisch-prädikative Charakteristik.
Dagegen das *Wesen* im aktiven Sinne – wie Seiendes *west* – anders orientiert!
Wie denn?
Horizont des Seinsverständnisses!

10. Das ὄν τῶν κατηγοριῶν

1. Wie kommt es dazu, daß das ὄν überhaupt in dieser Hinsicht gefaßt wird?
2. Was meint diese Fassung (Verstehen) des ὄν? (Was wird eingeteilt?)
3. Woher entspringen diese Fassungen?
4. Wodurch verbürgt sich dieser Ursprung der Kategorien?
5. Welches ist die Absicht *dieser* Auslegung des Seienden?
6. In welchem Grundzusammenhang steht sie mit der Leitfrage des Philosophierens?

Man darf nicht einfach mit Alternativen arbeiten wie: ob die Kategorien ›anschaulich‹ (empirisch) [oder] grammatisch oder logisch oder metaphysisch oder alles zusammen sind. Denn diese Hinsichten sind eben gerade nicht da, und daß sie sich später gebildet haben, ist gerade eine von Aristoteles selbst indirekt begünstigte Entfernung aus der Basis der ursprünglichen vollen, transzendentalen Problematik – Verstehen, Rede, In-der-Welt-sein –, ohne daß diese Dimension als solche erkannt wäre.

I. Aristoteles: Seinsfrage und »Metaphysik« — Allgemeines 59

Vgl. Scholia in Aristotelem, ed. Brandis:[58] 28 b 12–31 b 17–29 a 7 sqq.
Vgl. Apelt, [S.] 155 ff.[59]

Ad 2. Was meinen die ›Kategorien‹? Was wird eingeteilt? τὸ ὄν! Aber was besagt dieses? κατηγορίαι τοῦ ὄντος, γένη τῶν ὄντων. *Das wirklich Vorhandene?* Bonitz. [So ist freilich bei Aristoteles oft vulgär der Ausdruck gebraucht — aber es handelt sich doch um ὄν ᾗ ὄν.][60] *Aber* nach Met. Θ 10 inc. und N 2, 1089 a 15 wird ebenso das μὴ ὄν durch die κατηγορίαι eingeteilt. Das *μή* verwehrt nicht die kategoriale Bestimmtheit, *im Gegenteil.*

[τὸ ὄν] σημαίνει [...] τὸ μὲν τόδε τι, τὸ δὲ ποσόν [...], De an. [A 5,] 410 a 14.[61] [Vgl.] Met. [Z 1,] 1028 a 10.

Ferner: die κατηγορίαι eine ›Art‹ des λέγεται τὸ ὄν, eine Art des πολλαχῶς, aber doch eben τὸ ὂν ᾗ ὄν, also τὸ εἶναι — τὸ ὂν [ᾗ ὄν][62] = τὸ εἶναι.

Und über dieses vgl. De interpr. [3,] 16 b 22 [sq.]: es ist nicht σημεῖον τοῦ πράγματος, es hat kein eigenes σημαίνειν, sondern ständig nur προσσημαίνει [b 24].[63]

Vgl. Anal. post. [B 7,] 92 b 13 [sq.]: τὸ εἶναι οὐκ οὐσία οὐδενί.[64] Vgl. Bonitz, Index 220 b 52–56.[65]

---

[58] [Vgl. Aristotelis Opera. Edidit Academia Regia Borussica. Volumen Quartum: Scholia in Aristotelem. Collegit Christianus Aug. Brandis. Berolini, apud Georgium Reimerum, 1836.]
[59] [Vgl. Otto Apelt: Die Kategorieenlehre des Aristoteles. In: Ders.: Beiträge zur Geschichte der griechischen Philosophie. Leipzig: B. G. Teubner, 1891, S. 101–216, hier S. 155 ff.]
[60] [Die eckigen Klammern in der Handschrift.]
[61] [Aristotelis de anima libri III. Recognovit G. Biehl. Editio altera. Curavit Otto Apelt. In aedibus B. G. Teubneri, Lipsiae 1911, A 5, 410 a 14.]
[62] [Die eckigen Klammern in der Handschrift.]
[63] [Aristotelis Organon Graece. Edidit Theodorus Waitz. Pars prior, De interpr. 3, 16 b 24.]
[64] [Aristotelis Organon Graece. Edidit Theodorus Waitz. Pars posterior. Lipsiae, sumtibus Hahnii, 1846, Anal. post. B 7, 92 b 13 sq.]
[65] [Index Aristotelicus. Edidit Hermannus Bonitz. Berolini, Typis et impensis Georgii Reimeri, 1870, 220 b 52–56.]

τὸ εἶναι = τὸ ἔστι, Sein das kopulative Sein! τὸ ὄν = *das Seiende*, wobei nicht so sehr das, *was* ist, gemeint wird, sondern das Sein – das Leuchtende in seinem *Leuchten*!
Vgl. Met. [I 2,] 1054 a 13; ib. [Γ 2,] 1003 b 26, auch Anal. priora A 1, 24 b 16.

τὸ εἶναι sagt nichts παρὰ τὸ τί, ἢ ποιόν.
Sein bedeutet immer *Ist-haftigkeit*, die als solche (qua Kopula – λόγος) auf Subjekt (οὐσία) bzw. Prädikat *bezogen* ist, selbst Bezug beider ausdrückt [das ›als‹].⁶⁶ Dann würde ὂν ᾗ ὄν besagen: das Seiende, sofern es ›*ist*‹-*haft* (in seinem Sein) genommen und verstanden wird: qua λεγόμενον im λόγος qua ἀπόφανσις.

[Muß aber dann nicht gerade das ὂν ὡς ἀληθές (σύνθεσις) mit zu diesem εἶναι gehören? Aber Aristoteles scheidet dieses [Met.] E 4 [1027 b 29 sqq.] gerade aus.]⁶⁷

Vgl. vor allem für die *kopulative* Bedeutung des ὄν Met. Δ 7, 1017 a 23.

Und schließlich dieses εἶναι im Zusammenhang mit ἀληθεύεσθαι und ὑπάρχειν, [vgl.] Anal. priora A 36, 48 b 2 und [A] 37, 49 a 6 sq.

ὑπάρχει γὰρ εὐθὺς γένη ἔχοντα τὸ ὂν καὶ τὸ ἕν (Met. Γ 2, 1004 a 4 [sq.]): wo es Sein gibt, da ist es auch schon sogleich zerfällt; d. h. Sein für sich als unzerfälltes ἕν gibt es nicht. Vgl. [Δ 28,] 1024 b 15 [sq.]: οὐδὲ γὰρ ταῦτα [τὰ γένη τῶν κατηγοριῶν] ἀναλύεται οὔτ' εἰς ἄλληλα οὔτ' εἰς ἕν τι.

Das ist-hafte Sein gliedert sich von Hause aus; und die Gliederungen sind die *Kategorien* (das *κατὰ μηδεμίαν συμπλοκὴν λεγόμενον eben im* λόγος und aus ihm heraus!).

NB: Aber ist das ist-hafte Sein das ursprüngliche?

[Ad 1.]⁶⁸ Wie kommt es zu diesem Vorrang des Istigen? Vgl. ad 1; es

---

⁶⁶ [Die eckigen Klammern in der Handschrift.]
⁶⁷ [Die öffnende eckige Klammer in der Handschrift.]
⁶⁸ [Daß nach den Ausführungen »Ad 2« an dieser Stelle die Ausführungen »Ad 1« (siehe die zu Beginn der vorliegenden Aufzeichnung [oben S. 58] exponierten Fragen) beginnen, geht auch aus der nach dem folgenden Satz eingeschobenen Bemerkung »Vgl. ad 1« hervor.]

I. Aristoteles: Seinsfrage und »Metaphysik« — Allgemeines 61

ist die Herrschaft des λόγος als Satz. [Vgl.] *Apelt, [S.] 146*.[69] Woher diese? Weil das Fragen in seiner Entfaltung, Problemfassung und Beantwortung in *Sätzen* sich bewegt; hier in diesen liegt das Sein qua ›ist‹ *zunächst* und ständig handgreiflich vor.

Vgl. Platons »Sophistes«.

Woher das ›ist‹? Wird es dem schon Offenbaren *zu-* und *auf*gesprochen oder *aus* ihm heraus — sofern es schon als Seiendes verstanden ist, wobei die Seiendheit eben nicht und noch nicht lediglich die Istigkeit ist?

Wenn das ὄν der Kategorien das *erste* und somit das ›ist‹ das Maßgebende in der ganzen Seinsproblematik, dann erst recht Θ 10, das ὄν ἀληθές als κυριώτατον, verständlich und notwendig. Aber hier gerade überschlägt sich das ›Sein‹ dann in die Richtung der Vorprädikation, des ἁπλοῦν, dem die Antike nicht gewachsen ist und nie gewachsen sein kann, weil begrifflich-philosophisch die ἁπλᾶ *Derivate* des σύνθετον des λόγος sind, der entscheidend sich vor das ›Seiende‹ legt.

Freilich: wenn ὄν = εἶναι qua ἔστι das ›Erste‹, wie in seinem Lichte das *ὄν δυνάμει — ἐνεργείᾳ*?

Oder ist *hier* doch eine andere Perspektive?

Das κατὰ συμβεβηκός und ἀληθές lassen sich leichter auf das ἔστι orientieren, und von daher eine einheitliche Perspektive für das, was πολλαχῶς.

Inwiefern aber ist dieses τὸ ἔστι das ὄν καθ' αὑτό (Δ 7)?

Apelt versucht das zu zeigen, indem er nachweist, daß in jeder Kategorie ein erstes und letztes τί zum Ausdruck kommt — τί ἐστι —, nach dem gefragt werden kann.[70]

Schärfer: das ist-hafte Sein hat den Charakter des: *ist so; etwas ist so*.

Daher: 1. etwas ist — *was ist es?* οὐσία qua substantia secunda;
  2. ist so — wie ist je zuerst das ›so‹?

---

[69] [Vgl. Otto Apelt: Die Kategorieenlehre des Aristoteles, S. 146.]
[70] [Vgl. Otto Apelt: Die Kategorieenlehre des Aristoteles.]

NB: Allein woher die Leitfrage τί ἐστιν? Kann diese nicht ohne das kopulative Sein und den λόγος gerade direkt auf die Dinge und ›Eigenschaften‹ gehen? Warum durch den λόγος hindurch?
Gewiß ist das ὄν der Kategorien orientiert auf ἔστιν – λόγος, aber man darf das nicht neuzeitlich ›logisch‹ nehmen, sondern:
1. λόγος handgreiflich vorhanden in der Sprache und ihren Bedeutungen;
2. das ›ist‹ spricht eben gerade [über das] Seiende, über das Was- und Daßsein des Seienden selbst;
3. es wird nicht rein die kopulative Bedeutung *zuerst* gefaßt, aber a) die Rolle der Hermeneutik,
    b) die polemische Orientierung gegen Antisthenes u. a.!
4. Vor allem darf nicht das Sein als nackte Verbindung an sich genommen und von beiden Seiten her ihm erst Prädikat und Subjekt angefügt werden. Und doch ist dieses ›Verbinden‹ ein Ursprünglichstes auch für *Subjekt und Prädikat*. Kopulatives Sein ist darum nicht identisch mit Prädikation, denn *copuliert* wird ja auch das Subjekt. Besser: weder Subjekt noch Prädikat stehen in einem Vorrang, d. h. dieses ›Sein‹ der Kopula kommt aus einem ursprünglicheren.

Apelt, [S.] 143: »Das eigentliche Subjekt des kategorischen Urteils, das τόδε τι, ist nach Aristoteles nicht selbst Kategorie. Vielmehr dienen *alle* Kategorieen, einschließlich des τί ἐστι, d. h. der ersten Kategorie, nur zur Bestimmung dieses eigentlichen Subjektes.«[71]

Das heißt also: das *τί ἐστιν* gehört primär zum ἐστίν (Kopula) *als solchem.* Wie? Das muß gezeigt werden; die Gliederung durch das ›als‹! Das ›als‹ schon in der Nennung; daher auch diese zuweilen *Kategorie. Ansprechen:*
    1. als Nennen und Benennen,
    2. das so (1) Angesprochene ansprechen *als* das und das.

Das ›Subjekt‹ – dieses Ding da – ›ist‹ in sich *τόδε τι* und eben schon *τί*, d. h. es ist οὐσία:
    1. als dieses Anwesende, Seiende;

---

[71] [Otto Apelt: Die Kategorieenlehre des Aristoteles, S. 143.]

I. Aristoteles: Seinsfrage und »Metaphysik« – Allgemeines 63

2. solches eben in [seinem] und durch sein εἶδος, *Aussehen, Anwesenheit*. Wird das Seiende selbst *als* τόδε τι genommen, dann ist eben die *Diesheit* gerade das ursprüngliche τί ἐστιν des Vorhandenen; das τί ἐστιν ist eben, voll genommen, τόδε τί ἐστιν.

In der *Diesheit* liegt *Washeit*, aber nicht umgekehrt, sofern das τόδε eben das *καθ' ἕκαστον* meint.

G. DAS ΠΟΛΛΑΧΩΣ[72]

1. Im πολλαχῶς

Vielfachheit, also *Verschiedenheit*, διάφορα ὄντα.
Darüber Met. Δ 9, 1018 a 12[–19].
Hier ἀναλογίᾳ [a 13] *genannt*.
Einheit *als* verschieden –
selbst *mannigfaltigt*.

2. [Analogie]

Analogie Entsprechung.
Nirgend *auseinandergelegt* im Wesen, sondern nur anhand der Definitionen durch Sehen auf Beispiele von analogen Bedeutungen.
Und zwar in welcher Absicht?
Um Einheit des ὄν zu Mannigf[altigkeit] zu bestimmen.
Aber – *nur entsprechend!*
Nicht gesondert *dasselbe*, und wenn, dann fraglich (ontisch – ontologisch), also wieder Gattung!
Selbigkeit des So-wie:
[Vgl.] Phys. [A] 7, 191 a 8 [sqq.]: wie Erz zu Statue, Holz zu Bettstelle, so μορφή – ὕλη.
ὡς diese Beziehung – καί diese […]* Beziehungen, doch bei jeweiliger Andersartigkeit dasselbe. [Vgl. Met.] Δ 6.
κατ' ἀναλογίαν ἐπίστασθαι:[73] hinsichtlich [?] auf Entsprechung erkennen, das *Entsprechende* συνορᾶν.
τῷ ἀνάλογον, [Met.] Λ 4, 1071 a [4].
ἀναφορὰ πρὸς τὸ πρῶτον, [vgl.] Γ 2, 1004 a 25.

---

[72] [Überschrift auf dem Umschlag, mit dem Heidegger die im Folgenden vom Herausgeber von 1 bis 16 durchgezählten Aufzeichnungen zusammengefaßt hat.]
[73] [Phys. A 7, 191 a 8: ἡ δὲ ὑποκειμένη φύσις ἐπιστητὴ κατ' ἀναλογίαν.]
* [Ein Wort unleserlich.]

I. Aristoteles: Seinsfrage und »Metaphysik« — Allgemeines 65

Vgl. Λ fi.
Vgl. die Analogie des ἀγαθόν, Eth. Nic. I 4, 1096 a 23 [sqq.].

3. Analogie

Hinsprechen auf (ein πρός, *nicht ein* κατά): die Weise ist verschieden, aber *das Woraufhin* dasselbe bzw. umgekehrt [das] *Von-woher*: *Hinsprechen auf ein Erstes*, ἀρχή — je *in Beziehung auf.*
Und darin gründet erst das Weitere: die *entsprechenden Bezogenen* — entsprechend auf eines — sind unter sich ›entsprechend‹, nicht gleich, sondern ähnlich.
So — wie, ὡς — καί.
Die *ursprüngliche Entsprechung*: deren *Einheit — Einigendes von Vielen*, der Vielen in *jener entsprechenden Weise.*
πολλαχῶς — κατά.

4. [Analogie]

Aristoteles spricht einmal gelegentlich der Umgrenzung des Wesens der Selbigkeit auch von der Verschiedenheit.
»Die Verschiedenen ...«, [vgl. Met.] Δ 9 [1018 a 12 sqq.].
Verschiedene Weisen der Einheit von unterschiedenen Vielen.
ἀναλογία.
Gesund: die Einheit, die für viele verschieden gilt, ist hier die Einheit der Analogie.
Analog bedeuten — *eine Bedeutung wird führend.*
Nun sagt Aristoteles: so — wie, also auch das Sein. So eine Weise *Kategorien*, und in diesen wird οὐσία [führend]. *Warum das* und was soll das? *λόγος!* Dagegen Θ: ἐνέργεια (κίνησις). Oder gar doch λόγος? Qua *ἀλήθεια!* [Vgl.] Z, cap. 1.
Das ταὐτόν — *κοινόν* τι zu den πολλαχῶς: im engen, im weiten Sinne.
Nicht καθ' ἕν, sondern *πρὸς ἕν*.

Aber weder gesagt, was das ist (τρόπος des καθ' ἕν, Wesen der Analogie),
noch ausdrücklich gezeigt, *wie das beim Sein* (sondern Analogie des Seins nur durch *analogen* Hinweis!),
noch, *ob [und] warum das hier so sein muß.*
Gemäß dem Wesen des Seins, wenn das *dergleichen verlangt.*
φύσις τις! Das von sich her sich Bestimmende und Bewegende, in Bewegung Haltende und Waltende.
Dunkel, Grenze, Fragwürdig[keit] aushalten.

5. Das πολλαχῶς

Wie eines nicht μοναχῶς, [sondern] ὄν διχῶς; ὄν διχῶς – eine Richtung des Fragens *neben* anderen. So entnehmen wir für die Frage nach dem weiteren Bezirk gar nichts – ›nur‹ das eine τὸ ὄν, und dieses διχῶς. Aber das einfach erwähnt und hingestellt wie etwas Selbstverständliches. *Tier:* Säug[etier] – Vogel. Also Fragebezirk u. a. einfach genannt, angekündigt, über *diesen* selbst nichts ausgemacht, vielmehr wenigstens *hier nichts* ausgemacht. Sonst? *Anderswo? Vielerorts.* [Anal. priora A 29, 45] b 36–46 a 4 geht sicher über zur näheren Umgrenzung des Themas und zur Kennzeichnung der ganzen Gegend der Untersuchung.

Woher diese zwiefache Gliederung = Faltung des ὄν? Im Hinblick worauf und mit welchem Recht, in welcher Form begründet machen die beiden Gliederungen die Frage erst zu der philosophischen? *Doch warum versteifen wir uns so auf die Kennzeichnung und Sicherung des Fragebezirks? Der Abschluß! wie der Vorausgang! u. a.!*

Doch Aristoteles kennt nicht nur diese zwiefache Gliederung, zunächst spricht er von einer mehrfachen und vielfachen: πλεοναχῶς, *πολλαχῶς – τὸ ὄν λέγεται πολλαχῶς.*

Vgl. unsere Abhandlung, Schlußkapitel im Anfang, [Met.] Θ 10:
ὄν ἀληθές – ψεῦδος (Blickfeldumgrenzung):
1. dieses das eigentlichste Seiende,

2. τούτων έναν[τία],
3. μὴ ὄν.[74]

Also τριχῶς.

Aber [in] E 2 (dem *παρά!* entspricht das ἔτι in Δ 7)[75] das πολλαχῶς τετραχῶς, *»vierfach«.* Vgl. ἓν τετραχῶς [in] I.[76] Ebenso Met. Δ offiziell! Das ποσαχῶς! Hier τὸ ὄν zugleich klar *τὸ εἶναι*.[77] *Jetzt erst recht die grundsätzliche Frage.*

Zudem πολλαχῶς selbst noch zweideutig: Z 1. Das *πρώτως* in Θ 1 [1045 b 27] *auch nur von den Kategorien.*

Das *πολλαχῶς* ein *Hauptvorstoß* des Aristoteles, obzwar *lediglich phänomenologisch aufgezeigt und hingestellt, wenngleich nicht bewältigt.* Warum nicht?

Vgl. Phys. A (Met. E 2, cf. [E 4,] 1027 b [17 sqq.]).

Hier ὄν − μὴ ὄν Platons nur *ein* vorbereitender Schritt! Freilich *universal!*

κατά τι κοινόν (Κ 3 [1060 b 31]).

Wenn aber dieses, dann *doch kein* auseinanderfallendes bloßes Vielerlei, zumal *ὄν − ἕν,* πρὸς ..., γένος-Problem, ἀρχή-Problem.

Also doch *Einheit vorgeschwebt* zum voraus und zu rekonstruieren in gewissem Sinne. Aber das immer noch keine Problematik, die eine solche des temporalen Ursprungs sein müßte mit einer zureichenden Begründung der Ursprungsdimension. Warum dieses? Endlichkeit des Seins!

---

[74] [Met. Θ 10, 1051 a 34 sqq.: ἐπεὶ δὲ τὸ ὂν λέγεται καὶ τὸ μὴ ὂν τὸ μὲν κατὰ τὰ σχήματα τῶν κατηροριῶν, τὸ δὲ κατὰ δύναμιν ἢ ἐνέργειαν τούτων ἢ τἀναντία, τὸ δὲ κυριώτατα ὂν ἀληθὲς ἢ ψεῦδος.]
[75] [Met. E 2, 1026 b 1; Δ 7, 1017 a 31.]
[76] [Vgl. Met. I 1, 1052 a 17 sq.]
[77] [Met. Δ 7, 1017 a 23 sq.: ὁσαχῶς γὰρ λέγεται τοσαυταχῶς τὸ εἶναι σημαίνει.]

6. Das ὂν πολλαχῶς

kein γένος und doch keine bloße Einheit desselben Namens und Wortes, sondern Bezug je auf eine Einheit des Verstehbaren. Dieses *Eine* (Sein) nichts für sich, sondern es west gerade im sich faltenden Sichverteilen. Weiter vermag Aristoteles nicht zu dringen; hier versagt das λόγος- und γένος-hafte Begreifen – zumal keine Ausarbeitung der Transzendenz. Andererseits eben dieses Dunkle gerade das, was das eigentliche Fragen herausfordert. Dieses Wesende in der Einheit seines Wesens.

Und zwar zunächst antik: von ἐνέργεια her – hier alle entscheidenden Motive gesammelt:
1. Hergestelltheit (ἐνέργεια);
2. Aussehen;
3. Anwesenheit (οὐσία);
4. *Diesheit, Eigenständigkeit*;
5. Offenbarkeit (νοῦς, [vgl. Met.] Λ 7! vgl. ib. [1072 b 17 sq.] ἐγρήγορσις, αἴσθησις, νόησις!);
6. ansprechendes Besprechen (λόγος);
7. Beständigkeit (ἀεί), [vgl.] Θ 10, 1051 b 29 [sq.], Gegenwart; vgl. Λ 7 inc., wo ἔργῳ auf κινοῦν ἀκίνητον gesammelt, d. h. aus jenem dieses notwendig.

Wie von da aus das *Seinsproblem* entfaltet werden kann? Das Gefaltete in seiner Faltung <u>entfalten</u>, auf Vor-faltiges Faltendes zurückbringen.

Wie der Rückgang zum πρὸς ἕν, und zwar in der zweifachen Form:

1.) Γ 2, 2.) das Innerkategoriale,

sobald es auseinandergelegt wird, auf ein ursprünglicheres transzendentales Phänomen führen muß als der λόγος, und zwar am Leitfaden der ἐνέργεια.

I. *Aristoteles: Seinsfrage und »Metaphysik« – Allgemeines* 69

7. Das ὄν πολλαχῶς λεγόμενον[78]

τὸ ὄν: 1. Das Seiende selbst, *was* da gerade *ist* (Sein hat), wird;
2. das Seiende, was Seiendes ist, das Seiendhafte;
vgl. das Lichtende, nämlich in seinem *Lichten*; also u. a. ᾗ ὄν;
3. ausdrücklich τὸ εἶναι;
4. dieses aber zunächst und zumeist τὸ ἔστιν;
5. daher τὸ ὄν = τὸ ἔστι. [Kann diese kopulative Auslegung durchgehalten werden??][79] Einfach in sich vorhanden?
Allerdings: Woher und wie das πολλαχῶς in der *weiteren* Bedeutung der *vierfachen* Gliederung? Etwa auf dem Wege über das einfache πολλαχῶς der Kategorien unter sich? Oder aus dem Ganzen des λέγειν τὰ ὄντα bzw. *λέγειν τι κατά τινος* überhaupt? Wobei dann eben mit der Zeit das κινούμενον hereinkommt. Vgl. Maier II, 2, S. *329/30*.[80] Aber dann eben das Ursprungsprinzip nicht im λέγειν qua tale.

In der menschlichen Rede überhaupt findet sich τὸ ὄν vielfach angeredet und beredet, besser: τὸ ὄν, das *Wort* ὄν wird vielfach gebraucht – *das heißt aber?*

Die Dunkelheit des πολλαχῶς und seiner beanspruchten Hinsichten – in sich und unter sich – zeigt die Unbestimmtheit des Grundhinblicks auf das ὄν. Oder ist gerade diese Dunkelheit Zeugnis einer obzwar unbestimmten Einheit? Diese Einheit ist die der ›Analogie‹: ὄν (εἶναι) kein γένος, sondern πρὸς [...] μίαν τινὰ

---

[78] [Rechts neben der Überschrift die Notiz:] *vgl. S.S. 30, S. 19 b ff.* [Diese Seitenangabe bezieht sich auf das Manuskript der Freiburger Vorlesung Heideggers vom Sommersemester 1930. Vgl. Martin Heidegger: Vom Wesen der menschlichen Freiheit. Einleitung in die Philosophie. Gesamtausgabe Band 31. Hrsg. von Hartmut Tietjen. Frankfurt a. M.: Vittorio Klostermann, 1982, ²1994, S. 77 ff.]
[79] [Die öffnende eckige Klammer in der Handschrift.]
[80] [Vgl. Heinrich Maier: Die Syllogistik des Aristoteles. Zweiter Theil: Die logische Theorie des Syllogismus und die Entstehung der aristotelischen Logik. 2. Hälfte: Die Entstehung der aristotelischen Logik. Tübingen: Verlag der H. Laupp'schen Buchhandlung, 1900, S. 329 f.]

φύσιν [Met. Γ 2, 1003 a 33 sq.]. Und das ist? Die οὐσία. Vgl. Γ 2 und
Z 1 und so das πρώτως ὄν [Z 1, 1028 a 30].

Andererseits zeigen sich eben doch *haltgebende Hinsichten*:
Kopula — λόγος; Sprache überhaupt; Wahrheit (Offenbarkeit); Werden — Bewegung; Ständig-Zumeist und Beiläufiges.

8. These, daß ὄν kein γένος (ἀνάλογον, πρὸς ἕν)[81]

Möglichkeit: nicht erwachsen aus der Frage, ob es das sei und *wie*
ὄν überhaupt Allgemeinstes sei (καθόλου κατηγορούμενον μάλιστα
πάντων, [vgl. Met.] I 2, 1053 b 20 [sq.]), sondern umgekehrt aus der
Frage, ob γένος ἀρχή sein könne, [vgl.] B 3. Antwort: es kann das
nicht, weil ὄν es nicht ist qua γένος — und ὄν doch ἀρχή!?

Aber: B 3 kann auch nur eine kritische Gelegenheit sein, bei der
dieses Problem — Genus-Charakter des ὄν — zur Sprache kommt.
An sich, der Sache nach liegt die Frage, ob und wie ὄν Allgemeinstes sei, eben gerade im Wesen des Seins und zumal des *ausgesagten* und *gesagten*. Denn es ist καθόλου κατηγορούμενον μάλιστα, aber
wie? [Vgl.] *I 2!* Das muß sich am κατηγορεῖν im weiteren Sinne
zeigen. Wie ist hier das ὄν beteiligt? In sich πολλαχῶς im engeren
Sinne. Und wie die *Einheit dieses* πολλαχῶς? Hier also das Problem
der ›Einheit‹ ausdrücklich aufgenommen. Desgleichen I 2. Das ἕν
selbst aber wie das ὄν πως (vgl. K 3, 1061 a 18). Hier *steckt* das Problem — keine Transzendenz.

Daß das ὄν kein γένος, wird aus dem λέγειν gezeigt. Wäre es
γένος, dann müßte es qua ὄν (gehaltlich) auch von διαφορά gesagt
werden; nun aber kann die διαφορά gerade nicht das enthalten,
was γένος, bzw. dieses noch nicht, was διαφορά. διαφορά wäre aber

---

[81] [Links über der Überschrift die Notiz:] vgl. über Kategorien als ἕτερα τῷ γένει
[Siehe oben S. 56 den Abschnitt F 3. Ferner ist der Überschrift in der Handschrift
die folgende Fußnote zugeordnet:] Die Frage ist mit Rücksicht auf das doppelte
πολλαχῶς selbst im *engeren* und *weiteren* Sinne. Entsprechend die Frage nach der
Allgemeinheit des Seins. Allgemein: καθ' ὅλου — κατά! Aussagbar — über das Ganze
hin. Wie hier ὅλον? καθόλου (ὁλότης, ἑνότης).

I. *Aristoteles: Seinsfrage und »Metaphysik« – Allgemeines* 71

auf jeden Fall ὄν τι; also gibt es zu ὄν überhaupt keine mögliche διαφορά – mithin auch kein γένος-Charakter; und doch καθόλου.

9. *[τὸ ὂν λέγεται πολλαχῶς]*

Unsere Abhandlung, die handeln soll vom ὂν κατὰ δύναμιν καὶ ἐνέργειαν, erörtert demnach *eine* von den vier Weisen des *Seins* des Seienden, gibt so in einer bestimmten Hinsicht Aufschluß, Aufschluß über das Wesen des *Seins*, das freilich in vielfacher Weise verstanden wird. τὸ ὂν λέγεται πολλαχῶς – diese stehende Formel des Aristoteles besagt: τὸ εἶναι λέγεται πολλαχῶς. Mit diesem [τὸ] ὂν λέγεται πολλαχῶς ist *meistens* gemeint die angeführte Vierfachheit, wozu auch das ὂν τῶν κατηγοριῶν gehört. Zuweilen hat πολλαχῶς auch eine engere Bedeutung. So im Anfang der *zentralen* Abhandlung über die *erste* Kategorie, die οὐσία.[82] Vgl. [Met.] Δ 7 [1017 a 23 sq.]: *ὁσαχῶς ... τοσαυτα[χῶς]* – das λέγεται der spezifische λόγος *der κατηγορία!*

[Met.] Z: *Text: E* fi. und Z inc. künstlich aneinandergeschoben; Z inc. *so sinnlos*; πολλαχῶς in *engerer Bedeutung.*

πολλαχῶς als *Hauptvorstoß* – nicht formal, *Grundeinsicht.* [Met.] E – Z [gibt davon] *etwas wieder.* Eine *entschiedene Lenkung und Ausarbeitung der Fragen.* Grundlegung [durch] Plato und Platoniker, ›Ideenlehre‹, aber Best[immungen] [?] für sich – eine Regel [?]. Damit den weitesten Bezirk des Fragens vollständig umrissen.

---

[82] [Nicht klar zuordenbare Ergänzungen auf der rechten Seite des Blattes:]
vieldeutig das ὄν, ebenso οὐσία
τὸ ὄν: das Seiende
ὄν τι: irgend *ein Seiendes* (Seiendheit), hierbei je dieses als dieses und gar nicht als Seiendes; *daß* es ist und dabei je so ist, *bleibt selbstverständlich*, ja noch mehr: es kommt gar nicht dazu zu wissen, daß dieses Selbstverständliche überhaupt verstanden ist.
das Seiende, *es*, vordringlich und eigens, nicht dieses und jenes, auch nicht einfach alles zusammen

Freilich kein klares Blickfeld,[83] sondern ein großes Dunkel, das das Fragen *umrandet*. [...]* *diesen* Rand!
Bei Aristoteles selbst die ›*Einheit*‹ κοινόν τι. Kant ihm entgegen – ἕν.
?? Weder Weg noch Steg, kein Mittel der Bewältigung. *Steht einfach so* – und gerade dieses Dunkel in seiner ganzen Aufdringlichkeit nehmen und zur Geltung bringen.[84] Nicht etwa nur und vorwiegend, um die bisherige Auffassung abzuändern oder gar zu verbessern – unbegründet wodurch –, sondern für mehr Philos[ophie], die Zwiesprache und Auseinandersetzung, durch die wir uns in den Stand der Philos[ophie] setzen sollen.

Analogie nur eine *Verlegenheit*, keine Lösung, ja nicht einmal Stellung und Ausarbeitung der Frage!

Γ 2–Λ: ein anderes, weiteres πρὸς ἕν? Nein! Γ 2 fi.: πρώτη φιλοσοφία und θεωρία.

Freilich das Fragen nach ἕν – κοινόν nicht mißverstehen!

Gerade nicht gewaltsame Abrundung und Ausbau eines behaglichen und großen Systems. ›Faltung‹ schon zuviel gesagt – etwas vorweggenommen!

Seinsfrage und Θ: ›philosophische Auslegung‹ wurde gesagt.

Christliche Theologie des Mittelalters, die Aristoteles' Begriffe und Sätze ihren Zwecken dienstbar machte, völlig entwurzelt und die Probleme verschüttet und eine Gestaltung vorgezeichnet [hat], die dann die abendländische Metaphysik von Descartes bis Hegel bestimmte, zugleich aber ein Wiederaufnehmen der ursprünglichen aristotelischen und antiken Grundfragen der Philosophie unterbinden mußte. Also sinnlos?! Verborgene *Wege des Geistes* – ›*Schulphilosophie*‹. Bloße Begeisterung für die Antike und etwa Gegnerschaft gegen das Christentum *gleich* macht- und wirkungslos, sondern nur die wirkliche philosophische Arbeit, die aus

---

[83] [Ergänzung auf der rechten Blattseite:] sondern aus ursprünglicher gelegtem Boden – von selbst aus Worten und überflüssig [?] – neue Fragen *nach einem und demselben*

[84] *pos[itiv]!*

* [Ein Wort unleserlich.]

I. Aristoteles: Seinsfrage und »Metaphysik« – Allgemeines

ihrer innersten Not zur Auseinandersetzung mit der a[ntiken][85] Philosophie gedrängt wird.
Vgl. *Aristoteles – Allgemeines*.[86]

10. ὄν – ἕν

nicht οὐσία; das Sein nicht ein Vorhandenes für sich, sondern *das* κατηγόρημα μάλιστα πάντων, [vgl. Met.] I 2, 1053 b 19 sqq.
Das »am meisten«!
Zuerst und ständig und von allem *gesagt*!
Gesagtheit; aber nicht als *Eigenschaft* von Seiendem, überhaupt nicht κατηγορία *im engeren Sinne*, sondern *über diesen*.
Ihr ἕν.
Vgl. Schluß dieses Kapitels: das τὸ εἶναι *nicht προσκατηγορούμενον παρὰ τὸ τί* usf., sondern *vor allem* und doch nicht γένος [vgl. 1054 a 13 sqq.]. ἐν παντὶ γένει ist es φύσις τις, und doch nicht *die* φύσις von etwas! [Vgl. a 9 sqq.]
Dunkel!
λέγεται δ' *ἰσαχῶς* τὸ ὂν καὶ τὸ ἕν (ib. [1053] b 25). Vgl. b.[87]
[Vgl.] 1054 a 14 sq.: das τὸ μὴ εἶναι beider ἐν μηδεμιᾷ τῶν κατηγοριῶν (als γένος) – nicht *von diesen* erst kategorial bestimmt.
Das εἶναι als φύσις τις, [vgl.] Γ 1 und 2 u. a.
Alle Seinsweisen durchwaltend (vgl. Γ 2, 1003 b 6; φύσις = ἀρχή, ἀρχὴ κινήσεως! im formalen Sinne, *Macht*, das πρὸς ἕν), sich unzerteilt in ihnen verteilend, aber nichts daneben! ›Zeit‹ – T[emporalität].
Das ἀκολουθεῖν ἀλλήλοις von ὄν und ἕν: *folgen einander, das eine geht mit dem anderen, das eine im anderen enthalten.* Vgl. Γ 2 [1003 b 22 sq.].
Vgl. K 3, 1061 a 17 sq.: ἀντιστρέφειν *von* ὄν *und* ἕν.

---

[85] [Alternative Auflösung der Abkürzung: aristotelischen.]
[86] [Siehe oben S. 12 ff. den Teil B.]
[87] [Diese Angabe bezieht sich auf die Seite b der vorliegenden zweiseitigen Aufzeichnung. Siehe unten ab »Das ἀκολουθεῖν ἀλλήλοις …«.]

Sachlich dasselbe – λόγῳ verschieden
als Sein und Einheit,
›Einheit‹ und Zeit; aber eben *nicht* das νῦν!

Vgl. *allgemeines ›Axiom‹*:
Λ 10, 1075 a 18 sq.: πρὸς μὲν γὰρ ἓν ἅπαντα συντέτακται.
[a 24 sq.:] κοινωνεῖ ἅπαντα εἰς τὸ ὅλον.
Je mehr und eigentlicher seiend, um so mehr ἕν, gebunden, *verwaltet* und waltend im Ganzen.
εἰς [...] τὸ διακριθῆναι ἀνάγκη ἅπασιν ἐλθεῖν, ib. [a 23 sq.].

11. ὂν καθ' αὑτό und κατὰ συμβεβηκός

Gutes Beispiel: die Linie ist κατὰ συμβεβηκός unbegrenzt viele Hälften, οὐσία δὲ ἑτέρα καὶ τὸ εἶναι, [vgl.] Phys. Θ 8, 263 b 7 [sqq.].

12. Die ἀναγωγὴ τοῦ ὄντος πρὸς ἕν ([Met.] K 3)

διαφέρει δ' οὐδὲν τὴν τοῦ ὄντος ἀναγωγὴν πρὸς τὸ ὂν ἢ πρὸς τὸ ἓν γίγνεσθαι (K 3, 1061 a 15 sqq.).

13. ὄν

als μάλιστα πάντων *κατηγόρημα*, aber nicht *οὐσία*, aber *φύσις τις – κοινόν τι* [vgl. Met. I 2, 1053 b 19 sqq.].
›Grenze‹ – nicht weitergefragt, *anfänglich* [?] *da*!
Welche ist die *Urbedeutung* und welchen Wesens ist sie überhaupt? Was heißt hier *Bedeutung*? Wohin gehört dieses ›*Bedeuten*‹?
Wie gibt es sich zu bedeuten und warum?
Endlichkeit – Dasein – Transzendenz – Temporalität.

I. Aristoteles: Seinsfrage und »Metaphysik« – Allgemeines 75

14. τὸ ὂν πολλαχῶς καὶ οὐ καθ' ἕνα λέγεται τρόπον

[Vgl.] Met. K 3 inc. [1060 b 32 sq.].
Aber doch κατά τι κοινόν [b 35] – dieses aber nicht γένος.
Was *gemein* ist allem.
Die Weise der *Gemeinheit*.
Welche κοινωνία.
Unzerteilte Verteilung.

15. Aristoteles

τὸ ὂν λέγεται πολλαχῶς.
τὸ ὂν aber *καθόλου κατηγορούμενον μάλιστα* πάντων, [vgl. Met.] I 2, 1053 b 20 sq.
Vgl. καθόλου.
Vgl. das ständige πολλαχῶς in Met. Δ – *Aufreihung!!*
Nimmt sich aus wie eine zufällige, eben aufgekommene und bestehende Vieldeutigkeit. Nur das ›Viele‹ fällt auf und das Einzelne wird je nach seinen Wegen verfolgt – ohne Zusammenschluß, ohne Frage nach Ursprung – Analogie
Transzendenz.

Das ›Analogie‹-Problem bei Aristoteles ist nur die ›logische‹ Form des nicht greifbaren Transzendenzproblems im Sinne der Frage nach dem Ursprung des Sinns des Seins.

16. Zu Met. Θ 1 (inc.)

Das ὄν *der Kategorien* im Ganzen des vierfachen πολλαχῶς; vgl. noch das vielfache πολλαχῶς in Γ.
Die Vielfachen des πολλαχῶς keine Arten zur Gattung. Andererseits doch ein Zusammenhang auf *Eines*. Ferner das ὂν τῶν κατηγοριῶν nicht zu fassen als *eine Faltung* der *Vierfältigkeit*, wenn nicht diese selbst in ihrer vollen *sich entfaltenden Einheit* klar.

Aber wie sollen wir dieser Einheit und vor allem der Entfaltung und deren Notwendigkeit, Weise und Tragweite und Art der methodischen Behandlung beikommen? Doch vielleicht ist so die Frage schon schief gestellt und gelenkt. Wenn die Vierfältigkeit nicht gleichordnende Artung, dann unter diesen Vier verschiedene Bezüge zum ἕν, so zwar, daß eine der Faltungen die führende ist. Und das gerade das ὄν τῶν κατηγοριῶν — οὐσία unter diesen, die ihrerseits πολλαχῶς des ἕν.

Aber am Ende überhaupt für die ganze Faltung des ὄν das leitende ἕν. *Warum?* Und *was bedeutet das?* Denn δύναμις — ἐνέργεια primär mit Bezug auf οὐσία und κατηγορίαι, aber im Sinne der Zugehörigkeit zur Faltung? Zugleich aber δύναμις — ἐνέργεια die überhaupt radikale Interpretation des ὄν.

H. ANALOGIE[88]

1. [Hänssler]

Hänssler, Zur Theorie der Analogie und des sogenannten Analogieschlusses. Basler Dissertation 1927.[89]

2. ἀναλογία – ἀνάλογον

ἀνά, »an – auf«; ἀνά, »*hinauf zu*« (gegen κατά), »*über und durch etwas hin*«.
ἀνὰ τὸν ποταμόν, »stromaufwärts«.
ἀνὰ στρατόν, »*im Lager umher*«.
ἀνὰ νύκτα, »während der Nacht«.
ἀνὰ πέντε, »je fünf«.
Distributiv: ἀνὰ μέρος, »der Reihe nach«, adverbial;
  ἀνὰ λόγον ?   ›λόγος‹ (vgl. 1a).[90]

ἀνά-: wiederholen, *zurück*-nehmen; das lateinische *re*;
hin und zurück?![91] *hin und her (sagen); hin auf und zurück zu.*
ἀνα-λύειν! »*wieder-lösen*«!
Vgl. das πάλιν αὖθις und das πρός τι in [Plato,] Tim. *31 c* [–32 a]!
ἀναλογία: eine Weise des ταὐτόν *der ἕτερα*, [vgl. Met.] Δ 9 [1018 a 12 sq.].
ἀναφαίνω, »aufleuchten lassen«, »zeigen«!
Wie kommt das *Hin-und-her-sagen* zu dieser Bedeutung?

---

[88] [Überschrift auf dem Umschlag, mit dem Heidegger die im Folgenden vom Herausgeber von 1 bis 4 durchgezählten Aufzeichnungen zusammengefaßt hat.]
[89] [Vgl. Ernst Hermann Hänssler: Zur Theorie der Analogie und des sogenannten Analogieschlusses. Dissertation Basel: Schweizer Verlags-Druckerei G. Böhm, 1927.]
[90] [Diese Angabe bezieht sich auf zweite Seite der vorliegenden fünfseitigen Aufzeichnung. Siehe unten S. 78 ab »Wie kommt λόγος ...«.]
[91] [In der Handschrift zeigt ein Pfeil von »*ἀνὰ λόγον*« (siehe drei Zeilen weiter oben) zu »*hin und zurück*«.]

›Ver-gleich‹: Sagen als ›*zeigendes* Beziehen auf‹, *auf Gleiches – Selbiges Beziehen*, *Ver-selbigen*.

ἀναφέρειν: »*zurechnen*«, »*zuschreiben*«, »beimessen«, »anrechnen«; εἴς τι, zum Beispiel τὸ γένος, auf »Herkunft«, »Ursprung«!
[Vgl.] Plato, Alc. I, 120 e [8 sqq.].
λόγος, λογίζεσθαι, »*Rechnen*«.
Zurück-rechnen: zuerst weg von etwas zu etwas, dann von diesem *wieder* hinzu.

ἀντιστρέφειν: »nach der entgegengesetzten Seite drehen«,
»sich umgekehrt verhalten«,
»wechselweise sich entsprechen«.

Wie kommt λόγος zur Bedeutung »Beziehung«, »Verhältnis«, »*Bezogenheit*«?
Der verborgenen Weisheit der Sprache nachgehen! Und wie sie sich verkündet. *Plato-Stelle*.
λόγος nicht als spätere Bedeutung: »Urteil« und dergleichen, sondern
λέγειν: legen, zusammen-legen,
zusammen-lesen,
dazu-legen – etwas *zu etwas*,
dazu-rechnen (mit *einbeziehen*!),
zusammenlegen, *aufeinander beziehen* – πρός τι,
σύν und doch διά!
Dar-legen – erzählen – schildern,
das im Sprechen,
daher sprechenderweise *dar-legen* – reden,
d. h. durch Sprechen im Sprechen etwas *vor-legen*,[92] zugänglich machen –
das bislang nicht Vorgelegene, sondern *Ab-gelegene, Verborgene*.
Daher λόγος qua *δηλοῦν*, »offenbarmachen«.

---

[92] Vorlegen – λεγόμενον, das *Gelegene, Gesammelte*, in sich Bezogene, das sich so und so verhält, d. h. ›ist‹

I. Aristoteles: Seinsfrage und »Metaphysik« – Allgemeines 79

ἀνὰ τὸν αὐτὸν λόγον – *λέγειν τι πρός τι*, ἄλλο πρὸς ἄλλα –,
»auf dieselbe Beziehung hin« – *eine Weise der Verselbigung*, wo das einigende (Mitte) Selbige, das ›zwischen‹ selbst ein Verhältnis ist.

ἀνά – λόγος: je nach dem Hin und Her *der Beziehung*.
ἀνά, auf hin: die Beziehung – hin und her und diese selbst wieder zurück.

δι' *ἀναλογίας* ὁμολογεῖν – so beide Bedeutungen von λέγειν.
ἀναλογία: die Weise, wie *Einheit* (Selbigkeit) möglich ist.

Denn das *Zwischen* (μέσον), τι – πρός – τι, ist in Platos Beispiel selbst ›zwischenhaft‹: ὕδωρ ⇌ ἀήρ.[93] *Vgl. 1 b*.[94]

So bei *Analogie*: das auf *eine* und selbe Beziehung hin *(Sagen)* bzw. Sein von Mehrerem, das dabei schon dann Bezogenes ist als Mehreres – Vieles schon auf Einheit bezogen, aber wie?

Warum bei Plato *höchste Einheit*? Weil hier kein *äußeres* Umfassen, sondern *eingefaßtes In-sich-Befassen*. Das Bindende wird in dem Gebundenen immer *mitgesagt*. Vgl. später bei Aristoteles *Kategorien* und überhaupt beim ὄν.

ὄν als das erste eigentlich Bindende – κοινόν τι, κοινωνία –, [und] zwar qua ἀνάλογον.

Aber in einer ganz anderen tiefen Erkenntnis (κατηγορίαι) zuletzt im Ganzen nicht durchgedrungen. Und scheinbar die Einheit der ἀναλογία wieder geringer! Von συνώνυμον her gesehen, so etwas wie ὁμώνυμον, obzwar nicht κατὰ τύχην.

Man nimmt als ursprüngliche Bedeutung von ἀνάλογον die mathematische Proportion (Gleichheit von Verhältnissen) an und verkennt, daß so *nie* begreiflich wird, wie überhaupt λόγος zur Bedeutung »Beziehung« kommt.

---

[93] [Vgl. Plato, Tim. 32 b. Siehe auch unten S. 81 f. den Abschnitt 3.]
[94] [Diese Angabe bezieht sich auf die dritte Seite der vorliegenden fünfseitigen Aufzeichnung. Siehe die folgenden vier Absätze.]

Diese ist freilich nicht später als die von »Rede«, im Gegenteil: das Zusammen-zueinander-, das ἕτερον zu ἕτερον Legende und sie so *gelegt Darlegende.*

Weil λόγος diese Bedeutung hat, deshalb kann er das ausmachen, woraufhin Beziehungen *als* dieselben erkannt werden; λόγος gibt [erst][95] die Bedingung der Möglichkeit für das Fassen von solchen Beziehungen (Verhältnissen), ist damit grundsätzlich vor allem Mathematischen, Zahlhaften im engeren und weiteren Sinne. Nur weil Zahlenmäßiges solche Verhältnisse am bestimmtesten darbietet, werden solche zuerst genannt.

Vgl. auch [Plato,] Tim. [31 c 4 sq.]: ἀριθμῶν – ὄγκων – δυνάμεων!
Vgl. das λέγειν als Auf- und Zusammen-, Auf-eines-hin-zählen.
λόγος bei Heraklit!
λόγος auf ὅμοια, d. h. ταὐτόν *in* ἕτερα, ἕν *in* πολλά.
Das Bestimmende und Einigende, Zusammenhaltende, Waltende.

δεσμός: Band, Bindung!
λόγος selbst das λεγόμενον ὅμοιον –
ἀνὰ λόγον: auf »gesagte« Einheit, Selbigkeit *als einigende hinblicken.*

Aristoteles: das So-wie, ὡς τόδε (wie dies).
τὸ δ' ὡς τόδε σημαίνει ἐν μὲν ποιῷ τὸ ὅμοιον, ἐν δὲ ποσῷ τὸ ἴσον.[96]
Eth. Nic. A 4, 1096 b 28 sq.: ὡς γὰρ ἐν σώματι ὄψις, ἐν ψυχῇ νοῦς, καὶ ἄλλο δὴ ἐν ἄλλῳ.[97]
[Plato,] Timaeus 31 c (vgl. meine Bemerkung zu Stenzels Text): hier ἀναλογία ihrer φύσις nach ἓν ποιοῦσα. Hier aber ἀναλογία noch ganz formal allgemein! Von Zahlen, Körpern, Vermögen, Kräften.

---

[95] [Handschrift: es.]
[96] [Aristoteles Graece. Ex recensione Immanuelis Bekkeri. Edidit Academia Regia Borussica. Volumen prius, De gen. et corr. B 6, 333 a 29 sq. – In der Handschrift findet sich hier die irrtümliche Stellenangabe De part. anim. A 4, 644 a 16.]
[97] [Aristotelis Ethica Nicomachea. Recognovit F. Susemihl. Lipsiae, in aedibus B. G. Teubneri, 1887, A 4, 1096 b 28 sq.]

I. Aristoteles: Seinsfrage und »Metaphysik« – Allgemeines

Wie im einzelnen? Stenzel, λόγος-Auffassung in Quellen und Studien I 1,[98] gibt keine zureichende ›Interpretation‹!
Vieles und vielerlei unter sich Bezügliches verselbigen und so einsseinlassen.
Aristoteles, [Met.] Δ 6, 1016 b 34 [sq.]: κατ' ἀναλογίαν δὲ [sc. ἕν] ὅσα ἔχει ὡς ἄλλο πρὸς ἄλλο.
Vgl. b 7 sq.: τῷ *πρός τι* [ἕτερον] εἶναι.
Vgl. Text Aristoteles.
τι πρός τι wie ἄλλο πρὸς ἄλλο.

3. Analogie – Plato

Entstehung des οὐρανός qua *κόσμος*: das Gebilde des δημιουργός.

Worin von lediglich drei Seienden die Mitte ist, *das* ist gegen das Letzte, *was* das Erste *gegen* (in Beziehung zu) die Mitte, und wieder umgekehrt, was das Letzte gegen die Mitte, das diese gegen das Erste.[99]

a b c

wenn (wie) b : c ⇌ a : b

und wenn c : b = b : a

$$\frac{b}{c} = \frac{a}{b}$$
$$\frac{c}{b} = \frac{b}{a}$$ und

– wenn das Bindende bindend sich *neubindend verbindet* mit dem *Gebundenen* – das Ganze in sich gebunden –, wenn so das μέσον Erstes und Letztes geworden, Erstes und Letztes aber beide Mitt-

---

[98] [Vgl. Julius Stenzel: Zur Theorie des Logos bei Aristoteles. In: Quellen und Studien zur Geschichte der Mathematik. Abteilung B: Studien. Band 1. Heft 1. Berlin, Heidelberg: Springer-Verlag, 1929, S. 34–66; wiederabgedruckt in: Julius Stenzel: Kleine Schriften zur griechischen Philosophie. Hrsg. von Bertha Stenzel. Darmstadt: Wissenschaftliche Buchgesellschaft, 1956, S. 188–219.]

[99] [Vgl. Tim. 31 c–32 a.]

lere, wenn das Bindende selbst ein Zwischenhaftes und so die Enden *als Zwischen* ins Zwischen nimmt,
dann wird sich ergeben, daß so notwendig alles *dasselbe* ist (*was das eine, das* die anderen), *dasselbe* geworden aber einander, das eine mit den anderen, wird alles *Eins* sein.

Das μέσον muß dann wie sein?

δύο [...] μεσότητες [Tim. 32 b 3] – Zwiemitte, Mitte so, daß *zwei* sie ausmachen.

ὕδωρ – ἀήρ: ἐν μέσῳ θείς [b 4],

bzw. deren Verhältnis – *λόγος*.

$$\text{Denn } was \text{ Feuer zu Luft} \overset{a}{\frown} - \text{ das Luft zu Wasser}, \overset{b\,(\mu\acute\varepsilon\sigma o\nu)}{\frown}$$

$$\text{und was Luft zu Wasser} \overset{b\,(\mu\acute\varepsilon\sigma o\nu)}{\frown} - \text{ das Wasser zu Erde}. \overset{c}{\frown}$$

ἀνὰ τὸν αὐτὸν λόγον [b 5]: »*in Beziehung auf dasselbe Verhältnis*«.

πρὸς ἄλληλα [...] ἀπεργασάμενος [b 4 sq.]:
gemäß   zu-stande-bringen,
          zu-, gegeneinander zu stehen bringen.

Im selben λόγος reden, nämlich gemäß derselben Beziehung, [demselben] *Verhältnis*, auf dieselbe *Angesprochenheit hin*! λόγος – Hinrede, *das Gesagte*.

δι' ἀναλογίας ὡμολόγησαν τὸ τοῦ κόσμου σῶμα ἐγεννήθη [vgl. c 1 sq.].

ὁμολογεῖν, »dasselbe sagen«, »ein-stimmen«, »über*ein*-stimmen« – in *einem*: ἀνὰ τὸν αὐτόν [λόγον].

4. ἀναλογία bei Plotin

Vgl. Trendelenburg, Geschichte der Kategorienlehre, [S.] 152 ff.[100]

Ganz unaristotelisch.

Hier gerade ἐνέργεια des θεῖον als Gegenwart.

Gar kein Sinn kategorial zu fassen.

---

[100] [Vgl. Adolf Trendelenburg: Historische Beiträge zur Philosophie. Erster Band: Geschichte der Kategorienlehre. Berlin: Verlag von G. Bethge, 1846, S. 152 ff.]

ἐνέργεια vor aller ›Kategorie‹.
Die *äußerste* Endlichkeit des Seins des Seienden!
Antike von Gegenwart her.
[Vgl.] Enn. VI 1, 1; *VI 3, 1.*

I. LEITFÄDEN DER INTERPRETATION VON MET. Θ[101]

1. Das Da-sein und ἐνέργεια (Met. Θ)

Das ursprünglich eigentlich geschehende *Am-Werk-sein* für das, daß Sein offenbar ist, d. h. selbst ›ist‹, ist das Da-sein.
Vgl. Aristoteles, [Met.] Θ 10: der νοῦς; Ζ 6: λόγος καθ' αὑτό.
Aristoteles sieht antik alles ontisch und findet nicht den Weg in die Problematik der Transzendenz, und zwar als eigentlich geschehender – sucht ihn auch nicht.
Die neuere dagegen eine verkehrte Konstitution im ›Subjekt‹ und *Bewußtsein*.
Vor allem aus Ursprung und Notwendigkeit des Seins aus der Endlichkeit des Daseins zu zeigen Notwendigkeit des Wesens, dann aber alles *Wesende* in der Zeitigung.
Das Wesende west als <u>Sein</u>lassendes und ist qua Da-sein; das aber nur gerade mit Hilfe des *Weltphänomens* hinaustragen und -halten in das Seiende im Ganzen.

2. Met. Θ – Interpretation

Konzentrieren auf ἐνέργεια – κίνησις und von da die δύναμις.
Wie hier das vorgreifende Seinsverständnis die ganze Problematik leitet und begrenzt.
Wie andererseits formal doch der Rahmen des Problems gefaßt ist.
Wozu diese Problematik bei Aristoteles.

---

[101] [Überschrift auf dem Umschlag, mit dem Heidegger die im Folgenden vom Herausgeber von 1 bis 10 durchgezählten Aufzeichnungen zusammengefaßt hat. Zwischen die als 5 und 6 gezählten Aufzeichnungen eingelegt findet sich ein Blatt mit der ausführlicheren Überschrift:] [Met.] Θ / Gang der Interpretation / u. / Leitfäden / u. *Ergänzungen*. / δύναμις – ἐνέργεια / u. / die Kategorien

I. *Aristoteles: Seinsfrage und »Metaphysik« – Allgemeines* 85

Die ›Möglichkeit‹ (essentia) im späteren Sinne bei ihm nicht
da, sondern οὐσία gerade das Ermöglichende als das schlechthin
Anwesende (θεῖον).

3. δύναμις – ἐνέργεια und εἶναι überhaupt[102]

Es sieht so aus, als würde Aristoteles bei der Erörterung von
δύναμις und ἐνέργεια das eine durch das andere ›definieren‹: Θ 3,
1047 a 24 [sq.]: δύναμις durch ἐνέργεια und z. B. Θ 6, 1048 a 31 [sq.]
und b 15 [sqq.]: ἐνέργεια durch δύναμις. Aber:
1. Sind das *Definitionen* und dürfen sie als solche genommen
werden? Doch gerade Problem: was da geschieht bei solcher *verhältnishafter* Erhellung; zumal Aristoteles selbst ausdrücklich Θ 6
[1048 a 36] sagt: kein ὅρος; das gilt von δύναμις *nicht weniger* als
von ἐνέργεια.
2. Es ist ja gerade das Problem und Aufgabe zu zeigen, daß
δύναμις – ἐνέργεια keine *isolierten Dinge* sind, sondern *verhältnishaft*; daher schon *cap. 1, 2 und 5* der *Ausrichtungscharakter*
(προαίρεσις, ὄρεξις) der δύναμις an dieser zunächst aufweisbar! Warum? Ist das: conatus, Tendenz? (Von δύναμις her; nie aber ἐνέργεια.)
Das Wozu als *Gegenwart* – τέλος statt ›Macht‹!
3. Und zwar sind sie *so* verhältnishaft, daß dieses Verhältnis
sie *in sich* gerade hält und trägt (unzerteilte Verteilung) und daß
dieses Verhältnishafte früher ist als alles Sein von Seiendem, das
wir zunächst vom λόγος aus isoliert feststellen (ἴστησιν – διάνοια bei
jeglicher κατηγορία im Sinne des Ansprechens, [der] Nennung; was
mit entscheidender Ausgang des antiken Seinsproblems).

---

[102] [Auf einem der vorliegenden siebenseitigen Aufzeichnung vorgelegten Zettel hat Heidegger notiert:] *entscheidend* [Ferner findet sich auf der Seite 1 der vorliegenden Aufzeichnung oben links neben der Überschrift die Notiz:] vgl. S. 4 u. f.
[Diese Angabe stellt, zusammen mit einem Einfügungszeichen, die vom Herausgeber befolgte Anweisung Heideggers dar, den Passus »Es sieht so aus […] *Deus überhaupt kein esse!*« von den Seiten 4–7 an den Anfang zu stellen.]

4. Gerade dahin gilt es den Vorstoß zu tun. Freilich ohne Einsicht in die Transzendenz, sondern gleichsam *direkt*, und damit hängt es zusammen, daß auch die *zwei* δύναμις-Begriffe und entsprechend die zwei ἐνέργεια-Begriffe *nicht in ihrem gegenseitigen Verhältnis erörtert werden; das muß dunkel bleiben*, obzwar es — *dieses* Ungesagte — das Treibende der ganzen Untersuchung ausmacht.

5. Das Verhältnishafte beider aber ist zentriert im Phänomen der *Bewegung*! *Zunächst jedenfalls*; wobei Bewegung eben als etwas *Vorhandenes* bzw. Charakter des vorhandenen κινούμενον, vgl. »Physik«.

6. Was tritt nun aber bei der Erörterung von δύναμις und ἐνέργεια an Stelle der *Bewegung*, welche *μεταβολή*? Wird jetzt nicht einfach die ἐνέργεια das *Führende* und Herrschende? Gewiß; d. h. Transzendenz, Zeit kann nicht gesehen werden,[x] sondern alles zielt *antik* auf eine äußerste und erste *Gegenwärtigkeit*, zugleich so, daß dieses *ontisch ausgezeichnet* verankert wird; πρῶτον κινοῦν ἀκίνητον! Vgl. [unten Punkt] 8.

[x] Daß hier gleichwohl die Transzendenz mit im Spiel ist — das Dasein —, wird darin deutlich, daß eben die Entdeckung und Erhellung der reinen ἐνέργεια orientiert ist auf πρᾶξις, ζωή, εὐδαιμονία und *bestimmte* menschliche Handlungen, Sehen und dergleichen, νοῦς! Aber dieses Seiende (Dasein) wird gleichwohl wieder *von außen* genommen: die Gegenwärtigkeit, die das Vergangene in sich trägt — nicht transzendental und *eigentlich zeitlich*!

7. Die ontische Verwurzelung ist der Sache nach notwendig; aber es liegt hier eine ausgezeichnete Problematik vor; vgl. *Dasein*; das *Inmitten* (Misch über ontologische Differenz).[103]

---

[103] [Vgl. Georg Misch: Lebensphilosophie und Phänomenologie. Eine Auseinandersetzung der Dilthey'schen Richtung mit Heidegger und Husserl. Bonn: Friedrich Cohen, 1930, S. 257: »So scheint uns der theoretische Vorgriff der Fundamentalontologie gleich bei der ersten fundamentalen Unterscheidung einzugreifen, der von Sein und Seiendem (onta, entia): bei der ›ontologischen Differenz‹, wie Heidegger das nennt. Von ihr aus erfolgt die Konstruktion der ›als *Dasein* geschehenden Metaphysik‹ durch einen Rückgang hinter die distinctio rationis auf eine verborgene, aber ihr konforme Entscheidung des Lebensgeschehens, in dem dieser Unter-

I. Aristoteles: Seinsfrage und »Metaphysik« – Allgemeines

8. Entsprechend kommt es nicht dazu, von ἐνέργεια – δύναμις aus die ganze Problematik des ὄν grundsätzlich zu begründen und neu zu gestalten; es bleiben verschiedene Ansätze nebeneinander stehen und zwischen ὄν δυνάμει – ἐνεργείᾳ und den übrigen παλλαχῶς λεγόμενα nur äußerliche Zusammenhänge.

NB: Die spätere christliche Deutung: actus purus, ens increatum – ens creatum, sagt metaphysisch gar nichts! Im Gegenteil, dadurch wird die Problematik endgültig hintangehalten und vollends ausgelöscht, weil ja von Gott her alles geklärt ist. Die billige Auskunft mit der analogia entis. – Dagegen vgl. *Eckehart: Deus überhaupt kein esse!*

Auf dem Grunde von παρουσία – ὑπάρχειν werden beide diskutiert *(wo sie doch u. a. der Ansatz zur Überwindung sind).* Das Unausgesprochene von [Met.] Θ ans Licht bringen: τὸ ἀνάλογον συνορᾶν [Θ 6, 1048 a 37]! Dieses in radikalerer Dimension als *begrifflich-existenziales* Problem *entwickeln*!

ἐνέργεια: im Werke (Verfertigung) sein.
ἐντελέχεια: Fertigkeit, *Hergestelltheit.*
δυνάμει: auch vorhanden, *bereitgestellt.*
Bereitschaft, bereitgestellt in sich, *Sichbereitstellen, Verfügbarkeit* für ... (ein Modus der Anwesenheit).
Ebenso: Fertigkeit als Hergestelltheit.
Beides *Vor-handen-gestelltheit.*

Und diese wird aus der groben παρουσία her gegliedert und diese damit selbst radikaler und universaler *gefaßt*; entsprechend οὐσία (Met. Z).

ἐνέργεια und δύναμις Modi des ὑπάρχειν.

---

schied ›aufbricht‹.« Am rechten und unteren Rand seines Handexemplars des ihm vom Autor geschenkten Buches hat Heidegger hier die folgenden Bemerkungen eingetragen: [rechter Rand:] »nur nennt! bisher ist das gar nie Problem gewesen – vgl. die tolle u[nd] willkürliche Gleichsetzung von ›Seiendes‹ und Sein – vgl. [S.] 260 unten« [unterer Rand:] »M[isch] interpretiert die ontol[ogische] Diff[erenz], den Unterschied von Sein und Seiendem, als den von *Intentionalität und Welt* und faßt *diese* ›Differenz‹ als Gegenhaltung zu der oben angeführten ›*ontolog[ischen] Indifferenz‹* des Lebensbegriffes bei Dilthey – vgl. ob[en S.] 86«.]

In welchem Sinne nur das ἐπὶ πλέον beider?
Über das κινούμενον (αἰσθητόν?) hinaus wohin? Vgl. [S.] 2.[104]
Was soll aber für diese Problematik der Ausgang von δύναμις qua *Vermögen* [in] Θ 1 und 2 und 3?
τί βουλόμεθα νῦν, [vgl. Θ] 1, 1045 b 36 [sq.]: ausdrücklich gesagt, daß die Erörterung der *κατὰ κίνησιν* δύναμις eigentlich nichts austrägt und abgibt. In welchem Sinne? Vgl. S. 3.[105]
Wozu also? Bis cap. 6 nur *vorbereitenden* Charakter, überhaupt in den Bezirk der Phänomene führen und der möglichen Fragen. Hängt irgendwie mit Problem des ὄν zusammen. Wie? Vgl. diese Blätter *S. 1.*[106]

Um die *Ausgerichtetheit,* [den] *Verweisungscharakter* der δύναμις zu zeigen; wozu aber dieses? Oder um überhaupt die Notwendigkeit dieser Artikulation im ὄν κινούμενον sichtbar zu machen? Also keine einfache indifferente *Vorhandenheit* entsprechend dem antisthenischen λόγος und Plato.

Bis cap. 6 nicht nur ontisch Begriff der *δύναμις,* sondern dieser zugleich als *ontologische* Bestimmtheit der *φύσει ὄντα* – κινούμενα, vgl. [Θ] 8, 1049 b 8 sqq. Die Grenze zwischen ontisch [und] ontologisch schwer zu ziehen, *hier wie überhaupt.* Vgl. das *Folgende.*

Die vorhandene δύναμις (ὑπάρχουσα): sagt sie schon etwas über das *δυνάμει ὑπάρχειν,* darüber, wie eine *δύναμις* ist? Sie *ist* eben nicht wie ein ἐνεργείᾳ ὄν [daher das Problem der Megariker].[107] Die Diskussion dieses [Problems] zeigt eben schon die Orientierung über das ὄν *der* δύναμις als δυνάμει ὄν: *in der Weise des Vermögens sein!*
Von da: *der Möglichkeit nach* sein, d. h. von da Sein *qua Möglichkeit.*
Von da: *wie* kommt *Sein* dazu?

---

[104] [Diese Angabe bezieht sich auf die mit dem nächsten Satz beginnende zweite Seite der vorliegenden Aufzeichnung.]
[105] [Diese Angabe bezieht sich auf die unten mit »Die vorhandene δύναμις …« beginnende dritte Seite der vorliegenden Aufzeichnung.]
[106] [Diese Angabe bezieht sich auf die mit »Auf dem Grunde von …« (siehe oben S. 87) beginnende erste Seite der vorliegenden Aufzeichnung.]
[107] [Die eckigen Klammern in der Handschrift.]

Von da: *warum?* Endlichkeit, *Zerklüftung.*

Die Auslegung der ἐνέργεια nimmt umgekehrt Bezug auf δυνάμει ὑπάρχειν; also bedarf *es dieses zu Zwecken* der möglichen *Abhebung;* die Abhebung *aber als solche gibt nicht* das *positive Was* der ἐνέργεια, sondern nur eine *Hinhebung:* nicht *so, sondern ...*

Das δυνάμει aber selbst jetzt, [Θ] 6, 1048 a 32, *neu* (weiter) gefaßt, und zwar mit Rücksicht auf das frühere δυνατὸν εἶναι, [vgl. a] 34.

Zugleich von Anfang an das Verhältnishafte von δύναμις – ἐνέργεια.

Vgl. Phys. Θ 4, 255 a 30: τὰ εἰς τὰς αὐτῶν ἐνεργείας δυνάμει ὄντα.

Beachte: wie in cap. 6, besonders 1048 b 18 sqq., die κίνησις/πρᾶξις eine zentrale Rolle spielt für die Herausarbeitung der ἐνέργεια.

κίνησις ἀτελής [b 29]: immer *δυνάμει* darin und nur so lange κίνησις; *ἐνέργεια* dagegen hat κίνησις in sich *aufgehoben – ἅμα καί* [vgl. b 33].

Die Wirklichkeit, ›Gegenwart‹ des Sehens ist in sich ein *Erblickt-haben* und ist nur dadurch.

Ein ganz bestimmtes προενεργεῖν, [vgl.] cap. 5 [1047 b 33 sq.].

Orientierung auf εὖ ζῆν und εὐδαιμονεῖν.

Sein des *Lebenden!* ζωή, vgl. ψυχή, *Definition derselben – λόγον ἔχον.*

NB: äußerster Versuch, Existenz zu fassen von Vorhandenheit, (besser:) Anwesenheit, *Gegenwart aus.*

4. Sein und Bewegung von Zeit her – antik und existenzial

Antike: Zeit ›ewig‹ – heißt? *Ständig anwesend,* Zeit selbst *Vorhandenes* im ausgezeichneten Sinne, das Jetzt das *Jetzige* schlechthin!

Existenzial: Zeit gerade die eigentliche Endlichkeit, aber *ekstatisch.*

           Vgl. der Ursprung der *uneigentlichen Zeit.*

Zeit antik: 1. *verhindert* die Einsicht in die Transzendenz,
              2. lenkt aber gleichwohl das ἀρχή-Problem,

3. drängt es in das Ontische des πρῶτον κινοῦν, weil ›Gegenwart‹ das ›Erste‹.
Welcher Aufschluß *unseres Daseins?*

5. Die Richtung der philosophischen Interpretation von Met. Θ: Vermögendheit und Fertigkeit und Seinsverständnis

Es gilt, die transzendentale Struktur dieses Verstehens bzw. des ontischen Erfahrens (Umgang usf.) herauszustellen und dabei darauf zu achten, daß nicht grob *psychologisch* von einer Übertragung des ›subjektiv‹ Erfahrenen (Fähigkeiten – ›ich kann‹) auf die Objekte gehandelt wird.[108]

Vielmehr zeigt das Umweltliche in sich bestimmte phänomenale Charaktere, wie sie auch dem Aristoteles gerade zum erstenmal sich aufdrängten. Ganz verkehrt, hier von Teleologie und dergleichen zu reden.

Die Frage ist freilich: wie steht dieses Erfahrbare – *Bewegtes* – in seiner möglichen Erfahrenheit zur *Transzendenz?* Warum vermag das Dasein inmitten des bewegten Seienden als solchen sich zu befinden? Welche Rolle spielt hier das Gestimmtsein? Vgl. *διαγωγή.* Beteiligtheit, Unbeteiligtheit, Gleichgültigkeit usf. – sind das nur Bedingungen des Erfassens, des Aufmerkens?[109]

Der Rückgang in die Transzendenz mit dem Ziel der transzendentalen, existenzialen Interpretation des *Geschehens – Geschichte.* Dieses aber nicht eine Art des vorkommenden Bewegtseins, sondern Geschehen in sich ekstatisch, und *deshalb* kann allein vorhandenes Bewegtes und dergleichen offenbar werden. Dieses Geschehen des Daseins geschichtlich und damit je unsriges – Einsatz

---

[108] [Ergänzung am rechten Blattrand:] Andererseits weisen doch δύναμις und ἐνέργεια gerade auf Subjekte, und Aristoteles [steht] gewiß nicht im Verdacht der Subjektivierung. Gewiß, aber diese *Subjektivität* muß als transzendentale begriffen werden. Hier im Bewegungsproblem bekommt das Seinsproblem (insbesondere auch die ontologische Differenz) als Problem seine ganze Schärfe.
[109] [Ergänzung am rechten Blattrand:] *Phänomen der Ruhe*

I. Aristoteles: Seinsfrage und »Metaphysik« – Allgemeines 91

und Endlichkeit; nicht diese *Geschichte an sich*, stattdessen gerade die Schärfe der Entscheidung, d. h. der *wirklichen Arbeit*.

Mit dem Problem der κίνησις (μεταβολή) als solcher hat das Seinsproblem eine neue Orientierung, und zwar konkret ansetzend bei φύσει ὄντα. Diese Orientierung aber erweitert sich grundsätzlich – Met. Θ.

Nun aber gelang es Aristoteles nicht, für δύναμις und ἐνέργεια den entsprechenden transzendentalen Boden zu finden, wie er für die Kategorien im λόγος von vornherein vorlag – obzwar auch dieser nicht als solcher erkannt. Daher klaffen die beiden Seinsweisen, ὄν der Kategorien und ὄν δυνάμει – ἐνεργείᾳ, auseinander, und vor allem keine ursprüngliche Entfaltung des ὄν der κατηγορίαι aus ὄν δυνάμει – überhaupt kein Weg dazu sichtbar. Das διχῶς der Kategorien in Phys. Γ 1 [200 b 16 sqq.] spricht eher für den Vorrang der Kategorien vor δυνάμει – ἐνεργείᾳ, wenn dieses formal als πρός τι genommen. Wohl aber eine Überhöhung beider im ὄν ἀληθές Met. Θ 10. Was bedeutet dieses *transzendental* gesehen?

NB: Gegen die landläufige Überschätzung der Theologie in Met. Λ, die den Blick für das eigentlich philosophisch Problematische verstellt und an grob ›Weltanschauliches‹ appelliert – dazu der Zustand dieses ›Buches‹.

Statt die fundamentale Bedeutung der δύναμις-ἐνέργεια-Problematik zu sehen, verdächtigt man diese als billiges ›Universalmittel‹ des Aristoteles, mit dem er alle Türen aufschließt. Man hält sich dabei nicht an Aristoteles selbst, sondern an das, was die Folgezeit mit Potenz und Akt gemacht hat. Man spürt nichts mehr von dem Durchbruch, der in der Aristotelischen Definition der *Bewegung* liegt. Man spürt aber auch nichts davon, was es heißt, daß Met. Z, H und Θ hart nebeneinander stehen und die ganze unentwegte, um ›System‹ im schlechten Sinne unbekümmerte Sachlichkeit des Aristoteles offenbaren.

6. Zu Anfang von Θ 1 in Bezug auf Z und ὄν τῶν κατηγοριῶν

Der Zusammenhang zwischen ὄν [τῶν] κατηγοριῶν und ὄν δυνάμει – ἐνεργείᾳ ist *dunkel*.
Was Apelt sagt, ungenügend ([S.] 165), ebenso, was Maier II, 2, [S.] 329/30 beibringt.[110]
Vgl. das ganze Problem des πολλαχῶς – *andeuten*.
Frage offen lassen, bis eine eigenständige Interpretation von δύναμις und ἐνέργεια durchgeführt.

7. Kategorien und δύναμις – ἐνέργεια

δύναμις – ἐνέργεια *bezogen auf* κίνησις.
In den Kategorien selbst ποιεῖν – πάσχειν, und diese als κίνησις.
κεῖσθαι – ἔχειν als *Ruhen*, dieses Grenzfall *der Bewegung*.
Met. [Z 4,] 1029 b 23 [sqq.]
[Λ 5, 10]71 a 1 [sq.]
[B 5, 10]01 b 29   Apelt, [S.] 149[111]
[Λ 1, 10]69 a 19 [sqq.]
[I 2, 10]54 a 4 [sqq.]

Also δύναμις – ἐνέργεια auch *eine Kategorie* (κίνησις Kategorie?).
Warum *diese ausgezeichnet?*
Weil Grundcharakter des ›anschaulich‹ *Vorhandenen* – was *das Seiende*, ἔξω ὄν, *primär ausmacht*. Und so δύναμις – ἐνέργεια *rückstrahlend* dann *alles* ὄν und damit jegliche Kategorie bestimmt *umgreifend*.

NB sachlich: wie hängt das *ursprüngliche* ἐστίν der Kopula mit dem *Sein* qua δύναμις – ἐνέργεια zusammen? *Anwesenheit* des *Ruhenden* bzw. *Metabolischen*.

---

[110] [Vgl. Otto Apelt: Die Kategorieenlehre des Aristoteles, S. 165; Heinrich Maier: Die Syllogistik des Aristoteles. Zweiter Theil. 2. Hälfte, S. 329 f.]
[111] [Vgl. Otto Apelt: Die Kategorieenlehre des Aristoteles, S. 149.]

I. Aristoteles: Seinsfrage und »Metaphysik« — Allgemeines 93

8. [Ein grundsätzlicher Neuanfang des Seinsproblems überhaupt]

Was geht in [Met.] Z, H, Θ vor?
Nicht, ob ›Substanzen‹ existieren oder gar die ›übersinnliche‹, sondern was überhaupt ›Substanz‹ in ihrem Wesen ist.
Schärfer: was überhaupt das Wesen des *eigentlichen Seienden* sei, τί τὸ ὄν.
Ein *grundsätzlicher* Neuanfang des Seinsproblems überhaupt.
Wobei *das πολλαχῶς* schon vorausgesetzt.

9. Aristoteles: die ›Leitfäden‹ der Frage nach dem ὄν

λόγος   [Met.] Z 4 und 12: [ἐν τοῖς] ἀναλυτικ[οῖς][112]
κίνησις   αἰσθητά
Aber *wie zusammen*? Und *wie in sich*?
Also nicht vorschnell die ὑπόθεσις von εἴδη vollziehen — *Sokrates, Platon*.
Vielmehr Ausgang:
1. Was *ist das Seiende*, das ich besorge? αἰσ[θητόν], κιν[ητόν].
2. Wie *ist* es qua Seiendes primär gegeben? λόγος — κινούμενον.
Beides konzentriert sich im τόδε τι als Worüber der ἀπόφανσις.
Wird radikaler: Zeit qua *Transzendenz* (geschehende), darin Verstehen, Befindlichkeit (Geworfenheit), *Verfallen* — *in einem*; nicht Verstehen *isolieren*! *Entwurf ist stimmend-gestimmter!*

---

[112] [Das vom Herausgeber in eckige Klammern Gesetzte ergänzt nach Met. Z 12, 1037 b 8.]

10. Met. Θ

Cap. 10: ἀληθὲς ὄν als κυριώτατον.[113]
Das schlechthin herrschendste Sein, das alles Sein qua Sein beherrscht – *Macht* –, dessen *mächtig ist*, alles unter sich hat und dabei doch gerade an ihm selbst *sein läßt*.
Dieses ἀληθὲς ὄν: *νοεῖν* als ἐνεργείᾳ ὄν.
Dieses wie mächtig des ὄν *der* κατηγορίαι?
Cap. 1.
τὸ κύριον ([Θ] 5, 1048 a 10): das *Bestimmende – Tonangebende.*

---

[113] [Vgl. Met. Θ 10, 1051 b 1.]

J. ΚΙΝΗΣΙΣ — ΑΕΙ[114]

1. *Aristoteles' κίνησις-Entdeckung (Met. Θ 1)*

Aristoteles läßt nicht nur das *Bewegte* als solches ein Seiendes sein (vgl. dagegen Leibniz, »*Specimen dynamicum*«), sondern in eins damit *muß* er *Bewegtheit* als *Sein* begreifen und von da aus den ganzen Begriff des Seins sich verwandeln lassen und *erweitern* — ἐνέργεια.
Von da δύναμις ἐπὶ πλέον zu nehmen, und zwar von ἐνέργεια aus. δύναμις als Vorhandenes, Anwesendes wohl für sich, nicht dagegen δύναμις als δυνάμει eines ὄν.
δύναμις ἁπλῆ — ἐνέργεια ἁπλῆ.
Das Nächstbekannte.
κίνησις aber nichts dergleichen, [vgl.] Phys. Γ 2! Vgl. S.S. 28, 9. Juli.[115]
Daher scheint sie ἀόριστον zu sein. Man hat mit dem üblichen Rüstzeug — οὐσία, ὅρος — keine mögliche Bestimmtheit für sie. Sie ist aber die spezifische Einheit von ἐνέργεια und δύναμις, äußerlich gesprochen. Diese Einheit nicht nachträgliches Resultat, sondern Ursprung.

2. *Aristoteles' Frage nach dem Sein des Seienden und seine Vorhabe des Seienden — κίνησις*[116]

Vgl. *Phys. Θ (wie gegliedert?)*, besonders *cap. 1 fi.* und *cap. 3*.

---

[114] [Überschrift auf dem Umschlag, mit dem Heidegger die im Folgenden vom Herausgeber von 1 bis 22 durchgezählten Aufzeichnungen zusammengefaßt hat.]
[115] [Vgl. Martin Heidegger: Aristoteles, Physik Γ 1–3. Übungen im Sommersemester 1928. In: Seminare: Platon — Aristoteles — Augustinus. Gesamtausgabe Band 83, S. 1–22. Die Angabe »9. Juli« bezieht sich auf die an diesem Tag von Heidegger geleitete und von Wilhelm Weischedel protokollierte Seminarsitzung. Vgl. a.a.O., S. 252–257.]
[116] [Auf einem der vorliegenden Aufzeichnung vorgehefteten Zettel findet sich die Überschrift:] *κίνησις* / u. / ihre Bedeutung für das / *Seins*problem überhaupt

Zentral: 1. κίνησις ἀεί: *aus Zeit* entfaltet, also ἀεὶ κινούμενα (vgl. c),[117] zugleich ἠρεμία (vgl. Θ 6, 260 a 1 sqq. die Begründung), also
2. solches, was ἀμφότερα: bald ruhend, bald bewegt;
3. ἀεὶ ἀκίνητα – inwiefern? Das zu zeigen τέλος von Phys. Θ, vgl. cap. 3, 253 a 28 sqq.
Aus all dem sichtbar: wie das Ganze des Seienden in seinem Wie artikuliert von *κίνησις* aus. *Vgl.* ☐ *Aufteilung,* vgl. a$_a$.[118]
Philosophische Grunderfahrung dieser Phänomene.
Der innerste Antrieb der Aristotelischen Philosophie. Wie wird er in antiker Weise damit fertig und wie setzt eine gewisse Vollendung des antiken Seinsbegriffs damit ein? Wie ist all das abgehalten aus der eigentlichen Problemdimension?

Von hier aus klar die Aufgabe:
1. *κίνησις* als solche in ihrem Wesen überhaupt – hier wesen δύναμις und ἐνέργεια,
2. eben *im Lichte dieser Klärung* zugleich das Seiende als solches im Ganzen – *ἐνεργείᾳ ὄν – νοῦς,*
3. zugleich aber schon da: *λόγος* ⟵ κατηγορίαι
   ⟶ ἀληθές.

Woher λόγος? Schon allein daraus, daß das Fragen in ihm *sich hält,* daß das Seiende *ausgesprochenes* usf.
   Warum aber οὐσία – ὑποκείμενον?
Seinsverständnis – Gegenwart!
Zeit – νῦν (vgl. *oben*).
πέρας – μέσον – Habe.
εἶδος, »Aussehen«, »*Anblick*«, »Bild«!
Woher *ἀρχή*-Frage? Wesen des Grundes![119]

---

[117] [Diese Angabe bezieht sich auf die dritte Seite der vorliegenden vierseitigen Aufzeichnung und dort auf das Zitat aus Phys. Θ 6. Siehe unten S. 97.]
[118] [Diese Angabe bezieht sich auf die im folgenden Abschnitt 3 wiedergegebene Beilage zur vorliegenden Aufzeichnung.]
[119] [Vgl. Martin Heidegger: Vom Wesen des Grundes. In: Jahrbuch für Philosophie und phänomenologische Forschung. Ergänzungsband. Festschrift für Edmund

I. Aristoteles: Seinsfrage und »Metaphysik« – Allgemeines 97

Beachte dazu das ›methodische‹ Grundprinzip bezüglich des Vorrangs der αἴσθησις – φανερά.
Unterscheidung dessen, was πιστόν und nicht, was ἀρχή und nicht.
Grundsätzlich auseinanderlegen in seiner Bedeutung für die Seinsfrage, vgl. [Phys.] Θ 3, *254 a 30 sqq.*
πίστις, vgl. [Θ] 8, *262 a 18* [sq.]: 1. ἐπὶ τῆς αἰσθήσεως, 2. ἐπὶ τοῦ λόγου.
αἴσθησις im weiteren Sinne – *αἴσθησις κοινή*, vgl. De anima.
εἰ μέλλει [...] ἔσεσθαι ἐν τοῖς οὖσιν ἄπαυστός τις καὶ ἀθάνατος κίνησις, καὶ *μένειν τὸ ὂν αὐτὸ ἐν αὐτῷ καὶ ἐν τῷ αὐτῷ* (Phys. [Θ] 6, 259 b 24 sqq.) – kein *ἐξίστασθαι*, vgl. *d.*[120]
Das aber *soll* so sein.
Wie *das Seiende sein soll*? Wie es *ist*.
Sein lassen! Wie spricht es sich hier aus?
Vgl. De gen. [et corr.] *B 11, 338 b 15 sq.*
τὸ [...] βέλτιον ἀεὶ ὑπολαμβάνομεν ἐν τῇ φύσει ὑπάρχειν ([Phys.] Θ 7, 260 b 22 [sq.]).
Vgl. De gen. et corr. B 10, 336 b 27 [sqq.]: ἐν ἅπασιν ἀεὶ τοῦ βελτίονος ὀρέγεσθαί φαμεν τὴν φύσιν, βέλτιον δὲ τὸ εἶναι ἢ τὸ μὴ εἶναι.
Und was heißt *εἶναι*? *Beständige in sich ständige Standhaftigkeit! Ausdauer!* Zeit! In-sich-Verweilen – διαγωγή.
Stetige Bewegung besser als unstetige. Warum?!
φορά: πρώτη κίνησις – *κατ' οὐσίαν* [vgl. Phys. Θ 7, 261 a 19 sq.], διότι ἥκιστα τῆς οὐσίας ἐξίσταται τὸ κινούμενον [qua φερόμενον] τῶν κινήσεων ἐν τῷ φέρεσθαι· κατὰ μόνην γὰρ οὐδὲν μεταβάλλει τοῦ εἶναι (ib. 261 a 20 sqq.). Dagegen bei ἀλλοιούμενον τὸ ποιόν – αὐξανόμενον τὸ ποσόν [vgl. 22 sq.].
Hier wieder entscheidend das *Bleiben* des *in sich ständigen* Vorhandenen *in ihm selbst*.
Anwesenheit als in sich bleibende, beständige Vorhandenheit.

Husserl zum 70. Geburtstag. Halle a. S.: Max Niemeyer, 1929, S. 71–100; aufgenommen in: Wegmarken. Gesamtausgabe Band 9. Hrsg. von Friedrich-Wilhelm von Herrmann. Frankfurt a. M.: Vittorio Klostermann, 1976, ³2004, S. 123–175.]
[120] [Diese Angabe bezieht sich auf die unten mit »τὸ [...] βέλτιον ...« beginnende vierte und letzte Seite der vorliegenden Aufzeichnung.]

Der Vorrang der φορά nicht ›physikalisch‹, materialistisch und dergleichen begründet, sondern aus dem Wesen des Seins selbst.
οὐσία: beständige Anwesenheit von etwas in sich Bleibendem.

3. Aristoteles' Frage nach dem Sein.
Die Aufteilung des ganzen Seienden[121]

1. τὰ φύσει ὄντα
   ζῷα, φυτά, ἁπλᾶ τῶν σωμάτων (γῆ, πῦρ, ὕδωρ, ἀέρα)[122] – κίνησις (φορά)
2. τὰ μὴ φύσει συνεστῶτα
   κλίνη, ἱμάτιον[123] (*τέχνῃ, ποιήσει ἔργα*)
3. das Mathematische – ἀκίνητα, aber nicht χωριστά
4. ἄνθρωπος! ζῷον? – *πρᾶξις, νοῦς*
5. τὸ θεῖον – κινοῦν *ἀκίνητον, ἀκινησία*
   χωριστά

4. Met. Θ: *κίνησις – δύναμις – ἐνέργεια*

Auf welcher breiten Basis der Analytik der Grundphänomene der Bewegung die ganze Problematik ruht.
Nicht *empirisch*, sondern bereits *ontologisch*.

5. *γένεσις – κίνησις*.
κίνησις: Vorhabe und Sein

Zwei Stufen der Auslegung:
1. ἔκ τινος – ὑπό τινος – τί (εἴς τι)

---

[121] [Rechts neben der Überschrift die Notiz:] (κίνησις, Phänomen im weiteren Sinne.)
[122] [Vgl. Phys. B 1, 192 b 8 sqq.]
[123] [Vgl. Phys. B 1, 192 b 12 sqq.]

I. Aristoteles: Seinsfrage und »Metaphysik« – Allgemeines   99

ὕλη – εἶδος – σύνολον, [vgl.] Met. Z 7–9;
2. dieses ἐκ – εἰς in seinem Übergangscharakter als solchem das *Sein* des *Werdens*, [vgl.] Phys. Γ und früher;
3. dieses *Sein* selbst dann *erweitert* zu dem Wesensbegriff, der dann jegliches Sein umgreift.

Vgl. die *faktische Stellung* von [Met.] Z 7–9 innerhalb des *οὐσία*-Problems als solchen.
Hier die Analyse des ὄν qua κινούμενον λεγόμενον.

6. Aristoteles' Frage – Vorhabe des κινούμενον

Noch radikaler: das *Vorhandene als ruhend.*

Für uns entscheidend: herausstellen die Phänomene solcher Ruhe – in *Natur* und *Geschichte* und Gebrauchsdingen (Zeug).

Zuhandenheit – darin *Ruhe*: herum*liegen* und ›stehen‹.

Ruhe und Stand, *Gegenstand*: nicht nur das *Entgegen* herausformen, sondern das ›Stehen‹ – in *Stand* sein, zu Stand gekommen, ›ständig‹ als mehrdeutig.

Ruhe gehört *zum Sein selbst*, zur Anwesenheit; *nicht erst ein* ›Zustand‹ des Vorhandenen!

7. Aristoteles

1. Daß überhaupt κινούμενα als ὄντα angesetzt und Problem werden;
2. daß κίνησις der κινούμενα ausgelegt wird, und zwar nicht mit Hilfe von ὄν und μὴ ὄν, sondern δύναμις – ἐνέργεια;
3. daß dieser Ansatz zugleich ermöglicht, das Problem des [δυνάμει] ὄν ἐπὶ πλέον der κινούμενα herauszustellen und zu verdeutlichen.

100   *Erster Teil: Ergänzungen*

8. κίνησις *in der Vorhabe des Seienden*

möglich, weil das Nichthafte, das sie ›logisch‹ genommen in sich birgt, nicht ihr Sein zu bedrohen braucht − vgl. Phys. A 9 −, während eben von hier aus sehend Parmenides die Bewegung als seiend leugnete. Jetzt, nachdem das μὴ ὄν als ὄν gesichert ist durch Plato, der Weg frei, mit der κίνησις Ernst zu machen als Grundphänomen. Aber freilich, eben damit das Phänomen nicht begriffen, sondern jetzt erst Weg frei für das *Problem*.

9. *Die Fragestellung bei der Frage nach der Bewegung*

1. Kann Bewegung überhaupt für sich genommen werden und was heißt das?
2. Wo ist das Leitphänomen von Bewegung zu suchen? (Sinn der Leitung)
3. Die gewöhnliche und existenzial begründbare (in ihrer Unangemessenheit) Haltung der Untersuchung − nämlich nicht Auslegung von Geschehen, sondern Zerlegen von Vorgängen.
4. Das *Zerlegen* als *ein zugegenhaftes Zurechtlegen* − Verfügbarkeiten, Vorhandenheiten.
5. Das Zurechtlegen mehrfach:
   a) überhaupt der Vorgriffe auf Bewegung als *Zugegenhaftes*: ποίησις − φορά, vgl. ☐ darüber;[124]
   b) das so Zurechtgelegte wird zerlegt, *auseinander* gelegt in *Vorhandenes* (nicht Aus- (ekstatisch) -legung);
   c) der Beweis selbst als zurechtgelegter, Zurechtlegung, *Herstellung*;
   d) diese Herstellung als Abfolge von Änderungen.
6. Vorrang des Geschehens vor der Bewegung (φορά) − Geschehen und *Macht-Begriff* (δύναμις als Über-etwas-weg-sein).

---

[124] [Siehe unten S. 107 f. den Teil K.]

I. Aristoteles: Seinsfrage und »Metaphysik« – Allgemeines   101

7. Die übliche *Vorhabe des Seienden als [des] Anwesend-Bleibenden-Fertigen*, Zur-Ruhe-Kommen[den], *Befriedeten* – das *Erhalten-* und *Behalten-Wollen*.
Von hier aus Bewegung *nicht* zu fassen. Aber Aristoteles! Doch was heißt ursprünglich ἐνέργεια τοῦ ἀτελοῦς?[125] Was ist das Ursprünglichere, Einheitliche, das dieser *Genitiv* zu fassen sucht?

10. ›Bewegung‹ und ›Geschehen‹ und formaler Umschlag, Vor- und Nach-schlag

Von φορά aus: gesehen – getastet (Nietzsche).[126]

Bewegungen hier als Vor-gänge = Vorbei-Gänge, Vorhandenheits-Gänge, *Über-gänge im örtlichen Sinne*.

Vor-gang soll entsprechend [dem] Vorhandenheitsansatz sagen: alles auf Anwesenheit und Durchgang durch diese *geschlagen*; ›*durchgangen*‹.

Man denkt sich [den Vor-gang][127] zu-gegen – <u>Zu-gegenheit</u> als
transzendentaler
Vorriß des Entwurfes,
Dagegen *ekstatische Versetztheit* (Weltproblem).   und zwar
Nicht unzugegen, sondern: *verloren in …*,
benommen von …
Ent-gegenheit – das Gegen als Zugegenhaftes *fehlt*.

Genauer umgekehrt zu sagen: *das Zugegen hat sich isoliert und der ekstatischen Einheit <u>entzogen</u>*.

Auslegend: wider-strebend abschätzendes Zurecht-legen – *Ausgelassenheit*.

---

[125] [Vgl. De anima Γ 7, 431 a 6 sq.]
[126] [Vgl. Friedrich Nietzsche: Jenseits von Gut und Böse, n. 263.]
[127] [Daß hier »den Vor-gang« als Objekt zu ergänzen ist, geht auch durch einen Strich hervor, der sich in der Handschrift zwischen »Man« und »Vor-gang« gezogen findet.]

Ver-setzung: nicht *an einem* Platz vorhanden, auch nicht an einem anderen (wohin gesetzt), sondern sie läßt gerade ohne Ort sein − kein Zugegenhaftes und im Zugegen Fest-stellbares.

Versetzt-heit und Geworfenheit: der Wurfcharakter − *im Wurf seiend* − und demgemäß von ihm her auch privativ bestimmt. Geworfenheit *nicht*, daß ein Wurf erfolgt wäre und jetzt das Geworfene von dem Geworfensein nichts mehr hätte als Resultat, das die Bewegung hinter sich gelassen.

11. κίνησις − *was sie nicht ist*

Kein ›Zwischenzustand‹ zwischen Möglichkeit und Wirklichkeit (Tradition), sondern gerade eine Weise der *Wirklichkeit*, und zwar diejenige, an der gerade erst die Weite und das Wesen der Wirklichkeit sichtbar wird.

Dieses weite Wesen der Wirklichkeit des Seins muß daher für die Erfassung des Wesens schon verstanden sein!

Oder geht ihr Wesen nicht gerade in eins mit der Verschränkung (?) in die Bewegtheit auf?!

12. κίνησις

Vgl. Phys. Γ *und* E und Θ.
Vgl. *S.S. 28.*[128]

1. ἀτελής [Γ 2, 201 b 32].
2. ἔκ τινος εἴς τι (Phys. E 1, 225 a [1]).
3. πᾶν [τὸ][129] κινοῦν τί τε κινεῖ καὶ τινί (Phys. Θ 5, 256 a 22 [sq.]).

---

[128] [Vgl. Martin Heidegger: Aristoteles, Physik Γ 1−3. Übungen im Sommersemester 1928. Gesamtausgabe Band 83, 1−22.]
[129] [Das vom Herausgeber in eckige Klammern gesetzte Wort ist nach Phys. Θ 5, 256 a 22 ergänzt.]

I. Aristoteles: Seinsfrage und »Metaphysik« – Allgemeines

4. τρία γὰρ ἦν, τό τε κινούμενον, οἷον ἄνθρωπος ἢ θεός, καὶ ὅτε, οἷον χρόνος, καὶ τρίτον τὸ ἐν ᾧ· τοῦτο δ' ἐστὶν τόπος ἢ πάθος ἢ εἶδος ἢ μέγεθος (Phys. Θ 8, 262 a 2 sqq.).
5. ἡ δὲ στάσις ἐφθαρμένη κίνησις (Θ 9, 265 a 27).
6. πρὸς γὰρ τοῖς πέρασιν ἠρεμεῖ πᾶν, ἢ ὅθεν ἢ οὗ (ib. a 30).
7. καὶ *κυρίως* δὲ κινεῖσθαί φαμεν μόνον τὸ κινούμενον κατὰ τόπον· ἂν δ' ἠρεμῇ μὲν ἐν τῷ αὐτῷ, αὐξάνηται δ' ἢ φθίνῃ ἢ ἀλλοιούμενον τυγχάνῃ, *πῇ* [in gewisser Weise] κινεῖσθαι, ἁπλῶς δὲ κινεῖσθαι οὔ φαμεν (Θ 9, 266 a 1 sqq.).
8. Die Bewegung ist nicht im Bewegenden, sondern im Bewegten: Phys. Γ 3 inc. [202 a 13 sq.] (vgl. auch πρῶτον *κινοῦν* ἀκίνητον [Met. Θ 8, 1073 a 27]): ὅτι ἐστὶν ἡ κίνησις ἐν τῷ κινητῷ.

13. ›Bewegung‹: Sprachgebrauch im Deutschen –
κίνησις bei Aristoteles

Ortsveränderung – speziell räumliche Bewegung.
Dagegen   nicht Entstehen und Vergehen,
          nicht Wachsen und Abnehmen (innerliches),
          nicht Vermehren und Vermindern (äußerliches),
          nicht Veränderung, qualitative Änderung
als ›Bewegungen‹.
Aber wieder: *Gemütsbewegungen!*

κίνησις zunächst φορά.
 Dann auch ἀλλοίωσις, αὔξησις.
 Zuweilen auch mit γένεσις – φθορά.
 κίνησις κατ' οὐσίαν.
 Alles das μεταβολή.
 Wie steht es mit *κίνησις κατὰ τέχνην*? *μεταβολή!*
 In Phys. E 2 inc. dagegen die κατ' οὐσίαν *keine* κίνησις, weil in der οὐσία kein Prinzip der Gegensätzlichkeit.
 Vgl. Γ 1 [201 a 3] das διχῶς!

14. ›Bewegung‹ (κίνησις)

Die Anwesenheit des Unterwegs-zu? Nein! Das Unterwegs-zu ist ja doch schon *Bewegung*.
Sondern Anwesenheit des Bereiten als solchen: es *ist* bereit gerade dann und solange, als es in die Verwendung genommen ist.
Verwendetheit des Bereiten als solchen – das macht die Bewegtheit des sich Bewegenden aus.

15. κίνησις

ἔκ τινος – εἴς τι.
Das *Hindurchhafte* – bei Aristoteles μέγεθος.
Allgemein als Charakter und Wesen der *Di-mension*.

16. πρῶτον κινοῦν ἀκίνητον

Dieses κινοῦν: *Bewegendheit* als *Liebenswertes*, besser: *Geliebtes*.
Die *Macht* des *Geliebten*.
Diese *Macht und Mächtigkeit* als *Sein*.

17. τὸ θεῖον

κινεῖ ὡς ἐρώμενον [vgl. Met. Λ 7, 1072 b 3], »wie das Geliebte«, das Gewollte, das gewollt ist, daß es sei – dieses eigentlich willentlich Wollende und in diesem *Wollen* Mächtige.
(*Wille der Macht.*)

18. [Plotin]

κίνησις → ἐνέργεια ἀτελής.
Vgl. Plotin, [Enn.] VI 1, 16.

19. κίνησις

Vgl. Met. I 1, 1052 a 20 sqq.
Bei den φύσει ὄντα: *Einheit stiftend*, und zwar je früher, je einfacher, und damit Sein ausmachend.

20. Zeitlichkeit und Bewegung – Sein und Zeit

Aufweisung von Phänomenen:

Beharrlichkeit   [Jederzeitigkeit? Bleiben][130]
Wandelbarkeit
Wechsel   – qua *Veränderung*
                – qua Entstehen und Vergehen?? Ausrichtung
                  des einen gegen das andere
Änderung
Veränderung   (eine Art zu existieren, die auf *eine* andere Art
                  zu existieren erfolgt; *was* sich verändert, *bleibt*
                  gerade; nur der *Zustand wechselt*; *das Wandel-*
(Mehrung   )   *bare aber hat keine Veränderung*, sondern einen
(Minderung)   *Wechsel* – A 187)[131]

---

[130] [Die eckigen Klammern in der Handschrift.]
[131] [Immanuel Kant: Kritik der reinen Vernunft. Nach der ersten und zweiten Original-Ausgabe neu hrsg. von Raymund Schmidt. Leipzig: Felix Meiner, 1926, A 187: »Veränderung ist eine Art zu existieren, welche auf eine andere Art zu existieren eben desselben Gegenstandes erfolgt. Daher ist alles, was sich verändert, *bleibend*, und nur sein *Zustand wechselt*. [...] das Wandelbare erleidet keine Veränderung, sondern einen *Wechsel*«.]

Dauer	(die Größe des Beharrlichen im Nacheinander = Größe des Daseins [vgl.] A 183, A 215)
Entstehen und Vergehen	(keine Veränderung), kein *Bleibendes* vorhanden; daher diese nicht *wahrnehmbar* [vgl. A 188].

21. Bewegung (Met. Θ)

Durchgang: 1. *Nicht*-Bleiben und -*stehen*-Bleiben an einem Ort – Durchgang somit von Stand und Bleiben her als das *Nicht*-so; Stand und Bleiben somit das Erste, Frühere, Positum.
2. Aber bei diesem Nicht-stehen-Bleiben doch je und je ein Je-dort-und-dort-›sein‹-Können; wobei *Können* hereingebracht und auf ›Sein‹ qua Stand und Bleib (Verbleib) *bezogen*.

Bewegung demnach: *Verlassen und Einnehmen* von Plätzen (Bleibe) und diese in einer ›*Folge*‹.

Verbleibender Stand: ›stillen‹, *befriedigen* – Freude, Ruhe; das, was ›wir‹, man sucht und wünscht.

Still-stellen – *Anhalten* – *Still-legen* – Stillung – Stille.

Das Wesen der ›*Stille*‹ (zugleich aber *Laut-losigkeit*; *Stille und Schweigen*; gerade die ›Rede‹ *stellt still!*).

Sein-lassen als An-halten – etwas qua An-wesend haben.

22. στέρησις und ὕλη

Bei vielen ›Stoffen‹ – Holz, Erz usf. – ist die στέρησις ἄδηλος καὶ ἀνώνυμος (Met. Z 7, 1033 a 13 sqq.), aber *doch irgendwie dazugehörig*.

Zusammenhang mit *Ruhe*.

K. ΠΟΙΗΣΙΣ[132]

1. ›ποίησις‹ und κίνησις

1. Tun qua Machen, Herstellen.
Herstellen: hier auch *Ergebnis* gesehen — dazu-tun.
2. Tun qua *Aktivität* gegenüber πάσχειν.
Hier nicht das Ergebnis, sondern das ›egoistische‹ *Nach-Macht-Ausgreifen, auslangendes Verlangen, Herr-werden, Herr-schaft-Ausbilden.*
Passivität: Gehemmtheit im *Ausgriff.*
≠ aber Vor-wärts-kommen — ›Bewegung‹.
Bei Aristoteles — antik — überwiegt nun, trotz des zwiefachen δύναμις-Charakters der ποίησις, 1. ἀρχή für sie, 2. δυνάμει ᾗ, qua κίνησις [im Sinne von oben] n. 1, d. h. τέλος, Fertig-machen, und so ποίησις selbst etwas auf die Seite *Gestelltes,* getane, ›hinter sich‹, weg-gebrachte und so vorhanden gewesene Arbeit.
Auch ἀρχὴ κινήσεως von da aus; entsprechend zu τέλος (vgl. ☐).[133]
Das Vorhandene von wo aus? ἔκ τινος — εἴς τι (φορά)!
Vgl. ☐ δύναμις 2 unten.[134]
Vom Werk her: schließt nicht notwendig ein das Fortgehen in der eben gesagten Weise.
Werk als Leistung, Tun als *Herr-werden, Überwinden.*
Tun als Herr-werden und Herstellen.

---

[132] [Überschrift auf dem Umschlag, mit dem Heidegger die im Folgenden vom Herausgeber von 1 bis 2 durchgezählten Aufzeichnungen zusammengefaßt hat.]
[133] [Es ist nicht klar, auf welches Manuskript Heidegger sich hier bezieht.]
[134] [Es ist nicht klar, auf welches Manuskript Heidegger sich hier bezieht.]

2. ποίησις

ist ποιεῖν εἶναί τι.
   Vgl. [Met.] Z 8, 1033 b 8 sq.: τὸ δὲ χαλκῆν σφαῖραν εἶναι ποιεῖ.
   Herstellen des σύνολον, des τόδε τι — dieses γίγνεται, [vgl.] Z 8, 1033 b 21.
   Hergestelltheit ist das Sein des *σύνολον*.

L. [ZUR AUSEINANDERSETZUNG MIT DEN MEGARIKERN][135]

1. [ἐνεργεῖν]

ἐνεργεῖν, »am Werk sein«:
1. beim Werk als herzustellenden sein, dabei sein; aus-üben, aus-führen (≠ *Ein*-übung, Übung);
2. mittun — im Wirken, Vollziehen, Herstellen begriffen sein.
Beides ist Eins [wie darin Momente der *Anwesenheit?*].[136]

ποιεῖν ist ποιεῖν εἶναί τι, »dazu tun, daß etwas sei« — τόδε τι, σύνολον.
Entsprechend: *Kraft zu* — qua *einbegreifend* — auf ein Doppeltes: Werk und Vollzug ihrer selbst — gehört *zusammen*.
δύναμις ist *δύναμις ἐνεργείας*, [vgl. Met. Θ 3,] 1047 a 25.
Imstand sein zu: wenn dieses Wozu selbst *vorhanden* ist, so zwar, daß es von einem *ausführbar* ist, dann ist der Ausführende imstand.

2. Gegen die Megariker.
Grundsätzliche Fassung des Problems von [Met. Θ,] cap. 3

Wirklichkeit des Vermögens in der Verwirklichung qua Vollzug — vgl. Vorlesung S.S. 31, S. 44 unten![137]
1. Sie sehen gar nicht das Wesen des Vollzugs,
2. können es nicht fassen.

---

[135] [Bei den im Folgenden vom Herausgeber von 1 bis 15 durchgezählten Aufzeichnungen handelt es sich um lose Blätter ohne eigenen Umschlag.]
[136] [Die eckigen Klammern in der Handschrift.]
[137] [Diese Angabe bezieht sich auf die Seite 44 des Manuskripts der Freiburger Vorlesung vom Sommersemester 1931. Vgl. Martin Heidegger: Aristoteles, Metaphysik Θ 1–3. Gesamtausgabe Band 33, S. 215.]

3. Aber die gesuchte Wirklichkeit liegt überdies überhaupt nicht im Vollzug.
4. Nur das aus der rechten Fassung des Vollzugs erfahrene ›Sein‹ ermöglicht aber die Sicht des *Seins des Vermögens* qua Vermögen.
5. Also die Frage des ἐνεργεῖν zentral für die volle Fassung *auch* der δύναμις und die megarische These und die Auseinandersetzung damit [hat] grundsätzlich positive Bedeutung für die *ganze* Problematik von δύναμις und ἐνέργεια κατὰ κίνησιν.

3. Das Vermögen

Was nur erst vermag, aber noch nicht tut, was es vermag, ist ›das Mögliche‹ zu einem *Wirklichen*, und zwar *Noch-nicht-Wirklichen*.

4. [δύναμις und ἐνέργεια ἕτερον]

δύναμις und ἐνέργεια ἕτερον [Met. Θ 3, 1047 a 18 sq.]
Gewiß. Aber wie ist das Verhältnis und was läßt sich über ἐνέργεια *noch* sagen?
Warum immer nur *von δύναμις aus*?

5. Megariker

Ihre Schwierigkeit: das *Sein des Meisters*, Meister-*sein*, *Am-Werksein*.
Warum versteifen sie sich darauf, daß nur der *wirklich* Bauende ein Bau*meister* sei? Weil sie am Vorverständnis von Sein — παρουσία — festhalten.
Denn was heißt es, ein Baumeister, der nicht gerade im Bauen begriffen ist, *sei*? Das ist gar nicht leicht zu sagen. Ein vorhandener Mensch? Aber das *Sein* des Baumeisters soll doch bestimmt wer-

I. Aristoteles: Seinsfrage und »Metaphysik« – Allgemeines 111

den; *nicht bauend* – *ist* er der nicht Bauende? Der nicht Bauende *ist nicht* als Bauender – das ›nicht‹ legt sich zugleich und nur auf das ›ist‹. Könnend *ist* er *eben nicht*, was er da nur sein kann.

6. Megariker

[Met. Θ,] cap. 3:   Wann *ist* δύνασθαι – und *wie*?
                  Wann ist *eine* δύναμις *vorhanden*?
                  Nur wenn sie *wirklich* ist!
                  Wirklich ist sie, wenn sie *wirkt*.
NB: Hier wird schon das Problem der eigentlichen ἐνέργεια – δύναμις vorbereitet. Und zunächst gehört es ganz hierher. Denn daß von *ἐνέργεια* gesprochen wird, schließt noch nicht *ein*, daß es die eigentliche ἐνέργεια sei, sondern der Vollzug, ἐνέργεια κατὰ κίνησιν, und *auf diese ist ja δύναμις bezogen*.

Was heißt aber: sie *›wirkt‹*? Aus-führen: sie *verlegt sich in* das κατὰ κίνησιν, in die ποίησις, *als* zu welcher sie wesenhaft Kraft ist. Dieses *Verlegen*: μεταβάλλειν – nur *darin* ›ist‹ eigentlich das Können!

7. Megariker

Nur das ›Wirkliche‹ – Wirkende – ist möglich; das Wirkende ist ›wirklich‹ ein Können; z. B. sagen wir von jemandem, gerade indem er etwas vollzieht bzw. vollzogen hat: »*er kann seine Sache*«.

Möglich nur das, dessen Bedingungen vollständig vorhanden sind? Dann ist es auch schon wirklich. Was heißt: die ›Bedingungen‹ sind vollständig vorhanden? Das Vermögen wirkt wirklich?

8. Zu [Met. Θ] 3

Was Kraft ist, welche Grundweisen der Kraft es gibt.
Es gibt Kräfte, d. h. sie *sind vorhanden*. *Wie?* – ›ἐνέργεια‹.
Wonach bestimmt sich die Art ihres Vorhandenseins? Nach dem, *was sie sind*. Ist das aber überhaupt eine aussichtsreiche, ertragreiche Frage: nach der Art des Vorhandenseins von Kräften zu fragen? Einfach vorhanden: δυνάμεις, τέχναι. οἰκοδομική: wo und wie ist diese? *οἰκοδόμος:* dieser selbst *vorhandener Mensch* – darin *Vermögen zu* … *(ἐπιστήμη ποιητική).*
1. Was heißt *Baumeistersein?* 2. Wie ist dergleichen *Was*sein *wirklich?*
Dieses *Was-sein* verlangt zu seiner Wirklichkeit *Verwirklichung.* (Das doch überall!) Aber Verwirklichung ist eben hier ›*Vollzug*‹.
Ein *Kräftigsein zu* … als Wirkliches gibt es nicht, es sei denn, es setzt sich schon in Ausführung. Wo diese fehlt, *ist* keine δύναμις; diese als solche kann gar nicht wirklich sein.
Das *Können* qua Wirklich-könnend-*sein ist* nur in der *Ausführung.*
Das *Wirklich-könnend-sein* = *Gelernthaben.*
Nach [den] *Megarikern* müßte beim *Nicht-Ausführen*, Aufhören derselben[138] δύναμις verschwinden, ebenso beim Anfangen der Ausführung δύναμις erst auftreten. *Wie* das?
Aber *Auftreten* durch Lernen: es muß erst etwas geschehen! Nicht einfach nur *Ausführen und Nichtausführen.* Ebenso Abtreten durch Vergessen ›*mit der Zeit*‹ – oder jedenfalls etwas [muß] sich ereignen, Krankheit und dergleichen.
Vgl. *cap. 5* Anfang: wie sie ›*sind*‹, wodurch zum ›Sein‹ kommend!
›Nicht‹ vermögend sein, *unvermögend sein* = *nicht vollziehen.*
Also wer öfters am Tag gerade nicht *blickt*, der wird so jedesmal *blind.*

---

[138] [Wie die Fortsetzung des Satzes zeigt, bezieht sich »derselben« sinngemäß auf »Ausführung«.]

I. Aristoteles: Seinsfrage und »Metaphysik« – Allgemeines

Nicht actu sehen = *blind sein*. Aber was *heißt* das? *Ist dergleichen* überhaupt?

Vermögend sein: (wirklich) *imstand sein zu etwas*, etwas *in Stand halten* (bereit), in seiner Eignung, Verwendbarkeit erhalten.

Baumeister sein, aber *nicht ausüben* (den *Beruf*!).

Warum das Phänomen der Aus-übung treffender als das von ›Vollzug‹? Weil in Aus-üben das Mithineinnehmen des Ein-geübten und überhaupt *Verfügbaren*.

Das Wirklichsein des δυνατόν: in der Erfülltheit, [im] *Stand* aller Bedingungen sein und sich darum bemühen.

»Sich nähern« – was meint das πλησιάζειν zum παθητικόν? [Vgl. Met. Θ 4, 1048 a 6 sq.] Gesehen vom [...]* *Entzug* aus – demnach doch schon dabei! Wesenhaft, aber nicht ›faktisch‹.

Die Momente dieser *Faktizität*?

9. [Met.] Θ 3

ἐνεργεῖν kommt jetzt zur Sprache.

Vollzug – vgl. ☐ ›*Verwirklichung*‹ einer Kraft[139] – zur *Auswirkung* kommen.

Frage: wann und wie ein δύνασθαι *ist*.

Warum das eine Frage? Weil ›Sein‹ doch Anwesenheit, Wirklichkeit.[140]

10. Wirken einer Kraft

Dazu beachten: *Kraft-sein* in sich schon *ausgerichteter Einbezug*. ›Wirken und Kausalität‹!

---

[139] [Es ist unklar, auf welches Manuskript sich Heidegger hier bezieht.]
[140] [Auf der Rückseite desselben Blattes die Notiz:] über das wahre Maß der Kraft eines in Bewegung befindlichen Körpers.
* [Ein Wort unleserlich.]

11. Kraft (Wesen)

[Met.] Θ 1 und 2.
Nicht nur Streben nach …, sondern vor- und aus- und über--greifend – die latente, verborgen wartende Über-mächtigung, die schon *Einhalt* behält ›innen‹ in ihrem Wesensbereich.
Und *zusammen*, indem sie das Faltige beläßt.

12. δύναμις als existenziales Phänomen

Nicht aus dem Subjekt übertragen auf …, sondern es selbst gerade der *Über-trag*, der die Transzendenz des Daseins (Subjektivität des Subjekts) ausmacht.
Dieser Über-trag ist in sich vorweg, mächtig über … im Sinne des Weltenlassens der Welt, und so die Möglichkeit gegeben, daß *Mächtiges*, Andrängendes, Strebendes innerweltlich offenbar wird.
Nun aber erst zeigen, wie sich dieses alles in der innersten Dimension des Seinsverständnisses und der Zeit ausnimmt.

13. Wie sieht Aristoteles (antik) das nächst vorhandene Seiende? (αἰσθητὴ οὐσία, vgl. Met. H)

Ausdrücklich zu fragen? (*Dagegen* wie sehen wir's? Gar nicht bestimmt-ontologisch, sondern vag reden wir von *Gegenständen* und *Objekten*. Ganz auf Erkenntnisbezug Subjekt-Objekt orientiert!)
Warum? Sonst fragen wir völlig ins Unbestimmte hinein und begegnen nur Worten und Begriffshülsen.
Wie ›sieht‹ Aristoteles das Seiende (nächst begegnende) – ›sehen‹, d. h. wie versteht er dessen Sein?
Weitere Frage: *woraus erwächst diese Sicht?* Welches die Grundmotive? Welches das Seinsverständnis überhaupt? *Grundstellung?*

I. Aristoteles: Seinsfrage und »Metaphysik« – Allgemeines

Welt-begriff – *Welt im transzendentalen Sinne!*
Was *weltet? Woraufhin* hat sich das Da-sein geschätzt, wie *eingeschätzt?*
Warum φύσει ὄντα im Vorrang? Hier allein innerhalb des Vergänglichen – *οὐσία*.

14. ἐντελέχεια (ontologische Differenz)

liegt auch und gerade *dem ἕν zugrunde*, sofern es am Sein beteiligt ist.
Nämlich: σύνθετον, συνάμφω, [vgl. Met.] H 1–3.
Gegen die platonische εἰς τὸν ἀριθμὸν ἀναγωγή, [vgl.] H 3 fi. [1044 a 13].
ὄν – ἕν zurück auf ἐντελέχεια, φύσις τις.
Und für das ὄν τι εἶναι gibt es keine (weitere) αἰτία, [vgl.] H 6.
In sich gehört Sein zu Seiendem! – Wichtig diese Stelle.
Das εὐθύς (»geradewegs«, »ohne Umschweife«, vgl. [...]*) wird eben gerade durch *Gegenwärtigkeit* vollzogen, weil Sein nichts anderes besagt.
Für δύναμις und ἐντελέχεια darf nicht mehr nach einem λόγος ἑνοποιός und διαφορά gesucht werden, [vgl.] H 6 fi. [1045 b 17]. Sie stehen nicht in einer Gattung. Sie machen unmittelbar das Wesen des Seins aus und gehören in sich unmittelbar zusammen!
Was wird aber dann gleichwohl mit δύναμις und ἐνέργεια unterschieden und gegliedert?

15. ἐντελέχεια

Fertigkeit eines Hergangs in sich halten.
Zukunft   Gewesenheit   Gegenwart

---

* [Ein Wort unleserlich.]

II.

AUSSAGE, ›LOGIK‹, DENKEN – SEYN, WAHRHEIT, KOPULA
(1929–1935)

AUSSAGE, ›LOGIK‹, DENKEN – SEYN, WAHRHEIT, KOPULA[1]

A. NEGATION – KOPULA[2]

1. [Aussage]

Aussage – ihre Temporalität.
Aussage – Wahrheit – Gegenwart.
verum der *Scholastik und Descartes*!
Identifizierung! *Gegenwärtigen* schlechthin.
Husserl, VI. Untersuchung.[3]

2. Ursprung der Verneinung

Ursprung der *Negativität* aus Dasein und Nachweis ihrer als herm[eneutisch]-ex[istenzial], Existenzial – wie es zu *formal*-logischem Modus der Aussage *wird*!

Das *Nicht* als: jetzt kein etwas,
jetzt kein *so* Anwesendes wie *erwartet*, wie Vorhabe in irgendeinem Sinne.

Primäre Negation: die *Privation*.
Das *privare* im Sinne des Weg-schaffens:

---

[1] [Überschrift auf dem Umschlag, mit dem Heidegger die im Folgenden vom Herausgeber von A bis H durchgezählten Teilkonvolute zusammengefaßt hat.]

[2] [Überschrift auf dem Umschlag, mit dem Heidegger die im Folgenden vom Herausgeber von 1 bis 35 durchgezählten Aufzeichnungen zusammengefaßt hat.]

[3] [Vgl. Edmund Husserl: Logische Untersuchungen. Zweiter Band: Untersuchungen zur Phänomenologie und Theorie der Erkenntnis. II. Teil (VI. Elemente einer Phänomenologie der Erkenntnis). Halle a.S.: Max Niemeyer, 1921, S. 150 (= Hua XIX/2, Hrsg. von Ursula Panzer. Den Haag: Martinus Nijhoff, 1984, S. 678 f.)]

1. Nicht-vorhanden-sein-lassen, Nicht-*aufkommen*-lassen,
2. das *Versagen* im Besorgen,
3. *Darbung*, Bedürfen, ›*Nicht-haben*‹.

Privation und *Getäuschtwerden*,
 nicht das finden, was erwartet,
  ›Ent*täuscht*[werden]‹ (nicht *phänomenologisch*!)
 nicht den *Erwartungen entsprechen*,
 nicht den berechtigten Erwartungen entsprechend,
 was sich *so zeigt, zeigt sich in* der Enttäuschung.

Die Erfahrung der Negation – Privation in der Umwelt (*Bewandtnis* – Mangel) und die formale ›*Negation*‹.

3. *Ursprung der Falschheit und Täuschung in Zeit*

Dafür-halten – Vorgreifen – sich vorweg sein.
Weg-gegenwärtigen: etwas als etwas nehmen <u>im Vorweg</u>.
Die drei Bedingungen der Möglichkeit der Falschheit.
Rückführen auf *Zeit*.

II. *Aussage, ›Logik‹, Denken – Seyn, Wahrheit, Kopula*   121

4. [Bedeutetheit]

Log. [S.] *323*:[4]   *Bedeutetheit* – Bedeutung
         Aufschluß
         Verstandenheit – Verständnis
         ›Wahrheit‹ – Entdecktheit
         ›Gegenwart‹

Aussage – als *verwahrende*   ←   Verwahrungsmodi
 das Verwahren – Behalten als   und Ausgelegtheit
         Gegenwärtigen   Behalten
 ›*Satzgehalt*‹   Iteration
                                    und Erinnerung!

5. [Verneinung]

Verneinung und Versäumnis.
Negation und Sorge.

6. *Verneinung*

in diesem Zusammenhang.
 Ja – Nein – Behaupten
         Überzeugung | Reinach
                        | Husserl
         Stellungnahme | Brentano
                        | assensus – Descartes
                        | Kant, Logik

---

[4] [Vgl. Edmund Husserl: Logische Untersuchungen. Zweiter Band: Untersuchungen zur Phänomenologie und Theorie der Erkenntnis. I. Teil (IV. Der Unterschied der selbständigen und unselbständigen Bedeutungen). Halle a.S.: Max Niemeyer, 1913, S. 323 (= Hua XIX/1, Hrsg. von Ursula Panzer. Den Haag: Martinus Nijhoff, 1984, S. 331 f.)]

7. ἀπόφασις – ›Verneinung‹

Von etwas her es sehen lassend, und zwar in der Weise des: etwas von ihm *weg-sagen*, weg-zeigen als ›weg‹ – *abwesend*.
Gegenwärtigen – des *Abwesenden*?
Nein, sondern etwas [gegenwärtigen] – *in seiner Abwesenheit*.
»*Diese Rose ist nicht rot!*«
An dieser Rose ist ›rot sein‹ abwesend.
Das inexplizite Vermuten, daß da eine rote Rose sei, wird abgewiesen.
Die *Abwesenheit* einer roten Rose wird behauptet?
= Eine rote Rose ist nicht vorhanden?
Nein, *diese hier* jetzt – *ist nicht* rot.

NB: »Diese Rose ist nicht mutig! nicht feig!«
Der Umkreis des sachhaltig determinierten Vereinbaren!
Jedes Seiende – seine bestimmte mögliche *Abwesenheit*.
Was *liegt darin*? Daß es *zufällig* (!), Tatsache ist.
Vgl. oben: »*diese Rose da*« – sie *könnte weiß sein* (!), *ist es aber nicht*.

8. [ὁρισμός – λόγος – ἀποφαίνεσθαι]

ὁρισμός – λόγος – ἀποφαίνεσθαι.
Das τί – τὸ τί ἦν εἶναι – γένος.
ἕν – jedes *Was eines* – omne ens unum – fundamental- und zugleich metontologisch.
[Vgl. Aristoteles] Met. [Z 10,] 1036 *a* 5.
ὅ ποτε ὄν.[5]
Klassenbegriff – *Gegenständlichkeitsklasse* – hier orientiert auf die Menge des Gegenständlichen, während γένος umgekehrt, ebenso ὁρισμός, τί.

---

[5] [Vgl. Met. B 4, 999 b 14.]

Hergestelltsein — *Woraus* — das Immer-schon-da, das ἀεὶ ὄν *als dasselbe*.
Daher *Wesen*: das *Was* in seinem *Warum*, *Woher* als ontologische Bed[ingung] der αἰτίαι.
Das τί das Entstehende, vgl. Met. A gegenüber *Plato*.
Einheit des λόγος — Einzigkeit des ὁρισμός.

9. [Wahrheit]

3. antikritische Grundfrage: bezüglich *Wahrheit*, vgl. oben S. 22.[6]
Warum Wahrheit primär auf νοῦς und λόγος? Was ist er, daß sie sich *hier* eigentlich (wie man meint) zeigen muß?
Wahrheit und Intentionalität.
Intentionalität: zwar Struktur klarer, aber Seinsart des damit Gemeinten?
Beziehung: nicht unzutreffend, aber auf einen bestimmten Aspekt eines Phänomens.

In-Sein — Entdecktheit ⟨ Offenheit für Welt / Verschlossenheit in sich

Wahrheit und Sein bei Husserl, *VI. Untersuchung*.[7]
Warum Wahrheit auf λόγος und νοῦς, nur im Rückgang auf Griechen, d.h. es wird sich enthüllen: aus einer bestimmten Idee von Sein und der davon geführten Daseinsart selbst als *einer Mög-*

---

[6] [Diese Angabe bezieht sich vermutlich auf die dritte der von Heidegger in seiner Marburger Vorlesung vom Wintersemester 1925/26 entwickelten »antikritischen«, d.h. durch Husserls Kritik am Psychologismus motivierten Fragen. Vgl. Martin Heidegger: Logik. Die Frage nach der Wahrheit. Gesamtausgabe Band 21. Hrsg. von Walter Biemel. Frankfurt a.M.: Vittorio Klostermann, 1975, ³1997, S. 109 ff.]
[7] [Vgl. Edmund Husserl: Logische Untersuchungen. Zweiter Band: Untersuchungen zur Phänomenologie und Theorie der Erkenntnis. II. Teil (VI. Elemente einer Phänomenologie der Erkenntnis), S. 128 ff. (= Hua XIX/2, S. 657 ff.).]

lichkeit des Entdeckens [Wahrheit selbst – die Stufe ihres Verständnisses abhängig von Existenz.][8]

10. Das ›nicht‹ der Aussage

offenbar – aufweisendes – entdeckendes
  gegenwärtigend
  Negation und Zeitlichkeit

das ›nicht‹ und die *als-Struktur*

11. Kopula

Unter diesem Titel behandeln auch *Existentialurteile*: Brentano, Herbart, Kant, Sigwart.

Impersonalien: Schuppe, Miklosich, Marty.
  Was heißt ›subjektlose Sätze‹ nach unserer Definition von Aussage? I und II, III.[9]

12. ›Kopula‹

Nivellierung und Verweltung der ›Zeit‹
  | ›*Gegenwart*‹ | *Vergangenheit – Zukunft*

13. ›Kopula‹

Jacobi III, [S.] 125: »reine Synthesis an sich«,[10] reines Iterieren und Gegenwärtigen.

---

[8] [Die eckigen Klammern in der Handschrift.]
[9] [Es ist nicht ersichtlich, worauf sich die römischen Ziffern beziehen.]
[10] [Friedrich Heinrich Jacobi's Werke. Dritter Band. Leipzig, bey Gerhard Flei-

14. Kopula

σύνθεσις ist nicht zu vernehmen ohne συγκείμενα, und dieses Beisammen, [diese] *Mitvorhandenheit* bedeutet die Kopula, d. h. die *Anwesenheit des konkreten Seienden*, es ›im als‹, es entdeckt als ..., *Anwesenheit des Verstandenen, Besprochenen!*
Vgl. [Aristoteles,] *Met. Δ 7, De anima Γ 6.*

15. Aristoteles – Kopula

Vgl. Met. Δ 7, 1017 a 28 sq.

16. ὂν ὡς ἀληθές ([Aristoteles, Met.] Θ 10)

Sein der hermeneutisch verstandenen ›Kopula‹, d. h. σύνθεσις, Gegenwärtigung.

Frage nach dem Seienden, sofern es entdeckt ist und verdeckt.

Entdecktheit und Verdecktheit: Charaktere, die dem Sein des Seienden zugehören, aber sich doch von anderen Seinscharakteren wieder unterscheiden.

Wenn sie geklärt werden sollen als Charaktere des Seins, dann nur [so], daß sowohl ›Sein‹ bestimmt wird im Hinblick zugleich auf Wahrheit-Falschheit und diese selbst im Hinblick auf Sein.

Die Untersuchung selbst [gehört] in das Feld der Untersuchung des ὄν und [der] Wirkung des *Entdeckens* (ἀληθεύειν) – δηλοῦν – λόγος.

Met. Δ 7, 10[17 a] 28 sqq.: τὸ εἶναι (ὄν) = τὸ ἔστιν = ὅτι ἀληθές.
Aufgedecktheit – Seiendes im Wie seiner Entdecktheit.
Entdecktheit durch ›Sein‹ *ausgedrückt.*

---

scher d. Jüng., 1816, S. 125: »Denn nun wird es klar, daß die *reine,* von Antithesis und Thesis unabhängige *Synthesis,* daß die *Synthesis an sich,* nichts anders ist, als die *Copula an sich*«.]

Wie so etwas möglich: weil Sein *Anwesenheit.*

Kopula weder Hinzufügung noch Behauptung, sondern *Entdecktheit,* ›Sein‹.

Daraus verständlich, warum ›*Hinzufügung und Behauptung*‹ bzw. ein bestimmtes, von Aussage her artikuliertes Modifikat von Sein qua Entdecktheit.

17. ›Kopula‹

σύνθεσις als hermeneutische Grundstruktur, d. h. Gewärtigen.
Gegenwärtigen: geg[enwärtigend-]aufweisendes Sichaussprechen, Ansprechen.
Das ›ist‹ — ursprüngliche und nächste Anwesenheit,
　　　　　　　　　　　　　　　　›Bewandtnis‹ —
　　　　　　　　　　　　　　　　Bedeutsamkeit.
Das nivellierte ›als‹ und ›ist‹.
Die nivellierte *Anwesenheit.*
›Kopula‹: Aussagecharakter, sofern ausgesprochene Aussage, aber ursprünglich sinngenetisch das selbst abkünftige hermeneutische ›*als*‹.

18. Kopula

[Vgl. Aristoteles,] Met. Δ 7 [1017 a 31]: τὸ εἶναι als ἔστιν σημαίνει ὅτι ἀληθές, bedeutet *Entdecktheit,* meint *das Seiende als entdecktes,* Entdecktsein.

19. ›Kopula‹

kein Sprach-, sondern Rede-, d. h. hermeneutisches *Phänomen* des Gegenwärtigens, das An-, Abwesenheit, Geworfenheit ›ausdrückt‹.

II. *Aussage, ›Logik‹, Denken – Seyn, Wahrheit, Kopula*

20. Wahrheit

Wahrheit ist Selbigkeit. Aber Selbigkeit (Identität) ist doch nicht Wahrheit.
Also Selbigkeit *wovon?* [Vom] *Gemeinten* und *Angeschauten.* Erfaßte *Selbigkeit?* Jeder Gegenstand *mit sich selbst identisch.*
[Wahrheit ist also] nicht diese, sondern diese ist vorausgesetzt. Gerade im Festhalten desselben allein wird Selbigkeit einsichtig. *Selbigkeit* der *Weisen des Gehabtseins?* Vermeintsein und Angeschautsein doch gerade verschieden. [Wahrheit ist also] nicht Selbigkeit dieser, sondern Selbigkeit des in ihnen als verschiedenen Weisen des Habens *Gehabten.*

Die Weise des Gehabtseins, das Vermeintsein, aber nicht ein Charakter des Vermeinten – dieses ist das *Seiende selbst.* Von ihm her und auf dem Grunde seiner Anwesenheit identifizieren sich die Modi seines *Habens.*

Die Identifizierung also vollzieht sich intentional, das heißt jetzt zugleich: ganz im Aufgehen im Erfassen des Seienden selbst – und nicht etwa im Hinblick auf etwas Subjektives, ein Inneres und seine Beziehung zu einem *Äußeren.*

21. Bedeutsamkeit und Bedeutung

Vgl. Ammann, cap. 7.[11]

Nie werden Einzeldinge zuerst erlebt, aber ebenso wenig reine Allgemeinheiten, sondern in Vorhabe steht: *Bedeutsamkeiten* im *›als was‹,* und zwar *geschichtlich typisch* – Alltäglichkeit der Erfahrung.

Das *›So-wie‹* als hermeneutisches – die Weise – das *So* – die Bedeutsamkeit – Verweisungszusammenhang schon vorausgesetzt darin.

---

[11] [Vgl. Hermann Ammann: Die menschliche Rede. Sprachphilosophische Untersuchungen. I. Teil: Die Idee der Sprache und das Wesen der Wortbedeutung. Lahr: Moritz Schauenburg, 1925, S. 77 ff.]

Das Einzelne wird weder nur kritisch vorläufig als dieses [erlebt] noch als Fall einer Gattung noch diese selbst, sondern als etwas, was begegnet und einem möglichen Umgang des Man und der Alltäglichkeit zugehört.
[Vgl.] Ammann, S. 104 f.[12]

22. ›Bedeutung‹

Nicht Dasein selbst – gewärtigen – als Entdeckendes gegeben.

In-Sein   –   Bedeutsamkeit
›Bedeutung‹

Das *als was* – es genommen.
Die Als-was-Nahme als primäres Entdecken.
  Worte bedeuten nur, weil sie die *Ausgesprochenheit* eines Bedeutens sind dieser An-sich-Nahme – als Fixation, als weltliche, umweltliche (Wortschatz).
  Das *Bedeuten* und das In-Sein – die *Bedeutsamkeit* und die *Verständlichkeit*.

23. [Bedeuten]

Bedeuten   activ transitiv
Bestimmen
Benennen
Bezeichnen

ausgezeichnet vor allen

---

[12] [Vgl. Hermann Ammann: Die menschliche Rede. I. Teil, S. 104 f.]

24. Bedeutung

die ›als‹-Nahme
›als was‹-Vorhabe – Vorhabetendenz und Erschließung [des] Ortes [der] Hinsichtnahme

Je ferner man von etwas lebt, je unbeteiligter und doch ständig dabei, je allgemeiner der Begriff. Dagegen eigentliche ständige Beschäftigung, Angewiesenheit, ist dafür auch ganz anders offen und beweglich: Landschaft, Schnee – er braucht nicht erst das Gedächtnis dafür, sondern sein ganzes Sein ist je darauf in Vorhabeh. [?] jeweils orientiert – springen ihm zu aus den ›*Bedeutsamkeiten*‹ als Möglichkeiten des Daseins.

25. Bedeutung

Vgl. Cassirer und Ammann – Hönigswald.

Nicht: woher und wie sie entsteht, sondern Bedingungen der Möglichkeit ihres Bestandes überhaupt.

Das Entstehen schon gar nicht orientieren auf sinnliche Erfahrung, gar an der Erkenntnisidee Kants und den Vorstufen: Sinnlichkeit als ›Empfindlichkeit‹.

Cassirer: Auch der Kantische Begriff der Sinnlichkeit grundsätzlich anthropologisch zu nehmen. Vgl. Krüger.[13]

Positiv: Bedingung der Möglichkeit, Vorhabe für ›Bedeutung‹ überhaupt – ›Dasein‹! Warum kein *Anthropologismus? Vorhabe entscheidend!*

Negativ: diese Vorhabe auch bei *Cassirer.*

---

[13] [Vgl. Gerhard Krüger: Kants Lehre von der Sinnesaffektion. Diss. Marburg 1925.]

26. Bedeutung

Grundsätzlich auf ›Verständlichkeit‹, Existenz und Zeitlichkeit, Gewißheit orientieren! Nicht auf Erkennen und Anschauung und λόγος.

Dem entspricht die grundsätzliche Fassung von ›Rede‹ in »Sein und Zeit I«.[14]

›Sein‹ und Existenz!

Dann aber ›Bedeutsamkeit‹, obzwar nicht auf Anschauung und Wahrnehmung, sondern ex[istenzialen] Umgang und In-Sein überhaupt bezogen, doch unangemessener Terminus.

Meth[ode]: wir bewegen uns ständig schon in Sinn und Bedeutung, d. h. *sind das selbst*, und pflegen solches von Denken und Sprache [her] – vgl. oben – zu interpretieren und daran zu orientieren, statt – radikal – den ›Ursprung‹ von Bedeutung in Dasein und Existenz zu verstehen.

Nur deshalb hat Rede und Sprache mit Bedeutung zu tun.

Bedeuten – ›Besagen‹ – *verständlich* – entdeckt.

Sein zu – *Existenz* – Sorge.

27. Bedeutung (Hönigswald, 2. [Aufl.])

[Vgl.] S. *36ff.*[15]

---

[14] [Vgl. Martin Heidegger: Sein und Zeit. Halle a. S.: Max Niemeyer, 1927, [19]2006, S. 160 ff.; Gesamtausgabe Band 2. Hrsg. von Friedrich-Wilhelm von Herrmann. Frankfurt a. M.: Vittorio Klostermann, 1977, ²2018, S. 213 ff.]

[15] [Vgl. Richard Hönigswald: Die Grundlagen der Denkpsychologie. Studien und Analysen. 2. umgearbeitete Aufl. Leipzig, Berlin: B. G. Teubner, 1925, S. 36 ff.]

II. *Aussage, ›Logik‹, Denken – Seyn, Wahrheit, Kopula*   131

28. *Bedeutung im Zusammenhang von [»Sein und Zeit«,] § 12*

Das Phänomen der ›Bedeutung‹ anschneiden:
die *Schwierigkeiten*,
wo sie ist – mit *Entdecken*.
D. h. Entdecken nur, wo schon *wesenhafte Welt- und Selbstoffenheit*.

29. *Ursprung der ›Bedeutung‹ nach Cassirer*

[Vgl. Cassirer,] Sprache und Mythos, [S.] 32, 73.[16]
Vgl. meine Anmerkung zu [S.] 32.[17]
Zusammendrängen in einen Punkt.[18]
Was heißt *Punkt*?
Was und wie das Zusammendrängen?
Nicht isolierte Bedeutung, auch nicht ›Sätze‹ im grammatischen Sinn, sondern ἑρμηνεία, *Auslegung* als etwas.

---

[16] [Vgl. Ernst Cassirer: Sprache und Mythos. Ein Beitrag zum Problem der Götternamen (= Studien der Bibliothek Warburg. Hrsg. von Fritz Saxl. Band 6). Leipzig, Berlin: B. G. Teubner, 1925, S. 32, 73.]

[17] [Heidegger bezieht sich hier auf seine Randbemerkungen in seinem Handexemplar des Buches von Cassirer (im Folgenden jeweils in eckigen Klammern wiedergegeben): »Es zeigte sich bereits, daß die primäre Leistung der sprachlichen Begriffe nicht in einer *Vergleichung* des Inhalts verschiedener Einzelanschauungen und in der Heraushebung ihrer gemeinsamen Merkmale besteht, sondern daß sie auf die Konzentration des anschaulichen Inhalts, gewissermaßen auf seine Zusammendrängung in einen einzigen Punkt gerichtet ist. Die Art dieser Konzentration aber hängt hierbei stets von der Richtung des Interesses, hängt nicht schlechthin vom Inhalt der Anschauung, sondern von dem teleologischen Blickpunkt ab, unter den sie gestellt wird [hermeneutisch! Auslegung eines entscheidenden In-Seins] [...] Die Unterschiede der Bedeutsamkeit [d. h. die jeweilige Präsenz der Besorgtheit, die Weise des In-Seins und Seins-zu. Welt aber schon da!] ermöglichen erst jene Verdichtung des Anschauungsgehaltes, die [...] die Voraussetzung für seine Benennung, für seine sprachliche Bezeichnung bilden. [Beim Ursprung der Bedeutung *das volle Verstehen* – als [das] auslegende redende Sorgen konstitutiv]«]

[18] [Ernst Cassirer: Sprache und Mythos, S. 32: »Zusammendrängung in einen einzigen Punkt«.]

132   Erster Teil: Ergänzungen

Bedeutung: vor ›Wort‹ bzw. mit ihm ›*ausdrücklich*‹.
Ausdrücklichkeit: *mögliches Sein zu* ... – *Bedeutung entdeckt
(Bedeutsamkeit)* ›Seiendes‹.

30. Entstehung der Sprache

Wodurch wird Empfindungslaut zum »Bezeichnungs- und Bedeutungslaut«?[19]
So gar nicht zu trennen.
Verkehrte Vorstellung von Dasein.
»Wallen und Wogen sinnlicher Gefühle und Empfindungen«,
aus dem dann »Objektives« entspringen soll.[20]
Kantisch gedacht.
Empfinden ist schon verstehend-entdeckendes Sein bei.
Ursprung der Sprache (Cassirer, Sprache und Mythos, [S.] 28).[21]
Das Problem nicht so – durch Bezug der Sprachbegriffe auf Mythos statt theoretisch – [zu lösen], *sondern grundsätzlich die volle Daseinsstruktur von Sprache verstehen und lernen, daß das Problem ein schief gestelltes ist.*
Was gilt es zu interpretieren auf dem Boden der Gleichursprünglichkeit der Phänomene?

Das *Wort* und seine »Tendenz zur Beharrung«.[22]
Was für eine Gegenwart und Verfügbarkeit das Wort hat:
nicht weltlich Vorhandenes,
nicht *in ein Subjekt Verstautes*,
sondern Latenz *in der Ausgelegtheit* – mit dieser springt es zu,

---

[19] [Ernst Cassirer: Sprache und Mythos, S. 31.]
[20] [Ernst Cassirer: Sprache und Mythos, S. 30: »[...], daß aus dem unbestimmten Wallen und Wogen der sinnlichen Empfindung und des sinnlichen Gefühls ein Objektives [...] erwächst«.]
[21] [Ernst Cassirer: Sprache und Mythos, S. 28: »So droht immer wieder die Frage nach dem Ursprung der Sprache [...] zu einer wahrhaften Vexierfrage zu werden«.]
[22] [Ernst Cassirer: Sprache und Mythos, S. 31.]

II. Aussage, ›Logik‹, Denken – Seyn, Wahrheit, Kopula

denn es entsteht ja aus Verstehen und Auslegung, nicht umgekehrt; mit dessen *Verweltlichung* wird das Wort alltäglich.
Dasein und *Leiblichkeit – Lautlichkeit.*
Dabei Wortleib noch gar nicht abgetrennt gegen Bedeutung, sondern beide im auslegenden In-Sein noch beschlossen.

31. Sprache und Mythos – aus Dasein!

Vgl. Ms. *356* ff.[23]
Nach *Cassirer*: »Sprossen ein und desselben Triebes der symbolischen Formung«, hervorgehend »aus dem[selben] Grundakt der geistigen Bearbeitung, der Konzentration und Steigerung der einfachen Sinnesanschauung«.[24]
»Lösung einer inneren Spannung«,
»Darstellung seelischer Regungen und Erregungen in bestimmten objektiven Bildungen und Gebilden« ([S.] 72).[25]
»Grundakt« Kantisch: *Verstand und Sinnlichkeit,* nicht aber *Dasein in seinem Sein,* vor allem nicht aus der Explikation dieses Seins als *Zeitlichkeit* – Fehlen der Ontologie der *Affekte* und des In-Seins, [der] Entdecktheit.
»›Intensivierung‹ der Sinnesanschauung« liegt aller sprachlichen und mythisch-religiösen Formung zugrunde (ib.).[26]
Wiederum primär *Sinnlichkeit,* die geformt wird, statt primär schon verständliche *Welt,* die *Sorge entdeckt,* in bzw. zu der sie – als ›in ihr‹ – ›ist‹.

---

[23] [Diese Angabe bezieht sich auf die Seiten 356 ff. einer studentischen Nachschrift der Freiburger Vorlesung vom Wintersemester 1928/29. Vgl. Martin Heidegger: Einleitung in die Philosophie. Gesamtausgabe Band 27. Hrsg. von Otto Saame und Ina Saame-Speidel. Frankfurt a. M.: Vittorio Klostermann, 1996, ²2001, S. 344 ff.]
[24] [Ernst Cassirer: Sprache und Mythos, S. 72. Das vom Herausgeber in eckige Klammern Gesetzte wurde nach dem Text Cassirers ergänzt.]
[25] [Ebd.]
[26] [Ebd.: »[…] in jener ›Intensivierung‹ der Sinnesanschauung […], die sowohl aller sprachlichen wie aller mythisch-religiösen Formung zugrunde liegt«.]

32. *Etwas als etwas*

nicht ›bestimmen‹, nicht erfassen, sondern *nehmen*, *selbst* Sein zu ... in der Weise ... Nicht jeder gesprochene Satz eine ›objektive Aussage‹ in diesem Sinne, sondern 1. Sinn und *der* für die Griechen: Anschauung. Aber diese jedenfalls auch als ..., und in dem das Grundsätzliche und ebenso die Grenzen der Griechen.

[Etwas als etwas:] formal-hermeneutische Struktur − des Auslegens.

Für alle Sätze: [sie haben] nichts mit [der] begrifflichen Bestimmung und ›Verbindung‹ von Begriffen zu tun.

»Die Tafel ist schwarz« *ebenso wenig* wie »Die Rose blüht«, »Der *Schnee knirscht*« eine Verbindung von Begriffen.

Das ursprüngliche und formal-apriorische Gewärtigen.

Je nun nach Auslegungskonkretion verschieden, je nach dem In-Sein und Sein zu ... und Mitsein, je nachdem, [ob] Begegnendes in *weltlicher* oder gar ex[istenzialer] Vorhabe.

Sofern aber ausgesprochen wird − Satzgesprochenheit −, ist diese wieder Wortfolge, und zwar so, daß eine bestimmte Art zu sprechen sich der Auslegung bemächtigt, sie überlagert, um so dann die eigentliche Analyse der Rede irrezuleiten.

Prädikation und ihre methodische Gefahr.

33. *[Bedeutung]*

Bedeuten − Verstehen: *Bedeutung*.
Bedeutung − Wort − Wörter.
Bedeutung − Bedeutungshaftes − *Möglichkeit* der Bedeutungsartikulation,
Aussage − *Prädikation*.
Verstehen − Bedeutung − Rede − Sprache.
Anfang der Sprache und Ursprung der Rede aus Bedeutung.

II. Aussage, ›Logik‹, Denken – Seyn, Wahrheit, Kopula

Theorie [von] Cassirer – Grundsätzliches zum Studium der Primitiven und des *Mythos*.[27]

Bedeutung: als-Struktur und Aussage I.
ἀπόφανσις von Seiendem.
σύνθεσις als Struktur des Seienden selbst.
Aussage I (σύνθεσις) als Bedingung der Möglichkeit von ψεῦδος und ἀλήθεια,
als Bedingung von Aussage II: πρόσθεσις.
συμπλοκή.
↓
Kopula.

34. [Sprache]

»Der Satz gehört nicht als solcher dem Bestand der Sprache an, sondern baut sich aus Worten auf.« (Ammann, [S.] 44)[28]

Sprache: *Wortmannigfaltigkeit* (mathematisch-arithmetisch).
   Doch nicht, sondern eine geschichtliche Mannigfaltigkeit.
   Versagbar – wächst und zerfällt – Ausfälle und Zuwächse.
   ›*Wortschatz*‹ alt – jeder Satz *neu*.
   Aber zum Sprachschatz [gehören] nicht »Formen« – *syntaktische*!
   D. h. Sprache in der Rede als Möglichkeit gehalten.
   Der Wortschatz nicht freischwebend vorhanden, sondern nur in der Rede existent.

---

[27] [Vgl. Ernst Cassirer: Sprache und Mythos.]
[28] [Hermann Ammann: Die menschliche Rede. I. Teil, S. 44.]

35. [Die als-Struktur]

Diese *als-Struktur* Grundart des Seins des Daseins.

Aussage I nur so möglich: das ἀποφαίνεσθαι – etwas [zeigt sich] *von ihm selbst her* so, daß es selbst schon anwesend, und diese Anwesenheit erschlossen im ›als‹-Verstehen. Und weil das primäre *Sein zu* – auch das sich nicht aussprechende und nicht ausdrücklich bestimmende und Bestimmung vollziehende – so strukturiert ist, kann je abgeleitete Verhaltung diese Struktur nicht verleugnen. Die abgeleiteten Phänomene werden sie aber – als solche – modifizieren, *nivellieren*.

D. h. auch Gegenwärtigung qua Zeitlichkeit ist nivellierende Gewärtigung.

Das *Von-woher*, nicht des *Verstehens*, sondern des gegenwärtigenden Sehens aus dem Anwesenden – ›als was‹-Intention da, sie sprengt auf.

Zusammenhang?

Des verstehenden ›als‹ mit dem prädizierenden!

›Bedeutung‹ – *Sachverhalt*

Tragweite von σύνθεσις – ontologisch – συγκείμενα.

Begriff des λόγος, Wahr und Falsch.

Prädikation nicht *Zusammensetzung von Begriffen*, anders formuliert: Satz hat nur ›Bedeutung‹, weil das *vor*prädikative Verhalten wesenhaft be-deutend ist.

B. KOPULA
([19]30/31)[29]

1. Das Sein als Gesagtsein

das ›logische‹ Sein
ens rationis
vgl. Thomas
Aristoteles, Met. E: ἐν διανοίᾳ[30]
vgl. W.S. 28/9[31]

Gesagtsein — mehrdeutig:
Ausgesprochensein — existierender Ausspruch (Wirklichkeit der Sprache!),
In-Geltung-sein (Gelten) des *Ausgesprochenen*,
Wahr-sein!

2. [Das ›ist‹]

Das ›ist‹ als letzter, weit weggeschleuderter, unkenntlicher Rest des Ausbruches des Seins im Dasein.

Copula! Ja, aber im ganz ursprünglichen Sinne des *Bindens* — der Verbindlichkeit als solcher, die aber nicht die Kopula leistet, sondern nur noch restweise-gegenständlich ausdrückt.

Das, was im ›ist‹ steckt, das Wesen des Seins, ist freilich das Ursprüngliche, aber nicht qua *Band*, sondern [qua] *Ursprung*.

---

[29] [Überschrift und Datierung auf dem Umschlag, mit dem Heidegger die im Folgenden vom Herausgeber von 1 bis 34 durchgezählten Aufzeichnungen zusammengefaßt hat. Ausnahmen stellen die als 17, 23 und 32 gezählten Aufzeichnungen dar, die einem anderen Konvolut entnommen sind. Siehe dazu das Nachwort des Herausgebers, S. 748 f.]

[30] [Aristotelis Metaphysica. Recognovit W. Christ. Lipsiae, in aedibus B. G. Teubneri, 1886, E 4, 1027 b 27.]

[31] [Vgl. Martin Heidegger: Einleitung in die Philosophie. Freiburger Vorlesung Wintersemester 1928/29. Gesamtausgabe Band 27, S. 46 ff.]

Erster Teil: Ergänzungen

Nur weil dieser, ist es ›auch‹ – aus bestimmten Gründen und auf bestimmtem Weg – Band.

3. Das Wesen der Copula

verstehen aus   ὄν – οὐσία – ἕν, Bei-sammen, Anwesenheit,
   und   λέγειν – sammeln, *zu-sammen-ziehen*.

4. Entwurf als Anzeige

Die entwerfende Anzeige:
 Es wird nicht das Wesen selbst gegeben, sondern nur Richtung in den Umkreis seines ›Wesens‹: a) […][32]

5. Das ›ist‹

Seine ungeschiedene Vielfältigkeit und d. h. in gewisser Hinsicht Gleichgültigkeit gegen jedes jeweils so oder so charakterisierte Sein.
 Woher diese Gleichgültigkeit und ihre Notwendigkeit?
 Der Bereich der *Ausgesprochenheit* und das Wesen der Wahrheit.
 Ausgesprochenheit und Gesagtheit.
 Dieses neutrale Medium des ›ist‹ darf nicht zum führenden Wesen des Seins umgefälscht werden, sondern es muß umgekehrt aus dem Wesen des Seins nach der Herkunft des ›ist‹ gefragt werden.

---

[32] [An dieser Stelle bricht die Aufzeichnung ab.]

II. Aussage, ›Logik‹, Denken – Seyn, Wahrheit, Kopula

6. *Sein und ›ist‹*

Sobald wir vom Sein sagen, besser: über Seiendes aussagen, gebrauchen wir das ›ist‹.
Genauer: legen wir aus, sprechen wir an etwas als etwas, und dieses ›als‹ kann als ›Beziehung‹ formal gefaßt werden.
Das ›ist‹ spricht vom ›als‹ oder umgekehrt.
Jedenfalls kommt daher die These: ›Sein‹ qua ›ist‹ = ›in Beziehung stehen‹. Lotze, (Große) *Metaphysik*.[33]

7. *[Mit dem ›ist‹ qua Verfälschung des Seins ...]*

Mit dem ›ist‹ qua Verfälschung des Seins (qua Urteilssetzung) zugleich Verfälschung des Wesens jeder Wahrheit zur ›Übereinstimmung‹. Inwiefern berechtigt?
Von da die wiederum verkehrte ›Revision‹ dieser ›naiven‹ Theorie.

8. *[Schopenhauer]*

Schopenhauers *Wille und Vorstellung*, II, [S.] 115.[34]

---

[33] [Vgl. Hermann Lotze: Metaphysik. Drei Bücher der Ontologie, Kosmologie und Psychologie (= System der Philosophie. Zweiter Teil). Hrsg. von Georg Misch. Leipzig: Felix Meiner, 1912.]
[34] [Arthur Schopenhauer: Die Welt als Wille und Vorstellung. Zweite, durchgängig verbesserte und sehr vermehrte Auflage. Zweiter Band, welcher die Ergänzungen zu den vier Büchern des ersten Bandes enthält. Leipzig: F. A. Brockhaus, 1844, S. 115.]

9. Das ›ist‹

1. Hinüberziehend: Gegenstandsbestimmtheit *auf* Subjektsgegenstand.
Hinüberziehung und ›Einheit‹?
2. Behauptend: *›absetzend-bestehen‹ lassen* das Gedachte — Phänomen.
Behauptung: *Anspruch* auf Zusammentreffen des Gesagten mit dem Gemeinten (= auf *An-messung*, Wahrheit) — beanspruchen und den Anspruch aufrechterhalten.

Warum besagt das ›ist‹ (Sein) beides:
Sein und Beziehung — Einheit,
Sein und Wahrheit,
und beide gerade in dieser einen Verwurzelung des ›ist‹?

10. [Be-nennung]

»Der Rhein«!
»*Das* ist der Rhein.« — »*Da* ist der Rhein.« ?
Be-nennung? Namen geben — Namen aussprechen, *angeben*!
[Vgl.] Sigw[art].[35]

11. [Rilke]

Das ist es. — »Das war es.«
Vgl. Rilke II, [S.] 52.[36]

---

[35] [Vgl. Christoph Sigwart: Logik. Erster Band: Die Lehre vom Urteil, vom Begriff und vom Schluss. Vierte, durchgesehene Auflage besorgt von Dr. Heinrich Maier. Tübingen: J. C. B. Mohr (Paul Siebeck), 1911, S. 79.]
[36] [Vgl. Rainer Maria Rilke: Erinnerung. In: Ders.: Gesammelte Werke in sechs Bänden. Band II. Leipzig: Insel-Verlag, 1927, S. 52.]

II. *Aussage, ›Logik‹, Denken – Seyn, Wahrheit, Kopula*

12. Das ›es‹ ...

als *verhüllend*-verbergend zugleich das Andere, Verborgene, Mächtige, dessen wir nicht mächtig, das uns umgibt, durchstimmt, überkommt usf.

13. ›Impersonale‹

»Mich freut's.«
»Es graut mir.«
»Mich sticht's.«
(Nicht: ich werde gestochen, sondern: ich habe, fühle Stiche. [Vgl.] Sigw[art, S.] 42.)[37]

14. Das ›ist‹

ebnet ein: alles Vergleichshafte – *Zwischen*,
                seiend, seiender, seiend zwar und doch nicht,
macht gleichgültig: jegliches Seiende, unterschiedslos,
ist *ohne Ehrfurcht und Rang*,
frech greift es alles an,
das Gemeine und Allgemeine!

15. [Nietzsche]

Über das Sein des ›ist‹, des Gesagten und das Sein überhaupt vgl. *Nietzsche,* Der Wille zur Macht, A[bschnitt] 466 ff.[38]

---

[37] [Vgl. Christoph Sigwart: Logik. Band I, S. 82 ff.]
[38] [Vgl. Friedrich Nietzsche: Der Wille zur Macht. Drittes und Viertes Buch. Zweite, völlig neugestaltete und vermehrte Ausgabe (= Nietzsches Werke, Band XVI). Leipzig: Kröner, 1911, n. 466 ff.]

142   *Erster Teil: Ergänzungen*

16. Das ›ist‹

Vgl. die etymologischen Betrachtungen ☐.³⁹

17. Kopula⁴⁰

Sein
1. *Vorhandenheit,*
2. *Vorhanden* ›*als*‹.

[Vgl.] **Brugmann**, Kurze vergleichende Grammatik.⁴¹
[Vgl.] Cassirer I, [S.] 291.⁴²

18. *Sein – das* ›*ist*‹ *und Grundsätzliches über das Sein*

[Sein] ist eben nicht, wie Schopenhauer meint, der »nichtssagende Infinitiv der Kopula« (Parerga und Paralipomena II, [S.] 203).⁴³ Mit anderen Worten, man darf nicht das Sein von Kopula her nehmen und dann gar ersetzen durch ein ebenfalls veräußerlichtes Wahrsein, [das] seiende Sein = Währen, Bleiben.

Sondern umgekehrt die Kopula eine Entäußerung und Entleerung des Seins.

---

³⁹ [Es ist unklar, auf welches Manuskript Heidegger hier verweist. Vgl. Martin Heidegger: Einführung in die Metaphysik. Freiburger Vorlesung Sommersemester 1935. Gesamtausgabe Band 40. Hrsg. von Petra Jaeger. Frankfurt a. M.: Vittorio Klostermann, 1983, ²2020, S. 75 ff. Siehe auch im folgenden Abschnitt die auf die Etymologie der Kopula sich beziehenden Verweise auf Brugmann und Cassirer.]
⁴⁰ [Die vorliegende Aufzeichnung wurde vom Herausgeber dem Teilkonvolut »Kopula« beigefügt. Siehe dazu das Nachwort des Herausgebers, S. 748 f.]
⁴¹ [Vgl. Karl Brugmann: Kurze vergleichende Grammatik der indogermanischen Sprachen. Straßburg: K. J. Trübner, 1904, S. 627 f.]
⁴² [Vgl. Ernst Cassirer: Philosophie der symbolischen Formen. Erster Teil: Die Sprache. Berlin: Bruno Cassirer, 1923, S. 291.]
⁴³ [Arthur Schopenhauer: Parerga und Paralipomena: kleine philosophische Schriften. Zweiter Band. Berlin: A. W. Hayn, 1851, S. 203 (§ 120).]

II. Aussage, ›Logik‹, Denken – Seyn, Wahrheit, Kopula   143

Was sagt denn das kopulative ›ist‹ bzw. was bedeutet es, daß es, das ›ist‹, viel*deutig*, nichtssagend ist?
Vgl. nur z. B. das ›ist‹ als Was-, So-, Daß-, Wahrsein! Das aber gehört zum *Sein als solchem*, wobei freilich Sein schon in einer Indifferenz genommen: *Vorhandenheit*, Leben usf.
Warum kennzeichnen wir die Arten des Seins nach der Artung des ›Daß‹ und nicht nach dem zugehörigen Was?

19. ›ist‹

Das schweigende ›*das ist*‹.
Das kopulative ›ist‹ nur auf dem Grunde des *ursprünglichen*!
Und das ursprüngliche ›das *ist*‹ aus dem *Im Ganzen*, nicht isoliert auf Gegenstände, dies und das, »*besitzlos*«, »*in wahrer Armut*« erfahren![44]

20. Sein und ›ist‹

Das ›ist‹-Sagen:
1. Als erwartendes, erwarten lassendes:
   »Das Haus ist …«
   Was besagt hier ›*erwarten*‹? Vorhabe des ›als was‹, Verstehen – Auslegen!
   Das Fortgegangensein[45] in das ›als‹ gehört zum Wesen der alltäglichen ›Wahrheit‹ – *warum und inwiefern?*
2. Als *erwartungsloses*:
   »Das Haus *ist* (existiert).«

---

[44] [Rainer Maria Rilke: Requiem für eine Freundin. In: Ders.: Gesammelte Werke. Band II, S. 319–333, hier S. 326: »und sagte nicht: das bin ich; nein: dies ist. / So ohne Neugier war zuletzt dein Schaun / und so besitzlos, von so wahrer Armut, / daß es dich selbst nicht mehr begehrte: heilig.«.]
[45] [Unter »Fort« die Notiz:] Weg

Nichts erwarten, schon *genug haben* — inwiefern?
Nur es an ihm selbst *als* Seiendes, daß es Seiendes *ist*.
3. Das *enttäuschende* ›ist‹-Sagen:
»Das Haus ist Haus.«
Das ›*Nichtssagen*‹.

21. Kopulaproblem

Vgl. S.S. 27 und »Sein und Zeit«.[46]
Kopulaproblem bei Aristoteles, vgl. Skeptiker, Megariker, Antisthenes.
Kopulaproblem bei Kant, »Kritik der reinen Vernunft« und »Logik«.
Kopulaproblem und die Modalitäten.

22. Über Kopula

Vgl. »Sein und Zeit«, »Kant«, »Wesen des Grundes« und »Metaphysik«.[47]
Vorlesungen: »Logik« 25/26; »Grundprobleme« 27; »Einleitung« 28/9; »*Aristoteles*« 31.[48]

---

[46] [Vgl. Martin Heidegger: Die Grundprobleme der Phänomenologie. Marburger Vorlesung Sommersemester 1927. Gesamtausgabe Band 24. Hrsg. von Friedrich-Wilhelm von Herrmann. Frankfurt a. M.: Vittorio Klostermann, 1975, ³1997, S. 252–320; Sein und Zeit, S. 159 f.; Gesamtausgabe Band 2, S. 212.]

[47] [Vgl. Martin Heidegger: Kant und das Problem der Metaphysik. Bonn: Friedrich Cohen, 1929; Gesamtausgabe Band 3; Vom Wesen des Grundes. In: Jahrbuch für Phänomenologie und phänomenologische Forschung. Ergänzungsband. Festschrift für Edmund Husserl zum 70. Geburtstag. Halle a. S.: Max Niemeyer, 1929, S. 71–100; aufgenommen in: Wegmarken. Gesamtausgabe Band 9. Hrsg. von Friedrich-Wilhelm von Herrmann. Frankfurt a. M.: Vittorio Klostermann, 1976, ³2004, S. 123–175; Was ist Metaphysik? Bonn: Friedrich Cohen, 1929; aufgenommen in: Wegmarken. Gesamtausgabe Band 9, S. 103–122.]

[48] [Vgl. Martin Heidegger: Logik. Die Frage nach der Wahrheit. Marburger Vorlesung Wintersemester 1925/26. Gesamtausgabe Band 21; Die Grundprobleme

23. Copula[49]

Vgl.   »Sein und Zeit I«, S. 159 f.
       S.S. 27, S. 46–57.[50]
       W.S. 29/30, Maschinenschrift S. 615 ff.[51]
       und spätere Manuskripte
       S.S. 35.[52]

24. λόγος

Vgl. λόγος – Verhältnis, vgl. Stenzel[53] und [Aristoteles,] Physik Θ 1, 252 a 13, ib.: τάξις δὲ πᾶσα λόγος.[54]
λέγειν: lesen, auflesen, *zusammen*-lesen, sammeln (in Verhältnis

---

der Phänomenologie. Marburger Vorlesung Sommersemester 1927. Gesamtausgabe Band 24, S. 252–320; Einleitung in die Philosophie. Freiburger Vorlesung Wintersemester 1928/29. Gesamtausgabe Band 27, S. 46 ff.; Aristoteles. Metaphysik Θ 1–3. Freiburger Vorlesung Sommersemester 1931. Gesamtausgabe Band 33. Hrsg. von Heinrich Hüni. Frankfurt a. M.: Vittorio Klostermann, 1981, ³2006, S. 26.]

[49] [Die vorliegende Aufzeichnung wurde, obwohl frühestens 1935 entstanden, vom Herausgeber dem Teilkonvolut »Kopula« beigefügt. Siehe dazu das Nachwort des Herausgebers, S. 748 f.]

[50] [Vgl. Martin Heidegger: Die Grundprobleme der Phänomenologie. Marburger Vorlesung Sommersemester 1927. Gesamtausgabe Band 24, S. 252–320. Die in der Handschrift genannten Seitenzahlen beziehen sich auf das Vorlesungsmanuskript. Siehe dazu das Nachwort des Herausgebers, S. 748 f.]

[51] [Vgl. Martin Heidegger: Die Grundbegriffe der Metaphysik. Welt – Endlichkeit – Einsamkeit. Freiburger Vorlesung Wintersemester 1929/30. Gesamtausgabe Band 29/30. Hrsg. von Friedrich-Wilhelm von Herrmann. Frankfurt a. M.: Vittorio Klostermann, 1983, ³2004, S. 435 ff. Die in der Handschrift genannten Seitenzahlen beziehen sich auf die maschinenschriftliche Abschrift der stenographischen Vorlesungsmitschrift von Simon Moser.]

[52] [Vgl. Martin Heidegger: Einführung in die Metaphysik. Freiburger Vorlesung Sommersemester 1935. Gesamtausgabe Band 40, S. 56 ff.]

[53] [Vgl. Julius Stenzel: Über den Einfluß der griechischen Sprache auf die philosophische Begriffsbildung. In: Neue Jahrbücher für das klassische Altertum, Geschichte und deutsche Literatur 24, 1921, S. 152–164, hier S. 161.]

[54] [Aristotelis Physica. Recensuit Carolus Prantl. Lipsiae, in aedibus B. G. Teubneri, 1879, Θ 1, 252 a 13 sq.]

bringen); sammeln → Zerstreutheit des Mannigfaltigen, *Welt* – Transzendenz.
  Einsammeln: 1. auf Eines, Ganzes zusammenbringen,
  2. und dabei dieses sich zu-gänglich machen.
Daher in λόγος qua Rede:
  σύνθεσις, | ὄν – ἕν | ἀληθεύειν
  ἀποφαίνεσθαι
λόγος: die Rede, das Sammelnde *in Worten.*
Sprache als das eigentümliche sammelnde und gliedernde Tun.

25. Kopula

Das auseinanderhaltende Zusammenhalten!
  NB: aber *auch so äußerlich*!
  Das ›ist‹ entspringt aus dem Denken – *ens rationis*! Aber was heißt und ist Denken? Und wie kann aus ihm eine Weise des Seins entspringen? Warum muß das geschehen?

1. Der *transzendentale-existenziale* Ursprung des Denkens: ›dienend‹; *Endlichkeit*; Verstehen als geworfenes; das ›als‹: *Gliedern* einer Einheit und daher in sich ›Verbinden‹.
   Warum aber *Gliedern*? Woher Einheit? ἕν und ὄν!
2. Inwiefern hierin ein Sein-lassen?
3. *In welcher Weise?*
4. Warum – durchgängig – durch alles Verhalten?

NB zu 2: Wie hängt das kopulative Sein mit dem *Wahrsein* zusammen?
  D. h. aber 1a: Inwiefern *Sein Wahrsein? Sein und Wahrheit.*
  Das Da-sein als Ursprungsdimension der ganzen Problematik!

II. *Aussage, ›Logik‹, Denken – Seyn, Wahrheit, Kopula* 147

26. Kopula

Das ›ist‹ spricht nicht nur aus die Subjekt-Prädikat-*Verbindung*, sondern
1. spricht *an* das Seiende selbst – συγκείμενον, Mitanwesenheit,
2. spricht her *aus der ganzen Transzendenz*.

27. ›ist‹

»Die Vorlesung ist zweistündig.«
»Das Gebirge ist verhängt.«
»Es ist genug.«
»Gott ist tot.«
»Es ist kalt; es schneit.«

28. [Endlichkeit]

Vgl. alles über Endlichkeit und *Endlichkeit der Erkenntnis*.

29. ›Logik‹

λόγος *als Kundschaft.*
Vgl. S.S. 1931, S. 1a und besonders S. 23 und 27 ff.[55]
Kunde – etwas *als* etwas, aber nicht erst theoretisch, vgl. W.S. 29/30.[56]
λόγος *Verhältnis* und Sein.

---

[55] [Vgl. Martin Heidegger: Aristoteles, Metaphysik Θ 1–3. Freiburger Vorlesung Sommersemester 1931. Gesamtausgabe Band 33, S. 5 ff., 121 ff., 136 ff. Die in der Aufzeichnung angegebenen Seiten beziehen sich auf das Vorlesungsmanuskript.]
[56] [Vgl. Martin Heidegger: Die Grundbegriffe der Metaphysik. Welt – Endlichkeit – Einsamkeit. Freiburger Vorlesung Wintersemester 1929/30. Gesamtausgabe Band 29/30, S. 416 ff.]

›Logik‹ – ›der Wahrheit‹.
Kants Begriff gerade traditionell.
›Logik‹ ist nichts anderes als Philos[ophieren] vom *Wesen der Wahrheit*, d. h. [es gibt] nicht eine besondere *Logik der Wahrheit*.
Aber Wahrheit eben zugleich vom rechtverstandenen λόγος her: Wahrheit und Sein.

30. Endlichkeit des Daseins und das ›ist‹

Die Angewiesenheit auf Gebung, Anschauung des Seienden und anschauende Auslegung als Bestimmung.

Das ›ist‹ als copulatives nicht einfach nur der satzmäßige Ausdruck des Seins, sondern die *herrschende* Weise des in sich endlichen ›*Seins*‹.

Genauer: daß Sein in das ›ist‹, dem ›ist‹ verfällt, ist Endlichkeit.

Aber gerade deshalb muß im ›ist‹ primär das darin *verfallende* Sein gesucht werden, aber nicht als ein herabgefallenes – an sich höheres –, sondern als zuvor schon und immer schon *endliches*, nur in seiner innersten Endlichkeit gegenüber der veräußerten.

Das aber nicht von ›Sein‹ allein her, sondern Sein und Wahrheit (Wahr-sein).

31. Das ›ist‹ (nicht)

Daß alles Seiende im ›ist‹ und dergleichen ausgesagt werden kann und muß, sagt nicht, diese Universalität des ›ist‹ bedeute *das Sein* und das Sein müßte vom ›ist‹ her und als ›ist‹ (λόγος: Prädikat) *ontologisches* Problem werden, sondern diese formale Universalität des ›ist‹ deutet gerade umgekehrt auf eine Ursprünglichkeit des Seins, davon jenes *nur Aussage* bleibt.

Warum ist ›Aus-sage‹ *nur* Aussage? ›Bloß‹ etwas Nachträgliches?

Weil ›gleichmachend‹; diese Gleichmacherei verwirrt etwas Unterschiedliches, Ursprüngliches, das es einebnete.

II. Aussage, ›Logik‹, Denken – Seyn, Wahrheit, Kopula 149

Das ›ist‹ das, als was sich Sein veräußern kann und in gewissen Grenzen muß.
Dasselbe gilt vom ›nein‹ und ›nicht‹ der *Aussage*.
Vgl. Hegel über die Copula.

32. *›Kopula‹ bei Hegel*[57]

Vgl. »Logik« (Lasson II, [S.] 269 ff.).[58]

33. *Das ›ist‹*

nicht als Kopula, d. h. im fest vorhandenen und als solchen schon geteilten Satz!
  Sondern als *aussprechend* und deshalb im vorhinein und nur hineinsprechend in das Seiende – gerade als zugehörig zum *Seinlassen*, das alles andere ist als das festlegende, stillstellende ›*Besiegeln*‹.
  Und schon gar nicht als das diktatorische »Es ist so und damit *basta*!«.
  Aber selbst dieses ›ist‹ hat nicht die Bedeutung, die ihm M. [?], unklar genug, aus der dogmatisch festgehaltenen Logik *zuweist*.

34. *[Das ›es gibt‹]*

Das ›*es* gibt‹ und das ›*es* ist‹.
  Es gibt Sein.
  Aber Sein ›ist‹ nicht – nur Seiendes.
  Wohl aber ›ist‹ dieses ›*es gibt*‹.

---

[57] [Die vorliegende Aufzeichnung wurde vom Herausgeber dem Konvolut »Kopula« beigefügt. Siehe dazu das Nachwort des Herausgebers, S. 748 f.]
[58] [Vgl. Georg Wilhelm Friedrich Hegel: Wissenschaft der Logik. Zweiter Teil. Hrsg. von Georg Lasson (= Sämtliche Werke, Band IV). Leipzig: Felix Meiner, 1923, S. 269 ff.]

C. UMBILDUNG DER WESENSCHARAKTERISTIK DER AUSSAGE UND AUSSAGEWAHRHEIT[59]

1. *Verstand*

vom Denken her – als Überlegen – und nicht vom Verstehen.

2. *Entscheidend an der Mißherrschaft des λόγος*

A.[60] Nicht, daß [dieser] überhaupt mit Seyn zu schaffen [hat]! Dieses wesentlich, sogar ursprünglich zugleich *Dichten!* – Sagen.
Aussage ursprünglicher in ihre Wahrheit setzen, nicht aus dem *Logischen* her, sondern aus dem Dichterischen.
Sondern: I. daß das ›ist‹ der Aussage – von sich aus (Gewißheit) Geltung – das Seyn des [Seienden] beherrscht und *zum Gegenstand versteift.*
Der Gegenstand als Objekt gerade *nicht* griechisch als In-sich-stehen, [das] waltend [ist] und so *Seynsgeschehnis* ermächtigt (!) und den Menschen *trägt* und *aussetzt,* sondern umgekehrt: das Gegen-stehen-lassen *von Gnaden* des Menschen – *Sorge der Gewißheit.*
II. Das Aussagen – Ausspruch – *Widerspruch* – Satz vom Widerspruch.

---

[59] [Überschrift auf dem Blatt, das Heidegger den im Folgenden vom Herausgeber von 1 bis 13 durchgezählten Aufzeichnungen vorgelegt hat.]

[60] [Ein »A« findet sich auch mit Bleistift in der oberen rechten Ecke des Blattes notiert. Eine Fortsetzung mit »B« gibt es jedoch nicht.]

II. *Aussage, ›Logik‹, Denken – Seyn, Wahrheit, Kopula* 151

3. Dichten (Sagen) Denken

nicht Herrschaft des Logischen,
aber Vormacht des λόγος als des *stiftenden* Wortes
und von da:
die echte *Macht des Denkens.*

4. λόγος ἀποφαντικός

[Zum] ›ist‹ vgl. S. 3.[61]

ἀληθεύειν – ψεύδεσθαι

Woher der Spielraum
Woher die Möglichkeit ⟩ des Entbergens und Verbergens.

›Wo‹ geschieht da bereits *Aussagen?*
   Zweideutigkeit: 1. Heraussagen, mitteilen,
                     2. vom *Subjekt her,* von ihm *aus*
                        über es sagen, mitteilen.
⟶ *(Aus-sagen als ›Sagen‹ – Dasein)*

λόγος – φωνὴ σημαντική:[62] vermag zu verstehen [zu] geben, anderes in einem Hinzeigen beizustellen – *bedeutend* (d. h. Seiendes!).
   Übereinkommen des ›Vorstellens‹ mit dem Gezeigten und *dessen Gefüge,* aber nicht vom Subjekt her, sondern Subjekt durch diese Übereinkunft – Über-ein-kunft – wesenhaft gründen!

---

[61] [Diese Angabe bezieht sich auf die dritte und letzte Seite der vorliegenden Aufzeichnung. Siehe unten S. 152 ab »1. Die ungehobene […]«.]
[62] [Aristotelis Organon Graece. Edidit Theodorus Waitz. Pars prior. Lipsiae, sumtibus Hahnii, 1844, De interpr. 4, 16 b 26: Λόγος δέ ἐστι φωνὴ σημαντική.]

Verweisungszusammenhang – einheitlich durch *Vor- und Übergriff* im *Ursprung.*
Freiheit – der Bindung an das Zusammengehörige.
(Was gehört zusammen: Wort und Sache oder Sache mit Sache?)
συνθήκη der σύμβολα: *Gefüge* – inwiefern hier σημαίνειν (!) entspringt.
Die Heraus- und Zu-sammen-setzung – *Über-ein-kunft und Versprechen!*
Hier die Möglichkeit der Vorschiebung: Vor-schieben *vor* ein anderes *als* ein anderes, als es ist.

Davor-drehen: Verdrehung – oder Nicht-Verdrehen, -Verstellen, -Verbergen, d. h. Entbergen.

Über-ein-kunft als Vorhabe von Einheit und Auseinander, vgl. [Aristoteles,] De an. Γ 6, 430 a 27.
Vorhabe – eröffnende – das ›als‹ – *etwas als!*
Das ›als‹: die *›Möglichkeit‹* selbst, ›was‹, das ›so oder so‹.
Das ›als‹: *die Zerklüftung.*
Wie im ›als‹ *das Grundgeschehnis!* (Wie dieses in Bezug auf Eröffnung des ›als‹ und seiner *Macht.*)

Das ›als‹ und die Weg-stellung des Andrängenden im Sinne des Gegen-standes, besser des *An-wesenden.*
Anwesenheit rückt vor!!

[Das] ›ist‹ als σύνθεσίς τις, respectus logicus, Hin- und Her-*sicht* des Aussagens (Denkens).

1. Die ungehobene, beliebig betonte Mehrfältigkeit des ›ist‹.
2. Die Aussage im Entweder-oder und Sowohl-als-auch.
   Je entschieden *eine* Möglichkeit.
   Dieses aber in einem einzigartigen Sinn des *freien Sagens!*
   Dieses *in sich* ist Möglichkeit zu
            Wahr oder Falsch —— Bejahung – Verneinung,
                                Zu- und *Ab*-sprechen.

II. Aussage, ›Logik‹, Denken – Seyn, Wahrheit, Kopula 153

Frei für – offen zu!
Genauer eine Grundart des Zugangs, des *Sichberatens*!?
Nicht auch *Prägung* des Seyns *und Sicherung* der Wahrheit.
Bleibt das ›ist‹ nur Ausspruch, Ausdruck, Mitteilung, Wieder- und Weitergabe des ›Seyns‹: woher dann die *sprachliche Fügung*?
Wenn die Sprache *ursprünglicher* ist als nur ›Ausdruck‹, dann auch *Aussage wesentlicher*!
Aussage *und Versteifung*!

5. Die bisher geübte Herabsetzung der Aussage zugunsten der ›Anschauung‹ liegt schief

Was darin Wahres:
1. daß sie in ursprünglicherer Wahrheit gründet;
2. das besagt aber nicht, sie – die Aussage – sei nur Mitteilung, Ausdruck.

Was unwahr:
1. eben die Veräußerung zu Ausdruck – Wesen der Sprache auch in Aussage;
2. Aussage zwar herkünftig, aber doch eigenen Amtes;
3. zugleich aber Grenze und Gefahr: die Versteifung und das Sich- -allem-Vordrängen – λόγος – κατηγορία.

Wandel der früheren Auffassung: vom Wesen der Sprache und Welt her! *Aus-sagen als Sagen! Dasein!* Damit Gegner nicht ins Recht gesetzt! Im Gegenteil! Aber bei ihm ein Wahres im Widerstand, das selbst unwahr wird durch Übersteigerung!

6. Aussage-wahrheit

Ist die Aussage nur ein Auseinanderlegen, ein bloßes Wiedergeben, nur eben entfaltet?
Oder ist dieses *Auseinandergelegtsein* etwas Neues?
Nicht nur dieses, sondern solches, was zur ursprünglich verborgenen Offenbarkeit gehört, diese ausbildet, nicht nachträglich und zufällig, sondern: diese *Offenbarkeit muß* ausgebildet werden, und die notwendige Weise dafür ist die Aussage.
Durchschritte! Wahrheit: Entborgenheit – Richtigkeit – Ausgewiesenheit – Gewißheit.
Sonach: zwar den Vorrang der vor-logischen Offenbarkeit festhalten, ja von Weltbegriff her und Seinsverständnis noch wesentlich steigern, aber andererseits die Aussage nicht als zufällig angefügte Form der ›Auffassung‹.
Vielmehr: *Aus*legung ist nur das *Fort- und Aus*wirken (wohin?)[63] des *Offenen.*
Aber dann wohl auch die Aussagestruktur ganz anders fassen als die übliche ›Grammatik‹ und ›Logik‹ –
von *subjectum* und *praedicatum.*
\\Copula//
Ausgehen von W.S. 29/30, S. 665 und früher,[64] wo als Vermögen in Möglichkeiten des Entweder-oder, Sowohl-als-auch. Was sagt dieses Hineinragen in solches Spielfeld?
Die Aussage: die in sich notwendige Wahrheitsausbildung der Insistenz, die selbst notwendig ist, so daß die Existenz nicht *ohne* sie sein kann. *Aussage und Geworfenheit.*
Die Aussage positiver und einheitlicher, ursprünglicher nehmen.

---

[63] [In der Handschrift von Heidegger nachträglich mit Bleistift ergänzt.]
[64] [Vgl. Martin Heidegger: Die Grundbegriffe der Metaphysik. Welt – Endlichkeit – Einsamkeit. Freiburger Vorlesung Wintersemester 1929/30. Gesamtausgabe Band 29/30, S. 489. Die Angabe in der Aufzeichnung bezieht sich auf die Seite 665 der maschinenschriftlichen Abschrift der stenographischen Mitschrift der Vorlesung von Simon Moser.]

II. Aussage, ›Logik‹, Denken – Seyn, Wahrheit, Kopula 155

Die frühere Theorie noch zu stark auf *Phänomenologie* der *Anschauung* und der *Setzung*!!!

Denn es bleibt zu beachten: die Aussage, gesagt und mitgeteilt, wiederholt, ist und wird ja nicht ein vorhandenes, weggestelltes Ding, sondern bleibt in der *existenzialen* Verfassung. Vgl. *Sprache*. Die Aussage verbleibt im ›Zwischen‹ der Entrückung unterwegs und nicht eine *Weltverfestigung*. Vgl. das *Wort, das ich gegeben*!!

7. λόγος

Aus-sage: zur Sprache bringen (im wesentlichen Sinne!).

Aber die *Sprache selbst*! Sie gerade seynsstiftend.

Aber das ›ist‹!

Hinter aller Mehrfältigkeit noch der Ursprung (Aristoteles – Leibniz – Kant – Hegel – N[ietzsche]).

Wenn nicht nur wiedergebend, aufweisend, sondern Seyn mit erwirkend – worin dann sein Maß und [seine] Regel?

Erst recht *Welt*.

8. Aussagen – Seiendes setzen

Irgendwo hin-bringen?

Setzen: auf sich beruhen machen und lassen – nicht so sehr oder vielmehr gar nicht mit dem Seienden hantierend sich [zu] schaffen machen, sondern: *es* gerade ab-setzen gegen dergleichen – besser: es als *abgesetzt* auf sich beruhend machen.

Absetzen – gegen sich, den Setzenden.

Welches der Grundcharakter des ›Setzens‹?

Im ›Ab‹ – gegen – liegt das Veritative – das spielt sich ab *in Offenbarkeit* (Verhalten!).

Also eine Weise der Ausbildung und Sicherung und Besitz-

nahme, Aneignung der Wahrheit – wodurch diese eine ganz bestimmte Gestalt bekommt *(Gesagtheit – Gemeintheit)*.
In gewisser Weise *das Seiende in die Wahrheit ver̲setzen*.
Dieses ›in der Wahrheit‹ aber gewährt gerade das Seiende *als solches* – nicht und nie absolut, aber ebenso wenig jeweils nur als *bloßer Schein*.
Hier weniger das Seiende versetzt, als die Wahrheit *darüber-* und dazugebracht.

9. *Aussage – Urteil – Denken – Verstand*

Was ist das für ein Phänomen? Wie kommt es zu dieser betonten Rolle – gar als einfache κατάφασις? Warum [hat] dieses den Schein des Einfachsten und Nächstliegenden (etwas als etwas)?

Wie zu verstehen? Geschichtlich, d. h. aus Wesen der Sprache, d. h. zugleich aus Wesen des Seins und dem ›natürlichen‹ Anfang des Seinsverständnisses?

Wo ist das *wesentliche* Wesen desselben zu suchen? D. h. in welchen vorgrifflichen Zusammenhang zu setzen? Wahrheit – Sein. Dann aber nicht von ›Quantität‹, aber auch nicht von ›Qualität‹ her ursprünglich zu fassen.

Ebenso wenig hilft zunächst die Scheidung von *Akt und Inhalt*. Die ganze Fragwürdigkeit der *Kritik des Psychologismus!* Vgl. *Logikvorlesung 25/6*.[65]

Verstand nur vom Verstehen und dessen Wesen aus.
 Aber wie Verstand und Urteil,
  Urteil und Aussage?

---

[65] [Vgl. Martin Heidegger: Logik. Die Frage nach der Wahrheit. Marburger Vorlesung Wintersemester 1925/26. Gesamtausgabe Band 21, S. 34 ff.]

10. [Das Wesen des Nichts]

Das *Wesen des Nichts* im *Abbau des gestimmten eigentlichen und ureigenen* >als<.

11. [Urteil]

Urteil: Setzung der Copula: ist – Seiend.
    Also: das >ich verbinde – einige<.
    Also: Hinblicknahme auf Einheit.
    Also: von ἕν her verstehen und nehmen und aneignen und mitteilen.
    ἕν aber Sein!
    Inwiefern und warum – mit welchem Recht?

12. Denken

1. Verallgemeinern – Abstrahieren,
2. Bejahen – Verneinen – Entgegensetzen.

13. Aussagetheorie in »Sein und Zeit«[66]

rein analytisch, d. h. die Aussage wesenhaft auseinanderlegend – und auch nur in diesem Sinne *verbindend*?
    Auslegen – Auslage des Inneren!?
    Aber doch auf Entwurf bezogen, nicht etwa nur auf eine Gesamtvorstellung: z. B. >schwarze Tafel< – dieses auseinandergelegt: »Die Tafel ist schwarz.«
    Dieses Analytische nur *erläuternd*!

---

[66] [Vgl. Martin Heidegger: Sein und Zeit. Gesamtausgabe Band 2, S. 204 ff.]

D. WAHRHEIT UND SAGEN – AUS-SAGEN – AUS-LEGUNG[67]

1. Kritische Übergangsfrage[68]

Warum Wahrheit im Charakter der Aussage?
Weil Aussage selbst abkünftig, und zwar aus etwas, was ursprünglich Wahrheit ist.

2. Wahrheit – Auslegung

Je In-Besitz-nahme, Besitzen –
Entbehren von etwas,
Verwandtschaft dazu haben,
verhaftet demselben.

3. Die Auslegung und Wahrheit (Sprache)

Inwiefern gehört sie zur Wahrheit?
Nur als Aneignungweise? Warum aber Aneignung des Offenbaren? Weil *so* erst in den leitenden Ausblick gestellt, eigens aus diesem und für diesen genommen.

Sofern aber dieses Ausblickhafte zu jeder Offenbarkeit, gehört zu dieser die Auslegung. Weil je ausblickhaft (*endlich* – das *Gegebenwerden je* perspektivisch), deshalb das *Offenbare als jeweiliges* eigens ›zuzueignen‹. *Nicht einfaches beliebiges Verloren- und Gezwungensein an das, was sich zeigt, sondern dieses als solches schon gerade ausblickhaft und dabei sich verborgen.* Das Offenbar-

---

[67] [Überschrift auf dem Blatt, das Heidegger den im Folgenden vom Herausgeber von 1 bis 4 durchgezählten Aufzeichnungen vorgelegt hat. Darunter notiert:] vgl. »Sprache« [Siehe unten den Abschnitt 3.]
[68] [Rechts neben der Überschrift die Notiz:] Di[enstag] [?].

II. Aussage, ›Logik‹, Denken – Seyn, Wahrheit, Kopula 159

haben von Vorhandenem steht selbst schon in Offenbarkeit, ohne daß sie zugeeignet wird.

(Das sagt aber etwas ganz anderes als die These: Wahrheit liegt im Urteil.)

Konstruktion der *Notwendigkeit* der Auslegung-Aussage aus Geworfenheit und ›Da‹ überhaupt – nicht notwendig, aber naheliegend und fast zwangsläufig das Verfallen an äußerlich gesehenen λόγος, intellectus (Thomas [von] Aquin).

Auslegung und Sprache.

Sprache nicht einfach Ausdrucks- und Mitteilungsmittel, sondern die ›*Auslegung*‹ des In-der-Welt-seins als solchen. Was meint hier *Auslegung*? Muß da nicht die *Leiblichkeit* und Geworfenheit als metaphysische Notwendigkeit der Sprache begriffen werden?

Zu-eignung von Offenbarkeit: ist sie wesenhaft *eigene*, d. h. in Besitz zu nehmende, d. h. gehabte, angeeignete, aber nicht zugeeignete?

Rück-kehr (exulis reditus) als *Um-kehr und* ›*Ab*‹-kehr auf *Selbst*, d. h. zu *In-der-Welt-sein als solchem*, wobei doch zugewendet, u. a. propensio ad rem, aber [sich] nicht daran kehren.

Offenbarkeit, Unverborgenheit und ›Befangenheit‹, *Hingenommenheit* (Geworfenheit). Warum *gehören* sie zur Offenbarkeit? Weil Geworfenheit und Verfallen zum Da-sein! *Offenbar – liegt bereit* – es ist gar keine Wahl und doch wieder gerade sie notwendig.

Aber durch eigentliche Einsetzung der Auslegung in das Wesen der Wahrheit wird an der Offenbarkeit, Unverborgenheit nichts gemindert, im Gegenteil: jetzt erst sichtbar, wie und daß sie das Primäre ist – *sie* gerade macht all das, *Auslegung* und *Aussage*, notwendig.

An-eignung und Zu-eignung.

An-eignung geschieht ständig und notwendig, auch im verlorenen und so verborgen geborgenen Da-sein.

Zu-eignung und ›*Über-ein-stimmung*‹!

D. h. Ein-stimmung, *Ab-stimmung* – das Ganze des Ausblicks und dessen, was sich in ihm zeigt und gerade so.
NB: In die ganze vorstehende Überlegung das Seinsproblem einbauen. Seinsgeschehnis und Verstehen – Aneignung.

4. *Wahrheit – Wahrheit-Sagen – Aussagen*

Ist das Sagen (Her-sagen, Sichsagen) nur ein Mitteilen des Verstandenen, Erkannten, Wahren? Oder gehört es zur Wahrheit selbst? – Auslegung.

Wahrheit: kenntlich machen durch Un-verborgenheit – Bezug auf Verborgenheit.
Beide sind gleichaltrig. Was heißt das? Wo jene, da diese, und diese erst, wenn jene. Warum das?

Wie hoch ihr Alter? Seit der Mensch ›existiert‹, seitdem Wahrheit *als Wahrheit*, seitdem der Mensch in ihrer Macht und der Mensch selbst ihrer mächtig; nicht schon, seit es Menschen gibt. Wissen wir davon etwas?

Mit der Existenz das Nicht und das Nein, weil mit ihr die erste *Zwietracht*.

Und wie hängt damit die Wahrheit zusammen? Welches ist die erste Gesetzgebung über das Wahre?

Wie steht es also mit dem Sagen? Das muß kein Aussprechen sein.

Oder doch? Ist es erst Wahrheit (d.h. Menschliches), wenn *gesagt* und damit geprägt?

E. SEIN UND DENKEN.
URTEIL ALS FUNKTION DER EINHEIT, ›VERBINDUNG‹ (SUBJEKT – PRÄDIKAT), SYNTHESIS[69]

1. ›Einheit und Denken‹ – ›als‹.
Erkennen – Verstehen – Entwurf

Ent-werfen: 1. ›*Gestalt*‹ sich vor-bringen,
              2. aber in eins damit: dieses Ent-werfen sich nicht ver-werfen lassen, auch nicht ›stehen‹ lassen, sondern *durch-setzen*, [vgl.] Nietzsche, Wille zur Macht, n. 499.[70]

Sonst: Denken = *Einordnen* – d. h. es gibt Material und Form – neues Material in alte Form. Da Ein-ordnen als Gleichmachen – im vorhinein gleichgemacht – Vereinheitlichen – ›Einheit‹ in diesem.

Be-greifen, Vergleichen – auf Bekanntes zurückführen: Furcht vor dem Unbekannten, Un-gewohnten, Nicht-Alten –, Gleichsetzen, Gleich-machen.

Das Gleiche, Eine und Selbe, ἕν.

Sein – [das] ›Beständige‹: etwas *als* gleich, *als* verschieden!

Das ›als‹.

2. *Verstand – Denken*

als identifizierendes, gleich- und selbigsetzendes Be-stimmen.

Verstand und Seinsgeschehnis.

Verstand und Seinsverständnis.

---

[69] [Überschrift auf dem Blatt, das Heidegger den im Folgenden vom Herausgeber von 1 bis 9 durchgezählten Aufzeichnungen vorgelegt hat.]

[70] [Friedrich Nietzsche: Der Wille zur Macht, n. 499: »›Denken‹ [...] ist *Gestalten-Durchsetzen*«.]

Verstand und Ver-gegenständlichung.
Gegenständlichkeit und Sein.
Verstand und sogenannte *tierische Intelligenz*: was bei dieser das Entsprechende und doch ganz Andere — weil kein Seinsverständnis.

3. Gegenständliche Wahrheit

Offenbarkeit von *Gegenstehendem als solchem*.
Ist jede wissenschaftliche Wahrheit gegenständliche?
Was heißt wissenschaftlich?

4. Wahr und Für-wahr-halten.
›Ja‹ *(Nietzsche, Wille zur Macht, [n.] 506)*

Was heißt Für-wahr-halten? Was heißt da ›wahr‹?
Das Halten-für — was als *das* Wahre gilt.
Ist das *Für-wahr-halten* nicht ein Vorgeschehen? Wobei ›Wahrheit‹ als solche verstehen noch früher oder gleich früh ist.
Für-wahr-halten als »Ja-sagen« (Nietzsche)[71] — das ist äußerlich ›logisch‹:
›Ja‹ — es *sei* so, wie es *ist*, wie es *sich gehört*.
›Ja‹ — es *ist* so, wie es *sei*.
Was heißt also: ›*Ja*‹ — ›Nein‹?

---

[71] [Friedrich Nietzsche: Der Wille zur Macht, n. 506: »eine Art Ja-sagen *erste* intellektuelle Tätigkeit! Ein ›Für-wahr-halten‹ im Anfange!«]

II. Aussage, ›Logik‹, Denken – Seyn, Wahrheit, Kopula

5. Ja und Nein

als *zu*-stimmendes: »Es ist so!«
als *antwortendes*: »Ist x gekommen?«
als *erlaubendes* – *verbietendes*
als *bekräftigendes* – aufrüttelndes: »*Ja*, machen wir's!«

Ist darin etwas Gemeinsames? Besser: *Ent-sprechendes*?
Ja, als das ›Nicht-hemmen‹ (das Da-sein).
Das Zugeben und *Bewendenlassen*!

6. Die Endlichkeit des Daseins und der Begriff

Ist der *Begriff* immer *nehmender Ausgriff*?
Oder willkürliche, zufällige, gewagte Erfindung?
Vgl. Kant, Kritik der reinen Vernunft, A 727, über Definition.
Über-griff!

7. Sein und Denken – Wahrheit

›Ohne Seiendes ist kein Denkendes und Denken.‹
›Ohne Denken kein ›Sein‹ (Sein = Gedachtheit).‹
Beide Sätze auf ihren echten Gehalt zurückführen und das ganze Problem neu stellen, in dem Sinne, daß gezeigt wird: wir dürfen gar nicht von dem ›einen‹ oder ›anderen‹ ausgehen, weil *beide* (das eine – Seiendes – und das andere – Denken), vereinzelt, dem Problem nicht genügen können.

8. ›Urteil‹ – ›Aussage‹

Wo steht das ursprünglich *transzendental*, was wir so nennen: ›zunächst‹? Formal logisch isolieren, um dann das übrige (Wahrheit) *hinzu* zu bringen. Vgl. auch *Kant*! Dingbezug Regel: $a = b. x$.
Vgl. »Sein und Zeit«: Rede – Aussage – ›Transzendenz‹.[72]

9. Einheit und Urteil – Endlichkeit des Denkens

Urteile nach Kant »Funktionen der Einheit«.[73]
Aber die Einheit kommt nicht durch das Denken in unsere Vorstellungen; sie ist nicht ursprünglich ›logisch‹; sondern *umgekehrt*, das Denken muß in seiner Weise ›einigend‹ sein, weil es in Dienststellung zur Anschauung, genauer: durch diese hindurch *zur Transzendenz steht*. Warum Kant die Transzendenz schließlich auf das logische ›ich denke‹ verengt!

Und warum ist *die* durch Einheit bestimmt? Offenbarkeit des Seins (ὄν und ἕν), Einheit der Zeitlichkeit?

Aufhellung des Ursprungs der Einheitsfunktion
des Urteils aus Transzendenz[74]

Einheitsfunktion ≠ Synthesis, sondern synthetisch-diairetisch *in einem*.[75] Jene Ursprungserhellung muß daher auch diese ursprüngliche Gespaltenheit des λόγος ›ableiten‹ und so die ganze Endlichkeit des Denkens dartun.[76] Damit ist freilich nicht gesagt,

---

[72] [Vgl. Martin Heidegger: Sein und Zeit. Gesamtausgabe Band 2, S. 204 ff., 463 ff.]

[73] [Immanuel Kant: Kritik der reinen Vernunft. Nach der ersten und zweiten Original-Ausgabe neu hrsg. von Raymund Schmidt. Leipzig: Felix Meiner, 1926, A 69, B 94. Randbemerkung:] ›Einheit‹ selbst wie zu ›Sein‹? vgl. ἕν und seine *Vieldeutigkeit*

[74] [Randbemerkung:] ›als‹

[75] [Randbemerkung:] Einheit *und* Sein

[76] [Randbemerkung:] ›Sein‹ und Einbildungs*kraft*

II. Aussage, ›Logik‹, Denken – Seyn, Wahrheit, Kopula   165

daß das Denken nichts leistete oder gar entbehrlich wäre; gerade die *Unentbehrlichkeit* dieses Endlichen erhöht seine Endlichkeit.

In der Einschätzung des Denkens hängt alles daran, woraufhin man Erkenntnis überhaupt und *wissenschaftliche* im besonderen orientiert.[77] Nimmt man Wissenschaft als eine Ansammlung von Aussagen, die in ›wissenschaftlichen Werken‹ vorhanden sind und in Buchläden und Bibliotheken herumstehen, dann *kann* man allerdings darauf verfallen, in der Ausgesprochenheit und Mitteilbarkeit das primäre Charakteristikum der Aussage zu sehen, und alles übrige als beiläufig beiseite schieben (dazu die Vorstellung des *Geltens!*) bzw., so man es braucht, je nach Bedarf anstücken, ohne sich je um die Dimensionalität des Zusammenhangs und seiner Reichweiten zu kümmern. Vgl. das S.S. 27 über Kopula.[78]

---

[77] [Randbemerkung:] Nietzsches Deutung, Gleichmachen, ☐ Sein [Es ist nicht klar, auf welches Manuskript Heidegger sich hier bezieht.]
[78] [Vgl. Martin Heidegger: Die Grundprobleme der Phänomenologie. Freiburger Vorlesung Sommersemester 1927. Gesamtausgabe Band 24, S. 252–320.]

F. ›LOGIK‹[79]

1. *Logik*

aus der Not des Wissens
›Ausspruch‹? ———| Spruch
(Mit-teilung)   (Widerspruch)
Auslegung der Wahrheit
›sagende‹
etwas *›sagen‹ können*
Sprache – Schweigen – Entschlossenheit
in sich *Mit-teilung des Seienden* aus der Existenz
Ermächtigung des Begriffs – Inbegriffe
Stimmung – Fragwürdigkeit – Ex[istenz] – Z[eitlichkeit]!
Grund und Gewißheit – Begriff und *Klarheit* – ›*Modalität*‹

2. *Wissen und Logik*

Kann die *Wissensergreifung* durch größtmöglichste Bewußtheit – ›Logik‹ – erzielt werden? Oder kommen die neuen Wissenden und die Wissensform Schaffenden gerade nicht aus dieser ›Welt‹?

Oder schafft gerade die *Logik* als Gegenhaltung den Drang zu Wissen an dem neuen Tag? So ist es.

Nicht die ›Logik‹ als solche der Ursprungsort und das herstellende Werkzeug,

    sondern 1. der erweckende und ›stellende‹ Widersacher,

        2. zugleich die neue Ausnahmestellung einer neuen wachsenden Begrifflichkeit für das Unbegriffene.

---

[79] [Überschrift auf dem Blatt, das Heidegger den im Folgenden vom Herausgeber von 1 bis 12 durchgezählten Aufzeichnungen vorgelegt hat. Unter der Überschrift die Notiz:] vgl. über ›Copula‹ [siehe oben die Teile A und B] vgl. über ›Aussage‹ [siehe oben die Teile C bis E].

3. ›Logik‹

nach der herrschenden Meinung eine Sache der Schulphilosophie und der Absicht auf Abrichtung im Denken; die Besinnung auf dieses erweckte die gemeine Hoffnung auf Ausnutzung desselben als Werkzeug — Verbesserung und dergleichen.

Damit aber die Besinnung auf den λόγος entwurzelt; nicht in ihren Antrieben und Zielen mehr begriffen.

Logik als Besinnung auf den λόγος qua Aussage, Satz, Urteil und all das, was sich diesem Ansatz gemäß daranhängt, zurücknehmen auf den eigentlichen philosophischen Antrieb: ὄν, εἶναι, ἔστιν — ὄν λεγόμενον — τί ἐστιν, ὁρισμός.

λόγος: das Gesagt- und Geredetsein; die vorhandene Wahrheit.

λόγος: das Gesetz; die *Einheit* der Sammlung, des Zusammenlesens.

Das Grundproblem ist das der *Wahrheit*, und zwar bezogen auf ὄν ᾗ ὄν.

Wahrheit aber = Transzendenz — nicht Satz-Wahrheit.

Grundproblem der destruierten ›Logik‹ die Wahrheit, d. h. aber auch nicht: *Logik = Erkenntnistheorie*, denn Wahrheit ursprünglicher als Erkenntnis und gar als die theoretisch-wissenschaftliche.

1. ›Logik‹ verschwindet so in ihrer überlieferten Form, die überhaupt nicht ursprünglich entsprang und daher auch nicht aufgebessert werden kann durch ›transzendentale Logik‹ und dergleichen — so nur *Konstitution*, und zwar *Bewußtseins*konstitution für etwas Entwurzelt-Festgefahrenes, und dabei ohne Verständnis der Transzendenz.
2. Logik verschwindet nicht nur in der überlieferten Form, sondern überhaupt. Aber gerade so kommt erst die Macht des Begriffs als Philosophieren zur Befreiung.

NB: *Ein* konkreter Weg der wirklichen Durchführung dieser Destruktion der ›Logik‹ die radikal angesetzte Auflösung des *Kopula-Problems*.

4. ›Logik‹

Was heißt das denn?
1. Name für eine Disziplin: Lehre von den Formen und Gesetzen des Denkens.
2. Die ›Logik‹ als *Norm*: regelnd jedes Denken auf Grund der in (1) festgestellten Formen und Gesetze.

Aber: 1. Was heißt ›Denken‹?
2. Wird das ›logisch‹ festgestellt?
3. Was heißt da Gesetz?
4. Wird dergleichen ›logisch‹ begründet?
5. Wird die ›Logik‹ (1) selbst logisch *bestimmt*, umgrenzt und begründet?
6. Wenn nicht: wie dann? Etwa transzendentale Logik?
7. Oder reicht gerade diese am wenigsten aus und überhaupt an die Frage? Da sie ja doch nur die ›konstitutive‹ Umwendung der schon festliegenden formalen Logik ist.
8. Wenn überhaupt ›die Logik‹ ein Mißverständnis wäre, gar nicht echtbürtig der Philosophie entwachsen?
9. Daß daher die Berufung auf sie (nach (1) sowohl wie (2)) eine Spiegelfechterei ist!
10. Die Bemühung um die ›Logik‹ überhaupt ein Irrweg!

5. ›Denken‹

»Ich *denke*, x wird heute kommen.« (Ich vermute, hoffe.)
»Ich *denke*, das läßt sich machen.« (Ich nehme an.)
»Ich *denke* mir ...« ([Ich] bilde mir ein.)
»Ich *denke* an ...« ([Ich] gedenke.)

II. *Aussage, ›Logik‹, Denken – Seyn, Wahrheit, Kopula*

6. Nachdenken und Denken (und Sprache)

(*Tätigkeit? Spontaneität?* Heißt?)

Jenes das Ursprünglichere.
Nach → *Meinen*, Vermuten, Einbilden,
 Wähnen – Wägen, Erwägen.
Vor-dringen, und zwar ›legend‹ – über-, auseinander-legend.
Ausweiten – Raum und Helle bilden.
Ursprünglicheres schon im *Wort*, auch im un-ausgesprochenen!
›Denken‹ auch schon ›Hin-merken‹, ›*Hin*-schauen‹.

Nach-denken verrät gerade die *Dienst-stellung*, aber dieser *Dienst bildet und leistet etwas.* Dazu ist er ja *Dienst*.

7. Denken – ›Logik‹

Etwas bedenken: überlegen (»Denke dir!«) – ›das Bedenken‹.
An etwas denken: nicht vergessen, behalten.
Sich etwas denken: einbilden, annehmen.
Bloß ›denken‹: nicht anschauen.

Was – zunächst ›erfahrungsmäßig‹ – hieraus an Selbigem zu entnehmen? Vor allem: wie und als was vorfindlich? Ein Vermögen? Eingebaut in ein Verhalten? Eine Weise desselben?

Über dem Versuch einer Umgrenzung nicht übersehen die Verwurzelung und Umgebung!

Die ›Intentionalität‹ des Denkens, Denken von etwas – was besagt das?

Denken als *Organ und Werkzeug* der Erfassung, als solches *zugerichtet* und in sich – nicht nur intentional, sondern im Wesen – bezogen auf ... Worauf denn? Das Seiende und das Sein.

Denken im Dienst des Seinsverständnisses.

Aber *nicht* abgeschnürt und auf eine Seite gestellt, sondern *Transzendenz*, *Überstieg*, Inbegriffe, vgl. oben.

Auch Überstieg unzureichend – immer noch vom Menschen her.
Formen des Denkens als Formen des Seins – über das ›ist‹-Sagen! (Hier ist alles gleich fraglich.)

8. W.S. 31[/32][80]

Sprache – λόγος
Negation
Kopula: »*Das Gebirge ist verhängt.*«
Impersonale: »Es regnet.« »Es schneit.«
Existenzurteil: [»Gott ist.«][81] »Es ist Nacht.« »Nacht ist es.«

Endlichkeit – Gestimmtheit
 Geworfenheit
  Dasein
   Sein

9. Fragen

1. nach dem ›ist‹ – λόγος,
2. nach dem ›Nicht‹ – Negation,
3. nach dem ›Wesen‹ – ›Begriff‹,
4. nach ›ist‹ qua Wirklichkeitsaussage,
5. nach ›es gibt‹.

---

[80] [Vgl. Martin Heidegger: Vom Wesen der Wahrheit. Zu Platons Höhlengleichnis und Theätet. Freiburger Vorlesung Wintersemester 1931/32. Gesamtausgabe Band 34. Hrsg. von Hermann Mörchen. Frankfurt a. M.: Vittorio Klostermann, 1988, ²1997, S. 280 ff.]

[81] [Das vom Herausgeber in eckige Klammern Gesetzte ist in der Handschrift durchgestrichen.]

II. Aussage, ›Logik‹, Denken – Seyn, Wahrheit, Kopula

10. Logik

Aussage: *Spruch* und dessen An-spruch als *Leitmaß* für alle Möglichkeit (Sein) gegen *Widerspruch*.
Vgl. Aristoteles, *Met. Γ*.

11. [Impersonalien]

Sigwart, Logik I: Impersonal[ien][82]
Marty: Subjektlose Sätze[83]
Steinthal
Cornelius!
Teichmüller: Sein – Nichts

12. [Wolff – Bergmann]

Christian Wolff: Copula.
»Logica«, § 201 ff.[84]
esse und praesens!

Bergmann:
1. »Hauptpunkte«,[85]
2. Metaphysikvorlesung.[86]

---

[82] [Vgl. Christoph Sigwart: Logik. Erster Band, S. 76 ff.]
[83] [Vgl. Anton Marty: Über subjektlose Sätze und das Verhältnis der Grammatik zu Logik und Psychologie. In: Ders.: Gesammelte Schriften. Hrsg. von Josef Eisenmeier, Alfred Kastil, Oskar Kraus. II. Band, 1. Abteilung: Schriften zur deskriptiven Psychologie und Sprachphilosophie. Halle a. S.: Max Niemeyer, 1918, S. 3–307.]
[84] [Vgl. Christian Wolff: Philosophia rationalis sive Logica. Editio tertia emendatior. Francofurti et Lipsiae: Officina Rengeriana, 1740, § 201 ff.]
[85] [Vgl. Julius Bergmann: Untersuchungen über Hauptpunkte der Philosophie. Marburg: N. G. Elwert'sche Verlagsbuchhandlung, 1900.]
[86] [Vgl. Julius Bergmann: Vorlesungen über Metaphysik mit besonderer Beziehung auf Kant. Berlin: Ernst Siegfried Mittler, 1886.]

G. METAPOLITIK ALS ›LOGIK‹[87]

1. [Das metapolitische Wissen]

Das metapolitische Wissen
  im Unterschied
  zum ›politischen‹ [Wissen]
  zur Philosophie
  zur ›Weltanschauung‹
  zum religiös-kirchlichen Glauben
  zur ›Wissenschaft‹
  zu aller ›Pädagogik‹

Metapolitik
  als echte ›Logik‹
  die [›Logik‹] *noch einmal*

Das metapolitische Wissen ureigen und das ursprünglichste des heraufkommenden Daseins.
Das metapolitische Wissen und die *Existenzialien* (Kategorien).

2. Logik – als Metapolitik

auf echten Begriff des λόγος – Rede, Sprache als Grundgefüge und Verfahren und Gestaltung des volklichen Daseins (πόλις).

Das ›Wissen‹ des volklich-geschichtlichen Daseins, unseres eigenen, um sich selbst – nicht als *Nachtrag*, sondern als *Vor-sprung und Vorhalt*.

Die Sicherheit für das Daseinsnotwendige – *Gewohnheit und Sitte*, mos = vetustate probata consuetudo.[88]

Der Wille zur jeweiligen Entscheidungsbereitschaft und Entscheidung.

---

[87] [Überschrift auf dem Umschlag, mit dem Heidegger die im Folgenden vom Herausgeber von 1 bis 17 durchgezählten Aufzeichnungen zusammengefaßt hat. Neben der Überschrift die Notiz:] (Sprache) – *Volks*tum.

[88] [Die verbreitete Abgrenzung der Sitte (mos) vom geschriebenen Gesetz (lex) im Sinne der »vetustate probata consuetudo« findet sich zuerst bei Isidor von Sevilla, Etymologiarum sivi originum libri XX, 2,10,1.]

II. *Aussage, ›Logik‹, Denken – Seyn, Wahrheit, Kopula*   173

[Das ›Wissen‹] als Vorhalt und Vor-bau – zugleich Zurückpflanzen und in Boden und Geworfenheit Freigeben.

3. *Philosophie*

nicht spekulative Konstruktion und Deduktion.
Philosophie als geschichtliche Metapolitik, als Erweckung des ursprünglichen Wissens – ›*Logik*‹.
Zurückbinden, erwecken und vorbauen den volklich-staatlichen Wissensanspruch.

›METAPHYSIK‹ ALS METAPOLITIK DES VOLKES[89]

4. *Metapolitik und Metaphysik*

Nicht die Sache und Aufgabe an einen anderen Namen hängen.
Nicht Metapolitik in starrer, äußerlicher Entsprechung zu Metaphysik.

1. Physik und Politik – beide hinreichend weit:
   Physik: τὰ ὄντα – des ersten Ausbruchs und fortan bleibend – ἕν – νοῦς;
   Politik: geschichtliches Dasein des Volkes in der Ausgesetztheit seines Willens –
       ›*Wahrheit*‹, aber gewandelt,
       ›Sein‹, aber Zerklüftung.

2. ›Meta‹ – und [der] spätere Begriff ›*Transzendenz*‹:
   ontologisch-unsinnliche
   ontisch-übersinnliche ⎬ Hegel: des *Absoluten*.

---

[89] [Überschrift auf dem Umschlag, mit dem Heidegger die im Folgenden vom Herausgeber von 4 bis 17 durchgezählten Aufzeichnungen gesondert zusammen-

174 Erster Teil: Ergänzungen

Jetzt: Übergang als Vorstoß in Zerklüftung – keine *Ontologie* – die *Endlichkeit*.

Gefahr | *Treue* (zum Schicksal)
       | *Trotz* (der Fragwürdigkeit)

Das neue Fragen – nicht mehr nach Wesen und innerer Möglichkeit, sondern *Mut* zum *Auftrag* und nur *diesem*.

5. ›Das Grundverhalten‹

Heißt? Nur *alles* andere im voraus bestimmend?
Quantitativ? Unmittelbar zum ›Ganzen‹ *(Staat, Volk)*?
Oder auch qualitativ? Was heißt da *Grund*?
Darin auch *Stehen* und *Sichhalten* – Grundhaltung.
Wie *Haltung*? Nur wo *Fall und Sturm*. | *Wissen*
Und diese?
Was ist der Mensch?
Sorge!
Das *Vor*weg – auf das Ganze des volklich-staatlichen Daseins.
Die *Ent-schließung* – im Augenblick und erst dann die Sache.

6. *Metaphysik oder Metapolitik?*[90]

Fremdworte?
Metapolitik: 1. über Politik *hinweg* und so
                 2. sie gerade als Boden und Bereich bejahen.
Oder keines von beiden? φύσις und πόλις?

---

gefaßt hat. Ein weiterer Umschlag, der wiederum von diesem Material die von 4 bis 9 durchgezählten Aufzeichnungen noch einmal gesondert zusammenfaßt, trägt die Überschrift »Die Metapolitik«.]

[90] [Ein zwischen die als 5 und 6 gezählten Aufzeichnungen eingelegter Zettel trägt die Überschrift »Metaphysik als Metapolitik«.]

II. *Aussage, ›Logik‹, Denken – Seyn, Wahrheit, Kopula*   175

7. *Die innere Gefahr des ›politischen‹ Willens*

daß das Politische selbst nivelliert wird
a) auf das *Allernächste* – als Einziges,
b) auf bloßes *Tun* als Ausschließliches.

Damit der Schein höchster Aktivität und Verbundenheit dem Wirklichen – im Grunde nur eine Verflachung und Veräußerlichung und vor allem: Abriegeln von allen wirklichen Notwendigkeiten gerade des Politischen.

Das ›Politische‹ versteht sich eben auch nicht von selbst, und gerade wenn man ›Täter‹ ist und Stifter, gehört höchster Geist, wenngleich nicht ›Wissenschaft‹, dazu.

8. *Metapolitik*

Nichts *Nachträgliches*, sondern umgekehrt.
Meta: mit- und *hinterher-*
         und nach- und vorausgehen.
Wohin damit gestellt?
Dasein – Sein!
Nicht das ›Politische‹ abgedrängt oder herabgewürdigt, sondern umgekehrt!

9. *Das Metapolitische*

aber eben Meta*politik*.
Meta- als ›Transzendenz‹? Licht – Idee?
Oder als *sprengende Meißelung mit Riß – aufreißender, hineinreißender Mitriß*?
Was dieser Geschäft [ist] und worin er ruht und von wo ihm Raum und Macht sich bestimmt.
Nur *was da geschützt und verwahrt – ungedeutet und undeutbar –*, nur dieses trägt das Geschiebe und das Eilen und Gaffen

des Tages. Je echter der Tag (des Politischen), um so höher und reicher die *Nacht.*
Die Metapolitik als das produktiv Politische.
Das Wesen des Menschen als Kampf und Sorge und Entschlossenheit *(Seinsverständnis!).*
Die großen und wesentlichen (Gegner) Feinde schaffen und daran groß werden.
Die bürgerlich-liberale Enge der heutigen Träger des Politischen – bei aller Tatbetonung!

10. Metapolitik

[ist][91] nicht *über Politik* hinweg, nicht Vernachlässigung und Ausschaltung, sondern gerade aus ihr heraus und auf sie *zurück* und doch ins Ganze.

11. *[Auftrag und Bindung]*

Das erst sich bildende Grundgesetz des Seins als Grundbewegung des volklich-deutschen Geschehens – innerer Bezug des Volkes auf das Sein und Teilnahme – *Staat.*
Auftrag und Bindung
  Zerklüftung
  dem geschichtlichen Dasein der Deutschen ermächtigen.
  Dieses als Wahrheitsgeschehnis.
  Neuer Ursprung und Bindung des Wissens.
  Neue Artung und Lage der Wissenschaft.

---

[91] [Handschrift: ≠. Die daraus resultierende Verdoppelung der Verneinung muß wegen des folgenden »sondern« als Versehen betrachtet werden.]

12. Metapolitik

Völlige Umwälzung und Neuschaffung der Wissenschaften.
Fakultäten:
<u>Philosophie</u>[92] – | Staatslehre, Staatsrecht |
Geschichtswissenschaft
Biologie

13. Die Metaphysik als Metapolitik des Volkes

Wer ist das Volk, dem wir eingewurzelt sind?
Welches *Sein* ist dem Volk als Volk eigen?
Verwahrung seines Grundes im <u>Auftrag</u> seines Geschickes.
  Die *Volkwelt* und ihr Vor-walten vor allen Bereichen und Bezirken der Natur (innerer – äußerer), des Ichbereiches und dergleichen.
  Der *Selbst*charakter des Volkes in seiner *Volkwelt*.
  Welche geistigen Ansprüche und Spielräume je das *Volk* ›auswählt‹, *festlegt*, ohne *selbst* die *Wahrheit* zu *schaffen*!
  Die jeweilige beziehungsweise ›natürliche‹ Weltanschauung des Volkes – was *fraglos* bzw. dauernd ist.

14. Wissen und Volk

Der Drang zum Wissen – als Überstieg.
Die Bewahrung und Überlieferung – aus Kräften.
Die Erwartung und Forderung.
Die gefügte Einheit als *Welt*walten.
Die gedachte Einheit der abgelösten Ableitung.

Alles dieses *volkhaft* – nicht gesellschaftlich.

---

[92] [In der Handschrift doppelt unterstrichen.]

15. [Grundwissenschaft: volkspolitische Staatswissenschaft]

Standort *außerhalb* der Fakultät und der Fakultätseinteilung. Wo?
Schicksal und Notwendigkeit *des Volkes zu seinem Staat.*
Grundwissenschaft: *volkspolitische Staatswissenschaft*, entspringend aus und zurückmündend in die Philosophie als *Metapolitik*.
– Erziehung als Lehre?
Volkspolitische Staatswissenschaft – *ganz anderes als Staatslehre*
oder gar *Rechtswissenschaft*.

der Arzt	
der *Lehrer*	
der Soldat	
der *Rechtskundige*	deren Existenz: *In-der-Welt-sein* – *Welt*
der Wirtschaftler	
der Künstler	

Spannung zwischen Volkwissen – Staatsbewußtsein (fo[rmales])
Wissenschaft.

16. [Metapolitik des Volkes]

Metapolitik des Volkes – völlig anderer *Ausblick*.
In der vorhandenen Wissenschaft der Riß gar nicht zu vollziehen.
Der Kurs als Vorform *vom Bisherigen her.*
Die Wirkfähigkeit des Wissens durch grundsätzlichen Rückbau in das volkliche Geschehen.
Das Studentenrecht macht das Wesentliche, Wissenserziehung, zum *Beiläufigen*. Universität nur eine Gelegenheit für *ganz anderes*, das besser und eigentlich anderswo. Dieses andere liberal genommen gegenüber ›*spezieller Fachausbildung*‹.
Damit sanktioniert Verbände, und was früher liberal zur Universität, gleichgültige Stud[enten], die sie nur als Standesangelegenheit nehmen, jetzt *politisch* frisiert!

II. Aussage, ›Logik‹, Denken – Seyn, Wahrheit, Kopula 179

Die ganze *Hohlheit* der St[udentenschaft] kommt an den Tag und sie ist [...]* *geheiligt*, sie mußte unantastbar gemacht [werden].

17. [Die Umwandlung des Geistes und Wissens]

Die Umwandlung des Geistes und Wissens muß der Veränderung der Wissenschaft und Neuordnung der wissenschaftlichen Erziehung vorausgehen.

Verfassungserneuerungen bleiben leer und irreführend und völlig zerstörend, wenn nicht jenes Erste gewonnen bzw. überhaupt in Angriff genommen wurde.

Wir *haben alle Möglichkeiten* – ich stehe zur Verfügung und vollstrecke und habe den Willen zum *Auftrag* als *Beauftragter.*

Aber der *Widerwille* muß *überwunden werden* und er ist zu *überwinden*, weil er Selbstschädigung der innersten schöpferischen *Kraft ist.*

---

* [Ein Wort unleserlich.]

H. DAS VORGEHEN (DIE ANSTRENGUNG) UND DIE WEISUNG[93]

1. Logik – als Fragen nach dem λόγος

Vor-frage: 1. Woraus umgrenzen? λέγειν
2. woraus *eröffnen?* Sprache – Mensch – Dasein
Wahrheit und Irre ⎫
Sein und Schein ⎭ Zerklüftung *(Geschichtlichkeit)*

Nachfragen: dieses *Fragen* selbst: Definitionen, Lehrgebäude,
›Lernen‹, Nutzen – *Ja und Nein!*
Fragen: Sein und Schein
Wahrheit und Irrtum

Kein Nutzen und keine Wahrheit an sich.
In die *Fragwürdigkeit ver-setzen.*
[Ernst – Strenge.][94]
Schätzen lernen, was würdig ist, in Frage gestellt zu werden.
In die Frage nehmen und stellen und so erst: *schaffen.*

In Frage stellen: λόγος, Sprache, Mensch – ›Sprachphilosophie‹.
Was ist der Mensch?
Wer ist der Mensch? – Abstrakt.
Wer sind wir? [Volk – Völker – die Einzelnen und die *Einzigen!*][95]

---

[93] [Überschrift auf dem Umschlag, mit dem Heidegger die im Folgenden vom Herausgeber von 1 bis 14 durchgezählten Aufzeichnungen zusammengefaßt hat. Das vorliegende Teilkonvolut gehört in den Umkreis der von Heidegger im Sommersemester 1934 an der Universität Freiburg gehaltenen Logik-Vorlesung. Vgl. Martin Heidegger: Logik als die Frage nach dem Wesen der Sprache. Freiburger Vorlesung Sommersemester 1934. Gesamtausgabe Band 38. Auf der Grundlage der Vorlesungsnachschrift von Wilhelm Hallwachs hrsg. von Günter Seubold. Frankfurt a. M.: Vittorio Klostermann, 1998; Gesamtausgabe Band 38 A. Auf der Grundlage des Originalmanuskripts neu hrsg. von Peter Trawny. Frankfurt a. M.: Vittorio Klostermann, 2020.]
[94] [Die eckigen Klammern in der Handschrift.]
[95] [Die eckigen Klammern in der Handschrift.]

II. Aussage, ›Logik‹, Denken – Seyn, Wahrheit, Kopula

Viele Antworten – auswählen!!
Oder *Entscheidungs*frage – ›*Not*‹.
Logik: Fragen: *wer wir sind.*
Sprache – Dasein – *Sein und Schein* – kein *Schulfach*

2. [Sprache]

Sprache? Wohin gehört das? Sprache.
λόγος – | Sammlung |.

Wer sind wir?
Ex[istierend]?
Dann im anderen Philosophieren gar nicht jenes, was *man* sich darunter vorstellt.
›Volksverbundenheit‹ – abseits, fern *und nahe.*

3. Logik: das Fragen nach dem λόγος

I. Vor-frage: Was ist der λόγος?
Gerade die durch *Logik* bestimmte Sicht auf den *Logos* verlassen!! Auch die entsprechende Sicht auf *Sprache*! Abbiegen auf wissenschaftliche und alltägliche *Gebrauchs-, Verkehrssprache*, Umgangssprache. Wortverknüpfung mit gegenständlicher Bedeutung – Zeichen.
λόγος: Rede, ursprünglich Lesen, Sammeln – eine bestimmt erfahrene Leistungsweise der *Sprache* – *diese Erfahrung!* und die Stellung zur *Sprache*!
Was ist die Sprache?
Sprach-philosophie? Nein – Sprache nicht als ein Sondergebiet philosophischer Untersuchung, sondern Wesensmacht des *Seins des Menschen.*

Mensch und Tier.
Was ist der Mensch?
Wer ist der Mensch?
Wer sind wir?
Wo ist der Ort des Menschen im Ganzen des Seienden?
Inwiefern durch Sprache den Menschen fassen?
Wie dabei die Sprache selbst?
Überlieferte Vorstellungen, vgl. W.S. 33/4.[96]

II. Vor-frage: Wie steht es mit den Regeln des λόγος als Aussage, den sogenannten Denkgesetzen?
Gesetze des Denkens – oder des Seins?
Gesetze in welchem Sinne?
Genügt das bisherige Begreifen des Seins, um diese Gesetze zu begreifen und zu begründen?
Oder gerade durch ›*Logik*‹ *verbaut?*
Diese erst abbauen!

4. [Sagen – Wissen um]

Sagen – Wissen um:
  Je nach dem ... verschiedene Möglichkeiten.
  Nun aber nur eine: 1. Sagen: Aussagen ...
                        2. Wissen darum: ›formale Analytik‹.

Die Geschichte bis zur Gegenwart, trotz der verschiedenen Gestalten, *nur Abwandlungen einer Grundform*, jener ›*griechischen*‹, die selbst schon *innerhalb des Griechentums spät*.

Diese Logik: heute: Mathematisierung (Hilbert – Scholz); im Ganzen ihrer Geschichte keine beiläufige und nachträgliche

---

[96] [Vgl. Martin Heidegger: Vom Wesen der Wahrheit. Freiburger Vorlesung Wintersemester 1933/34. In: Sein und Wahrheit. Gesamtausgabe Band 36/37. Hrsg. von Hartmut Tietjen. Frankfurt a. M.: Vittorio Klostermann, 2001, S. 81–264, hier S. 100 ff.]

II. Aussage, ›Logik‹, Denken – Seyn, Wahrheit, Kopula 183

Theorie,[97] sondern das Gefüge, die Denkweise mitbestimmt, und d. h. …
  Selbst aber – ›an sich‹ – formales *Gesetz* der menschlichen Vernunft?
  λόγος – *ratio!*??
  Nicht wegzustreichen und doch:[98] ein *ganz neuer* Anfang, nicht *willkürlich*, nicht zurechtgemacht für 1934 – *seit einem Jahrzehnt vorbereitet aus ursprünglichstem Fragen* –, sondern zufolge dem [...]* *Gesetz* einer großen geschichtlichen Wandlung Europas, an deren Anfang und [...]** – viele Kräfte.
  Der *Auftrag der Deutschen* kein Programm, sondern *Wandel des Daseins*, des *Seins* als solchen – Schein, Wahrheit, Irre –, sondern *Mitvollzug des Wandels*.
  Eine Grundrichtung vorzuzeichnen, vgl. obiger Ansatz: ›Sagen‹.

5. *[λόγος]*

λόγος
Sprache
Mensch
Tier – Leben   Frage nach dem Menschen
Dasein – Welt Geschichtlichkeit — nicht *Kultur*geschichte und
Sprache   Geistesgeschichte der Kultur-
indogermanisch   Volk   *gebiete* und Werke (›Kultur‹)
deutsch   – vermeiden, sondern *Dasein,
                                Geworfenheit,* Volk – aber
                                Grundfrage *ontologisch!!*

---

[97] [Randbemerkung:] nicht [ein Wort unleserlich]! im *Gegenteil!*
[98] [Randbemerkung:] und *ebendasselbe* die große *Schranke* und dazu noch systematische Charakteristik praktisch anfechtbar, grundsätzlich [ein Wort unleserlich] und leer.
  * [Ein Wort unleserlich.]
  ** [Ein Wort unleserlich. Zu dem Sinn dieses flüchtig und mit Abkürzungen notierten Satzes vgl. Martin Heidegger: Logik als die Frage nach dem Wesen der Sprache. Gesamtausgabe Band 38, S. 11.]

Der Mensch und die Entfremdung – Zerstreuung und Masse, Rußland – weil in wesenhafter, aber nie bewältigter und je nur in kämpferisch zwiespältiger Weise bewältigter und beherrschter *Entrückung.*

Rückgang und Anlauf – Aufbruch zum Sprung.

*Bild*kraft		
Prägedrang – ›*Einbildungskraft*‹	des *Volkes*	das *Vor-wissen*
Fragemut		

Sammlung
Erwerb
Ererbung
Ursprungshaftes
Erkämpftes

Eigengewalt des *Volkes*

6. ›*Analyse*‹ *und stellende Weisung*

Zergliedern: 1. Auflösen – Zersetzen;
2. die Gliederung herausstellen und damit Zusammengehörigkeit, Einheit;
3. herausholen, befreien, an den Ursprung bringen und so verwurzeln.
Wenn (3), dann als schöpferischer Abbau. Nicht nur als Gegenleistung [zu] ›Synthese‹, sondern: vorbauend, eröffnend hineinstellen in ein gewandeltes *Sein.*
Bergend! *Stellen.*

II. Aussage, ›Logik‹, Denken – Seyn, Wahrheit, Kopula 185

7. Die redende Weisung (formale Anzeige)

»*nicht Sagen – noch Verbergen*« (Heraklit).[99]
Die *mittelbare* Rede (ex[istenzial]) der *Philosophie*:
nicht Sagen –   weil nur *Sein* erfragen,
    nicht in das *Seiende*, Scheinende stoßend;
nicht Verbergen –   weil das Seiende, das Scheinende doch *anzeigend*.

8. [Weisung]

Weisung
als Anhebende
Näherung der Zerklüftung

9. [Zerklüftung]

Zerklüftung
    als
die ursprüngliche ›Negativität‹

10. Der In-begriff

als der philosophische (ex[istenziale]) Begriff:
1. je *aus* dem Ganzen des Seins erfragt;
2. der *Fragende* selbst als *zugehörig*:
    zu Anteil und Weggang   entschieden
                unentschieden

---

[99] [Heraklit, Fragment 93 (Diels): ὁ ἄναξ, οὗ τὸ μαντεῖόν ἐστι τὸ ἐν Δελφοῖς, οὔτε λέγει οὔτε κρύπτει ἀλλὰ σημαίνει.]

gestellt,
in das Sein – Schein   Zerklüftung
gestellt – *ergriffen*;
3. *vor-, rück- und zugrifflich;*
4. *Be-griff* im vollen Sinne.
Der übliche – *der Wiss[enschaft]* – dagegen *abgeleitet* und nicht mehr gewachsen.

11. [Welches Fragen?]

Welches Fragen? stellte wen? wie?
| zur Verantwortung des Seins bzw. *Übernahme der Not.*
| Weder ›Reduktion‹ noch ›Destruktion‹ – bloße geschichtl[iche] –,
| sondern: *Aussetzung* in die volklich-geschichtliche Frag-wür-
| digkeit – Zerklüftung – in der geschichtl[ichen] un-
| mittelbaren Alltäglichkeit des Daseins in seiner Not.

inbegriffliches Fragen

12. Mittelbare Mitteilung

als: zum Anteil bringen das Sein im geschichtlichen Dasein.
Die *Verborgenheit* und *Verlorenheit des Seins.*

13. [›Blut‹]

›Blut‹ und   → Willensrichtung
                → Könnensgrenze
                → Wissensanspruch

Gar nicht rational *auszurechnen*, daher auch nicht die *Grenze* setzen –

wohl aber die ursprünglich verwandte und größtmögliche — bindende — schöpferische *Gegensätzlichkeit* des Geistes aus der gemeinsamen Wurzel *aufrichten*!

14. [Volklich-geschichtliches In-der-Welt-sein]

Mit der Zurückweisung des verkehrten Unterschieds von Objekt und Subjekt fällt auch die Möglichkeit der Unterscheidung von objektivem und subjektivem Denker.

Entscheidend das Dasein: *als volklich-geschichtliches In-der-Welt-sein* — *Sorge* (Zeitlichkeit Zt. — ursprüngliche Zerklüftung ZK.).[100] Die *Mitteilung* spricht *aus* diesem *zu* diesem.

Dieses Reden ist das *Vor*-gehen: 1. als Vorausentwurf bindendes,
2. dieser nicht verdinglichend,
3. mittelbar stimmend —
bestimmend — *Stimmung* —
Bestimmung.

---

[100] [Diese Notiz ist auch als Festlegung Heideggers zu verstehen, wie er in seinen Aufzeichnungen ›Zeitlichkeit‹ und ›Zerklüftung‹ abkürzen möchte.]

III.

DER SATZ VOM WIDERSPRUCH
(1932)

VORTRAG

Der Satz vom Widerspruch[1]
[Erste Fassung]

Disposition

Er lautet in der Fassung, die *Kant* ihm gegeben: »*Keinem Dinge kommt ein Prädikat zu, welches ihm widerspricht*« (A 151, B 190).[2] Zur Erläuterung sei kurz bemerkt: ›Ding‹ bedeutet hier soviel wie res im Sinne der überlieferten Metaphysik, wir sagen auch ›Etwas‹, irgendein Erdenkliches = Ding an sich (unterschieden dagegen Erscheinung). »*Etwas*, bedeutet ein jedwedes Object des Denkens; dies ist das *logische* Etwas«, [der] »oberste Begriff aller Erkenntnisse« ([S.] 15).[3] Keinem erdenklichen Etwas ..., das heißt: ›Keinem Subjekt kommt ein Prädikat zu ...‹, »nulli subjecto competit praedicatum ipsi oppositum« (Metaphysikvorlesung, Pölitz, [S.] 14).[4] Dieses ›nicht zukommen‹ meint keineswegs die Feststellung einer Tatsache in dem Sinne: an keinem Subjekt kommt vor ein Prädikat ... – in diesem Sinne wäre der Satz von vornherein falsch. Oft genug werden in sich widersprechende Aussagen vollzogen. Das Nichtzukommen meint vielmehr das Nichtzugehören. Es gehört sich nicht, daß ein widersprechendes Prädikat im Satz

---

[1] [So die Überschrift auf dem ersten Blatt der ersten Vortragsfassung. Auf dem Umschlag, mit dem Heidegger dieses Konvolut zusammengefaßt hat, findet sich die Aufschrift:] *Der Satz vom Widerspruch / (1932)*
[2] [Immanuel Kant: Kritik der reinen Vernunft. Nach der ersten und zweiten Original-Ausgabe neu hrsg. von Raymund Schmidt. Leipzig: Felix Meiner, 1926, A 151, B 190. Die Hervorhebung von Heidegger.]
[3] [Immanuel Kant's Vorlesungen über die Metaphysik. Zweite Auflage, nach der Ausgabe von 1821, neu hrsg. von Dr. K. H. Schmidt. Roßwein: J. H. Pflugbeil, 1924, S. 15 (= Immanuel Kant's Vorlesungen über die Metaphysik. Zum Drucke befördert von dem Herausgeber der Kantischen Vorlesungen über die philosophische Religionslehre [Karl Heinrich Ludwig Pölitz]. Erfurt: Keyser, 1821, S. 23).]
[4] [Immanuel Kant's Vorlesungen über die Metaphysik. Zweite Auflage, S. 14 = Ausgabe von 1821, S. 23.]

gesagt wird. Mithin: »keine Erkenntnis« kann ihm (dem Satz vom Widerspruch) »zuwider sein« (A 151, B 191).

Dieser Satz ist der ›oberste Grundsatz‹ der Logik. Diesem ersten ›Denkgesetz‹ untersteht alles Denken und beruft sich darauf ausdrücklich oder unausdrücklich. Immer schon vorausgesetzt – gar nicht davon zu haben [?].[5] Dieses höchste Denkgesetz gilt als *unbezweifelbar* und *unbeweisbar zugleich*. Darnach fehlt jede Veranlassung, den Satz vom Widerspruch im Kreis dieser Runde weiter zum Problem zu machen. Die Aussichtslosigkeit einer Erörterung über diesen Satz läßt sich ja durchaus einfach und ›schlagend‹ zeigen durch den Hinweis, daß ja jede solche Erörterung den Satz bereits voraussetzt. Er wird denn auch eilig genug in einem knappen Abschnitt der ›Logik‹ abgehandelt.[6]

Und gleichwohl: dieser »berühmte« Satz, wie Kant ihn nennt,[7] ist voller Dunkelheit. Die Wahrheit dieser Behauptung sei kurz belegt. Wir ordnen die Verhandlungen über den Satz nach Gesichtspunkten, wie sie im Verlauf seiner Geschichte mehr oder minder ausdrücklich herausgetreten sind, gewinnen damit eine erste Darbietung des Fragebereichs. (Folge der Gesichtspunkte.)

[I. Teil]
Über die Gesichtspunkte als geläufige,
wenngleich nicht eigens zusammenhängend erläuterte[8]

1. Der Inhalt des Satzes. Der Satz vom Widerspruch wurde oben eingeführt »in der Fassung, die Kant ihm gegeben«. Dieser Zusatz war notwendig, weil der Satz gar nicht immer und nicht von allen so gefaßt wurde und wird, z. B. Suarez: »Impossibile est de eodem

---

[5] [Die letzten Worte sind stenographiert. Eine alternative Lesart für »haben« lautet »geben«.]
[6] [Randbemerkung:] zu n. A. [?]
[7] [Vgl. Immanuel Kant: Kritik der reinen Vernunft, A 152, B 191.]
[8] [Diese Worte finden sich am rechten Blattrand notiert und können als vorläufige Formulierung der Überschrift des in der Handschrift noch nicht als eines solchen gekennzeichneten I. Teils aufgefaßt werden.]

simul idem affirmare et negare« (Disp. Met., disp. I, s. IV, n. 25).[9] Man könnte versucht sein, diese Fassung nur als eine Umschreibung der Kantischen bzw. umgekehrt darzutun. Demgegenüber muß betont werden, daß Kant in der Erläuterung des Satzes vom Widerspruch a.a.O. eigens zu zeigen versucht, *daß* das »zugleich« – simul, ἅμα – nicht zum Gehalt dieses Satzes gehört.[10] Eine andere Fassung gibt Christian Wolff, Ontologia, § 28: »Fieri not potest, ut idem simul sit et non sit.«[11] Diese Formel entspricht der, die neben der schon genannten gleichfalls bei Suarez vorkommt: »Impossibile est idem simul esse et non esse.«[12] Diese beiden zuletzt genannten Fassungen unterscheiden sich aber überdies wesentlich von den beiden vorgenannten. *Dort* ist die Rede von *Zukommen des Prädikates*, von *affirmare und negare* (Was ›bekrafftiget wird, kann nicht auch zugleich verneint werden‹, Wolff, Vernünfftige Gedancken von Gott, der Welt und der Seele des Menschen, § 10),[13] von Sagen und Aussagen, *hier* aber von Sein und Nichtsein.

2. Der Ort des Satzes. Dieser Vielfältigkeit in der Fassung des Satzes entspricht die Unstimmigkeit in der Frage: ob er ein Grundsatz der ›Logik‹ oder ein solcher der Metaphysik sei. Für die eine [ist er] ein Gesetz des Denkens, für die [andere] ein Gesetz des Seienden. Achten wir gar noch darauf, daß es völlig fraglich bleibt,

---

[9] [Francisci Suarez Opera omnia. Editio nova, a Carolo Berton. Tom. XXV complectens priorem partem Metaphysicarum Disputationum. Parisiis apud Ludovicum Vivès, 1861, disputatio I, sectio IV, n. 25. Das Zitat bei Heidegger ohne die in dieser Ausgabe vorhandene Hervorhebung.]

[10] [Vgl. Immanuel Kant: Kritik der reinen Vernunft, A 152 f., B 191 f.]

[11] [Christian Wolff: Philosophia prima, sive Ontologia, methodo scientifica pertractata, qua omnis cognitionis humanae principia continentur. Francofurti & Lipsiae: Officina Libraria Rengeriana, 1730, § 28. Das Zitat bei Heidegger ohne die in dieser Ausgabe vorhandene Hervorhebung.]

[12] [Franciscus Suarez: Disputationes Metaphysicae, disputatio III, sectio III, n. 5.]

[13] [Heidegger orientiert sich in seiner Formulierung an der im § 11 der deutschen Metaphysik Wolffs gegebenen Definition des Widerspruchs. Christian Wolff: Vernünfftige Gedancken von Gott, der Welt und der Seele des Menschen, auch allen Dingen überhaupt. Halle: Rengerische Buchhandlung, 1720. § 10: »*Es kan etwas nicht zugleich seyn und auch nicht seyn.*« 11: »Es wird demnach zu einem Wiederspruche erfordert, daß dasjenige, was bekräfftiget wird, auch zugleich verneinet wird.«]

was Logik ist und was Metaphysik, dann ist die Zuweisung des Satzes in eine dieser Disziplinen der Philosophie recht fragwürdig; zumal dann, wenn noch die Möglichkeit bleibt, daß der Satz vom Widerspruch weder in die Logik noch in die Metaphysik gehört.[14] Mit dieser doppelten Unsicherheit über Inhalt und Ort des Satzes hängt die weitere zusammen:
3. Der Rang des Satzes. Wir sagten, der Satz vom Widerspruch sei oberstes Denkgesetz. Dem steht die These entgegen, daß der Satz der Identität A = A die höchste Stelle einnehme und der Satz vom Widerspruch ihm *nachgeordnet* sei (vgl. Kant: Habilitationsschrift).[15] Ja manche behaupten, der Satz vom Widerspruch (A ≠ non A) sei nur die negative Fassung des Identitätssatzes. Überhaupt diese primae veritates »licet suos [...] gradus habeant prioritates, omnia tamen uno nomine *identicorum* comprehendi possunt« (Leibniz, Opuscules, ed. Couturat, [Primae veritates] inc.).[16] Dagegen Kant in seiner Habilitationsschrift 1755 »Principiorum primorum cognitionis metaphysicae nova dilucidatio«:[17] Propositio I: »Veritatum omnium non datur principium *unicum*, absolute primum, catholicon.« Vielmehr Propositio II: »Veritatum omnium bina sunt principia absolute prima, alterum veritatum affirmantium, nempe propositio: quicquid est, est, alterum veritatum negantium, nempe propositio: quicquid non est, non est.«[18] Propositio III spricht von der praeferentia principii identitatis »ad obtinendum in veritatum subordinatione *principatum prae* prin-

---

[14] [Randbemerkung, durch eine Klammer bezogen auf den ganzen Passus »Achten wir ... gehört.«:] später – *Übergang*
[15] [Vgl. Immanuel Kant: Principiorum primorum cognitionis metaphysicae nova dilucidatio [ed. Kurd Lasswitz]. In: Kant's gesammelte Schriften. Hrsg. von der Königlich Preußischen Akademie der Wissenschaften. Band I. Berlin: Reimer, 1902, S. 385–416, Propositio I.]
[16] [Opuscules et fragments inédits de Leibniz. Extraits des manuscrits de la Bibliothèque royale de Hanovre par Louis Couturat. Paris: Félix Alcan, 1903, S. 518.]
[17] [Randbemerkung:] über Verhältnis von Identität und Widerspruch siehe Metaphysikvorlesungen, S. 15 inc. [vgl. Immanuel Kant's Vorlesungen über die Metaphysik. Zweite Auflage, S. 15 = Ausgabe von 1821, S. 23 f.].
[18] [Das Zitat bei Heidegger ohne die in der Ausgabe von Lasswitz vorhandene Hervorhebung.]

III. Der Satz vom Widerspruch　　　　　　　　　195

cipio contradictionis«.¹⁹ [Und Fichte gar leugnet überhaupt, daß diese Sätze: A = A, A ≠ non A, oberste Sätze seien (»Wissenschaftslehre« 1794). Der Satz A = A geht auf den Satz zurück: Ich = Ich. Und keineswegs ist dieser ein Sonderfall von jenem. Und so der Satz vom Widerspruch auf: Ich ≠ Nicht-Ich, d. h. der Satz vom Widerspruch ist: – A ≠ A; aber der Widerspruch muß notwendig gesetzt und gerade nicht vermieden werden.]²⁰

Inhalt, Ort und Rang des Satzes verleihen ihm nun auch je nachdem eine verschiedene Rolle.

4. *Die Rolle des Satzes.* Dem einen ist er nur eine formale Regel des bloßen Denkens überhaupt (Kant). Dem anderen aber ist er ein Grundgesetz alles wirklichen Geschehens, inneres Bauelement des Wirklichen selbst *(Hegel).* Und einer dritten Gruppe – mittelalterliche und heutige Scholastik – zwar oberstes Denkgesetz, aber als solches zugleich die Quelle für den Satz vom Grund und damit das Kausalitätsgesetz. Sofern dieser sich logisch-absolut beweisen läßt, ergibt sich gleichsam die Denknotwendigkeit für den rationalen Beweis der Existenz Gottes. Dieser Beweis von selbst eine rationale ›Wahrheit‹, Grundgesetz der katholischen Dogmatik und heute von jedem katholischen Priester sogar zu beschwören.²¹

Inhalt und Ort, Rang und Rolle des Satzes vom Widerspruch sind strittig. So kommt es, daß über den Satzcharakter dieses obersten Grundsatzes überhaupt die Meinungen auseinandergehen.

5. *Der Satzcharakter des Satzes.*²² Schon im Negativen – in der Charakteristik der *Un*begreif- und der Unbeweisbarkeit – herrscht Zwiespalt. Erst recht da, wo es gilt, positiv zu bestimmen, in welcher Weise dieser oberste Satz unmittelbar gewußt und ausgewiesen wird. Was besagt hier unmittelbare Evidenz? Inwiefern besteht sie zurecht? Ist sie ein letztes Faktum, auf das man sich berufen darf? Nach anderen gründet sich die Gültigkeit des Satzes gar nicht auf unmittelbare Einsicht in den von ihm *gesagten Sach-*

---

¹⁹ [Die Hervorhebung von Heidegger.]
²⁰ [Die eckigen Klammern in der Handschrift.]
²¹ [Randbemerkung:] Wolff – *possibile*
²² [Randbemerkung:] inwiefern gebührend!

verhalt! Vielmehr ist die psychische Anlage des Menschen nun einmal so, daß er widersprechende Urteile nicht vollziehen bzw. nicht anerkennen kann.[23] Gegenüber diesen Versuchen der Rückführung auf eine freischwebende letzte logische Evidenz oder aber seelische Anlage ein anderer: Einsichtig im lumen naturale, dieses aber creatum [durch das] lumen divinum, vgl. Suarez (nur in der Einführung [?],[24] doch eine Wahrheit über dogmatisch *Letztes*! Das eben bietet als absolut selbständiges [?] Wissen).

Bei dieser nach fünf verschiedenen Hinsichten bestehenden Unklarheit, Unsicherheit über den Satz vom Widerspruch ist es schließlich kaum verwunderlich, wenn auch die Geschichte seiner Entdeckung und Behandlung verschieden gesehen und beurteilt wird.

6. *Die Entdeckungsgeschichte des Satzes vom Widerspruch.*[25] Achtet man nur allgemein auf den Inhalt des Satzes vom Widerspruch, dann läßt sich feststellen: es ist da die Rede von Sein und von Nichtsein und [davon], daß beide entgegengesetzt sind. Davon, daß das Seiende ist und das Nichtseiende nicht ist, handeln die Ursätze des Parmenides, weshalb manche in ihm den Entdecker des Satzes vom Widerspruch sehen. Entsprechend findet man dann bei Heraklit den ersten Leugner des Satzes vom Widerspruch, sofern er ja den Widerstreit gerade zum Wesen des Seins macht: πόλεμος – κατ' ἔριν – συνάψιες.[26]

Bedenkt man hingegen, daß ja der Satz vom Widerspruch nicht einfach nur ist ein Satz über Sein und Nichtsein und deren Ausschl[ießung] oder Zusammengehörigkeit, daß er sich vielmehr *als Princip*, ἀρχή, eigens ausspricht, dann wird man der obigen Meinung nicht zustimmen. Denn gemäß dem Satz vom Wider-

---

[23] [Randbemerkung:] ein sehr allgemeiner, aber doch eben ein Erfahrungssatz.
[24] [Vgl. Franciscus Suarez: Disputationes Metaphysicae, diputatio I, sectio IV, n. 25.]
[25] [Randbemerkung:] Besinnung auf seine *Wandlung*! herkommend von da! keine bloße von außen kommende Neugier, wie es anfänglich gewesen, sondern *innerste Notwendigkeit*, die Frage nach dem [Satz vom Widerspruch] mit ihrem eigentlichen Anfang anzufangen.
[26] [Vgl. Heraklit, Fragmente (Diels) 53, 8, 10.]

III. Der Satz vom Widerspruch

spruch denken kann auch, wer nichts von ihm als solchem weiß, und ebenso können Bestandstücke des Inhalts des Satzes für sich ausgesprochen werden, ohne daß der Satz als Grundsatz entdeckt und aufgestellt ist.

Selbst da also, wo der Satz seinem Inhalt nach vollständig ausgesprochen wird, ist noch nicht gesagt, daß er als oberster Grundsatz erkannt sein müßte. So liegt es bei Plato, den man gemeinhin als Entdecker des Satzes vom Widerspruch *nimmt* (vgl. Res publ. IV 436). Aber 1. Der wird für ein bestimmtes Gebiet des Seienden (δυνάμεις τῆς ψυχῆς), weder als ἀρχή des Seins also noch gar des Denkens ausgesprochen. [2.] Nicht nur faktisch [findet sich die Entdeckung bei Plato] nicht, sondern für Plato die Entdeckung des Satzes grundsätzlich noch unmöglich: ἀντίφασις – noch kein Begriff der κατάφασις und keine zureichende Klärung des ἀντί, Gegensätzlichen überhaupt.

Die Bedingung der Entdeckbarkeit des Satzes *als* Grundsatzes, ἀξίωμα τῆς ἀντιφάσεως, hat erst Aristoteles geschaffen, und Aristoteles hat auch erst den Grundsatz als solchen entdeckt und als solchen ausgesprochen. Aber es bedurfte dreier Jahrhunderte des gewaltigsten Philosophierens, das die Zeit bisher erlebt hat, um diese Entdeckung zu ermöglichen. Seitdem gilt der Satz als principium generalissimum metaphysicae (Suarez),[27] vor allem die Wolff-Leibnizische [Metaphysik] wird gewöhnlich so aufgefaßt und durchgeführt, *vgl. oben*. Kant *dagegen* [hat] zum erstenmal und ganz entschieden den Satz als bloße [Umkehrung] des Satzes der Identität logisch gefaßt. Aber Hegel beides wieder und ganz zentral metaphysisch. Seitdem nur noch erwähnenswert: *Husserl gegen Psychologismus*. Seitdem nichts [...]* – Begriff und Denkgesetz – W[issenschafts-]L[ehre] – Psychologie. Husserl nicht eigens, nur im Zusammenhang der Phänomenologie der *Erkenntnis*, Beginn der VI. Log[ischen Untersuchung][28] (Kantisch). Heute

---

[27] [Franciscus Suarez: Disputationes metaphysicae, Disputatio I, Sectio IV, n. 25: »generalissimum principium hujus doctrinae proprium«.]
[28] [Vgl. Edmund Husserl: Logische Untersuchungen. Zweiter Band: Untersu-
* [Ein Wort unleserlich.]

zwar ›Metaphysik‹, Hegelrenaissance und dergleichen mehr – aber völlig belanglos. Oder [...]*geschiebe ohne die geringste Bewußtheit für [...]** um diese Fragen. Maßlosigkeit des Geschwätzes, Hilflosigkeit der [...]***.

Der flüchtige Blick in das Schicksal des Satzes vom Widerspruch dürfte gezeigt haben, daß es um dieses oberste, unmittelbar einsichtige Denkgesetz recht dunkel ist. Es herrscht nicht nur ein Durcheinander der Meinungen, und das in verschiedenen Hinsichten, sondern es fehlt zunächst jede Aussicht, diese Wirrnis im Ganzen zu entwirren. Das verlangt ja, an die Wurzel aller Zwiespältigkeiten vorzudringen und derart allererst einen Boden zu schaffen, auf dem die verschiedenen Fragen entscheidbar (werden) oder aber die Unentscheidbarkeit dargetan und die Gründe dafür vorgelegt werden.[29]

Sehen wir dagegen unsere Lage, dann merkwürdig: auf der einen Seite geht das menschliche Reden und [gehen] zumal die Wissenschaften den gewohnten ruhigen Gang; auf der, wenn diese [die eine] ist, der anderen Seite werden die Fundamente in kargen §§ der Logik als definitive Lehrsätze eilig erledigt. Doch dieses Bild eben nur der harmlose Vordergrund einer im Grunde trostlos verkommenen Lage. Denn der ruhige Gang der Wissenschaften nur ein Schein und nichts Greifbares. Wir haben keine Krisis der Wissenschaften, nicht deshalb, weil alles in sch[önster] Ordnung ist, sondern weil wir nicht einmal mehr die Kraft, geschweige den Raum und die Langmut [?] für eine ernsthafte Krisis besitzen oder auszuhalten vermögen. Bestimmte Methode längst

---

chungen zur Phänomenologie und Theorie der Erkenntnis. II. Teil (VI. Elemente einer Phänomenologie der Erkenntnis). Halle a.S.: Max Niemeyer, 1921 (= Hua XIX/2, Hrsg. von Ursula Panzer. Den Haag: Martinus Nijhoff, 1984), S. 41 ff.]

[29] [Randbemerkung:] das Erste – nur ein Fragen – *historische Neugier*, im Grunde aber alles gleichzeitig! umgekehrt – muß das Erste u[nbedingt] auch reiche Entwicklung haben? gar nicht (nur Verfall). *Größe – Blöße* des Einfachen und Notwendigen, das wir verschüttet, umgebogen *im Auslegen* – Dasein.

   * [Ein Wort oder zwei Wörter unleserlich.]
  ** [Zwei Wörter unleserlich.]
*** [Ein Wort unleserlich.]

III. Der Satz vom Widerspruch

abgesegnet (Biologie – Geisteswissenschaften) – daß der Satz des Widerspruchs in den sicheren Wissenschaften aus logischem § abgeschrieben wird, beweist ja nur, daß man all den aufgeführten Fragen im Grunde aus dem Weg geht.

Aber wie hier ins Freie kommen (philosophisch)?

Die ganze Wirrnis überspringen und dahin zurückgehen, wo die Frage nach dem Satz vom Widerspruch erstmals gestellt und gelöst wurde.[30]

Hier legt sich die große Einfachheit *der Fragen*, aber zugleich ihre volle Schwierigkeit vor Augen.[31] Dieser Rückgang aber ist nicht ein Ausweg, sondern der einzig notwendige Weg, gesetzt daß wir wirklich fragen. Denn nur so zugleich auf einen einheitlichen gewachsenen Boden[32] zu kommen und ein damit erwachsenes Blickfeld, auf dem und von [dem] aus hineingefragt wird.

Wenn dieser sich auseinandersetzende Rückgang an den Anfang der abendländischen Philosophie nicht mehr gelingt, dann ist das Ende von Philosophie und Wissenschaft besiegelt. Denn es handelt sich ja nicht nur und nicht zuerst um das Wiedereinführen der anfänglichen Fragen, sondern vor allem um das wirkliche Wachwerden für die innere Größe und Leidenschaft menschlichen Seins und Fragens, um zu ermessen, was überflüssiges Gezappel und Getue und was innere Notwendigkeit und Wachstum ist.

Aristoteles, der Entdecker des Satzes vom Widerspruch, ist zugleich der Vollender des Anfangs der abendländischen Philosophie. Bei ihm die Fülle des Anfangs und andererseits mit die höchste Möglichkeit des Wiederanfangs.

Aber nur, wenn die Fragen wieder verstanden, wenn seine Fragen und damit die der Griechen überhaupt als Fragen begriffen, wesentlich unsere Fragen geworden sind.

---

[30] [Randbemerkung:] warum nicht einfach von ›uns‹ aus.
[31] [Randbemerkung:] ›nur‹?!
[32] [Darübergeschrieben:] Grund

II. Teil
Die erste Fragestellung bezüglich des Satzes vom Widerspruch und ihre Lösung

A. Die Entfaltung der Fragestellung aus den Grundzügen des griechischen Philosophierens

1. Die Grundzüge der griechischen Philosophie zeigen sich in der Leitfrage: was ist das Seiende? Solches Fragen schließt den Fragenden – den Menschen – selbst mit ein, sofern der Mensch nicht Nichts ist. Dieser Einschluß des Menschen als Seienden in das Seiende im Ganzen, darnach gefragt wird, erzwingt den Blick auf den Menschen. Dieser offenbart sich dabei eben als jenes Seiende, das nach dem Seienden fragt und dabei das Seiende vernimmt, *davor*steht und inmitten [seiner steht][33] und [es] versteht, wenngleich im tiefsten Unverständnis. Aber wie immer, das Seiende wird solchem Verstehen offenbar, und dieses selbst rückt damit in die Frage und den Umkreis der Besinnung. Dieses Verstehen des Seienden kein Wissen, das neben dem Leben einherliefe, sondern der Grundzug des menschlichen Daseins selbst, die Urhandlung, in der es sich um die Offenbarkeit des Seienden im Ganzen und das Seinkönnen des Menschen inmitten des Seienden handelt.

Die Frage nach dem Seienden (ὄν) ist zugleich die Frage nach dem Verstehen (ἐπιστήμη).[34] Daher Met. Γ 1 inc.: Ἔστιν [ἐπιστήμη τις ἣ θεωρεῖ τὸ ὂν ᾗ ὂν καὶ τὰ τούτῳ ὑπάρχοντα καθ' αὑτό].[35] »Es gibt so etwas wie ein Verstehen, das in den Blick nimmt das Seiende als Seiend und das, was an diesem an ihm selbst schon herrscht.«

---

[33] [In der Handschrift werden die Wörter »*davor*steht und inmitten« durch ein Platzvertauschungszeichen an die Stelle zwischen »nach dem Seienden« und »fragt« verwiesen, wohin sie aber grammatisch nicht passen. Siehe die überarbeitete Formulierung in der zweiten Fassung des Vortrags, S. 225.]
[34] [Randbemerkung:] Beides in einem gesucht.
[35] [Aristotelis Metaphysica. Recognovit W. Christ. Lipsiae, in aedibus B. G. Teubneri, 1886, Γ 1, 1003 a 21 sq. – Das vom Herausgeber in eckige Klammern Gesetzte wurde nach dem Aristoteles-Text ergänzt.]

III. Der Satz vom Widerspruch

a) ὄν – nach dem Seienden ist gefragt, sofern es Seiend, nach der Seiendheit, kurz: nach dem Sein, und d. h. nach dem, was im Sein herrscht (ὑπάρχ[ει], »herrscht«, »es *herrscht* am Nordpol Kälte«).[36] Nach dem ὄν ist *gefragt*, es ist das Gesuchte – das gleichsam seine Definition, vgl. [Met.] Z [1], 1028 b 2 [sq.]. Daher ἐπιστήμη τις, und d. h.

b) die ἐπιστήμη selbst steht in Frage. Und das in verschiedenen Hinsichten; vgl. bei Aristoteles die Behandlung in Met. A 1 und 2, Eth. Nic. Z, De anima Γ, Anal. post. A. (Wir verfolgen hier kurz die letztgenannte Abhandlung.)[37]

Bei der Erörterung der griechischen Begriffe von Wissen ist man allzu sehr an Schemata der Psychologie und Erkenntnistheorie gebunden. Wissen besagt soviel wie Verstehen – ich verstehe, d. h. ich weiß, was ich angesichts des Seienden zu tun habe, sei es [im] Handeln oder [im] Vorgehen, Umgehen. Wissen – das Wissen um, ich weiß, ich weiß Bescheid, ich bin interessiert [?], ich bin bereit, bin *imstand*, bin entschlossen, beherrsche die Sache und mich selbst. Beispielhaft deutlicher wird dieses Wesen von Wissen naturgemäß am nächsten Erfahrenen, [am] Sichverstehen auf das Betreiben und Lenken und Herstellen von Dingen, Sichauskennen in etwas, Handwerk, τέχνη, aber auch im Redenkönnen, vor allem auch [im] Lernen und Lehren. Erst allmählich scheiden sich τέχνη und ἐπιστήμη, aus gemeinsamer Wurzel entspringend, ab, bis dann schließlich ἐπιστήμη: Wissen, Verstehen, wie es um eine Sache steht. Aus und in solchem Wissen kann die Sache *gezeigt* (aufgewiesen) werden – δεικνύναι – vom Lehrenden dem Lernenden. Dieses Zeigen aber steht unter gewissen Bedingungen, und erst diese umschreiben das Wesen des Wissens, das aufweisen und lehren kann, sich und sein Gewußtes auf- und beweisen kann. Wissenschaft, Wissen: Wissen um ..., dabei über das Gewußte, und zwar hinaus, um es herum, von dort her es verstehen, warum

---

[36] [Randbemerkung:] *nicht* ἐν μέρει (γένος) [zwei darunter geschriebene abgekürzte Wörter unleserlich].

[37] [Randbemerkung:] vgl. *Plato* [ein Wort unleserlich] im Theätet – zugleich die Frage nach dem ὄν.

es so steht – αἴτιον. Dieses immer ein πρότερον. Wißbar nur [μὴ][38] ενδεχόμενον ἄλλως [ἔχειν] – προγιγνώσκειν – ἀπόδειξις (»beweisen«, »ableiten«).[39] ἀναπόδεικτα! Bedeutung.
Die drei Bestandstücke [der ἐπιστήμη ἀποδεικτική]: τρία.[40]
περὶ ὅ auch ἀρχή, [vgl. Anal. post. A 32] 88 b 27.
τὰ ἐξ ὧν: πρῶτον, *ἀρχὴ* ἄμεσος [vgl. A 2, 72 a 6 sq.].
πρότασις: *Satz, Behauptung* – *wesentlich* verschiedene θέσεις: ὑπόθεσις, ὁρισμός [vgl. A 2, 72 a 18 sqq.].
ἀξιώματα:
Wesensmomente: nicht *beweisbar*,
  κοινόν – *μάλιστα καθόλου* (ἀρχὴ τοῦ *πράγματος*):
   über einzelne γένη (ἕτερον, ἴδιον) weg,
   notwendig *zu haben* – ὑπό*ληψις*, nicht θέσις,
   wie *der Gebrauch* – πιστότατα.
Selbst mögliches *Worüber*, für welche ἐπιστήμη?
ἀναπόδεικτος (vgl. A 3, 72 b 20): »*unbeweisbar*« (nicht *beweisen können*!).
στάσις, ἴσταται (*A 3* [72 b 11 und 22]) → *eigentlich*.

[2.] Wie ἀξιώματα immanent *aus ἐπιστήμη ἀποδεικτική*.
Reduktive *Grenzbetrachtung*.[41]

---

[38] [Handschrift: οὐκ.]
[39] [Vgl. Eth. Nic. Z 3, 1139 b 20 sqq.]
[40] [Vgl. Aristotelis Organon Graece. Edidit Theodorus Waitz. Pars posterior. Lipsiae, sumtibus Hahnii, 1846, Anal. post. A 10, 76 b 11 sqq.]
[41] [Der vorgesehene Punkt A 2 findet sich in dieser ersten Fassung des Vortrags nicht weiter ausgeführt.]

[B. Die Lösung der Aporie und die Durchführung der Aufgabe][42]

[1.] Die Lösung der Aporie

Nachweis der Zugehörigkeit der Behandlung der Axiome zur eigentlichen Philosophie. Auf welchem Wege? Nur möglich durch eine Charakteristik der *Axiome*. Und zwar jetzt nicht, wie in der Analytik, als Grenzphänomen der beweisenden Wissenschaft, sondern in sich selbst, ihrem Gehalt nach.

Begründung in fünf Schritten:[43]
1. Gehören dem Seienden als solchen zu,
2. jedermann gebraucht sie in diesem Sinne,
3. demgemäß auch nicht behandelt in den einzelnen Wissenschaften, obzwar gebraucht. – *Beispiel.*
4. Wo das aber geschieht (Physik), da gerade die leitende Vormeinung, es handle sich um das Seiende als solches. Was für die Physik die Axiome behandeln, sind nicht Gründe der Physik, sondern [der] Metaphysik (ἀνωτέρω τις! [vgl. Met. Γ 3, 1005 a 34]).
[5. Freilich verkennen sie nun auch, wie den Charakter ihres eigensten Wollens, so auch das Wesen der Axiome: daß sie nicht aus einem vorgegebenen Gebiet des Seienden erst gewonnen werden können, sondern selbst dazu schon mitgebracht werden müssen.][44]

---

[42] [Zur Übersetzung von Met. Γ 3 siehe unten S. 263 ff.]
[43] [Vgl. Met. Γ 3, 1005 a 19–b 8.]
[44] [Das vom Herausgeber in eckige Klammern Gesetzte findet sich in der Handschrift an den Seitenrändern eingeklammert sowie mit einem Deleatur-Zeichen versehen.]

2. Die Durchführung der Aufgabe [Met. Γ 3, 1005 b 8—34]

[a.][45]

a) Festlegung eines Leitfadens zur Auffindung der Axiome innerhalb der πρώτη φιλοσοφία (b 8—11)

Welches sind nun die Axiome, deren Behandlung der eigentlichen Philosophie zufällt? Aus der kritischen Bemerkung wurde bereits negativ klar: die Axiome können nicht innerhalb des Seienden an diesem durch Erfahrung aufgerafft werden, obzwar sie gerade etwas über das Seiende selbst sagen. Es bedarf daher eines anderen Weges zur Auffindung und Aufstellung der Axiome.

Aristoteles bestimmt diesen Weg durch eine allgemeine Überlegung. Die eigentliche Vertrautheit mit einem Sachgebiet besteht im Wissen um das, was im vorhinein zur Sache und ihrer Wesensmöglichkeit gehört (ἀρχὴ [τοῦ] πράγματος [vgl. b 10]). Im Lichte solchen Wissens werden allein sogenannte Tatsachen und ihre jeweilige Bedeutsamkeit sichtbar.

Der Philosoph hat nun nicht irgendein gesondertes Gebiet von Seiendem zum Thema, sondern das Seiende als solches — er muß demnach im voraus vertraut sein mit dem, was zum Sein überhaupt gehört. Der Philosoph versteht das μάλιστα καθόλου, also die entsprechende ἀρχή — die höchste.

b) Entwurf des Wesens eines höchsten Prinzips aus der Aufgabe der πρώτη φιλοσοφία (b 11—18)

Dementsprechend vollzieht Aristoteles aus der Aufgabe der πρώτη φιλοσοφία den Entwurf des Wesens eines höchsten Prinzips, d. h. eines solchen, das ausspricht, was vor allem am meisten dem Sein Stand gibt. Es muß zwei Grundeigenschaften haben:

---

[45] [Zur Absicht Heideggers, den Abschnitt II B 2 in a und b zu gliedern, siehe unten S. 208. In der zweiten Fassung des Vortrags erfolgt stattdessen eine Gliederung des Abschnitts II B in 2 und 3.]

1. γνωριμωτάτη [vgl. b 13]: höchste Vertrautheit – es muß völlig unverborgen sein, so also, daß keine Möglichkeit der Verborgenheit und der Verstelltheit. Sonst müßte es ja bald so, bald anders sich ausnehmen, schwanken statt feststehen, stand-haft sein.

2. ἀνυπόθετον [b 14]: Zur Standhaftigkeit der höchsten ἀρχή gehört es, daß es in seiner Wahrheit notwendig gesetzt wird – es kann nicht nur zuweilen und beliebig angesetzt werden, es steht außerhalb solcher Möglichkeit (ἀν-υπόθετον). Vielmehr bei jeglichem Kennen und Erkennen von Seiendem *unumgänglich schon* verstanden.

c) *Die Aufstellung des höchsten Prinzips (b 18–23)*
Welcher Satz genügt nun dieser Idee eines solchen höchsten Prinzips? Wir wissen, es muß ein Satz über das μάλιστα καθόλου sein, über das Seiende als Seiendes, d. h. über das Sein. Demnach gilt es jetzt einen Satz aufzustellen, der als Satz vom Sein dieser Idee des höchsten Prinzips Genüge tut. *Der Satz:* [τὸ γὰρ αὐτὸ ἅμα ὑπάρχειν τε καὶ μὴ ὑπάρχειν ἀδύνατον τῷ αὐτῷ καὶ κατὰ τὸ αὐτό (b 19 sq.)].[46] *NB:* ὑπάρχειν (ἡ ὑπάρχουσα οὐσία, [vgl.] Isokrates[47]): »vorhanden sein«.

d) *Der Beweis für den Satz als die standhafteste ἀρχή (b 23–31)*
Man wird sofort fragen: weshalb gerade dieser Satz? Es gilt also *zu erweisen,* daß dieser Satz das standhafteste Prinzip ist. Wie sieht dieser Erweis aus? Um diesen deutlich zu fassen, gilt es den Beweisgegenstand ganz klar zu haben. Nicht ist hier das Beweisthema: der *Inhalt des Prinzips* – das, was da über das Sein gesagt wird. Sondern: daß dieses Gesagte – der Satz – das einleuchtendste und unumgängliche Prinzip ist – ὑπόληψις. Aristoteles formuliert das jetzt 1005 b 23 so: ἀδύνατον [...] ὁντινοῦν ταὐτὸν ὑπολαμβάνειν [εἶναι

---

[46] [Das vom Herausgeber in eckige Klammern Gesetzte wurde nach dem Aristoteles-Text ergänzt.]
[47] [Vgl. Isokrates, Ad Demonicum 18: αἰσχρὸν γὰρ τοὺς μὲν ἐμπόρους τηλικαῦτα πελάγη διαπερᾶν ἕνεκα τοῦ πλείω ποιῆσαι τὴν ὑπάρχουσαν οὐσίαν.]

καὶ μὴ εἶναι].⁴⁸ Die Unmöglichkeit solcher ὑπόληψις gilt es zu erweisen. Wir lösen den Beweis in seine einzelnen Schritte auf.

Angesetzt wird, das im Grundsatz Gesagte sei wahr: derselbe kann nicht zugleich erkennen und nicht erkennen, d. h. Seinsgesetz.

Daraus wird sogleich eine Abwandlung entnommen: Das Entgegenliegende (ἐναντία) kann nicht zugleich am selben vorhanden sein.

Weshalb diese abgewandelte Fassung auf ἐναντία, wird sogleich klar. Denn entgegenliegend sind u. a. κατάφασις und ἀπόφασις, das »Zusagen« und »Absagen«; diese Weisen des Sagens, Sprechens stehen im ἀντί-, machen ἀντίφασις aus, und so je eine δόξα der anderen [entgegenliegend]. Sofern sie solche δόξαι sind, können sie als *Entgegenliegendes* gemäß dem allgemeinen Seinsgesetz nicht zugleich am selben Seienden vorhanden sein. Wo sind sie überhaupt vorhanden, wenn schon? Am Menschen. Wenn dieses Zugleich-Vorhandensein am Menschen unmöglich ist, dann kann der Mensch nicht solche φάσεις, δ[όξαι] zugleich vollziehen. D. h. aber: er kann nicht zugleich dafür halten, daß etwas sei und nicht sei; d. h. er *kann nicht* dafür halten, daß etwas zugleich sei und nicht sei. Er muß notwendig das Gegenteil annehmen, d. h. er muß notwendig den obigen Satz *haben* – ἀνυπόθετον –, d. h. dieser muß ihm oberstes Prinzip sein.

Zusatz: Würde er nämlich das Gegenteil des Satzes annehmen wollen, dann befände er sich im Getäuschtsein. Da er aber seinsgesetzlich das nicht kann, steht er hier notwendig im Ungetäuschtsein – γνωριμώτατον. Nach beiden Charakteren das Prinzip, das Prinzipsein des Satzes, erwiesen.

Wie immer wir zu diesem Beweis stehen, das eine ist von vornherein klar: die Wahrheit über das Bestehen des im Satz ausgesagten Seinsgesetzes wird nicht bewiesen; ja es besteht auch gar nicht

---

⁴⁸ [Das vom Herausgeber in eckige Klammern Gesetzte wurde nach dem Aristoteles-Text ergänzt.]

die Absicht dazu, d. h. also dazu: etwa das Seinsgesetz im Blick auf das Wesen des Seins zu gewinnen.

Erwiesen wird nur das Prinzipsein des Satzes. Aber *wie* wird das bewiesen? Dadurch, daß gesagt wird: das im Satz Gesagte, das *Seinsgesetz*, ist als solches das Gesetz des möglichen Setzens (Satzheit), sofern auch dieses qua Seiendes unter dem Seinsgesetz steht. Aus der Unumgänglichkeit des Setzens aber ergibt sich die Wahrheit des Gesetzten. Also ist das Seinsgesetz doch erwiesen. Nur eben indirekt.

Aber dieser indirekte Beweis ist doch der offenkundigste und reinste Zirkel, der je vollzogen wurde und vollzogen werden kann. Dürfen wir Aristoteles, dem ersten Logiker, einen solchen Zirkelbeweis — gröbster Verstoß gegen die Logik — zumuten? Nun, er steht da, und keine Auslegekunst wird diesen Tatbestand auslöschen können und dürfen. Wohl aber ist zu fragen: ob hier der Einwand mit Hinweis auf Zirkelschluß überhaupt zurecht besteht. Positiv: was es heißt, daß hier am Ende das, was wir Zirkel nennen, notwendig ist.

Aristoteles hat diese Fragen nicht mehr gestellt, wir sehen nur: er geht in der Tat im Kreis bei diesem Beweis. Er erweist damit den vorgelegten Satz als das höchste Axiom, d. h. er löst die der πρώτη φιλοσοφία gestellte Aufgabe.

e) Schluß [b 32–34]
Prinzip der Prinzipien. So Bewegung zu ἐπιστήμη ἀποδεικτική!

Das Positive erledigt. So sieht es aus. Wenn wir auf das Folgende [am] Anfang [von] cap. 4 sehen, so zeigt sich: es folgen nunmehr Auseinandersetzung mit *Gegnern*, kritische Entgegnungen.

Übergang von Γ 3 zu Γ 4 sqq. (B 2 a zu b)[49]

Aber das ist nur ein oberflächlicher Schein. Behalten wir dagegen die Aufgabe und ihre bisherige Lösung im Auge, dann ergibt sich eine ganz andere Rolle der folgenden Kapitel als lediglich die eines kritischen Anhangs. Wir sagen: der Gehalt des Grundsatzes – das Seinsgesetz – ist nicht erwiesen und kein Versuch dazu ist gemacht. Und was bewiesen wird, das hängt an der Wahrheit des Seinsgesetzes – als eines unbewiesenen.

Dieser *unbewiesene* Satz aber kann erst dann *die* Bedeutung voll beanspruchen, die er beansprucht, wenn gezeigt ist, daß er überhaupt unbeweisbar ist. Allein, auch das Unbeweisbare hat seinerseits erst dann berechtigten Anspruch auf Wahrheit, wenn es zugleich als unbestreitbar erwiesen. Der Satz wird sonach doch in gewisser Weise erwiesen. Über die Eigentümlichkeit dieses Beweises muß zuvor Klarheit bestehen. Er hat den Charakter der *Bloßstellung* des Bestreiters und Beweisheischenden als eines solchen, der seine eigene Forderung verkennt, sie daher im Ernst gar nicht stellt, weil er sie nicht stellen kann. [Gesetz!][50]

Diese Art Nachweis aber der Unbestreitbarkeit und der Unbeweisbarkeit des Satzes ist die Aufgabe des Folgenden. An die frühere Aufstellung des Satzes und seine Bewährung als oberstes Prinzip schließt sich jetzt notwendig die Sicherung des Satzgehaltes des Satzes.

Im Dienste dieser Aufgabe (Nötigung heißt Aufgabe) stehen die kritischen historischen Auseinandersetzungen des Aristoteles. Die ersten Abschnitte des cap. 4 entwickeln diese weitere Aufgabe ganz klar. Es gilt dieses näher zu verfolgen.

---

[49] [Die in Klammern gesetzte Angabe bezieht sich auf die Absicht Heideggers, das Kapitel II B 2 seines Vortrags wiederum in a und b zu gliedern.]
[50] [Die eckigen Klammern in der Handschrift.]

III. Der Satz vom Widerspruch

[b.] Γ 4, 1005 b 35 – 1006 a 31:[51]
Die Sicherung der Wahrheit des Grundsatzes

*a) Der Hinweis auf die Unbestreitbarkeit und Unbeweisbarkeit
des Satzes ([1005 b 35] – 1006 a 11)*

α) [b 35] – a 5: Zuerst stellt Aristoteles fest, daß das im Satz gesagte Seinsgesetz bestritten wird und daß dementsprechend auch die ὑπόληψις ausfällt. Dieser Bestreitung wird zunächst einfach die Anschauung des Satzes entgegengestellt und ausdrücklich vermerkt, daß im Durchgang durch dieses Seinsgesetz der es aussprechende Satz als oberster Grundsatz erwiesen wurde. Schwingt hier der uraristotelische Gedanke mit, daß eben durch den Nachweis des Satzes als [des] obersten Grundsatzes auch das Seinsgesetz erwiesen sei? Offenbar – denn sonst kein Grund, beides zu unterscheiden und doch wieder in Beziehung zu setzen: a 1 [sq.]: καὶ [ὑπολαμβάνειν οὕτως], a 4: καὶ διὰ τούτου [ἐδείξαμεν].[52]

β) a 5–a 11: Wenn nun – im Sinne der Bestreitung des Satzes – auch das Gegenteil bestehen kann, dann ist offenbar für die Behauptung des Satzes ein Beweis zu fordern.

Freilich ist das eine Forderung, die einem Mangel an παιδεία entspringt. Wem von vornherein die rechte Haltung zum Wesen der Dinge und ihrer möglichen Wahrheit fehlt, der vermag auch nicht zu unterscheiden zwischen dem Beweisbaren und [dem] Unbeweisbaren. Wollte man versuchen, alles zu beweisen, dann käme man beim Aufweis an keine Grenze. Dieses Argument des processus in infinitum ist allbekannt, aber in dieser üblichen Form eine Verunstaltung und Zerstörung seiner eigensten Kraft. Denn für den Griechen hat das eine ganz andere und wesentliche Bedeutung: ὄν – πέρας, wo keine Grenze, da auch kein Seiendes; nicht,

---

[51] [Zur Übersetzung von Met. Γ 4 sqq. siehe unten S. 265 ff.]
[52] [Das vom Herausgeber in eckige Klammern Gesetzte wurde nach dem Aristoteles-Text ergänzt.]

daß es immer so weiter geht, ist das, was das Beweisen unmöglich macht, sondern daß kein Seiendes zu erreichen ist, das offenbar gemacht werden könnte; im bloßen Und-so-weiter könnte ja immerfort noch anderes erkannt werden, und daß es an kein Ende geht, wird ja als solches nur ein Vorgang des unerschöpflichen Nachweisens. Ganz anders versteht der Grieche und so [hat] das Argument eine ganz *andere Schlagkraft*: wo das βαδίζειν εἰς ἄπειρον, da tritt der Mensch überhaupt aus dem Umkreis des Seienden heraus.

Wer es nur aufs Beweisen absieht und nichts anderes kennt, der ist dann aber auch von vornherein außerstande, dergleichen wie Unbeweisbares als solches zu sehen, er bleibt dafür blind.

b) Die Möglichkeit des Erweisens des Unbeweisbaren und Unbestreitbaren und der Charakter dieses ›Beweisens‹: die Bloßstellung (ὁ (τὸ) ἔλεγχος) (a 11−28)

1. Der Grundcharakter dieses Beweisens ist die *Bloßstellung* des Bestreiters als eines *überhaupt Redenden* − λόγον ἔχων. Darin aber sieht der Grieche die Wesensbestimmung des *Menschen*. Die Bloßstellung stellt nichts anderes ins Freie als dieses: der Bestreiter ist ein Mensch und muß sich als Mensch verstehen, d. h. als ein Seiendes, das mit anderen seinesgleichen und mit sich selbst spricht (*λόγος − δηλοῦν*). Andernfalls − wenn er nicht auf sich als Redenden bestehen wollte − müßte er zu einem ganz anderen Seienden, zur Pflanze werden.

2. Unterschied zwischen Bloßstellung und eigentlichem Beweis: Im Beweis wird einem anderen oder auch sich selbst ein Seiendes in seinem So-und-so-Sein aufgezeigt. Dazu ist notwendig, daß die Miteinanderredenden, der Lehrende und [der] Lernende − der, der zeigt, und der, dem gezeigt wird − im Einverständnis sind über die Grundlagen aller ἀπόδειξις, vgl. oben. Der Beweisende vor allem muß diese Grundsätze *für sich* und für den anderen in Anspruch nehmen.

Wollte nun einer bezüglich der Grundsätze einen Beweis se-

III. Der Satz vom Widerspruch 211

hen, so müßte er dieses je selbst – als Beweisender – von sich aus fordern.

Bei der Bloßstellung dagegen fordert *er nicht* etwas *für sich*, sondern er zeigt nur, daß der andere etwas in Anspruch nimmt und nehmen muß für sich selbst *als er selbst*.

Was nun auf Grund und im Lichte einer solchen Bloßstellung weiterhin gezeigt wird, das geht ganz auf Kosten des Anderen.

3. Der Ansatz zu der durchzuführenden Bloßstellung:
Zwar auch ein ἀξιοῦν, aber gerade nicht das ἀξίωμα – nämlich Ein- und Zugeständnis, daß der Bestreitende, sofern er überhaupt redet, Mensch ist, anderen und sich selbst etwas zu verstehen, [zu] bedeuten gibt. Was, das ist zunächst ganz gleichgültig – damit *ein ὡρισμένον* [a 25] und damit schon das *Bestrittene* im Grunde aufgegeben.

Schwierigkeit der Auslegung von *1006 a 30*.

4. Der Fortgang und die Ausarbeitung der Bloßstellung:
das überhaupt Verstanden-Sein,
das *Offenbarsein* des Seienden,
das Sein des *Seienden* selbst.

(5. ἔλεγχος und Seinsgesetz.)

III. [Teil]

Wir haben nichts weiter unternommen als die Aristotelische Fragestellung bezüglich des Axioms auseinanderzulegen und die Auflösung in ihrem Zusammenhang vorzulegen. Dieses Selbstverständliche ist aber für die seit Jahrhunderten übliche Erörterung des Satzes vom Widerspruch gar nicht selbstverständlich. Im Gegenteil – die übliche Behandlungsart sucht den Aristotelischen Text lediglich ab nach Belegstellen für die eine oder andere Auffassung im Hinblick auf die oben genannten, längst üblich gewordenen und meist u. a. [?] verschiedenen Gesichtspunkte.

Ganz abgesehen davon, daß man der wirklichen und lebendigen Problematik überhaupt fernbleibt, setzt man überdies noch voraus, die leitenden Gesichtspunkte dürften ohne weiteres für die Kennzeichnung der Aristotelischen Auffassung in Anspruch genommen werden. Und das ist die Grundtäuschung, die vor allem anderen zerstört werden muß.

Es gilt jetzt nur, die genannten Gesichtspunkte und üblichen Fragehinsichten bezüglich des Satzes vom Widerspruch mit dem Tatbestand der Aristotelischen Problembehandlung zu ›konfrontieren‹. (Dies nur das Negative. Positiv wird zu fragen sein, ob sich nicht ganz andere Perspektiven aus Aristoteles ergeben und welche.)

Ad 1 bezüglich der inhaltlichen Fassung. Hier ganz handgreiflich, wie Aristoteles verschiedene Fassungen vorlegt. Bei der grundsätzlichen Aufstellung: ἀδύνατον ὑπάρχειν ... [vgl. Γ 3, 1005 b 19 sq.]; aber sogleich nachher: ἀδύνατον ὑπολαμβάνειν ... [vgl. b 23 sq.]; ἀδύνατον φάναι καὶ μὴ φάναι [vgl. B 2, 996 b 29]; dann wieder: ἀδύνατον εἶναι καὶ μὴ εἶναι [vgl. b 29 sq.]. Ganz ausgeschlossen, Aristoteles auf die *eine* oder andere Fassung festzulegen.

Ad 2. *Ort.* In dieser Hinsicht dürfte allerdings kein Zweifel bestehen. Denn Aristoteles behandelt doch gerade ausführlich die Aporie, ob der Satz in die πρώτη φιλοσοφία gehöre oder nicht. Und er sagt, der Satz gehöre dahin, und er stellt den Satz auf und behandelt ihn in der Metaphysik und nicht etwa in der Logik. Aber so einfach liegen die Dinge nicht. Denn 1. gibt es für Aristoteles weder Logik noch Metaphysik. 2. Die πρώτη φιλοσοφία, der er die Behandlung der Axiome zuweist, ist in ihrem eigentlichen Wesen bis heute dunkel. Denn wir sahen: Aristoteles stellt zwar den Satz als Gesetz des Seins auf, die Behandlung aber, die er ihm angedeihen läßt in der sogenannten Metaphysik, geht ganz in der Richtung auf das ὑπολαμβάνειν und γνωρίζειν und φάναι – λόγος. Weshalb diejenigen, die sagen, der Satz gehöre nach Aristoteles in die Logik, gleiches Recht für sich beanspruchen können.

III. Der Satz vom Widerspruch

Aber auf solchem Wege (Metaphysik – Logik) die Frage nicht entscheidbar. [Vielmehr umgekehrt durch eine entsprechend gründliche Auslegung dessen, was bei Aristoteles vorliegt, erst einen Begriff der πρώτη φιλοσοφία erarbeiten – verstehen lernen, inwiefern und warum die Frage nach ὄν am Logos erarbeitet – ob das schlechthin notwendig oder im Ansatz der Griechen, ob wieder dieser Ansatz zufällig oder aber als Ansatz unumgänglich.][53]

[Ad] 3. Auch die Frage nach dem Rang ist nicht ohne weiteres zu entscheiden. Zwar sagt Aristoteles ausdrücklich: ἀρχὴ ἀξιωμάτων πάντων [vgl. Γ 3, 1005 b 33 sq.]. Aber wir wissen, der Begriff des Axioms ist auf ἀπόδειξις und ἐπιστήμη orientiert. Ob der Satz zugleich auch der höchste Satz vom Sein ist (ἀρχὴ πράγματος), das hat Aristoteles gar nicht gezeigt. Denn wir können leicht andere und viel einfachere Sätze über das Sein (ὄν – ἕν) *beibringen* (vgl. Γ 2).

[Ad] 4. Erst recht schwierig ist die Kennzeichnung der Rolle des Satzes. Vgl. schon die Zwiespältigkeit des Inhaltes. Ob Wolff sich auf Aristoteles berufen könnte?

[Ad] 5. Und gar der Satzcharakter – Beweisbarkeit und Einsichtigkeit des Satzes. Zwar sagt Aristoteles, er ist unbeweisbar und unbestreitbar; aber er beruft sich vor allem bei der ersten Aufstellung und Fassung nirgend auf die sogenannte unmittelbare Evidenz (Einsicht in das Wesen des Seins), gar im Sinne eines absolut gewissen Kriteriums. Doch ebensowenig spricht er davon, das Gesetz wirke aus einer unüberwindbaren physischen Veranlagung des Menschen, so denken zu müssen (Naturgesetz). Und schließlich auch keine Verlegung des Satzes in das Denken im Sinne einer uneinsichtigen Denknorm.

Wohl dagegen auf den Menschen – λόγον ἔχον – als Sprache habendes Wesen zurückgegangen. Und das mehrfach und ausdrücklich. Nur nicht qua ›logisch‹; und auch nicht so, daß damit die Hinsicht auf das Sein abgeschnitten. Auf den Menschen zwar, aber nicht als vorhandenes *Seelending*.

---

[53] [Die eckigen Klammern in der Handschrift. Randbemerkung:] Zus[ammen-fassung]

Nach keiner der Fragehinsichten läßt sich aus Aristoteles eine eindeutige Antwort gewinnen.⁵⁴ Ja, wie vor allem aus (2) und (5) deutlich, diese Gesichtspunkte *überhaupt unangemessen*. Ihnen folgend kommen wir nicht durch. Das sagt, es bedarf einer grundsätzlich anderen Orientierung. Das freilich nur ein negatives Ergebnis. Aber bei der Verhärtung und Vorherrschaft des üblichen Fragens wichtig genug, [weil es] davor behütet, was positiver Frageansatz ist, zu unverständlichen *Ergebnissen* umzufälschen – d. h. Aristoteles ›selbst wahrhaben‹.

Fest steht nur: das, was der Satz ausspricht, ist zu erörtern in jenem Fragen, das nach dem Seienden als solchen, nach dem Sein fragt. Nun hat man bisher nie beachtet, was Aristoteles als seine Leitbotschaft [?] über das Sein ausspricht: λέγεται πολλαχῶς, das Sein »wird in vielfältiger Weise gesagt«. Daraus ergibt sich zunächst: gerade wenn der Satz ein Seinsgesetz ausspricht, *muß* er notwendig mehrdeutig sein. Nicht allerdings gesagt, daß sich diese [Bedeutungen] in verschiedene Disziplinen – Metaphysik, Logik – aufteilen lassen. Demgemäß Behandlungsort (-art) und die Art der Begründung nicht so einfach, wie man sich das späterhin gedacht hat.

Vollends, wenn wir nun wieder beachten, daß Aristoteles jene Hauptthese [des] πολλαχῶς nirgend begründet, jedenfalls nicht in dem, was uns überliefert ist. Auch nicht anzunehmen, daß er eine weitere Begründung gesucht hat. Sondern auch hier die Haltung: solche einfachen Grundtatsachen erst einmal einfach zu sehen und festzuhalten.

Grundfrage: Wesen des Seins und Möglichkeit und Weise der Wesenserhellung.

Ebenso unbestreitbar wie Zugehörigkeit zu πρώτη φιλοσοφία ist daher, daß Aristoteles in der Erörterung auf ἄνθρωπος zurückgeht. Und zwar gerade die Unbeweisbarkeit und Unbestreitbarkeit – auf

---

⁵⁴ [Randbemerkung:] hier zugleich die Antwort auf S. 8 inc. [?] – *wie* als spätere Lehre darauf wieder ›zurückgehen‹.

III. Der Satz vom Widerspruch

einen Grund – doch eine *Begründung*; Unbeweisbarkeit schließt Möglichkeit und Notwendigkeit der Begründung nicht aus. Sie muß daher selbst aus dem Wesensgesetz der Frage gesucht und vollzogen werden.

ἄνθρωπος – λόγος – δηλοῦν – ἀλήθεια – ὄν.

Zus[ammenfassung]: nicht Grund im Absoluten, sondern Existenz des Menschen, gesetzt, daß er *existiert* und nicht eine Pflanze wird; unter einer eigentümlichen Grundbindung steht das Ganze, *allerdings nur Dämmerung, vgl. die wesentliche Zwiespältigkeit*.

Begründung: das Ursprüngliche nicht notwendig heller und *an sich* überlassen, sondern dunkler und *überantworteter*.

BEILAGEN ZUR ERSTEN VORTRAGSFASSUNG

1. Satz vom Widerspruch

ist nur ein logischer Grundsatz oder ein ontologischer?
Wenn ›Logik‹ und ›Ontologie‹ in sich fragwürdig, was soll dann diese Frage?
Was ist aber *vor* allem dann mit dem ›Grundsatz‹ gemeint?
Warum Grundsatz?
Setzt ein *Gründendes* – was begründet er?
Das Denken? Das Sagen? Worauf denn?

2. Die heutige Unempfindlichkeit gegen [die] Geltung des Satzes vom Widerspruch und seine Begründung (ἐλεγκτικῶς)

Nichts *Unerhörtes* und letzt[lich] Wesentliches (es immer nur von Beweis und formales *Gesetz*), sondern nur etwas Gleichgültiges. Weil gar nicht mehr die Nähe zum Sein und [zur] Seinsfrage, während eben für die Griechen etwas Unerhörtes, und das *mit Recht*. Sie spürten, und gerade hier, die Kraft und Größe des Menschseins, d. h. *keine Pflanze zu sein*.

Nicht, daß philosophische Frage die nach dem *Menschen* ist – ›Existenzphilosophie‹ –, sondern umgekehrt: daß nach dem Menschen nur wieder gefragt und d. h. die *Grenzen* dieses Fragens erst gewonnen werden können, wenn die *Frage der Philosophie* wieder erwacht ist.

Der Satz vom Widerspruch[55]
[Zweite Fassung]

Er lautet in der Fassung, die Kant ihm gegeben: »*Keinem Dinge kommt ein Prädikat zu, welches ihm widerspricht.*« (Kritik der reinen Vernunft, A 151, B 190)[56] Zur Erläuterung sei kurz vermerkt: ›Ding‹ ist die Übersetzung von res. Dieser Terminus der überlieferten Metaphysik bedeutet soviel wie ›Etwas‹; das meint nach Kant (Metaphysikvorlesung, Pölitz – Neudruck, S. 15) »jedwedes Object des Denkens«, »der oberste Begriff aller Erkenntnisse«.[57] ›Ding‹ somit jedes Erdenkliche als solches; daher seinem Begriffe nach auf Denken bezogen. Eben deshalb spricht Kant, wenn er das Seiende meint, sofern es *nicht* Bezugsglied eines menschlichen Denkens ist, vom ›Ding *an sich*‹.[58] Das Ding als Erdenkliches ist so immer *Subject* eines Satzes; daher müßte der Widerspruchssatz in der Kantischen Fassung streng genommen lauten: ›Keinem Subjekt kommt ein Prädikat zu …‹. Diese Fassung findet sich in der Tat auch in der Metaphysikvorlesung (a.a.O., [S.] 14): »*nulli sub-*

---

[55] [So die Überschrift auf dem ersten Blatt der zweiten Vortragsfassung. Auf dem Umschlag, mit dem Heidegger dieses Konvolut zusammengefaßt hat, findet sich die Aufschrift:] *Über den Satz vom Widerspruch.* / z. T. umgearbeitet im Zusammenhang / mit der Vorlesung im S.S. 33. / vgl. dort zwischen *S. 19 u. 20.* [Diese Seitenangabe bezieht sich auf das Manuskript der genannten Vorlesung. Vgl. Martin Heidegger: Die Grundfrage der Philosophie. Freiburger Vorlesung Sommersemester 1933. In: Sein und Wahrheit. Gesamtausgabe Band 36/37. Hrsg. von Hartmut Tietjen. Frankfurt a. M.: Vittorio Klostermann, 2001, S. 1–80, hier S. 56–62. – Neben der Überschrift auf der rechten Blattseite die Bemerkung:] [Kränzch[en] 16. VII. 32) [Siehe dazu das Nachwort des Herausgebers, S. 755. Ferner auf der rechten Blatthälfte die Bemerkung:] *Maxime:* Wenn der ›Satz vom Widerspruch‹ ein Seinsgesetz betrifft, dann ist er nur aus der hinreichenden Klärung der Seinsfrage zu erörtern. Aber auch nur so die Richtung des anfänglichen Fragens bei Aristoteles festzulegen und gar ursprünglicher wiederaufzunehmen.
[56] [Die Hervorhebung von Heidegger.]
[57] [Immanuel Kant's Vorlesungen über die Metaphysik. Zweite Auflage, S. 15 = Ausgabe von 1821, S. 23.]
[58] [Bemerkung auf der rechten Blattseite:] ╱Ding überhaupt ╲
Ding für uns (Erscheinung)   Ding an sich
                                    (›für‹ das *Absolute*)

jecto competit praedicatum ipsi oppositum«.⁵⁹ Damit ist auch schon geklärt, wie das ›Zukommen‹ zu verstehen ist. Der Satz will nicht sagen, daß in Wirklichkeit nie einem Subjekt ein widersprechendes Prädikat zugesprochen werde. In diesem Sinne wäre der Satz falsch, da ja oft genug widerspruchsvolle Aussagen vorkommen. Das ›kommt nicht zu‹ besagt: gehört nicht zu. Es gehört sich nicht für einen Satz als solchen, daß das Prädikat dem Satzgegenstand widerspricht, er hat keine Kompetenz als Satz, wenn er diesem ›Prinzip‹ nicht folgt: »keine Erkenntnis« (kein ›Ding‹, vgl. oben), sagt Kant, kann diesem Widerspruchssatz »zuwider sein« (Kritik der reinen Vernunft, A 151, B 191).

Diesem *ersten* Gesetz des Denkens untersteht alles Urteilen und Aussagen. Es ist der oberste Grundsatz der Logik. Weil *alles* Denken sich ausdrücklich oder unausdrücklich auf den Satz als Regel beruft, wird er auch schon im Denken über den Satz für dieses Denken ›vorausgesetzt‹. Damit wird die *Aussichtslosigkeit*, über diesen Grundsatz überhaupt weiter zu verhandeln, leichterhand dargetan. Überdies enthält er ja nur einen einleuchtenden Gemeinplatz, weshalb jede weitere Erörterung sich auch erübrigt.⁶⁰

Und doch – dieser »berühmte« Satz, wie Kant ihn nennt,⁶¹ ist voller Dunkelheit. Um ihn herrscht Verwirrung. Die Wahrheit dieser Behauptung sei kurz belegt. Wir ordnen dabei die verschiedenen Anschauungen über den Satz vom Widerspruch nach Gesichtspunkten, die im Verlauf seiner Geschichte aufgetreten sind: 1. Inhalt des Satzes, 2. Ort seiner Behandlung, 3. der Rang des Satzes, 4. die Rolle des Satzes, 5. der Satzcharakter des Satzes, 6. die Entdeckung des Satzes.

Die Kennzeichnung des Satzes vom Widerspruch nach diesen sechs Hinsichten verschafft einen ersten Einblick in den Fragebereich, in dem sich die geläufige Erörterung des Satzes bewegt.

---

⁵⁹ [Immanuel Kant's Vorlesungen über die Metaphysik. Zweite Auflage, S. 14 = Ausgabe von 1821, S. 23. Die Hervorhebung von Heidegger.]
⁶⁰ [Bemerkung auf der rechten Blattseite:] Überflüssigkeit
⁶¹ [Vgl. Immanuel Kant: Kritik der reinen Vernunft, A 152, B 191.]

III. Der Satz vom Widerspruch

I. Die Darbietung des überlieferten Fragebereichs

1. Der Inhalt des Satzes. Der Satz vom Widerspruch wurde eingangs ausgesprochen, und zwar in *der* Fassung, die *Kant* ihm gegeben. Dieser Zusatz war notwendig, weil der Satz gar nicht immer und nicht von allen so gefaßt wurde und wird. Z. B. gibt ihm *Suarez* folgende Prägung: »Impossibile est de eodem simul idem affirmare et negare« (Disp. Met., disp. I, s. IV, n. 25).[62] Man ist geneigt, die Kantische Fassung nur als eine Umschreibung dafür anzusehen. Dem ist entgegenzuhalten: Kant versucht a.a.O. gerade zu zeigen, daß das simul (»zugleich«) nicht in den Inhalt des Satzes gehört. Denn ›zugleich‹ sei eine Zeitbestimmung und betreffe daher nur die ›in der Zeit‹ vorhandenen Dinge. Der Satz vom Widerspruch beanspruche aber eine Aussage über jedes erdenkliche, also auch unzeitliche Ding.[63] – Wieder eine andere Fassung gibt Christian Wolff (Ontologia, § 28): »Fieri non potest, ut idem simul sit et non sit.«[64] Diese Formel entspricht der, die neben der vorgenannten auch bei Suarez vorkommt: »Impossibile est idem simul esse et non esse.«[65] Die beiden zuletzt genannten Fassungen unterscheiden sich wesentlich von den zuerst angeführten: Dort ist die Rede von Zukommen und Nichtzukommen des Prädikats zum Subjekt, von Bejahung und Verneinung. Auch Wolff sagt: »Was bekräfftiget wird, kann nicht auch zugleich verneint werden.« (Vernünfftige Gedancken von Gott, der Welt und der Seele des Menschen, § 10)[66] Kurz: Dort [ist die Rede] vom Sagen und Aussagen, hier aber schlechthin vom Sein und Nichtsein.

---

[62] [Franciscus Suarez: Disputationes Metaphysicae, disputatio I, sectio IV, n. 25. Das Zitat bei Heidegger ohne die in dieser Ausgabe vorhandene Hervorhebung.]
[63] [Vgl. Immanuel Kant: Kritik der reinen Vernunft, A 152 f., B 191 f.]
[64] [Christian Wolff: Philosophia prima, sive Ontologia, § 28. – Ergänzung auf der rechten Blattseite:] (nihil est et non est – Baumgarten) [Alexander Gottlieb Baumgarten: Metaphysica. Editio III. Halae Magdeburgicae: Hemmerde, 1750, § 7: »nihil est, et non est.«]
[65] [Franciscus Suarez: Disputationes Metaphysicae, disputatio III, sectio III, n. 5.]
[66] [Heidegger orientiert sich in seiner Formulierung an der im § 11 der deutschen Metaphysik Wolffs gegebenen Definition des Widerspruchs. Christian Wolff:

2. *Der Ort der Behandlung des Satzes.* Dieser Vielfältigkeit in der inhaltlichen Fassung entspricht die Unstimmigkeit in der Frage, welcher Disziplin die Behandlung des Satzes zugewiesen werden soll. Als Satz vom ›Sagen‹, ›Aussagen‹ (λόγος) gehört er in die ›*Logik*‹; als Satz vom ›Sein‹ und ›Seienden‹ (ὄν) hat er seinen Ort in der ›*Ontologie*‹ (metaphysica generalis).[67] Oder gehört der Satz gar, da er von der Natur des Denkens spricht, dieses aber zur Seele des Menschen gehört, als Naturgesetz des Seelischen in die ›*Psychologie*‹? Mit dieser doppelten Unsicherheit über Inhalt und Ort des Satzes hängt die weitere zusammen:

3. *Der Rang des Satzes.* Wir sprechen von dem Satz als oberstem Denkgesetz. Er wird gern in die Formel gebracht: A ≠ non A. Hiergegen kann gesagt werden, daß es einen noch höheren Satz gibt, der im Satz vom Widerspruch vorausgesetzt wird: A = A − der Satz von der Identität. Ja manche behaupten, der Satz vom Widerspruch sei überhaupt kein eigener Grundsatz, sondern nur die negative Fassung des Satzes [von der Identität].[68] So Leibniz: »licet [primae veritates] suos ipsa gradus habeant prioritatis, omnia tamen uno nomine *identicorum* comprehendi possunt« (Opuscules, ed. Couturat, p. 518).[69]

Wieder anders Kant: »Diesem Principio [contradictionis] wird subordinirt oder coordinirt das Principium identitatis.« (Metaphysikvorlesung, [S.] 15)[70] Wieder anders derselbe Kant in seiner Habilitationsschrift 1755 (»Principiorum primorum cognitionis meta-

---

Vernünfftige Gedancken von Gott, der Welt und der Seele des Menschen, auch allen Dingen überhaupt. § 10: »*Es kan etwas nicht zugleich seyn und auch nicht seyn.*« § 11: »Es wird demnach zu einem Widerspruche erfordert, daß dasjenige, was bekräftiget wird, auch zugleich verneinet wird.«]

[67] [Bemerkung auf der rechten Blattseite:] gesetzt, daß die Frage der Zu-weisung zu welcher ›Disziplin‹ überhaupt eine *ernsthafte* Frage ist (da ja der Grund dieser Disziplinen, ›Logik‹ und ›Ontologie‹, höchst fragwürdig ist).

[68] [Handschrift: v[om] W[iderspruch]. Hierbei handelt es sich um ein Versehen Heideggers.]

[69] [Opuscules et fragments inédits de Leibniz. Extraits des manuscrits de la Bibliothèque royale de Hanovre par Louis Couturat, S. 518.]

[70] [Immanuel Kant's Vorlesungen über die Metaphysik. Zweite Auflage, S. 15 = Ausgabe von 1821, S. 23.]

III. Der Satz vom Widerspruch 221

physicae nova dilucidatio«): Propositio I: »Veritatum omnium non datur principium *unicum*, absolute primum, catholicon.« (Gegen Wolff-Baumgarten.) Vielmehr Propositio II: »Veritatum omnium bina sunt principia absolute prima, alterum veritatum affirmantium, nempe propositio: *quicquid est, est,* alterum veritatum negantium, nempe propositio: quicquid non est, non est. Quae ambo simul vocantur communiter principium identitatis.«[71] Und Propositio III spricht von der praeferentia principii identitatis »*prae* principio contradictionis«.[72]

Gemäß der jeweiligen Bestimmung des Inhaltes, Ortes und Ranges übernimmt der Satz auch eine je verschiedene Rolle.

4. Die Rolle des Satzes. Dem einen ist er nur eine leere Regel des Denkens überhaupt und damit zwar eine notwendige, aber nicht hinreichende Bedingung der Möglichkeit der Erkenntnis (Kant). Dem anderen ist der Widerspruch ein inneres Bauelement der Wirklichkeit des Wirklichen selbst, sofern er da ständig aufgehoben wird und so in gewisser Hinsicht überhaupt nicht ist (Hegel). Wieder anderen, der mittelalterlichen Scholastik, zwar oberstes Denkgesetz, aber als dieses zugleich die Quelle des Satzes vom Grunde und dieser das Vehikel für den Gottesbeweis. Auf Grund dieses Zusammenhangs ist der rationale Beweis für das Dasein Gottes denknotwendig – mit dem Wesen der menschlichen Vernunft gesetzt *(vgl. Modernisteneid).* Nach anderen ist der Satz vom Widerspruch die Wesensdefinition des possibile qua tale, woraus dann deduktiv das nihil und ens und die ganze Metaphysik abgeleitet wird.

Inhalt, Ort, Rang, Rolle des Satzes vom Widerspruch sind strittig. Kein Wunder, daß die Meinungen auch über den Satzcharakter dieses Grundsatzes auseinandergehen.

5. Der Satzcharakter des Satzes. Damit meinen wir die Weise, wie er gesetzt wird. Wird er vorausgesetzt im Sinne einer mög-

---

[71] [Das Zitat bei Heidegger teilweise ohne die in der Ausgabe von Lasswitz vorhandene Hervorhebung.]
[72] [Die Hervorhebung von Heidegger.]

lichen Annahme? Wird er unter Beweis gestellt? Oder als unbeweisbar ausgegeben? Oder gar in seiner Unbeweisbarkeit erwiesen, wobei dieser Ausweis selbst wieder verschieden sein kann? Wir finden in der Tat hier ganz verschiedene Auffassungen, die nur das *Eine* gemeinsam haben, *daß keine radikal denkt und die Fragen ins Äußerste treibt.* Nach dem einen gründet sich der Satz auf die unmittelbare Einsicht des in ihm gesagten unableitbaren Sachverhaltes. Er ist schlechthin evident, einsichtig (Einsicht als frei schwebende). Nach anderen muß er erst abgeleitet werden. Anderen ist er zwar ein höchster allgemeiner Satz, beruht aber doch auf Erfahrung, nämlich von der tatsächlichen seelischen Veranlagung des Menschen, gemäß der eben widersprechende Aussagen unvollziehbar sind. Wieder andere stützen den Satz nicht einfach auf eine letzte unmittelbare Evidenz, sondern sagen: er ist einsichtig zwar für das lumen naturale, aber diese Evidenz gibt nur deshalb Wahrheit, weil dieses lumen geschaffen und erleuchtet ist durch das lumen divinum (Suarez).

Mag diese Lehre auch von vornherein metaphysisch-*theologisch* belastet sein, so faßt sie das Problem doch radikaler als die heute übliche Lehre, durch die man an eine letzte und erste absolute Evidenz verwiesen wird (Husserl), denn hier geht es ins Bodenlose, Unbestimmte, sofern nicht entschieden und entsprechend gefragt wird, für wen einsichtig, ob für den Menschen oder ein absolutes Bewußtsein. Wenn für [den] Menschen, wieso ›schlechthin‹? Wenn für [ein] absolutes Bewußtsein, wieso der Mensch dazu?

Wenn dergestalt die Anschauungen über den Satz vom Widerspruch in vielerlei Hinsichten auseinandergehen, muß freilich auch die Geschichte seiner Entdeckung verschieden gesehen und beurteilt werden.

6. Die Entdeckung des Satzes. Achtet man nur ganz im Rohen auf den Inhalt des Satzes, dann läßt sich feststellen: da ist die Rede von Sein und Nichtsein und [davon], daß beide einander entgegen sind. Hiervon aber: daß das Seiende ist, das Nichtseiende aber nicht ist, handeln bereits die Ursätze des *Parmenides.* Daher sucht man vielfach in ihm den Entdecker des Satzes vom Wider-

III. Der Satz vom Widerspruch

spruch. Umgekehrt sucht man in Heraklit den ersten Leugner des Satzes als des Satzes von dem, was ›Sein‹ unmöglich macht, sofern er den Widerstreit zum Wesen der Dinge macht. Der Widerspruch besteht und die Dinge bestehen aus und in ihm, Widerspruch ist hier keinesfalls Hintanhaltung des Seinkönnens und Seins, sondern umgekehrt gerade Wesen des Seins. Vgl. *Frg. 8* [Diels][73]: τὸ ἀντίξουν συμφέρον καὶ ἐκ τῶν διαφερόντων καλλίστην ἁρμονίαν καὶ πάντα κατ' ἔριν γίνεσθαι; Frg. *10*: συνάψιες ὅλα καὶ οὐχ ὅλα, συμφερόμενον διαφερόμενον, συνᾷδον διᾷδον, καὶ ἐκ πάντων ἓν καὶ ἐξ ἑνὸς πάντα; Frg. 88; Frg. 53: Πόλεμος πάντων μὲν πατήρ ἐστι ....

Doch hier zwar von Sein und Nichtsein, von Widerstreit die Rede, von solchem, was wir im sogenannten Satz vom Widerspruch antreffen. Aber damit noch nicht erwiesen, daß hier schon der Satz gemeint ist. Bedenkt man nämlich, daß der Satz vom Widerspruch nicht einfach nur ein Satz ist, in dem von Sein und Nichtsein geredet wird, sondern daß er sich *als Princip*, ἀρχή ausspricht, so wird man die obige Ansetzung der Entdeckung des Satzes vom Widerspruch als untriftig zurückweisen. Denn gemäß diesem Princip denken kann auch, wer es nicht als solches kennt. Ebenso lassen sich die Bestandstücke, ja der allgemeine Gehalt aussagen, ohne daß damit der Satz als Grundsatz entdeckt sein muß.

So liegt es bei Plato, den man gemeinhin als Entdecker des Satzes vom Widerspruch bezeichnet (vgl. Res publ. IV 436). Dagegen ist zu sagen: 1. wird an dieser Stelle zwar von dem im Satz vom Widerspruch Genannten gehandelt, und zwar in Bezug auf die δυνάμεις τῆς ψυχῆς. Aber weder ist die Rede von einem allgemeinen Princip des Seins noch des Denkens. 2. Die Entdeckung findet sich bei Plato nicht nur faktisch nicht vor, sie kann sich bei ihm gar nicht finden. Und zwar aus zwei wesentlichen Gründen: a) hat er noch nicht den zureichenden Begriff der φάσις, des Satzes, b) und ebenso wenig eine hinreichende Klärung des Wesens des Gegensatzes und seiner verschiedenen Formen. Plato kennt nicht

---

[73] [Ergänzung auf der rechten Blattseite mit Einfügungszeichen:] Bgv. XVI [?].

das Wort ἀντίφασις als Terminus; nur einmal ([vgl.] Gorg. 501 c [6]) ἀντίφημι in der Bedeutung von Einwendung, Entgegnung.

Die Bedingungen der Entdeckbarkeit des Satzes vom Widerspruch als eines Grundsatzes hat erst Aristoteles geschaffen und er hat ihn auch entdeckt. All die späteren Auffassungen und Lehren gehen auf ihn zurück. Allerdings bedurfte es der gewaltigsten Jahrhunderte abendländischen Philosophierens, um diese Entdeckung vorzubereiten. Die ganze Erbärmlichkeit des Gezappels, das man heute ›Philosophie‹ nennt, zeigt sich in nichts deutlicher als darin, daß uns die Maßstäbe für die Erkenntnis und Schätzung der großen Langsamkeit und Zähigkeit der wenigen *wesentlichen* Schritte der Griechen völlig abhanden gekommen sind.

Diese knappe Übersicht über die verschieden gewichteten Auffassungen des Satzes vom Widerspruch dürfte die Behauptung genügend belegt haben, daß Dunkel und Verwirrung um diesen ›obersten Satz‹ herrscht. Noch mehr: es fehlt an jeder sicheren Orientierung des Fragens, das imstande wäre, die gesamte Fragwürdigkeit des mit diesem Satz angezeigten Problems zu umgreifen (Beilage).[74]

Will man die Frage nach dem Satz vom Widerspruch wirklich stellen, dann ist es notwendig, mit ihrem Anfang anzufangen. Das sagt aber: einfach nachsehen, ohne Bindung an die überlieferten Gesichtspunkte, wie Aristoteles die Frage nach dem Satz vom Widerspruch in Gang brachte und wie er sie beantwortete.

Es handelt sich dabei nicht um die äußerliche historische Neugier, zu wissen, wie es mit dem Satz vom Widerspruch anfänglich eigentlich gewesen, sondern dieses Wissenwollen ist von vornherein eingebaut und geleitet von der Notwendigkeit einer ursprünglichen und letzten Auseinandersetzung mit dem Anfang der abendländischen Philosophie, dessen Vollender Aristoteles darstellt.

Es ist jetzt in einem II. Teil auseinanderzulegen, welche Fragestellung Aristoteles auf den Satz vom Widerspruch führte, vor

---

[74] [Siehe unten S. 247 f. die »Beilage zu Satz vom Widerspruch, S. 3«.]

allem, ob und wie aus dem Grundzug der griechischen Philosophie, und es ist darzulegen, welche Beantwortung er der Frage gab.

II. Die erste Fragestellung bezüglich des Satzes vom Widerspruch und die Lösung der Frage

A. Der Grundzug des griechischen Philosophierens und die darin entspringende Frage nach den Axiomen

1. Der Grundzug des griechischen Philosophierens. Er zeigt sich an der Leitfrage, der wir von Anfang an begegnen: τί τὸ ὄν; »*Was ist das Seiende?*« Der Mensch, der so fragt, ist selbst ein Seiendes und ist daher [von] vornherein in das Befragte miteingeschlossen. *Wonach hier gefragt wird, das steht nicht und nie gegenüber, sondern umfängt und durchstimmt den fragenden Menschen selbst* in einer ausgezeichneten und schlechthin endgültigen Weise – diesem Befragten nicht zu entrinnen. Dieser Einschluß des Menschen in das Seiende, darnach er fragt, erzwingt von Anfang an den Blick auf den Menschen, den Frager. Der Mensch wird offenbar als jener, der vor dem Seienden und inmitten seiner steht, das Seiende vernimmt und versteht und sich ausspricht, wenngleich im tiefsten Unverständnis. Daher eben die Frage, und zwar die nach dem Sein und dem vernehmenden Verstehen zumal: τὸ γὰρ αὐτὸ νοεῖν ἐστίν τε καὶ εἶναι.[75] »Dasselbe, in sich zusammengehörig ist das Vernehmen des Seienden und das Sein.« (Die Tiefe – Weite dieser Selbigkeit.)

Dieses vernehmende Verstehen des Seienden (νοῦς) kein Wissen, das im Dasein des Menschen nur nebenherläuft, sondern es ist die Urhandlung der Existenz des Menschen, kraft deren er sich in der Offenbarkeit des Seienden hält und in solcher Haltung und Sammlung (λόγος) handelt.[76]

---

[75] [Parmenides, Fragment 5 (Diels) = Fragment 3 (Diels-Kranz).]
[76] [Bemerkung auf der rechten Blattseite:] die ganze Philosophie! Ausgestreut in die Unentrinnbarkeit und doch gerade sich sammelnd – *Weltbegriff.*
λόγος – οὐσία – Sammeln auf Eines – Anwesendes

Die Frage nach dem ὄν ist zugleich die Frage nach dem Verstehen, ›*Wissen*‹, ἐπιστήμη. Dieser Grundzug der griechischen Philosophie begegnet uns in der hellsten Klarheit im Eingang *der* Abhandlung der aristotelischen »Metaphysik«, die das eigentliche Fragen aufnimmt. Met. Γ 1 [1003 a 21 sq.]: Ἔστιν ἐπιστήμη τις ἣ θεωρεῖ τὸ ὂν ᾗ ὂν καὶ τὰ τούτῳ ὑπάρχοντα καθ' αὑτό. »Es gibt [es muß geben] so etwas wie ein Verstehen, das im Blick hat das Seiende als Seiend und das an diesem an ihm selbst schon immer Herrschende.«

a) τὸ ὂν ᾗ ὄν, »das Seiende als Seiend« – Nomen und Participium, und immer heraushören das Seiend, die Seiendheit, d. h. das Sein. ὑπάρχειν, »herrschen« – »am Nordpol herrscht Kälte«, *kommt ständig als zugehörig vor.* Nicht wird da gehandelt von irgendeinem bestimmt ausgegrenzten Bezirk des Seienden, aber auch nicht etwa von allen Bezirken zusammen, sondern κατὰ παντὸς καὶ καθ' αὑτό, d. h. *καθόλου*,[77] vom Seienden als solchen; dieses, d. h. das Sein ist das »Gesuchte«, ζητούμενον. Vgl. Met. Z 1, 1028 b 2 [sq.]: τὸ ὄν – τὸ ζητούμενον. Kein beiläufiges Prädikat, erwachsen etwa aus dem damaligen, vermutlich ›unvollkommenen‹ Zustand der Philosophie, sondern die Wesensbestimmung des Seins. Demgemäß ἐπιστήμη τις – ἡ ἐπιστήμη ἐπιζητουμένη, vgl. Met. B [1, 995 a 24]. Mindestens danach überhaupt die Frage, was das sei.

b) *ἐπιστήμη*: Aristoteles hat die Frage nach dem Wesen der ἐπιστήμη in verschiedenen Hinsichten und bei verschiedenen Gelegenheiten immer wieder behandelt, vgl. Met. A 1 und 2, Eth. Nic. Z und K, De anima Γ, Anal. post. A. Wir verfolgen hier kurz die letztgenannte Abhandlung.

Allgemein zu erinnern: Wissen, ich weiß, besagt dem Griechen von Anfang an und von Grund aus soviel wie: ich weiß Bescheid, ich verstehe mich auf etwas, ich weiß, was und wie [etwas] zu tun ist, sei es im Handeln von Mensch zu Mensch, sei es im Umgang mit den Dingen. Ich weiß = ich bin im Reinen, bin bereit, bin imstand, bin entschlossen. Und es bedarf gerade der höchsten An-

---

[77] [Anal. post. A 4, 73 b 26 sq.]

III. Der Satz vom Widerspruch 227

strengung, das bloße forschende Betrachten als eigene Weise[78] des Wissens in diesen Begriff einzubauen, d. h. als eine Weise menschlichen Handelns und Existierens zu begreifen – zu *wissen!*[79] Aufgrund dieses ursprünglichen Begriffs von Wissen, ἐπιστήμη gehen mit diesem Wort bedeutungsgleich zusammen τέχνη und φρόνησις, und erst bei Aristoteles ist die terminologische Verteilung durchgeführt und begründet.[80] Wer weiß, beherrscht die Sache und sich selbst, er kann sich die Sache und den Sachverhalt jederzeit vor Augen legen, »zeigen«, δεικνύναι. Und jedem, der zum Wissen kommen, d. h. lernen will – μάθησις –, muß der Lehrende die Sache *zeigen*. Um die Sache wissen besagt aber das Kennen, *wie es um die Sache steht* und inwiefern es so um sie steht – γνωρίζειν τὸ αἴτιον,[81] das, was schuld ist daran, daß die Sache so ist, wie sie ist.

Das, von wo aus die Sache in dem, was und wie sie ist, ausgeht – der Ausgang, ἀρχή. Dieses Von-wo-aus aber ist eben das, was die Sache von Anfang an und ständig bestimmt und beherrscht – ἀρχή. Dieses Doppelte liegt im griechischen Begriff der ἀρχή: der *beherrschende Ausgang*.

Alles Wissen – das lernende und lehrende – muß nun immer schon irgendwie die ἀρχή und αἰτία offenbar haben: προγιγνώσκειν, *Vorverständnis der Sache.* Alles lehrende Zeigen und alles lernende Sich-zu-Gesicht-Bringen muß beim Zeigen von diesem Vorverständnis der Sache (ἀρχὴ τοῦ πράγματος) ausgehen, alles derartige Zeigen, δεικνύναι, ist daher ἀποδεικνύναι: *beweisendes Aufweisen.*

Rechtes Wissen ist daher solches, das imstand ist, beweisend aufweisend, sich auszuweisen – ἐπιστήμη ἀποδεικτική. Solches Wissen ist, wenn es sich sein bestimmtes Gebiet ausgrenzen und das dem Sachgebiet Zugehörige beweisend aufweisen kann, vor

---

[78] [Bemerkung auf der rechten Blattseite:] entsprechend: τίς ἐστιν ἐπιστήμη?
[79] [Bemerkung auf der rechten Blattseite:] *wird so dargestellt:* 1. für Griechen von vornherein Schauen – θεωρία, 2. damit alles praktische Tun unterbleibend und *in* dem Einzelnen – es ist umgekehrt: Wissen – Handeln gerade Problem und anfänglich das Nur-Betrachten *auch* als ein Handeln zu verstehen.
[80] [Bemerkung auf der rechten Blattseite:] vgl. Beilage [Siehe unten S. 249 ff. die »Beilage zu Satz vom Widerspruch, S. 4 f.«.]
[81] [Vgl. Met. A 1, 981 a 30, b 6.]

μάθησις und διδασκαλία, ›Wissenschaft‹; für die Griechen die Wissenschaft von räumlichen Gestalten oder von den Zahlen – τὰ μαθήματα im ausgezeichneten Sinne – *Mathematik*. Aus dieser Klärung des Wesens der Wissenschaft heraus stellt Aristoteles in einfacher Klarheit die Bestandstücke derselben hin. Anal. post. A 10, 76 b 11 sqq.: πᾶσα γὰρ ἀποδεικτικὴ [ἐπιστήμη περὶ τρία ἐστίν, ὅσα τε εἶναι τίθεται (ταῦτα δ' ἐστὶ τὸ γένος, οὗ τῶν καθ' αὑτὰ παθημάτων ἐστὶ θεωρητική) καὶ τὰ κοινὰ λεγόμενα ἀξιώματα, ἐξ ὧν πρώτων ἀποδείκνυσι, καὶ τρίτον τὰ πάθη, ὧν τί σημαίνει ἕκαστον λαμβάνει].[82] »Jedes sich beweisend ausweisen könnende Wissen geht um drei Stücke: einmal was in seinem Sein gesetzt wird (das aber ist das Geschlecht, das Gebiet, dessen Beschaffenheiten als solche in den Blick zu nehmen [es][83] die Aufgabe hat), dann aber die allem (Wißbaren) gemeinen Sätze, die sogenannten Axiome, aus denen her als Vorgängigem [es][84] beweist, und drittens die Beschaffenheiten (die aufzuzeigenden).«[85] Die beiden erstgenannten Stücke sind die ἀρχαί, das beherrschende Von-wo-aus; beide ἀρχαί unterscheiden sich, l. c. [A] 32, 88 b 27 [sqq.]: αἱ γὰρ ἀρχαὶ διτταί, ἐξ ὧν τε καὶ περὶ ὅ· αἱ μὲν [...] ἐξ ὧν κοιναί, αἱ δὲ περὶ ὃ ἴδιαι, οἷον ἀριθμός, μέγεθος.»Die beherrschenden Ausgänge sind zweifach: Von-wo-aus sowohl als Worüber; die Von-wo-aus sind gemein [allen Wissenschaften, die sonst im περὶ ὅ je verschieden], die Worüber je eigen, z. B. Zahl, Erstreckung.«

Für uns handelt [es] sich um die Aufhellung des Wesens der ἐπιστήμη überhaupt. Daher werden wir jetzt bezüglich der ἐπιστήμη ἀποδεικτική nur das mehr ins Auge fassen, was jeder ἐπιστήμη ἀποδεικτική als einer solchen gemein ist, die ἀρχή im Sinne der ἐξ ὧν. [Aristoteles][86] nennt diese ἀρχαί auch dasjenige, wobei τὸ

---

[82] [Das vom Herausgeber in eckige Klammern Gesetzte wurde nach dem Aristoteles-Text ergänzt.]
[83] [Handschrift: sie.]
[84] [Handschrift: sie.]
[85] [Bemerkung auf der rechten Blattseite:] τὸ γένος | τὸ περὶ ὅ |
τὰ ἀξιώματα | τὸ ἐξ ὧν | δείκνυται
τὰ πάθη | τὰ ἅ |
[86] [Handschrift: er.]

III. Der Satz vom Widerspruch 229

ἐπίστασθαι: ἵσταται (l. c. [A] 3, 72 b 11 und 22), wo das beweisende Verstehen immer »zum Stehen kommt« und von vornherein »seinen Stand hat«. Nun ist zu beachten (vgl. l. c. cap. 2, 72 a 7 sqq.): Aristoteles gebraucht den Titel τὰ ἐξ ὧν in einem weiten und engen Sinne, d. h. es gibt verschiedene ἐξ ὧν. Der gemeinsame Charakter ist dieser: es sind προτάσεις, »Vorstreckungen«, Aussagen, die vorgestreckt, im voraus gegeben werden, und zwar solche, die nicht mehr anderswoher *vermittelt* werden können durch die betreffende Wissenschaft — unvermittelbare Vor-streckungen[87] (ganz schief übersetzt und ausgelegt als *Vordersätze*). *Solche Vorstreckungen heißen* θέσεις (vgl. oben [Anal. post. A 10,] 76 b 12: ὅσα [...] τίθεται), wenn sie einmal ἀρχή, ἣν μὴ ἔστι δεῖξαι [A 2, 72 a 15], die in der betreffenden Wissenschaft und mit deren Mitteln nicht mehr zu beweisen ist, und wenn sie andererseits aber auch von dem, der das Wissen des Gebietes sich zueignen will, nicht notwendig im voraus gewußt zu werden braucht: μηδ' ἀνάγκη ἔχειν τὸν μαθησόμενόν τι [a 15 sq.]. θέσεις sind unmittelbare, aber nicht notwendig zu habende Aussagen über das περὶ ὅ. Zwei Arten von θέσεις: 1. ὑπόθεσις, 2. ὁρισμός — dieser [setzt] nur das τί ἐστιν, z. B. was μονάς ist, ohne zu setzen, daß sie ist und daß es dergleichen gibt bzw. nicht gibt; ὑπόθεσις eben *diese*, solches — τὸ εἶναι ἢ μὴ εἶναι — setzende θέσις [vgl. a 18 sqq].[88]

ἄμεσος ἀρχή also entweder θέσις oder aber *ἀξίωμα*, was in höchster Würde und Ansehen steht (δόξα!),[89] nämlich solche Aussagen, die einmal wie die θέσις nicht mehr beweisbar, aber unumgäng-

---

[87] [Bemerkung auf der rechten Blattseite:] wichtig für Zusammenhang von πρότασις, ἀπόφανσις, ἀντίφασις, ἀντίθεσις.

[88] [Bemerkung auf der rechten Blattseite:] ἄμεσος ἀρχή ⟶ πρότασις
θέσις   ἀξίωμα.
ὑπόθεσις   ὁρισμός

[89] [Bemerkung auf der rechten Blattseite:] ἀξίωμα: das Dafürhalten, Würdigen, höchste Würdigung — *befremdlich*, daß Wesensbestandstücke der ἐπιστήμη ἀποδεικτική *so* benannt sind (würdigen — werten?? — wo doch ›theoretisch‹), *und doch nicht:* gerade in der griechischen Auslegung des Wesens der Erkenntnis ein Grundstück und Grundwort, das uns hier Aufschluß gibt: *δόξα, Ansehen* als — zu *Gesicht und Offensichtlichkeit* bringen. *Axiom* enthält jenes, als was *Wißbares überhaupt* vor allem zuhöchst angesehen werden muß.

lich doch notwendig von jedem, der irgendetwas wissen will, vollzogen und gehabt sein müssen, nicht beschränkt auf γένη, eher κοινά. ἔστι γὰρ ἔνια τοιαῦτα [a 17]. Der Name übernommen von der ›Mathematik‹.[90]

Aus dem Wesen der ἐπιστήμη also gezeigt: *es gibt gewisse Aussagen*, die unbeweisbar und zugleich unabdingbar sind für jeden Wissenwollenden, Aussagen, die nicht gebietsmäßig beschränkt sind.

Diese Axiome müssen also auch, und sie gerade erst recht, ›gewußt‹ werden: μᾶλλον, μάλιστα ἴσμεν, vgl. die Maxime l. c. cap. [A] 2, 72 a 29 [sq.].[91] Diese ἐπιστήμη τῶν ἀξιωμάτων kann aber nicht ἀποδεικτική sein, »sich beweisen könnend«, sondern ἀναπόδεικτος [vgl. A 3, 72 b 20], »unbeweisbar«, besser »beweisunbedürftig«, *sie kommt ohne ›Beweis‹ aus*. Ein Wissen, das nicht mehr bloß Wissenschaft ist, sondern μᾶλλον, »mehr« (= höher) als ›*Wissenschaft*‹.[92] *Aber* gibt es ein solches Wissen? ἐπιστήμη ζητουμένη?

2. Die Frage nach den Axiomen im Grundzug des griechischen Philosophierens.

Wir sahen bereits: Aristoteles ist auf einem anderen Wege schon dazu gekommen, nach einem Wissen zu suchen, das das Seiende als solches in den Blick faßt, auch nicht einzelne γένη.

Wenn das gesuchte Wissen beidemal dasselbe wäre — was wäre dann? Dann müßte die Erörterung der ἀξιώματα in die Erörterung über das Sein fallen? Ist das möglich? Oder gibt es dann eben zwei

---

[90] [Bemerkung auf der rechten Blattseite:] genauer — hier eben gleichzeitig erstmals wie Lehre: warum *möglich*.

[91] [Anal. post. A 2, 72 a 29 sq.: ἀεὶ γὰρ δι' ὃ ὑπάρχει ἕκαστον, ἐκεῖνο μᾶλλον ὑπάρχει. — Bemerkung auf der rechten Blattseite:] Maxime: das δι' ὅ, »wodurch«, »im Durchgang durch welches«, ist das *Höhere* und das Verhältnis dazu je das reinere und eigentliche Verhalten, das *gründlichere*, weil dem Grund verhaftet. Auch hier wieder ἀρχή — Ausgang *(Wesensursprung des Grundes)*, vgl. Schrift [»Vom Wesen des Grundes«]: ›Grund-satz‹, worin Grund offenbar wird.

[92] [Bemerkung auf der rechten Blattseite:] *Wohin werden wir geführt*, wenn wir den Axiomen nachfragen — wo entspringen sie, wesensmäßig und entfaltungsmäßig? ›Wissen‹ (Handeln!).

III. Der Satz vom Widerspruch 231

verschiedene Weisen des höchsten Wissens, vom ὄν ᾗ ὄν und von der ἄμεσος ἀρχή (ἀξιώματα)? Beide beziehen sich auf das καθόλου. Welches die ursprüngliche und eigentliche Weise? In jedem Falle vermisst hier das gesuchte Wissen vom Sein die Frage, ob es die Behandlung der Axiome zu übernehmen hat oder nicht. Damit Zusammenhang zwischen Grundzug und Axiomenfrage deutlich geworden. Diese Schwierigkeit (ἀπορία), allerdings *eine unter vielen anderen*. Diese aber für die rechte Gründung des gesuchten höchsten Wissens zuvor nicht nur lösen, sondern gerade erst in der rechten Weise entfalten.

Vgl. Met. B 1, 995 a 27 sqq.

Aus dem Dargelegten verstehen wir, warum in dieser Abhandlung B, dem Aporienbuch, eben die genannte Aporie aufbricht, und zwar cap. 2, 996 b 26–997 a 15. *Übersetzung.*

Stand der Frage: Die Behandlung der Axiome gehört zwar offenbar in eine höchste Wissenschaft, aber doch nicht in die Wissenschaft vom Sein. Wohin also?

B. Die Lösung der Frage nach den Axiomen und die Durchführung der hieraus entspringenden Aufgabe[93]

1. Die Lösung der Frage (Met. Γ 3, 1005 a 19–b 8)

In diesem ersten Teil des Kapitels wird die Lösung der Aporie vorgelegt, und zwar in der Richtung, daß die Behandlung der Axiome in die eigentliche Philosophie fällt. Diese These bedarf der Begründung. Diese kann nur so bewerkstelligt werden, daß *aus dem Wesen der Axiome ihre Zugehörigkeit* zur πρώτη φιλοσοφία erwiesen wird. Das ergibt eine Charakteristik der Axiome, die sich nicht deckt mit der in der Apodeiktik vorgelegten. Die Begründung der Zugehörigkeit der Axiome zur πρώτη φιλοσοφία vollzieht sich in *vier* Schritten:

---

[93] [Zur Übersetzung von Met. Γ 3 siehe unten S. 263 ff.]

a 19—22	Vorangeschickt in knapper Fassung die schwebende Frage und die Antwort.
a 22—23	1. Grund: Die Axiome gehören dem Seienden als solchen zu; wovon die Axiome sagen, das ist das Sein (Sein der Aussage).[94]
a 23—29	2. Grund: Demgemäß *gebraucht* auch jedermann die Axiome, sofern das jeweilige Gebiet ein Seiendes ist — aber auch nur so weit *(Weise des Gebrauchs der Axiome)*.[95]
a 29—31	3. Das wird ersichtlich daraus, daß keiner, der über ein jeweiliges Gebiet handelt (Zahlen, Raumgestalten), die Axiome zum Thema macht; zu ergänzen: denn die Mittel der betreffenden Wissenschaft langen überhaupt nicht zu, auch nur nach diesen Axiomen zu fragen.[96]
a 31—b 2	4. Wo es gleichwohl geschieht, da wird der betreffenden Wissenschaft ein Sinn und eine Aufgabe und [ein] Anspruch unterlegt, der sie zum Wissen vom Seienden als solchen macht. Recht besehen freilich auch hier nur ein γένος, und darüber ein höheres und daher umfassenderes Wissen (καθόλου [a 35]).[97]
b 6—8	Schlußfolgerung: wesensmäßige Aufgabe der πρώτη φιλοσοφία: Behandlung der Axiome.

[94] [Bemerkung auf der rechten Blattseite:] 1. ἄπασι […] ὑπάρχει τοῖς οὖσιν [a 22 sq.], »*liegt beherrschend zugrunde allem* und jedem Seienden« — nicht auf γένος beschränkt.

[95] [Bemerkung auf der rechten Blattseite:] 2. χρῶνται […] πάντες [a 23 sq.], also »*jedermann*«, der irgend zu Seiendem in Bezug steht, »*macht davon Gebrauch*«, setzt und meint Sein, in jedem Gebiet, aber nicht qua tale, sondern ὅτι τοῦ ὄντος ἐστὶν ᾗ ὄν [a 24] → darnach klar, in welchem Sinne ἅπασιν ὑπάρχειν.

[96] [Bemerkung auf der rechten Blattseite:] 3. Über alles und jedes und jedermann (je) hinaus und doch gerade zurück-bestimmend (vgl. 1005 b 6); obzwar in jedem einzelnen Gebiet, doch gerade da [das] von keinem Behandelte (κατὰ μέρος); das Nichtbehandeln Zeugnis des Über-γένος-hinaus.

[97] [Bemerkung auf der rechten Blattseite:] 4. Einwand, aber doch zuviel geschehen — allein hier gerade Beweis *für*.

III. Der Satz vom Widerspruch 233

b 2—5   Übergang. Schon Alex[ander Aphrodisiensis hat] diese Umstellung vorgeschlagen.
Was in der früheren Erörterung der Axiome übersehen wurde und was von vornherein im Auge zu behalten ist — Verkennung des Wesens der *Axiome* — vgl. die Definition der *Apodeiktik* (Analytik).

2. Die jetzt entspringende Aufgabe der Aufstellung des höchsten Grundsatzes
(1005 b 8—34, zweiter Teil von [Met.] Γ 3)

a) b 8—11: Festlegung eines Leitfadens zur Auffindung der Axiome innerhalb der πρώτη φιλοσοφία
Wenn also die Axiome zu behandeln, welche Aussagen sind es dann? Auf welchem Wege sollen sie gefunden und aufgestellt werden? Aus der voranstehenden kritischen Bemerkung wird schon negativ klar: die Axiome können nicht innerhalb des Seienden an diesem *durch Erfahrung* aufgerafft werden, wenngleich sie vom Seienden als solchen gelten.[98]

Aristoteles gewinnt den Leitfaden zur Aufstellung der Axiome durch eine allgemeine Überlegung.[99] Die eigentliche Vertrautheit mit einem Sachgebiet besteht im Wissen um das, was ihm vorhinein zur Sache und ihrer Wesensmöglichkeit gehört (ἀρχὴ τοῦ πράγματος [vgl. b 10]).[100] Im Lichte des Wesensverständnisses der

---

[98] [Bemerkung auf der rechten Blattseite:] δεῖ προεπισταμένους ἥκειν [vgl. Γ 3, 1005 b 4 sq.]: nicht erst *suchen*, indem [man] bereits das Seiende zur Kenntnis nimmt, denn dabei und dafür *hat* man sie gerade schon.
[99] [Bemerkung auf der rechten Blattseite:]
   griechisch! bekannt als *platonisch-sokratisch* —
   liegt aber in *τέχνη* — *λόγος* bereits fest —
      Herrschaftscharakter — im voraus darunter — ›Gegenwart‹
         am *weitesten* voraus
[100] [Bemerkung auf der rechten Blattseite:]
   Was die Sache von vornherein *festmacht* und ihr Stand gibt.
   Von woher etwas steht und zu seinem Stand kommt.
   Von woher Seiendes *als solches* zu seinem Stand kommt — Sein!

Sache werden allererst sogenannte Tatsachen sichtbar und ihre jeweilige Bedeutsamkeit abschätzbar.

Wer nun aber nicht irgendein besonderes Gebiet des Seienden zum Thema hat, sondern das Sein, der muß mit dem vertraut sein, was überhaupt zum Sein gehört. Er muß jene ἀρχή haben, die die *standhafteste* ist.[101]

Vom Sein aber handelt die πρώτη φιλοσοφία. Aus der Idee der ἀρχὴ βεβαιοτάτη zugleich die Axiome zu gewinnen.

b) b 11–18: Entwurf des Wesens eines höchsten Prinzips
Dazu gehören zwei Wesensmomente:
1. γνωριμωτάτη [vgl. b 13]: höchste Vertrautheit, *vor* allem anderen verstanden und gar nicht erst auf Grund des Wissens von anderem zu gewinnen.[102]
2. ἀνυπόθετον [b 14]: hat nicht den Charakter einer ὑπόθεσις, d. h. einer θέσις, zu der es gehört, nicht notwendig gesetzt zu sein; diese ἀρχή steht außerhalb der Möglichkeit, zuweilen gesetzt, zuweilen nicht gesetzt zu werden, *vielmehr unumgänglich.*

Zusammenfassung: solche ἀρχή hat gar keine Möglichkeit, verborgen zu sein, d. h. verborgen und verstellt zu werden. Keine Täuschung darüber; denn sonst müßte sie sich bald so, bald anders ausnehmen und schwanken, nicht standhaft sein.

c) b 18–23: Die Aufstellung des höchsten Prinzips
Welcher Satz genügt nun dieser Idee einer höchsten ἀρχή? Es muß ein Satz über das μάλιστα καθόλου sein, d. h. über das Sein. Satz: [τὸ γὰρ αὐτὸ ἅμα ὑπάρχειν τε καὶ μὴ ὑπάρχειν ἀδύνατον τῷ αὐτῷ καὶ κατὰ τὸ αὐτό (b 19 sq.)].[103] *Wesenserfassung des Seins, Seinsgesetz!*

---

[101] [Bemerkung auf der rechten Blattseite:] *ἀρχὴ βεβαιοτάτη!* [vgl. b 11 sq. und 18]
[102] [Bemerkung auf der rechten Blattseite:] jedermann angesichts von jeglichem bekannt, er hält sich daran (faktisch!), im voraus ständig vertraut.
[103] [Das vom Herausgeber in eckige Klammern Gesetzte wurde nach dem Aristoteles-Text ergänzt.]

III. Der Satz vom Widerspruch

d) b 23–31: Der Beweis für den Satz als die standhafteste ἀρχή

Denn man wird sofort fragen: weshalb gerade dieser Satz? Inwiefern gerade er die ἀρχὴ βεβαιοτάτη? *Welcher Beweis?* Um[104] diesen klar zu fassen, gilt es den Beweis*gegenstand* ganz klar zu haben. *Negativ: nicht* ist Beweisthema *der Inhalt* des Satzes – das über das Sein Gesagte *und daß es davon gesagt ist*. Sondern: daß dieser Satz das einleuchtendste und unumgänglichste Prinzip ist. Daher jetzt die Fassung: 1005 b 23 [sq.]: ἀδύνατον [...] ὁντινοῦν [ταὐτὸν] ὑπολαμβάνειν [εἶναι καὶ μὴ εἶναι].[105]

Es gilt zu zeigen: die Unmöglichkeit solcher ὑπόληψις. Wir lösen den Beweis in seine einzelnen Schritte auf.

1. *Angesetzt wird* ohne weiteres: das im Grundsatz Gesagte sei wahr, d. h. das Seinsgesetz bestehe.
2. Daraus wird sogleich entnommen: Gegenliegendes kann nicht zugleich am selben vorhanden sein. Denn Sein und Nicht-Sein schließen sich eben aus.
3. Weshalb diese abgewandelte Fassung in Rücksicht auf ἐναντία aufgestellt ist, wird sogleich klar. Entgegenliegend unter anderem Seienden sind z. B. κατάφασις und ἀπόφασις, »Zu-« und »Abspruch«; beide stehen als Sprüche im ἀντί-: ἀντίφασις, »Widerspruch«. Beide aber – κατάφασις und ἀπόφασις – sind δόξαι im weiteren Sinne, »Weisen des Dafürhaltens« – der Ansicht sein –, und zwar sind es ἐναντίαι δόξαι[106] – als ἐναντίαι können sie nicht zugleich an dem selben vorkommen.

Wo kommen sie überhaupt vor, wenn sie vorkommen? Am »Menschen«, ἄνθρωπος, der sie hat; das Zugleich-Vorhandensein am Menschen ist unmöglich; also kann er beide nicht zugleich vollziehen.

4. Somit kann der Mensch nicht zugleich und im einen dafür halten: Entgegenliegendes – daß etwas sei und nicht sei. Er muß

---

[104] [Handschrift: um zu.]
[105] [Das in eckige Klammern Gesetzte wurde vom Herausgeber nach dem Aristoteles-Text ergänzt.]
[106] [Bemerkung auf der rechten Blattseite:] vgl. δόξα und ἀξίωμα!

vielmehr notwendig das Gegenteil annehmen, d. h. er *muß notwendig* den obigen Satz im voraus haben, dieser muß oberstes Prinzip sein – ἀνυπόθετον.
5. Würde er nämlich das Gegenteil des Satzes annehmen wollen, dann befände er sich im Zustand des Getäuschtseins – das aber eben seinsgesetzlich unmöglich; der Mensch steht seinsgesetzlich notwendig in der Ungetäuschtheit über das Sein – γνωριμώτατον.
6. Also ist nach beiden wesentlichen Hinsichten jener Satz oberste ὑπόληψις.

Wie immer wir zu diesem Beweis stehen, das eine ist von Anfang an klar: Die Wahrheit über das Bestehen des im Satz gesagten Seinsgesetzes wird *nicht* bewiesen; es besteht dazu auch gar nirgends die Absicht, dazu also: das Seinsgesetz im Blick auf das Wesen des Seins ausdrücklich zu gewinnen.

Erwiesen wird nur das Prinzipsein des Satzes. Und zwar *wie?* Es wird gesagt: Das im Satz gesagte Seinsgesetz ist als solches ohne weiteres auch das *Gesetz des möglichen Setzens und Sagens*, sofern dieses ja auch ein Seiendes ist und somit unter dem Seinsgesetz steht. Die seinsgesetzliche Unmöglichkeit der ἀντίφασις ist aber die Notwendigkeit der ὑπόληψις der ἀρχή. Aus der Unumgänglichkeit des Setzens aber ergibt sich die Wahrheit des in ihm Gesetzten, d. h. des Seinsgesetzes. Also besteht dieses.[107]

Dieser Beweis ist der offenkundigste und reinste Zirkel, der je vollzogen wurde. Können wir und dürfen wir diesen elementarsten Verstoß gegen alles Beweisen gerade Aristoteles, dem Entdekker und Begründer aller Beweistheorien, zumuten? Wir haben gar

---

[107] [Bemerkung auf der rechten Blattseite:]
Seinsgesetz
Gesetz des möglichen Setzens und Sagens
seinsgesetzliche Unmöglichkeit der ἀντίφασις
Notwendigkeit der ὑπόληψις der ἀρχή
Unumgänglichkeit des Setzens
Wahrheit des Gesagten
Seinsgesetz.

III. Der Satz vom Widerspruch 237

keine Wahl. Der Beweis steht so da. Und keine Auslegungskunst kann ihn beseitigen. Es bleibt beim Zirkel.

Wohl aber wäre zu fragen: ob der Hinweis auf das Vorliegen eines Zirkels im Beweis *hier* – in diesem Feld der Erörterung – ein Einwand sein kann. Gesetzt, das sei nicht der Fall, dann bleibt immer noch die Frage, ob der Beweis selbst als Zirkel einwandfrei ist, genauer: ob das Seinsgesetz ohne weiteres Anwendung findet auf φάσις. Wenn nicht, weshalb nicht? Und inwiefern doch keine Ausnahme des Gesetzes und somit keine eingeschränkte Geltung – die ja den Grundcharakter des Satzes als des obersten Prinzips antasten müßte?

All diese Fragen hat Aristoteles nicht gestellt. Er geht einfach unbeirrt diesen Kreis im Beweisverlauf. Er hält damit den Grundsatz als den obersten, als das Axiom aller Axiome für erwiesen.

e) b 32–34: [Schluß]

φύσει [b 33], »aus Natur« und Wesen wovon? Der Idee der höchsten ἀρχή. Und *nicht* des Seins!

Damit aber gezeigt, wie aus der Bemühung um die Klärung des Wesens der Aufgabe und des Themas der πρώτη φιλοσοφία die Aufstellung des Satzes über die ἀντίφασις und ihre Unmöglichkeit entspringt – *der Satz vom Widerspruch*. Er ist genauer *der Satz von der seinsgesetzlichen Unmöglichkeit der ἀντίφασις*.

Die Aufgabe, die Aristoteles sich gestellt hat, scheint damit erledigt zu sein. Und ein flüchtiger Blick auf den Beginn des folgenden Kapitels 4 zeigt auch, daß nunmehr die kritische Auseinandersetzung mit den Gegnern einsetzt. Doch diese übliche Auffassung der folgenden Kapitel ist äußerlich. Und *sie* gerade hat es – neben anderen Versäumnissen freilich – verhindert, die Dimension zu sehen, in der sich die aristotelische Erörterung des obersten Axioms bewegt.

3. Die Begründung des Satzgehaltes des obersten Grundsatzes
(Met. Γ 4 sqq.)[108]

Wir sahen: Der Gehalt des Grundsatzes – das Seinsgesetz – ist nicht bewiesen. Und was bewiesen wird, der Grundsatzcharakter des Satzes, hängt an der Wahrheit des Seinsgesetzes – als eines unbewiesenen.

Der unbewiesene Satz aber kann erst dann *die* Bedeutung beanspruchen, die ihm zugewiesen wird, wenn gezeigt ist, daß er überhaupt unbeweisbar ist. Allein, das Unbeweisbare wiederum hat erst dann Anspruch auf Wahrheit, wenn es zugleich als unbestreitbar aufgezeigt ist.

Der Nachweis der Unbeweisbarkeit und Unbestreitbarkeit des Satzes ergibt also den ›Beweis‹ seiner Wahrheit. Und der ist die Aufgabe der folgenden Kapitel. An die Aufstellung des Satzes und seine Ausweisung als oberstes Prinzip schließt sich jetzt die Sicherung und Begründung der Wahrheit des in ihm Gesetzten. Das Folgende ist nicht ein kritischer Anhang, sondern bringt erst die zentrale sachliche Erörterung des Problems. Kein Wunder, daß Aristoteles die ersten Abschnitte von cap. 4 zunächst darauf verwendet, die jetzt zu vollziehende Begründungsart zuvor ins rechte Licht zu setzen.

Diese Betrachtung gilt es jetzt zu verfolgen. (Die Ausführung der Begründung zu weitläufig und schwierig.)

Γ 4, 1005 b 35 – 1006 a 31

1.) b 35 – a 11: Der Hinweis auf die Unbestreitbarkeit und Unbeweisbarkeit des Satzes

a) [b 35] – a 5: Zuerst stellt Aristoteles einfach fest, daß das im Axiom gesagte Seinsgesetz bestritten wird und daß dementsprechend auch die ὑπόληψις eine andere ist. Dieser Bestreitung wird

---

[108] [Zur Übersetzung von Met. Γ 4 sqq. siehe unten S. 265 ff.]

III. Der Satz vom Widerspruch 239

zunächst einfach die Bezeichnung des Axioms gegenübergestellt und ausdrücklich vermerkt, daß im Durchgang durch dieses Seinsgesetz der es aussagende Satz als oberster Grundsatz erwiesen wurde. Hier schwingt offenbar der uraristotelische Gedanke mit, daß der Erweis des Grundsatzcharakters des Satzes irgendwie doch auch die Begründung des Seinsgesetzes mitbetreffe. Denn sonst nicht einzusehen, weshalb gerade hier die ausdrückliche Unterscheidung zwischen Seinsgesetz und ὑπόληψις: a 1 [sq.]: καὶ [ὑπολαμβάνειν οὕτως], a 4: καὶ διὰ τούτου [ἐδείξαμεν].[109]

b) a 5–11: Hält man jedoch an der Bestreitung des Grundsatzes fest, kann also auch sein Gegenteil wahr sein, dann muß offenbar für die Behauptung des Grundsatzes ein eigener Beweis gefordert werden.

Dem hält Aristoteles entgegen, daß eine solche Forderung – die des Beweises eines Grundsatzes – nur einem Mangel an παιδεία entspringe. Wem von vornherein die rechte Haltung zum Wesen der Dinge und ihrer möglichen Offenbarkeit abgeht, der vermag eben überhaupt nicht zwischen Beweisbarem und Unbeweisbarem zu unterscheiden.

Wollte man aber auch versuchen, alles zu beweisen, dann käme man mit dem Aufzeigen an keine Grenze. Dieses Argument des vorhandenen processus in infinitum gebraucht Aristoteles oft und es ist seitdem allbekannt. Aber auch ebenso häufig mißdeutet und so um seine eigentliche Kraft gebracht.

Für den Griechen ist das Seiende als solches in Grenzen geschlagen – zum ὄν gehört πέρας, wo keine Grenze, da kein Seiendes. Nicht, daß das Beweisen unaufhörlich weitergeht, nicht, daß man nicht fertig wird, spricht gegen das Alles-beweisen-Wollen, sondern daß dabei *im voraus* das Wesen des Aufgegebenen, d. h. Seienden – verkannt wird, das Suchen in das Nichtige greift. Wo ein βαδίζειν εἰς ἄπειρον sich einstellt oder gefordert wird, da ist der

---

[109] [Das vom Herausgeber in eckige Klammern Gesetzte wurde nach dem Aristoteles-Text ergänzt.]

Mensch schon aus dem Umkreis des Seienden herausgetreten. Für den Griechen hat dieses Argument eine ganz andere Schlagkraft als in der Folgezeit, wo es im Grunde zu einem gedankenlosen Überrumpelungsversuch herabsinkt.

Wer es nun aber nur auf das Beweisen absieht, nichts anderes kennt als Beweisbares und Bewiesenes, der ist von vornherein blind gegen das Unbeweisbare; erst recht kann er nicht entscheiden, was nun als ein solches angesprochen werden muß.

2.) a 11−28: Die Möglichkeit des Erweisens des Unbeweisbaren und Unbestreitbaren und der Charakter dieses Erweisens als Bloßstellung (ὁ (τὸ) ἔλεγχος)

a) Der Grundcharakter der Bloßstellung (a 11−15):
Sie zeigt auf und macht sichtbar, und zwar solches, was nicht deshalb nicht gesehen wird, weil es unzugänglich und verborgen ist, sondern was allzu offenbar und öffentlich ist. Diese Öffentlichkeit und Offensichtlichkeit, in der der Bestreiter des Gesetzes steht, wird gezeigt, genauer: dieser wird in die Offensichtlichkeit seines eigenen Wesens hinein und an den Pranger gestellt.

Offensichtlich ist der Bestreitende ein überhaupt Redender, ein solcher, der den λόγος hat. λόγον ἔχειν aber ist für den Griechen die Wesensbestimmung des Menschen. Der Grundakt des λέγειν ist das »Offenbarmachen«, δηλοῦν. Als λόγον ἔχων ist der Mensch das Seiende, dem im Reden mit dem Anderen und sich selbst das Seiende offenbar ist. Die Bloßstellung stellt den Anderen in das Unverhüllte seines Wesens und d. h. zugleich in die Frage, ob der Bestreiter gesonnen ist, ein Mensch zu sein und zu bleiben − oder zur Pflanze zu werden.

Mensch zu *sein*, das macht sich nicht einfach von selbst, sondern schließt eigentlich in sich die *Übernahme* (und *Herrschaft*) des Hineingestelltseins in die Offenbarkeit des Seienden.

b) Der Unterschied zwischen Bloßstellung und eigentlichem Beweis (a 15−18):

Wo und wenn ein Beweis unternommen und mitvollzogen wird, wird dem Anderen [sowohl] als einem selbst Seiendes in seinem So-und-so-Sein aufgewiesen. Der Beweisende und der den Beweis Mitvollziehende, der Lehrende und der Lernende sind dabei schon immer in einem Einverständnis. Vor allem muß der Beweisende für sich und für den Anderen die Grundsätze in ihrer Wahrheit in Anspruch nehmen.

Wollte nun jemand auch die Grundsätze beweisen, so müßte er dabei im Beweis für sich die Wahrheit des zu Beweisenden, der ἀρχή, in Anspruch nehmen.

Bei der Bloßstellung dagegen fordert der Zeigende nicht etwas für sich, sondern er zeigt nur dem Anderen, daß dieser für sich selbst – nämlich einfach als er selbst – etwas in Anspruch nehmen muß, und zwar nichts Geringeres als sein eigenes Wesen. Damit ist schon vorgezeichnet:

3.)[110] *Der Ansatz zu der auszuführenden Bloßstellung (1006 a 18–28)*

Auch hier ein ἀξιοῦν, aber nicht das πρῶτον ἀξίωμα und nicht *für* den *Beweisenden* – der Anspruch an den Bestreiter, sich als existierenden Menschen zu verstehen, d. h. als ζῷον λόγον ἔχον. Darin liegt der Anspruch an den Anderen, daß er sich selbst – als Redender – etwas zu bedeuten und zu verstehen gibt. Was und worüber er redet, ob Wahres oder Falsches, ist dabei gleichgültig – nur dieses [zählt], daß er versteht, damit aber ὡρισμένον [a 25], umgrenzte Bedeutungen, einzäunt, und zwar von vornherein und für alles weitere. Mit dieser Einräumung des Verstehens von bestimmtem Verstehbaren ist bereits ἀληθές zugestanden – nicht als etwas irgendwo Hergeholtes, sondern mit dem Wesen der Existenz des Menschen Seiendes.

---

[110] [Diese Zählung ist insofern inkonsequent, als sich die Überschrift zu Punkt 2.) auf Met. Γ 4, 1006 a 11–28 bezieht.]

**4.) Die Ausarbeitung der so angesetzten Bloßstellung
(1006 a 29 sqq.)**

Schwierigkeit der Auslegung von 1006 a 30.

Schrittweise Ausschöpfung des Wesensgehaltes des Menschen als λόγον ἔχων:

a) überhaupt Verstehen von Sein und Unterschied zu Nichtsein,
b) und damit Offenbarkeit von Seiendem – So- und Nicht-so-Seiendem,
c) Sein des Seienden selbst und das gleichzeitige Nicht-Nichtseinkönnen.

Gesetzt, der Mensch existiert, dann besteht die Wahrheit des Seinsgesetzes. Jede Bestreitung des Gesetzes kommt immer und notwendig zu spät; jedes Beweisenwollen setzt sich aus dem Verhältnis zu Seiendem heraus (hat schon in der ›Sprache‹ Fuß gefaßt).

Die Aufweisung der Unbeweisbarkeit und Unbestreitbarkeit des Seinsgesetzes ist nichts anderes als die Gründung des Menschen in sein eigenstes Wesen (transzendierende Existenz), d. h. aber auch die Entscheidung der Frage, ob er die Herrschaft des λόγος herrschen läßt oder ob er zum Affen eines λόγος ἄκρατος[111] ([vgl.] cap. 4 fi. [1009 a 3 sq.]) werden will.

III. Die Wiederaufnahme der Frage

Es sollte im Vorstehenden lediglich die Aristotelische Fragestellung bezüglich des Satzes vom Widerspruch auseinandergelegt und die Auflösung der Frage in ihrem inneren Geschehen vorgelegt werden.

Diese naheliegende Aufgabe liegt aber der seit Jahrhunderten üblichen Erörterung des Satzes vom Widerspruch völlig fern. Vielmehr sucht man den Aristotelischen Text lediglich ab nach Beleg-

---

[111] [Bemerkung am unteren Seitenrand:] Herrschaft verloren über das Wesen des Menschen! Dieser also weist aus, wo solche Herrschaft.

III. Der Satz vom Widerspruch

stellen für die eine oder andere Auffassung und Erörterung des Satzes vom Widerspruch am Gängelband der früher genannten Hinsichten.

Man setzt dabei als selbstverständlich voraus, die da leitenden Gesichtspunkte dürften ohne weiteres für die Kennzeichnung der Aristotelischen Auffassung in Anspruch genommen werden. Das ist die Grundtäuschung, die vor allem anderen zerstört werden muß.

Es gilt jetzt nur, die oben genannten Gesichtspunkte mit dem Tatbestand der Aristotelischen Problembehandlung zu ›konfrontieren‹.

Ad 1. Inhalt. Es ist ganz handgreiflich, daß Aristoteles ganz verschiedene Fassungen vorlegt. Bei der grundsätzlichen Aufstellung: ἀδύνατον ὑπάρχειν ... [vgl. Γ 3, 1005 b 19 sq.]; sogleich nachher: ἀδύνατον ὑπολαμβάνειν ... [vgl. b 23 sq.]; dann wieder: ἀδύνατον ἅμα εἶναι καὶ μὴ εἶναι (B 2, 996 b 29 [sq.]), oder [Γ 4,] 1007 b 18: ἀδύνατον ἅμα κατηγορεῖσθαι τὰς ἀντιφάσεις. Es ist unmöglich, Aristoteles auf eine Fassung festzulegen.

Ad 2. Ort. In dieser Frage dürfte allerdings bei Aristoteles kein Zweifel bestehen; die ganze Fragestellung bezüglich des Axioms dreht sich ja gerade darum, zu zeigen, es gehöre in die πρώτη φιλοσοφία — in das Wissen vom Sein. Neuzeitlich gesprochen: in die Ontologie (Metaphysik) und nicht in die Logik, wohin Kant den Satz verweist. Allein, so einfach liegen die Dinge trotz allem nicht. Denn 1. gibt es bei Aristoteles weder Metaphysik noch Logik. 2. Die πρώτη φιλοσοφία ist ἐπιστήμη ζητουμένη und in ihrem eigentlichen Wesen bis heute dunkel. 3. Aristoteles stellt zwar den Satz vom Widerspruch als Seinsgesetz auf, die Behandlung aber geht ganz in der Richtung auf das φάναι, κατηγορεῖσθαι, λέγειν, λόγος. Weshalb man mit Recht sagen könnte, die Behandlungsart ist ›logisch‹. Aber hiermit wird eben klar, daß mit dieser Alternative nicht nur nichts auszurichten, sondern höchstens alles zu verderben ist.

[Ad] 3. Rang. Auch diese Frage läßt sich nicht im Handumdrehen entscheiden, etwa durch den Hinweis darauf, daß ja Aristoteles selbst den Satz als ἀρχὴ τῶν ἄλλων ἀξιωμάτων πάντων [vgl. Γ 3,

1005 b 33 sq.] kennzeichnet. Denn recht zu beachten: als Axiom ist der Satz eben sogleich auf die πάντες οἱ ἀποδεικνύοντες [b 32] bezogen, auf ἐπιστήμη ἀποδεικτική, und somit schon nicht mehr nach seinem Eigengehalt als Seinssatz genommen. Ob er als dieser der erste und oberste Satz ist, sagt und zeigt Aristoteles nirgends. Im Gegenteil, es lassen sich leicht andere Sätze über das Sein aus Aristoteles beibringen, die am Ende einen höheren Rang einnehmen (vgl. über das ἀκολουθεῖν von ὄν und ἕν oder das πρῶτον ὄν als οὐσία oder das ὄν πολλαχῶς λεγόμενον).

[Ad] 4. Rolle des Satzes. Es läßt sich gar nichts darüber ausmachen, welche Rolle der Satz in der πρώτη φιλοσοφία spielt: ob und wie durch ihn gerade die Wesensbestimmung des Seins vollzogen wird; ob Aristoteles gar an die Rolle des Satzes gedacht hat, die ihm Wolff zuweist.

[Ad] 5. Der Satzcharakter. Da Aristoteles doch offenbar die Unbeweisbarkeit und Unbestreitbarkeit des Satzes lehrt, scheint er ihn für unmittelbar evident zu halten. Allein bei der ersten und entscheidenden Aufstellung findet sich nirgend die Berufung auf eine unmittelbar-absolute Evidenz; ebensowenig freilich der Rückgang auf eine faktische physische Veranlagung (Naturgesetz). Noch gar eine Begründung des Satzes aus dem logischen Wesen des Denkens als dessen Grundregel.

Wohl dagegen geht die Begründung auf das Wesen des Menschen als des λόγον ἔχων zurück – was freilich weder im Sinne des Psychologismus noch des Anthropologismus mißdeutet werden darf. Der Mensch nicht als vorhandenes Seelending, sondern als das Wesen, das sich selbst versteht und zu sich selbst steht als dem Seienden, das inmitten der Offenbarkeit des Seienden im Ganzen existiert.

Nach *keiner* der üblichen Fragehinsichten läßt sich aus Aristoteles eine sichere Antwort gewinnen. Diese Hinsichten reichen nicht zu, den ursprünglicheren und viel reicheren Bestand der Problematik bei Aristoteles zu fassen. Sie sind selbst erst erwachsen aus einer späteren äußerlichen Übernahme Aristotelischer

III. Der Satz vom Widerspruch 245

Sätze — die man, statt sie im Zuge des Fragens zu verstehen, zu selbstverständlichen Wahrheiten umfälschte.

Daher ist zu fordern, daß die Auslegung sich völlig frei macht von diesem Netzwerk überlieferter Fragehinsichten und allein auf die innere Fragerichtung des Aristotelischen Fragens achtet und diese ans Licht zu heben trachtet.

Dann ist zu sagen, daß vor allem zwei wesentliche Grundstücke dieser Fragestellung festliegen:

1. Die Erörterung des Satzes vom Widerspruch gehört in die Frage nach dem Sein. Nun hat man *bisher völlig übersehen*, daß Aristoteles ja doch immer wieder als Leitsatz einschärft: τὸ ὂν λέγεται πολλαχῶς, »das Sein wird in vielfältiger Weise gesagt«. Wenn also der Satz vom Widerspruch ein Seinsgesetz ist, dann muß er — dem Wesen des Seins entsprechend — verschiedene Bedeutungen haben. Deren inneren notwendigen Zusammenhang gilt es zu verstehen und zu begründen. Allein hier beginnen die großen Schwierigkeiten. Denn Aristoteles hat gerade dieses πολλαχῶς λέγεσθαι nirgends begründet, jedenfalls nicht in dem, was uns überliefert ist. Auch spricht alles dafür, daß er eine solche Begründung auch nicht mehr gesucht hat. Ihm mußte zunächst daran liegen, überhaupt erst einmal das πολλαχῶς sichtbar zu machen und durchzusetzen.

So verschwimmt der Inhalt des Axioms in das Dunkel des Wesens des Seins.

2. Der Rückgang der Begründung des Axioms auf das Wesen des Menschen als λόγον ἔχων und der Charakter der Begründung als ἔλεγχος. Dabei ist hier zwischen Beweis und Begründung zu unterscheiden; jeder Beweis [ist] Begründung, aber nicht jede Begründung ist Beweis. Unbeweisbarkeit besagt nur Unableitbarkeit. Daraus folgt aber nicht, daß das Fragen nie zu Ende ist und die vielberufene unmittelbare und absolute Evidenz der einzige Nothelfer. Sondern es ergibt sich daraus umgekehrt: wenn nicht ableitbar, dann notwendig zu gründen auf das, was sich im Satz ausspricht. Dieser Grund aber wird gerade sichtbar, indem der so-

genannte Zirkel im Aufweisen durchschritten und dabei darauf gesehen wird, was dabei zur Sprache kommt.

Auch hier muß – nicht als Mangel, sondern als produktive Fragwürdigkeit – zugestanden werden, daß Aristoteles [nicht][112] der Begründung nachgegangen ist – und auch nicht nachgehen konnte, weil hierfür noch wesentliche Stücke unerhellt geblieben sind.

Um nur zwei zu nennen: 1. das Verhältnis des allgemeinen Seinsgesetzes zum Sein als φάναι und κατηγορεῖσθαι, 2. das Verhältnis des verstandenen σημαίνειν zum ἀληθές und ὑπάρχειν.

Beide Fragen hängen im Innersten zusammen und betreffen nichts anderes als das Wesen des Seinsverständnisses als des Grundgeschehens des Menschen als eines existierenden.

Genug, wenn von der Wesentlichkeit dieses Fragens etwas sichtbar und von der Unergründlichkeit und Wucht dieser längst trivial gewordenen Dinge etwas spürbar geworden ist.

---

[112] [In der Handschrift durchgestrichen. Dazu auf der rechten Blattseite die Anmerkung:] Vorurteil: als sei das Ursprünglichere notwendig auch das Hellere und Eingänglich-Lichtere; im Gegenteil das Dunklere – Stimmendere –, aber zugleich auch das, was den Menschen erst eigentlich dem Dasein und Sein überantwortet.

BEILAGEN ZUR ZWEITEN VORTRAGSFASSUNG

*1. Beilage zu Satz vom Widerspruch,
S. 3 [S. 224]*

Was ergibt sich uns aus dieser ganz knappen Übersicht über den Satz vom Widerspruch? Die neuzeitliche Metaphysik nimmt ihn als principium primum absolutum, als schlechthin ersten Ausgang, nämlich für die Metaphysik im Sinne des mathematischen Wissens; wenn anders dieses auf höchste Gewißheit und Beweisbarkeit abzielt, dann gilt das erst recht von ihrem ersten Prinzip. Und eben dieses erweist sich als dunkel und fragwürdig. Wir stehen damit *bei einer zweiten* wesentlichen Erschütterung des Mathematischen, entsprechend derjenigen, die sich ergab aus der kritischen Erörterung des Descartesschen Ansatzes.

Die Erschütterung aber des Mathematischen — als des uneingeschränkten Wissensideals — betrifft nicht allein die Fundamente der Metaphysik, sondern diejenigen des ganzen neuzeitlichen Wissensbegriffs, in dessen Bann wir stehen. Bedenken wir diese Erschütterungen, dann wird mit einem Schlag deutlich, in welcher Bodenlosigkeit wir hin und her taumeln, welche Verwirrung alles Fragen nach dem Wissen beherrscht. Um nur auf Eins hinzuweisen: die ganze Gruppe der sogenannten Geisteswissenschaften — sowohl der historischen als der systematischen — ist nie in ihrem eigentlichen Wissenscharakter bisher ursprünglich begründet worden; einfach deshalb nicht, weil sie immer in Abgrenzung gegen das nichthistorische Wissen gesucht wurden und das nichthistorische seinerseits allgemein und unbestimmt als das mathematische. Kurz: es wird in der Wesensbestimmung des geisteswissenschaftlichen Wissens ein bestimmter Begriff des *mathematischen* Wissens mitgesetzt, so sehr, daß dieses mathematische mit dem Wissen schlechthin gleichgesetzt wird. Das drückt sich in der alltäglichen Tatsache aus, daß man sagt: ja die Philologie oder Kunstgeschichte kann längst nicht so ›exakt‹ arbeiten wie

[die] mathematische Physik und gar die Mathematik selbst. Diese Abmessung ebenso unberechtigt wie im Ganzen grundlos.

Und was sagt das für uns? Daß zwar die ›Wissenschaften‹ ihren Gang nehmen – wie eigenläufige Betriebe –, daß sie aber durch und durch fragwürdig sind; [daß wir] in einem Gehäuse geschäftig uns bewegen, ohne zu ahnen, wie brüchig der ganze Bau ist.

Und das besagt weiter: wenn man heute überall in den Universitäten mit ernster Miene die Bedenken anmeldet über den angeblichen raschen Niedergang der Wiss[enschaften] und des wissenschaftlichen Interesses, dann muß doch endlich gefragt werden, ob das, wenn schon, nicht ein Niedergang dessen wird, was in sich längst bodenlos geworden ist. Wenn alles in schönster Ordnung war, woher kommt es dann, daß die eigentliche Erziehungskraft der Wiss[enschaften] seit Jahrzehnten völlig versagt hat? Müssen wir angesichts dieses Versagens des Wissensbegriffs und zugleich angesichts der inneren Fragwürdigkeit seiner Begründung in der neuzeitlichen Metaphysik – statt fortgesetzt zu jammern über den Niedergang – nicht endlich den Willen aufbringen zu fragen, ob nicht der Augenblick da ist, wo wir aus der Scheinwirklichkeit dieses Wissens heraustreten und alles von Grund auf neu begründen und uns zueignen? Nur wenige sind von diesem Unmut befeuert; sie werden eines Tages ins Recht gesetzt sein. Soll das geschehen, dann müssen wir den Dingen an die Wurzel und fragen:

Was liegt diesem mathematischen Wissen überall letztlich zu Grunde und wie kommt es zu dieser Grundlegung?

Ist sie für uns noch notwendig und verbindlich?

Liegt sie überhaupt auf dem Wege im Sinne des Wesens des wissenden Fragens überhaupt?

Kurz: wie steht es mit dem Satz vom Widerspruch?

Mit dieser Frage stoßen wir auf das weitest zurückreichende und eigentliche Fundament der abendländischen Metaphysik und damit auch auf die Grundvoraussetzung des Hegelschen Systems.

III. Der Satz vom Widerspruch 249

2. Beilage zu Satz vom Widerspruch, S. 4f. [S. 227f.] Anknüpfen bei Beilage zu S. 3, p. 2.[113]

Wo stehen wir jetzt? *Auf der einen Seite* begegnete uns der Satz vom Widerspruch als das gewisseste und einleuchtendste Prinzip der ganzen Metaphysik und d. h. des eigentlichen und wesentlichen menschlichen Wissens und der Wissenschaft überhaupt. *Auf der anderen Seite* ergab die Überprüfung dieses Satzes vom Widerspruch nach sechs verschiedenen Hinsichten: dieses Gewisseste ist das Umstrittenste und das Einleuchtendste ist das Dunkelste. Das alles freilich nur, wenn wir nicht dem gewöhnlichen Verfahren gemäß in dem Satz eben etwas Selbstverständliches und daher Unantastbares sehen, sondern wenn wir *philosophierend fragen*, das soll sagen: *wenn alles Selbstverständliche uns zum Fragwürdigsten wird.*

Wir fragen aber jetzt nicht weiter, wie es dazu kam und kommen konnte, daß dieses Fragwürdigste sich in dem Schein des Selbstverständlichsten halten durfte, sondern wir fragen grundsätzlicher: *wie kommt überhaupt der Satz vom Widerspruch zu dieser beherrschenden Stellung* – die sich dahin zusammenfassen läßt, daß *dieser Satz über das Wesen des Seins überhaupt entscheidet?* Wie kommt mithin dieser Satz in die Grundentscheidung und Grundfrage der Philosophie?

Das läßt sich nur ausmachen, wenn wir die Philosophie in ihrem Anfang und Ursprung begreifen und deutlich machen, was da vor sich gegangen ist.

Man nennt bekanntlich solche Grundsätze wie den Satz vom Widerspruch ›Axiome‹ und man spricht heute besonders gerne von der Axiomatik einer Wissenschaft und meint damit den Begründungs- und Gefügezusammenhang seiner Sätze, die ein Wissensgebiet umgrenzen.

---

[113] [Diese Angabe bezieht sich auf die zweite Seite der oben als Abschnitt 1 wiedergegebenen zweiseitigen »Beilage zu Satz vom Widerspruch, S. 3«.]

Der Satz vom Widerspruch ist aber nun das schlechthin erste Axiom alles Wissens. Und wir fragen jetzt nach dem Wesensursprung dieses Axioms; sofern es das schlechthin erste ist, schließt unsere Frage die Vorfrage in sich nach dem Wesensursprung von so etwas wie einem Axiom überhaupt.

Inwiefern gründet im Wesen des Wissens die Notwendigkeit von so etwas wie ›Axiom‹? Wie wird das Wesen des Wissens selbst bestimmt? Woraus entspringt überhaupt die Frage nach dem Wesen des Wissens?

Wenn wir so nach dem Ursprung des Satzes vom Widerspruch zurücksuchen, verlieren wir uns nicht in eine nur feststellende historische Neugier. Wir wollen nicht einfach Kenntnis haben von dem, wie es anfänglich gewesen ist, sondern wollen erfahren, worauf unser Wissen und unser Wissensanspruch steht, d. h. wie es mit uns steht und wohin wir selbst geistig zu stehen kommen. Wir wollen von der Macht des Geistes spüren, die durch uns hindurchgeht.[114]

Wir haben bereits angedeutet: die Frage nach dem Wissen ist die Frage nach *dem* Menschen, der aufgestanden ist gegenüber dem Seienden und inmitten des Seienden, um sich selbst als dieses Seiende, das Wissend-seiende, zu erfahren und zu verstehen. Dieser Aufstand gegenüber dem Seienden sammelt sich und klärt sich und entfaltet sich, klar geworden, in der Frage, was das Seiende sei: τί τὸ ὄν; – das ist die Grundfrage der Philosophie. Mit ihr geht immer diejenige zusammen: τίς ἐστιν ἐπιστήμη; – aber nicht als Frage der ›Erkenntnistheorie‹, *etwa gemäß der Veranlassung der Descartesschen Zweifelsbestimmung. Die Frage nach dem Wissen ist die der Frage nach dem Seienden und keine andere als diese!*[115]

Um aber nun zu verstehen, wie dergleichen wie Axiome überhaupt als Grundlage des Wissens sich durchsetzt, muß der Zusammenhang beider Fragen deutlicher gemacht werden. Anders gesagt:

---

[114] [Es folgt in der Handschrift:] Wiederhole! [Durch ein Symbol bezieht Heidegger diese an sich selbst gerichtete Wiederholungsaufforderung auf die drei im vorangehenden Absatz formulierten Fragen.]

[115] [Bemerkung auf der rechten Blattseite:] notwendige Begleitfrage

III. Der Satz vom Widerspruch

Wir müssen das *ursprünglich-griechische* Wesen dieser Fragen fassen lernen.

Dabei müssen wir uns auf die Hervorhebung einiger Hauptzüge beschränken. Wir fragen zunächst ein Doppeltes: 1. Was verstehen die Griechen unter ›Sein‹ überhaupt? 2. Wie verhält sich zu diesem Verständnis des Seins die Auffassung des Wissens?

Ad 1. Darüber Auskunft aus der Sprache und das ist gerade bei den Griechen nichts Gleichgültiges, da dieses Volk sein Dasein in eine Sprache hineingestaltet und darin verfestigt hat, deren dichtende und denkende schöpferische Macht [ich] nie aufhören werde zu bewundern.

τὸ ὄν — Nomen und Particip: 1.) das Seiende (was gerade ist), 2.) Das Seiend, die *Seiendheit*, οὐσία, das Anwesen, die Anwesenheit; was umrissen, klar gefügt, gegenwärtig zur Verfügung steht — und Bestand hat. Sein: beständige Anwesenheit.

Ad 2. ἐπιστήμη — φρόνησις — τέχνη, vgl. oben [S. 226 f.]: wissen, offenbar(da)haben das Seiende, in Klarheit sein, wie es um das Seiende steht und wie es dabei um einen selbst steht, sich auf das Seiende verstehen (τέχνη!), ihm gewachsen bleiben oder — was in [der] Wesensbestimmung dasselbe ist — vor ihm versagen.

In dieser Doppelauslegung des Seins und des Wissens hat das griechische Volk in seinen Philosophen das eigene Dasein gefunden — nicht gefunden als etwas irgendwo bereitliegendes, sondern schöpferisch gefunden, d. h. das eigene Dasein des Volkes in seinem Grunde und seinem Gefüge sich erwirkt. Daher ist sowohl das Sein qua Anwesenheit immer *Mitanwesenheit* von etwas mit etwas, παρουσία, daher ist das Wissen immer *Miteinanderverstehen*, Miteinanderhandeln; diese Miteinander aber im ursprünglichen Sinne, der das Gegeneinander nicht ausschließt, sondern gerade fordert.

Der Anfang der Philosophie ist nicht ›die‹ Philosophie überhaupt, die es nie gegeben hat und geben wird, sondern der Anfang *der* Philosophie ist und bleibt griechisch, und der Wiederanfang der Philosophie und ihre Zukunft wird nicht irgendwo und -wie als die Philosophie überhaupt und im allgemeinen wirklich, sondern wird, wenn überhaupt, *deutsch* werden – nicht durch uns, aber durch die Kommenden!

Das Wissen ist kämpferisch in bezug sowohl auf das Wißbare – das Seiende – wie in bezug auf die Wissenden.[116]

Wie nun aber aus der Philosophie und in der Entfaltung des Wissens der Ursprung der Axiome?[117]

Das Seiende ist das Anwesende in seiner Anwesenheit – es als solches fassen im Wissen, d. h. im Klarsein darüber, wie es damit steht, wie es um die Sache steht. Das Wissen bleibt nie bei der vordergründlichen Kenntnisnahme stehen,[118] es will dahinter kommen, auf das stoßen, worauf eben das Anwesende, so wie es west, steht, woher es zu seinem Stand kommt. Daher das Wissen um das Seiende notwendig das Anwesende von dem aus fassen und beherrschen will, wovon her es in sich steht. Dieses *Von-woher* muß aufgedeckt, Weg und Bahn dahin überhaupt im Gefüge des Wissens festgelegt werden.

Dieses aber, das Woher, den Ausgang, der das ganze Sein des Seienden beherrscht, nennen die Griechen die ἀρχή.[119] Das Offenbarmachen des Seienden ist kein einfaches Zeigen des Nächstvorgegebenen, δεικνύναι, sondern ein Zeigen von dem her, von wo aus das Seiende seinen Stand und Bestand hat – ἀρχὴ τοῦ πράγματος –, ἀποδεικνύναι.

Das Wissen, das sich als Offenbarkeit des Seienden entfaltet, ist daher ἐπιστήμη ἀποδεικτική, nicht *Beweisbares*, sondern solches *Verstehen* und Wissen um, das im Stande ist, die Sache zu zeigen, wie sie in ihrem Bestand zustand kommt – wie es um das Seiende steht und den Wissenden selbst.

---

[116] [Bemerkung auf der rechten Blattseite:] Wie aus Grundfrage nach dem Seienden als solchen die Frage nach dem Wissen, wie aus Frage nach Wissen des Seienden die Auslegung des Wissens als gründend in Axiomen. Wie Axiome aus Grundfrage der Philosophie.

[117] [Bemerkung auf der rechten Blattseite:] griechisch

[118] [Bemerkung auf der rechten Blattseite:] im νοεῖν schon darüber hinweg!

[119] [Bemerkung auf der rechten Blattseite:] kein Hinweggehen über die Anwesenheit des Anwesenden, sondern *umgekehrt* ein *darauf zu kommendes Eingrenzen, über das Gefüge verfügen*

III. *Der Satz vom Widerspruch* 253

3. *[Wesensursprung des Satzes vom Widerspruch]*

Suche nach Wesensursprung des Satzes vom Widerspruch.
Wie Frage nach ihm angelegt.
Aporie.

4. *[Die Aporie]*

Wir verfolgen den Vorgang – d. h. die Hauptschritte jener radikalen denkerischen Besinnung –, durch den *das Grundaxiom alles Wissens und Seins entdeckt und als solches gesichert wurde.*
  Diese Leistung vollzog Aristoteles. Er pflegt jede Frage, und gar solche letzten und ersten wie die vorliegende, *durch* und *als* eine ἀπορία zu entwickeln.
  Man hat freilich gemeint, dies sei ein *besonderes* Verfahren des Aristoteles; dies zu meinen, ist ein Irrtum. Aristoteles hat auch hier, wie in anderem, die *bewußte begriffliche Prägung* und *methodische Sicherung* gefunden. Das διαπορεῖν und εὐπορεῖν aber ist *Grundgesinnung und Grundbestimmung* des griechischen Philosophierens. Und selbst das *Wort* noch ein *Widerschein der Ausgangsstellung*, in die das Philosophieren notwendig kommt: *ohne Weg* und Ausgang, d. h. *umstellt von der bedrängenden Fragwürdigkeit des Seienden und seiner Bezüge.*
  Die Aporie bezüglich des ersten Axioms ist folgende: Axiome sind nicht weiter ableitbar – etwas Erstes und zugleich unumgänglich. *Dergleichen* aber ist auch *jenes*, was die *eigentliche Philosophie* zum Thema hat – ›*das Sein*‹. Axiome sind aber προτάσεις, Grundstücke und *Grundsätze des Wissens* und Aussagens – mithin *zwar* in eine *erste* Wissenschaft, aber *doch nicht* in die Wissenschaft vom Sein? Wie erste und oberste Wissenschaft?
  Wie erfolgt die Auflösung? Wie kommt die ganze Behandlung der Axiome ins Freie und welche Aufgabe erwächst hieraus? Vgl. Met. *Γ 3*.
  1. Die Lösung der Aporie.
  2. Die Aufgabe – Aufstellung des höchsten Grundsatzes.

5. Seinsfrage – Wissensfrage – Axiome

1. Wie Frage nach dem Seienden in sich Frage nach dem Wissen – grundsätzlich und allgemein.
2. Die Frage nach dem *Seienden entfaltet* sich bis zu *Aristoteles* – und die *Frage nach dem Wissen geht mit gemäß dieser Entfaltung*.
3. Und zwar: a) die Mannigfaltigkeit der Wissensweisen:
   α) Plato: αἴσθησις – δόξα – τέχνη – φρόνησις – ἐπιστήμη,
   β) Aristoteles;
   b) das *Wissen*, das gerade das entfaltete *Fragen* nach *dem Sein* betrifft – *höchstes Wissen*[120] – *ἐπιστήμη ζητουμένη*.
4. Wissen als *ἐπιστήμη ἀποδεικτική* – wie darin jenes auftaucht, was [als] Axiom benannt zu werden verdient – *τρία* ☐ – *ἐξ ὧν*.[121]
5. Wie dieses Wissen – ἐπιστήμη ἀποδεικτική – in sich über sich hinaus und zu anderem führt: ἐπιστήμη ἀναπόδεικτος[122] – *was für ein Wissen – καθόλου und ἀρχή*.
6. Von ἐπιστήμη ζητουμένη her *über ὂν ᾗ ὄν* – etwa von da zu ἄμεσος ἀρχή?
7. Wie stehen *beide* Weisen des höchsten Wissens zueinander?
8. *Wohin gehören* dann die ›Axiome‹? Und läßt sich aus ihrer *Zugehörigkeit* der *Wesensursprung* ermitteln oder doch zum mindesten ein *Weg*, in der Ursprungsrichtung zu fragen?
9. Die konkrete Aristotelische Frage: gehört die Behandlung der Axiome in die ἐπιστήμη ζητουμένη? *Jetzt klar, weshalb in Met. B diese Frage!*

---

[120] [In der Handschrift ist mit Bleistift ein Pfeil von »Wissen« (Punkt 2) zu »höchstes Wissen« (Punkt 3 b) eingezeichnet mit den ebenfalls in Bleistift geschriebenen Anmerkungen:]
je offenbarer das Sein (Wesen), um so fragwürdiger das Seins*wissen*
Sein: Wesen des *Wissens* als Seinsart des Menschen
[121] [Siehe in den beiden Fassungen des Vortrags S. 202 und S. 228 f.]
[122] [Vgl. Anal. post. A 3, 72 b 20.]

III. Der Satz vom Widerspruch

10. Die Entfaltung der Aporie: Behandlung der Axiome in eine höchste Wissenschaft gehörig, aber *offenbar doch <u>nicht</u> in Wissenschaft vom Sein* – wohin also?

6. *Der Inhalt der Aporie in Met. B 2, 996 b 26 sqq.*

Frage: Fällt die Erörterung der ἀρχαὶ ἀποδεικτικαί in eine oder mehrere Wissenschaften? Genauer: Ist es *eine und dieselbe* Wissenschaft, die behandelt die Seiendheit und die Axiome?

Thesen: a) *Eine und dieselbe offenbar nicht.*
Wissenschaft von der Seiendheit – *besonderes* Thema und Bereich, *entsprechend Geometrie* und dergleichen. Aber hier doch auch *nicht* Sache der Geometrie (vgl. Platon!), mithin *auch nicht Sache der Wissenschaft von der Seiendheit.* Diese ja *in der gleichen Lage wie die anderen!* Also *überhaupt fraglich,* welcher Wissenschaft und ob überhaupt. Denn
  b) wie und wozu Wissenschaft, *allen bekannt.*
  c) *Und gesetzt, man machte den Versuch,* dann dazu *wieder Axiom* – γένος hier δεικνυμένον ἦ – und was dann?
  d) Vgl. a): Wenn also *nicht* dieselbe, *welche* die höhere und höchste? Die *Axiome* doch – und also *nicht Sache der Philosophie.* Wo dann?

7. *[Satz vom Widerspruch]*

Satz vom Widerspruch – wie kommt er zu dieser beherrschenden Stellung?
 Verfügung über das Wesen und [die] Möglichkeit des Seins!
 Wesensursprung dieses Axioms – des *Axioms überhaupt*!
 Im Wesen des Wissens?

Frage nach dem Wesen des Wissens aus Frage nach dem Wesen des *Seins.*
L*[eitend]* [?] οὐσία – παρουσία – beständige Anwesenheit.
Wissen: Besitz der Offenbarkeit des Seienden (des Seins).
(ἀρχή – ἀποδεικτικὴ ἐπιστήμη.)
3 Stücke.

8. *[Läßt sich das Axiom gar nicht aus dem Sein begründen?]*

Läßt sich das Axiom gar nicht aus dem Sein begründen? Oder besagt eben diese Begründung aus dem Sein nichts anderes als Nachweis des höchsten ἀρχή-Charakters? Und warum? Weil Sein nur, wo und wie *Seinsverständnis?* Weshalb das so?

Gibt das Axiom einem ursprünglicheren Phänomen (Dasein – Existenz) *Ausdruck?*

AUFZEICHNUNGEN
AUS DEM THEMATISCHEN UMKREIS
DES VORTRAGS

A. [DIE GRUNDSÄTZE DER ›IDENTITÄT‹, DES ›WIDERSPRUCHS‹][123]

1. Die Grundsätze der ›Identität‹, des ›Widerspruchs‹

Welchen Charakter haben sie in der Antike?
Was sagt es, daß sie als Regeln des ›Denkens‹ genommen wurden und erst von da zurück für ein höheres ›Denken‹ — kategoriales (Hegel) — in die Ontologie zurückgenommen?
Es sagt nichts anderes, als daß die eigentliche Problematik dadurch verdeckt wurde und nicht ins Freie kam, sowenig wie die Besinnung auf die Seinsfrage als solche.
Vgl. Übung *(Protagoras 1928/9)*.[124]

2. Widerspruchslosigkeit — als ›logische Möglichkeit‹

Möglich — was *sich nicht widerspricht.*
Das Sich ~~nicht~~ widersprechen selbst *un-möglich* — in welchem Sinne von Ermöglichung und Nichtermöglichung? (Vgl. *Aristoteles.*) Zulassung? Nichtzulassung? Wo die Instanz? Möglichkeit des Menschen — *Mensch wie gefaßt?*

---

[123] [Das vorliegende Konvolut mit den im Folgenden vom Herausgeber von 1 bis 17 durchgezählten Aufzeichnungen ist nicht durch einen von Heidegger beschrifteten Umschlag zusammengefaßt. Der archivarische und für die Edition übernommene Titel des Konvoluts entspricht der Überschrift der ersten Aufzeichnung.]

[124] [Im Wintersemester 1928/29 führte Heidegger an der Universität Freiburg Übungen für Fortgeschrittene über »Die ontologischen Grundsätze und das Kategorienproblem« durch.]

All das hat mit ›logisch‹ nichts zu tun und das Gerede von ›logischer Möglichkeit‹ ist eine faule Oberflächlichkeit, woraus Unverstand des ganzen Problems.

Aber eine feste Spielmarke — wie die ›ontologische‹ Möglichkeit.

3. Met. Γ 4

βεβαιοτάτη ἀρχή: keine Verkehrung, denn dann *Nichts* und dann überhaupt kein Seiendes! [aber Schein?][125]

μάλιστα γνωρίζειν: *Kenntnis haben*, nicht erst *Wissen* erreichen! *Ursprünglichste Wahrheit* — nicht das Wahre.

Auf *Sein* das Axioma ausgerichtet — die ursprünglichste *Würdigung* des Seins [Anwesenheit — Bestand — Festigkeit — Bleibe].[126]

ἀπόδειξιν ἀξιοῦν! (ex.) statt Einstehen!

ἀπαιδευσία: ohne *innere Haltung* und *Maß* zwischen Fug und Unfug — betreffen nicht ›*Unkenntnis*‹ und *Ungelehrtheit*.

[εἰς] ἄπειρον [γὰρ ἂν βαδίζοι, 1006 a 8 sq.]:[127] processus in infinitum, schließt gar nicht — *sonst eine Gedankenlosigkeit*. Weshalb für Griechen Argument? Weil *nicht zum Sein führend*, weil Sein *πέρας* von Wahrem ist — *Sein verfehlt*.

ἐλεγκτικῶς [a 12]: der Anspruch an den Anderen, den er selbst machen muß.

An den *Pranger* — vor *sich selbst* (freie Übernahme).

Nicht eine *fremde Forderung* — angetragen und erzwungen.

τὸ *ἀξιοῦν* — *welche Herausforderung* und Würdigung.

Sich zu verstehen geben Eines und Selbes — sich und Anderem.

Sichhineinstellen in Verständigungsmöglichkeit überhaupt,

---

[125] [Die eckigen Klammern in der Handschrift.]
[126] [Die eckigen Klammern in der Handschrift.]
[127] [Das vom Herausgeber in eckige Klammern Gesetzte wurde nach dem Aristoteles-Text ergänzt.]

III. Der Satz vom Widerspruch 259

Ursprung und Sicherung von *Beständigkeit überhaupt* – Sein ὡρισμένον [a 25] (πέρας) und zugleich *erste Wahrheit*.
ἕν: Selbigkeit, Einheit, Einfachheit, Einzigkeit, Allheit, Ganzheit.

Aus Sein (Seinsverständnis) *nicht Denken*.
λόγος, ›*Sprache*‹, Sage – *vor* Denken.
Dieser aber *Exist[enz]* – Freiheit des Einstandes, *Inständigkeit*.

Sonst: abgeschoben in eine bei-sich-weilende absolute ›Evidenz‹.
creatum ens – noch ein Sein – und mindestens Versuch.
Gott – die *Wahrheit* – herstellend.
Nachher Säkularisierung – ›Vernunft an sich‹ und nachträglich dann ›Existenz‹ daneben.
Hier der letzte Nach- und Ausklang *überspült*.

4. ›Sein‹ und Nicht und Widerspruch

Mit welchem Recht behauptet man, das ›Sein‹, das *kein* ›*Nicht*‹ in sich hat, *nicht vergehend*, nicht werdend – das ›Ewige‹ –, sei das reine Sein?
Warum soll das Nicht aus dem Sein hinaus? Woher dieses *Diktat*?
Und warum Sein = beständige Anwesenheit?
Ist das nicht eine ganz bestimmte und zu rechtfertigende Stellung zur Zeit?

5. *Widerspruchsfreiheit als erste Ermöglichung des Seins*

Weshalb das? Dem liegt zugrunde der Ansatz des Bezugs von *Sein und Spruch*.
Weshalb das ›*Nicht*‹ aus Sein weg.

260 Erster Teil: Ergänzungen

Wider*spruchs*freiheit — Möglichkeit — Sein: vgl. Baumgarten — Wolff.

I. Auf dem Wege der ›Begründung‹ des Axioms ›Spruch‹ aus Sein hinauswerfen — und damit ›Logik‹ aus Seinsfrage und damit Zerstörung der Ontologie.
II. *Andererseits*: das *Wider* und das *Nicht* in die Zerklüftung zurücknehmen.

6. *Widerspruch und Sein*

Widerspruch　　　(Wider-spruch und Wider-streit)
　　　　　　　　　(Streit im Sein als solchen)
Widerspruchs-losigkeit
Besprechbarkeit (Beherrschen — Benennen — *Sammeln!* — Bezeugen — λόγος)
Verstehbarkeit — ἐπιστήμη
Sich-darauf-verstehen — τέχνη
τέχνη — μορφή — φωνή — ἄνθρωπος
Prometheus

Widerspruchslosigkeit = Möglichkeit von Seiendem
　　　　　　　　　　= *Wesen*
Kant!

7. *Satz vom Widerspruch und Seinsfrage als onto-logische*[128]

Denn Möglichkeit des Seins überhaupt gründet im möglichen *Spruch*, d. h. solchem, der frei von Wider. Damit der onto-logische Charakter des Satzes vom Widerspruch gezeigt — umgekehrt der

---

[128] [Rechts neben der Überschrift die Notiz:] (vgl. Überl. II, 130) [Vgl. Mar-

›logische‹ Charakter der Seinsfrage, sofern es sich handelt um ὂν ᾗ ὂν. Dieser qua καθόλου aber sogleich zweideutig – θεολογική.

8. Zu Satz vom Widerspruch

Wie dieser als Satz der Denkbarkeit qua Seinbarkeit (Istbarkeit) den Schein der *Zerklüftung* aufrechterhält.
Vgl. ☐ Einheit des Unterschiedenen.[129]
Gerade, sofern er mit den Modalitäten zusammengebracht wird: Widerspruchslosigkeit – Möglichkeit.
Vgl. Baumgarten: *possibile* – ens.

9. Satz vom Widerspruch

Nach Trendelenburg II, [S.] 95 darin ausgesprochen das »*Recht der sich behauptenden Bestimmtheit*«.[130]
Was *heißt* das?   Recht? Macht-Bestreitung
　　　　　　　　　Sich *behaupten* – Gefährdung
　　　　　　　　　Bestimmtheit – Sichbestimmen, Stimmen

Der Grundsatz *bewahrt* die gesuchte Bestimmtheit, vermag nichts *zu gestalten*.

---

tin Heidegger: Überlegungen II–VI (Schwarze Hefte 1931–1938). Gesamtausgabe Band 94. Hrsg. von Peter Trawny. Frankfurt a. M.: Vittorio Klostermann, 2014, S. 93 f. – Die Seitenangabe »130« bezieht sich auf die originale Paginierung des Heftes, die im Druck in Marginalien angezeigt ist. Sinngemäß bezieht sich Heidegger hier auf die Seite 131 des Heftes.]
[129] [Es ist unklar, auf welches Manuskript Heidegger sich hier bezieht.]
[130] [Adolf Trendelenburg: Logische Untersuchungen. Zweiter Band. Berlin: Gustav Bethge, 1840, S. 95. Die Hervorhebung von Heidegger.]

10. Wider-spruch

Abbauen auf Zerklüftung.
Wider-spruch → Widerstreit.
Wider und die *Möglichkeit* des *Nicht* am Widerspruch.
Wie der *Satz vom Widerspruch* als Regel die Existenz *gerade gegen die Zerklüftung ausspart*!

11. Tatbestand *(das Frangloseste – das Fragwürdigste)*

1. Etwas Selbstverständliches – *Letztes*;
2. und doch allerlei strittig;
3. das Ganze fragwürdig in höchstem Maße;
4. nicht einmal eine ursprüngliche und umfassende Fragestellung.
5. Zwar – möchte man meinen – geht die Welt ihren Gang trotzdem, und vollends die Wissenschaft, strengste Erkenntnis und Denken in Blüte – *ohne jene Klärung*.
Aber: Welt? Wissenschaft?
Noch größere Täuschung über der Selbstverständlichkeit des Selbstverständlichen.
Aus der Bahn geworfen – und außerhalb – rollt etwas ab, das uns so vorkommt, als *wäre* das die Wirklichkeit.

III. Der Satz vom Widerspruch 263

12. *[Übersetzung] Met. Γ 3*[131]

1005 a 19–1005 b 8:
Die Lösung der Aporie und die hieraus
entspringende Aufgabe

»Zu fragen aber bleibt, ob es Sache einer einzigen oder je einer anderen Wissenschaft ist, sowohl über die in der Mathematik so genannten Axiome als auch über die Seiendheit [Sein] zu handeln. Offensichtlich ist nun, daß es Sache einer einzigen sowohl als überdies gerade der Philosophie, auch über diese [die Axiome] die Nachforschung anzustellen; allem und jedem Seienden nämlich gehören sie [die Axiome] [von Grund aus] an; aber nicht irgend einem besonderen Gebiet [des Seienden] weg von den anderen [mit Ausschluß der übrigen]. Auch gebraucht sie jedermann, weil sie des Seienden sind als Seienden — jedes Gebiet aber ist Gebiet von Seiendem. So weit aber nur gebraucht man sie, als es einem hinreicht, d. h. soweit das Gebiet reicht, im Umkreis dessen man die Beweise führt. Daher – so es klar ist, daß die Axiome allem, sofern es Seiendes ist, zugehören – dies nämlich [das Sein] ist das allem Gemeinsame – fällt dem, der mit dem Seienden als Seienden sich vertraut zu machen hat, auch über diese [die Axiome] die Betrachtung zu. Daher keiner der je ein Teilgebiet ins Ziel Fassenden es in die Hand nimmt, etwas zu sagen über sie [die Axiome], ob sie wahr seien oder nicht – weder wer die Raumgestalten noch wer die Zahlen im Blick hat; allerdings von denen einige, die das von sich aus Waltende betrachten [handeln von den Axiomen], ganz schicklich tun sie dieses; als einzige nämlich wähnten sie über das ganze Waltende und so auch über das Seiende zu forschen. Da es

---

[131] [In diesem Abschnitt sowie im folgenden Abschnitt 13 wurden vom Herausgeber sowohl die erläuternden Zusätze Heideggers zu seiner Übersetzung als auch seine alternativen Übersetzungsvorschläge in eckige Klammern gesetzt. In der Handschrift finden sich dafür – ohne strenge Konsequenz – teils eckige, teils runde Klammern. Lediglich bei »[nicht]« (S. 268) handelt es sich um eine Ergänzung des Herausgebers.]

nun aber einen gibt, der noch über den φυσικός hinauf höher steht (*ein* Gebiet nämlich vom Seienden ist mir die Natur), so dürfte wohl dem, der im Ganzen über das Seiende und über die eigentliche Seiendheit Betrachtung anstellt, auch die Nachforschung über diese [die Axiome] zufallen. Es ist aber ein gewisses Verstehen auch die ›Physik‹ [Philosophie der Natur], aber nicht das erste eigentliche. Was aber nun einige von denen unternehmen, die über das Seiende in seiner Unverborgenheit [d. h. als solches] handeln, auf welche Weise [die Axiome] hingenommen [vernommen] werden sollen, so handeln sie aus Unvertrautheit mit der Analytik; denn man muß das Vorverständnis über diese [die Axiome] schon mitbringen und sie können nicht erst gesucht werden, indem das Seiende bereits zur Kenntnis kommt.

Daß es nun also Sache des Philosophen und d. h. dessen ist, der die ganze Seiendheit betrachtet, gerade sofern er ein solcher ist, auch über die Gründe der Aussagezusammenhänge nachzuforschen, ist klar.«

1005 b 8–34

»Es gehört sich aber, daß, wer jeweils in einem Gebiet am eigentlichsten vertraut ist, verfüge über die Anführung der standhaftesten [-festesten, *ständigsten*] Gründe [*Ausgang und Herrschaft* – ›Princip‹] der Sache; daher dann auch, der vom Seienden als Seienden handelt, die *allerständigsten*. Es ist dieser aber der Philosoph, der allerständigste Grund aber jener, worüber in der Getäuschtheit [Unwahrheit] zu sein nicht möglich ist. Denn am meisten vertraut sowohl muß notwendig der derartige Grund sein (womit sie nämlich nicht vertraut sind, darüber täuschen sich alle) und nicht beliebig angesetzt. Denn welchen Grund notwendig *der* haben muß, der irgend etwas vom Seienden kennen soll, das ist nicht beliebige Ansetzung; was aber dem notwendig ist zu kennen, der mit irgend etwas bekannt sein will, das muß er auch schon notwendig mitbringen. Was nun also der derartige allerständigste Grund [seinem Wesen nach] ist, darüber besteht Klarheit.

Welcher aber dieser ist, wollen wir demnach sagen. Nämlich: Unmöglich kann dasselbe zugleich vorherrschen sowohl als nicht vorherrschen am selben in Hinsicht auf dasselbe; und was alles wir noch dazu unterscheiden könnten, sei unterschieden gegenüber den Unhandlichkeiten [Schwierigkeiten], die sich beim Reden ergeben. Dieses ist also von allen das standhafteste Prinzip, denn es entspricht der angeführten Umgrenzung. Unmöglich nämlich kann jemand im voraus dafürhalten, dasselbe sei und sei nicht, wie manche glauben, Heraklit sage das. Doch ist es ja nicht nötig, daß, was einer [dem Wortlaut nach] sagt, dieses auch [der Sache nach] dafürhalte.

Wenn es aber nicht angeht, daß zugleich vorherrsche am selben das Gegenüberliegende (dazu unterscheide sich uns auch für diese [*vor-gestreckte*] Behauptung das Übliche), gegenüberliegend aber ist Ansicht der Ansicht im Entgegenspruch, dann ist offenbar unmöglich, daß derselbe Mensch zugleich dafürhalte, es sei und sei nicht dasselbe. Zugleich nämlich hätte an sich die entgegenliegenden Ansichten, wer über dieses in Täuschung sich befände. Daher alle, die Beweise führen, auf diese äußerste Ansicht [Dafürhalten] zurückgehen [intransitiv]; seinem Wesen nach nämlich ist dies Prinzip *Prinzip* auch der anderen Axiome.«

13. *[Übersetzung Met.] Γ 4 sqq.*

a) *Die Unbestreitbarkeit und Unbeweisbarkeit des Grundsatzes (1005 b 35 – 1006 a 11)*

α) [b 35] – a 5: »Es gibt aber einige, die – wie wir vermerkten – sagen, es sei möglich, daß dasselbe sei und nicht sei, und deshalb ginge es, auch so im voraus anzunehmen. Es bedienen sich aber dieses Satzes viele auch derer, die über die φύσις handeln. Wir dagegen haben jetzt es angenommen als unmöglich seiend, das Zugleich-Sein-und-nicht-Sein, und im Durchgang durch dies zeigten wir, daß das das standhafteste aller Prinzipien sei.«

β) a 5—a 11: »Es fordern nun also [auf Grund und im Zusammenhang obiger These, nach der etwas je zugleich sein und nicht sein kann] einige auf, man solle dieses [die Unmöglichkeit des Zugleich-Seins-und-nicht-Seins] beweisen, aus Unvertrautheit mit der Sache. Denn dergleichen ist es, nicht zu wissen, wofür ein Beweis geführt werden muß und wofür nicht. Denn daß es völlig von allem einen Beweis gebe, ist unmöglich; denn man würde dabei ja ins Grenzenlose fortgehen, so daß auch so kein Beweis zustande käme. Wenn es aber solches gibt, wofür kein Beweis geführt werden darf, welchen Ausgang sie dann mehr für einen solchen [unbeweisbaren] halten, dürften sie da wohl nicht zu sagen imstande sein.«

b) Die Möglichkeit des Erweisens des Unbeweisbaren und Unbestreitbaren und der Charakter eines solchen Beweises – die Bloßstellung (a 11—28)

»Indes besteht die Möglichkeit, in der Weise der Bloßstellung etwas herauszustellen sogar auch bezüglich des Satzes – daß er nämlich unbestreitbar ist, sobald nur der Bestreitende überhaupt etwas *sagt*. Solange er freilich nichts sagt, wäre es lächerlich, gegen *den* eine Rede zu suchen [Rede zu stehen], der für nichts Rede hat, eben insofern er für nichts Rede steht. Gleich einer Pflanze nämlich ist dieser schon eben [im voraus] als ein solcher. [Er hat im voraus schon das Menschsein aufgegeben, sich herausgestellt aus dem Miteinander der Rede.]

Das bloßstellende Aufzeigen – sage ich – unterscheidet sich vom [eigentlichen] Beweisen; denn wenn einer [hier bezüglich des Prinzips] beweisen will, müßte er selbst von sich aus auftreten als der, der das im Ausgang Stehende im vorhinein für sich in Anspruch nimmt. [Denn er braucht ja die ἀξιώματα eben zu seinem Beweis.] Wenn aber der andere solches auf seine Kappe nimmt [die Inanspruchnahme des Prinzips], dann ergibt sich gerade die Möglichkeit einer Bloßstellung und nicht ein Beweis.

III. Der Satz vom Widerspruch   267

Ausgang aber für all das derartige ist nicht die Forderung auszusagen, etwas sei oder sei nicht, denn diesen Anspruch könnte leicht einer nehmen als das Im-voraus-Beanspruchen dessen, was erst zu erweisen, sondern die Forderung, daß er [beim Reden und Sagen] sich und dem anderen überhaupt etwas zu bedeuten gebe; dieses nämlich ist notwendig, wenn er überhaupt etwas sagen will.

Wenn er nämlich nichts zu bedeuten gibt, dürfte einem solchen keine Rede möglich sein, weder zu ihm selbst noch zum Anderen. Sobald aber einer dieses [vor- und zu-] gibt, dann läßt sich auch der Beweis führen; im voraus schon ist nämlich etwas umgrenzt. Aber schuld daran ist nicht der Beweisende, sondern der [als Bestreiter] auf seinem Wort beharrt. Denn aufhebend den Satz, verharrt er gerade bei der Rede.

Ferner aber hat, wer dieses zugab, auch schon etwas Unverborgenes eingeräumt *vor* [außer] [allem] Beweis.«

c) Einsatz der Bloßstellung [1006 a 29–]

»Zuerst nun also ist klar, daß dieses selbst offenbar: es bedeutet die Nennung [als solche] das So- oder Nicht-so-Sein [das Wort Sein oder Nichtsein hat diese feste Bedeutung – Bonitz[132]]. [Schwierigkeit.] Daher dürfte sich (schon) nicht jegliches so oder nicht so verhalten.«

ἓν σημαῖνον – τὸ ὄνομα.

1006 b 7 [sqq.]: »Das Nicht-etwas-Bedeuten ist Nichts-Bedeuten. Wenn aber die Worte nichts bedeuten, ist das Miteinanderreden mit den anderen, ja in Wahrheit auch das mit sich selbst aufgehoben.«

1007 a 20: οὐ διαλέγεται.

1008 b 10–1009 a 5, fi. cap. 4: (Wenn Sein und Nichtsein nicht unterschieden, dann alles dasselbe und unbestimmt und d. h.

---

[132] [Aristoteles, Metaphysik. Uebersetzt von Hermann Bonitz. Aus dem Nachlaß hrsg. von Eduard Wellmann. Berlin: Georg Reimer, 1890: [Γ 4, 1006 a 29 sq.:] »[…] daß das Wort ›sein‹ und das Wort ›nicht-sein‹ etwas bestimmtes bezeichnet«.]

nichts.)»Wenn aber einer nichts im voraus fest nimmt, sondern in gleicher Weise dafür hält und nicht dafür, inwiefern verhält er sich dann noch verschieden von den Pflanzen? Von hier aus ist nun auch am meisten offensichtlich, daß keiner sich so befindet und benimmt, weder von den anderen noch von denen, die diesen Satz [Protagoras] vertreten. Denn warum geht einer nach Megara und bleibt nicht ruhig zuhause, wenn er meint zu gehen? Oder warum läuft er nicht geradewegs (eines schönen Morgens) in einen Brunnen oder in eine Felsschlucht, wenn es sich gerade so trifft, sondern nimmt sich offenbar zusammen, gleich als hielte er das Hineinfallen [nicht] ebenso für nicht gut wie für gut?« – Leugnung des Satzes vom Widerspruch.

λόγος ἄκρατος καὶ κωλύων τι τῇ διανοίᾳ ὁρίσαι, [vgl.] fi. cap. 4 [1009 a 4].

Dagegen: beherrscht, gesammelt auf sich selbst und öffnend die Fassung und Umgrenzung des Seienden.

14. Satz vom Widerspruch

Es ist hoffnungslos darüber zu streiten, ob es ein ›logischer‹ oder ›metaphysischer‹ Satz sei, solange nicht geklärt ist,
 1. was logisch,
 2. was metaphysisch heißt,
 3. was der Satz überhaupt sagt und sagen soll (Satz *warum?*),
 4. ob er das Wesen des Widerspruchs überhaupt klärt, ob er auch nur Ansatz dazu.

Die Verwirrung aber wird noch größer, wenn man bedenkt, daß mit Hilfe all dieser verschlungenen Unklarheiten eben ›logisch‹ und ›metaphysisch‹ definiert werden.

Und all dieses angesichts der gemeinen Meinung, all dergleichen sei selbstverständlich, nicht nur faktisch, sondern im Prinzip gar nicht *weiter* zu verstehen!

NB: Satz vom Widerspruch – zunächst: darin etwas gesagt über den *Widerspruch?* Das gar nicht der Fall.

III. *Der Satz vom Widerspruch* 269

15. *Kränzchen*[133]

Sachlich: Krisis der Wiss[enschaften] – still geworden – im Ernst gewesen eher in Mathematik, Physik, Biologie.
Mathematik: Satz vom ausgeschlossenen Dritten – regionale Axiome – Parallelenaxiom.
Mathematik – ständig Philosophie begleitet – zugleich diese auch Mathematik.
Darüber hinaus Axiome des Denkens überhaupt.
Satz vom Widerspruch: Wie steht es damit? Kant – Aristoteles.
Thematisch durchführen.

Aristoteles ›Vollendung‹ der antiken Philosophie.
[Das] höchst mögliche Ende, aber alles andere als ›fertig‹.
Daher aber sahen Aristoteles so – später – *Scholastik*, Wolff.
Dies Ende gehört noch zum vollen Begriff des ›Anfangs‹.
Diesen erst wieder erobern.
Die eigentliche Aufgabe.
Ein Paradigma – *Satz vom Widerspruch*.

Schluß: diese Überlegungen als Paradigma.
Krisis der Wiss[enschaften] – noch gar nicht den R[aum] und die Richtung [?], in denen eine ernsthafte sachliche Krisis möglich wird.

16. *Satz vom Widerspruch*[134]

›oberstes Denkgesetz‹, und doch verraten wir kein Geheimnis, wenn wir sagen, daß die Fassung, Auslegung usf. des Satzes und

---

[133] [Bei der vorliegenden Aufzeichnung handelt es sich um eine Skizzierung des Aufbaus des geplanten Vortrags im Freiburger Kränzchen am 16. Dezember 1932.]
[134] [Rechts neben der Überschrift die Notiz:] Maß?

sein Verhältnis zu anderen ›Grundsätzen‹ höchst verworren und dunkel ist. Diese Sachlage wenig angemessen der ›Logik‹! So scheint es. Aber nur so lange, als man der Meinung ist, die Logik müßte im höchstmöglichen Grade von vornherein ›logisch‹ sein und das *Logische* sei überhaupt überall der Maßstab und [die] Regel der Erkenntnis.

Daß sie es nicht ist: 1. Beweis aus der Geschichte dieser Denkgesetze,
2. aus dem Wesen der Frage – und gerade hier einen Schritt versuchen.

Ihn anknüpfen an *Aristoteles*, nicht *Leibniz*, Baumgarten [?] – ›Anfang‹, Entdeckung, und schon alle verschiedenen Fassungen da.

Bevor wir hier zusehen, eine kurze Erwähnung der Hauptfragen.

17. Der Satz vom Widerspruch

I–IV hängt unter sich zusammen – und erst aus dem Ganzen Gehalt und Charakter des ›Satzes‹ bestimmen.

I. Die Rolle des Satzes vom Widerspruch:
   a) als allgemeinstes Denkgesetz – Logik,
   b) im besonderen für
      α) Dialektik,
      β) heutige Mathematik und Physik, vgl. Satz vom ausgeschlossenen Dritten.

II. 1. Der Gehalt des Satzes:
     a) logisch,
     b) ontologisch.

III. Der Satz vom Widerspruch

2. *Satz- und Gesetzcharakter* des Satzes, *Bewandtnis*, seine ›Wirkung‹.

III. Die Begründung des Satzes – ›Frage der Beweisbarkeit‹:
   a) *oberster* Satz – Grund-satz – nicht begründbar – schlechthin evident,
   b) Begründung:
      α) psychologisch – Verfassung des einzelnen denkenden Ich,
      β) ontisch – Selbigkeit der an sich seienden Dinge,
      γ) damit vermischt: *gegenständlich* – Gegenstandsein *(Identität)*

IV. *Aristoteles* – Gemeinplatz: nicht logisch, sondern metaphysisch.
   Weder, was das eine, noch das andere. Metaphysik besagt gar nichts.
   Frei von all dem nachsehen, was vorliegt:
   1. in welchem Zusammenhang,
   2. wie im Einzelnen und was das besagt – Miteinander – Möglichkeit des λόγος weder logisch noch metaphysisch im üblichen Sinne.

B. ΕΛΕΓΧΟΣ[135]

1. Indirekter Beweis des Satzes vom Widerspruch

Gewöhnlich gerade darauf zurück gehend, daß die vorgelegte Behauptung sich widerspricht, auf einen Widerspruch führt.

Das freilich hier nicht möglich, denn so käme an den Tag, daß der Widerlegende im Grunde im voraus die Anerkennung des Satzes verlangt, den der Verneiner leugnet.

Leugnung des Satzes — nicht wieder auf Widerspruch. Hier ein ausgezeichneter Fall: der indirekte Beweis nicht mehr Berufung auf *Widersprüchlichkeit*, sondern *Spruchunmöglichkeit überhaupt*. *Pflanze!*

2. ἐλεγκτικῶς

Verkehrte Frage, ob logisch-psychologisch oder ontologisch, subjektiv [oder] objektiv, denn Aristoteles kennt gar nicht die *isolierte* (transzendenzlose) *Subjektivität*.

Daher hat der Rückgang auf Menschsein einen ganz anderen Charakter als für die eigentliche Auslegung.

Daher die Frage verkehrt: ob das Gesetz als ontologisches aus dem logischen abgeleitet ist oder umgekehrt.

Es ist auch nicht so, daß die ›logischen‹ Gesetze der Erkenntnisgrund für die ontologischen wären, was doch das ἐλεγκτικῶς *nahelegt*.

---

[135] [Überschrift auf dem Umschlag, mit dem Heidegger die im Folgenden vom Herausgeber von 1 bis 28 durchgezählten Aufzeichnungen zusammengefaßt hat.]

III. Der Satz vom Widerspruch 273

3. *Frage zum ἐλεγκτικῶς*

Ist das Einsetzen bei der Selbigkeit der *Wortbedeutung*, ja beim *Wortbedeuten* überhaupt nur ein zufälliger *geschickter* Ausgangspunkt für darin anderen zu gründenden Beweis?[136]
Oder ist er der unausweichlich angesetzte *Grund* der möglichen Begründung überhaupt *aller* wahrhaften *Beweise* bzw. die Anzeige derselben – und als solcher [ein Grund], der einer weiteren Erörterung nicht bedarf? Vgl. [Met. Γ 4,] 1008 *a 31*.[137]

Und dieses *identische Bedeuten* unmittelbar und zuerst ›angewendet‹ (?) auf τὸ εἶναι – τὸ μὴ εἶναι – *jedes etwas Bestimmtes.*

Es wird 1006 a 11 sqq. also grund-sätzlich die Grundlage für den indirekten Beweis herausgestellt, d. h. das, worin allein der Satz *gründet.*

Aber *was ist das?*
Wie hängt das zusammen mit der notwendigen ὑπόληψις?
Reden – [das] verstehende – Sein verstehendes *Sagen.*
Wie es mit dem *Sein* steht? Woher *geschöpft?*

4. *[ἀξίωμα]*

Für Aristoteles *genügt* der notwendige καθόλου-Charakter im *Gebrauch* des ἀξίωμα, um seine *Zugehörigkeit* zur πρώτη φιλοσοφία für begründet zu halten.

Nicht geht er nach dem Ursprung des im ἀξίωμα Gesagten aus dem Wesen des Seins. Zwar versteht er es ›ontologisch‹, aber begründet es nicht, sondern alle ›Begründung‹ ist *exist[enzial]* [aber das ist ja die rechte *ontologische* Begründung!].[138]

---

[136] *welches Gewicht* hat das Bestehen auf ἄνθρωπος, vgl. Protagoras – nur eine geschickt gestellte Falle, um den anderen zu fangen? zu Zwecken der *Widerlegung?*
[137] offenbar dieses, denn diese Belehrung wird ja allem Beweisen vorausgeschickt – vgl. auch die [ein Wort unleserlich] von Protagoras usf. – das unterschiedslose ἕν Bedeutung, d. h. gar nichts, nichts *Bestimmtes*
[138] [Die öffnende eckige Klammer in der Handschrift.]

Warum nicht?
Weil *diese Frage* selbst nicht ursprünglich genug gegründet, um eine solche Behandlung zu ermöglichen, vielmehr alles *neben* einander.
Bestand aufnehmen und gesonderte Behandlung.
πολλαχῶς − nur da und dort *unter anderem*.
Bezüge! Vgl. auch die Zusammenhangsunklarheit mit εἶναι der Copula!

5. ἀρχὴ βεβαιοτάτη

(ἀξίωμα qua δόξα) − ἕξις, ὑπόληψις.
ἕξις − λέγειν.
Das Festgemachteste, im voraus schon zu Habende.
ἥκειν ἔχοντα! [Met. Γ 3, 1005 b 17]
ἥκειν (und διαλέγεσθαι), *kommen zu diesem, im voraus unverstellt zu haben*.
Ansicht ⟵ da*für* sein!
  ↖ ὑπόληψις
als ἀληθεύειν τῆς ψυχῆς.
ὑπόληψις − was zu *Seinsverständnis* als solchem gehört.
Sein und Seinsverständnis !?! crux!
Seinsverständnis gehört zu Sein − ohne Subjektivismus.
[Das] Zugehörende im *Wahrheitsgeschehnis* = Seinsgeschehnis zu begreifen.

6. Sein

Das σημαίνειν des εἶναι (ὄν) ist προσσημαίνειν σύνθεσίν τινα,[139] also *Verhältnis*begriff.
Wesen des Seins in sich ›Verhältnis‹?

[139] [Vgl. De interpr. 3, 16 b 24.]

III. Der Satz vom Widerspruch   275

Vgl. Sein = συγκεῖσθαι, [vgl.] Met. Θ [10].
Dazu *δύναμις – ἐνέργεια*!!
Aber das ›Wesen‹ ohne Z[eit] gar nicht zu sehen und zu begründen!
*An*wesen von sich aus *An*wesen bei ... – πρώτη οὐσία ἐνεργείᾳ.

7. Satz vom Widerspruch und Sein (Anwesenheit)

Wenn dieser Satz etwas über das Sein sagen soll, was sagt er dann?
Etwas über das Verhältnis zum *Nicht*-sein?
Weshalb und *wie* gehört dieses *Verhältnis* zum Sein?
Was darin alles liegt, wie im Wahren – κατὰ ταὐτό – das Sein.

Inwiefern kommt im Satz vom Widerspruch zu Tage, daß ›Sein‹ *An*wesen und *An*wesen bei? Inwiefern geht er zwar nicht auf Satz der Identität, wohl aber auf *Identität*, besser ἕν zurück? Wie ist vom ἐλεγκτικῶς her dahin vorzudringen?

Es wird auch über *Wahr-* und *Unwahrheit* gehandelt. Warum?
Weil *zum Wesen* des Seins die Wahrheit (Anwesenheit, Gegenwart) gehört.

Existenziale Aussage! über das ›*Wesen*‹ als solches.

8. Zu [Met.] Γ 3

Es gilt zu zeigen, daß ὑπόληψις [des] *Satzes vom Widerspruch* βεβαιοτάτη ἀρχή, d. h. ἀρχὴ τῶν ἄλλων [vgl. 1005 b 33], und daher vornehmlich in πρώτη φιλοσοφία zu behandeln.

Aber nirgend ist gezeigt die *Notwendigkeit* dieser ὑπόληψις *aus dem Gehalt des Satzes* und gar dieser aus Wesen des Seins!

Oder doch zum mindesten dieses, [vgl.] 1005 b 22 sqq., besonders *b 26*, d. h. für πάντες οἱ ἀποδεικνύντες [b 32].

Das wird gezeigt *unter Voraussetzung* des ›ontologischen Satzes‹. *Dieser selbst???* Nicht *objektiv zu beweisen*, wohl aber ›*subjektiv*‹, d. h.

1. von ἀρχὴ βεβαιοτάτη aus — mit dieser ergibt sich *1005 b 29 [sq.]* die *Unmöglichkeit* der *Leugnung derselben*. *Menschsein* aufgehoben und damit Sein?!? Daher aber ›*ist*‹, also ἀρχὴ βεβαιοτάτη, also Wahrheit der ἀξιώματα.[140]

9. Der ἔλεγχος

indirekter Beweis als Anweisung auf Grund und mögliche Begründung.

Dieser indirekte Beweis ›logisch‹ für etwas, was ontologisch gemeint ist.

Der ›logische‹ Beweis berechtigt nicht zu sagen, Aristoteles fasse den Satz vom Widerspruch als logisches Gesetz.

Ebenso wenig aber kann gesagt werden, weil er ihn als Seinsgesetz ausspricht und in πρώτη φιλοσοφία behandelt, sei er auch als solches ›*bewiesen*‹.

Daß nur *indirekter* Beweis bleibt, sagt ja, daß er nicht aus Sein ›bewiesen‹ werden kann, was nicht ausschließt, daß er doch *so* begründet werden kann. Unbeweisbar nur der ›Satz‹ — *ἀξίωμα* —, aber nicht der Wahrheitsgehalt unbe*gründ*bar!

10. [Bedeuten]

Schwegler zu [Met.] 1006 a 29 [sqq.].[141]
Philosophischer.

Es wird damit angesetzt, daß schon das *Bedeuten* auf *Seinsverständnis* ruht und dabei schon *Unterschiedensein* verstanden und in Anspruch genommen wird.

---

[140] [Ein Punkt 2 erscheint in der Handschrift nicht.]
[141] [Vgl. Albert Schwegler: Die Metaphysik des Aristoteles. Grundtext, Übersetzung und Commentar nebst erläuternden Abhandlungen. Dritter Band: Des Commentars erste Hälfte. Tübingen: L. Fr. Fues, 1847, S. 167 f.]

III. Der Satz vom Widerspruch 277

Damit ist der *Gegner* schon fast *gelegt*: sofern er überhaupt *spricht*, versteht er ein *So-Sein* und *Nicht-so-Sein* (Sein).
Sein — *transzendiert schon das Bedeuten.*
Hier muß also schon der Satz vom Widerspruch und damit *universal* für alle Wahrheit gültig [sein].
Nicht gemeint: der Sinn des Satzes vom Widerspruch liege in einem *Bedeutungsgesetz, sondern* dieses schon botmäßig dem Seinsgesetz und nur *deshalb* auch Erkennen des Wasseins.
Bedeutung — nicht begrenztes Gebiet *neben anderen*!
Sondern Grundstück *des λόγος als solchen,* des Redens mit sich selbst und *zu anderen*!
Hier überhaupt die mögliche Dimension der Wahrheit.
Wenn im vorhinein zugegeben, dann *Transzendenz* anerkannt!
Sein gilt für *Seinsverständnis* als solches.
In diesem nicht zu umgehen! *elenchos!*
Aber nirgends gezeigt von Sein her, sondern immer nur von Verstehen.
So ursprüngliche ὑπόληψις — die des σημαίνειν τι εἶναι, und so ἕν τι = ὄν — ἕν !!
Immer wird insistiert auf und gesprochen aus dem διαλέγεσθαι, und zwar nicht nur *Worte machen*, sondern *etwas meinen* und dabei *Seinsverständnis verstehen.*
Vgl. Schluß von [Met. Γ] 4:
λόγος ἄκρατος καὶ κωλύων τι τῇ διανοίᾳ ὁρίσαι [vgl. 1009 a 3 sqq.],
maβlos, ohne rechtes *Maβ und (Kraft) Macht.*

11. ὁ ἔλεγχος[142]

Geht immer auf Gegner und Widersprecher — also *widerlegend.*
Aber was heißt da *wider-legen?*
a) Als *unhaltbar die Behauptung* nachweisen (so nur das Rechtbehalten gesichert).

---

[142] [Rechts neben der Überschrift die Notiz:] *vgl.* Bo. 235 b 32 [Vgl. Index Ari-

b) Eigentlicher: den Grund der Bestreitung und der rechtmäßigen Behauptung freilegen.
c) So miteinander sich auf den Boden bringen – *Grund legen*.

12. *[ἔλεγχος]*

Was soll im ἔλεγχος gezeigt werden? [Vgl. Met. Γ 4,] 1006 b 20: τὸ ἀπορούμενον.
Daß der Bestreiter den Satz vom Widerspruch schon voraussetzt.
Und zwar in welchem Sinne? Als Seinssatz oder als *ὑπόληψις des Seinsverständnisses?*
Schließt Aristoteles von σημαίνειν ἕν (ὡρισμένον) auf ἓν εἶναι?
Bestreitung ist doch – ein bestimmtes anderes *behaupten*, nicht *dasselbe sein*.
Offenbar ist Beweis gefordert dafür, daß der Satz vom Widerspruch *höchste ἀρχή*.
ἀναγκαῖον τὸ ἀξιοῦν <u>λέγειν</u> (ἢ εἶναί τι ἢ μή) [vgl. 1006 a 19 sq.].
Aber davon nicht ausgehen, sondern [von] *σημαίνειν <u>τι</u>*, und zwar εἶναι – zeigen, daß mindestens für *ein σημαίνειν* nicht alles so und nicht so.

13. *Der indirekte Beweis*[143] – *ἔλεγχος und Grundverstehen*[144]

Wenn er von geringem wissenschaftlichem Wert, wie kann er dann zum Beweis der höchsten Grundsätze herangezogen wer-

---

stotelicus. Edidit Hermannus Bonitz. Berolini, Typis et impensis Georgii Reimeri, 1870, 235 b 32 sqq.]
[143] [Rechts neben diesem Teil der Überschrift die Notiz:] Annahme des *contradictorischen* Gegenteils *unmöglich* (Widerspruch?).
[144] [Rechts neben diesem Teil der Überschrift die Notiz:] vgl. d [Diese Angabe bezieht sich auf die Seite d der vorliegenden vierseitigen Aufzeichnung. Siehe unten S. 280 ab »*Dieser* ἔλεγχος nicht weniger streng ...«.]

III. Der Satz vom Widerspruch 279

den? Dann haben diese ja geringere Gewißheit als alles direkt ›aus‹ ihnen Beweisbare.

Aber: 1. Kann *aus* (!) dem Satz vom Widerspruch etwas bewiesen werden?
2. Inwiefern ist der indirekte Beweis notwendig?
3. Wenn nicht – was besagt *Beweisunbedürftigkeit*?

Doch: 1. Ist ›indirekter Beweis‹ – Beweis *der Widerlegung*! – und *ἐλεγκτικῶς δεικνύναι dasselbe*?
2. Ist jedes *ἐλεγκτικῶς δεικνύναι* das gleiche oder das bei ἀξιώματα ausgezeichnet?
3. Worin besteht die Auszeichnung?
   a) Was in Rede steht – um was es geht.
   b) *Wer* an den Pranger gestellt wird – ein beliebiger gerade ›Denkender‹ oder: der Mensch selbst?

Beweis der Widerlegung:
Beweis *durch* Widerlegung der Gegenbehauptung.
Die Gegenbehauptung: 1. Annahmeweise,
2. aufgenommen vom Bestreiter.
Aus welchen Gründen und Anlässen wird der Satz vom Widerspruch bestritten? Muß er bestritten werden, damit ein ἔλεγχος ansetzen kann? Kann er bestritten werden? Und weshalb?
Ganz *willkürlich*? Oder weil etwa kein Beweis da? Also unter Aufnahme der Forderung, alles müsse unter Beweis gestellt sein.
ἀπαιδευσία! [Met. Γ 4, 1006 a 6.]
Hier also Mehrfaches verkannt:
1. das Fehlen des Beweises
   a) kann Unfähigkeit zum Beweisen sein,
   b) Nachlässigkeit und Willkür des Behauptens,
   c) aber auch Einsicht in die *Beweisunbedürftigkeit, Beweisüberlegenheit* – was ist das für eine Einsicht? (παιδεία)[145]

---

[145] [Ein Punkt 2 folgt in der Handschrift nicht.]

Wodurch wird die Annahme umgestoßen?[146]
Durch *Tatbestände*, z. B. daß der Bestreiter Mensch und nicht Pflanze ist.

Er müßte zur Pflanze werden, er dürfte der Annahme zufolge *nicht reden und nicht schweigen*, nicht sich *gesammelt auf etwas beziehen*!

Also nicht, daß er sich wider*spricht*, sondern daß er an einem Seienden *sich stößt*, über dieses (Menschsein) nicht *hinweg kommt*.

Dieses also von vornherein einzusetzen mit all dem, was wesentlich zu ihm gehört.

homo sum, d. h. aber auch ›ich existiere‹, Wahrheit, *Seinsverständnis geschieht*.

Pflanze ἄλογον – das *Tier zweifelhaft!* für Aristoteles.

Also *homo mensura*! Doch nicht, vgl. die folgenden Kapitel.

Dieser ἔλεγχος nicht weniger streng als der Beweis, weil ja kein Schließen, sondern gerade ein Zwingen zum unmittelbaren *Sehen*.

Also zu dem, was zugleich das volle Verständnis des bestrittenen Grundsatzes verlangt.

Ja noch mehr: Zwingen zu solchem, was gerade in der sogenannten *unmittelbaren Einsicht* noch nicht gesehen wird.

Diese in der nächst üblichen Form der Evidenz nur eine Oberflächlichkeit, ein *Ansatz des Sehens*. Erst so auf den *festen Grund* kommen, ihn als festen ausprobieren und in dieser *Probe aneignen*. Bisher solches *Grundverstehen* viel zu sehr in das formale Schema des indirekten logischen Folgerns *umgefälscht*.

---

[146] Die Annahme des Gegenteils:
    a) von da aus schließen,
      b) zeigen, was in ihr liegt – hier das rechte *An-den-Tag*-bringen, nicht So-Sagen widerlegen.

III. Der Satz vom Widerspruch

14. *Zu Aristoteles, Met. Γ 4*

Inwiefern liegt in dem ἔλεγχος eine Begründung des ontologischen Satzes?
Wo dieser doch vom Seienden und nicht von Wortbedeutungen handelt?
Anzeige von Grund.
Warum kam der ἔλεγχος gerade *darauf?*
Warum muß hier ἔλεγχος sein und eine zentrale und fundamentale Bedeutung haben?
Sein – Seinsverständnis!
Die ursprünglichste Transzendenz des Seinsverständnisses, die den Existierenden trägt.
Beachte: wie hier zugleich das Hin und Her zwischen ὄν und ἀληθές und *somit* φάσις.

15. *Der existenzial-transzendentale Sinn des ἔλεγχος*

Rückweisung auf den Menschen – qua Dasein –
nicht formal: *daß er sich selbst widerspricht, einen Fehler macht,*
sondern: *sich selbst nicht versteht,*
            nicht demnach ist, was er gerade sein will – Dasein!

Dasein – *in der Wahrheit und Unwahrheit sein!*
  Nichts sagen: überhaupt nicht in der Wahrheit sein.
  Dieses: *Voraussetzung für jedes διαλέγεσθαι.*
  In welchem Sinn ›*Voraus-setzung*‹?
  Nicht *nur*: setzt Wahrheit voraus,
    sondern: *Wahrheit* – Dasein – ist die Voraussetzung für ›uns‹.
  Wahrheit und Sein.

16. Das ἐλεγκτικῶς bezüglich der Rede

Aristoteles nur auf *Selbstwiderspruch?*
Aber das nicht das Entscheidende, sondern positiv, daß Sprache Existenz ausmacht.
Schweigen! [Damit] noch [nicht] zur *Pflanze* werden! Sondern [dazu] auch das *Schweigen aufgeben!*
Der ›Satz vom Widerspruch‹ nicht nur für Beweise, sondern für jegliche *Rede, Miteinanderreden.*
λόγον ὑπομένειν! [Vgl. Met. Γ 4, 1006 a 26] *Bestehen bleiben auf Sprache.*

17. Die Aporie bezüglich des Ortes des Widerspruchssatzes als Aporie bezüglich des Themenfeldes der πρώτη φιλοσοφία

Warum taucht diese Aporie überhaupt auf?
D. h. wieso drängt sich das ἀξίωμα in diesen Fragebereich als πρῶτον τι?
(Nicht in Logik und Ontologie zu verteilen oder in Grenzen abzustecken!)
Und doch handelt es sich um Bereichsgrenzen der πρώτη φιλοσοφία.
Die Aporie kann aber erst auftauchen, wenn Satz vom Widerspruch als solches πρῶτον herausgestellt. Wo geschah das? ›Erst‹ in Anal. post. A. Oder ist diese früh? Unmöglich – nach Inhalt und Form in der Abhandlung über die ἀντικείμενα.

18. *Met. Γ:*
Die Einordnung von Satz vom Widerspruch
in πρώτη φιλοσοφία

Vgl. cap. 1 und 2: ἕν – πολλά
ἀντικείμενα –
μὴ ὄντα.

Besteht ein inhaltlicher Zusammenhang zwischen πρώτη φιλοσοφία und diesen Charakteren?
Hat Aristoteles ihn ausdrücklich im Auge?
Oder kommt es nur auf formalen Ursprung der Aporie an?

19. *Satz vom Widerspruch –*
Zugehörigkeit zu πρώτη φιλοσοφία

Nur Vorfrage und *Lösung der Aporie!* in [Met.] Γ zur Rechtfertigung der Behandlung.

1. Regional unbeschränkt.
Die ›Allgemeinheit‹ positiv nicht charakterisiert – oder doch? καθόλου!
2. Das »zuhöchst«, *μάλιστα ἐπιστητόν.*
Auch das Thema und Gegenstand des φιλόσοφος.

Also beidemal vom *Gegenstand* her, vom περὶ ὃ πραγματεύεται.
Zugehörigkeit aber *möglich* nach Γ 2, weil auch ἀντικείμενα zu ἕν – ὄν !! Vgl. ὂν τῶν κατηγοριῶν, ἓν καθ᾽ ἑνός. Vgl. Anal. post. A 22, 83 a 15.
Vgl. aber De interpr. cap. 3 [sqq.]:
εἶναι – σύνθεσις als ἀπόφανσις – *ἀντίφασις.*
So *Widerspruch* als Grundfunktion des *Seins*!!

20. Satz vom Widerspruch und seine Zugehörigkeit zur πρώτη φιλοσοφία

Wird *nicht* gezeigt auf Grund des Wesens des *Seins*, sondern auf Grund des Satzcharakters qua ἀξίωμα πρῶτον. Aber dieses selbst ein solches Etwas, das nur καθόλου zu fassen ist.

Also in der Hinsicht, was für ein Satz dieser Satz ist. Das ist er nur auf Grund des *Gesetzten* und des Zusammenhangs dieses Gesetzten mit Wahrheit *(ὂν ἀληθές)*! – *ὄν und ἀλήθεια*.

Weder vom Sein her noch auch von *ἐπιστήμη* her, als verlangte diese *ἐπιστήμη* ein solches *Axiom* qua πρότασις. Sie ist ja keine *ἀποδεικτική*. Aber eben weil sie das *nicht* ist, *fällt* in sie das *unbeweisbare Axiom*. Nicht nur fällt es ins Thema, sondern ist zugleich auch für sie *ἀρχή*.

In welchem Sinne? Identifizierung überhaupt?! So weit geht Aristoteles nicht! Oder gerade? λόγος *Möglichkeit!! Gewiß allein: Menschsein!* ἐπιστήμη überhaupt.

Damit zeigt sich aber auch eine ganz andere Rolle dieses Axioms. Nicht nur *ἐξ οὗ* bzw. dieses mehrdeutig:

a) sachhaltiger Satz, der *thematisch mit* gesagt wird, auf dessen Grund alles andere;

b) Satz, der in jedem Sagen als solcher gesagt ist – wie das verschieden von (a).

Frage nach der ἀρχή der *ἐπιστήμη ἀναπόδεικτος*: κύκλῳ? Nein! Hier bleibt alles Dunkel.

Und doch ein *Licht* erzwungen (ἄνθρωπος), dessen Schein nicht nachgegangen wird – liegt *außerhalb* des Fragens.

Weshalb? Begründet im Charakter der anfänglichen Seinsfrage und Herrschaft des λόγος.

III. Der Satz vom Widerspruch

21. Met. Γ 3 – Satz vom Widerspruch

Einfügung der ἀξιώματα, besser des Grundaxioms in die πρώτη φιλοσοφία.
Damit ist die griechisch höchst mögliche ›Begründung‹ gegeben.
Denn die *Seinsfrage selbst* wird ja nicht weiter auf den Ursprung *entfaltet*.

22. Aristoteles über Satz vom Widerspruch

Gehört in πρώτη φιλοσοφία.
Was heißt das?
Gerade aus der unvoreingenommenen Auslegung von [Met.] Γ zu erfassen.
Weder ›Logik‹ noch ›Ontologie‹.
Verstehen des Seienden als Seienden (*braucht nicht* ›Ontologie‹ im späteren Sinne zu sein): ἐπιστήμη τις, *Sichverstehen auf das Sein selbst.*
ὄν = das Vorhandene? Oder jegliches, was *nicht das Nichts*? Es wird hier das *Sein* allererst *gebildet*.
Nach Weiße: »Wesentlich darum, über das Princip des sinnlichen Erkennens hinaus ein höheres Erkenntnißprincip festzustellen, ist es dem Aristoteles zu thun; freilich nicht in Absonderung von dem Sein, worauf sich das Erkennen bezieht; aber noch weniger dergestalt, als sollte durch den von ihm aufgestellten Satz zunächst das *Sein* aus jenem Heraklitischen Flusse gerettet und zur bleibenden Gestalt befestigt werden.« (Wie Plato) ([S.] 17)[147]
Satz der Identität ist »*Denkgesetz*« (ib.).

---

[147] [Christian Hermann Weiße: Ueber die philosophische Bedeutung des logischen Grundsatzes der Identität. In: Zeitschrift für Philosophie und spekulative Theologie 4, 1839, S. 1–29, hier S. 17.]

Mit diesem ›Denkgesetz‹ wird das Denken gegenüber dem bloßen *Vorstellen* – αἴσθησις – gesetzt. Vorrecht des Menschen gegenüber Tier. Es werden die *Unterschiede* im Vorstellbaren und Vorgestellten *erst als Unterschiede* gesetzt.
Reden – was?
D. h. aber doch: auch menschliches Wahrnehmen, *Sinnlichkeit* ist eine andere und kann gar nicht ohne ›Denken‹ verstanden werden; aber dieses nicht eine ›Zugabe‹, die qua Form Material bearbeitet, sondern schon die *Vorgabe* bestimmt.
Unterschied und Selbigkeit und *Seinsverständnis*!

23. Das ἐλεγκτικῶς

Dabei ἀρχή nicht τὸ ἀξιοῦν λέγειν ἢ εἶναί τι ἢ μὴ εἶναι, ἀλλὰ τὸ ἀξιοῦν σημαίνειν γέ τι ἑαυτῷ καὶ ἄλλῳ [vgl. Met. Γ 4, 1006 a 18 sqq.]. Im Grunde aber damit gerade erst recht schon *das Erste* gefordert.

Ausgangspunkt bei ἔλεγχος – für etwas, was *vor* allem bestimmten *Zugeben* im Bestreiten qua λέγειν selbst liegt.

Ohne Satz vom Widerspruch wird aufgehoben: *Rede – Anwesendheit*[148] *– Wahrheit*.

Dieses an den Pranger stellen – nicht aus einer Isolierung heraus, sondern gerade das ζῷον πολιτικόν.

24. *[Met.] Γ 4*

Im λέγειν hinausgetreten in den Herrschaftsbereich des Grundaxioms.
(λέγειν aber auch für ψυχή bei sich!)
Ermöglichung der Rede – [der] Sprache *– des Menschseins*.
Aber so nur gezeigt Unumgänglichkeit, *wenn* ... *– nicht absolut*.

[148] [So die Handschrift. Zur Schreibung siehe auch unten S. 300 den Abschnitt 20 von Teil C.]

III. Der Satz vom Widerspruch 287

Aber was ist das für eine *Relativität*!? Die *des Seinsgeschehnisses überhaupt*.
»Wenn einer *nicht redet* [schweigt?], dann auch lächerlich, gegenüber dem einen λόγος zu suchen, der wesensmäßig kein Redender ist, denn ein solcher als solcher bereits = nur Pflanze.«[149]
Mit *dieser* kein Mitdasein!!
Wer also *bestreitet*, muß mindestens sich als solchen behaupten und zugeben, sonst wären ja die Bedingungen der Notwendigkeit zu antworten gar nicht gegeben.
Das *Gespräch*.
Dieses, *als existierend*, die Basis, worauf die Sicherung der ἀξιώματα *zurückgreift*. Und es handelt sich darum, diese in einem Wesentlichen ins Licht und somit den Bestreiter an den Pranger zu stellen.
Bloß stellen – als den, der er eigentlich *ist*.
Nicht, daß er *sich widerspricht* – so wäre ja [das zu Zeigende] vorausgesetzt. Aber das muß ja doch auch hier! Vgl. [Met.] K 5: δόξει! Die πίστις des Menschen zu sich selbst – πιστότατον – *Entschluß!* Nicht subjektiv, ›ich‹-haft – *Ermächtigung*.
Also demonstratio metaphysica: »*Demonstratio per deductionem ad impossibile muneris metaphysici est*.«[150]
Um sich behaupten zu können, muß er das Prinzip *anerkennen*.
Um Mensch zu sein – λόγον ἔχων!
Damit aber Anthropologismus? Psychologismus?
Aber was ist der Mensch?
λόγος – ἀλήθεια – *Seinsverständnis*.
Um *Sein zu verstehen* – was *notwendig*?
Unumgänglich gehört zu ›Sein‹ die Ausschließung des *Nichtseins*.
Weshalb denn? (Zeitlichkeit)
Woher das *Nicht*? *Nichts*.

---
[149] [Met. Γ 4, 1006 a 13 sqq.: ἐὰν δὲ μηδέν, γελοῖον τὸ ζητεῖν λόγον πρὸς τὸν μηδενὸς ἔχοντα λόγον. ὅμοιος γὰρ φυτῷ ὁ τοιοῦτος ἢ τοιοῦτος ἤδη.]
[150] [Franciscus Suarez: Disputationes Metaphysicae, disputatio I, sectio IV, n 25. Das Zitat bei Heidegger ohne die in dieser Ausgabe vorhandene Hervorhebung.]

25. Die deductio ad ἄνθρωπον λόγον ἔχοντα

kann verschiedenen Sinn haben:
1. [Sie] kann sein deductio ad impossibile, d. h. aber ad: impossibile idem simul esse et non esse. Der Mensch kann nicht zugleich bestreiten, reden und dabei nicht reden (was er tun muß, sofern er das Prinzip leugnet, d. h. die Folge desselben, wonach es keine identische Bedeutung gibt).
2. Diese deductio ist hier in betontem Sinne *ad* impossibile: sie läßt dieses sehen als das, was eben Bedingung alles Redens ist, was nicht *geleugnet* werden kann. Also nur bewiesen, daß es ›logisch‹ unbedingt das Erste, d. h. *ein schlechthin Erstes*. Und als solches gehört es in πρώτη φιλοσοφία.
3. Oder (2) kann hier eine Hinführung sein zu Bedingungen, unter denen der Leugner selbst steht – es ist ja nicht absolut notwendig, sondern nur, sofern homo existit; denn notwendig für *Seinsverständnis*, weil *Seinsverständnis* selbst (!) οὐσία.

Die deductio ad ἄνθρωπον λόγον ἔχοντα führt deshalb für Aristoteles auf das Seiende als solches (ἀρχὴ ἐν τοῖς οὖσιν [vgl. Met. K 5, 1061 b 34]), weil [sie][151] auf ἀλήθεια führt und Unverborgenheit – Erscheinung = Anwesenheit = Sein!

So ist der Rückgang auf κοινωνία λόγου nicht nur *formal* gewählt, um ein Beispiel zu haben für deductio ad impossibile (absurdum), sondern *inhaltlich – Bedeutung!*

Weil nur so dem ›Nichts‹ zu entgehen ist, d. h. *die Möglichkeit des Seins gerettet wird.*

μονή	
στάσις[152]	Identität
vgl. *ὄνομα*!	

Also doch Grund des Axioms.
Aber nicht *qua Axiom*!
Sondern *Existenz* – Seinsverständnis!

[151] [Handschrift: er.]
[152] [Vgl. Anal. post. B 19.]

III. Der Satz vom Widerspruch 289

26. Satz vom Widerspruch

Zur Frage, ob principium contradictionis *oberstes* Prinzip ist oder nicht.
Vgl. Suarez, [Disp. Met.], disp. III, s. III,
n. 1: nicht ursprünglicher: omne ens est unum
  omne ens est habens essentiam,[153]
  und dergleichen.
Hier scheiden: 1. Satz vom Widerspruch als oberstes Prinzip alles Beweisens.
  2. Satz vom Widerspruch als oberster Satz über das Sein.
  3. Deckt sich beides? Und unter welchen Bedingungen?
  Fällt beides zusammen oder nicht?
(1) kann zutreffen und eben deshalb (als *ein* πρῶτον) fällt es in die πρώτη φιλοσοφία. Und so scheint doch Aristoteles zu argumentieren. Damit aber (2) noch nicht entschieden! Und Aristoteles stellt im Grunde diese Frage nicht. Vorfrage: was heißt ›Sein‹ und wie zu fassen?

Wenn ens als esse das affirmare – praedicare (ist), dann hängt Sein mit *praedicatio* – λόγος – zusammen und dann Satz vom Widerspruch Grundsatz alles Spruches und damit des Seins. Aber auch so noch ens qua unum – früher?

Vgl. Aristoteles, Met. K 5 inc. [1061 b 34]: *ἐν τοῖς οὖσιν ἀρχή!*

Heißt das: zum Wesen des Seins gehörig oder zu dem, was es gibt, ›ist‹?

---

[153] [Franciscus Suarez: Disputationes Metaphysicae, disputatio III, sectio III, n. 1: »*Omne quod est, unum est.* [...] *Omne ens est habens essentiam.*«]

27. In welchem Sinne handelt die πρώτη φιλοσοφία von den ἀρχαί?

1. qua ἀρχαί für ...? oder
2. qua πρῶτον *in sich*?

Die πρώτη φιλοσοφία qua ἐπιστήμη doch dianoetisch – also Erörterung *darüber* qua »conclusiones«[154] (indirekte Beweise!). Sie kann ja zum *»habitus principiorum«* (assensus evidens et certus, »quem intellectus lumine naturali ductus sine nullo discursu praebet primis principiis sufficienter propositis«, Suarez, Disp. Met., [disp.] I, [s.] IV, n. 16; »conveniens apprehensio et terminorum explicatio«, ohne »habitus judicativus«, ib. n. 15) nichts hinzutun.

habitus attingit principia immediate,
metaphysica attingit principia aliquo discursu.
Vgl. n. *19*[155] – besonders wichtig.

28. Der ›Satz vom Widerspruch‹ als Bedingung der Möglichkeit des Da-seins

Zunächst des Miteinanderseins: in der Sprache – Reden – *Sammeln!*
Sammlung auf Welt überhaupt.

Doch hier zeigt sich: dafür nicht Bedingung ein ›Satz‹, sondern was der Satz allenfalls *aussagt*, das, wovon er sagt.

Wovon denn?

Vgl. wie auch beim indirekten Beweis als Instanz das Menschsein und seine Möglichkeit und nur diese ins Feld geführt werden kann.

---

[154] [Franciscus Suarez: Disputationes Metaphysicae, disputatio I, sectio IV, n. 15.]
[155] [Franciscus Suarez: Disputationes Metaphysicae, disputatio I, sectio IV, n. 19: »et ideo hic habitus attingit sine discursu, metaphysica vero mediante aliquo discursu.«]

III. Der Satz vom Widerspruch

Es handelt sich hier nicht um Anthropologismus und psychologistische Begründung, sondern umgekehrt gerade um unausweichlichen Hinweis, daß das Wesen des Menschen von hier aus allererst verstanden werden muß.

Worin das Nicht-Pflanze- und Nicht-Tier-sein, d. h. hier Menschsein ursprünglich gründet.

Erst von hier aus zu fassen:

was unmittelbare Einsicht besagt, wie weit und warum diese als Maßstab ohne weiteres aufgerichtet sein kann und muß im Dasein;

es ist nur der *Vordergrund* und Öffentlichkeit und gar nicht der *Wesensgrund*.

Die *Indirektheit*[156] der Beweise besagt nur: im Beweisen kann ich nicht vom *Dasein* weg auf anderes, sondern: muß gerade in dieses hineinschreiten, dabei bleibend, nicht wie vor einer Wand, sondern im Dabei-*Bleiben* erst aus-harren und so ausschöpfen den Wesensgrund.

Bei Aristoteles und griechisch! geschieht das durch Rückgang auf νοῦς, vgl. Anal. und Eth. Nic.

---

[156] besser ἐλεγκτικῶς – an den Pranger stellen, das *verstellte Wesen heraus-stellen* – aber wer sagt, daß das nur im üblichen Sinne des formalen Schlußarguments zu geschehen hat!! So nur ein blindes an der Oberfläche Bleiben.

C. DIE ›BEGRÜNDUNG‹ DES SATZES[157]

1. *[Satz über Sein im ›allgemeinsten‹]*

Satz über *Sein* im ›allgemeinsten‹ —
Grenze des Nichts; also So- *und* Nichtsein —
dieses als ›Gegen‹,
und zwar *wie?* wonach ermessen?

2. *Wesentliche Zwiespältigkeit*

1. Seinsgesetz auch für den Menschen:
εἶναι ⟶ λέγειν (Verhalten).
2. Mensch andererseits als λόγον ἔχων:
λέγειν (σημαίνειν) ⟶ εἶναι.
Aber nicht Schluß von einem zum anderen — oder doch? Bei (1) ja.
Bei (2) das Verhältnis zwar nicht durchsichtig: von Bedeuten auf Wahrheiten — auf Vorhandenheit.
(1) für ›Beweis‹ des Prinzipcharakters,
(2) für ἔλεγχος.
Was (2) *voraussetzt*.
Was (1) an den Tag bringt — *Ebene und Boden des Kreises*.

3. *[λόγος – διαλέγεσθαι – ἄνθρωπος]*

λόγος – διαλέγεσθαι – ἄνθρωπος.
παιδεία — rechte Haltung zum Wesen der *Dinge und ihrer jeweiligen Wahrheit*.
βαδίζειν εἰς ἄπειρον [vgl. Met. Γ 4, 1006 a 8 sq.] — als Hinaustreten aus dem Umkreis des Seienden.

---

[157] [Überschrift auf dem Umschlag, mit dem Heidegger die im Folgenden vom Herausgeber von 1 bis 59 durchgezählten Aufzeichnungen zusammengefaßt hat.]

III. Der Satz vom Widerspruch 293

4. *Inwiefern existenziale Begründung den Zirkel nicht zu fürchten braucht*

– im Gegenteil, sie nimmt ihn als Ausgang.
Zwar hier auch im Begründen von Satz vom Widerspruch Gebrauch gemacht, aber die Begründung will ihn ja nicht – als noch nicht gebrauchten – *herleiten*, gewinnen, sondern gerade *als gebrauchten* verstehen.
Es wird, und zwar notwendig, zugegeben, daß er *vorausgesetzt* ist.
Das bringt aber die Begründung nicht in ›*Abhängigkeit*‹ vom Satz.

5. *Zur Kritik*

Die *reduktive* Entwicklung der ἐπιστήμη ἀναπόδεικτος – πρώτη φιλοσοφία.
περὶ ὅ, ἐξ οὗ, ἅ – *δείκνυται (δεῖξις), θεωρία! (μάθησις – διδασκαλία)*
πιστότατον – βεβαιότατον!
Von ἀπόδειξις her!
Gehört diese Art des Wahrseins zum Wesen des Seins?
Ist das Wesen des Seins ursprünglich entfaltet?
Oder nur in einer ersten Hinsicht und in dieser auch dann πιστότατον möglich?
Wenngleich schon hier nicht notwendig?

6. Zwei ›Beweise‹ bezüglich des Satzes vom Widerspruch (ad III)[158]

1. ›Beweis‹ des höchsten Axiom-Charakters – Γ 3 fi.
2. ›Beweis‹ der Unbestreitbarkeit und Unbeweisbarkeit – Γ 4: ἔλεγχος.

Ad 1. Gezeigt die Unmöglichkeit des Wider*sprechend*seins des Menschen auf Grund des *Seinsgesetzes* (aber nicht erwiesen).
Gezeigt das Wie des λέγειν im Blick auf εἶναι.
Ad 2. Gezeigt die Notwendigkeit des Nichtwidersprechendseins (Bestehen des Gesetzes) des Menschen auf Grund des λέγειν τι (der Mensch (?) gesetzt im Hinblick auf φάσις).
Gezeigt das ›Sein‹ im Blick auf λέγειν.

Jedesmal: λόγος – ὄν.
Jedesmal: untriftig bzw. unzureichend.

Nämlich Seinsverständnis: 1. als dieses im λόγος, λέγειν – die Transzendenz und das Wesen der Sprache! Sprache und Sein, Satz von Identität.
2. Was Sein selbst? Weshalb das Gesetz aus ihm zu schöpfen? Wie dieses[159] primär auf λόγος? ὄν *ἀληθές* – κυριώτατον ὄν.
Wie Seinsgesetz vom existierenden Dasein gelten kann!?

Im Grunde: Mensch – ζῷον λόγον ἔχον – Seinsverständnis, Existenz.

---

[158] [Hier und in weiteren Überschriften von Abschnitten dieses Teils bezieht sich die römische Zahl III auf den III. Teil des Vortrags »Der Satz vom Widerspruch«. Siehe oben S. 211 ff. und 242 ff.]
[159] [In der Handschrift stellt ein Strich den Bezug auf »Sein selbst« her.]

III. Der Satz vom Widerspruch

Notwendigkeit der *Begründung* – Unmöglichkeit *der* Begründung.
Abschnürung und Voreinstellung des überlieferten Problems.

7. *Zu III – Beilage*

Unbezweifelbarkeit und Unbeweisbarkeit selbst ihrem Sinne nach – ihrer inneren Möglichkeit nach, ihrer Beanspruchung nach – fragwürdig.
Die Umlenkung der Seinsfrage von Idee der ἐπιστήμη her!
Dadurch Abschnürung der *Grund*-frage; diese ohnehin nicht *ursprünglich genug.*
Aus Aristoteles selbst zeigen: Stehen auf einem nicht weiter erörterten Grund.
Notwendigkeit der Wiederaufnahme und Verwandlung der Frage – Grundfrage → III.
Am Ende *unberechtigte Voraussetzung,* daß das *Ursprünglichere* auch *heller!* (Nur *aus Prinzip der* ἀπόδειξις schlüssig, aber nicht vom ›Sein‹ her.)
Vgl. auch die *unausweichliche* Verst[ändlichkeit] des Satzes, die völlige Dunkelheit seines *Regelcharakters.*
Gar kein ›Satz‹! Seinsgeschehnis.
Als müßte Begründung ins *Lichtere* führen statt in das *Festere* und *Ständige.*
Bodenständigkeit.

8. ἔλεγχος *und a priori*

Wie das *a priori* vergessen und übersprungen wird und gerade da vor *Beweiswut.* Gerenne bis wann? Deshalb ein *Halt!* Und erst Besinnung auf Standort.
Bloßstellung des Anderen, Aufstellung, -zeigung *für* den Anderen. Dazu muß aber der Andere zum mindesten *als Mensch sich*

behaupten, in die Offenbarkeit von etwas überhaupt hineinstellen: λόγον ἔχων – σημαίνειν.
Und gerade *darauf und auf nichts weiter wird insistiert*.

Wer bestreitet, muß sich stellen zunächst nur eben als *Redender*, mehr nicht – es braucht noch gar nicht die Sache erörtert zu werden, nur die Sicherung der *Situation* – Streit*situation*
Dergleichen auch bei Beweis!! *Einnahme* – hier dagegen *Streit*.

9. *[Nicht einfach deductio ad absurdum]*

Nicht einfach deductio *ad absurdum* – *Widerspruch*!
Sondern auf *ganz anderes*! hinsteuern!
Existenz und *ihre Zerstörung*!

10. *[contra principia negantem non est disputandum]*

contra principia negantem non est disputandum –
gilt *hier nicht*, sondern das Gegenteil *gerade*!

11. Satz vom Widerspruch gehört in die Metaphysik ([ad] II/III)

Handgreiflich bei Aristoteles!
Aber gerade Aristoteles behandelt ihn gar nicht *ontologisch*.
Sondern ›*subjektiv logisch*‹?
Also behalten *die* recht, [die behaupten,] daß der *ontologische* Satz im *logischen* gegründet wird?
Oder haben beide *Unrecht*?
Weder im ›logischen‹ gegründet noch ontologisch begründet.
Sondern?
Aus der *Notwendigkeit* der ἀρχὴ βεβαιοτάτη *folgt* nicht die Gül-

III. Der Satz vom Widerspruch   297

tigkeit für das Sein! Aber gibt es hier überhaupt keine Möglichkeit des Folgerns? — ἀλήθεια, ἕξις!

12. *[Ad] III*

Zeigen: die Gesichtspunkte kommen zwar daher, aber tragen nicht weit, sondern zerreißen und verstellen und verwischen. Im Philosophischen die Frage abgewürgt.[160]
 Eine ganz andere unaufgelöste[161] (inwiefern?) *Problematik* (zwei Beweise), deren Dimension zwar sichtbar, aber in keiner Weise verfolgt.
 Um ein *Stück* deutlich[er] die Notwendigkeit: *überspringen* und mit dem Anfang wieder anfangen.
 Nicht [...][162]

13. *[Worin Sicherung? Wo Evidenz?]*

Worin Sicherung? Wo Evidenz?
Und *anfänglicher* als die *Aufstellung?*
Worauf *besteht* Aristoteles?
Wo sucht er sich zu gründen?
Nicht wieder auf *Evidenz*, sondern *Existenz*.
Doch auch bei Aufstellung *Bewährung* — nicht einfach hinsetzen!

14. *[Die innere Wesensfülle]*

Die innere Wesensfülle des im Satz vom Widerspruch Gesagten.

---

[160] nachher gegen Schluß
[161] [Handschrift: unausgelöste.]
[162] [Hier bricht der Text in der Handschrift ab.]

15. *[Mit Unbestreitbarkeit, mit Unbeweisbarkeit ...]*

Mit Unbestreitbarkeit, mit Unbeweisbarkeit erst zu Ende und nicht einfach ὑπόληψις.

Aber *nur – innerhalb* der ἀπόδειξις und der *griechischen* πρώτη φιλοσοφία.

Andererseits durch ex[istenziale] Begründung nicht ›*gewisser*‹ *und einschlagend. Im Gegenteil!* Und doch *wesentlicher*!

16. *Zirkel im ›Beweis‹ des Satzes vom Widerspruch*

Soll er *bewiesen* werden? Er kann es gar nicht. Aber was soll gezeigt werden? Daß dieser Satz die festeste *Vor-nahme* sein muß. Das wird gezeigt aus dem *Satz*gehalt selbst als mit ihm gesagt.

Und die *Gültigkeit des Satzes?* Daraus, daß [man] nennend ›anderes‹ an- und vornehmen kann? Nein! Sondern weil von ὄν ᾗ ὄν gültig? Da überhaupt da etwas über Sein gesagt ist, so ist *allgemein* gesagt. *Aber:* ist das *mit Recht* gesagt??

Was heißt Sein, daß das ἀξίωμα *besteht*?

Ferner: der Einschluß des ἄνθρωπος – ταὐτός im Satzgehalt??

1. Überhaupt nur einmal *Sein* erfragen.
2. Dieses qua οὐσία – Anwesenheit.
3. Aber bereits ἐπιστήμη ἀποδεικτική maßgebend – von da φιλοσοφία als <u>ἀναπόδεικτος</u>.
4. Dieses gleichwohl noch positiv νοῦς, wenn auch *nur so weit* als *nötig*.
5. Der *große* Anfang *läuft sich zu Ende.*

Bereits eine *Wandlung,* die nicht so sehr für die *Philosophie* als für die *Wissenschaft* und damit *Theologie* sichtbar bedeutsam wurde, und erst von da und gegen dieses – erneut Anlauf.

Wieder: erst *Mathematik.*

Descartes – Leibniz – Kant.

III. Der Satz vom Widerspruch 299

17. *Die Gründung der* ἀξιώματα

Auf Grund bringen – den Grund selbst ›legen‹ bzw. nehmen!
(Sein – Seinsverständnis – Existenz – λόγος.)
Daß Aristoteles im Zirkel geht, hier kein Einwand, sondern nur: *ausschreiten* und abschreiten den ›Grund‹. Der muß dabei sichtbar werden, wenn auch nicht *für* Aristoteles und *A[ristoteles'] Grund*.
Die Unklarheit: ontische Gründung,
   existenzialer Grund – Rede, ἀλήθεια.

Aus all dem: die üblichen Auslegungen (ganze Geschichte)
1. unberechtigt und
2. nehmen die Sache nicht, wie sie vorliegt,
3. verdecken dabei *die eigentliche Problematik*,
4. am Ende ἀξίωμα nur die nächst greifbare Gestalt eines Ursprünglicheren! Und dieses, weil Anfang und ἀπόδειξις dessen *Korrelat*!!

Daß der Satz erste ὑπόληψις, wird gezeigt aus dem Gehalt und [der] Gültigkeit des ›Satzes‹? Und die Gültigkeit des Satzes gezeigt daraus, daß er die *erste* ὑπόληψις sein muß. [Met. Γ 3,] *1005 b 23:* γάρ.
Zuerst diesem *Begriff*[163] genügt – *woher dieser!!*
[Es] wird über diesen noch etwas gesagt (ib.), denn ἥκειν ἔχοντα ἀναγκαῖον! [b 17] Und [es] wird dieses aus der Wesensnotwendigkeit des Seins gesagt. Oder nicht?
Vgl. ἄνθρωπος – *miteinander* λέγειν.
Beruft sich Aristoteles nur auf eine bodenlose, freischwebende, unmittelbare Einsicht? Er spricht gar *nicht* von der Schöpfung aus [dem] Wesen des Seins, aber auch nicht von einem ›physischen‹ Zwang. *Oder doch?* Auch Mensch = Seiendes?
Allerdings – aber damit keineswegs zusammengebracht das über διαλέγεσθαι.

---

[163] [In der Handschrift wird »Begriff« durch einen Strich auf »erste ὑπόληψις« bezogen.]

Weder ontologisch ausdrücklich *aufgewiesen* –
noch ›logisch‹ begründet als *Denkgesetz*.
Oder das ›Logische‹ ›ontologisch‹ genommen? Besser *ontisch*!

18. Satz vom Widerspruch

Nicht ›logisch‹ und ›Denken‹.
Der λόγος: Rede – Sprache – Existenz, d. h.:
diese δήλωσις – *Seinsverständnis – Existenz*.
Ob und wie der Mensch existiert!

19. λόγος

Die offenbarende Sammlung des Menschen auf das Seiende, damit er selbst – seiend inmitten des Seienden – dieses zu seinem Sein ermächtige.
Warum der Grieche die Sprache von *da* suchte! Vgl. ›Grammatik‹.
Seinsverständnis – οὐσία – ἐπιστήμη – *Existenz!*

20. τὸ ὄν

1. Das Seien*de*,
2. das Seien*d*,
3. das Seien*d* als Seien*d*,
4. die Seiendheit,
5. das Sein.

Entsprechend: *ἡ οὐσία:*
               das Anwesende,
               die An*w*esen*d*heit,
               das Sein.

III. Der Satz vom Widerspruch

Vgl. De interpr. cap. 3.
Die Nominalisierung für εἶναι = τὸ ὄν.
Zusammenhang mit der Kantischen These.

21. Sprache – Mensch – Tier

Beim Tier: ›*Sinnlichkeit*‹,
    ›*Tätigkeit*‹ – Nestbau, Nahrungssuche, Feindabwehr und dergleichen.
Und doch keine Sprache.
Also *Sprache* nicht darauf bezogen und von da gefordert,
sondern: erst wo *Seinsverständnis* und Wahrheit (nicht ›*Wissen*‹, ›Denken‹); und ebenda auch Sinnlichkeit und Tätigkeit *von Grund aus verwandelt* (nur die *Folge*).

22. Das Bedeuten von ὀνόματα – λέγειν

als ἵστησι γὰρ ὁ λέγων, De interpr. cap. 3 [16 b 20],
    ἠρέμησεν ὁ ἀκούσας [vgl. 16 b 21] – vgl. Anal. post. B 19: μονή – στάσις.

Die *Nennung*: hier wird von der Sache (πρᾶγμα) das Wort (Name) und das Was gesagt.
    κατηγορία, »Anspruch«: ursprünglicher Begriff von ›Aus-sage‹ – was im Wahren bei jedem *An-sprechen* schon gesagt sein muß – *von wahrem* πρῶτον.
    Charakter von Sein – ›Wassein‹ usf., ›Kategorien‹.

23. λέγειν *wird zum* κατηγορεῖν

ὀνόματα sind κατηγορίαι, »*Ansprüche*« – im *Ansprechen von etwas*, dieses als *Nennen* und *Benennen*.
Ursprünglich als *Sammeln* – weiter und *tiefer*:[164]

24. [*Metaphysischer Sinn des Satzes vom Widerspruch*]

Wenn das Sein nur ›a priori‹, dann eben *nicht* vom *Seienden* empirisch abzunehmen.
Vor allem aber gar nicht so zu benennen: ontisch – ontologisch.
Metaphysischer Sinn des Satzes vom Widerspruch besagt wohl: vom *Sein* – das schließt aber nicht aus, sondern fordert Abkehr vom Ontischen (und gar Empirischen).
Andererseits Problem vom Wesen und Grund des ›*Apriori*‹.

25. [*Ganz klar, wie Aristoteles vom* ›*Seienden*‹
abgedrängt wird …]

Ganz klar, wie Aristoteles vom ›Seienden‹ abgedrängt wird und mit Recht bei der Aufstellung des Satzes vom Widerspruch.
Andererseits das nicht als ›*logisch*‹-psychologisch zu mißdeuten, sondern offenlassen und versuchen, den eingenommenen Boden zu verstehen [ἄνθρωπος – ἀλήθεια].[165] Freilich Mangel, daß nicht doch das *Sein als solches* mit Boden in den Blick kommt.

---

[164] [In der Handschrift ist durch einen Strich eine Beziehung dieses Satzes auf »λέγειν« in der Überschrift hergestellt.]
[165] [Die eckigen Klammern in der Handschrift.]

III. *Der Satz vom Widerspruch* 303

26. [Existenz]

Weder vom Seienden − objektiv − noch vom formal-abstrakten Denken − logisch.
Weder empirisch noch in formaler-abstrakter Einsicht.
Ebenso wenig psychologische Verfassung oder Denk- und [...]* prägung,
sondern einfach → *Existenz*, wenngleich *nicht ausgearbeitet.*
Sein = Vernunft.
ὄν − νοῦς.

27. [Was unbestreitbar und was unbeweisbar ...]

Was unbestreitbar und was unbeweisbar, braucht deshalb *noch nicht unbegründbar* zu sein − kann im Gegenteil im höchsten Maße *begründungsbedürftig* sein.
(Schlechthin − oder unter gewissen Bedingungen? Gibt es da überhaupt ein *schlechthin?* Nur Schein! − der *freischwebenden Evidenz!*)

28. ἀδύνατον ([Met. Γ 3,] 1005 b 23 sqq.)

1. ἅμα ὑπάρχειν [b 27],
2. ἅμα ὑπολαμβάνειν [b 29 sq.].

ὁ διεψευσμένος [b 31], wer nicht die Wahrheit hat über − ἀδύνατον.

(1) besteht, weil (2).
Und daß (2) bestehen muß, ergibt sich woraus??
Wenn (Gesetzt) *(1)* gilt, dann auch von ἐναντία [δόξα] *(Sonderfall).*

---

* [Ein Wortbestandteil unleserlich.]

Unmöglichkeit der ἐναντίαι δόξαι und daraus die Unmöglichkeit *einer* ὑπόληψις, die diese beiden zusammenschließt, d. h. (2). Denn wer sich über (1) täuscht, der hält für möglich den *Zusammenschluß*. Und wer sich darüber täuscht? Hat überhaupt keine Möglichkeit der ἀλήθεια. *Sokrates!* [?]
Wenn (1), dann Unmöglichkeit der Täuschung über ἀξίωμα! Also notwendig einsichtig die ἀρχὴ βεβαιοτάτη (b 11 sq.)!!

29. [Unbeweisbarkeit]

Nur gezeigt: *Wenn Seinsgesetz besteht*, wenn es um das Sein so steht, dann der *Satz vom Widerspruch höchste ἀρχή*.
Aber daß und warum dieses ›Wenn‹, nicht ›gezeigt‹ [bewiesen! *begründet*]¹⁶⁶ bzw. die *Unbeweisbarkeit* bewiesen (begründet).¹⁶⁷
Doch in [Met. Γ] 4, daher *notwendig*.
Braucht die *Unbeweisbarkeit* die *Bewiesenheit*?
Aber nicht nur un*beweis*bar, sondern eben *auch* un*bestreit*bar – *notwendige* ὑπόληψις.
Wie gezeigt!
Erst wenn unbestreitbar (dann ὑπό-) und unbeweisbar (dann notwendig -ληψις), dann notwendig *an-zu-nehmen*.
ἀξίωμα *notwendig im voraus zu haben, keine Täuschung möglich.*
Bestünde diese – was wäre dann?
Dann ἐναντίαι δόξαι – *dann gegen Seinsgesetz.*
Unmöglichkeit der Täuschung – als Geltung des Seinsgesetzes.
Geltung des Seinsgesetzes – aus Unmöglichkeit der Täuschung.
Wo wird Boden gefaßt? *Unmöglichkeit der Täuschung* – ἀλήθεια, ὄν – obzwar nicht lumen naturale.

---

¹⁶⁶ [Die eckigen Klammern in der Handschrift; »begründet« ist unter »bewiesen« geschrieben.]
¹⁶⁷ [In der Handschrift ist »begründet« unter »bewiesen« geschrieben.]

III. Der Satz vom Widerspruch 305

30. [Prinzipcharakter des Satzes]

Gesetzt, das genannte Prinzip sei wahr, dann liegt darin, daß das Entgegenliegende nicht zugleich an demselben vorhanden sein kann.[168] Entgegenliegend sind u. a. κατάφασις und ἀπόφασις in der φάσις, sie stehen in der *ἀντίφασις*. Je eine δόξα der anderen, das sind zwei entgegen-liegende, ἐναντίαι δόξαι — φάσεις. Sie können also nicht zugleich *am selbigen (d. h. Menschen, der sagt) vorkommen*. Also ist klar, daß nicht derselbe Mensch zugleich annehmen kann, dasselbe sei und sei nicht. Er muß also annehmen den Satz, der sagt: *ἀδύνατον*. Er muß diesen Satz notwendig haben[169] — dieser muß Prinzip sein. Damit der Prinzipcharakter des Satzes erwiesen.

Der Satz selbst vorausgesetzt nicht nur überhaupt, sondern was bewiesen, nur eine Anwendung seiner selbst:
1. das Nicht-zugleich-vorhanden-sein-Können;
2. aber Nichtannahme (daß *der Satz Wahrheit* ist) ein Getäuschtsein;
   a) diese ontisch noch zugleich vorhanden sein kann am Menschen — (überhaupt) Menschsein;
   b) dafür zugleich genommen, daß das Geurteilte nicht zugleich so *sein kann*, wie es geurteilt wird.[170]

So annehmen — das Äußerste und Erste — δόξα.

---

[168] dasselbe nicht zugleich zugegen und nicht — das *Entgegenliegende* nicht *zugleich zugegen*
[169] Aber auch: denn wer dergleichen annähme, wieder im Getäuscht[sein] über den Satz — da aber Annahme unmöglich, ist auch dieses Getäusch[tsein] unmöglich, sondern *γνωριμώτατον*.
[170] Wenn die Rede eine πρότασις (Satz, Satz und Mensch), Satz von Sein überhaupt (jeglichem Seienden), und das auch in der Annahme ἐναντίον — solches Seiendes ›gibt es‹ (?) im annehmenden Bedeuten. Dieses aber nach Satz vom Widerspruch unmöglich. Also was [zwei Wörter unleserlich] unmöglich, kann der Mensch auch nicht [als] Annehmender vollziehen. Wenn nicht vollziehbar möglich, so hier Annahme nicht annehmbar, nicht wahr, nicht bestehbar — *also* nicht.

31. Schluß[171]

Überall durch die ganze abendländische Geistesgeschichte des Aristoteles Ansichten, Lehrstücke, Begriffe verstreut.
Aber nirgend die innere Kraft, Zähigkeit und Weite seines Fragens.
Geschweige denn die bestimmenden Horizonte.

Kein *neuer Aristotelismus*, sondern mit dem Anfang wirklich *wieder anfangen*.
Nur so überhaupt wieder eine *Bewegung* und Wirklichkeit d[es] Philos[ophierens].

32. Schluß

Der Satz vom Widerspruch, ›*principium contradictionis*‹ – inwiefern seiend?
›Gibt es gar nicht‹ in der Weise und in solcher Art, wie er gemeinhin Ausgang der üblichen ›Fragen‹.
Bei *Aristoteles* sehr viel reicherer und *begründeterer Tatbestand*.
Die κοινὴ ἔννοια (in irgendwelcher Fassung) besagt gar nichts – höchstens unverstandener Ausgang der Problematik, aber nicht Ende der Antworten.

33. Ergebnis

1. Satz vom Widerspruch: in Überlieferung Bezug [auf diesen] und doch nicht da – bleibt Problem – auch da gerade im Anfang – Aristoteles.

---

[171] [Hier und in weiteren Überschriften von Abschnitten dieses Teils beziehen sich »Schluß« und »Ergebnis« auf den Abschluß des Vortrags »Der Satz vom Widerspruch«. Siehe oben S. 215 und 245 f.]

III. Der Satz vom Widerspruch

2. Gesichtspunkte reichen nicht zu – statt zu klären, zerreißen sie. Descartes – Kant.
3. Wiederholung *des Fragwürdigen* – wesentliches Anzeigen. *Voraussetzung* das Wiederaufnehmen, voraus in den Anfang zurückstellen.

Scheinbar abseitig und gleichgültig. Unwert davon – *Wissenschaft!*

34. Schluß

Ergebnis – ›negativ‹?
  Im Gegenteil.
  Die *Fragenotwendigkeit* erst wieder erreicht und erfahrbar.
  Die Fragemöglichkeit und -richtung angezeigt.
  All *das gewonnen*, was überhaupt gewonnen werden kann und soll.

35. Zu III und Schluß

Aus Unbeweisbarkeit gerade ergibt sich die Notwendigkeit der Begründung.
  Wesen solcher Begründung!
  U. a.: zwangsläufig eine Anzeige gegeben!
  Heraus aus ἀποδεικνύναι *und* ἀξίωμα – Verlust des *Satz*charakters.
  Wesen des Seins.
  Ursprüngliche und *angehender stimmende Frage.*

36. [Nur ein Stück]

Nur ein *Stück* — sichtbar machen, um zu wissen, wo wir treiben, wie sehr alles Forschende geworden ist: *Ausbleiben der Bedrängnis*. Wiss[enschaften] in verwickelten Kontroversen, nicht mehr in den wesentlichen Dingen — diese nur *nachträglich, beiläufig* in einem *Schlußappell*!
Aber nicht zuerst und einzig.

37. [Die Frage: wohin gehören die ἀξιώματα ...]

Die Frage: wohin gehören die ἀξιώματα, in *welche ἐπιστήμη*? wird beantwortet: in die πρώτη φιλοσοφία. Die ἐπιστήμη der ἀξιώματα aber ist *ἐπιστήμη ἀναπόδεικτος*, also ist die *Philosophie* keine *beweisende*, deduktive, sondern ›nur‹ aufweisende.

Dieses ›nur‹ keine Einschränkung, wonach ihr etwas fehlt, sondern Bewährung vor solchem, was als abgeleitet ihr nicht gemäß ist!

38. [ἡ σκέψις περὶ τῶν ἀξιωμάτων]

τοῦ φιλοσόφου – ἡ σκέψις περὶ τῶν ἀξιωμάτων
/ | \
πρώτη φιλοσοφία   1005 a 21[172]   (περὶ ὅ — das der πρώτη φιλοσοφία)
nicht *Logik* – *Metaphysik*?

τοῦ περὶ τὸ ὂν ᾗ ὂν γνωρίζοντος[173] καὶ περὶ τούτων [...] ἡ θεωρία (ib. a 28 [sq.]).

---

[172] [Met. Γ 3, 1005 a 21 sq.: τοῦ φιλοσόφου καὶ ἡ περὶ τούτων ἐστὶ σκέψις.]
[173] [Über »γνωρίζοντος« stenographiert:] sich vorweg verschütten [?]

III. Der Satz vom Widerspruch 309

39. Selbstheit und Selbigkeit

Die Selbigkeit des Etwas, etwa des Gedachten, ist nur eine abgelöste Betonung des Charakters des *Mannigfaltigen* als des ursprünglich *Denkbaren*. Und *diese* Selbigkeit des isolierten Etwas gründet in der Selbigkeit des *Mannigfaltigen als eines solchen*. Und diese (Einheit des Bewußtseins) wiederum nur möglich in der Selbstheit.

Nun kann zwar die Selbstheit ihrerseits als Selbigkeit genommen werden, aber dadurch wird sie unverständlich, aus dem angemessenen Verstehen hinausgerückt. Logisch steht Selbstheit unter Selbigkeit, existenzial Selbigkeit unter Selbstheit, wobei jeweils das ›stehen unter‹ verschiedene Bedeutung hat.

Wenn Selbigkeit existenzial in Selbstheit [gründet], dann gründet darin erst recht, da Identität nur einseitig-formale Abstraktheit ist, der Wider-spruch und seine Möglichkeit.

Selbstheit aber als Gestimmtheit zugleich *Seinsverständnis* (Zerklüftung u. a.).[174]

40. Beschränkte Geltung des Satzes der Identität?

Da doch, in bestimmten Bezirken des Seienden, alles unstet und unbeständig – ehe gedacht, ist etwas schon ein anderes!!

Ontisch geändert, aber *es* – dasselbe – ein anderes.

Auch Veränderung nur, wo Selbigkeit.

Wenn es keine ›absolute Substanz‹ gibt, dann gilt auch der Satz der Identität nicht?

Das Seinsgesetz vom Ontischen abstrahiert!

Oder gilt der Satz gerade, weil Zeit sich zeitigt, sofern nur sie Sein *ermöglicht* und damit *Zerklüftung*?

---

[174] [Auf zwei zwischen der vorliegenden und der folgenden Aufzeichnung eingelegten Zetteln finden sich als Überschriften notiert:] *Identität – Stand – Gegenstand* [und:] *Die Selbst-ständigkeit und die Verselbigung*

Gilt der Satz nur *praktisch*, indem er sagt: *Sei konsequent! Bleibe dir selbst treu!*

Allerdings — nur hat diese *Praxis* einen wesentlich tieferen Grund in der *Möglichkeit* der Existenz (Dasein).

41. Vor-stellung und Dar-stellung

Vor-stellen:
1. überhaupt etwas vor sich haben, gleichviel woher und warum und wodurch;
2. *sich-vor-stellen:* vor-sich-bringen, Einbilden, Behalten, Vergegenwärtigung, Erinnern u. a.;
das *Von-sich-aus* und damit auch die Weisen des *Da-habens* (Intentionalität) gehören zusammen; sich: für sich, *auf sich zu.*

Dagegen
Darstellen: sich dar-stellen *(Er-scheinung),* dar-bieten und dar-stehen;
geht vom Seienden aus, das wir nicht selbst, sich, aber auch dir selbst, uns selbst (und ebenso das Seiende vorstellend — Leibniz!).

Sofern jedes ein Gestelltes und Stehendes — *Stand, Gegenstand* —, gibt es verschiedene Gegenstände, und zwar wieder verschieden hinsichtlich ihrer *Ständlichkeit* und Ständigkeit.

Der *logische* Gegenstand — als Worüber der Aussage (λόγος) stehende — ist nur eine besondere Weise des vor-gestellten Gegenstandes.

Ebenso verschiedene Ständlichkeiten gemäß der Weise, wie Begegnend-Angehendes zum *Stehen kommt.*

Der Unterschied wesentlich tiefer und weiter (ursprünglicher) als der von Denken und Anschauung.

Aber auch hier bei Vor-stellen und Darstellen muß noch das

III. Der Satz vom Widerspruch   311

Stellen und Stand durchbrochen und tiefer gegangen werden; vgl. Sein und Gegenstand – Erscheinung.

42. Die Berufung auf unmittelbare Evidenz

Mit welchem Recht, weshalb soll diese gerade erste und letzte Instanz sein? (Ganz abgesehen davon, ob sie überhaupt *vorliegt*.) Das ist doch selbst *ganz und gar nicht evident*! Nur existenzial zu begreifen. (Also wieder Instanz! Und deshalb nicht vorzubringen, nur für die Berufung [auf] Rede. Dabei tut man auch dieser unhaltbaren Berufung überlegen mit seiner Wissenschaftlichkeit.)

Gesetzt, daß der Mensch existiert, geschieht Wahrheit und da die Möglichkeit des Ein- und Auf-leuchtens.

Aber das selbst *beschränkt*:
1. durch das jeweilige Gebiet,
2. durch die Art des Seinsverständnisses   Sein = Anwesen
   positiv – ›*zerklüftet*‹

43. Selbigkeit und ›als‹

Das Rot *als* Rot und nicht Grün – *ontisch eine Trivialität und doch:* ›*das Rot*‹, dieses Rote hier-jetzt (sogar), all das nicht für Tier zugänglich.

Keineswegs so, als wären für das Tier diese ›Unterschiede‹ fließend und unablässig veränderlich – *dieses ebenso wenig wie jenes.*

Überhaupt außerhalb jeglicher Sinngebung qua *seiend*.

44. Inwiefern das Dargestellte immer auch irgendwie Vor-gestelltes ist

Vor-stellen – etwas z. B. ansetzen als Worüber des Sagens, und dabei schon Vor-gestelltes da qua Behaltenes.

45. Evidenz des Satzes vom Widerspruch und Begründung

»ergibt sich [der Satz] offenbar aus der einfachen Betrachtung des Seienden«? (H. Maier, Syllogistik I, [S.] 47)[175]
Was heißt da: *sich ergeben*?
Was heißt da: »einfache Betrachtung des Seienden«? Wo führt Aristoteles dergleichen vor? *Hier* steckt das ganze Problem der Seinsfrage!
Ist es aber nicht gerade dadurch *begründet (sich ergeben aus!)*? Wenngleich nicht ›bewiesen‹? *Beweis* nur eine Weise der *Begründung*!

46. [Ist es möglich, den Satz vom Widerspruch ›objektiv‹ zu begründen?]

Ist es möglich, den Satz vom Widerspruch ›objektiv‹, in der Weise zu begründen, daß gesagt wird, der ›*Mensch*‹ kann nicht zugleich nicht Mensch sein?
1. Hier wird Mensch nur wie ein vorhandenes Etwas genommen und das Menschsein wird als solches gar nicht relevant.
2. Es ist auch nicht einzusehen, wieso gerade der ›Andrang‹ auf *dieses* Seiende etwas Auszeichnendes zur objektiven Begründung des Satzes leisten soll.
3. läßt sich der Satz vom Widerspruch als ›Seinsgesetz‹ *überhaupt nicht so* begründen, daß er auf Seiendes irgendwelcher Art gegründet werden könnte.
4. Das besagt keineswegs, daß nun allein eine ›subjektive‹ Begründung möglich sei.
5. Zuvor muß überhaupt die Frage nach *Begründbarkeit* und

---

[175] [Heinrich Maier: Die Syllogistik des Aristoteles. Erster Theil: Die logische Theorie des Urteils bei Aristoteles. Tübingen: Verlag der H. Laupp'schen Buchhandlung, 1896, S. 47.]

III. Der Satz vom Widerspruch 313

Begründung im Unterschied von Beweisbarkeit gezeigt werden; dann, ob und wie sie möglich ist.

47. Beweisbarkeit und Unbeweisbarkeit des Satzes vom Widerspruch – ›Begründung‹

Das Letzte: Einsichtigkeit in das logische Verhältnis – *Unmöglichkeit des Wider-Spruchs*,
Naturgesetz der psych[ischen] Anlage,
Eigenschaft des Seienden selbst.

Das vorzeitige Ausweichen bzw. Nichtkennen dieser ganzen *Dimension von Fragen*!
Erst *der Beginn der Problematik*!

Begründung: formal auf einen Grund bringen;
die bisherigen Versuche derart, daß es scheint, der Satz ruht und schwebt in sich selbst;
im Grunde nur eine nachlässige und unbestimmte Begründung;
das Hingeraten an einen Grund, der gar nicht mehr als solcher genommen wird.

48. *Axiome*

sind unbeweisbar, aber deshalb nicht aufgezwungen, vielmehr unbeweisbar, keinen Beweis zulassend, weil unter keinen zu stellen, und dieses, weil *keines Beweises* bedürftig, und dieses, weil ›ohne weiteres‹, aus sich selbst *einsichtig*.

Diese Einsichtigkeit ist es ja gerade, der das Beweisen und die Beweisforderung genug tun will.

Wird Beweis gefordert, so wird darin Einsichtigkeit als Maßstab und Grund der Zustimmung im voraus anerkannt.

Wer Beweis fordert, muß beweisen, daß hier ein Beweis notwendig und möglich ist, sonst ist die Forderung willkürlich, um nichts weniger als die Forderung der unmittelbaren Anerkennung des Axioms.

Die Leugnung des Axioms: 1. die Leugnung seiner Wahrheit,
                                      2. die Leugnung [seiner] Einsichtigkeit.

Die Leugnung muß in jedem Fall Gründe vorbringen. Aber kann sich der Leugner nicht ebenso gut auf unmittelbare Einsicht berufen als der *Verfechter?*
Wer entscheidet dann?[176]

49. *Die Behandlung des Satzes vom Widerspruch*

weist *in die Richtung* auf *Sein – Wahrheit.* Nicht zu verfehlen.

Aber zugleich steckt auch die ganze Frage und zersplittert sich in die festgewordenen Perspektiven von ›Logik‹, ›Ontologie‹ und deren Gestalten. Das Problem verfängt sich in der Gestalt des ›Satzes‹,[177] den es nun unterzubringen gilt in vorhandenen oder umgebauten Disziplinen.

Sobald aber [nach dem] Satz vom Widerspruch ursprünglicher wieder gefragt, muß hier ein wesentlicher Wandel kommen. Jenes *Fragen* sogar eben von einer destr[uierenden] Behandlung des Satzes vom Widerspruch darzustellen.

---

[176] [Auf einem zwischen der vorliegenden und der folgenden Aufzeichnung eingelegten Zettel die Überschrift:] *Die ›Begründung‹ des Satzes.*

[177] wird er aber nicht als solcher – auf diesem Wege – erstmals eigentlich bewußt? vgl. etwa *Heraklit!*

III. Der Satz vom Widerspruch 315

50. Der Satz vom Widerspruch als ›Satz‹

Satz: 1. nur *der Ausspruch* über das ›Wesen‹,
2. *Grund*satz qua Regel,
3. *Theorem*: Wesenssatz, vgl. (1).
Hinter *all* das zurückgehen!

51. Satz vom Widerspruch und seine Evidenz

Weder bezweifelbar *noch* beweisbar – *unmittelbar einsichtig.*
Was besagt diese *Unmittelbarkeit* positiv? *Woran einzusehen?* Woraus abgelesen? Ist diese erste Ablesung in sich *letzte Instanz?* Zeugt *sie für sich* als solche? Oder ist hier nur eine στάσις, die vor allem für die Griechen ein πρῶτον und ἔσχατον ist?
Worauf führt Aristoteles zurück? ἄνθρωπος. Und zwar wie? *Nicht* das moderne ›Logische‹.
Über die unmittelbare Einsicht doch zurück gehen, ohne *Absicht auf Beweis*, aber gründlicher beweisen – weist aber auf *Verständnis* der Unbeweisbarkeit und Unbezweifelbarkeit.

52. Unmöglichkeit der Herleitung

≠ Unmöglichkeit der Begründung – *auf Grund und Boden bringen*.[178]
Gerade weil [der Satz] nicht ableitbar, *muß* er begründbar sein (Grund – Wesen *des Grundes*), weil er als nacktes Phänomen die Wesensfrage herausfordert.
Daß aber etwa in dieser Begründung *gedacht* wird und dieses ›nach‹ dem Satz des Widerspruchs, das sagt nichts über Zirkel.
Der nur dann, wenn diese Begründung beansprucht, *Herleitung zu sein.*

---

[178] Aristoteles nur bis ἀναπόδεικτος, *und doch*! u. a. Anweisung.

Begründung = die *Unableitbarkeit als solche*,
= den möglichen Satzcharakter *begreifen*.
Was für eine ›Wahrheit‹ liegt in solchem Begriff?

53. *Der Satz vom Widerspruch* – *Aristoteles*

[Der Satz vom Widerspruch] als Bedingung der Möglichkeit der Verstehbarkeit.
Das Verstehbare – das Etwas als solches (*Wahrheit, Seiendes* als solches).
Sein *Name* – *Nennung*.
Hier nur gezeigt: 1. der Satz *unbestreitbar*,
2. und das für den *Menschen* als solchen und seine ἐπιστήμη.
(Gilt der Satz von allen Bedeutungen, weil er von jeglichem Etwas gilt, oder umgekehrt?)
Damit aber bleibt noch vieles ganz offen.
Für *Aristoteles*: *genügend!*
Unbestreitbarkeit – *Unableitbarkeit* – *Begründbarkeit*.
Auch das bei Aristoteles nicht entschieden: die Unbestreitbarkeit für den λόγος auch Unbestreitbarkeit für das ὄν, εἶναι – σύνθεσις!

54. *Evidenz*

Wenn überhaupt, dann Grundevidenz: kein einfaches Scheinen, sondern die Rückstrahlung der ganzen Zerklüftung in sich selbst.
Darum das Vernehmen des Anwesens nur eine erste Richtung.
Daraus später ›*Scheinen des Wesens*‹.[179]
Damit aber die Bedingtheit und Endlichkeit als eine ex[istenziell] zu übernehmende!

[179] [Georg Wilhelm Friedrich Hegel: Wissenschaft der Logik. Zweiter Teil. Hrsg. von Georg Lasson (= Sämtliche Werke, Band IV). Leipzig: Felix Meiner, 1923, S. 6: »Das Wesen *scheint* zuerst *in sich selbst*«.]

III. Der Satz vom Widerspruch 317

Daß solche Rückführung für Evidenz notwendig, zeigt auch *Suarez* (participatio divini luminis!). Vgl. *Descartes*!

55. Moderne Axiomatik und Evidenz

»Wenn der Evidenzbegriff für die moderne Axiomatik überhaupt existiert, so existiert er für sie zur Kennzeichnung derjenigen Behauptungen, für welche gezeigt werden kann, daß ihre kontradiktorische Verneinung einen Widerspruch impliziert.«[180]
1. Warum Widerspruchslosigkeit Prinzip.
2. Wie dieses Prinzip selbst evident auch auf Grund von Widerspruchslosigkeit.

Dabei zu beachten, daß hier Widerspruchsfreiheit noch nicht – Wahrheit.

Nur: wenn – so. Nicht: weil – so.

δόξα

56. Zur Beweisbarkeit des Satzes vom Widerspruch

Nicht als Folgerung aus einem Höheren abzuleiten. Nicht nur faktisch nicht möglich, *sondern unangemessen* – nicht weil er oberster Satz ist, sondern weil er oberster Satz nur ist, sofern er etwas satzmäßig sagt, das überhaupt nicht Satz und Regel ist.

Die Unangemessenheit der Beweisforderung liegt tiefer begründet.

Damit entfällt die Möglichkeit des Auswegs, einfach bei einem *an sich klaren Satz* stehen zu bleiben.

Auch hiermit noch *dieselbe Verkennung* seines Gehalts und Problems.

---

[180] [Heinrich Scholz: Die Axiomatik der Alten. In: Blätter für Deutsche Philosophie 4, 1930/31, S. 259–278, hier S. 269.]

57. ›Wissenwollen‹ und In-der-Wahrheit-sein

Das Wissenwollen gründet in jenem, denn für ↑ *Wißbarkeit* vorgegeben, und zwar sofern Seiendes offenbar, Sein verstanden.
Wissen dabei als ἐπιστήμη, Sichverstehen auf:
in der *Beschäftigung* – *geschäftlich*,
in der Kunst,
im Hantieren, Werken,
in der forschenden Wissenschaft.

58. Über den Satz vom Widerspruch

V[orlesung] z[ur] Log[ik] [192]5/6.[181]

59. [Beweis des Satzes vom Widerspruch?]

Beweis des Satzes vom Widerspruch?
   Indirekt: seine Leugnung *widersprechend*.
?? Aber hier vorausgesetzt, daß *Widerspruch unmöglich*,
heißt: 1. Widerspruch nicht vollziehbar,
   2. nicht aufrecht zu erhalten,
   3. Widerspruch Bedingung der Möglichkeit der Unmöglichkeit,
   4. Unmöglichkeit – Un-denklichkeit,
   5. Denklichkeit Kriterium des Seins.

---

[181] [Vgl. Martin Heidegger: Logik. Die Frage nach der Wahrheit. Marburger Vorlesung Wintersemester 1925/26. Gesamtausgabe Band 21. Hrsg. von Walter Biemel. Frankfurt a. M.: Vittorio Klostermann, 1976, ²1995, S. 22 f., 39 ff., 46 ff., 203.]

D. ARISTOTELES MET. Γ[182]

1. ἕξις – στέρησις ([Met.] I 4, 1055 b)

1. ἀληθές – ψεῦδος als ἐν<u>αντία</u>,
2. κατάφασις – ἀπόφασις als <u>ἀντίφασις</u>.

(1) *als* ein Modus von (2) nur qua *φάσεις*, doch nicht qua ἀντί.
Die Verkoppelung beider im Satz vom Widerspruch.
Unmöglich, daß κατά- und ἀπόφασις zugleich ἀληθές *oder* ψεῦδος.

2. Fassungen des Satzes vom Widerspruch

[Met. Γ 4,] 1007 b 18: ἀδύνατον ἅμα κατηγορεῖσθαι τὰς ἀντιφάσεις.
[Met.] B 2, 996 b 29 sq.: πᾶν ἀναγκαῖον ἢ φάναι ἢ ἀποφάναι, [...] ἀδύνατον [πᾶν?] ἅμα εἶναι καὶ μὴ εἶναι.
[Met.] Γ 6, 1011 b 13 [sq.]: τὸ μὴ εἶναι ἀληθεῖς ἅμα τὰς ἀντικειμένας φάσεις.
ib. b 16 [sq.]: ἀδύνατον τὴν ἀντίφασιν ἅμα ἀληθεύεσθαι κατὰ τοῦ αὐτοῦ.
τὰ γὰρ ἀντικείμενα μόνα οὐκ ἐνδέχεται ἅμα ὑπάρχειν, [Met.] I 4, 1055 a 37 [sq.].

3. Satz vom Widerspruch: ›logisch‹ – ›ontologisch‹

1. »Impossibile [...] idem simul esse et non esse.«[183]
2. Zwei einander widersprechende Urteile können nicht beide wahr sein – [es] ist notwendig eines falsch (gar nicht ohne weiteres ersichtlich!).

---

[182] [Überschrift auf dem Umschlag, mit dem Heidegger die im Folgenden vom Herausgeber von 1 bis 53 durchgezählten Aufzeichnungen zusammengefaßt hat.]
[183] [Franciscus Suarez: Disputationes metaphysicae, disputatio III, sectio III, n. 5.]

Dieser ›logische‹ (Urteile betreffende) Grundsatz gründet in einem ontologischen (1).
Und dieser ist keineswegs gleichzusetzen dem Satz der Identität. Denn in A = A liegt nicht A ≠ nicht A. Das ›*Nicht*‹ – muß selbst eigens erwiesen sein im Wesen. Aber wie das *Wesen* des ›Gegenstandes‹ *(Gegenständlichkeit)* sichtbar machen?
Was heißt ›*Gegenstand*‹?
Gegenstand – Korrelat des ›Denkens‹?
›Etwas‹, das ›*ist*‹! Also Urteil?
Gegenständlichkeit und ihre Weisen Gegründetes im ›Denken‹ oder Boden gar nicht zu benennen [?].

4. ὑπάρχειν – *herrschen, vorherrschen*

»Es herrscht die Grippe.«
»Es herrscht ein Sturm im Gebirge.«
Von Grund aus sich geltend machen, vor-drängen und sich behaupten.
ὑποκεῖσθαι – ὑπόθεσις.

5. *[Met.] Γ 3*

Im ersten Teil nur zu zeigen: weil (sofern) das ἀξίωμα vom *Sein* als solchen spricht, deshalb gehört es ganz allgemein in πρώτη φιλοσοφία.
Aber *damit noch nicht* [gezeigt, in] *welche*.
Das müßte doch aus dem Wesen des Seins *gezeigt werden!*
[Das] geschieht aber nicht, sondern aus dem Begriff der *festesten* ἀρχή.
Das schlechthin Untäuschbare jenes, was selbst noch vorausgesetzt sein muß, um Mensch[sein] möglich zu machen – Geist.

III. Der Satz vom Widerspruch 321

6. ›*Logischer*‹ *oder* ›*ontologischer*‹ *Satz*

heißt: 1. in Logik bzw. Ontologie zu behandeln,
2. etwas darin gesagt, was die ›Logik‹ thematisch angeht oder die ›Ontologie‹,
3. Satz über das Denken oder Sein,
4. was für ein Satz: Regel oder Wesenssatz. Regel selbst wie gegründet?

7. *Satz vom Widerspruch* ›*logisch*‹

Auf φάσις bezogen – weshalb?
Weil λόγος selbst in bestimmter betonter Weise zu ὄν (καθ' αὐτό).
Weil *Sein* seinerseits qua ὑποκείμενον, οὐσία.
Weil die Seinsauslegung auf ›λόγος‹ sich konzentriert, deshalb der Seinssatz ›logisch‹.
Das ›Logische‹ besagt nicht: zur ›Logik‹ gehörig, sondern: Sein qua ὑποκείμενον, καθ' ὅ.

λόγος: 1. Rede überhaupt,
2. Aussage – ›ist‹.

8. *Sein Begriff des* ἀξίωμα

1. *unbeweisbar* (das *auch noch relativ* für die jeweilige ἐπιστήμη ἀποδεικτική),
2. *wahr* – entschieden,
3. *für jeden* notwendig *zu haben* – μάλιστα καθόλου πρᾶγμα! (Auszeichnung), aber für einzelne γένη – βεβαιοτάτη ἀρχή, πρῶτον, κοινόν.

Alles drei muß also gezeigt werden in Met. *Γ 3*.

Ad 3. Formal, *aber nur* für ἀπόδειξις bzw. *alle* μάθησις und δίδαξις – πάντες χρῶνται.[184]
Ad 2. Wie gegründet?
Ad 1. Nur von ἀποδει[κτικὴ ἐπιστήμη] her.
(2) wird nicht eigentlich frei!! und daher auch nicht in dieser Richtung gegründet.
Also *logisch-psychologisch?*

9. Verhältnis der verschiedenen ἀρχαί – bei πρώτη φιλοσοφία

Besonders:
1. περὶ ὅ – ὂν ᾗ ὄν,
2. ἐξ οὗ – ἀξίωμα τῆς ἀντιφάσεως.
Vgl. [Anal. post. A 32,] 88 b 27.
Hier die eigentliche Undurchsichtigkeit und Lücke *nicht zufällig*! Weil *Seinsverständnis* als solches *nicht Problem*.
τὰ καθ' αὑτὸ ὑπάρχοντα!
und das *ὑπάρχειν* überhaupt.

10. [Was bedeutet βεβαιοτάτη ἀρχή ...]

Was bedeutet βεβαιοτάτη ἀρχή *für den* φιλόσοφος, der doch nicht ἐπιστήμη ἀποδεικτική, sondern ἀναπόδεικτον?
Doch nicht ἀρχή *für* seine ἐπιστήμη, sondern nur ›Thema‹ – oder *zugleich Bedingung,* aber in einem anderen *Sinne* (das *Daß und Was* seines περὶ ὅ)? Was sagt Aristoteles darüber?
ἀρχὴ τοῦ πράγματος nicht notwendig ἀξίωμα, sondern das *nur für* ἀπόδ[ειξις]?
Vgl. [Met. Γ 3,] 1005 b 32: πάντες ἀποδεικνύντες.

---

[184] [Met. Γ 3, 1005 a 23 sq.: καὶ χρῶνται μὲν πάντες.]

11. ἐπιστήμη ἀναπόδεικτος[185]

Das ist: ὑπόληψις τῆς ἀμέσου προτάσεως (Anal. post. A 33, 88 b 37, und zwar ἀναγκαίας, μὴ ἐνδεχομένης ἄλλως ἔχειν [vgl. b 32]).
ὑπόληψις (a) und ὑπόθεσις (b).
(b) ist selbst eine Art von πρότασις ἄμεσος.
(a) ist λαμβάνειν, d. h. *nicht* δεικνύναι (vgl. Anal. post. A 10 [76 a 31 sqq.]).
Die Weise des Habens und Nehmens dieser Sätze, und zwar des *Daß, daß sie sind, gelten* − Hinnehmen dieser [als] *sich offenbarender.*
τὰ πρῶτα! Vgl. Met. Θ 10 (Anal. post. A, cap. 31, fi.).
ὑπό-, auf-, *vor*-nehmen dieses Erste als solches.
Über γνῶσις τῶν ἀμέσων Anal. post. B 19.

ἔχειν ἀπόδειξιν ([A 2,] 71 b 29)   δεικνύναι
ἔχειν ἀρχήν   λαμβάνειν

12. ἀντίφασις

1. Das Entgegen von κατάφασις und ἀπόφασις,
2. dagegen φάσεις selbst je κατάφασις und ἀπόφασις.

Zu-, ab-sprechen ≠ Bejahung und Verneinung.
Zweideutig:
1. jenes ↑,[186]
2. Zustimmung − Ablehnung,
   ›ja‹ − ›nein‹.

---

[185] [Die vom Herausgeber von 11 bis 15 durchgezählten Aufzeichnungen hat Heidegger zusätzlich mit einem Umschlag zusammengefaßt, auf dem als Überschrift notiert ist:] *ἐπιστήμη*

[186] [»Jenes« und der Pfeil beziehen sich vermutlich auf »Zu-, ab-sprechen«.]

13. πρότασις ἀποδείξεως – ἀξίωμα

nicht Vordersatz; Vorder-, doch ἄμεσος. Vor-spann! προτείνω – *vorstrecken*. Behauptung des Klägers – κατηγορία! Das προ- betrifft ἕτερον μόριον τῆς ἀποφάνσεως.[187]
διαλεκτική – ἀποδεικτική: θάτερον (μόριον) λαμβάνουσα ὡρισμένως, ὅτι ἀληθές,[188] »entschieden *nehmend das eine*, und zwar in seinem Wahrsein«.
Jede ἀπόφανσις μόριον ἀντιφάσεως.[189]
Vor-nahme entschieden – *solche*, die nicht beweisbar, aber gleich notwendig für jeden irgendetwas Lernenden *zu haben*, ἔχειν.
ἀξίωμα – λαμβάνειν, ἔχειν.
Vor-vertrautes, *Vertrauen* zu Seiendem! *(πιστ-) εἰδέναι*.

14. καθόλου, Seinsfrage und das Seiende (Methode)

Durch [das] und im Fragen nach dem Sein wird das Seiende *im Ganzen* erfahren und von vornherein *wesentlich anders* gehabt als im nicht Sein erfragenden *Aufgehen* im Seienden. Nicht nur nicht aufgehen im ..., sondern *positiv*, sofern *rein waltend*. Daher auch grundsätzlich gar keine Möglichkeit, hier *empirisch* vorzugehen.

Und weil dieses nicht, deshalb auch nicht durch *Abstraktion* das Sein und die Seinscharaktere zu gewinnen.

15. *Anal. post. A* als Konstruktion der Idee der ἐπιστήμη

Auch πρώτη φιλοσοφία ist ἐπιστήμη und diese gründet und webt im νοῦς – vgl. fi. Met. Θ 10 (ἐπιστήμης ἀρχή – οὐκ ἐπιστήμη).
Diese Konstruktion wesentlich an der ›*Mathematik*‹ orientiert,

---

[187] [Anal. post. A 2, 72 a 8 sq.: πρότασις δ' ἐστὶν ἀποφάνσεως τὸ ἕτερον μόριον.]
[188] [Anal. post. A 2, 72 a 9 sqq.: διαλεκτικὴ μὲν ἡ ὁμοίως λαμβάνουσα ὁποτερονοῦν, ἀποδεικτικὴ δὲ ἡ ὡρισμένως θάτερον, ὅτι ἀληθές.]
[189] [Anal. post. A 2, 72 a 11 sq.: ἀπόφανσις δὲ ἀντιφάσεως ὁποτερονοῦν μόριον.]

III. Der Satz vom Widerspruch 325

wobei zu bedenken, daß die ›Mathematik‹ ihrerseits ihre Auslegung durch Plato (vgl. Rep. VI) erhalten hat.
Alles dieses aber auf dem Grunde des *antiken Seinsverständnisses*, das in seiner Eigentümlichkeit und Ausbildungsgeschichte noch in keiner Weise herausgestellt, nicht einmal als Problem verstanden und gewußt wird.
Vgl. von da die Bedeutung von Met. Θ 10: ὂν ἀληθές = κυριώτατον. Überhaupt Seinsfrage von *ἀλήθεια* aus und *Anwesenheit!* Der *antike* Begriff der Ewigkeit. Vgl. Parmenides, Plato, *Höhlengleichnis*. Vgl. das Problem W.S. 31/2, Anfang und Mitte![190] Von da aus *ἐπιστήμη* und *ἀλήθεια* und Grenzen der ἐπιστήμη nach ihrem Grunde: νοῦς – Parmenides.

16. Satz vom Widerspruch als Satz von der einfachen, schlechthinnigen Ausschließung

Ausschließung ist nicht einfach identisch mit *Nicht-Identität*, d. h. Identität ist nicht einfach das Positivum von Ausschließung bzw. diese das Negativum von Identität.
Nicht-Selbigkeit braucht nicht *Ausschließung* zu sein.

17. Der strenge und ursprüngliche Begriff des Widerspruchs – ἀντίφασις

Das wesenhaft zur ἀπόφανσις (λόγος, bestimmter) *gehörige Entgegen ihrer* κατάφασις und ἀπόφασις. Diese Antiphasis besteht immer, gehört zum Wesen des *λόγος ἀποφαντικός* (in diesem aber das ἔστιν und ἐστὶν ἀληθές und *ὄν* überhaupt).

---

[190] [Vgl. Martin Heidegger: Vom Wesen der Wahrheit. Zu Platons Höhlengleichnis und Theätet. Freiburger Vorlesung Wintersemester 1931/32. Gesamtausgabe Band 34. Hrsg. von Hermann Mörchen. Frankfurt a. M.: Vittorio Klostermann, 1988, ²1997.]

ἀντίφασις ist ἀντίθεσις ἧς οὐκ ἔστι μεταξὺ καθ' αὑτήν [Anal. post A 2, 72 a 12 sq.].
Satz vom Widerspruch: ein Satz, der *vom Wesen des Widerspruchs ausgeht — herkommt!*

18. ἀντίφασις als Widerspruch

Das Entgegen von Spruch, also *zweier* Sprüche, aber *nur* der *eine* als gegensprechender.

D. h. das A-B-sein   *Verbundensein*
und das A-nicht-B-sein,   *Getrenntsein*
aber in den einen Spruch die Möglichkeit des anderen gelegt.

1. Konstatierung, daß A-B-sein und A-nicht-B-sein sich widersprechen,
2. daß *nicht* beide wahr sein können: *einer* ausgeschlossen — der andere duldet ihn nicht,
3. daß Widerspruch *im Spruch nicht möglich* ist, wenn er wahr sein soll.
4. Keinem Subjekt kommt ein Prädikat zu, das ihm widerspricht.
5. Keinem »Ding« kommt ein Prädikat zu, das ihm widerspricht (Kant).[191]
Etwas,[192] aber *wieder* das der Aussage.

Warum liegt die Ausgeschlossenheit des *Widerspruchs* im Wesen des *Seins selbst?*

---

[191] [Vgl. Immanuel Kant: Kritik der reinen Vernunft, A 151, B 190.]
[192] [In der Handschrift stellt ein Strich die Beziehung von »Etwas« auf »Ding«« her.]

III. Der Satz vom Widerspruch

19. ἀξίωμα

1. Würde, Achtung (die man hat),
Ansehen (δόξα – *Ansicht*), Geltung (in der man steht).
2. Forderung, Anspruch.

Und jetzt: ἄμεσος ἀρχή [Anal. post. A 2, 72 a 15 sqq.]
1. ἣν μὴ ἔστι δεῖξαι,
2. ἣν [...] ἀνάγκη ἔχειν τὸν ὁτιοῦν *μαθησόμενον*.

Stammt aus ›Mathematik‹ – wir haben uns *gewöhnt*, die besagte ἀρχή so zu nennen:
1. was in sich selbst steht und west, seine eigene Würde hat;
2. dem *notwendig jeder*, der lernen will, verpflichtet ist.

Es das, was in allem Verstehen das *Würdigste* ist und höchste Würdigung im *Vernehmen verlangt*.

Und das ist πρότασις ἄμεσος,
                ἀποφάνσεως *μόριον*,
   aus *ἀντίφασις* [vgl. A 2, 72 a 7 sqq.].

20. Satz vom Widerspruch und ἀρχὴ τῆς ἀποδείξεως

οὐ γὰρ τὸ ἔνδοξον ἢ μὴ ἀρχή ἐστιν, ἀλλὰ τὸ πρῶτον τοῦ γένους περὶ ὃ δείκνυται· καὶ τἀληθὲς οὐ πᾶν οἰκεῖον ([Anal. post. A 6,] 74 b 24 sqq.).

Was heißt τὸ πρῶτον τοῦ γένους? Welches ist dieses πρῶτον beim Sein? Wo Sein überdies nicht γένος, aber doch ein Was im weitesten Sinne.

Gibt etwa der Satz vom Widerspruch diesem πρῶτον Ausdruck? Sofern es ἀναγκαῖον ist?

21. *[τὰ ἀξιώματα μάλιστα καθόλου ...]*

τὰ ἀξιώματα μάλιστα καθόλου καὶ πάντων ἀρχαί ([vgl. Met.] B 2, 997 a 12 sq.).

22. Satz vom Widerspruch

Über die Art der Verwendung und des Fungierens des Satzes vom Widerspruch vgl. Anal. post. A 11.

23. Die ›Allgemeinheit‹ des Satzes vom Widerspruch als oberstes Prinzip

Vgl. Anal. post. A 32, 88 a 36 [sqq.]: Auch aus den κοινά kann nicht alles bewiesen werden, denn die γένη des Seienden sind je und je andere.

Das Quantitative – Qualitative.

μεθ' ὧν [γενῶν] δείκνυται διὰ τῶν κοινῶν [b 3].

Hier also klar ein Unterschied des Prinzipseins. Vgl. die τρία, cap. 7 und 10.

Wie aber nun die Stellung bezüglich ὂν ᾗ ὄν?

Hier auch nur διά (ἐξ ὧν – κοιναί, περὶ ὅ – ἴδιαι, cap. 32 fi. [b 27 sq.]) und nicht auch μετά, sofern hier ›γένος‹ bestimmt wird.

24. *[Einsichtigkeit ...]*

Einsichtigkeit – Beweisbarkeit – Habe der Axiome.

25. βέβαιον

Vgl. Plato, Res publ. IV 435 a 2 sq.: δικαιοσύνην βεβαιοῦσθαι παρ' ἡμῖν φανερὰν γενομένην.

26. ἀρχὴ ἀξιωμάτων – πιστότατον[193]

›Satz vom Widerspruch‹: φύσει [...] ἀρχὴ καὶ τῶν ἄλλων ἀξιωμάτων αὕτη πάντων (Met. Γ 3 fi. [1005 b 33 sq.]).
ἀξίωμα (selbst ἀρχή), und zwar bezüglich ἐπιστήμη, d. h. μαθησόμενος (vgl. Met. A 1–2) als solcher, *Wissenwollen! Existieren!* Und zwar im *vollen* Sinne. Vgl. Anal. post. A *1:* jegliche μάθησις, aber eben nicht ›*Mathematik*‹, oder gar diese die Herrschaft über alles Wissen.

Satz vom Widerspruch also das Axiom der Axiome.
Und zwar *ein* τρόπος τοῦ ἐπίστασθαι: *δι' ἀποδείξεως* (vgl. Anal. post. A, cap. 2 [71 b 17]) für ἐξ ...

ἀρχή dafür: πρότασις (λόγος) ἄμεσος – ἀρχή qua ἐξ οὗ ([vgl. A 7,] 75 a 42), αἴτιον, daneben περὶ ὅ.

[πρότασις] allgemein: jeweils eine der möglichen Weisen der ἀπόφανσις. Diese charakterisierbar:

1. Unterschiede: διαλεκτική: beliebig – ἀποδεικτική: jeweils eine bestimmte als *wahr*, d. h. Sein *setzend*, in Wahrheit.
2. Steht jeweils innerhalb der *ἀντίφασις – ἀντίθεσις* von κατά- und ἀπόφασις, seiend und *nicht* seiend.

Ferner: *diese* ἄμεσος ἀρχή zu unterscheiden, ob notwendig zu ›haben‹ oder nicht.

Wenn nicht: θέσις ⟋—ὑπόθεσις – das Daß, beliebig, unentschieden, aber doch eben je eines – beliebig;
⟍ ὁρισμός – das Was, nicht das Daß.

---

[193] [Überschrift auf einem der Aufzeichnung vorgelegten Zettel.]

Wenn ja: ἀξίωμα, d. h. also Vor-satz, der *entschieden* nach Wahrheit oder Falsch[heit], nach Bejahung oder Verneinung.

Hier wird klar: daß schon in der Definition des ἀξίωμα der ›Widerspruch‹ konstitutiv mitspielt und ἀντίφασις selbst *Erstes*, ἀρχή — *Zirkel?* Liegt hier zugleich der erste wahre Satz über das ›γένος‹, περὶ ὅ?

Der oberste, notwendig zu *habende* — und zwar πιστότατον, γνωριμώτατον, ἀναπόδεικτον —, einfache, Sein setzende, wahre Satz — worüber?

Frage des πιστεύειν.

Über ἀξίωμα und Wesen des προγιγνώσκειν vgl. Anal. post. A 2, 72 a 25 sqq.

ἀξιοῦν ἵστασθαι τὰ ἄμεσα [vgl. A 3, 72 b 22], das Unmittelbare steht — stellt sich entgegen!

27. *Kenntnis der Axiome*

μᾶλλον γιγνώσκειν ≠ noch mehr ἀπόδειξις — nur so κυρίως ἐπίστασθαι —, sondern keine mehr, aber das nicht wie negativ, sondern γνῶσις — πρόγνωσις dessen, δι᾽ ὅ, d. h. ἐξ οὗ.

Daher dieses schlechthin bestimmen und so mit dem γένος das Wißbare überhaupt in ursprüngliche Einheit setzen.

ἐπιστήμη ἀναπόδεικτος ἀρχὴ ἐπιστήμης ἐστίν [vgl. Anal. post. A 3, 72 b 22 sqq.].

Warum in sich *καθόλου?*

Ursprünglicher als [...][194]

---

[194] [In der Handschrift bricht an dieser Stelle die Aufzeichnung ab.]

III. Der Satz vom Widerspruch

28. Unterschied von δεικνύναι und λαμβάνειν (Anal. post. A 10)

λαμβάνειν — hin- und aufnehmen.
ὅτι ἔστι μὴ ἐνδέχεται δεῖξαι [A 10, 76 a 31 sq.].
Bezüglich Satz vom Widerspruch das ›daß‹.
Aber *was* Widerspruch ist, muß und kann doch gezeigt werden.
Aber *wie* ›ist‹ er — ›ist‹ er überhaupt?
Besteht er ›an sich‹? Im Wesen des Daseins und d. h. des ›Seins‹?

29. [Die unbeweisbaren Sätze ...]

Die unbeweisbaren Sätze sind aus den Termini (ὅροι) evident.
ἀρχὴ ἐπιστήμης, [vgl. Anal. post. A 3,] 72 b 24.
τοὺς ὅρους γνωρίζειν [vgl. b 24 sq.], »zur Kenntnis, [zum] Verständnis bringen«.
Auf *Seinsverständnis* überhaupt zurückgehen.
D. h. ἐπιστήμη τις die πρώτη φιλοσοφία.
Welche Termini im Grundaxiom!?
Sein — Nicht — Zeit — Hinsicht — Selbiges.
Welchen Charakter hat das γνωρίζειν? *νοεῖν!*

30. [Met.] Γ 3 — Disposition

1. *Daß* und *warum* ἀξιώματα überhaupt zu πρώτη φιλοσοφία gehören,
2. welche es sind:
   a) Von πρώτη φιλοσοφία her diese μάλιστα γνώριμα; Begriff der
   b) ἀρχὴ βεβαιοτάτη, höchste Gewißheit, Festigkeit, Beständigkeit; das ›Erste‹. (Dem Sein als solchen vorgezogen?! Kritik: nicht von da! Vorausgesetzt oder vom Haben ihrer. Hier der entscheidende Ansatz zur Kritik: nicht von ›Sein‹ — unklar über-

haupt, wie vom Seienden (Abstraktion)? Andererseits auch nicht ›logisch‹!)
c) Was genügt dieser und *nur* dieser? Satz vom Widerspruch.
d) *Beweis:* Seinssatz – ὑπόληψις – *Wahrsein.*

31. *[Über das ἔχειν ...]*

Über das ἔχειν τὰς ἀμέσους ἀρχάς [vgl.] Anal. post. B 19:
1. welches die γνωρίζουσα ἕξις,
2. πῶς γίνονται γνώριμαι [99 b 18].

32. *[ἔχειν τὴν ἀρχήν]*

ἔχειν τὴν ἀρχήν, [vgl. Anal. post. A 2,] 72 a 16.
Vgl. [A 6,] 74 b 27 [sq.]: ἔχειν λόγον τοῦ διατί οὔσης ἀποδείξεως.

33. *Satz vom Widerspruch bei Aristoteles*

Zunächst zeigen:
  Aristoteles *faßt den Satz:* weder ›logisch‹ [als] Denkgesetz,
              noch ›ontologisch‹ [als] Seinsgesetz.
  (Gesetzt, daß ›logisch‹ und ›ontologisch‹ klar!)
  Obzwar er Fassungen *in beiden Hinsichten gibt.*
  Er bewegt sich zwischen beiden, weil (!) unvoreingenommen und zunächst auf λόγος – Rede – Mensch. Er kümmert sich nicht weiter um die Dimension, wohl aber um *höchste Gewißheit! Didaktisch – mathematisch.*
  Solch[ermaßen] auch gar nicht durchsichtig Zusammenhang dieses höchsten Axioms mit den höchsten und ersten Bestimmungen über das ὄν, vgl. später Wolff – Baumgarten.
  Das im Grunde durch Descartes hindurch verstärkte *echte Aristotelische* – stückweise in der Ontologie.

III. Der Satz vom Widerspruch   333

34. *Met. Γ 3*

I. −1005 b 8:
1. daß überhaupt ἀξιώματα *dem ὄν zugehören,*
2. *diese* also Thema der φιλοσοφία.
II. *Welche sind* diese ἀξιώματα? Gibt es *höchstes* und *welches*?
Und was heißt hier *höchstes*? Nicht von Sein her, sondern von *Haben* der ἀρχαί.
Und *weshalb Satz vom Widerspruch dem genügt.*
Welches *das höchste*, deshalb auch *das allgemeinste*!
Also doch ›subjektiv‹ begründet.
Wie ἀρχὴ ἀνυπόθετος und ἀνάγκη γνωριμοτάτη, weil σημαίνειν ἕν τι (ἕν − ὄν, Γ 1 *und* 2)!!
Vgl. cap. 4 fi.: διορίσαι τῇ διανοίᾳ, πέρας − ὄν. Möglichkeit des λόγος und *erste Bedingung überhaupt*: 1006 a 29 [sq.].

35. *[Disposition]*

I. *a) Zunächst, in welchem Zusammenhang, wie sie*[195] *für Aristoteles erwächst − positiv: welcher Grundzug des Fragens überhaupt.*
b) Was für eine Frage diejenige nach dem Satz vom Widerspruch, Axiom allgemein, ist − nach ἀξίωμα, *also: was ist ein* ἀξίωμα? *wie erwächst dieser Begriff?*
Weil Aristoteles erstmals die ἐπιστήμη ἀποδεικτική durchdenkt, stößt er auch zuerst im ursprünglichen Sinne auf das ἀναπόδεικτον (Plato). Hier der Begriff des *ἀξίωμα*. Wie dieses schon *unter* ἀντίφασις steht und dabei dann selbst ein ἀξίωμα *über diese* ἀντίφασις.
ἄμεσος πρότασις − καθόλου μάλιστα!
Was ist damit? ἐπιστήμη? Welche? ἀναπόδεικτος.

---

[195] [Gemeint ist: die Frage nach dem Satz vom Widerspruch. In der Handschrift findet sich dieser Teil von Punkt I nachträglich als a ergänzt.]

Zugleich ὄν ᾗ ὄν.
Gehört beides zusammen? D. h. gehört die Axiom-Frage in die πρώτη φιλοσοφία ζητουμένη ([Met.] *B*)? Wie Frage nach dem ἀξίωμα eine Frage nach der inneren Möglichkeit *der Einheit* der πρώτη φιλοσοφία — νοῦς als ἀρχὴ *ἐπιστήμης*, [vgl.] Anal. post. A fi. [33, 88 b 36].

II. In welchem Sinne die Frage gelöst wird!
a) Zugehörig dazu (πρώτη φιλοσοφία),
b) Gründe.

III. Wie dabei Frage nach Satz vom Widerspruch erwächst.
Als ἀρχὴ βεβαιοτάτη.
Der Beweis, daß der Satz vom Widerspruch diese ist.

IV. Der Satz selbst.
1. Mehrdeutigkeit des Satzes (weshalb):
   a) als Aussage über Sein und Nichtsein,
   b) als Aussage über Wahrsein von *Aussagen* — verschiedene Fassungen.
   ὄν πολλαχῶς, aber Wahrsein nicht in die πρώτη φιλοσοφία, [vgl. Met.] E 4!?
2. Die γνωρίζουσα ἕξις — Unbeweisbarkeit, ἀναπόδεικτον.

V. Die Sachlage bei Aristoteles und die obigen Hinsichten.
a) Gar keine mögliche Frage, ob metaphysisch oder logisch,
   α) weil diese Titel überhaupt nicht geklärt,
   β) weil Aristoteles sowohl *Seinssatz* als vor allem *Wahrsein* und gerade dieses ausführlich, wenngleich indirekt behandelt, und doch kein ›logischer Satz‹.
[b)] Also herauslösen (nicht überflüssig, immer sich fragen) — aber *wohin*?
Das Problem unterwegs stehen lassen, besser: die inneren Fragerichtungen und deren *Boden* herausstellen. Wie? Von der Frage der Unbeweisbarkeit aus! ἔλεγχος.

III. Der Satz vom Widerspruch 335

VI. Was kommt da ins Licht?
[1.] ἔλεγχος als eine Art *Sicherung?* D.h. *Gründung.* Aber der Grund nicht weiter *zugeeignet!* (Beweis und *Begründung.*) Grenze der *antiken Frage* in der Größe ihrer Aufgabe — *στάσις.* Das nochmalige Absterben der Frage. Künftig nur noch aus dem Gesagten: Scholastik — Leibniz — Wolff — Kant — Hegel.
VI 2. D.h. *Seinsverständnis* nicht als solches gesehen; daraus wird Wesen des Seins auch nicht eigens geschöpft bzw. *dahin verlegt.*

36. Die sechs Gesichtspunkte

Nicht zufällig und zusammenhanglos, sondern gesammelt in Hinsicht auf die Grundfrage: was da *wesentlich* in *Frage* steht.

Z. B. Beweisbarkeit — Unbeweisbarkeit: nicht unabhängig von Inhalt und Ort und Rang und *umgekehrt.*

37. Zur Interpretation von Met. Γ

Bisher nur: Γ 1 und 2 isoliert von Γ 3 sqq.

Dieses Γ 3 sqq. für sich zugeordnet der Lehre vom Satz vom Widerspruch, aber selbst hier nicht klar gesehen: wie Γ 4 — *ἐλεγκτικῶς* — allgemein für die gesamte Erörterung bis cap. 6 fi. den *Boden und Leitfaden* gibt, wie also von hier aus (nicht nur Γ 4) dieser Boden selbst indirekt charakterisiert wird.

Für Aristoteles und die Griechen ist dieser Boden selbst nicht mehr fraglich, auch nicht so, daß eine radikalere Auslegung notwendig wäre.

Denn die Last der Aufgabe ist für sie ja, erst einmal anzufangen und das Prinzip als Prinzip im Wesen des *Seins* sicht[bar][196] ans Licht zu bringen.

---

[196] [Vermutlich wollte Heidegger zunächst schreiben: sichtbar zu machen.]

NB. Daher wichtige *Vorarbeit*: aus dem Problem (Aporie) zugleich die Stelle und [den] Gehalt des ἐλεγκτικῶς herausarbeiten.

38. *[Verständnis der πρώτη φιλοσοφία]*

Die Aufhellung und das positive Verständnis der Aristotelischen Lehre vom Satz vom Widerspruch steht und fällt mit dem Verständnis der πρώτη φιλοσοφία und *ihrer Möglichkeit*.

39. Zur Auslegung des Satzes vom Widerspruch – zur Kritik

Sagt er etwas über das ›Verhältnis von Sein und Nichtsein‹?
Wie kommt das ›Sein‹ zu diesem Verhältnis?
Und wird dieses im Satz vom Widerspruch angemessen ausgedrückt?
Oder ist dieser Satz [...]* auf ἀπόδειξις?

40. αἴτιος ἀποδείξεως – beim ἐλεγκτικῶς

Wer ist schuld am Beweis?
Auf Rechnung von wem kommt er?
Wer liefert den Beweis? Der Leugner. *Der, der überhaupt etwas meint!*
Er *macht was offenbar?* Das *Axiom.*
Daß *er dafür hält, daß Wahrheit sei.*
Beweis: *nicht Ableitung aus einem früheren Satz!*
Sondern: es offenbar *in seinem Wesen,* daß er *jedem Satz zugrunde liegt.*
Herausstellen, *was da in der Leugnung offenbar wird.*

* [Ein Wort unleserlich.]

III. Der Satz vom Widerspruch

1. *Was* wird in der Leugnung alles *geleugnet?*
2. Entsprechend: *was* wird offenbar?
3. Was ist die *innere* Grenze? *Wesen der Wahrheit,* als *ontisch-ontologischer,* Seinsverständnis – ontologische Differenz – ›*Sein*‹!

41. *Wahrheit – ontologische*

und Einheit – ἕν,
Bestimmtheit – πέρας – ὁρίζειν,
Unterschied – etwas als – διαίρεσις – σύνθεσις.

42. *Zur Auslegung von Met. Γ 4*[197]

Problem: Sein – Einheit *(transzendentale);* Bedeutung – Selbigkeit – Einheit – Sinnheit; *volle Konstitution der Selbigkeit;* Richtmaß: *was zur Verständigung gehört – woher?! Existenz.*
Das Eine *und Dasselbe.*
Es *an ihm selbst,* καθ' αὑτό – sich *gehörig.* Daher ἴδιον ὄνομα.
Hier eben Abwandlung des *etwas* als *etwas,* aber etwas als – *es selbst.*
Hinblicknahme nicht von ihm weg zu anderem und von da zurück, sondern von ihm *in gewisser Weise* weg und gerade *zu ihm* zurück. Nicht: *zu anderem und von da zurück.*
Einheit – Selbigkeit: dazu *etwas im Hinblick.* Woher das? Wie?
Es als *es* selbst – *sein* Wassein.
  ἕν – ὄν
Welches Seinlassen das unmittelbarste? Besser eben unterste?
Aber *nicht isolieren –* als Satzsubjekt!
Charakteristisch: Orientierung *an der Sprache.*

---

[197] [Überschrift auf einem dieser und den folgenden Aufzeichnungen vorgelegten Zettel.]

43. τὸ ἓν σημαίνειν

τὸ ἓν σημαίνειν ([Met. Γ 4,] 1006 b 15).
σημαίνειν: τὸ εἶναι ἕν (ib. *b 26*).

44. *[Met.] Γ 4*

»Offenbar: daß das Wort das Sein von diesem – das Dieses-sein – oder das Dieses-nicht-sein *bedeutet*, so daß nicht alles so und auch nicht so sich verhält.« (1006 a 29 sqq.)

Die *Wortbedeutungen* als solche bekunden den *Unterschied* von *So-* und *Nicht-so*-sein (ihre freie Mannigfaltigkeit??). Mit diesem *Unterschied* schon Bestimmtheit – vgl. Schluß des Kapitels.

In *Wortbedeutungen* schon *Sein* und damit *Unterschied* und *Bestimmtheit* verstanden.

Einheit – dieses Eine: es selbst, *selbiges*.

Dieses Eine: *das* – ein *Was-sein*.

τὸ ἓν σημαίνειν [1006 b 15]: etwas – es an ihm selbst bedeuten. Nicht: *von einem*, mit Bezug auf *eines*. Nicht das prädikative Bestimmen und Bestimmtheitsein, bezogen auf *dasselbe* Subjekt, sondern *in sich – vorprädikativ –* ein Wassein bedeuten.

45. *['Ομώνυμα]*

Ὁμώνυμα λέγεται, ὧν ὄνομα μόνον κοινόν, ὁ δὲ κατὰ τοὔνομα λόγος ἕτερος, οἷον ζῷον ὅ τε ἄνθρωπος καὶ τὸ γεγραμμένον.[198]

ὄνομα *ἕτερον*, λόγος *αὐτός* – *univoce*.

λόγος *ἕτερος*, ὄνομα *κοινόν* – ὁμωνύμως (aequivoce).

λόγος – ἕν – unmöglich die Bestimmung ἄλλο τι *– Sinnwidrigkeit des Daseins*.

---

[198] [Aristotelis Organon Graece. Edidit Theodorus Waitz. Pars prior. Lipsiae, sumtibus Hahnii 1844, Cat. 1, 1 a 1 sqq.]

III. *Der Satz vom Widerspruch*

[...]*
Einheit − Selbigkeit. Onoma [...]**

46. *[τὸ ἀξιοῦν]*

ἀρχή: τὸ ἀξιοῦν [...] σημαίνειν γέ τι καὶ αὐτῷ καὶ ἄλλῳ [Met. Γ 4, 1006 a 19 sqq.].
Dafür halten: im Miteinander *etwas meinen*! Als Voraussetzung, um sich über etwas zu besprechen.
Würdigung − Ermächtigung!
Axioma: die *Transzendenz des Daseins.*
D. h. nicht zu wenig und nur Formales im Rahmen des Evidenten voraussetzen. Das *Logische*, als Satz-Verhältnis, kann sich nicht selbst begründen, sondern es ist als solches − Logos − schon gegründet im Dasein.
παιδεία: Mensch − als Dasein *sich verstehen!*
Grundaxiomatik, im Dasein selbst, daß *es Wahrheit* ist und [es] *deshalb solche gibt.*
D. h. es gibt Miteinander, d. h. *Dasein ist erschlossenes Sein-bei und -zu.*
Mensch *gründet im Dasein!*

47. Satz vom Widerspruch

›Metaphysisches Prinzip‹.
Nicht Denken, sondern *Sein,* Seiendes − *seinsverstehend.*

---

* [Ungefähr acht Wörter unleserlich.]
** [Ungefähr neun Wörter unleserlich.]

48. [σημαίνειν μὴ ἕν]

σημαίνειν
I. μὴ ἕν = οὐδέν, überhaupt nichts,
II. μὴ ἕν: οὐ διαλέγεται (zu I),
III. μὴ ἕν = ἄλλο τι, nicht an ihm selbst, es selbst, sondern wie das und das – Hinblick auf anderes – nur συμβεβηκότα.

ἔχειν ἁπλῶς: etwas verhält sich an ihm selbst als dieses da.

49. [τὸ μὴ ἓν σημαίνειν]

τὸ μὴ ἓν σημαίνειν = οὐδὲν σημαίνειν ([Met. Γ 4,] 1006 b 7): das Bedeuten, darin *fehlt* die *Selbigkeit* der Bedeutung, ist überhaupt keine Bedeutung – zum Wesen von Bedeutung *gehört Selbigkeit*.

ἄπειρον = μὴ ἕν, »ohne Begrenzung«, [ohne] Bestimmtheit, aber nicht: unbegrenzt viele Bedeutungen. Es kann unübersehbar viele geben, wenn nur jede, die wir antreffen, in sich bestimmt ist.

νοεῖν = νοεῖν ἕν, *etwas* im Sinn haben, meinen – ein *bloßes Flakkern* gibt *kein Verstehbares*.

50. [Problem der Verständigung]

Problem der Verständigung (Sein – Wahrheit).
Einanderverstehen – sich selbst verstehen.
Gegenüber λόγος ἄκρατος [vgl. Met. Γ 4, 1009 a 3 sq.] – unbeherrscht, nicht die Herrschaft über das eigene Wesen.
Verstehen – sich *etwas zu bedeuten geben*.
›Bedeutung‹: das *Verstandene* – Mensch, Tier, Rot, Haus, Straße.
Mannigfaltigkeit von Worten – da.
Jedes bedeutet ›etwas‹ – keine *völlige Un-bestimmtheit*.
Unbestimmtheit: a) Fehlen *jeder* Artikulation,
                       b) *zwar da* – jedes anders, *bald so, bald so*.

III. Der Satz vom Widerspruch 341

Daher Bestimmtheit: nicht nur Artikulation, sondern feste und bestimmbare Ordnung.

51. *[Bedeutung]*

Bedeutung — *darin sehen: Sein, Bestimmtheit (Un-sein, Unbestimmtheit)* — braucht ἀρχὴ βεβαιοτάτη.
Umgrenzt das Wesen des Seins selbst.
Aber: 1. In welcher Hinsicht?
         2. *Wodurch?*

Retten, bewahren das διαλέγεσθαι.
Zur Geburt verhelfen dem *Dasein als offenbaren.*
Seinsverständnis.

52. *[ἕν — ὄν]*

ἕν — ὄν.
διακεῖσθαι.
Ursprung des Axioms.
Ursprünglicher Charakter.
Ursprünglicher *Gehalt.*

53. *[Dasselbe Wort …]*

Dasselbe Wort kann Menschen und Nichtmenschen bedeuten.
Alle aequivoken Wörter.
Also bei Gleich*nam*igkeit ist dergleichen möglich: etwas dasselbe und nicht dasselbe.

E. ZUR GESCHICHTE DES SATZES VOM WIDERSPRUCH[199]

1. Widerspruch

Vgl. auch die *Formel Kants*: Keinem Ding kommt ein *Prädikat* zu, das ihm widerspricht.[200] (Besser darin: ›Keinem *Subjekt*‹ statt ›[Keinem] *Ding*‹.) Hier beim Zukommen das *Zugesprochene* (dictum) [gemeint], d. h. Zuspruch ist eben Zu-spruch und nicht *Widerspruch*.
Es gibt in keinem Zuspruch als solchem *Widerspruch*. Denn auch in *a ist nicht b* ist kein *Widerspruch*, sondern *zu-sprechender* Weg-spruch. *Widerspruch* erst *zwischen zwei Zusprüchen*, aber nie in einem *Zuspruch als solchem möglich*.
Kants Formel: *sagt nicht, was der Widerspruch ist*, sondern er sagt nur etwas über sein Vorkommen (Nichtvorkommen) im Zuspruch.
Kant setzt ›Widerspruch‹ einfach als geklärt voraus. Ein Satz vom Widerspruch ist das überhaupt nicht, sondern Satz über solches, was vom Widerspruch her ausgedrückt werden kann.

2. Satz vom Widerspruch

Erst *seit Kant* als von formal-logischem Denkgesetz. Gleichwohl meinen wir etwas Selbstverständliches nicht nur inhaltlich, sondern eben der Form nach (Satz – spez[ifisch] *Kantisch*!).
Von da rückwärts allerlei schiefe Probleme, vor allem seitdem und freilich schon auf Grund der *scholastischen* Tradition früher verhütet, daß unvoreingenommen und *positiv* fragend das

---

[199] [Überschrift auf dem Umschlag, mit dem Heidegger die im Folgenden vom Herausgeber von 1 bis 11 durchgezählten Aufzeichnungen zusammengefaßt hat.]
[200] [Immanuel Kant: Kritik der reinen Vernunft, A 151, B 190: »Keinem Dinge kommt ein Prädikat zu, welches ihm widerspricht«.]

III. Der Satz vom Widerspruch 343

Phänomen dort aufgenommen würde, wo es heraustrat — [bei] A[ristoteles].
Wie ist der Tatbestand bei Aristoteles?

3. Zur Entdeckung des Satzes vom Widerspruch

Scheide:
1. Gemäß dem Prinzip denken und sagen, was dabei verkannt ist und
2. das Prinzip als Prinzip erkennen und seine Problematik entwikkeln.

Ad 1. Hier noch mehrere Stufen. Worin liegt die wachsende Klarheit im Sinne von (1)? Z. B. *Parmenides*: den höchsten und umfass[endsten] *Widerspruch sprechen*, aber *nicht* Widerspruch *als* Widerspruch und gar nicht *als* Prinzip — und doch hier Ur-sätze.

Ad 2. Was gehört zu (2)? [Das] ausdrückliche Fragen und Suchen der Aufgabe als ὄν ᾗ ὄν.

4. [Plato]

Satz vom Widerspruch bei Plato??
Vgl. Phaidon [90 a-c, S.] 130 [f.]![201]

---

[201] [Die Angabe »130« bezieht sich nicht auf die Stephanus-Zählung, sondern auf die Paginierung des Bandes: Platonis Opera. Recognovit brevique adnotatione critica instruxit Ioannes Burnet. Tomus I. Oxonii, e typographeo Clarendoniano, 1900.]

5. Satz vom Widerspruch

»A kann nicht zugleich A und nicht A sein.« (*Hegel*, Enzyklopädie, § 115)[202]
Die negative Formel des Satzes der Identität: »Alles ist mit sich identisch; A = A.« (ib.)
Hier das ›erinnerte‹, ›in sich gehende Sein‹.

6. Kant – Satz vom Widerspruch

Aber damit zusammennehmen die »Amphibolie der Reflexionsbegriffe«.[203]

7. Hegel

συνάψιες![204]
πάντα κατ' ἔριν γίγνεσθαι![205]
Interpretation.
Widerstreit – Grund und *Agens* des *Geschehens*.
Konträre Gegensätze und *nicht für sich*!

---

[202] [Georg Wilhelm Friedrich Hegel: Encyklopädie der philosophischen Wissenschaften im Grundrisse. Neu hrsg. von Georg Lasson (= Sämtliche Werke, Band V). Zweite Auflage. Leipzig: Felix Meiner, 1920, S. 129. Dieses und das folgende Zitat bei Heidegger ohne die in dieser Ausgabe vorhandenen Hervorhebungen.]
[203] [Vgl. Immanuel Kant: Kritik der reinen Vernunft, A 260 ff., B 316 ff.]
[204] [Heraklit, Fragment 10 (Diels).]
[205] [Heraklit, Fragment 8 (Diels).]

III. Der Satz vom Widerspruch 345

8. Plato – Satz vom Widerspruch

Vgl. Res publ. IV, *436* [a] sqq.
Hier nur, daß man nicht Entgegenliegendes zugleich setzen kann im selben. Aber nicht dieses als ἀξίωμα oder ἀξίωμα von Sein *als solchem*.
Also keineswegs fehlt nur die ›*Fassung*‹ als *Axiom*, sondern die ganze entsprechende und zugehörige *Problematik*.
Grundsätzlich nicht möglich, weil der Begriff der dictio – qua ἀπόφανσις (ἀντί-φασις) – grundsätzlich noch nicht da ist. So auch keine *contra-dictio*.

9. Satz vom Widerspruch und Seinsbestimmung

Die *Formel Lockes* nach der Fassung von *Leibniz* in »Nouveaux Essais« I 3 (Gerhardt V, [S.] 93): »il est impossible qu'une chose soit et ne soit pas en même temps.«[206] (Bewegtes!)
Also [les] idées d'impossibilité et d'identité sont innées? [ib.]
Leibniz begrüßt das:
»L'idée de l'être, du possible, du Même, sont si bien innées, qu'elles entrent dans toutes nos pensées et raisonnemens, et je les regarde comme des choses essentielles à nostre esprit« [ib.]. »Aber man lernt sie erst mit der Zeit unterscheiden und schenkt ihnen nicht ständig eine besondere Aufmerksamkeit.«[207]

---

[206] [Gottfried Wilhelm Leibniz: Nouveaux Essais sur l'Entendement Humain. In: Die philosophischen Schriften von Gottfried Wilhelm Leibniz. Hrsg. Von C. I. Gerhardt. Fünfter Band. Berlin: Weidmannsche Buchhandlung, 1882, S. 39–509, hier S. 93. Dieses und das folgende Zitat bei Heidegger ohne die in dieser Ausgabe vorhandenen Hervorhebungen!]
[207] [Übersetzung Heideggers für: »mais j'ay déjas dit, qu'on n'y a point tousjours une attention particuliere et qu'on ne les démêle qu'avec le temps« (ebd.).]

10. Suarez über prima principia – Satz vom Widerspruch

Disp. Met., disp. I, s. IV, n. 20, 25 und [s.] VI, n. 26–28.
Disp. Met., disp. III.

Satz vom Widerspruch: »Impossibile est de eodem simul idem affirmare et negare« (disp. I, s. IV, n. 25).[208]
generalissimum principium metaphysicae.[209]
»ipso naturali lumine immediate, et per se vera ostenduntur, quia in huiusmodi modo assentiendi non potest hoc lumen decipi, aut ad falsum inclinare, quia est participatio divini luminis, in suo genere et ordine perfecta.« (ib.)

Hier also eine wesentliche Begründung der natürlichen Evidenz selbst; diese nicht ein schlechthin Letztes (wie bei Aristoteles??).

11. Wolff und Aristoteles – Satz vom Widerspruch

Bei Wolff: Satz vom Widerspruch als oberstes Principium, und zwar sachhaltiges-ontologisches.

ἐξ οὗ – aus dem abgeleitet.

Ja es fungiert zugleich für Wolff als περὶ ὅ.

Dagegen bei Aristoteles [Met.] Γ 3 nur ›neben‹ dem, was zu ὄν ᾗ ὄν gehört.

Weshalb?

Zwar bei Aristoteles auch und gerade die Idee der apodeiktischen Wissenschaft, aber nicht in diesem Sinne von Wolff.

---

[208] [Franciscus Suarez: Disputationes Metaphysicae, disputatio I, sectio IV, n. 25.]

[209] [Ebd.: »generalissimum principium hujus doctrinae proprium«.]

IV.

WAS IST DAS – DIE PHILOSOPHIE?
GESPRÄCH IN CERISY-LA-SALLE
(1955)

[WAS IST DAS – DIE PHILOSOPHIE?
GESPRÄCH IN CERISY-LA-SALLE][1]

[Samstag, 27. August 1955 – 1. Tag]

BEAUFRET: Je suis particulièrement heureux de saluer la présence parmi nous du professeur Heidegger et de Madame Heidegger, dont le voyage en France s'est tout naturellement acheminé vers le château de Cerisy.

Je crois être l'interprète sincère de tous en disant, avant tout, que nos remerciements vont de tout cœur à Madame Heurgon, qui su être l'initiatrice et l'organisatrice de cette rencontre. Il n'est pas dans mon propos de présenter ici le professeur Heidegger, dont la pensée concerne la plupart d'entre nous, qu'ils l'aient abordée par une lecture directe des textes, qu'ils s'en soient approchés par la traduction, ou qu'ils aient simplement fréquenté l'université où de nombreux cours, depuis plusieurs années, ont tiré leur substance de l'œuvre publiée, et même non publiée, mais toujours longuement interrogée et passionnément interprétée de Martin Heidegger.

Mais il se passe aujourd'hui quelque chose de nouveau.

Grâce à Madame Heurgon, nous sommes convoqués, de la lecture de l'œuvre philosophique, à la possibilité d'un dialogue direct avec le philosophe. Ce dialogue aura pour cadre le château où nous sommes réunis. Il se déploiera durant cette décade, et nous sommes unanimes à désirer que ce dialogue soit un bien pour tous.

[Ich bin außerordentlich glücklich, unter uns Herrn Professor Heidegger und Frau Heidegger begrüßen zu dürfen, deren Frankreichreise hier im Schloß von Cerisy ganz gemächlich ans Ziel gekommen ist.

Ich glaube wahrhaftig im Namen aller Anwesenden sprechen zu dürfen, wenn ich vor allem weiteren unseren tief empfunde-

---

[1] [Zu diesem Titel siehe das Nachwort des Herausgebers, S. 769.]

nen Dank an Frau Heurgon richte, die dieses Treffen initiiert und organisiert hat. Es ist nicht meine Absicht, hier Herrn Professor Heidegger vorzustellen, dessen Denken die meisten von uns beschäftigt, ob sie sich diesem nun auf dem Wege einer Lektüre der originalen Texte oder aber über die Übersetzung angenähert oder einfach die Universität besucht haben, wo seit einigen Jahren zahlreiche Lehrveranstaltungen ihre Substanz aus dem veröffentlichten, und gar aus dem unveröffentlichten, aber stets ausführlich befragten und leidenschaftlich interpretierten Werk Martin Heideggers gezogen haben.

Aber heute geschieht etwas Neues.

Wir haben es Frau Heurgon zu verdanken, daß wir von der Lektüre des philosophischen Werkes zu der Möglichkeit eines unmittelbaren Gesprächs mit dem Philosophen zusammengerufen sind. Dieses Gespräch wird das Schloß zum Rahmen haben, in dem wir uns versammelt haben. Es wird sich während dieser Dekade entfalten, und wir sind uns einig in dem Wunsch, dass dieses Gespräch allen etwas bringen möge.]

M. Beaufret propose alors un plan de travail pour l'ensemble de la décade. [Daraufhin schlägt Herr Beaufret einen Arbeitsplan für die gesamte Dekade vor.][2]

Ce plan, que je viens de proposer, n'a rien d'une discipline attentatoire à la liberté. Il traduit simplement un désir d'ordonner notre être en commun de telle sorte, que le dialogue par lequel il se traduira soit aussi fécond que possible.

---

[2] [Dieser Arbeitsplan enthielt die »vier Themen« (siehe unten S. 354 die Stellungnahme von Axelos): 1. Heideggers Vortrag »Was ist das – die Philosophie?« mit anschließender Diskussion; Erläuterungen (»explications«) zu 2. Kants »Der einzig mögliche Beweisgrund zu einer Demonstration des Daseins Gottes« (Erste Abteilung, Erste Betrachtung: »Vom Dasein überhaupt«), 3. Hegels »Phänomenologie des Geistes« (Vorrede), 4. Hölderlins »Friedensfeier«. Siehe dazu und zum ursprünglichen Programm auch das Nachwort des Herausgebers, S. 751–764 mit Fußnote 18.]

IV. Was ist das – die Philosophie? 351

A nous de faire de la décade philosophique de Cerisy ce qu'elle doit être: ouverture et liberté dans l'unité, désormais en chantier, de notre commun dialogue, c'est à dire, philosophie.

[Dieser hier von mir vorgeschlagene Plan soll nicht disziplinieren im Sinne einer Beeinträchtigung der Freiheit. Er entspricht einfach nur dem Wunsch nach einer Strukturierung unseres Zusammenseins derart, daß das Gespräch, durch das es zum Ausdruck kommt, so fruchtbar wir möglich werde.

Es liegt an uns, aus der philosophischen Dekade von Cerisy zu machen, was sie sein muß: Öffnung und Freiheit in der Einheit unseres hiermit auf einen Weg gebrachten gemeinsamen Gesprächs, das heißt: Philosophie.]

HEIDEGGER: Meine Frau und ich möchten zuerst unseren Dank Frau Heurgon ausdrücken für die Einladung und den herzlichen Empfang in ihrem schönen Schloß. Ich danke aber auch meinem Freund Beaufret, Gilbert Kahn und nicht zuletzt Axelos für die Hilfe, die sie bei der Vorbereitung dieser Begegnung geleistet haben.

Ich schließe mit einem Wunsch: daß unser Gespräch wirklich ein Gespräch wird. Möge die Stille dieser prächtigen Landschaft dazu helfen! Stille ist die Grundbedingung zum Hören. Sorgfalt und Ausdauer des Hörens können mehr dazu beitragen als die Gewandtheit und Fertigkeit des Redens. Unsere Dekade hat nicht die Absicht, eine Definition der Philosophie zu geben; möge sie aber, wie Cézanne sagt, die Philosophie realisieren.

MARCEL: J'aimerais savoir à quoi correspondent, dans l'esprit du professeur Heidegger, ces explications de textes de Kant et de Hegel.

Il est bien évident que nous sommes venus dans ce château pour avoir le plus de clarté possible dans une pensée difficile et profonde qui est celle de Heidegger. Estime-t-il que ces explications de Kant et de Hegel sont de nature à projeter une lumière, au moins indirecte, sur sa propre pensée? Ou bien, veut-il donner aux étudiants, qui sont ici, une sorte d'échantillon de l'explication d'une philosophie? Dans ce cas, il s'agirait, avant tout, d'une méthode.

Je ne suis pas sans préoccupations quant à cette explication; je crains qu'il ne se produise une sorte d'interférence qui, dans certains cas, pourrait prêter à confusion, entre la pensée déjà difficile du philosophe expliqué et celle du philosophe expliquant. Je voudrais connaître le sens de l'intention qui a présidé, dans l'esprit du philosophe, à ce choix − et même à ce principe − d'explication.

Pour ma part, j'aimerais infiniment mieux une explication de tel ou tel passage de »Sein und Zeit« ou des »Holzwege«,[3] par l'homme qui est seul en mesure de nous en donner une. Je ne pense pas être le seul à éprouver cette inquiétude.

[Ich würde gerne wissen, was es, nach der Vorstellung Professor Heideggers, mit diesen Erläuterungen der Texte Kants und Hegels auf sich hat.

Offensichtlich sind wir doch in dieses Schloß gekommen, um so viel Klarheit wie möglich über ein schwieriges und tiefes Denken, wie es dasjenige Heideggers ist, zu erhalten. Ist er der Auffassung, daß diese Erläuterungen von Kant und Hegel dazu geeignet sind, ein zumindest indirektes Licht auf sein eigenes Denken zu werfen? Oder aber will er den Studierenden, die hier anwesend sind, eine Art Probe der Erläuterung einer Philosophie geben? In diesem Fall würde es sich vor allem um eine Methode handeln.

Ich bin bezüglich dieser Erläuterung nicht ganz ohne Bedenken; ich fürchte, daß so etwas wie eine Interferenz zwischen dem ohnehin schon schwierigen Denken des erläuterten Philosophen und demjenigen des erläuternden Philosophen erzeugt wird, eine Interferenz, die in bestimmten Fällen Anlaß zu Verwirrung geben könnte. Ich würde gerne den Sinn der Absicht erfahren, die nach

---

[3] [Vgl. Martin Heidegger: Sein und Zeit. 7. Aufl. Tübingen: Max Niemeyer, 1953; Gesamtausgabe Band 2. Hrsg. von Friedrich-Wilhelm von Herrmann. Frankfurt a. M.: Vittorio Klostermann, 1977, ²2018; Holzwege. Frankfurt a. M.: Klostermann, 1950; Gesamtausgabe Band 5. Hrsg. von Friedrich-Wilhelm von Herrmann. Frankfurt a. M.: Vittorio Klostermann, 1977, ²2003.]

IV. Was ist das – die Philosophie? 353

der Vorstellung des Philosophen, für die Wahl – und das Prinzip – der Methode des Erläuterns verantwortlich gewesen ist.

Ich für meinen Teil würde eine Erläuterung der einen oder anderen Passage aus »Sein und Zeit« oder den »Holzwegen« durch den Mann, der als einziger in der Lage ist, uns eine solche zu geben, unendlich vorziehen. Ich denke nicht, daß ich der einzige bin, der solches Bedenken hegt.]

HEIDEGGER: Um Herrn Gabriel Marcel zu antworten, möchte ich zunächst sagen, daß seine Frage in meinem Einführungsvortrag indirekt beantwortet werden wird.

Bei der Wahl dieser Lektüren handelt es sich nicht um ein Seminar, also um bloße Methode, obwohl ich sie für nötig halte. Dieses Vorgehen ist aber nicht irgendeine Methode; es ist mit dem Gedanken der Destruktion in »Sein und Zeit« innig verbunden.[4] Es wurde beabsichtigt, die Philosophie des ›Seins‹ bei Kant zu zeigen. Die Auslegung dieser Stelle ist zentral für das Verstehen meiner Philosophie. »Vom Dasein überhaupt« wurde gewählt, weil es sich, wie es auch Gilson sagt, mit der Frage ›Sein und Seiendes‹ und ›Existenz‹ berührt.[5] Es existiert ein innerer Bezug zwischen Kant und Hegel und dessen »Logik«.

Die Frage, die Gabriel Marcel gestellt hat, wird im Vortrag zur Sprache kommen und es wird eine hinreichende Perspektive gegeben, um sie einzuführen.

GOLDMANN: La pensée heideggerienne est très riche. Toutefois, le programme proposé risque de nous limiter à certains domaines et secteurs, certes très importants; mais comme chacun d'entre nous peut se poser d'autres questions et d'autres problèmes qui lui semblent importants, il serait regrettable que nous ne puissions pas les poser. Dans la mesure où nous voulons comprendre

---

[4] [Vgl. Martin Heidegger: Sein und Zeit, S. 19 ff.; Gesamtausgabe Band 2, S. 27 ff.]

[5] [Vgl. Étienne Gilson: L'être et l'essence. Paris: Vrin, 1948, ⁵2000, S. 193 ff.]

l'ensemble de la pensée du professeur Heidegger, il serait opportun, tout en respectant le programme, de consacrer les soirées aux discussions.

[Das heideggersche Denken ist sehr reich. Jedenfalls besteht die Gefahr, dass das vorgeschlagene Programm uns auf bestimmte, wenngleich sehr wichtige, Bereiche und Ausschnitte beschränkt; da aber jeder von uns andere Fragen und andere Probleme haben kann, die ihm wichtig erscheinen, wäre es bedauerlich, wenn wir diese nicht vorbringen könnten. Sofern wir das Ganze von Professor Heideggers Denken verstehen wollen, wäre es angebracht, bei aller Respektierung des Programms doch die abendlichen Zusammenkünfte der Diskussion zu widmen.]

AXELOS: Le plus simple serait de prolonger la conférence jusqu'à la limite extrême de la résistance philosophique ... et, s'il y a des questions ou des objections, de remettre les discussions au lendemain matin.

Je crois que, dans l'esprit de Heidegger, ces quatre thèmes, ces quatre unités, soit: sa conférence, les textes de Kant et de Hegel, ainsi que de Hölderlin, ne sont pas différents les uns des autres. Il s'agit d'une seule question: »Qu'est-ce que la philosophie?«

Les questions peuvent donc se poursuivre et se pénétrer au cours des quatre conférences.

[Das Einfachste wäre es, die Arbeitssitzung bis zur äußersten Grenze der philosophischen Widerstandskraft auszudehnen ... und wenn es Fragen oder Einwände gibt, die Diskussion am nächsten Vormittag wieder aufzunehmen.

Ich glaube, daß im Sinne Heideggers diese vier Themen, diese vier Einheiten, nämlich sein Vortrag, die Texte Kants und Hegels, ebenso derjenige Hölderlins, nicht voneinander verschieden sind. Es handelt sich um eine einzige Frage: »Was ist das – die Philosophie?«

Die Fragen können sich also im Laufe der vier Arbeitssitzungen fortsetzen und einander durchdringen.]

IV. Was ist das – die Philosophie? 355

GOLDMANN: Oui, mais seulement dans la mesure où nos questions correspondront à ces textes. Or, les problèmes qui se trouvent dans la pensée de Heidegger ne se trouvent pas tous dans ces textes et c'est peut-être précisément ceux-là qui nous intéressent.

[Ja, aber nur insoweit, als unsere Fragen diesen Texten entsprechen werden. Die Probleme jedoch, die sich im Denken Heideggers zeigen, zeigen sich nicht alle auch in diesen Texten, und es sind vielleicht genau jene, die uns interessieren.]

BEAUFRET: J'ai l'impression que nous sommes d'accord dans les grandes lignes. On présente un programme, mais on ne s'y conforme pas entièrement et certaines questions qui se posent au fur et à mesure nous font dévier de la ligne que nous nous sommes fixée. Pourtant, il est essentiel d'avoir d'abord un projet, pour partir dans un certain sens ... Nous ne savons pas très bien où nous arriverons. L'essentiel, lorsqu'on s'occupe de philosophie, est, plutôt que d' arriver, d'arriver à partir ... Nous sommes d'accord sur l'essentiel. Nous pouvons donc nous donner philosophiquement rendez-vous à demain pour l'exposé introductif: »Qu'est-ce que la philosophie?«

[Ich habe den Eindruck, daß wir uns im großen und ganzen einig sind. Es gibt ein Programm, aber wir unterwerfen uns diesem nicht völlig, und bestimmte Fragen, die sich aufdrängen, lassen uns von der Linie, die wir uns markiert haben, abweichen. Es ist jedoch wesentlich, zunächst einmal ein Projekt zu haben, um in eine bestimmte Richtung aufbrechen zu können ... Wir wissen nicht genau, wohin wir gelangen werden. Bei der Beschäftigung mit Philosophie kommt es nicht so sehr darauf an, anzukommen, als vielmehr darauf, überhaupt erst einmal aufzubrechen ... Über das Wesentliche sind wir uns einig. Also gilt die philosophische Verabredung morgen für den einleitenden Vortrag: »Was ist das – die Philosophie?«.]

[Sonntag, 28. August 1955 − 2. Tag][6]

Programme de discussion[7]

I. Fassung[8]

1°) Est-il nécessaire de passer par le grec? N'abuse-t-on pas du fait que ›philosophie‹ est un terme grec pour dire que toute philosophie est occidentale? (M. le chanoine Dondeyne)
2°) L'ambiguité de ›ursprünglich‹. (Goldmann)
3°) N'y a-t-il pas d'implications métaphysiques non grecques, par exemple de création? (G. Marcel)
4°) N'y a-t-il pas des éléments communs à toutes les situations qui permettent aujourd'hui de parler de philosophie? (Marías)
5°) Pourquoi s'arrêter au mot ›philosophie‹, qui n'est peut-être qu'un masque? De quelle activité la philosophie a-t-elle été d'abord vicaire? (Marías)
6°) Que sont les Denker? (Identité de Dichten et Denken.) (Marcel)
7°) La philosophie est-elle, selon vous, consécutive à une dissociation de la φύσις et du λόγος? (Marcel)
8°) Σοφόν et σοφία − ne passe-t-on pas sous silence une idée pratique de la sagesse? (Wylleman)

---

[6] [An diesem Tag hielt Heidegger seinen Vortrag »Was ist das − die Philosophie?«, der gleich im Anschluß von Jean Beaufret auch in der von ihm selbst und Kostas Axelos erstellten französischen Übersetzung verlesen wurde. Vgl. Martin Heidegger: Was ist das − die Philosophie? Pfullingen: Günther Neske, 1956; aufgenommen in: Identität und Differenz. Gesamtausgabe Band 11. Hrsg. von Friedrich-Wilhelm von Herrmann. Frankfurt: Vittorio Klostermann, 2006, S. 3−26.]
[7] [Zu den beiden Fassungen des »Programme de discussion« für den 28. und für den 29. August siehe das Nachwort des Herausgebers, S. 766 f. Die handschriftlichen Rand- und Interlinearbemerkungen Heideggers sind im Folgenden als Fußnoten wiedergegeben.]
[8] [Im Typoskript oben in der Mitte des Blattes handschriftlich ergänzt.]

IV. Was ist das – die Philosophie? 357

9°) Quelle est [la] relation exacte entre la science et la philosophie? (Dondeyne, Mme Vial)
10°) Est-ce qu'il n'y a pas une équivoque dans le fait qu'on refuse de ›qualifier‹ les changements de la philosophie, en même temps qu'on nous la présente comme déperdition qui se manifeste chez Platon et chez Descartes? N'y a-t-il pas aussi un enrichissement de la philosophie?[9] (Marcel)
11°) Comment faut-il déterminer la Be-stimmtheit d'une philosophie? (Marcel)
12°) Le problème de la philosophie chrétienne.[10] (Marías)
13°) L'Erstaunen, comme point de départ de la philosophie. (Gandillac, Kahn, Bugbee et Gourinat et G. Marcel)
14°) Peut-on traduire οὐσία par »Seiendheit«?[11] (Marcel)
15°) Le doute est-il chez Descartes la Stimmung fondamentale?[12] Descartes a-t-il inventé l'idée de subjectivité? (Gandillac)
16°) Dans quelles conditions peut-on dialoguer avec les philosophes disparus? (Marcel)
17°) Le mot ›destruction‹ est contestable. Pourquoi s'y attacher? (Marcel)
18°) L'historicité de l'être. (Fessard)[13]
[19°) Le rapport de l'être et des êtres. (Bugbee)][14]
20°) Avons-nous une garantie de la rencontre de l'être? (Goldmann et J. Hersch)[15]

---

[9] Seinsgeschichte
Ver-fallen – von Seiendem als Gegenstand! schließt große Bereicherung nicht aus.
[10] [Mehrere unleserliche Wörter] ›Arme Teufel‹ – gegen die 20-bändigen Werke der Philosophen. [Wohl bezogen auf »chrétienne«:] *unklar!*
[11] wo ist das behauptet?
[12] Mscr. S. 18 [Diese Angabe bezieht sich auf das Vortragsmanuskript. Vgl. Martin Heidegger: Was ist das – die Philosophie? S. 27; Gesamtausgabe Band 11, S. 23 f.] – was die Stimmung des Zweifels ist.
[13] Historie und Geschichte
[14] [Diese Frage ist von Hand gestrichen. Zugleich verweist ein Strich auf die sinngleiche Frage 21.]
[15] ›der Garant‹!

21°) Les rapports de l'être et des étants? La philosophie peut-elle aller soit des étants à l'être, soit de l'être aux étants?[16] (Dondeyne)
22°) Quand on parle de l'être, ce n'est peut-être pas de l'être qu'on parle. Ne substitue-t-on pas l'être parlant au parler de l'être? (Marcel)
23°) Le temps et l'être. (Doremus)
24°) Rapports du Sein avec les causes et les principes. (Léger)
25°) Les critères de la raison[17] philosophique. Quels critères considérez vous comme valables chez ceux qui vous écoutent, et que vous invitez, en parlant, à accepter vos affirmations?[18] (J. Hersch)
26°) Les philosophies sont libres. Y-a-t-il un seul chemin en philosophie? Que faut-il penser du πολλαχῶς[19] final? (De Waelhens)
27°) Ce πολλαχῶς ne serait il pas une forme de la δόξα dans un contexte parménidien?
28°) Si le rapport de la pensée occidentale avec l'être tombe dans le nihilisme, n'y-a-t-il pas d'autres possibilités?[20] (De Waelhens)
29°) Situation de la philosophie de Heidegger dans l'histoire.

---

[16] beides!!
[17] raison
»Vernunft«
Platon — Aristoteles
Kant: *über Unterscheidung von Verstand und Vernunft*
[18] welche?
[19] *πολλαχῶς* [Vgl. Martin Heidegger: Was ist das — die Philosophie?, S. 31; Gesamtausgabe Band 11, S. 26.]
[20] [Über Die Linie] [Die eckigen Klammern von Heidegger. Vgl. Martin Heidegger: Über *Die Linie*. In: Armin Mohler (Hg.): Freundschaftliche Begegnungen. Festschrift für Ernst Jünger zum 60. Geburtstag. Frankfurt a. M.: Vittorio Klostermann, 1955, S. 9–45; Zur Seinsfrage. Frankfurt a. M.: Vittorio Klostermann, 1956; aufgenommen in: Wegmarken. Frankfurt a. M.: Vittorio Klostermann, 1967, S. 213–254; Gesamtausgabe Band 9. Hrsg. von Friedrich-Wilhelm von Herrmann. Frankfurt a. M.: Vittorio Klostermann, 1976, ⁵2004, S. 385–426.]

IV. *Was ist das – die Philosophie?* 359

[*Diskussionsprogramm*

I. Fassung

1. Ist es unumgänglich, den Weg über das Griechische zu nehmen? Mißbraucht man so nicht die Tatsache, daß ›Philosophie‹ ein griechischer Begriff ist, dafür, daß man die ganze Philosophie als abendländisch bezeichnet? (Herr Kanonikus Dondeyne)
2. Die Zweideutigkeit von ›ursprünglich‹. (Goldmann)
3. Gibt es nicht metaphysische Implikationen, die nicht griechisch sind, z. B. die Schöpfung betreffend? (G. Marcel)
4. Gibt es nicht allen Situationen gemeinsame Elemente, die es heute erlauben, von Philosophie zu sprechen? (Marías)
5. Warum bei dem Wort ›Philosophie‹ stehenbleiben, das vielleicht nur eine Maske ist? Welche Tätigkeit hat die Philosophie zuerst vertreten? (Marías)
6. Was sind die Denker? (Identität von Dichten und Denken.) (Marcel)
7. Ist nach Ihnen die Philosophie die Folge einer Spaltung von φύσις und λόγος? (Marcel)
8. Σοφόν und σοφία – wird hier nicht eine praktische Idee der Weisheit stillschweigend übergangen? (Wylleman)
9. Welches ist das genaue Verhältnis zwischen Wissenschaft und Philosophie? (Dondeyne, Frau Vial)
10. Liegt nicht eine Äquivokation in der Tatsache, daß man sich weigert, die Wandlungen der Philosophie zu ›qualifizieren‹, während man sie zugleich als Verfall darstellt, der sich bei Platon und bei Descartes manifestiert? Gibt es nicht auch eine Bereicherung der Philosophie? (Marcel)
11. Wie muß man die Be-stimmtheit einer Philosophie bestimmen? (Marcel)
12. Das Problem der christlichen Philosophie. (Marías)
13. Das Erstaunen als Ausgangspunkt der Philosophie. (Gandillac, Kahn, Bugbee, Gourinat und G. Marcel)

14. Kann man οὐσία mit dem Wort »Seiendheit« übersetzen? (Marcel)
15. Ist der Zweifel bei Descartes die Grundstimmung? Hat Descartes die Idee der Subjektivität erfunden? (Gandillac)
16. Unter welchen Bedingungen kann man mit den Philosophen der Vergangenheit ins Gespräch kommen? (Marcel)
17. Das Wort ›Destruktion‹ ist strittig. Warum daran festhalten? (Marcel)
18. Die Geschichtlichkeit des Seins. (Fessard)
[19. Das Verhältnis des Seins zum Seienden. (Bugbee)]
20. Haben wir eine Garantie für die Begegnung mit dem Sein? (Goldmann und J. Hersch)
21. Die Bezüge zwischen dem Sein und dem Seiendem? Kann die Philosophie beide Wege gehen, sowohl vom Seienden her zum Sein als auch vom Sein her zum Seienden? (Dondeyne)
22. Wenn man vom Sein spricht, spricht man vielleicht nicht *über* das Sein. Substituiert man nicht das sprechende Sein dem Sprechen über das Sein? (Marcel)
23. Die Zeit und das Sein. (Doremus)
24. Zusammenhänge des Seins mit den Ursachen und Prinzipien. (Léger)
25. Die Kriterien der philosophischen Vernunft. Welche Kriterien haben Ihrer Auffassung nach Geltung bei denen, die Ihnen zuhören und die Sie beim Reden dazu einladen, Ihre Behauptungen zu akzeptieren? (J. Hersch)
26. Frei sind die Philosophien. Gibt es einen einzigen Weg für die Philosophie? Wie ist das πολλαχῶς am Ende zu denken? (De Waelhens)
27. Wäre dieses πολλαχῶς in einem parmenideischen Kontext nicht eine Form der δόξα?
28. Wenn das Verhältnis des abendländischen Denkens zum Sein in den Nihilismus verfällt, gibt es dann nicht andere Möglichkeiten? (De Waelhens)
29. Stellung der Philosophie Heideggers in der Geschichte.]

IV. Was ist das − die Philosophie?   361

[Montag, 29. August 1955 − 3. Tag]

[Programme de discussion]

II. [Fassung]²¹

1°)²² Est-il nécessaire²³ de passer par le grec?²⁴ N'est-ce pas un a priori?²⁵ N'abuse-t-on pas du fait que ›philosophe‹ et ›philosophie‹ sont des termes grecs pour dire que toute philosophie est occidentale?²⁶
N'y a-t-il pas des éléments communs à toutes les situations qui permettent²⁷ aujourd'hui de parler de philosophie?²⁸
N'y a-t-il pas des implications métaphysiques non grecques, par exemple, l'idée de création?²⁹
Ne limite-t-on pas la philosophie en la définissant à partir des pré-socratiques?
La philosophie est-elle née d'une dissociation de la φύσις et du λόγος?

3°) Quelle est la relation exacte entre la science et la philosophie? La philosophie grecque conduit-elle nécessairement à la science?³⁰

---

²¹ [Im Typoskript oben am linken Rand des Blattes handschriftlich ergänzt.]
²² [Nur diese erste Ziffer ist im Typoskript mit der Maschine geschrieben, die folgenden Ziffern wurden handschriftlich ergänzt. Zusammen mit Klammern, die am linken Seitenrand ebenfalls per Hand ergänzt wurden, fassen die Ziffern die einzelnen Fragen zu Gruppen zusammen und markieren offensichtlich die geplante Reihenfolge ihrer ebenso zusammenfassenden Beantwortung.]
²³ unumgänglich
²⁴ in Bezug worauf? in welchem Falle?
²⁵ a priori − im vorhinein voraussetzen! *daß Philosophie nichts mit den Griechen zu tun hat?* Gegenprobe
²⁶ welches die Grenze − und *jede* Philosophie!
²⁷ man *kann* hier alles! dagegen Kernphysik Explosion!
²⁸ was heißt hier ›Philosophie‹?
²⁹ Vortrag
³⁰ Galilée + *Aristoteles*

Est-ce qu'il n'y a pas une équivoque dans le fait qu'on refuse de ›qualifier‹ les changements de la philosophie, en même temps qu'on nous la présente comme un appauvrissement qui se manifeste chez Platon et chez Descartes? N'y a-t-il pas aussi enrichissement de la philosophie?

5°) Comment faut-il déterminer la Be-stimmtheit de la philosophie?[31]
L'Erstaunen est-il le seul point de départ possible?
L'emploi de la logique, chez Aristote, n'est-il pas un effort pour se débarrasser de l'étonnement?[32]
Est-il légitime de parler de source à propos d'Aristote?[33]

6°) Chez Descartes, le doute est-il la Stimmung fondamentale?[34] Dans l'incertitude de la Stimmung actuelle pouvons-nous avoir l'assurance que les éléments dissonants réalisent une unité?[35]

2°) Pourquoi s'arrêter au mot ›philosophie‹, qui n'est peut-être qu'un masque? De quelle activité la philosophie a-t-elle été d'abord vicaire?
Que sont les ›penseurs‹ pré-socratiques?[36]
Peut-on traduire οὐσία par Seiendheit?[37]
Pourquoi a-t-on parlé de σοφόν et non de σοφία?[38] N'est-ce pas passer sous silence une attitude pratique?

---

[31] Ἀλήθεια – Φύσις
[32] Eth. Nic. X: *βίος θεωρητικός*, φιλία
[33] [Met.] *Δ 1:* ἀρχή, πρῶτον, κυριώτατον, Kategorien
[34] vgl. *Vortragstext* [vgl. Martin Heidegger: Was ist das – die Philosophie?, S. 27; Gesamtausgabe Band 11, S. 23 f.]
[35] Technik – Wesen der Technik
[36] χρὴ τὸ λέγειν τε νοεῖν *[τ'ἐὸν ἔμμεναι]*, P[armenides, Fragment 6 (Diels), 1]
[37] Gegenprobe | οὐσία An-wesenheit
[38] [Heraklit, Fragment] 112 [Diels] *noch!* entscheidend

4°)   Le mot ›destruction‹ est contestable. Pourquoi s'y attacher?[339]
Qu'est-ce que l'historicité de l'être?
Avons-nous une garantie de la rencontre de l'être?
Quel est le rapport entre l'être et les étants? Ne peut-on penser une philosophie qui irait soit des étants à l'être, soit de l'être aux étants?
Quand on parle de l'être, ce n'est peut-être pas de l'être qu'on parle. Ne substitue-t-on pas l'être parlant au parler de l'être?[40]
Les philosophies sont libres. La philosophie est-elle un seul chemin?[41] Que faut-il penser du πολλαχῶς final?[42]

7°)   Si le rapport de la pensée occidentale avec l'être s'épuise et tombe dans le nihilisme,[43] quelles autres relations y a-t-il avec l'être, qui pourraient sauver du nihilisme?
Quelle est la situation de la philosophie de Heidegger dans l'histoire? (Un penseur?)
Une philosophie doit-elle être traduisible?[44]
Dans quelles conditions peut-on dialoguer avec les philosophes disparus?[45]
Rapports du Sein avec les principes et les causes?[46]

---

[39] S.u.Z. – *die Aufgabe!* § 6, Einleitung [vgl. Martin Heidegger: Sein und Zeit, § 6.]

[40] *S.u.Z.!!*

[41] ἀλ[ήθεια] W. z. H. geschichtlich

[42] 4! *Aristoteles*

[43] heißt?

[44] *Über-setzen*

[45] ? Meister der Kathedrale von Chartre
J[ohann] S[ebastian] B[ach] Mozart?
Cézanne!
dadurch, daß wir ins Ungesagte denken und ihn mehr sagen lassen, als er gesagt hat
Vergangenes | Gewesenes

[46] [Nicht genau zuordenbare Notiz auf dem Blatt unten rechts:] [ein unleserliches Wort] eine Frage: ›Philosophie‹ = ›*Metaphysik*‹ – H[eidegger] aber Überwindung der Metaphysik, also gar nicht die letzte Aussage! vor-läufig

[II. Fassung

1. Ist es unumgänglich, den Weg über das Griechische zu nehmen? Ist das nicht ein Apriori? Mißbraucht man so nicht die Tatsache, daß ›Philosoph‹ und ›Philosophie‹ griechische Begriffe sind, dafür, daß man die ganze Philosophie als abendländisch bezeichnet?
Gibt es nicht allen Situationen gemeinsame Elemente, die es heute erlauben, von Philosophie zu sprechen?
Gibt es nicht metaphysische Implikationen, die nicht griechisch sind, z. B. die Idee der Schöpfung?
Faßt man nicht den Begriff der Philosophie zu eng, wenn man ihn im Ausgang von den Vorsokratikern bestimmt?
Ist die Philosophie aus einer Spaltung von φύσις und λόγος geboren?

3. Welches ist das genaue Verhältnis zwischen Wissenschaft und Philosophie? Führt die griechische Philosophie notwendigerweise zur Wissenschaft?
Liegt nicht eine Äquivokation in der Tatsache, daß man sich weigert, die Wandlungen der Philosophie zu ›qualifizieren‹, während man sie zugleich als eine Verarmung darstellt, die sich bei Platon und bei Descartes manifestiert? Gibt es nicht auch Bereicherung der Philosophie?

5. Wie muß man die Be-stimmtheit der Philosophie bestimmen?
Ist das Erstaunen der einzig mögliche Ausgangspunkt?
Ist die Anwendung der Logik bei Aristoteles nicht ein Versuch, das Erstaunen loszuwerden?
Ist es legitim, in bezug auf Aristoteles von Quelle zu sprechen?

6. Ist bei Descartes der Zweifel die Grundstimmung?
Können wir bei der Ungewißheit der gegenwärtigen Stim-

mung zuversichtlich sein, daß die dissonanten Elemente eine Einheit ergeben?

2. Warum bei dem Wort ›Philosophie‹ stehenbleiben, das vielleicht nur eine Maske ist? Welche Tätigkeit hat die Philosophie zuerst vertreten?
Was sind die vor-sokratischen ›Denker‹?
Kann man οὐσία mit dem Wort »Seiendheit« übersetzen?
Warum wurde von σοφόν gesprochen und nicht von σοφία?
Heißt das nicht eine praktische Haltung stillschweigend übergehen?

4. Das Wort ›Destruktion‹ ist strittig. Warum daran festhalten?
Was ist die Geschichtlichkeit des Seins?
Haben wir eine Garantie für die Begegnung mit dem Sein?
Welches ist das Verhältnis zwischen dem Sein und dem Seienden? Ist nicht eine Philosophie denkbar, die beide Wege geht, sowohl vom Seienden her zum Sein als auch vom Sein her zum Seienden?
Wenn man vom Sein spricht, spricht man vielleicht nicht *über* das Sein. Substituiert man nicht das sprechende Sein dem Sprechen über das Sein?
Frei sind die Philosophien. Ist die Philosophie ein einziger Weg? Wie ist das πολλαχῶς am Ende zu denken?

7. Wenn das Verhältnis des abendländischen Denkens zum Sein sich erschöpft und in den Nihilismus verfällt, welche anderen Bezüge zum Sein gibt es dann noch, die vor dem Nihilismus retten könnten?
Welche Stellung nimmt die Philosophie Heideggers in der Geschichte ein? (Ein Denker?)
Muß eine Philosophie übersetzbar sein?
Unter welchen Bedingungen kann man mit den Philosophen der Vergangenheit ins Gespräch kommen?
Zusammenhänge des Seins mit den Ursachen und Prinzipien.]

Discussion générale:
Questions 14 et 16 posées par M. Gabriel Marcel
Question 14: Peut-on traduire οὐσία par »Seiendheit«?
Question 16: Dans quelles conditions peut-on dialoguer avec les philosophes disparus?

[*Allgemeine Diskussion:*
Fragen 14 und 16, gestellt von Herrn Gabriel Marcel
Frage 14: Kann man οὐσία mit dem Wort »Seiendheit« übersetzen?
Frage 16: Unter welchen Bedingungen kann man mit den Philosophen der Vergangenheit ins Gespräch kommen?]

MARCEL: ... A juger d'après les traducteurs quelconques, usuels, dépourvus de tout génie, auxquels, jusqu'à présent, nous nous sommes fiés, telle phrase de Sophocle est un simple lieu commun, qui ne peut une seconde retenir notre attention.

Si je me réfère à votre traduction, je trouve, au contraire, quelque chose de profond, d'original qui éveille en moi des vibrations, qui se prolonge en moi, mais je suis, en même temps, un peu déconcerté, parce que je me demande quel peut être le fondement critique de cette interprétation que vous donnez et qui est consécutive à un Hören auf das Sein qui est vôtre, donc votre faculté essentielle, mais suppose tous les problèmes que je viens de citer.

[... Wenn wir den beliebigen, gewöhnlichen, jeder Genialität entbehrenden Übersetzern glauben wollen, auf die wir uns bis jetzt verlassen haben, so ist solcher Ausdruck des Sophokles ein bloßer Gemeinplatz, der nicht eine Sekunde lang unsere Aufmerksamkeit fesseln kann.

Wenn ich mich auf Ihre Übersetzung beziehe, finde ich dagegen etwas Tiefes, Ursprüngliches, das in mir Schwingungen erzeugt, die sich in mir ausbreiten, aber zugleich bin ich etwas verwirrt, weil ich mich frage, was die kritische Grundlage dieser Interpretation sein kann, die Sie geben und die einem Hören auf das Sein folgt, welches das Ihre ist, Ihre wesentliche Fähigkeit, aber all die soeben von mir erwähnten Probleme mit sich führt.]

IV. *Was ist das — die Philosophie?* 367

HEIDEGGER: Ja, das Problem, das Sie hier stellen, ist ein ganz zentrales. Es betrifft überhaupt das Verhältnis zur Geschichte. Es scheint paradox zu sein, daß man mit Philosophen, die nicht mehr existieren, die verschwunden sind, spricht. Ist es für Sie paradox, wenn Bach gespielt wird? Warum finden Sie das in Ordnung? Ich will das Problem fixieren.

MARCEL: Je crois, Monsieur [Ich glaube, Herr Heidegger], daß Sie meine Meinung mißdeuten. Ich bin überzeugt, daß diese verschwundenen Geister irgendwie noch lebendig sind. Für mich sind sie sicher nicht stumm. Ich glaube an eine Möglichkeit eines Austausches zwischen mir und den Philosophen. Was Sie über Bach sagen, ist ganz genau ... Aber die Frage ist ganz verschieden. Weil es in diesem Falle diese Frage nach der Bedeutung, nach dem Sinn des Wortes, nicht gibt.

HEIDEGGER: Das nicht. Aber nach der Wahrheit des Kunstwerkes. Es ist doch nicht etwas Beliebiges.

MARCEL: Vous posez là des exemples qui me sont beaucoup plus proches que les exemples grecs, parce que la musique compte pour moi beaucoup plus que la poésie.
 Mais si nous prenons telle œuvre déjà lointaine, prenons même certaines œuvres de Mozart, je ne suis pas absolument sûr que nous puissions parler exactement ici de ἀλήθεια, dans votre sens de Unverborgenheit ou, plus exactement, je ne suis pas certain qu'il n'y ait pas une sorte de transformation, je dirais désharmonique de l'œuvre d'art, par cette sorte de lecture appartenant à un monde différent; il y a alors une sorte de Nachklang qui me semble étroitement lié au fond à la durée, au fait que, tout de même, par exemple, le monde de Mozart nous apparait aujourd'hui un peu comme une sorte de paradis évanoui et qu'il est infiniment probable que, pour les auditeurs de »Così fan tutte« ou de Quintette avec clarinette ... je pense que la Stimmung, la Gestimmtheit — et je pense d'ailleurs revenir sur ce point —, je pense qu'elle n'était pas

la même et que dans une ontologie très assouplie on arrive à concevoir comment cette sorte de transformation, d'enrichissement peut se produire à l'intérieur d'une certaine sphère. Mais en tout cas, le problème de l'exactitude ne peut vraiment se poser que là où il s'agit d'un texte, et c'est évidemment ce problème de l'exactitude qui me hante.

[Sie bringen da Beispiele, die mir viel näher stehen als die griechischen Beispiele, da für mich die Musik viel mehr zählt als die Dichtung.

Aber wenn wir ein solches schon fernes Werk nehmen, etwa bestimmte Werke von Mozart, so bin ich mir nicht absolut sicher, ob wir hier in genauem Sinne von ἀλήθεια sprechen können, in Ihrem Sinn nämlich, d. h. im Sinne der Unverborgenheit, oder genauer gesagt: ich bin mir nicht sicher, ob eine derartige Lektüre, die zu einer anderen Welt gehört, nicht zu einer, ich würde sagen disharmonischen, Verwandlung des Kunstwerkes führt; es gibt da eine Art Nachklang, der mir im Grunde mit der Dauer eng verbunden scheint, so daß uns zum Beispiel die Welt Mozarts heute dennoch ein wenig wie ein verlorenes Paradies erscheint und daß sehr wahrscheinlich für die Hörer von »Così fan tutte« oder des Klarinettenquintetts ... ich denke, daß die Stimmung, die Gestimmtheit – und ich gedenke übrigens auf diesen Punkt zurückzukommen –, ich denke, daß sie nicht dieselbe war und daß man in einer sehr geschmeidigen Ontologie begreifen kann, wie sich diese Art von Verwandlung, von Bereicherung im Inneren einer bestimmten Sphäre ereignet. Aber jedenfalls kann sich das Problem der Genauigkeit im wahren Sinne nur dort stellen, wo es sich um einen Text handelt, und offensichtlich ist es dieses Problem der Genauigkeit, das mich umtreibt.]

HEIDEGGER: Ja, wenn ich Sie recht verstehe, fragen Sie nach bestimmten Kriterien, gemäß denen gewissermaßen jeder beliebige Andere in dieser Weise interpretieren kann.[47]

---

[47] [Siehe unten S. 467 die Beilage 1.]

MARCEL: Die Frage nach Kriterien ist wesentlich. Aber kann es solche Kriterien geben?

HEIDEGGER: Nein, es gibt sie nicht.

MARCEL: Ja, das glaube ich auch.

HEIDEGGER: Bei dieser Art der Interpretation ist, wie Sie richtig betonen, das eigene Fragen die Grundvoraussetzung. Aber so, daß dieses eigene Fragen sich schon gewissermaßen in der Überlieferung weiß. Es ist nicht eine bloße persönliche Vorstellung, sondern die strenge Bindung an die Geschichte. Ich meine hier das Verhältnis von einem lebenden Philosophen und einem großen Denker. So ist die Grundvoraussetzung für dieses Gespräch für mich die: daß zwischen der Geschichte unterschieden werden muß, insofern sie vergangen ist, dem Vergangenen — daß also Heraklit nicht mehr lebt, Plato nicht mehr lebt, daß wir das Heraklitische Buch nicht haben und so fort —, und dem Gewesenen der Geschichte, was also uns in der Überlieferung immer noch zugänglich ist. Und daß dieses Gewesene der Geschichte im Prinzip unerschöpflich ist, das ist das Wesen der Größe einer Philosophie. [Sie ist] so groß, daß sie auch über den betreffenden Denker, wenn es einer gewesen ist, hinauswächst. Und nun ist die Grundvoraussetzung die — und insofern kann ich ein Kriterium geben; ob es stichhaltig ist, lasse ich offen —, ist die Grundvoraussetzung meiner Interpretationen die: jedem Denker der früheren Epochen so viel als möglich zuzugeben, auch das, was er nicht gesagt hat. Und erst aus der Fülle dessen, was er *nicht* gesagt hat, spricht er zu mir.

Also, wenn ich das Kantbuch[48] nehme, so ist es gerade das Ungesagte der Kantischen Philosophie, was hier zu sprechen beginnt. Man darf dieses Buch nur nicht historisch nehmen; es ist keine

---

[48] [Vgl. Martin Heidegger: Kant und das Problem der Metaphysik. Bonn: Friedrich Cohen 1929; 2., unveränderte, mit einem neuen Vorwort versehene Aufl. Frankfurt a. M.: Klostermann 1951; Gesamtausgabe Band 3. Hrsg. von Friedrich-Wilhelm von Herrmann. Frankfurt a. M. Klostermann, 1991, ²2010.]

willkürliche Ausdeutung, sondern dieses Buch versucht eine ursprüngliche Fassung der Kantischen Philosophie in einer anderen Ebene der Problematik, in der Kant sich noch nicht bewegte. Erst so kommt das, was er sagte, zum Sprechen.

Dies alles geschieht aber für mich in der Korrelation eines ganzen Gespräches, es ist nie isoliert. Wenn ich Hegels »Phänomenologie« oder »Logik« interpretiere, dann habe ich gleichzeitig die Aristotelische »Physik« vor mir. Es ist alles *ein* Gespräch, es ist nie isoliert.

Zum Beispiel ein Prinzip, ein drastisches Prinzip dieser Interpretation ist dieses Kapitel über den Schematismus, das Kant sehr spät in die »Kritik der reinen Vernunft« eingeführt hat, wo das Werk schon fast vollendet war; und aus dem Durchdenken dieses späten Stückes, in dem Kant selbst gewissermaßen seine eigene Position neu beleuchtet hat, versuche ich die Fragestellung der »Kritik« zu denken.

Ein noch extremeres Beispiel ist der kleine Abschnitt über die Amphibolie der Reflexionsbegriffe, der eine Auseinandersetzung mit Leibniz darstellt. Dieses Stück ist die allerletzte Einfügung in die »Kritik der reinen Vernunft«, von dem aus das ganze Werk in eine vollkommen neue Perspektive tritt. Wenn man das Werk in der gewöhnlichen Art der Lektüre liest, sieht man das nicht.

MARCEL: Il me semble que là vous prenez un exemple extrêmement favorable, parce que vous avez, comme points d'appui (Stützpunkte), ces textes ajoutés par Kant au dernier moment. Mais, jusqu'à quel point pouvez-vous appliquer cela avec la même sécurité, là, où, en somme, ce genre de point d'appui fait défaut? Ce qui m'effraie un peu dans ce que vous avez dit, et qui est une sorte d'expression de générosité, de l'être intellectuel (eine Großmütigkeit). Je trouve aussi, n'est-ce pas, qu'il faut accorder le plus possible, c'est extrêmement bien, mais je me demande si, dans certains cas ... Ich frage mich, ob der Philosoph sich nicht sträuben würde, wenn er da wäre, gegen so eine ungeheure Großmütigkeit ... Peut-être vous dirait-il, ce philosophe: »Je vous remercie de vos cadeaux,

IV. Was ist das – die Philosophie?

mais je n'en veux pas! ...«. Mais là, n'est-ce pas, il y a un problème qui est extrêmement grave, et c'est un problème d'ailleurs qui se pose de toute manière. Il est très aigu dans le cas de vos interprétations, mais il se pose toujours pour les hommes qui ne sont pas des historiens de troisième ordre: jusqu'à quel point sommes-nous en droit de dire qu'un philosophe ne s'est pas compris lui-même, ou qu'il s'est compris d'une façon tout à fait imparfaite, et qu'il revient à l'interprète, plus tard, de donner à la pensée de ce philosophe une interprétation plus parfaite, plus profonde que la sienne? Je crois qu'il y a là une part de verité, mais je vois, en même temps, le très grand danger que comporte un chemin de ce genre.

[Mir scheint, daß Sie da ein hervorragend geeignetes Beispiel anführen, da Sie, als Stützpunkte, diese von Kant im letzten Augenblick hinzugefügten Texte haben. Aber inwiefern können Sie das mit derselben Sicherheit auf Fälle übertragen, in denen ein solcher Stützpunkt schließlich fehlt? Das ist es, was mich an dem von Ihnen Gesagten ein wenig erschreckt, eine Art des Ausdrucks von Großmütigkeit. Ich finde auch, durchaus, daß man so viel als möglich zugeben muß, das ist gut und schön, aber ich frage mich, ob, in bestimmten Fällen ... Ich frage mich, ob der Philosoph sich nicht sträuben würde, wenn er da wäre, gegen so eine ungeheure Großmütigkeit ... Vielleicht würde er, dieser Philosoph, zu Ihnen sagen: »Ich danke Ihnen für Ihre Gaben, aber ich will nichts davon haben! ...« Aber darin, nicht wahr, liegt ein ziemlich ernstes Problem, und im übrigen handelt es sich um ein Problem, das sich auf jeden Fall stellt. Es ist sehr akut im Falle Ihrer Interpretationen, aber es stellt sich immer für Menschen, die nicht Historiker dritter Klasse sind: Inwiefern haben wir das Recht zu sagen, daß ein Philosoph sich selbst nicht verstanden hat, oder daß er sich auf eine ganz unvollkommene Weise verstanden hat, und daß es dem Interpreten obliegt, später, dem Denken dieses Philosophen eine vollkommenere Interpretation zu geben, eine Interpretation, die tiefer ist als diejenige des Philosophen selbst? Ich glaube, daß darin etwas Wahres steckt, aber ich sehe zugleich die sehr große Gefahr, die ein solches Verfahren mit sich bringt.]

HEIDEGGER: Diese Gefahr besteht immer ...

MARCEL: Je prends un cas: l'interprétation que Fichte a cherché à donner à Kant, quand il a voulu éliminer la ›chose en soi‹. Eh bien, d'une certaine manière, la pensée de Fichte apparait comme plus profonde, plus essentiellement ... que la pensée de Kant. Il n'en reste pas moins que Kant a protesté d'une manière véhémente contre une interprétation de ce genre. Pouvons-nous dire que c'est tout de même Fichte qui avait raison? La notion même de ἀλήθεια, telle que vous l'interprétez, devient une notion difficile.

Qu'est-ce que c'est que ce contenu qu'il s'agit de révéler? A partir du moment où nous nous libérons de la considération de ce qu'un philosophe a voulu dire, où nous ne nous intéressons même peut-être plus beaucoup à la littéralité de ce qu'il a voulu dire, nous sommes en pleine mer, nous sommes exposés à toutes les possibilités, à toutes les tentations ...

[Ich nehme einen Fall: die Interpretation, die Fichte Kant zu geben versuchte, als er das ›Ding an sich‹ eliminieren wollte. Sicher, in bestimmter Hinsicht erscheint Fichtes Denken tiefer, wesentlicher ... als das Denken Kants. Dies hat jedoch Kant nicht davon abgehalten, vehement gegen eine solche Interpretation zu protestieren. Dürfen wir sagen, daß es dennoch Fichte ist, der Recht hatte? Der Begriff der ἀλήθεια, so wie Sie ihn interpretieren, wird zu einem schwierigen Begriff.

Was ist dieser Inhalt, den es zu enthüllen gilt? Von dem Moment an, in dem wir nicht mehr berücksichtigen, was ein Philosoph sagen wollte, in dem wir uns vielleicht nicht einmal mehr besonders für den genauen Sinn dessen interessieren, was er sagen wollte, befinden wir uns auf offener See, sind wir allen Möglichkeiten, allen Versuchungen ausgesetzt ...]

HEIDEGGER: Aber wenn Fichte Kant nicht so geärgert hätte, dann hätte es keinen [...][49] und keinen Schelling gegeben.

---

[49] [Im Typoskript fehlt hier ein erster Name, vermutlich derjenige Hegels.]

MARCEL: Das glaube ich auch.

HEIDEGGER: Ein konkretes primitives Beispiel für dieses Problem: die Interpretation des Problems der Bewegung bei Aristoteles – der *Erste*, der das Phänomen der Bewegung zum ersten Mal philosophisch gesehen hat. Bei Platon bleibt die Bewegung der Übergang vom Nicht-Sein zum Sein, während Aristoteles das Phänomen erst wirklich positiv gesehen hat. Diesen ganzen Aspekt der Aristotelischen Interpretation der κίνησις kann man natürlich nicht sehen, wenn man nur das erste Kapitel des Buches III der »Physik« liest, sondern man muß dann die ganze »Metaphysik« gegenwärtig haben und aus dem ganzen Duktus des Denkens heraus fragen und hören.

Aus dieser Aristotelischen Lehre von der Bewegung hat Galilée nur diese einzige Bewegungsform herausgenommen, die, aus ganz bestimmten Gründen, Aristoteles und die Griechen als φορά bezeichneten. Φορά heißt eigentlich »Transport«, Transport von etwas von einem Ort zu dem anderen. Für Galilée wird diese φορά zur bloßen Bewegung im Sinne einer Ortsveränderung. Es scheint dasselbe zu sein, aber das Entscheidende ist, daß es für Galilée keinen Ort mehr gibt, sondern das, was für die Griechen τόπος ist, wurde für Galilée zu einem bloßen Punkt im Raum. Die Griechen haben keinen Begriff und kein Wort für Raum. Bei den Griechen gibt es keine Bewegung im Raum. Es ist vollkommen ungriechisch und es ist eine totale Veränderung des ganzen Phänomens. Was natürlich bei Galilée nun möglich war, da er in ein philosophisches Gespräch kam unter der Voraussetzung, daß er die Natur als einen Bewegungszusammenhang materieller Punkte im Raume sah. Das ist die ontologische Grundvoraussetzung; das ist keine Sache, die man physikalisch beweisen kann, dadurch, daß man Experimente macht.

Ich wollte damit zeigen, daß ich also die genaue Fixierung dessen, was bei den Griechen φορά heißt, niemals finde, solange ich mich in der gewöhnlichen Vorstellung von der Bewegung aufhalte, sondern ich muß beachten, daß es in der »Physik« und bei den Griechen nicht den Raum gibt, sondern den τόπος, und daß, dementsprechend, die κίνησις von ganz anderen Phänomenen her gesehen ist. Ich habe es nie als eine, gewissermaßen, Arbeitsmethode dargestellt, ich tue es auch nicht.

GOLDMANN: Je suis complètement d'accord avec la méthode, mais je pose encore un autre problème de base: avez-vous des critères déterminés pour estimer que telle ou telle interprétation est valable ou non?

[Ich bin mit der Methode völlig einverstanden, weise aber auf ein weiteres grundlegendes Problem hin: Haben Sie bestimmte Kriterien, um zu beurteilen, ob diese oder jene Interpretation gültig ist oder nicht?]

HEIDEGGER: Was Sie fragten, das kann man nur durch die ganze Geschichte der Philosophie zeigen, das können Sie nicht so unmittelbar wissen, sondern nur durch ein Gespräch, eine Auseinandersetzung mit der ganzen Geschichte der Philosophie.

GOLDMANN: Prenons l'interprétation d'un autre philosophe: comment puis-je savoir que c'est moi qui ai raison et pas lui? [Nehmen wir die Interpretation eines anderen Philosophen: Wie kann ich wissen, daß ich es bin, der Recht hat, und nicht er?]

MARCEL: C'est intéressant ce que vous dites. Je pense à un homme comme René Guénon, se réclamant de toute une tradition orientale qu'il opposait précisément à la pensée occidentale, qu'il considérait comme une pensée déchue. Eh bien, il est tout à fait sûr qu'il pensait, avec une très grande sincérité, être un interprète de cette pensée supérieure, qu'il croyait d'ailleurs en accord avec une tradition fondamentale. Dans quelle mesure avons-nous là des éléments qui nous permettent de dire que cet homme était dans l'erreur?

[Was Sie sagen, ist interessant. Ich denke an einen Mann wie René Guénon, der sich auf eine ganze orientalische Tradition berief, die er eben dem okzidentalen, von ihm als verfallen betrach-

IV. *Was ist das – die Philosophie?* 375

teten Denken entgegensetzte. Nun ist es absolut sicher, daß er, in aller Aufrichtigkeit, glaubte, ein Interpret dieses höheren Denkens zu sein, das er im übrigen mit einer grundlegenden Tradition in Übereinstimmung sah. Im welchem Maße haben wir hier Anhaltspunkte, die uns zu sagen erlauben, daß dieser Mann im Irrtum war?]

BIEMEL: Si notre interprétation est bonne dans ce sens, elle nous explique et nous éclaire une œuvre dans toute sa cohérence. Nous pouvons prendre, par exemple, une œuvre de Rilke, comme les »Elégies de Duino«: si nous ne l'interprétons pas par des concepts ordinaires, on peut arriver à un moment où les choses commencent à nous toucher, à nous dire quelque chose. C'est un signe que nous sommes sur le bon chemin.

[Wenn unsere Interpretation in diesem Sinne gut ist, dann erläutert und erhellt sie uns ein Werk in seinem ganzen inneren Zusammenhang. Wir können zum Beispiel ein Werk Rilkes nehmen wie die »Duineser Elegien«: Wenn wir es nicht mit gewöhnlichen Begriffen interpretieren, können wir an einen Punkt gelangen, an dem die Dinge beginnen, uns zu berühren, uns etwas zu sagen. Das ist ein Zeichen dafür, daß wir uns auf dem richtigen Weg befinden.]

MARCEL: Il me semble que cela ne peut pas être un critère. [Mir scheint, daß dies kein Kriterium sein kann.]

BEAUFRET: Permettez-moi de dire un mot. Il me semble que la discussion est entrée dans un cercle et que nous n'avançons absolument pas. Il a été demandé à Heidegger: »avez-vous un critère?« Heidegger a répondu: »non.« La réponse est formelle. On lui a demandé: »courez-vous un danger?« La réponse a été: »oui.« »Il y a-t-il des gens que cela intéresse?« – »Oui.« »Il y a-t-il des gens qui trouvent que cela soit dangereux?« La réponse serait, je crois: »oui.« Pouvons-nous en dire davantage? Est-ce que nous allons demander à Braque quels sont ses critères? Allons-nous demander à

Platon d'où il est parti pour déterminer le τί comme εἶδος? Est-ce que nous allons demander à Kant ce qui lui est tombé sur la tête le jour où il a déterminé l'être de l'étant comme l'objectivité de l'objet? Je crois que la question que nous allons poser ici à Monsieur Heidegger est une question que l'on pourrait poser, d'une façon analogue, à tous les philosophes, à n'importe quel esprit créateur.

[Erlauben Sie mir, ein Wort zu sagen. Mir scheint, daß die Diskussion sich im Kreise dreht und daß wir überhaupt nicht vorankommen. Heidegger wurde gefragt: »Haben Sie ein Kriterium?« Heidegger antwortete: »Nein.« Die Antwort ist klar und deutlich. Er wurde gefragt: »Ist das für Sie eine Gefahr?« Die Antwort lautete: »Ja.« »Gibt es Leute, die das interessiert?« – »Ja.« »Gibt es Leute, die das gefährlich finden?« Die Antwort würde, glaube ich, lauten: »Ja.« Können wir mehr dazu sagen? Wollen wir Braque fragen, welches seine Kriterien sind? Wollen wir Platon fragen, wie er darauf gekommen ist, das τί als εἶδος zu bestimmen? Wollen wir Kant fragen, wie es ihm eines Tages einfallen konnte, das Sein des Seienden als die Objektivität des Objekts zu bestimmen? Ich glaube, daß die Frage, die wir hier an Herrn Heidegger stellen wollen, eine Frage ist, die man, in entsprechender Weise, an alle Philosophen stellen könnte, an jeden beliebigen schöpferischen Geist.]

GOLDMANN: S'il n'y a pas de critères d'interprétation, il y a-t-il des critères de l'attitude suivant laquelle l'interprète se rapporte au système? [Wenn es keine Kriterien der Interpretation gibt, gibt es dann Kriterien der Haltung, der gemäß sich der Interpret auf das System bezieht?]

HEIDEGGER: Das Kriterium ist Ihnen selbst übergeben in der Nachprüfung der Geschichte der Überlieferung. Ein Beispiel: Ein klassischer Philologe (Friedländer) hat neulich den Versuch unternommen zu beweisen, daß die ganze Interpretation der ἀλήθεια bei Heidegger falsch ist.[50] Sogar die Philologen sind jetzt so weit,

---

[50] [Vgl. Paul Friedländer: Platon. Band I: Seinswahrheit und Lebenswirklich-

einzusehen, daß dieser Philologe vollkommen daneben geschlagen hat. Und zwar aus dem einzigen Grunde, weil er Platon interpretiert z. B. mit Hilfe des Begriffes ›Wirklichkeit‹, den es bei Platon gar nicht gibt.

GOLDMANN: Quel est le critère qui me permet de dire que l'attitude d'une interprétation est authentique et soit un Hören auf das Sein? [Welches ist das Kriterium, das mir zu sagen erlaubt, daß die Haltung einer Interpretation authentisch ist und ein Hören auf das Sein?]

MARCEL: Je crois tout de même qu'il y a un concept distinct de l'ἀλήθεια; c'est celui de l'ἀκρίβεια. Il me parait impossible de parler d'une ἀκρίβεια ... Je reprends l'exemple que j'évoquais déjà de la traduction d'un texte d'»Antigone« de Sophocle, là où il me semble absolument impossible de faire intervenir ... où il s'agit d'un passage déterminé, de ce passage où nous considérons ce jugement d'ensemble qui évidemment peut être impliqué dans ἀλήθεια comme telle. Je voudrais savoir si Monsieur Heidegger est d'accord avec moi pour admettre que le sens de l'ἀκρίβεια n'est pas le même que celui de l'ἀλήθεια.
[Ich glaube dennoch, daß es einen von der ἀλήθεια zu unterscheidenden Begriff gibt, nämlich denjenigen der ἀκρίβεια. Es scheint mir unmöglich, von einer ἀκρίβεια zu sprechen ... Ich greife noch einmal das von mir bereits bemühte Beispiel aus der Übersetzung eines Abschnitts aus der »Antigone« des Sophokles auf, wo es mir absolut unmöglich erscheint, eingreifen zu lassen ... wo es sich um eine bestimmte Passage handelt, um diejenige Passage, an der wir dieses Gesamturteil berücksichtigen, das offensichtlich in der ἀλήθεια als solcher impliziert sein kann. Ich würde gerne wissen, ob Herr Heidegger mir darin zustimmt, daß ἀκρίβεια nicht dasselbe bedeutet wie ἀλήθεια.]

keit. Zweite erweiterte und verbesserte Auflage. Berlin: Walter de Gruyter, 1954, S. 233 ff.]

HEIDEGGER: Ja, ich glaube, daß wir mit dieser Diskussion nicht zu einem Ende kommen. Ich würde vorschlagen, daß einer der Herren seine Interpretation eines griechischen Textes, z. B. in der »Metaphysik« (Θ 10), gibt und daß er das ὄν ὡς ἀληθές interpretiert, ohne die ἀλήθεια als Unverborgenheit zu verstehen. Das möchte ich mal hören!
Wir können doch nicht einseitig reden. Ich kann Ihnen in dieser Form nichts beweisen.

WYLLEMAN: Supposons que je donne une interprétation et supposons que Monsieur Heidegger la juge mauvaise. Comment va-t-il me montrer qu'elle est mauvaise? [Nehmen wir einmal an, ich gebe eine Interpretation, und nehmen wir weiter an, Herr Heidegger findet diese schlecht. Wie will er mir zeigen, daß sie schlecht ist?]

HEIDEGGER: Ich werde Ihnen nicht sagen, daß sie schlecht ist, sondern ich werde Ihnen zeigen, daß Sie den ganzen Zusammenhang des Textes nicht verstehen.

BEAUFRET: J'ai l'impression que les questions que nous venons de poser maintenant nous montrent la nécessité de l'explication et de la lecture des textes. [Ich habe den Eindruck, daß die von uns gestellten Fragen uns jetzt die Notwendigkeit der Erläuterung und der Lektüre der Texte deutlich machen.]

[Dienstag, 30. August 1955 – 4. Tag]

Réunion du 30 Août 1955, consacrée à l'interprétation du texte de Kant: [Zusammenkunft am 30. August 1955, gewidmet der Interpretation des Kant-Textes:] »Der einzig mögliche Beweisgrund zu einer Demonstration des Daseins Gottes« (1763), [Erste Abteilung,] Erste Betrachtung: »Vom Dasein überhaupt«.

IV. Was ist das – die Philosophie?

HEIDEGGER:[51] Ich möchte den heutigen Versuch einer Interpretation eines kurzen Stückes eines früheren Werkes von Kant anschließen an den Hinweis auf das Wesen der Philosophie, den ich im Vortrag zu geben versucht habe: Die Philosophie ist das eigens übernommene Entsprechen [aus dem Hören][52] auf den Zuspruch des Seins des Seienden.[53] Und dieser Versuch einer Interpretation wird in der Form eines Seminars gemacht. Ich verfolge damit zwei Absichten:

1. zu zeigen, inwiefern Kant dieser Kennzeichnung der Philosophie in diesem Text entspricht;
2. soll diese Interpretation ein Beispiel, und zwar ein sehr grobes Beispiel sein, wie ein Gespräch mit einem Philosophen aussieht.

Um den ersten Punkt zu ergänzen, muß ich sagen, daß, wovon diese Schrift handelt, vor die »Kritik der reinen Vernunft« tritt. Wenn man diese vorkritische Schrift hier in gewöhnlicher Weise interpretiert, so kann man nicht sehen, wie Kant auf [den] Zuspruch des Seins hört. Für Kant selbst ist es eine Vorbereitung, die sein Hören für den Zuspruch schärft.

Ich möchte es in der Form eines Gesprächs mit den Studierenden durchführen. Ich möchte drei Punkte nennen, die Ihnen das Gespräch etwas erleichtern:

1. die dümmsten Fragen sind die besten;
2. daß Sie, bei diesen Fragen, alle philosophischen Kenntnisse, die Sie besitzen, hinter sich lassen;
3. daß Sie versuchen, bei diesem Gespräch, nicht zu argumentieren, nicht zu räsonieren, sondern Augen und Ohren des Geistes zu öffnen.

---

[51] [Zu den beiden Kant-Seminaren siehe unten S. 469–472 die Beilagen 5–11.]
[52] [Ergänzt nach den handschriftlichen Notizen zur Vorbemerkung zum ersten Kant-Seminar. Siehe unten S. 469.]
[53] [Vgl. Martin Heidegger: Was ist das – die Philosophie?, S. 29; Gesamtausgabe Band 10, S. 25: »Das eigens übernommene und sich entfaltende Entsprechen, das dem Zuspruch des Seins des Seienden entspricht, ist die Philosophie.«]

Der Titel heißt: »Der einzig mögliche Beweisgrund zu einer Demonstration des Daseins Gottes«. Wir werden in diesem Text den 1. und 2. Teil studieren.
Monsieur Delloye, wie heißt die erste Betrachtung?

DELLOYE: »De l'existence, en général«. [»Vom Dasein überhaupt«.]

HEIDEGGER: Hier ist das Wort ›Dasein‹ im überlieferten Sinne gebraucht und ist ganz anders gemeint als in »Sein und Zeit«. (En français [französisch]: existence; lateinisch: existentia; das deutsche Wort: Dasein.) ›Dasein‹ ist erst im 18. Jahrhundert gebildet worden; vorher gab es dieses Wort nicht; es war eine Übersetzung für das Wort ›Präsenz‹. Das Wort ›Gegenstand‹, das in diesem Text oft vorkommt, wurde auch im 18. Jahrhundert gebildet; es ist dann eine Übersetzung des lateinischen Wortes ›objectum‹. Madame Vial, wann wurde das Wort ›objectum‹ zum ersten Male im philosophischen Sinne gebraucht?

VIAL: Je ne sais pas. [Ich weiß es nicht.]

HEIDEGGER: Ich meine den Sinn im Mittelalter. Wenn Sie das nicht verstehen, dann verstehen Sie nicht Descartes. Im Mittelalter sind eine Karaffe, eine Uhr [keine] Objekte. Die Philosophie bezeichnet sie als ›subjectum‹, griechisch: ὑποκείμενον = das »Vorliegende«. Was meint man dagegen im Mittelalter mit ›objectum‹? Für die mittelalterliche Philosophie bedeutet es eine Vorstellung, z. B. die Vorstellung eines goldenen Berges, der gar nicht da ist. ›Objectum‹ ist ein subjektiver Begriff im modernen Sinne.
Also: Dasein ist existentia und Gegenstand ist objectum.
Der Text beginnt mit einer Vorbetrachtung. Worum handelt es sich in diesem Abschnitt?

VERGOTE: De la nécessité de considérer le mot ›Dasein‹. [Um die Notwendigkeit, das Wort ›Dasein‹ zu betrachten.]

HEIDEGGER: Warum ist die Erläuterung des Wortes ›Dasein‹ in diesem Falle nötig?

VERGOTE: Parce que ce mot souffre de beaucoup de subtilités artificielles contre lesquelles Kant s'oppose. [Weil dieses Wort mit vielen gekünstelten Subtilitäten belastet ist, denen Kant entgegentritt.]

HEIDEGGER: Aber warum gerade ›Dasein‹ und nicht ›Vorstellung‹?

VERGOTE: Dans le deuxième paragraphe il précise: il faut donc trouver une expression pour le mot ›Dasein‹. [Im zweiten Absatz präzisiert er: Man muss also einen Ausdruck für das Wort ›Dasein‹ finden.]

HEIDEGGER: Warum? Kant sagt doch, daß gebräuchliche Worte nicht erläutert [zu] werden brauchen.

VERGOTE: Parce que, évidemment, le mot ... [Weil offenbar das Wort ...]

HEIDEGGER: In der traditionellen Metaphysik spielt der Begriff ›existentia‹ für die Argumentation [bezüglich] des Daseins Gottes eine große Rolle. Es ist ein zentrales Problem und darum muß der Begriff erläutert werden.
  Aber es ist nur ein Aspekt dieses Wortes. Was ist der andere? Diese Vorbetrachtung ist fundamental für die Philosophie von Kant. Wer kann sagen, warum? Es wird noch nicht darüber gehandelt, was Dasein ist und nicht ist.

PHILONENKO: Dans la cinquième »Méditation« cartésienne, avant de prouver l'existence de Dieu par la démarche ontologique, Descartes fait allusion à un exemple mathématique: le rapport d'un triangle à ses angles. Il y a là un parallélisme entre philosophie et mathématique. Kant, au contraire, distingue la méthode mathématique de la méthode philosophique, annonçant ainsi le canon de la raison pure.

[In seiner fünften »Meditation« spielt Descartes, bevor er durch das ontologische Verfahren die Existenz Gottes beweist, auf ein mathematisches Beispiel an: das Verhältnis zwischen einem Dreieck und dessen Winkeln. Es gibt dort einen Parallelismus zwischen Philosophie und Mathematik. Kant dagegen unterscheidet die mathematische Methode von der philosophischen Methode und kündigt so den Kanon der reinen Vernunft an.]

HEIDEGGER: Gut. Es handelt sich um eine methodische Frage: wie Kant vorgeht, um den Begriff zu bestimmen. Der gewöhnliche Weg der Bestimmung ist ein Ausgehen von der Definition. [...][54] Und was finden wir in dem dritten Abschnitt dieser Betrachtung in dem Beginn?

CHOAY: Il ne faut pas s'attendre à ce qu'il débute par une definition. [Man darf nicht erwarten, daß er mit einer Definition beginnen wird.]

HEIDEGGER: Gut. Kant verzichtet darauf, eine Definition des Daseins zu geben: »Man erwarte nicht, daß ich mit einer förmlichen Erklärung des Daseins den Anfang machen werde. Es wäre zu wünschen, daß man dieses niemals thäte [...]«.[55] Warum?

BIEMEL: Weil die Definition das Suchen versperrt und ich die Sache selbst nicht in den Blick bekommen kann.

---

[54] [Im Typoskript ist Platz für ein offenbar von Heidegger gebrachtes Zitat freigelassen.]
[55] [Immanuel Kant: Der einzig mögliche Beweisgrund zu einer Demonstration des Daseins Gottes. In: Kant's gesammelte Schriften. Hrsg. von der Königlich Preußischen Akademie der Wissenschaften. Band II: Vorkritische Schriften II, 1757–1777. Berlin: Reimer, 1905, S. 63–164 [ed. Paul Menzer], hier S. 71.]

IV. Was ist das – die Philosophie? 383

HEIDEGGER: Die Sache, die ich definieren will, muß ich zuerst in den Blick nehmen. Wenn Kant auf eine Definition des Daseins verzichtet und sucht, wie eine Definition möglich ist, was kommt dann? Was muß kommen?

BIEMEL: Ich muß die Sache aufzeigen.

HEIDEGGER: Ja, d. h. vor aller Definition, Kant muß hier vom Sein angesprochen werden. Wir können nämlich etwas von einer Sache wissen, ohne ihre Definition zu haben. Sie kann uns selbst ansprechen. Die Sache muß vor der Definition offenbar sein.

Der letzte Satz des dritten Abschnittes: »Diese Methode ist es allein, kraft welcher ich einige Aufklärungen hoffe, die ich vergeblich bei andern gesucht habe; denn was die schmeichelhafte Vorstellung anlangt, die man sich macht, daß man durch größere Scharfsinnigkeit es besser als andre treffen werde, so versteht man wohl, daß jederzeit alle so geredet haben, die uns aus einem fremden Irrthum in den ihrigen haben ziehen wollen.«[56]

Kant hat also vorweggenommen, was zum ersten Male in Husserls Phänomenologie explizit in der Philosophie erscheint. Ich betone das deshalb, weil ich aus verschiedenen Äußerungen gesehen habe, daß in Frankreich die Phänomenologie Husserls nur von den »Ideen zu einer reinen Phänomenologie« (1913) bekannt ist. Der eigentliche entscheidende Vorstoß wurde aber 13 Jahre vorher, in den »Logischen Untersuchungen«, gemacht. Ich möchte Ihnen raten, für diesen Fall die »Cartesianischen Meditationen« beiseite zu lassen und in erster Linie die VI. [Logische] Untersuchung zu studieren. Ich habe mit Biemel schon darüber gesprochen, daß die französische Übersetzung dieser VI. Untersuchung unbedingt notwendig sei. In der VI. Untersuchung steht im Mittelpunkt die kategoriale Anschauung. Vor aller Definition muß man das, was in diesen Kategorien vorgestellt wird, anschauen: Existenz, Wesen, Quantität, Modalität hat Husserl als Kategorien bezeichnet.

[56] [Ebd.]

BIEMEL: L'intuition catégoriale doit mettre devant nous, dans une intuition eidetique, la signification, la portée de la catégorie. [Die kategoriale Anschauung muß uns, in einer eidetischen Anschauung, die Bedeutung, den Geltungsbereich der Kategorie vor Augen führen.]

HEIDEGGER: Was heißt Relation? Wir haben Abwandlungen: Unterschiedenheit, Gleichheit usw., ohne Definition. Nehmen wir den 1. Teil des Textes: Welchen Charakter hat die Thesis: »Das Dasein ist gar kein Prädicat oder Determination von irgend einem Dinge«?[57]

BIEMEL: Das ist eine negative Bestimmung.

HEIDEGGER: Kant sagt also, das Dasein ist kein Prädikat. Aber diese Negation ist auf etwas bezogen. Es ist wichtig, das zu sehen. Es ist zentral, diesen Satz zu verstehen. Warum ist dieser Satz widersinnig?

BURGELIN: Parce qu'il contredit les faits antérieurs. [Weil er dem Vorhergehenden widerspricht.]

HEIDEGGER: Ja, wenn es kein Prädikat ist, dann kann ich nicht sagen, daß Gott existiert. Das ist ein paradoxes Problem. Die Fragestellung Kants gibt ihm die eigentliche Schärfe.
  1. »Gott (oder das Haus) existiert«: Das ist ein Prädikat.
  2. Kant sagt: Dasein ist kein Prädikat.
  Wir haben also: »Das Haus (Gott) existiert«, eine Aussage ohne Prädikat. Wenn wir das verstehen wollen, was ist dann nötig? Der nächste Schritt?

DONDEYNE: Was ist Prädikat?

---

[57] [Immanuel Kant: Der einzig mögliche Beweisgrund, S. 72.]

IV. Was ist das — die Philosophie?   385

HEIDEGGER: Gut. Nehmen wir das deutsche Wort ›Ding‹, lateinisch ›res‹. Alle Bestimmungen gehören zur res, also Sache, und betreffen demnach die realitas. ›Realitas‹, was heißt das hier?

VIAL: Nous confondons habituellement réalité et existence. [Wir verwechseln gewöhnlich Realität und Existenz.]

HEIDEGGER: Oder auch Wirklichkeit. Was versteht Kant unter diesem Begriff?

MARCEL: Constitutif de la chose. [Für die Sache konstitutiv.]

BEAUFRET: Ou appartenance à la chose. [Oder Zugehörigkeit zu der Sache.]

HEIDEGGER: Was heißt der Begriff ursprünglich?

DONDEYNE: Bei Descartes: quidditas, essentia, realitas.

HEIDEGGER: Und bei ›realitas formalis‹? Die Franzosen müssen doch Descartes kennen. Was ist ›formalis‹?

VIAL: Actuelle? [Aktuelle?]

LANGANG: Je ne sais pas chez les autres, mais chez St-Thomas d'Aquin, cela veut dire: actuelle. [Ich weiß nicht, was es bei den anderen ist, aber beim heiligen Thomas von Aquin bedeutet es: aktuelle.]

HEIDEGGER: Das ist alles richtig. Aber woher kommt der Begriff? Es gibt ihn schon bei Aristoteles. Also, sagen wir: [›realitas formalis‹ ist] die Sache, essentia, insofern sie existentia ist. Und was ist ›realitas objectiva‹?

BIEMEL: Dieselbe realitas, nur vorgestellt im Sinne des Mittelalters.

HEIDEGGER: So steht es bei Descartes, aber nicht bei Kant.

BIEMEL: Bei Descartes ist es ›realitas objectiva‹, bei Kant aber wird es zur ›objektiven Realität‹.

DONDEYNE: Une réalité sur laquelle tout le monde peut s'entendre. [Eine Realität, über die sich alle verständigen können.]

HEIDEGGER: Warum? Wem kommt, nach Kant, die objektive Realität zu? Ist das eine inhaltliche Bestimmung? Wie ist sie kennbar? Was ist in der Art?

DONDEYNE: Die Natur.

HEIDEGGER: Gut. Für Kant ist die Natur die objektive Realität. Was heißt hier ›objektiv‹?

RICŒUR: Conforme a priori aux formes de l'expérience. [A priori übereinstimmend mit den Formen der Erfahrung.]

HEIDEGGER: Die Kategorien werden durch den Schematismus im Bewußtsein konstituiert (nach einer gewissen Verwandtschaft mit dem mittelalterlichen Begriff). Später, im 19. Jahrhundert, wird die ›Realität‹ zur Wirklichkeit. Das Dasein gehört nicht zur Realität einer Sache, insofern als die realitas das Wesen einer Sache ist. (Im Französischen ist ›réalité‹ etwas anderes [als] essentia.) Jetzt eine geschichtliche Frage: Warum spricht aber Kant überhaupt von solchen Sachen? Wie war die Bestimmung Gottes?

DE WAELHENS: Ens perfectissimum – ens realissimum.

HEIDEGGER: Omnitudo realitatis, »Allheit der Realitäten«.

MARÍAS: Descartes a dit: Dieu a toutes les perfections et l'existence en est une. Donc, l'existence, pour lui, est une qualité. [Descartes hat gesagt: Gott hat alle Vollkommenheiten und die Existenz ist eine von ihnen. Also ist für ihn die Existenz eine Eigenschaft.]

HEIDEGGER: Und zu dieser omnitudo gehört auch das *Dasein*. Saint-Thomas ist mit Kant einig, daß der ontologische Gottesbeweis nicht möglich ist. Aber die Gründe sind verschieden. Weshalb denkt Saint-Thomas, daß ein ontologischer Gottesbeweis unmöglich sei?

DONDEYNE: Weil wir Gott nicht schauen können, aber die Existenz gehört zu den Attributen Gottes.

HEIDEGGER: Dagegen Kant sagt, das Dasein ist gar kein Prädikat. In der kritischen Interpretation wird überhaupt der Beweis hinfällig. Wir stehen also da: Kant sagt zuerst negativ: Dasein ist kein Prädikat eines Wesens. Also ein Baum z. B. kann als Baum möglich sein, muß aber nicht notwendig existieren.

Wir kommen jetzt zum 2. Abschnitt: Was ist Dasein für Kant? Und was ist für ihn Existenz? Kant will erläutern und nicht definieren. Er hat vor sich zwei Thesen:

1. Dasein ist kein Prädikat, zur essentia gehört es nicht (negative Bestimmung).

2. Der Ausdruck ›Dasein‹ wird im Sinne der Existenz gebraucht (positive Bestimmung).

Er bewegt sich jetzt in der Dimension: essentia und existentia. Diese Dimension kennzeichnet seine Seinserfahrung. Das Sein gliedert sich in essentia und existentia. Wenn Kant jetzt existentia gegen essentia unterscheidet, sind diese zwei Begriffe Bedingungen wovon? Essentia ist das quod est und existentia das ὅτι. Es sind zwei Begriffe des Seins. Und wie beginnt der 2. Teil? Kant muß zuerst sagen, was er unter Sein versteht.

MARÍAS: Est-ce qu'il n'identifie pas ›position‹ avec l'existence? Que devient l'essence qui existe, ou qui n'existe pas? [Identifiziert er nicht ›Position‹ mit Existenz? Was wird die Essenz, die existiert oder die nicht existiert?]

HEIDEGGER: Darauf will ich gerade hinauskommen. Die Frage ist jetzt: Wenn Kant von Sein überhaupt spricht, dann geht er in die Richtung auf die Position? Was ist Dasein für Kant?

D'HARCOURT: Absolute Position. Existenz ist nur eine Modalität des Seins.

HEIDEGGER: Ja, und jetzt kommen wir zu einem alten Problem, das auch bei Aristoteles erwähnt ist. Was ist der allgemeine Begriff für beide? ›Esse‹? Nach Aristoteles ist Sein kein allgemeiner Begriff, sondern wird ausgesagt κατ' ἀναλογίαν. Aber dieses Problem ist bis heute nicht gelöst. Kant läßt es auch offen. Ist Sein für ihn Position, bleibt es in der Schwebe oder geht es in der Richtung auf essentia, existentia oder keine von beiden? Es ist unbestimmt. Wenn wir jetzt auf die Sache sehen, in dem ersten Satz des 2. Teils: »Der Begriff der Position oder Setzung ist völlig einfach und mit dem vom Sein überhaupt einerlei.«[58] Was ist der Begriff der Position hier? Ich muß sagen, ich begreife ihn nicht. Es wird schon dunkel.

MARCEL: Es ist sicher nicht subjektiv gemeint.

HEIDEGGER: Was heißt hier dieser Begriff?

MARÍAS: Könnten wir nicht einen Leitfaden finden, wenn wir auf seine »Position eines Dinges«[59] zurückgehen?

---

[58] [Immanuel Kant: Der einzig mögliche Beweisgrund, S. 73.]
[59] [Ebd.]

IV. Was ist das – die Philosophie?

RICŒUR: Je me demande si ce concept de position peut être compris en dehors de la conception juive, biblique, de la théologie, qui suppose l'acte de Dieu créant un monde (voir le quatrième paragraphe de notre texte: »Wenn ich sage: Gott ist allmächtig [...]«[60]). L'effort d'interprétation de Saint-Thomas pour démontrer l'existence, serait une synthèse de l'esprit grec et de l'esprit juif: une parole qui prescrit l'existence.

[Ich frage mich, ob dieser Begriff der Position ohne Bezug auf die jüdische, biblische Konzeption der Theologie verstanden werden kann, die den Weltschöpfungsakt Gottes voraussetzt (siehe den vierten Absatz unseres Textes: »Wenn ich sage: Gott ist allmächtig [...]«). Der Interpretationsversuch des heiligen Thomas zum Beweis der Existenz wäre eine Synthese des griechischen Geistes und des jüdischen Geistes: ein Wort, das die Existenz anordnet.]

HEIDEGGER: Das kann man theologisch so interpretieren. Aber wie ist die philosophische Interpretation der Setzung?

DONDEYNE: Opposition? Élargissement du mot ›Sein‹ par Dasein, mais aussi un acte d'affirmation? [Entgegensetzung? Erweiterung des Wortes ›Sein‹ durch Dasein, aber auch ein Akt der Bejahung?]

RICŒUR: C'est un dire qui a une prise directe sur la présence. [Es handelt sich um ein Sagen, das einen direkten Einfluß auf die Präsenz hat.]

BEAUFRET:[61]

RICŒUR: Influxus, comme un flux, en ce qui concerne l'interprétation de Saint-Thomas. [Influxus, wie eine Fluß, was die Interpretation des heiligen Thomas betrifft.]

---

[60] [Immanuel Kant: Der einzig mögliche Beweisgrund, S. 74.]
[61] [Im Typoskript ist der Platz für den Redebeitrag freigelassen.]

WYLLEMAN: C'est une position en rapport avec Betrachtung. Ne serait-ce pas une voie d'approche? [Es handelt sich um eine Position in bezug auf Betrachtung. Wäre das nicht ein Weg der Annäherung?]

HEIDEGGER: Wir sollen zunächst elementar vorgehen, ohne historische Ableitungen.

WYLLEMAN: Vielleicht ist es das Gesetzte, positum?

HEIDEGGER: Von was für einem Setzen ist hier die Rede? Ponere heißt: »setzen«, »stellen«, »legen«; und positum: »das Gesetzte«. Was heißt hier stellen?

STAROBINSKI: Vorstellen.

HEIDEGGER: Richtig.

RICŒUR: Ou proposer? [Oder vorlegen?]

HEIDEGGER: Dieses Setzen kommt von der Philosophie [von] Leibniz-Wolff: Jedes Ding ist als etwas gesetzt (nicht als mathematische Setzung).

HERSCH: Ce n'est pas tout à fait exact. Dans ›vorstellen‹ il n'y a pas d'élément d'affirmation objective. ›Setzen‹ est plus fort comme une donnée mathématique. Dans ›vorstellen‹ il y a une possibilité imaginaire qui ne correspond pas, dans sa forme, à ›setzen‹.
[Das ist nicht ganz genau. In ›vorstellen‹ gibt es kein Moment der objektiven Affirmation. ›Setzen‹ ist stärker, wie ein mathematisch Gegebenes. In ›vorstellen‹ gibt es eine vermeinte Möglichkeit, die in ihrer Form nicht dem ›setzen‹ entspricht.]

IV. Was ist das – die Philosophie?

HEIDEGGER: Wenn wir auf Kants Metaphysik zurückgehen, bedeutet ›setzen‹ soviel wie vor-stellen. In der »Kritik der reinen Vernunft« ist das Seiende als vorgestelltes Gegenstand überhaupt. Wie wird Gott bestimmt? Sein ist nicht γένος, sondern ἀναλογία. Also dieses Stehende ist ein Stehendes für das Vorstellen, indifferent, in welchem Bereich; identisch mit ›esse‹ (bei Berkeley) ist ›percipi‹, in ganz weitem Sinne von ›idea‹. Damit ist gesagt: Wenn Kant nun den Begriff des Seins als copula, Existenz bezeichnet, hat er als Horizont der Interpretation des Seins vorausgesetzt das Vorstellen, das Präsentieren in weitem Sinne. Und wenn Kant das Dasein als ›absolute Position‹ bezeichnet, was heißt hier *›absolute‹*?

X.: Beziehung zum Relativen.

HEIDEGGER: Und auf welche Relation?

MARÍAS: Die logische, copula, jugement, Urteil.

HEIDEGGER: Und warum ist das richtig? Bei Kant ist die Sache umgekehrt, d. h. (in einer paradoxen Weise) die relative Position ist nicht auf die absolute gegründet, sondern die [absolute Position][62] wird von der relativen [her] verstanden. Die Umkehrung ist wichtig für die ganze Kantische Position in der »Kritik der reinen Vernunft«. Das proponere der Aussage ist der Maßstab für die absolute Position. Die Existenz der Natur wird konstituiert durch die Aussage (Objektivität der Natur).

DONDEYNE: Aber 1763 war es noch nicht da.

HEIDEGGER: Nein, aber vorbereitet. Es ist deutlich (Position in der »Kritik der reinen Vernunft«).

---

[62] [Typoskript: positive Relation.]

PHILONENKO: Dans la »Critique de la Raison Pure«, vers la fin de l'analytique transcendentale, il faut consulter le texte sur les postulats de la pensée empirique en général ... [In der »Kritik der reinen Vernunft«, gegen Ende der transzendentalen Analytik, muß man den Text über die Postulate des empirischen Denkens überhaupt heranziehen ...]

HEIDEGGER: Der Begriff ›Wirklichkeit‹ – als absolute Position – wird erläutert bei den Postulaten des empirischen Denkens überhaupt. Denken ist für Kant: Urteil. Und der Begriff ›Wirklichkeit‹, was absolute Position nennt, wird in der »Kritik der reinen Vernunft« konstituiert wodurch?

PHILONENKO: Par l'affirmation, par le jugement de modalité. [Durch die Affirmation, durch das modale Urteil.]

HEIDEGGER: Aber was ist entscheidend?

DONDEYNE: Gegebenheit – daß das Dasein, als Position, notwendig vermittelt wird.

HEIDEGGER: Da durch die Empfindung vermittelt; deshalb gibt es keine Erfahrung Gottes, weil nicht vernehmbar.

DE WAELHENS: Parce que Dieu ne peut pas être saisi par la sensibilité. [Weil Gott nicht durch die Sinnlichkeit erfaßt werden kann.]

RICŒUR: La notion de l'existence se laisse-t-elle réduire à la *Vorstellung* dans la »Critique de la Raison Pure«? N'est-elle plutôt cassée en deux, entre la chose en soi et le phénomène? L'existence est alors à la fois *mesurée* par la représentation et *limite* de la représentation, altérité absolue, qui limite les prétentions de la sensibilité à ›connaître‹ l'existence.

[Läßt sich der Begriff der Existenz auf die *Vorstellung* in der

»Kritik der reinen Vernunft« reduzieren? Ist er nicht vielmehr entzweigeschlagen, in das Ding an sich und die Erscheinung? Die Existenz ist dann zumal *abgemessen* durch die Vorstellung und *Grenze* der Vorstellung, absolute Alterität, die die Prätentionen der Sinnlichkeit, die Existenz zu ›erkennen‹, begrenzt.]

HEIDEGGER: Weder in der praktischen Vernunft noch in der Religion gibt es eine Interpretation der Existenz. Da hört es auf. Die Kantische Ontologie beschränkt sich auf die Ontologie der Natur.

RICŒUR: Les mots ›position‹ et ›Setzung‹ restent en suspens, dans la »Critique de la Raison Pure«, puisqu'on peut les interpréter selon le phénomène ou selon la chose en soi. Kant ne le pose plus comme problème *théorétique*, mais comme problème *pratique*, lorsque la *position* est celle de la liberté d'autrui ou la mienne. En résumé, dans le Kantisme, deux tendances se manifestent: une tendance à *réduire* la ›position‹ à la représentation, et une tendance à la reporter au delà de la représentation.

[Die Wörter ›Position‹ und ›Setzung‹ bleiben in der »Kritik der reinen Vernunft« in der Schwebe, da man sie gemäß der Erscheinung oder gemäß dem Ding an sich interpretieren kann. Für Kant stellt sich dieses Problem nicht mehr als *theoretisches*, aber als *praktisches* Problem, wenn die *Position* diejenige der Freiheit des anderen oder meiner eigenen ist. Insgesamt zeigen sich im Kantianismus zwei Tendenzen: eine Tendenz, die ›Position‹ auf die Vorstellung zu *reduzieren*, und eine Tendenz, sie auf etwas jenseits der Vorstellung zu beziehen.]

MARCEL: Wir haben da eine wirkliche Heideggerische ambiguïté [Zweideutigkeit]. Der Begriff der Setzung ist nicht deutlich. [Setzung][63] in sich ist doppeldeutig: Sichsetzen oder Setzen?

BIEMEL: Sichsetzen ist ausgeschlossen.

---

[63] [Typoskript: setzen.]

HEIDEGGER: Monsieur Marcel hat ganz recht, es ist unbestimmt: Setzung – [Gesetztheit].[64]

MARCEL: Gesetzt – posé. Posé par qui? Du même coup cela devient ambigu. [Gesetzt – posé. Gesetzt von wem? Auf einen Schlag wird das zweideutig.]

HEIDEGGER: Hier heißt Position Setzung im Sinne des Vorgestellten. Das ist nicht zufällig, daß Kant sagt: »[...] und wie selbst in der aller[tiefsinnigsten Wissenschaft das Wort *Vorstellung* genau genug verstanden und mit Zuversicht gebraucht wird, wiewohl seine Bedeutung niemals durch eine Erklärung kann aufgelöset werden.«][65]

MARCEL: Das kann man auf das Wort ›setzen‹ ausdehnen; es ist aber nicht selbstverständlich.

HEIDEGGER: Der Sache nach nicht; aber für Kant ist es selbstverständlich (in der Tradition der neuzeitlichen Leibniz-Wolffischen Philosophie).

MARCEL: Peut-être une référence au sens commun, qui sera de plus en plus refoulé chez Kant, une notion du XVIIIe siècle auquel il se réfère.
[Vielleicht eine Bezugnahme auf den gemeinen Menschenverstand, der bei Kant mehr und mehr zurückgewiesen werden wird, ein Begriff des 18. Jahrhunderts, auf den er sich bezieht.]

---

[64] [Im Typoskript findet sich hier der Ausdruck »gesetz(los)?«, wobei durch die öffnende Klammer ein t überschrieben ist. Naheliegend ist die Vermutung, daß Heidegger hier Marcel dadurch rechtgeben wollte, dass er auf die Doppeldeutigkeit von ›Setzung‹ als Setzen und Gesetztheit hinwies. Siehe dazu auch unten S. 398.]
[65] [Immanuel Kant: Der einzig mögliche Beweisgrund, S. 70. Das vom Herausgeber in eckige Klammern Gesetzte wurde nach dem Kant-Text ergänzt.]

IV. Was ist das – die Philosophie? 395

HEIDEGGER: Das Vorstellen im Sinne der repraesentatio, die Grundform des Bezugs. Wenn wir weiter zurückgehen, so ist dieses Stellen, das Vorstellen: etwas als Gegenstehendes stehen lassen, als ein Anwesendes, als ein ὑποκείμενον, als ὑπόθεσις. Aber ὑπόθεσις heißt bei Platon nicht eine Hypothese, sondern das: wie das Seiende immer schon vorliegt. Bei den Griechen bezieht sich die Vorstellung nicht auf ein ›Ich‹ (ego) und auch auf keinen Gegenstand. Das war den Griechen unbekannt.

[Mittwoch, 31. August 1955 – 5. Tag]

HEIDEGGER:[66] Am Beginn dieses zweiten Seminars möchte ich einige Bemerkungen machen.
1. Die Bemerkungen sollen das Seminar von gestern wieder gegenwärtig machen.
2. Die Bemerkungen sollen den Weg der beiden Seminare deutlicher zeigen.
3. Die Bemerkungen sollen einige Schwierigkeiten beseitigen, die sich zum Teil schon vor dem Beginn der Seminare ergeben haben.
Ich beginne mit dem dritten Punkt.
Ad 3. Man kann mit einem gewissen Recht sagen, daß wir hier zusammengekommen sind, um etwas über die Philosophie von Heidegger zu hören, um die Gelegenheit zu benutzen, ihn selbst zu fragen.
Wir brauchen keine Belehrungen über Kant oder Hegel oder Thomas von Aquin oder Aristoteles.
Dazu bemerke ich Folgendes und ich bitte, daß Sie mir dies zu sagen erlauben.
Es gibt keine Heideggersche Philosophie, und wenn es dergleichen geben sollte, so interessiere ich mich nicht für diese Philoso-

---

[66] [Die Wiedergabe dieser einleitenden Bemerkungen zum zweiten Kant-Seminar (bis S. 398 oben) beruht auf der erhaltenen Handschrift Heideggers. Siehe dazu das Nachwort des Herausgebers, S. 767 f.]

phie, sondern für die Sache und das Thema, vor die alle Philosophie gestellt bleibt. Mir scheint, daß wir heute sehr viele Kenntnisse über die Philosophie haben, aber von ihrem Thema soweit als möglich entfernt sind. Wenn wir hier miteinander in einer sehr unvollkommenen Weise versuchen, mit Kant und Hegel in ein Gespräch zu kommen, so sollen Sie dadurch erfahren, auf welche Weise ich mich bemühe, ein solches Gespräch zu erwecken.

Sie hören nichts über die Philosophie Heideggers, aber Sie können einen Blick werfen in die Werkstatt und das Handwerk eines Versuches, mit dem Thema der Philosophie in einen fragenden Bezug zu gelangen. Sie sollen dabei erkennen, daß und weshalb dieser Versuch ein sehr vorläufiger ist.

Dieses Vorläufige läuft nur auf einem schmalen Pfad – einem Fußweg; um auf diesem Weg zu bleiben, ist es nötig, zunächst auf viele andere breitere Wege und Straßen zu verzichten. Darum sehe ich mich genötigt, in einer Weise vorzugehen, die Ihnen vielleicht sehr diktatorisch vorkommt. Aber es handelt sich hier nicht um eine Diktatur, sondern um die Anstrengung eines Versuches, das Diktat des Seins zu hören, besser gesagt: dieses Hören *erst vorzubereiten.*

Um einen jeden Schein und jede Gefahr der Einseitigkeit zu vermeiden und um zugleich die Gepflogenheiten der Zusammenkünfte in Cerisy zu wahren, möchte ich vorschlagen, daß im weiteren Verlauf der Tagung auch andere Teilnehmer in eigenen Vorträgen darstellen, was sie über das Thema der Dekade – Was ist Philosophie? – denken, und ihre Probleme und Fragen genauer fixieren.

Aber eine Schwierigkeit bleibt noch zurück, die sich durch das Seminar von gestern ergab.

Wie Sie sich erinnern, sagte ich im Beginn, Sie möchten alle Kenntnisse über Philosophie hinter sich lassen. Und was habe ich selbst getan? Ich habe Sie gleichsam wie ein Lehrer der Elementarschule gerade nach diesen Kenntnissen abgefragt, und, wie es scheint, mit der Absicht zu zeigen, daß Sie *zu wenige* Kenntnisse besitzen.

IV. Was ist das – die Philosophie?

Doch wer den Gang des Seminars auf diese Weise vorstellen wollte, bliebe in einem schweren Irrtum gefangen. Wonach habe ich gefragt?

Damit komme ich zum zweiten Punkt meiner Vorbemerkungen, nämlich zur Verdeutlichung des Weges der Seminare.

Ich habe gefragt: Was heißt Dasein, Gegenstand, objectum, subjectum, ὑποκείμενον? Was heißt realitas, was heißt formalis und forma? Was heißt essentia und existentia? Und schließlich in bezug auf Kant: Was heißt Position?

In all diesen Worten spricht das Sein, es sind Worte des Seins.

Diese Worte und das, was sie sagen, sind nur dem ersten Anschein nach klar; in ihrer Wesensherkunft bleiben sie dunkel.

Ich verstehe das, was diese Worte sagen, genau so wenig wie Sie alle.

[Vielleicht, wenn Sie erlauben, verstehe ich sie noch weniger als Sie.][67]

Der schmale Fußweg soll in die Fragwürdigkeit der Worte und der Sprache führen, die uns seit langem das Sein zuspricht.

Mit diesem Hinweis dürfte auch der erste Punkt meiner Bemerkungen erledigt sein.

Ich meine, daß durch diese Hinweise die Hauptsache des Seminars von gestern wieder gegenwärtig wird. Jetzt wäre die Gelegenheit, daß Sie selbst die Fragen vorbringen, die das Seminar von gestern betreffen. Ich möchte diesen Fragen durchaus entgegenkommen. Aber ich möchte vorschlagen, daß wir *diese* Fragen im Zusammenhang der Reihe jener Fragen besprechen, die noch behandelt werden sollen.

Doch mir liegt jetzt vor allem *daran*, Ihnen durch die Seminare an einem Beispiel ungefähr zu zeigen, wie ein Weg aussieht, der dahin führen möchte, in ein Gespräch mit den Denkern zu kommen – und zwar über diejenige Sache, die Sie als Denker angeht.

---

[67] [Das vom Herausgeber in eckige Klammern Gesetzte ist in der Handschrift durchgestrichen.]

398   *Erster Teil: Ergänzungen*

Der Weg, auf dem ich auch heute noch gehe, ist der Weg, die Tradition der Philosophie wieder zum Sprechen zu bringen. Dieser Weg ist sehr mühsam. Vielleicht gibt es leichtere und bessere.

Wir sind gestern bei dem ersten Satz des 2. Stückes geblieben, bei der Frage: Was heißt bei Kant Position? Kant spricht hier von einer dreifachen Bedeutung der Position:
1. im Sinne von Sein überhaupt;
2. im Sinne des ponere in der Proposition als Aussage;
3. im Sinne der absoluten Position.

Ich stelle das zur Diskussion. – Man kann dieses Wort ›Position‹ mit »Gesetztheit« übersetzen, pas: »être posé« [nicht mit »Gesetztsein«], weil durch die Position erst ›l'être‹ [›das Sein‹] erläutert werden muß, und man muß fragen, wer hier setzt.

Mir scheint, daß hier das setzende Subjekt das ego cogito, das vorstellende Subjekt, Ich ist. Ich möchte als Unterlage für diese Interpretation einen kurzen Text aus dem Nachlaß von Kant (»Reflexionen zur Metaphysik«, Akademieausgabe, Bd. XVIII, n. 6276) lesen: »Durch das Prädikat des Daseyns tue ich nichts zum Dinge hinzu, sondern das Ding selbst zum Begriffe. Ich gehe also in einem existentialsatz über den Begriff hinaus, nicht zu einem anderen Prädikat, als was im Begriffe gedacht war, sondern zu dem Dinge selbst gerade mit denselben, nicht mehr, nicht weniger praedicaten, nur daß die absolute Position über die relative noch dazu gedacht wird (complementum possibilitatis).«[68] Diese letztere Bemerkung Kants [soll angeknüpft sein] an das, was gestern gesagt wurde: Kant läßt [im »Beweisgrund«] offen Dasein als absolute Position. Es ist [in den »Reflexionen«] bestimmt in

---

[68] [Immanuel Kant: Reflexionen zur Metaphysik. In: Kant's gesammelte Schriften. Hrsg. von der Preußischen Akademie der Wissenschaften. Band XVIII. Nachlaß V. Berlin, Leipzig: Walter de Gruyter, 1928, S. 543, n. 6276. Die Wiedergabe des im Typoskript verkürzt wiedergegebenen Zitats beruht auf der erhaltenen Handschrift Heideggers. Siehe dazu auch das Nachwort des Herausgebers, S. 767 f. Heidegger hat gegenüber dem Text der Akademieausgabe, auf die er selbst verweist, die Orthographie behutsam korrigiert bzw. modernisiert.]

IV. Was ist das – die Philosophie?

Rücksicht auf die relative Position. Ein Beispiel: Den Satz: »Dieser Baum dort existiert«, interpretiert Kant so, daß ich über die Vorstellung des Baumes, die ich besitze, hinausgehe und das Ding als Gesetztes an und für sich hinzusetze.

Daraus geht hervor, daß Kant hier offenbar Dasein und Existenz bestimmt in Rücksicht auf das Urteil, den immanenten bloßen Begriff, den bloßen Begriff, der den Baum enthält, in der Sprache von Leibniz und Wolff gesprochen: die possibilitas.

Vielleicht weiß einer von Ihnen, wie in der Leibnizschen Schule das Wort ›existentia‹ [zu einem auf] possibilitas, quidditas [bezogenen Begriff] geworden ist: etwas, was sein kann, ohne daß es zu existieren braucht?

KLEIBER: Durch die Ergänzung?

HEIDEGGER: Existentia ist complementum possibilitatis. Wenn ich auf den Grund dieser Zusammenhänge besonders eingehe, so ist es, um auf die Frage hinzuleiten: Von woher wird das, was existentia und Dasein sind, bestimmt?

Ich gebe ein Beispiel: Der Baum da draußen, wie existiert er? Also, liegt es nahe zu vermuten, daß wir die Existenz des Baumes an dem existierenden Baum finden?

Aus dem ganzen Text Kants werden Sie keine Stelle finden, aus der zu entnehmen ist, daß das Wesen des Daseins und der existentia aus dem unmittelbaren Hinblick auf das Existierende zu verstehen ist. Man sieht ganz deutlich schon aus dem Zitat, daß die absolute Position aus der relativen Position, d. h. aus der Proposition, aus dem Urteil, als Explikation eines Begriffes verstanden wird. Wir sehen, daß die Bestimmung der Existenz sich aus dem Urteil erklären läßt. Der Ursprung, aus dem her der Begriff der Existenz als absoluter Position gewonnen wird, ist das ›ist‹ im Sinne der copula des Satzes. Die copula ist das, was zwischen Subjekt und Prädikat verbindet (»Verhältniswörtchen«,[69] wie Kant

---

[69] [Immanuel Kant: Kritik der reinen Vernunft. Nach der ersten und zweiten

sagt). Das ist der klare Beweis dafür, daß der Kantische Gedanke in dieser Richtung geht: In der »Kritik der reinen Vernunft«, in der transzendentalen Deduktion (2. Auflage, § 19), sagt Kant: »Ich habe mich niemals durch die Erklärung, welche die Logiker von einem Urteile überhaupt geben, befriedigen können: [es ist, wie sie sagen, die Vorstellung eines Verhältnisses zwischen zwei Begriffen.]«[70] Kant beginnt hier mit einer Kritik der bisherigen logischen Theorie des Urteils. Mit Bezug auf die copula, auf das ›ist‹ im Satz, fährt Kant folgendermaßen fort: »Darauf zielt das Verhältniswörtchen *ist* in demselben [nämlich im Urteil], um die objektive Einheit gegebener Vorstellungen von der subjektiven zu unterscheiden.«[71]

Was die vorkritische Schrift den ›bloßen Begriff‹ nennt, ist hier die subjektive Einheit, d. h. die immanente Einheit von einem Begriff, den ich habe. Im Unterschied dazu nennt er nun unter dem Titel der ›objektiven Realität‹ das Existierende, das als wirklich Ausgewiesene, die objektive Einheit gegebener Vorstellungen. Das heißt, [daß] das Dasein des in diesen Vorstellungen Vorgestellten konstituiert wird durch das ›ist‹ im Satz, daß also in der copula der eigentliche Sinn von Sein im Sinne der Existenz und des Daseins ruht. Das wird für den ganzen deutschen Idealismus die Grundauffassung. Diese Auffassung wird dann in gewissem Sinne im Verlaufe des 19. Jahrhunderts popularisiert, so daß es selbstverständlich ist, den Existentialsatz und das, was Existenz heißt, im Rückgang auf die Aussage, den Satz, das Urteil, d. h. auf die copula zu bestimmen.

Ich habe mir in Paris die Gelegenheit genommen, aus dem Littré-Lexikon den folgenden Satz herauszuschreiben. Sur le mot ›être‹, Littré écrit: »Il sert en général à lier l'attribut au sujet, à indiquer l'existence de l'attribut dans le sujet, à attribuer à quelqu'un

---

Original-Ausgabe neu hrsg. von Raymund Schmidt. Leipzig: Felix Meiner, 1926, B 142.]
[70] [Immanuel Kant: Kritik der reinen Vernunft, B 140. Das vom Herausgeber in eckige Klammern Gesetzte wurde nach dem Kant-Text ergänzt.]
[71] [Immanuel Kant: Kritik der reinen Vernunft, B 141 f.]

ou à quelque chose, une qualité, un état, etc.; *c'est là le sens propre et primitif.* La terre est ronde. Louis XIV fut roi de France.«[72] [Über das Wort ›Sein‹[73] schreibt Littré: »Es dient im allgemeinen dazu, ein Attribut mit einem Subjekt zu verbinden, die Existenz des Attributs im Subjekt anzuzeigen, irgendjemandem oder irgendeiner Sache eine Eigenschaft, einen Zustand usw. zuzuschreiben; *dies ist der eigentliche und ursprüngliche Sinn.* Die Erde ist rund, Ludwig XIV. war König von Frankreich.«]

Ich muß jetzt unterbrechen und betonen, daß Sie sich jetzt von dem gelehrten Kram freimachen sollen und das fundamentale Problem nicht als ein Problem von Hegel oder Kant ansehen, sondern das Grundfaktum sehen, daß wir hier in dieser Phase der Geschichte des Denkens stehen, wo die Proposition, die Aussage als der maßgebende Horizont und die Dimension angesetzt ist für die Bestimmung dessen, was Existenz bedeutet.

HERSCH: A propos du texte de la licorne et de Dieu: pensez-vous que dans ce texte, la provenance de la position soit dans le ›ist‹ du jugement? J'ai compris que dans ce texte on partai encore de l'objet empirique, daß »Etwas Existirendes ist Gott«.[74]

[Was den Text über das Einhorn und Gott betrifft: Glauben Sie, daß in diesem Text die Herkunft der Position im ›ist‹ des Urteils liegt? Ich habe es so verstanden, daß in diesem Text noch vom Erfahrungsgegenstand ausgegangen wird, daß »Etwas Existirendes ist Gott«.]

HEIDEGGER: Das Problem ist wichtig, und ich habe diese Frage als Frage gestellt. Was ich als Behauptung aufgestellt habe, ist,

---

[72] [Dictionnaire de la langue française, par Émile Littré, II, S. 1530 f. – Die Wiedergabe des Zitats beruht auf der erhaltenen Handschrift Heideggers. Siehe dazu auch das Nachwort der Herausgebers, S. 767 f. Die Hervorhebung stammt von Heidegger.]

[73] [Auf dem Zettel, auf dem sich Heidegger das Littré-Zitat notiert hat, findet sich der Vermerk:] être – Sein qua Copula [Ferner ist unter dem Zitat notiert:] ὂν ὡς ἀληθὲς ἢ ψεῦδος, [Aristoteles] *Met.* Θ 10.

[74] [Immanuel Kant: Der einzig mögliche Beweisgrund, S. 74.]

daß die absolute Position, als Position, von der relativen Position her gedacht ist. Ich behaupte nicht, daß Kant bereits schon in diesem Text (1763) das Dasein und die Existenz unter direkter Bezugnahme auf die propositio expliziert. Die absolute Position kann ich aber *nur* so verstehen, daß über die relative noch dazu gedacht wird die absolute Position. Mir scheint, daß Kant gerade dadurch, daß er eigentlich nicht positiv sagen konnte, was absolute Position ist, in diesem früheren Stadium, daß das mit ein Grund wurde für den Übergang in die kritische Phase.

Ich wäre dankbar, wenn mir Aufklärung darüber gegeben würde, wo Kant das, was er als absolute Position hier einführt, genauer bestimmt, und zwar so bestimmt, daß daraus sichtbar wird, daß Kant diese Charakteristik der Existenz als Position aus der Einsicht in die mit dem Existieren gegebene Existenz gewinnt. Ich vermisse bei Kant (das soll keine Kritik, sondern eine Frage der Interpretation sein) irgendeine Exposition des Existierenden in der Hinsicht, daß das Existierende die Interpretation der Existenz als Position verlangt.

Nehmen wir an, diese Bestimmung von Existenz als absoluter Position sei ohne jede Rücksicht auf ponere und positio, im Sinne von propositio, dann kann man fragen: Wie und woher hat Kant die Bestimmung der Existenz eines Existierenden gewonnen? Hat er die Bestimmung der Existenz als absoluter Position aus einer bestimmten Erfahrung des Existierenden geschöpft?

STAROBINSKI: Pour expliquer ce que vous venez de dire, ne pourrait-on pas se référer au paragraphe 2, où Kant une Voraussetzung von der ›preuve de l'existence de Dieu‹ macht? [Könnte man nicht zur Erläuterung des eben von Ihnen Gesagten auf den Abschnitt 2 verweisen, wo Kant eine Voraussetzung von der ›Demonstration des Daseins Gottes‹ macht?]

HEIDEGGER: Es handelt sich da um eine Erörterung innerhalb des ontologischen Gottesbeweises. Es ist eine ganz andere Dimension der Fragestellung. Es ist ein verkehrtes Vorgehen. Sie dürfen hier nicht eine Stelle, die sich auf den Gottesbeweis bezieht, als Argument anführen, wo Kant gerade versucht, den Beweisgrund für die Demonstration des Daseins Gottes zu erörtern. »Wenn ich mir vorstelle [...]«,[75] sagt Kant, aber nicht, daß es so ist. Mit Bezug auf das, was Mademoiselle Hersch mit Recht gesagt hat, kann ich keineswegs behaupten, daß Kant explizit die Interpretation von Existenz als absoluter Position auf die Proposition und damit auf die copula gründet; daß ich aber andererseits keine andere Dimension sehe, aus der dieser Begriff der absoluten Position gewonnen werden kann, und daß ich es um so weniger sehe, als es der Grundposition der neuzeitlichen Philosophie, in der Kant von Leibniz und Descartes her steht, selbstverständlich ist, daß sie zunächst vom immanent Gegebenen und immanent Vorgestellten ausgeht, wobei im Sinne Descartes' das mir zunächst Gegebene das Ego ist, welches, wie Descartes ja sagt, viel leichter zu erkennen ist als die objektiven Dinge. In dieser Position steht auch Kant. Er geht von der Immanenz des Bewußtseins aus, und die Existenz wird dann, wie es im zitierten Text heißt: »nur daß die absolute Position über die relative noch dazu gedacht wird«. Dabei ist noch zu beachten, was ich vielleicht vergessen habe. Wenn Kant vom Begriff spricht, so muß man wissen, daß der Begriff bei ihm gewissermaßen ein zusammengezogenes, unexpliziertes Urteil ist. Ich würde glauben, daß Kant die Position von der Vorstellung her, das ponere als Vorstellen interpretiert. Und es ist kein Zufall, daß Kant sagt: »so wie der Meßkünstler die geheimsten Eigenschaften und Verhältnisse des Ausgedehnten mit der größten Gewißheit aufdeckt, ob er sich gleich hiebei lediglich des gemeinen Begriffs vom Raum bedient, und wie selbst in der allertiefsinnigsten Wissenschaft [d. h. in der Metaphysik] das Wort *Vorstellung* genau genug verstanden und mit Zuversicht gebraucht wird, wiewohl seine Bedeutung niemals durch eine Erklärung kann aufgelöset werden.«[76]

---

[75] [Immanuel Kant: Der einzig mögliche Beweisgrund, S. 74.]
[76] [Immanuel Kant: Der einzig mögliche Beweisgrund, S. 70.]

Es ist sehr charakteristisch, daß dieses Wort »*Vorstellung*« das einzige gesperrt gedruckte im ganzen Text ist. Kant selbst gibt in der berühmten Einleitung zum Abschnitt der transzendentalen Dialektik »Von den Ideen überhaupt« (»Kritik der reinen Vernunft«, A 319 f.) die wohl großartigste Interpretation der Vorstellung und ihrer Mannigfaltigkeit. Es wäre vielleicht schön, diesen Text vorzulesen, um zu zeigen, welches Gewicht Kant gerade auf die Exposition der Vorstellung legt: »Hier ist eine Stufenleiter derselben. Die Gattung ist *Vorstellung* überhaupt (repraesentatio).« Diese Bestimmung zieht sich durch alle folgenden Bestimmungen hindurch. »Die Gattung ist *Vorstellung* überhaupt (repraesentatio). Unter ihr steht die Vorstellung mit Bewußtsein (perceptio). Eine *Perception*, die sich lediglich auf das Subjekt, als die Modifikation seines Zustandes bezieht, ist *Empfindung* (sensatio), eine objektive Perzeption ist *Erkenntniß* (cognitio). Diese ist entweder *Anschauung* oder *Begriff* (intuitus vel conceptus). Jene bezieht sich unmittelbar auf den Gegenstand und ist einzeln; dieser mittelbar, vermittelst eines Merkmals, was mehreren Dingen gemein sein kann. Der Begriff ist entweder ein *empirischer* oder *reiner Begriff*, und der reine Begriff, sofern er lediglich im Verstande seinen Ursprung hat (nicht im reinen Bilde der Sinnlichkeit) heißt Notio. Ein Begriff aus Notionen, der die Möglichkeit der Erfahrung übersteigt, ist die *Idee*, oder der Vernunftbegriff.«

Dasein und Existenz sind von der Vorstellung her bestimmt. Im Französischen sagen Sie für Vorstellung: ›représentation‹. Darin liegt Präsenz, Gegenwart. Wir haben hier also einen Index darauf, daß Dasein und Existenz aus der Präsenz bestimmt sind. Präsenz ist aber ein Charakter der Zeit. Das Sein ist also im Horizont von Zeit entworfen – ›Sein und Zeit‹. Mit diesem Hinweis wird ein Weg zu einem Problem gezeigt: Woher wird das, was das Wort ›Sein‹ sagt, bestimmt?

Ich werde das Problem ›Sein und Zeit‹ etwas erläutern. Wenn ich etwas Persönliches sagen darf: Für mich ist das Ganze der wesentlichen Überlieferung der Philosophie keine Mannigfaltigkeit von Gegebenheiten, sondern eine einzige Gegenwart. Ich erinnere an den Unterschied zwischen dem bloß Vergangenen und dem Gewesenen, was noch west und währt.

MARCEL: Question de traduction du mot ›Gewesenes‹. [Eine Frage zur Übersetzung des Wortes ›Gewesenes‹.] Es besteht eine Schwierigkeit. Le mot ›west‹ au présent est très significatif, mais très difficile. [Das Wort ›west‹ im Präsens ist sehr bezeichnend, aber sehr schwierig.]

HEIDEGGER: Ich verstehe das Gewesene in dem Sinne: Wie das Gebirge die Versammlung der Berge ist, so ist das Gewesene die Versammlung des Wesens. Darum habe ich in »Sein und Zeit« das Wort ›gewesend‹ gebraucht.[77]

MARCEL: C'est important, mais très difficile. Nous arrivons à la limite de la traduction. [Es ist wichtig, aber sehr schwierig. Wir gelangen an die Grenze der Übersetzung.]

HEIDEGGER: Wir sind jetzt an einem Punkt angelangt, wo die Sprache selbst philosophiert.

MARCEL: Das [ist] der Vorteil und der Nachteil der Sprache.

BIEMEL: Peut-on le traduire par »perdurer«? [Kann man es mit »perdurer« übersetzen?]

MARCEL: C'est le mieux. [Das ist die beste Lösung.]

HEIDEGGER: Vielleicht muß ich noch etwas hinzufügen, was eine mögliche Frage ist. Aus welchem Bereich, wie ich in »Sein und Zeit« gesagt habe, aus welcher Dimension wird so etwas wie ›Sein‹

---

[77] [Vgl. Martin Heidegger: Sein und Zeit, S. 326; Gesamtausgabe Band 2, S. 432.]

bestimmt? Denn wenn wir ›Sein‹ sagen, so ist das zunächst ein leeres Wort. Jeder denkt etwas anderes dabei.

BIEMEL:[78]

HERSCH: Warum wählen Sie dieses Wort am Anfang? Warum gehen Sie nicht von der Fülle aus, sondern von diesem leeren Wort?

HEIDEGGER: Das Wort ist leer in dem Sinne, daß wir es gewissermaßen wie eine abgebrauchte Münze sagen. Ich gehe nicht von diesem leeren Wort aus, sondern davon, was Parmenides gesagt hat: ἔστι γὰρ εἶναι.[79] Es ist nicht meine Wahl, sondern das ist *das* Wort der Philosophie. Lesen Sie das Vorwort von »Sein und Zeit«.

RICŒUR: Je voudrais poser une question: le problème de l'existence est-il vraiment complètement épuisé par la représentation, même au sens le plus riche du mot de représentation, avec présence, ou de Vorstellen avec Stellen? Je pense très précisément à la fonction de la théorie de la chose en soi, qui me paraît être une réserve inépuisable de l'existence, avec cette fonction que lui donne Kant, d'être une limite. Il y aurait peut-être ici une deuxième ligne Kantienne: c'est ce qui vient limiter. Limiter quoi? Justement les prétentions de la philosophie de la représentation; la notion d'existence ne serait pas seulement du côté de la représentation, mais aussi de ce qui en est la cause. Et ainsi, elle viendra limiter la philosophie de la représentation, tandis que la philosophie, chez Kant, demeure encore cassée en deux, avec, d'une part, l'empiètement d'une philosophie de la représentation, mais, d'autre part, un: ›halte-là!‹ de la chose en soi.

[Ich würde gerne eine Frage stellen: Ist das Problem der Existenz wirklich völlig erschöpft mit der Vorstellung, selbst wenn man den vollsten Sinn des Wortes ›Repräsentation‹ voraussetzt,

---

[78] [Im Typoskript ist der Platz für den Redebeitrag freigelassen.]
[79] [Parmenides, Fragment 6 (Diels), 1.]

IV. Was ist das – die Philosophie? 407

das mit Präsenz verbunden ist, oder den Sinn von ›Vorstellen‹ als ›Stellen‹? Ich denke ganz speziell an die Funktion der Lehre vom Ding an sich, die mir ein unerschöpflicher Vorrat der Existenz zu sein scheint, mit jener ihr von Kant gegebenen Funktion, eine Grenze zu sein. Gäbe es hier vielleicht eine zweite Kantische Linie: Existenz als das, was begrenzt. Begrenzt was? Einfach die Ansprüche der Philosophie der Repräsentation; der Begriff der Existenz stünde nicht nur auf der Seite der Vorstellung, sondern auch auf der Seite dessen, was deren Ursache ist. Und auf diese Weise würde er die Philosophie der Repräsentation begrenzen, während die Philosophie bei Kant noch in zwei Teile geschlagen bliebe, mit dem Hereinwirken einer Philosophie der Repräsentation auf der einen Seite und einem ›Halt! Stehenbleiben!‹ des Dinges an sich auf der anderen Seite.]

HEIDEGGER: Ja, das habe ich durch den Hinweis auf § 19 verdeutlicht, daß Kant den Begriff der Existenz im griechischen Sinne auf den Gegenstand der Erfahrung beschränkt.

RICŒUR: Dans les paragraphes 14 et 15 de la »Critique«, je crois, il semble esquisser un équilibre de la chose et de la représentation. [In den §§ 14 und 15 der »Kritik« scheint er, glaube ich, ein Gleichgewicht der Sache und der Vorstellung anzudeuten.]

HEIDEGGER: Die Frage ist die: Wie bestimmt Kant das Ding an sich hinsichtlich seines Seins?

RICŒUR: Par le Denken, qui vient limiter le Erkennen. [Durch das Denken, das das Erkennen begrenzt.]

HEIDEGGER: Was heißt Denken? Denken ist repraesentare. Das Ding an sich ist der Gegenstand x, das, was im allgemeinen vorgestellt wird. Er kommt über die repraesentatio nicht hinaus.

Ricœur: La représentation couvre-t-elle le Denken et le Erkennen? [Deckt die Vorstellung das Denken und das Erkennen ab?]

Heidegger: Nein, das ist damit nicht gemeint, sondern nur der Bereich ist hier genau entwickelt. Die repraesentatio ist die Grundstruktur der perceptio, der sensatio, der cognitio, des intuitus und des conceptus. Alles heißt im Sinne Kants repraesentatio.

Ricœur: Je me demande ce qu'on peut tirer, pour la théorie de l'existence, de la fonction de la limite, de Grenze. [Ich frage mich, was man im Blick auf die Theorie der Existenz mit der Funktion der Grenze anfangen kann.]

Heidegger: Ich verstehe die Frage nicht. Der Gegenstand als allgemein genommen [ist] kein Gegenstand im Sinne der Erfahrung, etwa im Sinne des obersten Grundsatzes der synthetischen Urteile a priori. Kant gebraucht Gegenstand in einem mehrfachen Sinne: Gegenstand im Sinne der objektiven Realität, als Gegenstand von etwas überhaupt.

Ricœur: Hat Kant nicht gesagt, daß das Ding an sich die Grenze aller Vorstellungen sei?

Heidegger: Ja, schon, aber was heißt Grenze?

Ricœur: Gibt es nicht einen anderen Weg als den der Vorstellung? Außerhalb der Vorstellung?

Marcel: Denken geht weiter als Vorstellen.

Heidegger: Die Grundbestimmung des Denkens ist das Urteil. Urteil ist, bei Kant, die Vorstellung einer Vorstellung.

Philonenko: Mais si le jugement enveloppe un acte de liberté en tant qu'il est représentation d'une représentation (Vorstellung einer Vorstellung), ceci élargit la problématique de l'existence au-delà de la perspective immanente à la connaissance comme telle. Aussi bien, ce serait seulement dans l'analyse de la relation originaire de la liberté à l'existence que la question pourrait se développer. Au niveau premier, la représentation est, en quelque sorte, passive devant l'objet; dans le jugement se manifeste un acte de liberté, une Tathandlung se rapportant à l'existence. C'est dans cette perspective que la problématique de l'existence se pose et s'élargit dans le post-Kantisme.

[Aber wenn das Urteil einen Akt der Freiheit einhüllt, sofern es Vorstellung einer Vorstellung ist, so erweitert das die Problematik der Existenz jenseits der Perspektive, die der Erkenntnis als solcher immanent ist. Auch könnte sich die Frage nur in der Analyse des ursprünglichen Bezugs der Freiheit auf die Existenz entfalten. Auf der ersten Stufe ist die Vorstellung in gewisser Weise passiv vor dem Gegenstand; im Urteil manifestiert sich ein Akt der Freiheit, eine Tathandlung, die sich auf die Existenz bezieht. In dieser Perspektive stellt und erweitert sich die Problematik der Existenz in der nachkantischen Philosophie.]

MARCEL: Das Denken des Willens ist keine Vorstellung.

HEIDEGGER: Volonté sans représentation. [Wille ohne Vorstellung.]

MARCEL: Chez Schopenhauer, la notion de la représentation est dépassée par la volonté. On peut constater que l'interprétation de Kant est allée dans cette direction: jenseits der Vorstellung. [Bei Schopenhauer ist der Begriff der Vorstellung durch den Willen überschritten. Man kann konstatieren, daß die Interpretation Kants in diese Richtung ging: jenseits der Vorstellung.]

PHILONENKO: C'est bien la pensée de Fichte: jugement en tant qu'acte de liberté, un élargissement du problème de l'existence. Chez Kant on ne dépasse jamais les simples limites théoriques.

[Das ist allerdings das Denken Fichtes: Urteil als Akt der Freiheit, eine Erweiterung des Problems der Existenz. Bei Kant kann man die einfachen Grenzen der Theorie niemals überschreiten.]

HEIDEGGER: Der Bereich der repraesentatio ist damit überschritten.

PHILONENKO: Il est dépassé, parce qu'il est fondé, mais que signifie un existant? [Er ist überschritten, weil er begründet ist, aber was bedeutet ein Existierendes?]

HEIDEGGER: Was ist das Seiende für die Freiheit?

PHILONENKO: A mon sens, c'est en quelque sorte la donnée que est réfléchie et posée pour la conscience. [Nach meinem Verständnis ist es gewissermaßen das Gegebene, das für das Bewußtsein reflektiert und gesetzt ist.]

HEIDEGGER: Also ›donnée‹ [›Gegebenes‹] = repraesentatio?

PHILONENKO: C'est l'acte qui donne. [Das ist der gebende Akt.]

RICŒUR: L'acte donne sa donnée à la conscience, c'est le principe chez Kant. N'est-ce pas parce que j'ai toujours dépassé la représentation qu'il me reste à déterminer l'existence autrement que par la connaissance? Et dans le cas privilégié où l'existant est quelqu'un, il reste à le déterminer pratiquement. L'existence reste en suspens parce qu'elle n'est pas représentable: quand elle est quelqu'un, il me reste à le déterminer pratiquement. Cette réserve me parait dessiné déjà dans la »Critique de la Raison Pure«: Je pense ce qui est au delà de ce qui est ...

[Der Akt gibt sein Gegebenes dem Bewußtsein, das ist das Prinzip bei Kant. Ist nicht die Tatsache, daß ich die Vorstellung immer schon überschritten habe, der Grund dafür, daß von mir die Existenz anders als durch Erkenntnis zu bestimmen ist? Und in dem besonderen Fall, in dem das Existierende jemand ist, ist sie praktisch zu bestimmen. Die Existenz bleibt in der Schwebe, weil sie nicht vorstellbar ist: wenn sie die von jemandem ist, ist sie von mir praktisch zu bestimmen. Dieser Vorbehalt scheint mir schon in der »Kritik der reinen Vernunft« vorgezeichnet: Ich denke, was jenseits dessen ist, was ist ...]

HEIDEGGER: Was heißt »ce qui *est*« [»was *ist*«]?

RICŒUR: On ne sait pas. [Das weiß man nicht.]

HEIDEGGER: Was ist »on« (»man«)?

MARCEL: Entweder die Erfahrung oder das, was erfahrbar ist.

HERSCH: J'ai l'impression que, dans ces discussions, vous ne tenez pas compte des conditions spéciales de la pensée, lorsqu'elle atteint ses limites. Lorsque Kant dit: toute pensée est jugement, cela veut dire, par conséquent, toute pensée est représentation, par conséquent, il n'y a pas de ›jenseits der repraesentatio‹. Pourtant, Kant a pensé aux limites de la possibilité de la pensée avec des jugements et avec des représentations [la chose en soi], qui n'est plus soumise au jugement et à la représentation, et dont il pose l'être comme *inconnu*. Ne me demandez pas ce que c'est, je ne sais pas.

[Ich habe den Eindruck, daß Sie in diesen Diskussionen nicht die besonderen Bedingungen des Denkens bedenken, wenn dieses an seine Grenzen gelangt. Wenn Kant sagt: alles Denken ist Urteilen, so heißt dies: alles Denken ist Vorstellung, und das heißt wiederum: es gibt kein ›jenseits der repraesentatio‹. Dennoch hat Kant an den Grenzen der Möglichkeit des Denkens mit Urteilen und mit Vorstellungen das Ding an sich gedacht, das nicht mehr dem Urteilen und Vorstellen unterworfen ist und dessen Sein er als *unbekannt* setzt. Fragen Sie mich nicht, was das ist, ich weiß es nicht.]

HEIDEGGER: Zeigen Sie mir die Stelle! Wo steht es, daß es als unbekanntes Sein ist? Das Ding an sich hinsichtlich seines Seins – wo spricht Kant davon?

HERSCH: La chose en soi n'est pas une représentation. Elle l'a en vue, mais malgré cela, ce n'est pas une représentation, parce que Kant dit qu'elle n'est pas connaissable. [Das Ding an sich ist keine Vorstellung. Sie hat es im Blick, aber trotzdem ist es keine Vorstellung, weil Kant sagt, daß es nicht erkennbar ist.]

HEIDEGGER: Er sagt nicht, daß das Ding an sich nicht vorstellbar ist; sonst könnte er nicht davon reden. Er sagt, daß es nicht sinnlich wahrnehmbar ist. Er spricht vom Ding an sich als Gegenstand x.

HERSCH/RICŒUR: Weil er nicht anders kann, aber er will es nicht.

AXELOS: Nous nous mouvons dans un cercle vicieux: nous sommes partis de la position absolue; Kant conquiert la position absolue par rapport à la position relative, la position relative par rapport à la représentation, celle-ci est déterminée par le Dasein, et c'est du Dasein que part la position absolue ... Où est le point de départ? Si nous prenons la position privilégiée comme point de départ, cela sera, soit la représentation-jugement, soit le Dasein?

[Wir bewegen uns in einem Circulus vitiosus: Wir sind von der absoluten Position ausgegangen; Kant gewinnt die absolute Position in bezug auf die relative Position, die relative Position in bezug auf die Vorstellung, diese ist durch das Dasein bestimmt, und vom Dasein geht die absolute Position aus ... Wo ist der Ausgangspunkt? Wenn wir die privilegierte Position als Ausgangspunkt nehmen, wird dies dann die Vorstellung bzw. das Urteil oder das Dasein sein?]

HEIDEGGER: Das ist in diesem Falle vollkommen gleichgültig. Es handelt sich hier nicht um eine Deduktion, sondern darum,

IV. Was ist das – die Philosophie? 413

daß alles innerhalb der Erkenntnis durch die repraesentatio bestimmt ist und daß dank der Repräsentation die Präsenz offenbar ist.

AXELOS: Mais qu'est-ce qui prime? La Vorstellung oder le Dasein? [Aber was ist zuerst? Die Vorstellung oder das Dasein?]

MARCEL: Le postulat de la raison pratique est une manière de présence, mais n'est pas une représentation. [Das Postulat der praktischen Vernunft ist eine Art von Präsenz, aber keine Repräsentation.]

BEAUFRET: Au fond, il faudrait pouvoir définir: représentation – Vorstellung. [Im Grunde genommen müsste man definieren können: Vorstellung.]

MARCEL: Das Postulat der praktischen Vernunft.

HEIDEGGER: Was ist ein Postulat? »Man macht einen Unterschied zwischen dem, was unmittelbar erkannt, und dem, was nur geschlossen wird. Daß in einer Figur, die durch drei gerade Linien begrenzt ist, drei Winkel sind, wird unmittelbar erkannt« – daß diese Winkel sind, wird unmittelbar erkannt –, »daß diese Winkel aber zusammen zwei rechten gleich sind, ist nur geschlossen. Weil wir des Schließens beständig bedürfen und es dadurch endlich ganz gewohnt werden, so bemerken wir zuletzt diesen Unterschied nicht mehr, und halten oft, wie bei dem sogenannten Betruge der Sinne, etwas für unmittelbar wahrgenommen, was wir doch nur geschlossen haben. Bei jedem Schlusse ist ein Satz, der zum Grunde liegt, ein anderer, nämlich die Folgerung, die aus jenem gezogen wird, endlich die Schlußfolge (Konsequenz), nach welcher die Wahrheit des letzteren unausbleiblich mit der Wahrheit des ersteren verknüpft ist. Liegt das geschlossene Urteil schon so in dem ersten, daß es ohne Vermittlung einer dritten Vorstellung daraus abgeleitet werden kann, so heißt der Schluß unmittelbar (consequentia immediata); ich möchte ihn lieber den Verstandesschluß nennen.«[80]

PHILONENKO: Le postulat mathématique est une synthèse pratique, mais le postulat pratique est tout autre chose. [Das mathematische Postulat ist eine praktische Synthese, aber das praktische Postulat ist etwas ganz anderes.]

D'HARCOURT: Ne faudrait-il pas faire éclater le terme ›représentation‹? C'est la même chose de dire que le Dasein est déterminé à partir de la copule. Kant approche de l'être en travail sous un double horizon: il ne faut pas dire: Ein Seeeinhorn ist ein existierendes Ding, sondern: Etwas Existierendes ist ein Seeeinhorn.[81] Est-ce qu'il n'y a pas là une indication d'un double chemin vers l'être? N'il y a-t-il pas là une rencontre du Dasein dans une expérience? Et, dans le mot ›ist‹ qui suit, la détermination du Dasein dans une proposition?

[Müßte man den Begriff ›Vorstellung‹ nicht sprengen? Es ist ganz so, als ob man sagen würde, das Dasein sei im Ausgang von der Kopula bestimmt. Kant arbeitet sich dem Sein in einem doppelten Horizont entgegen: Man darf nicht sagen: Ein Seeeinhorn ist ein existierendes Ding, sondern man muß sagen: Etwas Existierendes ist ein Seeeinhorn. Haben wir nicht an diesem Punkt einen Hinweis auf einen doppelten Weg zum Sein? Gibt es hier nicht eine Begegnung des Daseins in einer Erfahrung? Und in dem folgenden Wort ›ist‹ die Bestimmung des Daseins in einer Aussage?]

HEIDEGGER: Was heißt hier ›existieren‹?

D'HARCOURT: Est-ce que cela ne signifie pas une rencontre du Dasein dans une expérience? Aller à la rencontre du Dasein? [Be-

---

[80] [Immanuel Kant: Kritik der reinen Vernunft, A 303.]
[81] [Vgl. Immanuel Kant: Der einzig mögliche Beweisgrund, S. 73.]

IV. Was ist das – die Philosophie? 415

deutet das nicht eine Begegnung des Daseins in einer Erfahrung? Das Dasein begegnen lassen?]

HEIDEGGER: Wir haben bereits aus dem Nachlaß von Kant, der zu seinen »Reflexionen zur Metaphysik« gehört, einige Zeilen gehört: »Durch das Prädikat des Daseins tue ich nichts zum Dinge hinzu, sondern das Ding selbst [tue ich hinzu] zum Begriffe. Ich gehe also in einem Existentialsatz über den Begriff hinaus, nicht zu einem anderen Prädikat, als was im Begriffe gedacht war, sondern zu dem Dinge selbst [...], nur daß die absolute Position [und also die Setzung des Dinges an und für sich selbst oder – wie Kant hier sagt – die Sache an und vor sich selbst gesetzt] über die relative noch dazu gedacht wird«.[82] Die letztere Bemerkung Kants geht auf das, wovon wir gestern schon gesprochen haben, daß Kant offenbar die Bestimmung der Existenz als absoluter Position gewinnt in Rücksicht auf die relative Position des Satzes. Ein Beispiel: Der Baum dort existiert. Kant interpretiert diesen Satz so: Ich gehe über die Vorstellung ›Baum‹, die ich besitze, hinaus und setze zu dieser Vorstellung, die mir bekannt ist, das Ding als Gesetztes an und für sich hinzu. Daraus geht hervor, daß Kant hier offenbar das Dasein und die Existenz bestimmt in Rücksicht auf den zunächst immanenten, im Bewußtsein immanenten, bloßen Begriff. Der bloße Begriff ›Baum‹ enthält gewissermaßen den Begriff: essentia, das, was die quidditas von diesem Seienden in seiner Möglichkeit ist. In der Sprache von Leibniz und Wolff gesprochen: die possibilitas. Und vielleicht weiß einer von Ihnen, wie in der Leibniz-Wolffschen Schule die [Essenz][83] bestimmt wird? Als etwas, was sein kann, ohne daß es zu existieren braucht. Wenn es existiert, so ist diese Existenz in der Sprache Leibniz-Wolffscher Philosophie das complementum possibilitatis.

---

[82] [Immanuel Kant: Reflexionen zur Metaphysik, Nr. 6276.]
[83] [Typoskript: Existenz.]

Weshalb ich auf die Zusammenhänge eingehe, ist, [um] auf die Frage hinzuweisen: Von woher wird jetzt das, was Existenz und Dasein besagt, bestimmt? Kant sagt: Dieser Baum draußen, den Sie sehen, existiert. Wir erfahren ihn als existierend, also liegt es nahe zu vermuten, daß wir die Existenz des Baumes an dem existierenden Baume finden, denn der Baum ist es doch, der existiert.

In der Ersten Betrachtung werden Sie keine Stelle finden, wo Kant das Wesen von Dasein und Existenz aus einem unmittelbaren Hinblick auf ein Existierendes gewinnt.

Es wird deutlich schon aus der Terminologie, daß die absolute Position, im Unterschied zur relativen Position im Sinne der propositio, d. h. der Aussage, des Urteils, als Explikation eines Begriffes, daß die Bestimmung der Existenz letztlich von [der] propositio des Urteils gewonnen ist. Das Sein, oder daß der Baum *ist*, dieses ›ist‹ in dieser Aussage im Sinne von ›Der Baum existiert‹, wird in Rücksicht auf das ›ist‹ eines Satzes [wie] ›Der Baum ist grün‹ gewonnen.

MARÍAS: Kant, lorsqu'il parle de Prädikate, dit qu'ils sont zusammen, beisammen. Je crois qu'il se pose un problème au sujet de ce qui tient ensemble ces Prädikate. Je crois que cela reste en rapport avec la Möglichkeit. A propos de la tradition chez Leibniz-Wolff, la possibilité apparaissait comme une [absence][84] de contradiction. Chez Kant on peut voir davantage une connexion avec le Prädikat. [Wenn Kant von Prädikaten spricht, sagt er, daß sie zusammen, beisammen sind. Ich glaube, daß sich ein Problem bezüglich dessen stellt, was diese Prädikate zusammenhält. Ich glaube, daß dies in Zusammenhang steht mit der Möglichkeit. Was die Tradition bei Leibniz-Wolff betrifft, so erschien die Möglichkeit als Widerspruchsfreiheit. Bei Kant kann man darüber hinaus eine Verknüpfung mit dem Prädikat sehen.]

---

[84] [Typoskript: (conscience). Es handelt sich um einen Hörfehler. Gemeint ist die Möglichkeit im Sinne der Widerspruchs*freiheit*.]

IV. *Was ist das – die Philosophie?* 417

HEIDEGGER: Quel est ce [Welcher Art ist dieses] »beisammen«? Was hält die Prädikate zusammen?

MARÍAS: Prädikate des Sehens und Hörens zum Beispiel.

HEIDEGGER: Nur bei [der] »Kritik der reinen Vernunft«: Wahrnehmungsurteil der Erfahrung.

MARÍAS: Entre la position relative et la position absolue il y a quelque chose d'intermédiaire qui est la connexion des Prädikate, non seulement l'interprétation logique ... [Zwischen der relativen Position und der absoluten Position gibt es ein Dazwischen, das die Verknüpfung der Prädikate ist, nicht nur die logische Interpretation ...]

HEIDEGGER: Was ist hier »Dazwischen«? Zwischenfall, Urteil?

MARÍAS: L'[attribution][85] d'un Prädikat à un sujet est purement logique, donc relative. La connexion des Prädikate est un concept qu'on peut attribuer à quelque chose d'existant et me semble être un pas en avant.

[Die Attribuierung eines Prädikats zu einem Subjekt ist rein logisch, also relativ. Die Verknüpfung der Prädikate ist ein Begriff, der einem Existierenden attribuiert werden kann, und scheint mir ein Schritt darüber hinaus zu sein.]

---

[85] [Typoskript: interprétation.]

[Donnerstag, 1. September 1955 – 6. Tag][86]

Réponse du professeur Heidegger à G. Marcel, Ricœur, Marías et Goldmann *(1er Septembre 1955) [Antwort von Professor Heidegger auf G. Marcel, Ricœur, Marías und Goldmann (1. September 1955).]*

HEIDEGGER: Ich danke zunächst für Ihre Darstellungen und möchte auf einige Punkte eingehen. Ich müßte ein Genie sein oder gar ein Gott, um alle diese Fragen beantworten und alle Probleme lösen zu können, die hier gestellt worden sind.

Zuerst möchte ich zwei Punkte berühren, die Herr Gabriel Marcel am Beginn und auch am Ende seines Vortrages berührt hat: 1. was die Heideggersche Philosophie ist, 2. die Universalität.[87]

Wenn ich gestern sagte, es gibt keine Heideggersche Philosophie, so war es kein Scherz, sondern es entspricht demjenigen, was Sie gegen Ende Ihres Vortrages als Demut bezeichneten. Es bedeutet genauer nicht nur dies, daß ich kein System aufgestellt habe und auch nie aufstellen werde, sondern daß die Frage, die ich stelle, keine Frage der traditionellen Philosophie ist. Ich will nicht damit sagen, daß es sich um eine außergewöhnliche Frage handelt, die die ganze Philosophie umstellt, aber um eine Frage, die in der Einleitung zu »Was ist Metaphysik?« als der »Rückgang in den Grund der Metaphysik« charakterisiert ist.[88] In dem Vortrag »Was ist das – die Philosophie?« kennzeichnete ich die Philosophie als die Frage nach dem Sein des Seienden.[89] Mit dieser Definition ist

---

[86] [An diesem Tag hielten Gabriel Marcel, Julian Marías, Paul Ricœur und Lucien Goldmann Vorträge, von denen diejenigen von Marcel, Marías und Ricœur im Typoskript erhalten sind. Zum Inhalt der Vorträge siehe das Nachwort des Herausgebers, S. 762 f.]

[87] [Siehe unten S. 472 ff., Beilage 12.]

[88] [Vgl. Martin Heidegger: Einleitung. In: Was ist Metaphysik? 5. Auflage. Frankfurt a. M.: Vittorio Klostermann, 1949, S. 7–23, hier S. 7; aufgenommen in: Wegmarken. Frankfurt a. M.: Vittorio Klostermann, 1967, S. 195–211, hier S. 195; Gesamtausgabe Band 9. Hrsg. von Friedrich-Wilhelm von Herrmann. Frankfurt a. M.: Vittorio Klostermann, 1976, ³2004, S. 365–383, hier S. 365.]

[89] [Vgl. Martin Heidegger: Was ist das – die Philosophie?, S. 15, 21 ff.; Gesamtausgabe Band 11, S. 16, 19 ff.]

IV. Was ist das – die Philosophie?

nichts anderes bestimmt als das, was die Metaphysik ist. Weil aber meine Fragestellung nicht darauf hinzielt, zu bestimmen, was das Sein des Seienden ist, sondern in welchem Horizont von den Griechen bis Nietzsche das Sein des Seienden erscheint, habe ich sie in »Sein und Zeit« als Frage nach dem Sinn von Sein, als Frage nach der Unverborgenheit, Lichtung des Seins des Seienden dargestellt. In dieser Fragestellung ist eine Position eingenommen, die gewissermaßen die Metaphysik überwindet. Aber nicht in dem Sinne, daß die Metaphysik falsch ist, sondern daß das Sein in ihr verborgen bleibt, im Sinne der λήθη, Vergessenheit des Seins, die bisher in der Philosophie war.

Wenn ich also die Philosophie dargestellt habe als eine Frage nach dem Sein des Seienden, habe ich es getan, ohne mich dabei auf meine Fragestellung [zu] beziehen, die auf die ontologische Differenz geht. Also wenn ich in diesem Einleitungsvortrag die Philosophie als Metaphysik charakterisierte, die Bemühungen meines Denkens aber darauf zielen, diese ungefragte Frage zu entwickeln, dann müßten Sie mich eigentlich fragen: Wie können Sie die Philosophie als Metaphysik bezeichnen, wenn Ihr eigenes Denken eine Überwindung der Metaphysik ist?

Wenn ich sage: es gibt keine Heideggersche Philosophie, dann ist es in einem ganz strengen Sinne zu verstehen, denn entsprechend dem Vorwort zu »Was ist Metaphysik?« ist der Name ›Zeit‹ nur ein »Vorname«, ein vorläufiger Name, eine Wegweisung (un mot avant-coureur), eine Lichtung des Seins des Seienden in der Metaphysik.[90] (Zeit als die Besinnung von den Griechen: das Sein – ἐνέργεια – von der Präsenz her bestimmt durch οὐσία – παρά: da, dabei –, Präsenz durch οὐσία.) Dieser Zeitcharakter kann nicht aus dem gewöhnlichen Zeitbegriff erläutert werden. Denn man kann aus Aristoteles' »Physik« zeigen, daß Aristoteles, gerade weil in der griechischen Philosophie die Frage nicht gestellt ist, die Zeit als ὄν τι, also in gewisser Weise als Seiendes bestimmt. Die

---

[90] [Vgl. Martin Heidegger: Einleitung. In: Was ist Metaphysik?, S. 16 f.; Wegmarken, S. 205; Gesamtausgabe Band 9, S. 375 f.]

ganze Anstrengung, die im Buch »Sein und Zeit« vorliegt, hat nur diese eine Tendenz, eine ursprünglichere Interpretation der Zeit zu gewinnen und die Frage nach dem Zeitcharakter des Seins zu entwickeln.

So können wir die technische Frage nach der Heideggerschen Philosophie als geklärt zurückstellen.

Jetzt kommen wir zu dem zweiten Problem, das in dem Gespräch berührt wurde: die Universalität des Denkens. Ich muß zugeben, daß die Philosophie der Griechen in gewisser Weise als klassische Philosophie bezeichnet ist, insofern die Fragestellung der Griechen dafür maßgebend geworden ist, in welcher Dimension das Denken sich bewegen soll. Meine Bemühungen gehen nicht darauf, die eben entwickelte Frage der griechischen gleichzustellen, aber ich möchte darauf hinweisen, daß die Griechen das Problem der Universalität nicht gestellt haben. Die Aufgabe der Griechen war, was ihnen zu denken gegeben war, zu denken. Und ich muß zugestehen, daß ich nicht einen einzigen Augenblick auf die Universalität meines Denkens [hin] gedacht habe. Es steht nicht in der Macht eines modernen Menschen, das Geringste dafür zu tun, daß und inwiefern sein Denken universal werden könnte.

Zur Erläuterung ist es notwendig, eine Gegenfrage zu stellen. Ich habe nicht ganz verstanden: Ist es ein Zufall, wenn Sie auf das 18. Jahrhundert im Bezug auf Universalität hingewiesen haben?

MARCEL: Je m'y suis référé d'une façon péjorative, vous réjoignant ainsi dans vos préoccupations. Es ist klein rationalistisch par rapport aux grands penseurs de l'universalité. Les Encyclopédistes du XVIIIe siècle tendaient à déchoir dans une sorte d'aplatissement, que vous-même et moi sommes d'accord pour ne pas apprécier. Je voudrais poser une question qui touche au problème réligieux et qui réjoint ce qu'a dit Ricœur. Il y a une universalité en profondeur et non en extension, et c'est à ce sujet que je me permets de vous demander quelle serait votre position par rapport, non au catholicisme, mais à la catholicité. J'évoquerai ici ceux qui ont été

IV. Was ist das – die Philosophie?

des universalistes, mais pas dans le sens quelque peu déchu de la pensée laïcisée (Saint-Augustin, Malebranche, Pascal et, parmi les contemporains, Blondel), parce que là j'aperçois une conception d'universalité qui diffère avec celle des Encyclopédistes rationalistes (dans un sens restreint). Cette notion d'universalité, je la trouve extrêmement difficile. Je prendrai là, je crois, comme point de comparaison, l'universalité que je reconnais à Bach et aussi à Beethoven (dans ces derniers Quatuors, par exemple). Je sais très bien qu'on ne peut dire que tous les hommes sont capables de comprendre les derniers Quatuors de Beethoven. Ce n'est pas une généralité: es gibt einen Unterschied zwischen dem Allgemeinen und der Universalität. Mais ces œuvres sont ouvertes à tous les esprits parvenus à une certaine croissance; et là, je rejoindrais ce que disait Goldmann: est-ce que cet art, comme le plus grand art, n'est pas confiné dans une certaine élite de fait, qui serait dilettantisch?

[Ich habe mich darauf in pejorativem Sinne bezogen und mich damit Ihren Vorbehalten angeschlossen. Es ist klein rationalistisch im Verhältnis zu den großen Denkern der Universalität. Die Enzyklopädisten des 18. Jahrhunderts tendierten dazu, in eine Art von Verplattung zu verfallen, die wir beide – darin sind wir uns einig – nicht schätzen. Ich möchte eine Frage stellen, die das religiöse Problem berührt und sich an das anschließt, was Ricœur gesagt hat. Es gibt eine Universalität der Tiefe und nicht der Ausdehnung, und in bezug darauf erlaube ich mir Sie zu fragen, welche Haltung Sie, nicht gegenüber dem Katholizismus, sondern gegenüber der Katholizität einnehmen würden. Ich möchte an dieser Stelle an diejenigen erinnern, die Universalisten gewesen sind, aber nicht in dem etwas degenerierten Sinne des laizistischen Denkens (der heilige Augustinus, Malebranche, Pascal und, unter den Zeitgenossen, Blondel), weil ich dort eine Konzeption von Universalität wahrnehme, die sich von derjenigen der rationalistischen Enzyklopädisten (in einem engeren Sinne) unterscheidet. Diesen Begriff von Universalität finde ich extrem schwierig. Ich glaube, ich würde diesbezüglich zum Vergleich auf die Universalität verweisen, die ich Bach und auch Beethoven (in seinen letzten Quartetten zum Beispiel) zugestehe. Ich weiß sehr wohl, daß man nicht sagen kann, alle Menschen seien in der Lage, die letzten Quartette Beethovens zu verstehen. Es handelt sich nicht um eine Allgemeinheit: es gibt einen Unterschied zwischen dem Allgemeinen und der Universalität. Aber diese Werke sind offen für alle Geister, die zu einer gewissen Reife gelangt sind; und da würde ich mich dem anschließen, was Goldmann gesagt hat: Ist diese Kunst, als die größte Kunst, nicht auf eine gewisse wirkliche Elite beschränkt, die dilettantisch wäre?]

HEIDEGGER: Ja, das ergibt sich positiv in meinem Vortrag. Diese eigentliche Universalität hängt nicht mit einer Universalität im Sinne der Mathematik oder Logistik zusammen, die eine formale, allgemeine, grenzenlose Gleichgültigkeit ist, sondern mit dem Problem der Überlieferung der Wahrheit, deren Grundbedingung die Verwandlung ist (transmutation), die der Mensch weder beabsichtigen noch machen kann.

Die heutige Welt weist die griechische Philosophie ab. Aber diese Universalität im echten Sinne ist nur durch die Rezeption der griechischen Philosophie möglich geworden, die receptio durch die Übersetzungen von Cicero in anderen Sprachen. Insofern der Sprachbegriff, die Sprache jedem Denken vordenkt, wird die Überlieferung der Philosophie notwendigerweise Übersetzung. Wenn es sich darum handelt, meine Schriften zu übersetzen, möchte ich dabei ein Urteil abgeben, das ein Prinzip äußert: Man soll ein primäres, *möglichst genuines* Verständnis der Sache geben (ob es mit Gebrauchswörtern oder in einer gelehrten Sprache geschieht, ist sekundär), und es ist vielmehr wesentlich, daß das Gedachte in eine andere Sprache produktiv übersetzt wird. Zum Beispiel das Wort ›gewesen‹, als Unterschied zum ›Vergangenen‹: Es ist gleichgültig, welches französische Wort sogleich oder in zehn Jahren für die Übersetzung gewählt wird, sondern es kommt darauf an, das Wort der Sprache anzumessen, damit man den Unterschied gleich versteht, und daß dieser Unterschied möglichst als Samenkorn aufgeht und eine kleine Pflanze daraus aufwächst.

IV. Was ist das – die Philosophie?

Ich kann nicht auf alle Fragen, die gestellt worden sind, antworten, aber ich möchte Einiges zu den Vorträgen der Herren Marías, Ricœur und Goldmann sagen.

Was den Vortrag von Herrn *Marías* anbetrifft, bin ich dumm. Ich habe nicht verstanden. Es ist kein Urteil, sondern ich habe die Richtung nicht verstehen können. Vielleicht könnten Sie es mir privat erläutern.

Herrn Ricœur möchte ich zunächst Folgendes sagen:[91] Sie haben das griechische Denken mit Propheten konfrontiert und haben einige Worte der hebräischen und [der] griechischen Sprache verglichen. Als ich in meiner Jugend Theologie studiert habe, habe ich hebräisch gekonnt; ich habe es leider vergessen und kann jetzt etymologisch nicht sagen, ob λόγος dem ›Dabar‹ entspricht. Diese Frage der Sprache werden wir noch [am] Samstag berühren, wenn wir über das Denken und Dichten sprechen werden.

Was die zweite [Frage] des Herrn Ricœur anbetrifft, d.h. den Doppelcharakter (onto-theologischen) der Aristotelischen Metaphysik: Dieses Problem wird bei mir immer wieder berührt, z.B. in meiner »Einführung in die Metaphysik«.[92] Ich glaube aber nicht, daß man das Aristotelische Problem unmittelbar mit der Theologie der Propheten konfrontieren muß. Ich bin überzeugt, daß, wenn man hinreichend sachgemäß Aristoteles interpretiert (und wir sind weit davon entfernt), wir einsehen müssen, daß Aristoteles seine Frage sowohl nach dem Seienden als Seienden als auch nach dem Göttlichen (divin – πρώτη [φιλοσοφία]) gestellt hat und daß also das Ontologische wie das Theologische ursprünglich genuin griechisch ist – und zusammengehört.

Was den Vortrag von Herrn Goldmann angeht,[93] [so] hat er zu Beginn auf eine gewisse Verwandtschaft zwischen dieser Philosophie mit dem Marxismus hingewiesen und dies zugleich histo-

---

[91] [Siehe unten S. 476, Beilage 18.]
[92] [Vgl. Martin Heidegger: Einführung in die Metaphysik. Tübingen: Max Niemeyer, 1953; Gesamtausgabe Band 40. Hrsg. von Petra Jaeger. Frankfurt a. M.: Vittorio Klostermann, 1983, ²2020.]
[93] [Siehe unten S. 476f., Beilage 19.]

risch und biographisch begründet. *Lask*, der 1916 gefallen ist, hatte einen großen Einfluß auf die damaligen jungen Menschen gehabt, und Jaspers' Auffassung von Kant ist wesentlich daher bestimmt. Dazu muß ich sagen, daß Lask etwas Entscheidendes gemacht hat, wenn er den ersten Versuch machte, um den Neukantianismus (Rickert) zu Husserls Phänomenologie hinzuführen.

Die Schriften von Lukács kenne ich nicht, außer einem [Aufsatz] über die Ästhetik, der im »Logos« erschienen ist und der sehr wichtig ist.[94] Die Probleme, die Sie in dem ersten Teil Ihres Vortrages erwähnt haben, könnte man nur dann fruchtbar diskutieren, wenn wir eine konkrete Interpretation von Marx' Frühschriften hätten (»Nationalökonomie und Philosophie«[95]). Dieses Werk wurde zum ersten Mal 1932 in Deutschland von einem Schüler von mir mit einem Vorwort (Diskussion über die Problematik) veröffentlicht.[96]

Was das gesamte Problem, das Herr Goldmann berührt hat, anbetrifft, muß ich sagen, daß eine Auseinandersetzung mit dem Marxismus, die wirklich philosophisch und fundamental wäre, heute noch nicht möglich ist und auch noch nicht geleistet wurde. Denn ich glaube, daß es eine viel weiter gehende Interpretation von Hegel braucht (denn es handelt sich nicht nur um eine einfache Umkehrung von Hegel bei dieser Aneignung der Hegelschen Philosophie von Marx), als heute zu sehen ist. Für ein fruchtbares Gespräch wäre es auch nötig, daß der Marxismus selbst sich von seiner Dogmatik befreit und die Beweglichkeit, von der er spricht, sich zueignet.

In dem letzten Teil seines Vortrages hat Herr Goldmann Zitationen aus meinen Schriften gemacht. Ganz abgesehen von dem

---

[94] [Vgl. Georg Lukács: Die Subjekt-Objekt-Beziehung in der Aesthetik. In: Logos 7, 1917/18, S. 1–39.]
[95] [Typoskript: Economie politique et Philosophie.]
[96] [Vgl. Karl Marx: Der historische Materialismus. Die Frühschriften. Hrsg. von J. P. Mayer und Siegfried Landshut. Stuttgart: Kröner, 1932. – Siegfried Landshut (1897–1968) studierte in den zwanziger Jahren in Freiburg und Marburg bei Heidegger.]

Inhalt muß ich sagen, daß die Methode, nach welcher er vorgegangen ist, unzureichend ist. Man kann nicht Phrasen aus dem Ganzen einfach herausreißen. Was die Geschichtsphilosophie anbetrifft, stimme ich zu, daß es keine objektive Wissenschaft gibt, und die Frage nach der historischen Wahrheit wurde bisher weder hinreichend gestellt noch gelöst.

[Freitag, 2. September 1955 – 7. Tag]

Explications sur le texte: [Erläuterungen zu dem Text:]
Vorrede der »Phänomenologie des Geistes« von Hegel

HEIDEGGER:[97] Zuerst möchte ich das, was im zweiten Seminar gesagt wurde, in einer groben Form wiederholen.

Die Interpretation des ersten Abschnittes der Kantischen Schrift zielte darauf, als Problematik sichtbar zu machen das, worin die Bestimmung des Seins als Position gründet, nämlich in der Proposition, im Satz, im Urteil als der Grundform des Denkens. Wir haben diesen Zusammenhang erläutert, indem wir den Text von dem Lexikon (voir [siehe] Littré) gelesen haben, wo das Wort ›être‹ gekennzeichnet ist. Darin steht, daß ›être‹ seine ursprüngliche Bedeutung im ›esse‹, im ›ist‹ der copula hat. Sie sehen aus dieser Methode der Interpretation, daß sie darauf abzielt, zu fragen: In welchem Horizont wird überhaupt ›Sein‹ eröffnet. Diese Interpretation wird von der Fragestellung geleitet, die »Sein und Zeit« beginnt. Diese Fragestellung unterscheidet sich grundsätzlich von der der Metaphysik. Dieser Unterschied ist in der Vorlesung durch zwei Titel angedeutet. Die Leitfrage der Metaphysik ist, was das Seiende als Seiendes ist, mit anderen Worten: was Seiendes hinsichtlich seines Seins ist. Und die Grundfrage des Denkens [ist die nach dem] Sein qua Sein, oder aus welchem Horizont her überhaupt das Wort ›Sein‹ verstanden wird. Ich wiederhole: Die

---

[97] [Zum Hegel-Seminar siehe unten S. 477–482 die Beilagen 20–23.]

Leitfrage ist die Frage nach dem Seienden als Seienden und die *Grundfrage* [ist die nach dem] Sein qua Sein, wobei man natürlich ›être‹ mit ›esse‹ und nicht mit ›ens‹ übersetzt.

Wenn ich jetzt ganz einfach sage: ›Der Baum existiert‹, dann frage ich: Was heißt hier ›ist‹? Aus welchem Horizont des Verständnisses erläutere ich das, was ich verstehe? Worin gründet die Bedeutung [von] ›esse‹, ›ist‹? Das Problem selbst entwickelt sich in einem ständigen Gespräch mit der ganzen Metaphysik und ihrer Geschichte.

Wir sind in der letzten Stunde des Seminars auf die Frage gekommen: Was ist das Ding an sich (la chose en soi)? Die heutige Interpretation von Hegel wird uns die Gelegenheit geben, das etwas zu erläutern. Es ist die Frage aufgetaucht, wenn Kant von Ding an sich spricht, ob da noch die Rede von einer Vorstellung ist, ob die Rede noch einen Bezug auf ›Seiendes‹ hat. Ein Ergebnis der Kantischen »Kritik« ist, daß objektive Erkenntnis nur dann möglich ist, wenn ein Bezug auf die Natur qua Gegenstand vorhanden ist. Diese Erkenntnis der Natur als Gegenstand wird bei Kant als Erfahrung bezeichnet. Deshalb konnte der Neukantianismus, mit Hermann Cohen, ein Hauptwerk unter dem Titel »Kants Theorie der Erfahrung« veröffentlichen.[98]

Nun können wir beachten, daß Kant, gerade wenn er von den Grenzen der Erfahrung spricht, sagt: Dinge an sich sind nicht als Gegenstände der Natur erkennbar. Gleichzeitig aber spricht Kant fortwährend davon, daß das Ding an sich notwendig als Gegenstand zu denken ist, gerade innerhalb der Erkenntnis der Natur. Das Ding an sich als Gegenstand ist für Kant nicht nihil negativum. In der »Kritik der reinen Vernunft« wird die vierfache Bedeutung des ›nichts‹ erläutert: Das Ding an sich, das in seinem ›was‹ nicht wissenschaftlich erkennbar ist, ist vorstellbar, also ein Gegenstand der repraesentatio. Mit anderen Worten: Kant bezeichnet das Ding an sich als einen Gegenstand der Vorstellung

---

[98] [Vgl. Hermann Cohen: Kants Theorie der Erfahrung. Berlin: Ferd. Dümmler, 1871.]

IV. Was ist das – die Philosophie? 427

als ›ens rationis‹. Hier erhebt sich das Problem: Welcher Sinn von ›esse‹ kommt diesem ›ens‹ zu? Das ist eine universale Fragestellung nach dem Sein, ontologisch, nicht ontisch gesehen. Das Ding an sich, der Gegenstand der Vorstellung, gehört also in den Bereich der Frage nach dem Sein. Mit anderen Worten: Für Kant sind die Grenzen der Erfahrung, des objektiven Wissens mit den Grenzen der Vorstellung nicht identisch. Die Dinge an sich, unabhängig von der Frage, ob sie erkennbar sind in dem, was sie sind, bleiben Gegenstände.

Die Terminologie Kants hat sich von der ersten zur zweiten Auflage in einer wesentlichen Weise präzisiert. In der zweiten Auflage wird der Titel ›Objekt‹[99] nur für die Gegenstände der wissenschaftlichen Erkenntnis gebraucht, während das Ding an sich als ›Gegenstand bloßer Vorstellung‹ bezeichnet ist und niemals als ›Objekt‹. Kant bezeichnet nun im Anschluß an eine überlieferte Sprache die Gegenstände wissenschaftlicher Erkenntnis als ›Phänomene‹. Diese Bezeichnung gründet sich darauf, daß die Erscheinungen durch sinnliche Anschauung gegeben sind. Dagegen sind Dinge an sich zwar Gegenstände, aber keine ›Phaenomena‹. Die nicht sinnlichen Gegenstände bezeichnet Kant mit dem griechischen Wort ›Noumena‹, als diejenigen, die durch das reine Denken vorgestellt sind.

Die allgemeine Form des Ergebnisses der Interpretation, [worin] gefragt [wurde], in Bezug worauf Sein bestimmt ist, wird durch den Satz ›Sein ist Denken‹ formuliert. Das ist natürlich ein Satz, der sehr vieldeutig und tief ist und einen sehr großen Sinn in sich einschließt. Diesen Satz kann man schon bei vorsokratischen Denkern finden, z. B. in dem 5. Fragment des Parmenides: τὸ γὰρ αὐτὸ [νοεῖν] ἐστίν [τε καὶ εἶναι].[100] Cohen und die Marburgische Schule, und auch Hegel, haben diesen Satz rein idealistisch interpretiert, und zwar in dem Sinne, daß der Satz sagt: Sein ist etwas vom

---

[99] [Im Typoskript folgt in Klammern gesetzt:] ident. Gegenstand
[100] [Das vom Herausgeber in eckige Klammern Gesetzte wurde nach der Ausgabe von Diels ergänzt.]

Denken, von der Vorstellung Gesetztes. Diese Interpretation ist vollkommen ungriechisch und will nichts davon, was die Identität von Denken und Sein für die Griechen war, wissen.[101] Zu diesem Fragment 5 gibt es eine weitere Explikation in dem Fragment 8, und diese Stelle (Denken und Sein) ist in [dem Aufsatz] »Moira« erläutert.[102] Nun könnte in einem gewissen Sinne der Satz ›Sein ist Denken‹ als Überschrift über der ganzen Geschichte der abendländischen Metaphysik stehen. Aber zunächst muß die Bedeutung dieses Titels ganz offen bleiben.

Übergang zu Hegel

Biemel hat in der vorletzten Stunde einen wesentlichen Hinweis gegeben und gesagt, daß gerade im Idealismus, bei Hegel, eine Beziehung zwischen dem Sein und der Aussage zum Vorschein kommt und gerade durch die Hegelsche Philosophie besonders deutlich gemacht werden kann.

Die beiden Texte von Hegel, die ich gewählt habe, sind insofern unzureichend, als sie beide aus der Vorrede stammen. Hegel sagt selbst in seiner Vorrede zur »Phänomenologie«, daß seine Einleitungen nur in erzählender Weise dargestellt sind. Mit anderen Worten: In diesen Texten haben wir noch nicht die Gelegenheit, in die Bewegung des Hegelschen Denkens einzugehen. Unser Versuch ist einzig von der Hegelschen Bewegung des Denkens her wahrzumachen. Wir beginnen mit einem Satz aus der Vorrede zur »Phänomenologie«, einem Satz, der dem Anschein nach ein ganz

---

[101] [Im Typoskript folgt der in Klammern gesetzte Hinweis:] Die letzte Interpretation dieses Satzes befindet sich in den Vorlesungen von Professor Heidegger (1952) in »Was heißt Denken?« [Vgl. Martin Heidegger: Was heißt Denken? Tübingen: Max Niemeyer, 1954, S. 146–149; Gesamtausgabe Band 8. Hrsg. von Paola-Ludovica Coriando. Frankfurt a. M.: Vittorio Klostermann, 2002, S. 243–247.]

[102] [Im Typoskript folgt der in Klammern gesetzte Hinweis:] Heidegger: Vorträge und Aufsätze [Vgl. Martin Heidegger: Moira (Parmenides, Fragment VIII, 34–41) (1952). In: Vorträge und Aufsätze. Pfullingen: Günther Neske, 1954, S. 231–256; Gesamtausgabe Band 7. Hrsg. von Friedrich-Wilhelm von Herrmann. Frankfurt a. M.: Vittorio Klostermann, 2000, S. 235–261.]

IV. Was ist das – die Philosophie?

gewöhnlicher ist und eine gewöhnliche Wahrheit enthält:[103] »Worauf es deswegen bei dem *Studium* der *Wissenschaft* ankommt, ist, die Anstrengung des Begriffs auf sich zu nehmen.« Ich bemerke, daß im Text Hegels die Worte »Studium« und »Wissenschaft« gesperrt sind. Wenn man diesen Satz wie eine Zeitung liest, was sagt er dann?

DE WAELHENS: Qu'il est difficile de faire de la science. [Daß es schwer ist, Wissenschaft zu treiben.]

HEIDEGGER: Der Satz Hegels ist aber ein schwäbischer Satz, ein kuinziger Satz. Was Herr De Waelhens gesagt hat, ist richtig, d. h. man muß Unangenehmes auf sich nehmen, um exakt zu denken. Hegel spricht hier nicht von der Wissenschaft als z. B. Physik, sondern hier bedeutet Wissenschaft: Philosophie. Ich muß hier sagen, daß die Übersetzung [von] Hyppolite nicht exakt ist.[104] Die Wissenschaft hier ist die Philosophie. Fichte in seiner Wissenschaftslehre hat keine Methodologie gemeint, sondern die Selbstbesinnung der Philosophie.

MARCEL: Quelle serait alors la différence entre Wissenschaft et Wissen? [Was wäre dann der Unterschied zwischen Wissenschaft und Wissen?]

HEIDEGGER: Die Wissenschaft ist die innere Systematik des Wissens in dem Sinne einer ontologischen Explikation der einzelnen Themen in ihrem Zusammenhang.

---

[103] [Im Typoskript folgt der in Klammern gesetzte Hinweis:] deutsche Ausgabe: Hoffmeister, Vorrede, Seite 48 – traduction franç. Hyppolite, page 50 [Georg Wilhelm Friedrich Hegel: Phänomenologie des Geistes. Nach dem Texte der Originalausgabe hrsg. von Johannes Hoffmeister. Hamburg: Felix Meiner, 1952, S. 48; ders.: La phénoménologie de l'esprit. Tome I. Trad. de Jean Hyppolite. Paris: Aubier, 1939, S. 50.]

[104] [Georg Wilhelm Friedrich Hegel: La phénoménologie de l'ésprit, S. 50: »Dans l'*étude scientifique*, ce qui importe donc, c'est de prendre sur soi l'effort tendu de la conception.«]

HERSCH: C'est assez effrayant quand une traduction fausse devient généralisée. [Es ist ziemlich erschreckend, wenn eine falsche Übersetzung verallgemeinert wird.]

HEIDEGGER: Ich muß hier erwähnen, daß 1911 Husserl im »Logos« einen Aufsatz veröffentlicht hat unter dem Titel »Philosophie als strenge Wissenschaft.«[105] Hier ist der Begriff ›Wissenschaft‹ mit dem Begriff dieses Wortes bei [den] deutschen Idealisten (Hegel, Fichte) nicht identisch. Für Husserl ist die Philosophie nur dann Wissenschaft, wenn sie der Sache, wovon sie handelt, entspricht, also keine Nachahmung der Physik ist. Ich betone das, weil ich selbst in »Sein und Zeit« noch diesen Husserlschen Begriff gebraucht habe.

In Hegels Gebrauch des Wortes ist Wissenschaft mit Philosophie oder Metaphysik identisch. Es wird dadurch erläutert, daß Hegels Werk, die »Phänomenologie des Geistes«, der erste Teil eines geplanten gesamten Werkes war: die »Wissenschaft der Phänomenologie des Geistes«. Der zweite Teil des gesamten Hegelschen Werkes wurde als »Wissenschaft der Logik« geplant. Hegel ist aber mit der Zeit (1812) zu einer Wandlung seiner Position gelangt. Es gehört irgendwie zum Wesen eines Denkers, möglichst viele Umkippungen durchzumachen, wie Kant gesagt hat. 1812, im Jahre der Krönung [der] Hegelschen Metaphysik und Philosophie, wurde die »Wissenschaft der Logik« veröffentlicht, unabhängig von dem gesamten Werk, das er geplant hatte. Man kann also diese beiden Titel interpretieren wie folgt: erste Stufe: Wissenschaft als Phänomenologie des Geistes; zweite Stufe: Wissenschaft als Logik. Also, wenn wir hier Wissenschaft als Philosophie bezeichnen, haben wir damit den ersten Teil unseres Satzes erläutert: [Studium der] Wissen[schaft heißt] Studium der Metaphysik.

---

[105] [Vgl. Edmund Husserl: Philosophie als strenge Wissenschaft. In: Logos 1, 1910/11, S. 289–341; aufgenommen in: ders.: Aufsätze und Vorträge (1911–1921). Hrsg. von Thomas Nenon und Hans Rainer Sepp. Husserliana Band XXV. Dordrecht, Boston, Lancaster: Martinus Nijhoff, 1987, S. 3–62.]

IV. Was ist das – die Philosophie? 431

Jetzt: Was versteht Hegel unter ›Begriff‹? Es ist wieder ›schwäbisch‹. Bei Kant ist er Vorstellung von etwas, das als allgemein bezeichnet sein kann (›Baum‹ [ist] Begriff für alle Gattungen von Bäumen: Eiche, Fichte, Birke usw.). Die ganze Tiefe und Weite, die Hegel aber unter dem Wort ›Begriff‹ hier und in der »Logik« meint, kommt zum Vorschein in dem dritten Teil seines Werkes: »Logik des Begriffs«, der höchsten Spitze seines Systems. Das Wesen des Begriffs im Hegelschen Sinne ist Freiheit (Schwierigkeit und Tiefe dieses Wortes bei Hegel). Der Begriff ist für Hegel mit der absoluten Idee identisch. Das Wort ›Idee‹ gebraucht Hegel im Bereich des neuzeitlichen Denkens der Subjektivität im Sinne der Vorstellung (etwas vor sich zeigen) und gleichzeitig in einem ursprünglich Platonischen Sinne. Demnach bezeichnet die absolute Idee oder [der] Begriff schlechthin nichts anderes als das vollständig entwickelte Sich-selbst-Erscheinen des absoluten Geistes. Und dieses Sich-selbst-Erscheinen ist gleichzeitig das Leben des Geistes, bei Hegel Wirklichkeit oder das Sein. Sein ist also dieses Für-sich-selbst-Werden des absoluten Geistes. ›Werden‹ soll aber nicht als ›Entstehen‹ verstanden sein. Bei Hegel wird, wie bei Schelling, Sein als Werden als Sich-selbst-offenbar-Werden verstanden, nämlich dessen, *was noch verborgen ist*.

Zum Beispiel das Werden Gottes, das ist nicht so zu verstehen, als ob Gott, der gar nicht existierte, plötzlich erscheint, sondern Gott, der in sich verborgen war, offenbart sich selbst. In diesem Sinne wird also Gott das Sein oder der Begriff. Der Begriff ist nicht mehr verstanden im traditionellen Sinne der Logik, sondern selbst als vollkommenes Werden. Wenn man jetzt diese Erläuterung des Begriffs von Hegel versteht (Begriff identisch mit dem absoluten Sein), dann wird man ahnen, was Hegel meint, wenn er von »Anstrengung des Begriffs« spricht. Es bedeutet nicht mehr Mühseligkeit, die Schwierigkeit, eine exakte Definition zu gewinnen, sondern eine Anforderung, die der Begriff selbst stellt. »Anstrengung des Begriffs« bedeutet: sich loslösen von allem gewöhnlichen Denken, um zu versuchen, in den Prozeß des reinen Denkens, d. h. in das sich selbst begreifende Absolute einzugehen.

Die Anstrengung des Begriffs besteht darin, eine gemäße metaphysische Beziehung zu Gott zu finden. Dieser Bezug des Menschen zum Absoluten ist bei Hegel unmittelbar expliziert.

Da besteht eine kritische Frage: der Anhaltspunkt von Kierkegaards Frage nach dem Bezug des Menschen zu Gott im Hegelschen Sinne. Die [übliche] Auffassung von Kierkegaard ist die Hervorhebung der kritischen Position zu Hegel. Man übersieht dabei die ganze Problematik von Kierkegaard, der von Hegel kommt. Die Position Kierkegaards, sofern sie metaphysisch ist, gehört in den Bereich der Metaphysik der Subjektivität. Insofern die in »Sein und Zeit« gestellte Frage *vor* aller Metaphysik liegt, also auch vor aller Metaphysik der Subjektivität des deutschen Idealismus, ist es vollkommen irrig zu sagen, daß Kierkegaard der Vater dieser Philosophie, des sogenannten Existentialismus, ist. In dieser Philosophie (»Sein und Zeit«) bewegt sich die Problematik in einer ganz anderen Dimension. Ich betone es nicht, um irgendeine Originalität gegen Kierkegaard hervorzuheben, sondern weil es eine ganz andere Art der Problematik ist.

Damit ist nicht geleugnet, daß Kierkegaard für bestimmte Themen (Explikat[ionen]) des menschlichen Daseins wesentliche Anstöße gegeben hat. Was zum sachlichen Verständnis wichtig ist, ist zu wissen, daß die Jahre 1906–1914 für Deutschland die erregendsten Jahre des geistigen Fragens und Besinnens waren. In diesen Jahren erschienen, zum ersten Mal, deutsche Übersetzungen von Kierkegaard und auch die erste vollständige Ausgabe des »Willens zur Macht« von Nietzsche. In derselben Zeit hat Husserl »Philosophie als strenge Wissenschaft« geschrieben, d. h. die Präzisierung der Problematik der Phänomenologie.

Ich muß hinzufügen, daß diese geistige Welt, die damals uns begegnete, für mich schon einen gewissen Bereich der Rezeption hatte, da ich seit meinem siebzehnten Jahr mich mit Aristoteles beschäftigte. Wenn man also von einem Vater dieses Denkens sprechen kann, ist es Aristoteles. Er begegnete mir durch eine Schrift, die ich heute noch allen empfehlen möchte. Ich bekam sie von einem väterlichen Freund während der Ferien. Es war ein

IV. Was ist das – die Philosophie?

Buch von Franz Brentano: »Von der mannigfachen Bedeutung des Seienden nach Aristoteles«.[106] Es war die Dissertation von Brentano, die er unter der Leitung von Trendelenburg in Berlin gemacht hat. Trendelenburg, der Professor für Philosophie war, hat sich gegen den Standpunkt von Hegel und Schelling geäußert. Das Motto dieser Dissertation lautet: τὸ ὂν λέγεται πολλαχῶς. Von da aus wurde die Frage des Seins des Seienden eine fundamentale Frage für mich. Ich fühlte mich aber hilflos. Derselbe Brentano hat, einige Jahre später, eine Habilitationsschrift unter dem Titel »Psychologie vom empirischen Standpunkt« veröffentlicht.[107] Da befindet sich ein Abschnitt über die Unterscheidung der psychischen Phänomene hinsichtlich der Intentionalität. Diese Schrift wurde der entscheidende Impuls zu Husserls Phänomenologie und zeigte, daß die Intentionalität (Richtung) verschieden ist in der Vorstellung, im Gefühl, im Urteil. Wenn ich diese Abschweifung mir erlaube, so ist es nur, um deutlicher zu machen, woher die entschiedensten Anstöße meiner Fragen kamen und [diese] geblieben sind.

Herr Gabriel Marcel hat mich gebeten, das Verständnis zu stärken, wie sich der Übergang bei Hegel von dem Gebrauch des gewöhnlichen Begriffs zu einem Begriff im metaphysischen Sinne vollzieht. Die Absicht, die ich heute in diesem Seminar verfolge, ist, zu zeigen, mit dem Hinblick auf den Text der Vorrede zur »Phänomenologie des Geistes« (Ausgabe Hoffmeister, Seite 51), den Übergang von einem gewöhnlichen Satz zu einem spekulativen oder logischen Satz. Dabei müssen wir beachten, daß nach der gewöhnlichen Logik der Begriff ein unentwickeltes Urteil ist. Zum Beispiel: Ich spreche von dem Begriff ›Baum‹, d.h. ich stehe vor einem Gewächs mit einem Stamm, Ästen, Zweigen. Dieser Be-

---

[106] [Vgl. Franz Brentano: Von der mannigfachen Bedeutung des Seienden nach Aristoteles. Freiburg i. Br.: Herder, 1862.]
[107] [Vgl. Franz Brentano: Psychologie vom empirischen Standpunkt. Leipzig: Duncker & Humblot, 1874. Die Habilitationsschrift Brentanos war: Die Psychologie des Aristoteles, insbesondere seine Lehre vom νοῦς ποιητικός. Mainz: Verlag von Franz Kirchheim, 1868.]

griff beschließt also in sich ein unausgesprochenes Urteil: »Dieser Baum hat Stamm, Äste usw.«.

Jetzt werden wir uns an den Text von Hegel halten und den Übergang von einem gewöhnlichen Urteil zu einem spekulativen (oder philosophischen) Satz verfolgen. Mit anderen Worten werden wir von dem traditionellen Begriff zu einem Begriff im philosophischen Sinne übergehen. Die Frage entsteht dann: Weshalb beschäftigen wir uns mit dem Satz, mit dem Urteil? Es ist keine Thematik für sich. Das Problem war doch zu erörtern, daß und inwiefern das Sein vom Urteil her bestimmt wird. Wenn also Hegel eine andere Form des Satzes als den üblichen Satz einführt, so schließt das in sich, daß er von diesem Satz aus eine andere Interpretation des Seins gewinnt. Wir bewegen uns dann in der Dimension, aus der heraus das Sein bestimmt wird.

MARCEL: C'est un cercle. [Das ist ein Zirkel.]

HEIDEGGER: Nein, aber Identität. Der Satz ist die Dimension, aus der heraus das Sein bestimmt wird. Also der spekulative Satz ist selbst das Sein.

Wir kommen also in die Anstrengung des Begriffs und können ihn als einen gewissen Anstoß nehmen, Hegel in einer gelichteten Atmosphäre zu studieren.

Hegel selbst sagt in dieser Vorrede: Sein ist Denken. Das ist selbst ein spekulativer Satz. Wenn ich diesen Satz im üblichen Sinne nehme, so wird er sinnlos. Wenn wir den Satz so verstehen, dann verstehen wir ihn gar nicht. Die Grundform des Denkens ist der Logik nach das Urteil. Also, indem man vom üblichen zum spekulativen Sinn übergeht, nähert man sich einer Vertiefung des Satzes: Sein ist Denken.

Hegel vergleicht die spekulative Form des Denkens mit dem materiellen Denken und mit dem räsonnierenden Denken. Das *spekulative Denken* ist im Unterschied zum materiellen und räsonnierenden Denken *begreifend*. Das begreifende Denken ist nicht ein Denken, das etwas begreift, sondern ein Denken, das

IV. Was ist das – die Philosophie? 435

sich in der Dimension des Begriffs bewegt im Sinne des absoluten Erscheinens des Geistes. Spekulativ ist für Hegel gleichbedeutend mit philosophisch oder metaphysisch (von speculari, d. h. das absolute Sein oder die Idee in Sicht nehmen; ἰδέα bedeutet bei Platon das Gesicht, das eine Sache zeigt, die Weise, wie sie erscheint; die ἰδέα ist für Platon das, wodurch sich etwas von etwas unterscheidet, τὸ ἕτερον). Die Kategorien werden bei Hegel zur immanenten Struktur des absoluten Geistes.

Unter *materiellem Denken* versteht Hegel folgendes: »Die Bäume sind grün.« – »Der Himmel ist bedeckt.« – »Das Haus ist rot.« Das ist ein Denken, daß am Gegebenen fortläuft, in derselben Dimension von einem zum anderen übergeht. Auf derselben Ebene bleibend, reflektiere ich nicht darüber, daß ich etwas aussage. Das ist die gewöhnliche Haltung.

Das *räsonnierende Denken* ist Reflexion, bewegt sich in ihr. Hegel versteht darunter, im polemischen Sinne, das damalige Stadium der Schellingschen Philosophie. Diese polemische Bezeichnung, die sich in der Vorrede zur »Phänomenologie des Geistes« findet, verursachte den Bruch der Freundschaft zwischen den beiden Freunden (Hegel und Schelling), was ein großes Unglück für den deutschen Idealismus bedeutete. Und wie jede Polemik ist auch diese von Hegel ungerecht. Wir versuchen jetzt das räsonnierende Denken zu kennzeichnen, ohne dabei auf Schelling einzugehen. Das räsonnierende Denken ist schon ein philosophisches. (Das ist die Phase des Schellingschen Denkens zwischen 1800 [und] 1804.) Hegel findet, daß Schelling mit gewissen allgemeinen Begriffen, wie ›Identität‹ und ›absolut‹, gewissermaßen den Inhalt, die Thematik der Philosophie von außen her anfällt.

Mit dem *spekulativen Denken* dagegen versucht Hegel, den Gegensatz zwischen dem, *was* gedacht wird, und der Form, *wie* es gedacht wird, zu überwinden. Er will zeigen, daß Form und Inhalt dasselbe sind. Als Beispiel gelte die »Anstrengung des Begriffs«. Wir fragen, wo sie ihren Grund hat. In jeder Anstrengung muß ein Widerstand überwunden werden. In jedem spekulativen Satz gibt es einen Widerstand, der vom spekulativen Denken überwunden wird. Solange wir den spekulativen Satz nur in dieser vorläufigen Form verstehen, können wir noch nicht begreifen, was dialektisch und Dialektik ist. Hegel spricht davon, daß im spekulativen Satz oder in einem Satz des spekulativen philosophischen Denkens ein Gegenstoß sich offenbart: »Formell kann das Gesagte so ausgedrückt werden, daß die Natur des Urteils oder Satzes überhaupt, die den Unterschied des Subjekts und Prädikats in sich schließt, durch den spekulativen Satz zerstört wird, und der identische Satz, zu dem der erstere wird, den Gegenstoß zu jenem Verhältnisse enthält.«[108]

Wir haben also erstens den *gewöhnlichen Satz*, wo der Unterschied von Subjekt und Prädikat besteht (im materiellen Denken kümmern wir uns gar nicht darum), zweitens den *spekulativen Satz*. Um ihn zu erläutern, nehmen wir ein Beispiel, das sehr hoch gegriffen ist: »*Gott ist das Sein*«[109] (schon im Mittelalter: ›Deus est ipsum esse‹). Wenn wir diesen Satz gewöhnlich nehmen, so ist das Sein das Prädikat für das Subjekt Gott, aber das Sein ist hier nicht irgendeine beliebige Bestimmung, sondern die reine Wirklichkeit, als welche Gott selbst ist (ipsum esse = actus purus). Hegel sagt: das Prädikat Sein »hat substantielle Bedeutung«. ›Substantiell‹ heißt für Hegel das, was Wesen hat, was Wirklichkeit hat, das, worin das Wesen beruht. In diesem substantiellen Prädikat löst sich das Subjekt auf. Hegel sagt: »[in dem Satz:] *Gott ist das Sein*, [ist] das Prädikat *das* Sein; es hat substantielle Bedeutung, in der das Subjekt zerfließt. Sein soll hier nicht Prädikat, sondern das Wesen sein; dadurch scheint Gott aufzuhören, das zu sein, was er durch die Stellung des Satzes ist, nämlich das feste Subjekt.«[110] Gott beruht im Wesen des Seins und nicht ist das Sein eine Qualität Gottes. Das frühere formelle Prädikat verliert seinen Prädikatcharakter und wird zum Subjekt, das Subjekt wird geborgen ins Prädikat. Auf diese Weise kann das Denken nicht weiter fort-

---

[108] [Georg Wilhelm Friedrich Hegel: Phänomenologie des Geistes, S. 51.]
[109] [Ebd.]
[110] [Ebd. – Das vom Herausgeber in eckige Klammern Gesetzte ist nach dem Hegel-Text ergänzt.]

IV. Was ist das – die Philosophie? 437

laufen. Durch den ›Gegenstoß‹ wird jetzt der Satz: ›*Gott ist das Sein*‹, d. h. Gott gehört mit der Fülle seines Wesens in das Sein, zu dem Satz: ›*Das Sein ist Gott*‹, d. h. das Sein ist dasjenige, was die Fülle des Wesens Gottes ausmacht. In beiden Sätzen hat das ›ist‹ eine andere Bedeutung. Das ›ist‹ des zweiten Satzes ist sozusagen transitiv. In einer sehr gewagten Weise könnte man im Deutschen vielleicht sagen: ›Das Sein *istet* Gott.‹ Das ›ipsum esse‹ ist die ›omnitudo realitatis‹, zu welcher die Existenz gehört. Die ›omnitudo realitatis‹ läßt Gott sein. Für Hegel ist Sein weder in ›Gott‹ noch im ›Sein‹, sondern Sein verbirgt sich in der Bewegung des ›ist‹.

Ich wiederhole: Das ursprüngliche Prädikat, das zum Subjekt wird, ist Ursprung und Grund des ersten, jetzt aufgelösten Subjekts. Diese Bewegung, also die Bewegung des ›ist‹, ist das, was Hegel das *Werden* nennt. Aus dieser Bewegung des ›ist‹ kann erst begriffen werden, was Gott und Sein ist.

HERSCH: Si le mouvement est pris dans ce sens du prédicat-sujet, ils (sujet et prédicat) ne sont pas semblables, mais différents. Hegel les ramène à un jugement. Il ne s'agit donc pas d'une identité. [Wenn die Bewegung in diesem Sinne von Prädikat-Subjekt genommen wird, dann sind sie (Subjekt und Prädikat) nicht gleich, sondern verschieden. Hegel führt sie auf ein Urteil zurück. Also handelt es sich nicht um eine Identität.]

HEIDEGGER: Identität ist für Hegel im Leibnizschen Sinne Harmonie.

FESSARD: La formule hégélienne de l'identité est: l'identité de l'identité et de la non-identité. [Die Hegelsche Formel für die Identität ist: die Identität der Identität und der Nicht-Identität.]

HEIDEGGER: Die Identität ist für Hegel nicht die leere Selbigkeit, sondern die Zusammengehörigkeit des Unterschiedenen, d. h. Harmonie. Im gewöhnlichen Satz bleibt das Verhältnis zwischen Subjekt und Prädikat unwahr. Im spekulativen Satz kommt die

Beziehung zwischen Subjekt und Prädikat in eine lebendige Bewegung im Sinne einer harmonischen Einheit. Diese zum Vorschein kommende Einheit ist die Zusammengehörigkeit des Unterschiedenen, für Hegel: die Einheit des Begriffs.

[Samstag, 3. September 1955 – 8. Tag]

Séance consacrée à Hölderlin [Hölderlin-Sitzung]

HEIDEGGER:[111] In der Vorrede Hegels zur »Phänomenologie des Geistes«[112] und im ganzen Werk tönt ein eigentümlicher Klang.

Er ist das Echo jener Zeit, in der die beiden Freunde, Hegel und Hölderlin, beide im selben Jahre 1770 geboren, in Frankfurt/M. als Hauslehrer tätig waren.[113] Was die Jahre in Frankfurt für *Hölderlin* waren, kann hier nicht gesagt werden. Das Griechentum, »Hyperion«, »Empedokles«, »*Diotima*«. In bezug auf *Hegel* wissen wir, daß er in dieser Zeit zum ersten Mal in ein unmittelbares Gespräch mit Aristoteles durch ein intensives [Studium][114] gelangte.

Ein neuer Stil seines Denkens beginnt sich zu entfalten. Unmittelbar zu ersehen aus der »Jenenser Logik« 1802/3, »*Jenenser Realphilosophie*« 1804 ff. – Vorstufen der »Phänomenologie des Geistes«.[115] Dies Gesagte keine bloß historischen Bemerkungen –

---

[111] [Die Wiedergabe dieser einleitenden Bemerkungen zur Hölderlin-Sitzung (bis S. 439 Mitte) beruht auf der erhaltenen Handschrift Heideggers. Siehe dazu das Nachwort des Herausgebers, S. 769. Inhaltliche Überschüsse des Typoskripts gegenüber der Handschrift werden im Folgenden in Fußnoten wiedergegeben.]
[112] [Typoskript:] aus der wir gestern einige Abschnitte erläutert haben
[113] [Typoskript:] Sie wissen, daß die beiden Freunde [...] zusammen mit Schelling in derselben Stube, in Tübingen, gewohnt haben.
[114] [Ergänzt nach dem Typoskript.]
[115] [Statt dieses Satzes findet sich im Typoskript:] Wir haben aus dieser Zeit leider keine unmittelbaren schriftlichen Zeugnisse. In Amerika sollen sich Manuskripte dieser Zeit befinden. Aus den Schriften Hegels, die erst im Verlaufe dieses Jahrhunderts gedruckt wurden, »Logik« (Jena 1802/1803) und die sogenannte »Realphilosophie« (Jena 1804/1805), die die Vorstufe der »Phänomenologie des Geistes«

IV. Was ist das – die Philosophie? 439

der Hinweis auf eine Atmosphäre, in der das Schöpferische des Dichtens und des Denkens[116] gedeihen durfte.[117]

Ich freue mich, daß Herr Allemann nach Cerisy gekommen ist und sich bereitfindet, dieser Dekade einen schönen Abschluß zu geben, indem er uns einiges über die neugefundene *Hymne Hölderlins* sagt. Dadurch ergibt sich für uns eine Gelegenheit, Dichten und Denken in einem großartigen Widerspiel – als Geschehnis – zu erfahren. Eine solche Erfahrung kann uns darauf aufmerksam machen, daß sich das Problem des Verhältnisses von Dichten und Denken nicht[118] aus der hohlen Hand behandeln läßt.

Beides – Denken und Dichten – sind ausgezeichnete Weisen des Sagens. Beide wohnen in einem wesenhaften Sinne in der Sprache, beide sind die ersten Dienerinnen der Sprache.

Vielleicht gibt sich nach den Darlegungen von Herrn Allemann noch eine Gelegenheit, einiges zum ›Problem‹ der Sprache zu sagen.

Exposé de M. Allemann sur Hölderlin [Vortrag von Herrn Allemann über Hölderlin][119]

ALLEMANN: Den Anstoß für diesen großen Gesang aus der reifen Zeit Hölderlins, den Sie eben gehört haben, hat der Friedensschluß von Lunéville gegeben, im Februar 1801, der den Abschluß der Revolutionskriege bildet. Wir wissen aus Briefen Hölderlins,

---

darstellen, sehen wir unmittelbar eine Paraphrase der Aristotelischen »Physik« und »Metaphysik«.

[116] [Typoskript:] für die beiden Freunde

[117] [Typoskript:] Diese Bemerkungen sind unvollständig, denn Schelling kann hier nur beiläufig genannt werden.

[118] [Typoskript:] in bloßen systematischen Überlegungen gleichsam

[119] [Der Vortrag von Beda Allemann bezog sich auf Hölderlins Hymne »Friedensfeier«, deren Reinschrift 1954 in London wiederentdeckt worden war. Wie dem Beginn des Vortrags und der folgenden Diskussion zu entnehmen ist, wurde zunächst der Text der Hymne vorgelesen, und zwar sowohl im deutschen Original als auch in französischer Übersetzung. Vgl. Beda Allemann: Hölderlins Friedensfeier. Pfullingen: Günther Neske, 1955.]

daß er die kühnsten Erwartungen auf diesen Friedensschluß gesetzt hat. Ich zitiere hier nur *eine* Stelle: »er [der Frieden] wird vieles bringen, was viele hoffen, aber er wird auch bringen, was wenige ahnden.«[120] Dieses von wenigen Geahnte bringt der Gesang zur Sprache. Entwürfe zu dem Gesang sind schon seit ungefähr 40 Jahren unter dem Titel »Versöhnender, der du nimmergeglaubt« bekannt. Hellingrath, der die erste kritische Hölderlin-Ausgabe begonnen hat, hat diese Entwürfe erstmals publiziert. Die Reinschrift ist im Sommer des letzten Jahres in London zum Vorschein gekommen. Sie befindet sich jetzt in schweizerischem Privatbesitz.

Ich möchte Ihnen zuerst einige Angaben über den Aufbau dieser Hymne machen, denn ohne Einsicht in das Konstruktionsprinzip ist der Gesang nicht verständlich. Die zwölf Strophen der Hymne gliedern sich in vier Triaden von drei Strophen. Die erste Strophe entfaltet den Schauplatz der Friedensfeier. Im übrigen ist die erste Strophentrias dem »Fürsten des Festes« gewidmet. Es ist die Gestalt Buonapartes, die auf diesen Fürsten hin durchsichtig ist. In einer Art von dialektischer Entgegensetzung dazu nennt die zweite Strophentrias die Gestalt Christi. Die erste Trias entwirft ein Bild der bevorstehenden Erscheinung des Fürsten des Festes und seiner Einkehr am Ort der Friedensfeier. Die zweite Trias schildert eine Szene aus der Vergangenheit des Göttlichen, die Begegnung Christi mit der Samariterin am Brunnen. Um die Entgegensetzung der beiden Triaden zu verstehen, muß man wissen, daß Christus für Hölderlin ein Halbgott des Abschieds und des Weggangs von dieser Erde ist. Die zentrale dichterische Sorge des Gesanges ist es deshalb gerade, Christus wieder zur Einkehr auf unserer Erde und zur Versöhnung mit dem Fürsten des Festes als einem irdischen Heros zu bewegen. Diese Versöhnung ist in der dritten Strophentrias vollzogen, und sie ist verbunden mit der

---

[120] [Brief an seinen Bruder (Nr. 222). In: Friedrich Hölderlin's sämmtliche Werke. Hrsg. von Christoph Theodor Schwab. Zweiter Band: Nachlaß und Biographie. Stuttgart, Tübingen: J. G. Cotta'scher Verlag, 1846, S. 76 f.]

IV. Was ist das – die Philosophie?

Erscheinung des höchsten Gottes selbst, der jene andere Klarheit bringt, in der sowohl Buonaparte als Fürst des Festes wie auch Christus erst in ihrer wahren Gestalt sichtbar werden. Am Schluß der neunten Strophe spricht Hölderlin es aus, daß das menschliche Geschlecht sich eher nicht schlafen legen werde, als bis alle Himmlischen in einer umfassenden Versöhnung wieder in unserem Hause eingekehrt sind. Die vierte Trias bringt dann in einem deutlichen Wechsel des Tones den Rückgang ins Häuslich-Heimatliche, und aus dieser Beschränkung heraus, in welcher sich das Geheimnis von Hölderlins Dichtung verbirgt, wird nun die Gestalt der Himmlischen nennbar.

Die Versöhnung, welche das Grundthema des Gesanges ist, läßt sich vergleichen mit jener Versöhnung, die einen zentralen Begriff des Hegelschen Denkens bildet. Aber die Differenz, die zwischen Dichten und Denken besteht, wird sichtbar gerade an dem Übergang von der dritten in die vierte Trias. Wenn es uns gelingt, diese Bewegung nachzuvollziehen, so verstehen wir besser, was Hegel unter dem Rhythmus versteht, den er in der Vorrede zur »Phänomenologie des Geistes« zum Vergleich heranzieht für die innere Bewegung im spekulativen Satz. Hegel sagt, daß der Rhythmus aus Metrum und Akzent hervorgeht, aus dem Metrum als der Repetition des Gleichen und aus dem Akzent als dem Einschlag des göttlichen Strahls.[121] Der Wechsel des Tones, der sich im Übergang von der dritten zur vierten Trias des Hölderlinschen Gesanges findet, besteht scheinbar bloß in einer Wendung ins Idyllische und Heimatliche, aber von hier aus nennt Hölderlin die Gestalt der Himmlischen als das Einfältige. Dieses Einfältige ist das Wesen der Dichtung. Hölderlin sagt, daß die Gestalt der Himmlischen vom heiligen Schicksal selbst »[m]it zärtlichen Waffen umschüzt« ist.[122] Diese Waffen sind, wie eine Parallelstelle

---

[121] [Vgl. Georg Wilhelm Friedrich Hegel: Phänomenologie des Geistes, S. 51.]
[122] [Friedrich Hölderlin: Friedensfeier (nach Beda Allemann: Hölderlins Friedensfeier, S. 11–16), Verse 139 ff.: »Dann aber, als liebstes Gut, vom heiligen Schiksaal selbst, / Mit zärtlichen Waffen umschüzt, / Die Gestalt der Himmlischen ist es.«]

uns lehrt, die Waffen des Wortes, also die Sprache. In dieser Umschützung gedeiht der Gesang, als der Gipfel jenes Gesprächs, das wir Menschen immer schon sind. Dieser Gesang ist in einem höheren Sinne rhythmisch in seinem Wesen, und Rhythmus muß hier geschichtlich gedacht werden. Es ist ein Problem der Sprache und des Dichtens in bezug auf das Denken.

MARCEL: C'est une question de terminologie, mais c'est aussi beaucoup plus important: ›Sagen‹, pris dans le sens de langage. Il faut mettre en lumière la distinction qui existe entre le mot ›Sagen‹ et le mot ›Sprache‹. C'est extrêmement important. [Es ist eine Frage der Terminologie, aber auch weit darüber hinaus von Wichtigkeit: ›Sagen‹, genommen im Sinne von ›langage‹. Man muß den Unterschied beleuchten, der zwischen dem Wort ›Sagen‹ und dem Wort ›Sprache‹ besteht. Das ist äußerst wichtig.]

AXELOS: Le mot ›sagen‹ se traduirait en français par le mot ›dire‹. [Das Wort ›sagen‹ ließe sich mit dem Wort ›dire‹ ins Französische übersetzen.]

MARCEL: Le mot ›sagen‹ est beaucoup plus accentué que le mot ›dire‹. Il y a là une Überbetonung par rapport à Dichtung. Notre langage est trop faible et quelque chose reste dans le sac. [Das Wort ›sagen‹ ist viel stärker betont als das Wort ›dire‹. Wir haben hier eine Überbetonung im Verhältnis zu Dichtung. Unsere Sprache ist zu schwach und irgendetwas bleibt unausgedrückt.]

BIEMEL: En ce qui concerne la comparaison de la reconciliation chez Hegel et chez Hölderlin, Allemann a dit: »Versöhnung im idealistischen Sinne«. Si j'essaie de comprendre dans le sens d'une identification der Himmlischen avec l'esprit absolu ... [Was den Vergleich der Versöhnung bei Hegel und bei Hölderlin betrifft, so hat Allemann gesagt: »Versöhnung im idealistischen Sinne«. Wenn ich versuche, im Sinne einer Identifikation der Himmlischen mit dem absoluten Geist zu verstehen ...]

ALLEMANN: Es bestehen Unterschiede zwischen [den] Hölderlinschen Himmlischen und dem höchsten Gott. Es sind Halbgötter, zwischen Mensch und Gott. Sie erscheinen am Ende der Welt, verbunden mit dem Geist selbst.

WYLLEMAN: En parlant des demi-dieux, à quoi pensez-vous? N'existe-t-il pas de parallèle chez Hegel avec cette terminologie? [Wenn Sie von Halbgöttern sprechen, woran denken Sie da? Gibt es nicht bei Hegel eine Parallele zu dieser Terminologie?]

ALLEMANN: Nicht direkt. Man kann keine Parallele ziehen; es wird aber aus demselben Horizont gesprochen.

BEAUFRET: Il semble qu'il serait important de préciser cet horizon d'une manière plus exacte. [Es scheint wichtig zu sein, diesen Horizont genauer zu bestimmen.]

HERSCH: Je voudrais avoir une indication sur le sens que Allemann donne à l'»ennemi« (»Feind«),[123] qui vient à la fin du poème. [Ich hätte gerne einen Hinweis bezüglich des Sinnes, den Herr Allemann dem »Feind« gibt, der am Ende des Gedichts kommt.]

ALLEMANN: Es würde uns zu weit hinausführen.

RICŒUR: Ce que dit Mlle Hersch est très juste. Croyez-vous qu'il soit impossible de voir plusieurs plans de signification? Ainsi, interpréter la figure du prince de la paix par Napoléon est une chose assez décevante. Dire de lui: »Tu n'es pas mortel«, serait de la basse flagornerie. J'étais déçu d'apprendre que cette figure était Bonaparte, je ne peux pas le croire.
[Fräulein Hersch hat völlig recht mit dem, was sie sagt. Glauben Sie, daß es unmöglich ist, mehrere Ebenen der Bedeutung zu sehen? So ist es ziemlich enttäuschend, unter der Gestalt des Für-

---

[123] [Friedrich Hölderlin: Friedensfeier, Vers 146.]

sten des Festes Napoléon zu verstehen. Von ihm zu sagen: »Sterbliches bist du nicht«,[124] wäre Kriecherei niedrigster Sorte. Ich war enttäuscht zu erfahren, daß diese Gestalt Bonaparte war, ich kann das nicht glauben.]

ALLEMANN: Es ist eine schwierige Frage, aber ich glaube, es ist doch Buonaparte. Goethe zum Beispiel hat in derselben Zeit dieselbe Auffassung von Napoléon gehabt.

HEIDEGGER: Als Hegel die Vorrede zur »Phänomenologie des Geistes« schrieb, schrieb er seinem Freunde Niethammer, als die französische Armee in Jena hereingekommen ist: »Ich sah den Weltgeist zu Pferde«.[125]

RICŒUR: Mais est-ce qu'il n'y a qu'une seule lecture? Ne pourrait-il pas y avoir plusieurs dimensions? [Aber gibt es hier nur eine einzige Lesart? Könnte es nicht mehrere Dimensionen geben?]

ALLEMANN: Was ich bemerken muß, [ist,] daß hier auch ein Gott erscheint, und diese Stelle ist nicht auf Buonaparte zu [be]ziehen. Aber man muß sagen, daß dort, wo von den nicht Sterblichen die Rede ist, Buonaparte mit vortritt.

HERSCH: J'ai deux choses à dire. La première a trait à Bonaparte. Je trouve une appartenance entre la philosophie de Hegel et la poésie de Hölderlin: triomphe éclatant du personnage. Au moment où il le quittera, il ne sera plus rien. Dans la pensée de Hegel il n'y a pas de flagornerie. Dans le sens de Ricœur cette dimension

---

[124] [Friedrich Hölderlin: Friedensfeier, Vers 21.]
[125] [Georg Wilhelm Friedrich Hegel an Friedrich Immanuel Niethammer am 13. Oktober 1806. In: Karl Rosenkranz: Georg Wilhelm Friedrich Hegel's Leben. Berlin: Duncker und Humblot, 1844, S. 229: »Den *Kaiser – diese Weltseele –* sah ich durch die Stadt zum Recognosciren hinausreiten. – Es ist in der Tat eine wunderbare Empfindung, ein solches Individuum zu sehen, das hier, auf Einen Punct concentrirt, auf einem Pferde sitzend, über die Welt übergreift und sie beherrscht.«]

IV. Was ist das — die Philosophie? 445

d'éphémère disparait. La deuxième a trait au »point le jour« pour »dämmernden Auges«.¹²⁶ Il y a là évidemment un Zusammenhang avec, chez Hegel: »Am Morgen Glauben ...«.
[Ich habe zweierlei zu bemerken. Das Erste bezieht sich auf Bonaparte. Ich finde eine Verwandtschaft zwischen der Philosophie Hegels und der Dichtung Hölderlins: einen herrlichen Triumph der Persönlichkeit. In dem Augenblick, in dem er sie verläßt, ist sie nichts mehr. Im Denken Hegels gibt es keine Kriecherei. Im Sinne von Ricœur verschwindet diese Dimension des Ephemeren. Das Zweite bezieht sich auf »point le jour« für »dämmernden Auges«. Es gibt offensichtlich einen Zusammenhang mit »Am Morgen Glauben ...« bei Hegel.]

BEAUFRET: J'ai cru Allemann sur parole: il m'a traduit »dämmernd« par »l'œil où point le jour«; moi, je pensais au crépuscule, au soir ... [Ich habe Allemann aufs Wort geglaubt: Er hat mir »dämmernd« übersetzt mit »l'œil où point le jour« [»das Auge, da der Tag anbricht«]; ich für meinen Teil habe an die Dämmerung, den Abend gedacht ...]

ALLEMANN: Von hier aus muß ich Mademoiselle Hersch antworten: Wie hat er den Fürsten des Festes gesehen? Durchgeblickt? »l'œil où point le jour ...«: Man muß hier eine Parallele [ziehen],¹²⁷ um wirklich die Gestalt dieses Fürsten zu sehen ...

HEIDEGGER: Ich muß noch bemerken, daß der Hinweis auf die Briefstelle, wo Hegel von Napoléon spricht, sowie der Hinweis auf Goethe weder in dem Sinne Allemanns noch in meinem gemeint ist ... Die Gestalt des Helden ist identisch und sie kann durch die Hinweise sichtbar gemacht werden, was wir heute kaum realisieren können, d. h. daß für die damaligen Menschen diese Möglichkeit bestand einer solchen dichterischen Erhöhung dieser ge-

---

¹²⁶ [Friedrich Hölderlin: Friedensfeier, Vers 13.]
¹²⁷ [Typoskript: stellen.]

schichtlichen Gestalt ... Und nur dies sollte durch den Hinweis erläutert werden ...
Hier muß ich zu der Frage, die Herr Biemel gestellt hat, zurückkommen. Das Unwirkliche ist gewissermaßen der vollständige Verlust von Wirklichkeit und die äußerste Unwirklichkeit, der äußerste Verlust des Wirklichen, den wir kennen, ist der Tod. Nun, Hegel sagt (in der Vorrede zur »Phänomenologie des Geistes«) Folgendes: »Der Tod, wenn wir jene Unwirklichkeit so nennen wollen, ist das Furchtbarste, und das Tote festzuhalten, das, was die größte Kraft erfordert. Die kraftlose Schönheit haßt den Verstand [...]«,[128] d. h. das Denken, im Sinne Hegels, weil er den Verstand ...[129]

»Von heute aber nicht, nicht unverkündet ist er;
[Und einer, der nicht Fluth noch Flamme gescheuet,
Erstaunet, da es stille worden, umsonst nicht, jezt,
Da Herrschaft nirgend ist zu sehn bei Geistern und Menschen.]«[130]

Sondern, was ihn erhält, ist das Leben des Geistes, und dieses Leben des Geistes hat den Grundzug der Versöhnung und in gewisser Weise die Hölderlinsche Dichtung mit der Hegelschen Philosophie betrifft ...[131]

Allemann hat mit Recht schon betont, daß in diesem Vergleich, dem Sinne nach, Hölderlin gewissermaßen die Hegelsche Metaphysik dichterisch dargestellt hat, daß die Versöhnung aber zu dieser Zeit Hölderlins im selben Sinne wie für Hegel den Grundcharakter der Wirklichkeit ausmacht.[132]

Um die ganze Tragweite des metaphysischen Gedankens der Versöhnung bei Hegel Ihnen deutlich zu machen, möchte ich eine

---

[128] [Georg Wilhelm Friedrich Hegel: Phänomenologie des Geistes, S. 29.]
[129] [Das Typoskript ist an dieser Stelle lückenhaft und wahrscheinlich korrupt.]
[130] [Friedrich Hölderlin: Friedensfeier, Verse 25–28. Das vom Herausgeber in eckige Klammern Gesetzte wurde nach dem Hölderlin-Text ergänzt.]
[131] [Das Typoskript ist an dieser Stelle lückenhaft und wahrscheinlich korrupt.]
[132] [Siehe unten S. 482 die Beilage 24.]

IV. Was ist das − die Philosophie?   447

Stelle der Vorrede zur »Phänomenologie des Geistes« anführen, wo die Versöhnung, d. h. die positive Harmonie der Gegensätze, für Hegel das Innerste des innersten Kerns ist, besser gesagt, die innere Kraft des Seins, so nämlich, daß das Sein auch noch das Unwirkliche (oder was uns als das Unwirkliche erscheinen möchte) in seine Harmonie zurücknimmt ...

Es wäre jetzt für den Fortgang unseres Gespräches wichtig, wenn Herr Marcel seine entscheidende Frage gewissermaßen nach dem Wort für ›Sprache‹ etwas genauer expliziert.

MARCEL: Nous nous trouvons en présence d'un problème purement terminologique. Je voulais attirer ici l'attention surtout pour ceux qui ne possèdent pas la langue allemande, sur le fait que le ›Sagen‹, tel que vous l'avez montré, tel que vous le concevez, et surtout par rapport au Dichten, a, pour vertu, seine eigene Wirksamkeit de faire être, im Deutschen: sein lassen. Il y a vraiment une sorte de Sagen aus dem Sein, à partir de l'être, et qui correspond ici absolument, et d'une façon complémentaire, à votre pensée.

Je ne crois pas que l'on puisse dire que vous l'ayez défini, et je ne sais pas s'il peut être défini par vous. Je crois qu'il ne peut être que ›bezeichnet‹. Vous pouvez diriger une sorte d'index sur le Sagen. Il est sûr qu'il y a en lui quelque chose d'autre et quelque chose de plus que ce que nous appelons le langage. Je dirais ceci: Je ne suis pas absolument sûr d'être d'accord avec vous. Il me semble que j'insisterais sur le fait que le langage est essentiellement ›désignant‹, ›bezeichnend‹. Il est bien évident que c'est un peu une question de convention.

Nous pouvons naturellement donner au mot ›Sprache‹ un sens assez général pour comprendre en lui le Sein. Mais nous entrons dans la convention, et il vaut mieux réserver pour le mot ›Sprache‹ ce que j'appellerais son ›gebräuchliches Wesen‹, quelque chose dont nous avons vraiment besoin.

Il faut se référer à tout ce qui a été dit sur le ›In-der-Welt-sein‹ dans »Sein und Zeit«, et le rapport entre Sprache et Verstehen est un rapport extrêmement bien défini. Mais avec le mot ›Sagen‹, nous passons dans une dimension qui est différente. Cette question de rapport entre la Sprache et le Sagen se relie tout à fait directement et coïncide avec le problème des rapports entre Dichten et Denken. Cependant, je dois dire que je vois une difficulté, et là nous avons besoin de vos éclaircissements. Si nous nous référons par exemple au fragment de Parménide, là il est bien sûr que cette distinction entre la Sprache et le Sagen ne s'applique pas, ou, plus exactement, que bei Parmenides wir sind in dem Sagen. Nous revenons ici à une question fondamentale de votre conférence inaugurale, c'est-à-dire, qu'avant la philosophie, au sens précis, la distinction de la Sprache et du Sagen n'avait pas lieu, et c'est seulement à partir du moment en somme où le λόγος et la φύσις se distinguent, que, parallèlement la distinction entre la Sprache et le Sagen intervient. Je ne suis pas absolument sûr de voir d'une manière interne, quoique je la sente, cette relation entre ces deux faits. Il me semble que là où la φύσις et le λόγος ne font encore qu'un, pour autant qu'ils ne font qu'un, il y a vraiment place pour le Sagen. Cela ne veut pas dire évidemment qu'à l'époque de Parménide il n'y avait pas place pour un langage ordinaire et il serait absurde de dire cela.

[Wir haben es mit einem rein terminologischen Problem zu tun. Ich wollte hier vor allem für diejenigen, die die deutsche Sprache nicht beherrschen, die Aufmerksamkeit auf die Tatsache lenken, daß das ›Sagen‹, so wie Sie es gezeigt haben, so wie Sie es verstehen, und zwar besonders in bezug auf das Dichten, seine eigene Kraft, seine eigene Wirksamkeit darin besitzt, de faire être, im Deutschen: sein zu lassen. Es gibt tatsächlich so etwas wie ein Sagen aus dem Sein, à partir de l'être, was hier vollkommen, und auf eine komplementäre Weise, Ihrem Denken entspricht.

Ich glaube nicht, daß man sagen kann, Sie hätten es definiert, und ich weiß nicht, ob es von Ihnen definiert werden kann. Ich glaube, daß es nur ›bezeichnet‹ werden kann. Man kann eine Art Zeiger auf das Sagen richten. Gewiß gibt es in ihm etwas anderes und etwas mehr als das, was wir Sprache nennen. Ich würde so sagen: Ich bin mir nicht ganz sicher, daß ich mit Ihnen einer Mei-

IV. Was ist das – die Philosophie?

nung bin. Mir scheint, ich würde auf der Tatsache bestehen, daß die Sprache wesentlich ›désignant‹, ›bezeichnend‹ ist. Offensichtlich ist das ein wenig eine Frage der Konvention.

Wir können natürlich dem Wort ›Sprache‹ einen ausreichend allgemeinen Sinn geben, um in ihm das Sein zu verstehen. Aber wir treten in die Konvention ein, und es scheint sinnvoller, für das Wort ›Sprache‹ das zu reservieren, was ich ihr ›gebräuchliches Wesen‹ nennen möchte, etwas, was wir wirklich brauchen.

Wir müssen uns auf all das beziehen, was in »Sein und Zeit« über das ›In-der-Welt-sein‹ gesagt ist, und das Verhältnis zwischen Sprache und Verstehen ist ein durchaus gut bestimmtes Verhältnis. Aber mit dem Wort ›Sagen‹ begeben wir uns in eine andere Dimension. Diese Frage nach dem Verhältnis zwischen der Sprache und dem Sagen ist ganz direkt verbunden und fällt zusammen mit dem Problem der Beziehungen zwischen Dichten und Denken. Doch muß ich sagen, daß ich eine Schwierigkeit sehe, und da brauchen wir erhellende Hinweise von Ihrer Seite. Wenn wir zum Beispiel an das Parmenides-Fragment denken, so ist klar, daß dort die Unterscheidung von Sprache und Sagen nicht anzuwenden ist, genauer: daß wir bei Parmenides in dem Sagen sind. Hier kommen wir auf eine grundlegende Frage Ihres Einleitungsvortrags zurück, nämlich daß vor der Philosophie im strikten Sinne die Unterscheidung von Sprache und Sagen nicht stattfand und daß erst von dem Moment an, in dem der λόγος und die φύσις sich unterscheiden, parallel die Unterscheidung zwischen Sprache und Sagen einsetzt. Ich bin nicht ganz sicher, ob ich den Zusammenhang zwischen diesen beiden Tatsachen auf eine innere Weise sehe, obgleich ich ihn fühle. Mir scheint, daß es dort, wo die φύσις und der λόγος noch Eins sind, und insofern, als sie noch Eins sind, wirklich Raum für das Sagen gibt. Das soll offensichtlich nicht heißen, daß es im Zeitalter des Parmenides keinen Raum für eine gewöhnliche Sprache gab, so etwas zu behaupten wäre absurd.]

HEIDEGGER: Ich muß betonen, daß Herr Marcel mit seinen Ausführungen das zentrale Problem getroffen hat. Ich glaube, daß es aus seinen eigenen Ausführungen deutlich ist, daß das Problem kein bloß terminologisches ist, sondern ein Problem der Geschichte des Wesens der Sprache bzw. des Wortes. Herr Marcel hat mit Recht darauf hingewiesen, daß die geläufige Vorstellung von der Sprache dadurch charakterisiert wird, daß die Sprache die Funktion der Bezeichnung und des Ausdrucks hat. Für die Griechen beruht das Wesen der Sprache (wenn ich es als paradox formuliere) nicht im Sprechen (im Sinne einer Verlautbarung oder im Sinne des Ausdrucks einer Bedeutung), sondern das griechisch erfahrene Wesen der Sprache ist der λόγος. Wobei man beachten muß, was λόγος und λέγειν besagt (λέγειν im Sinne von »sagen«). Es bedeutet nichts anderes als: darlegen das Seiende, das Anwesende in seiner Offenbarkeit (φύσις). Λέγειν ist gleichbedeutend mit φύσις und das Wort φύσις hat denselben Sinn wie φαίνεσθαι, d. h. »zum Erscheinen bringen«. Noch Aristoteles definiert den λόγος (wenn man hier von einer Definition sprechen kann) im Sinne der Aussage (was später heißt: Urteil, Satz), als ἀπόφανσις: vom offenbaren Seienden her sichtbar machen, zum Erscheinen bringen.

Da möchte ich, unter Vorbehalt, ob diese Erörterungen schon alle zureichend sind, Herrn Marcel fragen, was er eigentlich meint mit der Dissoziation von φύσις und λόγος?

MARCEL: Ich glaube, daß Sie selbst davon gesprochen haben in der »Einführung in die Metaphysik«.[133]

HEIDEGGER: Aber es ist nicht im modernen Sinne gemeint, es ist noch griechisch. Diese Trennung bezieht sich nicht so sehr auf die Frage nach dem λόγος, sondern auf die Frage nach der ἀλήθεια. Durch diesen Prozeß, den ich in der Interpretation des Höhlengleichnisses sichtbar zu machen versuchte, beginnt dasjenige, wovon wir in den letzten Seminaren gesprochen haben, daß nämlich der Satz der maßgebende Ort ist, von dem her die Frage

---

[133] [Vgl. Martin Heidegger: Einführung in die Metaphysik, S. 103 ff. und 136 ff.; Gesamtausgabe Band 40, S. 143 ff. und 187 ff.]

IV. Was ist das – die Philosophie?

nach dem Sein gestellt wird. Innerhalb des griechischen Denkens bleibt immer noch die ἀλήθεια in gewissem Sinne maßgebend, was man zureichend in der Interpretation des letzten Kapitels des neunten Buches der »Metaphysik« des Aristoteles (Θ 10) zeigen kann: wie Aristoteles noch einmal versucht, gleichsam auf dem Höhepunkt der Entwicklung der klassischen griechischen Philosophie, die ἀλήθεια, sofern sie ein Charakter der Aussage, des Urteils ist, zurückzuführen auf die unmittelbare Offenbarkeit des Seins als Sein.

Vielleicht kann ich dieses Problem noch etwas verdeutlichen durch ein sehr handgreifliches philologisches Problem. Dieses Kapitel 10 des neunten Buches der »Metaphysik« handelt vom ὂν ὡς ἀληθές, vom Seienden hinsichtlich der Offenbarkeit, der Unverborgenheit. Und die eigentliche Thematik [in den] übrigen Kapiteln des neunten Buches betrifft die ἐνέργεια. Dieses griechische Wort ἐνέργεια oder, wie Aristoteles auch sagt, die ἐντελέχεια, ist gleichsam der höchste philosophische Ausdruck, der innerhalb des griechischen Denkens für das Sein gefunden ist. Von diesem Grundwort für das Sein wollen wir jetzt nicht weiter handeln. Ich will nur darauf hinweisen, daß dieses Grundwort für das Sein, die ἐνέργεια, dann in der lateinischen Sprache mit »actualitas« übersetzt wurde, deutsch »Wirklichkeit«. Ich wiederhole die Situation: In dem neunten Buch der »Metaphysik« [des] Aristoteles ist das eigentliche Thema die ἐνέργεια. Und dieses Buch hat in dem letzten Kapitel eine Erörterung des ὂν ὡς ἀληθές, des Wahrseins.

Wenn man Wahrsein im Sinne der traditionellen Philosophie auffaßt, dann ist die Wahrheit ein Charakter des Urteils. In der traditionellen Interpretation dieses Kapitels wird Wahrheit gefaßt als Charakter des Urteils. Ein klassischer Philologe, Werner Jaeger, hat schon in seiner ersten Schrift, die sehr wichtig ist für das Verständnis des Aufbaus der »Metaphysik« des Aristoteles: »Studien zur Entstehungsgeschichte der Metaphysik des Aristoteles« (1912), gezeigt, daß dieses letzte Kapitel des neunten Buches der »Metaphysik«, weil es vom ὂν ὡς ἀληθές, also: von der Wahrheit, handelt – in der traditionellen Weise genommen: vom Urteil –, nicht in dieses Buch gehört, das von der ἐνέργεια handelt.¹³⁴ Jaeger fragt gar nicht: Was bedeutet ἀληθές für die Griechen? Die philosophische Argumentation ist absolut stichhaltig, wenn man die neukantianische Philosophie voraussetzt als Basis der Interpretation der griechischen Philosophie. Dadurch ist philosophisch bewiesen, daß das zehnte Kapitel später von irgendeinem Abschreiber, der es nicht verstand, angehängt wurde. Versteht man aber ἀληθές griechisch, macht man sich klar, daß die Unverborgenheit für die Griechen die höchste Form des Erscheinens, d. h. des Anwesens ist, dann ist dieses Kapitel, das vom ὄν ὡς ἀληθές handelt, die Krönung der »Metaphysik« des Aristoteles.

Aus diesem Beispiel sehen Sie, daß die [Philosophie]¹³⁵ keine absolute Wissenschaft an sich ist, sondern daß jede Philosophie eine Interpretation des ganzen literarischen Bereiches, den sie behandelt, voraussetzt. Wenn man also immer wieder sagt, [die] Heideggerschen Interpretationen sind philologisch nicht haltbar, so ist dagegen zu sagen, daß sie wohl als Problem gestellt sind und nicht den Anspruch machen, absolut gültig zu sein, daß sie aber fordern die Besinnung auf die jeweiligen Grunderfahrungen, die hier zur Sprache kommen.

Und jetzt möchte ich auf das Problem der Sprache zurückkommen und damit zu dem, was Herr Allemann uns über die Hymne gesagt hat. Wenn für die Griechen das Wesen des Sagens, dieses Darlegen, im Erscheinen-lassen des Seienden beruht, dann sieht man von da aus, wo das eigentliche Motiv liegt: in der Wesensgeschichte der Sprache, wo die Vorstellung der Sprache sich wandelt. Und je entschiedener das Wesen des Menschen vom Subjekt her, vom denkenden Ich her verstanden wird, um so mehr gelangt die Sprache in die Sphäre der bloßen Gegenstände, die auch betrachtet werden können. Aufgrund dieses Objektcharakters der Sprache erscheint sie dann als ein Instrument des Ausdrucks, der Expression,

---

¹³⁴ [Vgl. Werner Jaeger: Studien zur Entstehungsgeschichte der Metaphysik des Aristoteles. Berlin: Weidmannsche Buchhandlung, 1912, S. 49 ff.]
¹³⁵ [Typoskript: Philologie.]

und der Bezeichnung. Diese Überlegungen, die wir jetzt anstellen, sind keine abseitigen Spekulationen über die Sprache, sondern sie betreffen die gefährliche Situation, in der das heutige Verhältnis der Menschen zur Sprache sich befindet. Sie wissen alle, daß man heute dabei ist, Sprachmaschinen, Rechenmaschinen, Übersetzungsmaschinen zu konstruieren. Dieser Prozeß wird nicht in einem oder zwei Jahren aufhören, sondern er wird eine große Entwicklung nehmen. Und er ist gleich unterstützt durch eine Theorie der Sprache, die in den amerikanischen und englischen Gebieten schon eine große Verbreitung gefunden hat, der gemäß die Sprache nichts anderes als ein Instrument der Information ist. Angesichts dieser Situation ist die Besinnung auf die dichterische Sprache, das heißt zuvor die Bemühung des Menschen, das dichterische Wort zu hören, nach meiner Einsicht von der größten Tragweite, um den Menschen zu helfen, in ein ursprüngliches Verhältnis zur Sprache zurückzukehren.

DE GANDILLAC: Il est assez éclairant pour cette idée de conciliation, qui est plus belle que la conciliation cartésienne, de se référer à la traduction qui est dans ... dans la troisième ligne, où il s'agit ...[136] Les cieux et la terre sont reconciliés plus complètement par la venue du Christ sur la terre. La Versöhnung, qui est réellement une reconciliation des opposés, qui est l'œuvre non pas du Christ historique, mais d'un figurant plus proche de l'Esprit et, comme le Geist, apparait ... Je pense que ce rapprochement n'est pas absolument inattendu.

[Es ist sehr erhellend für diese Idee der Versöhnung, die schöner ist als die cartesianische Versöhnung, die Übersetzung in ... in der dritten Zeile zu beachten, wo es sich um ... handelt. Der Himmel und die Erde sind vollständiger versöhnt durch die Ankunft Christi auf Erden. Die Versöhnung, die wirklich eine Versöhnung

---

[136] [Das Typoskript weist innerhalb des Redebeitrags von de Gandillac mehrere Lücken auf. Vermutlich bezog er sich auf die dritte Zeile der siebten Strophe der Hymne: Friedrich Hölderlin: Friedensfeier, Vers 81: »Einmal mag aber ein Gott auch Tagewerk erwählen«.]

der Gegensätze ist, die das Werk nicht des historischen Christus ist, sondern eines solchen, der dem Geist angenähert ist und, wie der Geist, ... erscheint. Ich glaube, daß diese Annäherung keineswegs unerwartet ist.]

HEIDEGGER: Ich möchte Herrn Allemann darum bitten, daß er auf Grund seiner sehr eingehenden und, wie ich glaube, grundlegend erhellenden Interpretation dieser Hymne, die ja – wenn ich es verraten darf – in einiger Zeit erscheinen wird,[137] uns einige Verse oder vielleicht auch nur einen Vers nennt, an denen wir beispielhaft noch etwas Genaueres über das dichterische Sagen bzw. über das Hören des dichterischen Wortes erfahren können.

Suit discussion Allemann-Hersch, avec quelques mots de Heidegger, sur le mot ›Gestalt‹.[138] *[Es folgt eine Diskussion zwischen Allemann und Hersch, mit einigen Worten Heideggers, über das Wort ›Gestalt‹.]*

[*Sonntag, 4. September 1955 – 9. Tag*]

BEAUFRET: Nous ouvrons aujourd'hui notre dernière séance de la décade. [Wir eröffnen heute unsere letzte Sitzung der Dekade.]

AXELOS: Heidegger pense publier très prochainement la conférence inaugurale en allemand, ainsi que la traduction française de cette conférence inaugurale.[139] [Heidegger gedenkt den Ein-

---

[137] [Vgl. Beda Allemann: Hölderlins Friedensfeier. Pfullingen: Günther Neske, 1955.]
[138] [Friedrich Hölderlin: Friedensfeier, Vers 141: »Die Gestalt der Himmlischen ist es«.]
[139] [Vgl. Martin Heidegger: Was ist das – die Philosophie? Pfullingen: Günther Neske, 1956; aufgenommen in: Identität und Differenz. Gesamtausgabe Band 11, S. 3–26; Qu'est-ce que la philosophie? Traduit de l'allemand par Kostas Axelos et Jean Beaufret. Paris: Gallimard, 1957.]

IV. Was ist das – die Philosophie? 455

leitungsvortrag sehr bald in deutscher Sprache zu veröffentlichen, ebenso die französische Übersetzung dieses Einleitungsvortrags.]

HEIDEGGER:[140] Ich möchte heute, in der Schlußsitzung, zum Einleitungsvortrag zurückkehren. Dieser Einleitungsvortrag machte den Versuch, die Philosophie zu kennzeichnen durch eine Abhebung gegen die σοφία. Das Wort σοφία kann hier verstanden werden als λέγειν τὸ σοφόν, das σοφόν des Heraklit, das bedeutet Ἓν – Πάντα, d. h. Λόγος. Λέγειν τὸ σοφόν ist also λέγειν τὸν Λόγον, ὁμολογεῖν, das will sagen: das sagen, was der Λόγος spricht.

Demgegenüber wird der philosophische Vorgang, den wir jetzt nicht näher charakterisieren können, zu einem Streben nach der Erkenntnis des Seins des Seienden. Das griechische Wort φιλοσοφία kann man mit »Liebe zur Weisheit« übersetzen. In Bezug auf diese Bestimmung der Philosophie sagt nun Hegel in der Vorrede zur »Phänomenologie des Geistes« Folgendes: »Die wahre Gestalt, in welcher die Wahrheit existiert, kann allein das wissenschaftliche System derselben sein. Daran mitzuarbeiten, daß die Philosophie der Form der Wissenschaft näherkomme, – dem Ziele, ihren Namen der *Liebe* zum *Wissen* ablegen zu können und *wirkliches Wissen* zu sein, – ist es, was ich mir vorgesetzt.«[141] Die Absicht des Hegelschen Denkens geht dahin, gleichsam im Wesen der Philosophie die φιλία zu überwinden, die Philosophie zu einer σοφία, zu einem wirklichen Wissen zu machen. Es sieht nun so aus, als würde das Denken Hegels wieder zu den vorsokratischen Denkern zurückkehren. Also, insofern es nicht mehr Philosophie ist, das wäre gleichbedeutend mit: noch nicht Philosophie. Diese Auffassung wäre ein grober Irrtum. Hegels Denken zielt darauf, die Philosophie aus der Liebe zum Wissen (in dem Sinne, den wir in der letzten Sitzung bestimmt haben) zur wirklichen Wissenschaft zu erheben. Das bedeutet nichts anderes, als daß seine Philosophie die Vollendung, die absolute Perfektion der φιλοσοφία darstellt.

---

[140] [Zur Schlußsitzung siehe unten S. 482–490 die Beilagen 25–40.]
[141] [Georg Wilhelm Friedrich Hegel: Phänomenologie des Geistes, S. 12.]

Bis jetzt habe ich selber diese Auffassung geteilt, daß Hegels Metaphysik (in der »Phänomenologie« und in der »Logik«) den spekulativen Idealismus vollendet. Durch eine Arbeit, die vor wenigen Wochen erschienen ist, [von] Walter Schulz über die Vollendung des Idealismus in der Spätphilosophie Schellings,[142] ist überzeugend nachgewiesen, daß erst Schelling in seiner Spätphilosophie ihn vollendet hat. Diese Arbeit ist wichtig, nicht nur für die Auffassung des deutschen Idealismus, sondern für die ganze Philosophie des 19. Jahrhunderts.

Die Frage der Philosophie bzw. der Metaphysik ist die Frage nach dem Seienden als Seienden. In anderer Form: die Frage nach dem Seienden hinsichtlich seines Seins, oder: die Frage nach dem Sein des Seienden. Diese Frage der Philosophie bezeichne ich also als die Leitfrage des Denkens. Im Bezug auf die Leitfrage des Denkens der ganzen Metaphysik versuche ich seit »Sein und Zeit« die Frage zu entwickeln nicht mehr als eine Frage nach dem Sein des Seienden, sondern als Frage nach dem *Sein als Sein*. Und in der ganzen Zeit, die diese Bemühungen umfaßt (30 Jahre), kommt es mir nur darauf an, die Frage zu entwickeln, die Frage nach dem Sein selbst, aber insofern es das Sein *des* Seienden ist. Mit anderen Worten: die Frage nach dem *Unterschied von Sein und Seiendem*. Die Grundfrage also des Denkens kann in Abhebung gegen die Leitfrage der Metaphysik als Frage nach dem Unterschied charakterisiert werden.

Bei der Frage nach der *Differenz* zwischen Sein und Seiendem erhebt sich eine Grundschwierigkeit. Es ist die Frage, ob diese Differenz zwischen Sein und Seiendem als eine *Relation* gedacht werden kann. Das würde voraussetzen – wenn es der Fall wäre –, daß auf einer Seite das Sein, auf der anderen das Seiende stünde. *Sein und Seiendes wären dann zwei Relate einer Relation. Das*

---

[142] [Vgl. Walter Schulz: Die Vollendung des deutschen Idealismus in der Spätphilosophie Schellings. Stuttgart: W. Kohlhammer, 1955. Heideggers Handexemplar dieses Buches weist den handschriftlichen Eintrag auf: »Gesch[enk] des Verf[assers] / 29. VII. 55«.]

IV. Was ist das – die Philosophie? 457

Sein selbst würde dadurch ein Seiendes.[143] Nun gilt es zu zeigen (als Problem), *daß diese Differenz keine Relation ist* in diesem gekennzeichneten Sinne. Sondern die Differenz oder der Unterschied ist selbst der Herkunftsbereich für das, was in ihm unterschieden ist. Es vollzieht sich hier ein Rückgang hinter die Unterscheidung zwischen dem Sein und dem Seienden. Die Grundschwierigkeit besteht also darin, sich darüber klar zu werden, inwiefern von dem Unterschied noch etwas gesagt werden kann. Mit anderen Worten: *Die Grundfrage, d. h. die Frage nach dem Unterschied als Unterschied, schließt in sich das fundamentale Problem der Sprache und des Sagens.*

Was ich Ihnen zeigen wollte, ist, daß bei der Bemühung meines Denkens es sich vor allem darum handelt, in einem ständigen Gespräch mit der Überlieferung der Metaphysik zu bleiben. Ich bezeichne daher die Geschichte der Metaphysik bzw. der Philosophie als *die Geschichte der Vergessenheit des Unterschieds*, wobei vor allem zu bedenken ist, was das Wort ›Vergessenheit‹ bedeutet. ›Vergessenheit‹ hat hier keine negative Bedeutung. Der Ausdruck ›Vergessenheit‹ bezieht sich vielmehr auf das griechische Wort Λήθη, d. h. Verbergung im betonten Sinne, im Sinne der Bergung, des Bewahrens, d. h. Vorenthalten, das also, was noch nicht offenbar geworden ist. Machen wir uns dann klar, was das griechische Wort für *Wahrheit*, Ἀ-Λήθεια, besagt: *Unverborgenheit* (des Seins). Ἀ-Λήθεια gibt es nur, insofern eine Λήθη besteht. Unverborgenheit bedarf also immer einer Verbergung, sie hebt sie aber nicht vollständig auf, sondern das Sein des Seienden kann nicht total enthüllt werden. In dieser Unverborgenheit ist dem Sein des Seienden jeweils eine Lichtung des Seins zugewiesen. Indem das Sein des Seienden in die Offenbarkeit kommt, geschieht jeweils eine Lichtung des Seins in dem Sinne, daß sie den Menschen zugewiesen,

---

[143] [Gemäß dem am Donnerstag von Gabriel Marcel gehaltenen Vortrag war es der amerikanische Philosoph Henry Bugbee gewesen, der am Dienstag morgen die Frage gestellt hatte: »Wenn Sie vom Seienden sprechen als *im* Sein seiend, dann führen Sie eine Relation ein; aber macht die Relation nicht aus dem Sein einen Term, d. h. ein weiteres Seiendes?« (Übersetzung vom Herausgeber)]

zugeschickt ist. Diese Zuweisung der jeweiligen Offenbarkeit des Seins bezeichne ich als *Geschick von Sein*. Dieses Geschick von Sein in seiner Offenbarkeit ist das, was ich *Seinsgeschichte* nenne. Sie sehen jetzt die große Schwierigkeit der Sprache: Der Begriff der Seinsgeschichte hat weder mit Historie noch mit einem Prozeß des Geschehens etwas zu tun (das französische Wort ›histoire‹ paßt also nicht). Man kann also nicht, soweit ich die Sache übersehe, hier mit Bezug auf das Geschick von Sein, d. h. eine jeweilige Offenbarkeit des Seins, von einem kausalen, prozeßmäßigen Ablauf einer Geschichte reden, sondern sofern in der Tat ein Zusammenhang zwischen verschiedenen Phasen der Offenbarkeit des Seins besteht, muß man von *Epochen* sprechen. Epochen aber in dem griechischen Sinne der ἐποχή, d. h. in der Weise, wie die Offenbarkeit des Seins an sich zurückhält und gleichzeitig sich offenbart. Um diese allgemeine Charakteristik durch eine Hinweisung konkret zu kennzeichnen, würde ich sagen, daß in dem Beginn der abendländischen Philosophie die Ἀλήθεια, die Unverborgenheit, dasjenige ist, was dem griechischen Denken ursprünglich zugesprochen wird. Eine weitere Epoche (schematisch gesagt) ist die Offenbarkeit des Seins als Ἰδέα. Eine weitere die Offenbarkeit des Seins als Ἐνέργεια (bei Aristoteles). Noch eine andere die fundamentale Offenbarkeit des Seins durch eine Verwandlung der Ἐνέργεια, im Sinne einer Vermittlung des Christentums, sofern das ›Sein‹ als ›actualitas‹ im Sinne des ›Actus purus‹ bestimmt wird. Eine andere Offenbarkeit des Seins, die sowohl dem Mittelalter als vor allem den Griechen vollkommen fremd ist, ist die Offenbarkeit des Seins des Seienden als Gegenständlichkeit. Im 19. Jahrhundert vollzieht sich eine eigentümliche Verschmelzung, oder besser gesagt: Verwirrung, von beiden Grundbestimmungen des Seins im Sinne der Wirklichkeit und Gegenständlichkeit. Das Wort für diese Verwirrung ist ›Realität‹. So kommt es zu dem seltsamen ›Problem‹ der Realität der Außenwelt (wie kann sie bewiesen werden?).

Ich will mit diesem Hinweis nur zeigen, daß die Frage nach dem Unterschied von Sein und Seiendem sich in einem ständi-

IV. Was ist das – die Philosophie?

gen Gespräch mit der soeben charakterisierten Seinsgeschichte bewegt (Geschichte im Sinne des Geschicks, als Zuweisung der Offenbarkeit des Seins). Wenn Sie die Geschichte der Philosophie überblicken und die jeweiligen Bestimmungen des Wesens und des Begriffs der Philosophie ins Auge fassen, so werden Sie sehen, daß diese Bestimmungen als eine Art Erkenntnis und Wissen charakterisiert sind. Dagegen, wenn ich in meinem Einleitungsvortrag die Philosophie als das »Entsprechen, das dem Zuspruch des Seins des Seienden entspricht«,[144] kennzeichnete, so liegt im Hintergrund dieser Charakteristik der Philosophie ein Denken, das sich kennzeichnen läßt als das Entsprechen, das dem Zuspruch des Unter-Schiedes entspricht. In dem Wort ›Ent-sprechung‹ und in dem Wort ›Zu-spruch‹ ist zweimal die Rede von Sprache, aber von Sprache in dem Sinne, den Herr Marcel gestern angerührt hat, im Sinne des Sagens. Wir sind heute noch weit entfernt davon, dieses Problem der Sprache als Sagen zureichend zu entfalten.

Wenn uns noch Zeit zur Verfügung stünde, wäre es notwendig gewesen, z. B. die Logik Hegels abzuheben gegen eine Auffassung der ›Logik‹, die nichts anderes ist als die Besinnung auf den Λόγος im Sinne des ursprünglichen λέγειν. Hegels Lehre der absoluten Vernunft betrachtet das Problem der Sprache als völlig sekundär.

Ich möchte jetzt auf eine andere Frage eingehen, als Hinweis für eine weitere Besinnung. Man könnte sagen, daß dieses Denken vollkommen losgelöst ist von der sogenannten Wirklichkeit, wie wir sie heute kennen: daß dieses Denken den Grundmangel zeigt, daß es kein Handeln und keine Aktion ist. In der Tat kann Denken niemals ein Wirken sein im Sinne einer Produktion technischer Effekte. Sofern das Denken Denken bleibt, ist es gleich ein Handeln. Dieses Handeln könnte interpretiert werden als ›an die Hand gehen‹, d. h. helfen, mitarbeiten, zubereiten: an die Hand gehen der Offenbarkeit des S̶e̶i̶n̶s̶ und diese Offenbarkeit des S̶e̶i̶n̶s̶ in das Gesagte des Denkens, in die Sprache bergen.

---

[144] [Martin Heidegger: Was ist das – die Philosophie?, S. 29; Gesamtausgabe Band 11, S. 25.]

Nietzsche sagte: Die stillsten Gedanken kommen auf Taubenfüßen (»Also sprach Zarathustra«).¹⁴⁵ Nicht nur die stillsten Gedanken, sondern erst recht kommt auf Taubenfüßen die Offenbarkeit, das Ereignis der Lichtung des Seins.

In bezug auf die Grundstimmung, worin das Denken schwingt, könnte man fragen, welche die Grundstimmungen unserer heutigen Versuche des Denkens sind oder wie sie charakterisiert werden können. Bevor ich diese kurze Andeutung gebe, möchte ich auf das, was ich über die Grundstimmung der neuzeitlichen Philosophie sagte, zurückkommen (weil hier ein Mißverständnis sich eingeschlichen hat). Man kann sagen, daß der Zweifel bei Descartes (den man auch als methodischen Zweifel charakterisiert hat) nur eine vorübergehende Phase dieses Denkens ist und daß man den Zweifel nicht eigentlich als die Grundstimmung dieses Denkens bezeichnen kann. Ich glaube, daß man den Satz in meinem Vortrag etwas überhört hat: »Die Stimmung des Zweifels ist die positive Zustimmung zur Gewißheit« als der »maßgebenden« Form der Wahrheit«.¹⁴⁶ Wenn wir dies beachten, die Wahrheit als Gewißheit, dann können wir [sagen]: [...].¹⁴⁷ Dann können wir den Satz Hegels [verstehen]: »Die wahre Gestalt, in welcher die Wahrheit existiert, kann allein das wissenschaftliche System derselben sein.« (Hegel, Vorrede zur »Phänomenologie«, S. 12, Hoffmeister)

Wenn ich die Grundstimmung meines Denkens charakterisieren soll (eine sehr gewagte Sache), aber nur zur Verständigung, zur Erläuterung der Grundhaltung, dann werde ich zwei Momente nennen: 1. Offenheit für das Gespräch mit der Geschichte (im

---

¹⁴⁵ [Friedrich Nietzsche: Also sprach Zarathustra II, Die stillste Stunde: »Die stillsten Worte sind es, welche den Sturm bringen. Gedanken, die mit Taubenfüßen kommen, lenken die Welt.«]
¹⁴⁶ [Martin Heidegger: Was ist das – die Philosophie?, S. 27; Gesamtausgabe Band 11, S. 24.]
¹⁴⁷ [Im Typoskript ist hier Platz für ein Zitat freigelassen. Martin Heidegger: Was ist das – die Philosophie?, S. 27; Gesamtausgabe Band 11, S. 24: »Die Stimmung der Zuversicht in die jederzeit erreichbare absolute Gewißheit der Erkenntnis bleibt das πάθος und somit die ἀρχή der neuzeitlichen Philosophie.«]

IV. Was ist das – die Philosophie?

gekennzeichneten Sinne) der Vergessenheit des Unter-Schiedes; 2. die Gelassenheit in die Ankunft einer Wandlung der Vergessenheit des Unter-Schiedes.

Das Ergebnis der Dekade ist kein Ergebnis, das wir in einem Protokoll festlegen können. Vielleicht ist es eine Art von Stimmung, der Stimmung, in der wir alle Beteiligte an diesen Gesprächen uns wechselweise dahin geführt sehen, daß wir wünschen, das Gespräch möchte erst jetzt beginnen.

Zum Schluß muß ich jetzt den Dank aussprechen, und zwar einen aufrichtigen, herzlichen Dank an Madame Heurgon, die Herrin des Hauses, die diese Gespräche in dieser schönen Form ermöglicht hat; an Herrn Gabriel Marcel, der gleichsam als Gesprächsführer aus der Grundstimmung einer Güte gesprochen hat.

Wenn Sie in den ersten Tagen durch meinen Vortrag und die Seminare etwas schockiert waren, so bitte ich das zu entschuldigen und zu bedenken, daß ich von den Bauern herkomme.

Zuletzt möchte ich Kostas Axelos besonders herzlich danken für die anstrengende Arbeit, die er übernommen hat mit der unmittelbaren Übersetzung der oft schwierigen Gedankengänge.

MARCEL: Monsieur,

Au nom de tous ceux qui ont eu l'heureuse fortune de vous entendre ici au cours de ces journées, puis-je me permettre de vous adresser l'expression de notre profonde gratitude pour ce que vous nous avez apporté à tous.

Je dis bien: à tous, et non pas exclusivement à ceux qui ont pratiqué pour leur propre compte l'usage de la réflexion philosophique sous ses formes élaborées.

Puis-je tenter de définir cet apport?

Comme vous nous l'avez laissé prévoir, l'essentiel ne réside pas dans les réponses que vous avez pu faire à telle ou telle de nombreuses questions que nous vous avons posées; des réponses que nous pourrions emporter avec nous pour les transmettre à d'autres. Je ne veux pas dire que, sur certains points, vous ne nous ayez pas éclairés sur votre pensée, mais je répète: l'essentiel est ailleurs. Et, pour user d'un langage qui est le mien, mais qui ne m'appartient pas en propre, c'est un témoignage.

Au cours des séminaires, plus encore que dans votre conférence inaugurale, vous vous êtes montré à nous avec une admirable évidence dans l'acte même qui est celui de philosopher.

Je l'ai dit avant-hier, la philosophie ne peut pas être une installation. Certains diraient que c'est une vie: mais c'est un mot dont on a beaucoup abusé et que ne vous plait guère.

Ce qui risque toujours de se perdre, et cela particulièrement chez ceux qui sont arrivés à un poste élevé dans l'enseignement, c'est le sens de l'effort philosophique dans ce qu'il a d'ardu et d'original. Nous avons pu voir à quel point il a gardé chez vous son authenticité. Les textes qui ont été par vous-mêmes le plus constamment médités au cours d'un labeur incessant, depuis plus de quarante ans, que ces textes soient de Parménide ou d'Aristote, de Kant ou de Hegel, gardent pour vous leur éclat mystérieux, leur puissance de retentissement dans l'être. Ceci est exceptionnel et suffirait à conférer à votre enseignement une qualité insigne.

L'expérience m'a amené à cette certitude que la prétention est toujours le pire obstacle qui soit à la découverte ou à la création. Mais, de cette prétention où, je dirais d'un mot barbare, de cet ›Ich-Bewußtsein‹, nul n'a pu découvrir, chez vous la moindre trace. Votre renommée est immense. Elle dépasse certainement l'idée que vous pouvez vous en faire. Mais tout semble montrer que vous ne vous en souciez pas. On dirait vraiment que vous avez su la tenir à distance, comme un visitateur importun. Et c'est essentiellement pour cela qu'il vous a été donné – au sens de »geschenkt« – d'entendre le ›Zuspruch‹ de l'être, d'y répondre et de nous le rendre, à nous-mêmes, par instants, discernable.

J'avais dit à Madame Heurgon, avant votre arrivée: Si cette décade n'est pas un échec, elle marquera une victoire véritable – une victoire de l'esprit, qui est communication, qui est une ouverture des êtres les uns aux autres, une victoire sur l'opacité, sur le préjugé, sur le sectarisme qui engendre la haine et la guerre.

IV. Was ist das – die Philosophie?

Eh bien, Monsieur, je puis vous l'affirmer: cette décade a été une victoire.

Et maintenant, Monsieur, il me reste à formuler un vœu qui vient du plus profond.

Que vous soyez sensible ou non aux répercussions que peut avoir votre parole sur de jeunes esprits, il est certain qu'elles demeureront considérables au cours des années à venir. Or, cet avenir est encore incertain et, par moments, peut nous paraître menaçant.

Puis-je souhaiter, puis-je même espérer, Monsieur, que cette parole, dont le poids est si grand, s'articulera dans le sens d'une compréhension toujours plus intime entre les hommes de bonne volonté de nos deux pays?

Je me souviens, qu'il y a bien des années, vous avez mis en lumière la nécessité d'une compréhension réelle et féconde entre Français et Allemands.

J'ai posé, au cours de mon intervention, le problème de l'universalité, en des termes qui ont pu vous paraitre trop exclusivement linguistiques. Mais il va de soi, qu'il s'agit dans mon esprit de tout autre chose – de ce qui peut promouvoir ou, au contraire, retarder l'avènement d'une communauté enfin vraiment reconciliée.

J'ai bon espoir, Monsieur, que vous accepterez d'y travailler avec nous selon les modalités originales et fécondes qui sont celles de votre pensée propre.

Et sur ce chemin, la semaine de Cerisy aura marqué une étape que nous n'oublierons pas.

[Herr Heidegger,

im Namen aller derjenigen, die das Glück genossen haben, Sie hier während dieser Tage gehört zu haben, erlaube ich mir, Ihnen unseren tiefen Dank zum Ausdruck zu bringen für das, was Sie uns allen gegeben haben.

Ich sage, wohlgemerkt: uns allen, also nicht ausschließlich denjenigen, die selbständig die philosophische Reflexion in ihren elaborierten Formen praktiziert haben.

Kann ich versuchen, diese Gabe zu bestimmen?

Wie Sie uns haben voraussehen lassen, liegt das Wesentliche nicht in den Antworten, die Sie auf diese oder jene der zahlreichen Fragen geben konnten, die wir Ihnen gestellt haben; Antworten, die wir mit uns forttragen könnten, um sie anderen zu übermitteln. Ich möchte nicht sagen, daß Sie uns nicht, bezüglich einiger Punkte, über Ihr Denken aufgeklärt haben, aber ich wiederhole: das Wesentliche liegt woanders. Und, um eine Sprache zu benutzen, die die meine ist, aber nicht mir als Eigentum gehört: es ist ein Zeugnis.

Während der Seminare, mehr noch als in ihrem Einleitungsvortrag, haben Sie sich uns mit einer bewundernswerten Evidenz im Vollzug eben dessen gezeigt, was das Philosophieren ist.

Ich habe vorgestern gesagt, die Philosophie könne nicht eine Einrichtung sein. Manche würden sagen, sie sei ein Leben: aber dabei handelt es sich um ein Wort, das vielfach mißbraucht worden ist und Ihnen überhaupt nicht gefällt.

Was immer verloren zu gehen droht, und zwar besonders bei denjenigen, die an eine gehobene Position in der Lehre gelangt sind, das ist der Sinn des philosophischen Unternehmens in seiner Schwierigkeit und Ursprünglichkeit. Wir konnten sehen, wir sehr es bei Ihnen seine Echtheit bewahrt hat. Die Texte, die für Sie selbst im Laufe einer unablässigen Bemühung, seit mehr als vierzig Jahren, die mit der größten Beständigkeit bedachten gewesen sind, ob es sich nun um Texte von Parmenides oder Aristoteles, von Kant oder Hegel handelt, bewahren für Sie ihren geheimnisvollen Glanz, ihre Macht, das Sein anklingen zu lassen. Das hat etwas Außerordentliches und würde genügen, um Ihrer Art des Lehrens beachtliche Qualität zu verleihen.

Die Erfahrung hat mir zu der Gewißheit verholfen, daß die Anmaßung immer das schlimmste Hindernis ist beim Entdecken oder Erschaffen. Aber von solcher Anmaßung oder, wenn ich ein barbarisches Wort benutzen darf, von solchem ›Ich-Bewußtsein‹, hat keiner bei Ihnen auch nur die geringste Spur finden können. Ihr Renommee ist gewaltig. Es übersteigt sicherlich die Vorstellung, die Sie sich davon machen können. Aber alles scheint darauf

IV. Was ist das – die Philosophie?

hinzudeuten, daß Sie sich darum nicht kümmern. Man könnte mit Recht sagen, daß Sie es auf Distanz zu halten verstanden haben, wie einen ungebetenen Gast. Und im wesentlichen dafür wurde es Ihnen gegeben (donné) – im Sinne von »geschenkt« – den ›Zuspruch‹ des Seins zu hören, ihm zu entsprechen und ihn uns für uns selbst, augenblicksweise, vernehmbar zu machen.

Ich hatte vor Ihrer Ankunft zu Madame Heurgon gesagt: Wenn diese Dekade kein Mißerfolg ist, dann wird sie einen wahrhaften Sieg markieren – einen Sieg des Geistes, der Mitteilung ist, eine Öffnung der einen Wesen für die anderen, ein Sieg über die Undurchsichtigkeit, über das Vorurteil, über das Sektierertum, das Haß und Krieg gebiert.

Nun, Herr Heidegger, ich kann Ihnen versichern: diese Dekade ist ein Sieg gewesen.

Und jetzt, Herr Heidegger, bleibt mir noch, einen Wunsch zu formulieren, der aus dem Tiefsten kommt.

Ob Sie für die Wirkungen, die Ihr Wort auf junge Geister haben kann, sensibel sind oder nicht, sicher ist, daß sie im Laufe der kommenden Jahre beachtlich bleiben werden. Allerdings ist diese Zukunft noch ungewiß und kann uns, in manchen Augenblicken, bedrohlich erscheinen.

Darf ich wünschen, darf ich gar hoffen, Herr Heidegger, daß dieses Wort, dessen Gewicht so groß ist, sich im Sinne eines immer tieferen Einanderverstehens der gutgewillten Menschen unserer beiden Länder artikulieren wird?

Ich erinnere mich daran, daß Sie vor einer Reihe von Jahren einmal auf die Notwendigkeit eines wirklichen und fruchtbaren Verständnisses zwischen Franzosen und Deutschen hingewiesen haben.

Ich habe im Zuge meines Diskussionsbeitrags das Problem der Universalität aufgeworfen, in Begriffen, die Ihnen zu ausschließlich als sprachwissenschaftliche erscheinen konnten. Aber es versteht sich von selbst, daß es sich meinem Sinn gemäß um etwas ganz anderes handelt – um das nämlich, was die Ankunft einer endlich wirklich versöhnten Gemeinschaft fördern oder, im Gegenteil, verzögern kann.

Ich bin guter Hoffnung, Herr Heidegger, daß Sie bereit sein werden, mit uns zusammen darauf hinzuarbeiten, gemäß den ursprünglichen und fruchtbaren Modalitäten, die diejenigen Ihres eigenen Denkens sind.

Und auf diesem Weg wird die Woche von Cerisy eine Etappe markieren, die wir nicht vergessen werden.]

HEIDEGGER: Erlauben Sie mir noch ein Wort zu sagen nach dem, was gesagt worden ist. Es ist nicht, um das letzte Wort zu behalten. Ich bin ergriffen von dem, was Sie sagen. Ich glaube, Sie haben mir zu viel Ehre erwiesen. Seien Sie versichert, daß ich unter allen denen, die an den Gesprächen teilgenommen haben, derjenige bin, der am meisten gelernt hat. Und das Ideal des Lehrers besteht darin, jener zu sein, der am besten lernen kann.

Jetzt lassen Sie mich schließen mit einem Wort Ihres Landsmannes, das ich schon einmal zitiert habe. Ich muß erst eine ganz kurze Erläuterung vorausschicken: Das französische Wort ›pensée‹ bedeutet im Latein: pendere, »abwägen«. Eine Sache darauf hin abwägen, was an ihr ist, heißt: man soll sie in dem, was sie ist, gewissermaßen *erblicken*. Sie haben in Ihrer Sprache ein wunderbares Wort für Blicken, das lautet: ›regard‹, d. h. »Zurückbewahren«, ein Wort, das in unserer Sprache fehlt.

Und wenn Hegel, wie Sie gesehen haben, das Denken oft als räsonnierendes, als raison, ratio (kommt vom lateinischen reor, reri: etwas für etwas halten oder eine Meinung äußern oder über die Sache aus einem bestimmten Gesichtspunkt reden) bezeichnet hat, dann lassen Sie mich ein Wort sagen, das Georges Braque in seinen wundervollen Aufzeichnungen »Le jour et la nuit« sagt: »Penser et raisonner font deux.«[148]

---

[148] [Georges Braque: Le jour et la nuit. Cahiers 1917–1952. Paris: Gallimard, 1952, S. 9. (Dt.:) »Denken und Räsonieren sind zweierlei.«]

BEILAGEN

1. *Interpretation*[149]

Es gibt kein Kriterium der Exaktheit der Gewißheit – des auslegenden Gesprächs. Also *Willkür?* Nur jeweiliger Standpunkt?
Nein, sondern, *weil andere Art von Wahrheit,* wobei der Auslegende selber alles im Gespräch für dieses offenläßt, hier keine *Methodensucht* – ›Exaktheit‹ – am Platze.

2. *[Das eigentliche Welt-Gespräch]*

Das *eigentliche* Welt-Gespräch nur aus dem je Eigenen der Sprechenden.
Das je *Eigene* – nicht als abgekapselt, sondern als Anfang der Bereitschaft des *Schonens* der Eignung ins *Eigentliche.*
Das *Eigentliche* nur im *Entsagen.*
Welt-Gespräch – nur wo ›Welt‹.
Gespräch – nur wo Wesen der Sage.
Keine nur wechsel- und allseitige Information als Preisgabe des Eigenen zugunsten der Leere der Nivellierung und Entwurzelung.

3. *[Gespräch mit Asien]*

1. σοφία – φίλος – *geeignet.*
   Gespräch mit Asien und so im Eigenen.
   πόλεμος – ἔρις   vielleicht Zeit
2. Griechisch (vgl. »Holzwege«)[150] – nicht völkisch, sondern *geschicklich.*

---

[149] [Siehe oben S. 368 ff.]
[150] [Vgl. Martin Heidegger: Der Spruch des Anaximander. In: Holzwege, S. 296–343, hier S. 310; Gesamtausgabe Band 5, S. 321–373 hier S. 336.]

Verwahrung in das Eigene des Geschickes – Aneignung in die Übereignung.

3. Das Gespräch mit dem f[ernen] O[sten] kann nicht beginnen, wenn nicht zuvor[151] E[uropa], das ins Gespräch gelangen soll, selbst ins Anfänglich-Eigene gefunden, und gerade aus dem Gestell.

Damit werden wir selbst erst in den Stand gesetzt, darauf zu verzichten, den Gesprächspartnern unsere eigenen Vorstellungen unterzulegen oder gar sie zu diesen herüberzuziehen – zufolge dem ›Wesen‹ und Walten der Technik.

Die verborgene Brücke schon waltend –
was in der Kehre entgegenkommt –
was uns hörend macht und die anderen besinnlich –
zur Rettung ihres Anfangs.

Aber *Universalhistorie* Historie, die in der Form der Information noch mächtiger als die Gelehrsamkeit – alles nivellierend in eine Scheinangleichung! Vorenthalt des Eigenen und *so* des Eigentlichen Gesprächs.

4. ›Das Griechische‹

Vgl. Holzwege, [S.] 309 ff.[152]
Vgl. Vigiliae II, [S.] 129.[153]

---

[151] [Handschrift: wenn nicht wo zuvor.]
[152] [Vgl. Martin Heidegger: Der Spruch des Anaximander. In: Holzwege, S. 309 ff.; Gesamtausgabe Band 5, S. 335 ff.]
[153] [Vgl. Martin Heidegger: Vigiliae und Notturno (Schwarze Hefte 1952/53 bis 1957). Gesamtausgabe Band 100. Hrsg. von Peter Trawny. Frankfurt a. M.: Vittorio Klostermann, 2020, S. 97–198, hier S. 184.]

IV. *Was ist das – die Philosophie?*

5. [*Vorbemerkung zum ersten Kant-Seminar*][154]

Die Philosophie: das eigens übernommene und sich entfaltende Entsprechen *aus dem Hören* auf den Zuspruch des Seins des Seienden.[155]

1. Inwiefern Kant und *wie* entspricht *(vorkritisch – absichtlich)*.
2. Beispiel eines *Gespräches* mit *Kant*.

Fragen!
1. Die dümmsten,
2. alle Philosophie beiseite lassen,
3. nicht räsonieren, sondern ›Augen‹, Ohren öffnen für den Text.

Wie – Methode.
Was – gesprochen von ›Sein‹.

6. [›*Dasein*‹ – ›*Gegenstand*‹][156]

›Dasein‹   –   ›*Gegenstand*‹   18. Jahrhundert
Praesenz   Widerstand – *objectum*
                      Mittelalter
            ἀντικείμενον
            Hegel – unmittelbarer ›Gegenstand‹
            Gegenüber, aber nicht als Ent-gegen für ein *Vor-stellen*

---

[154] [Siehe oben S. 379 f.]
[155] [Vgl. Martin Heidegger: Was ist das – die Philosophie?, S. 29; Gesamtausgabe Band 10, S. 25:»Das eigens übernommene und sich entfaltende Entsprechen, das dem Zuspruch des Seins des Seienden entspricht, ist die Philosophie.«]
[156] [Siehe oben S. 380.]

7. »Vom Dasein überhaupt«[157]

Die *methodische Vorbemerkung*: nicht *immer nötig* — sogar niemals möglich —, alle Begriffe zu erklären, sogar — in der *Metaphysik* — *nicht einmal:* ›Vorstellung‹.
›Analysis‹:
a) zergliedern — in Glieder,
b) auflösen — in Stücke.
›*Auflösung*‹ — *explicatio* — *entwickeln*.
Kant sucht *dasjenige* bezüglich ›Dasein‹, »was man *vor* aller Definition von der Sache gewiß weiß«.[158]
Welche Methode? »*behutsamer* zu sein«.[159]
›*Auf-klärung*‹: die Sache selbst lichten.

8. [Eine These Kants][160]

Eine These Kants — verstehen das Ungesagte.
1. ›Position‹?
   a) Position überhaupt,
   b) relative Position,
   c) absolute Position.
2. Dasein — Realitas,
   existentia — essentia.
   Woher? Wie?
3. Aus ›Sein‹? Mittelalter? Gilson.[161]
4. Dagegen Aristoteles in den »*Kategorien*«, Kapitel V: οὐσία — angenommen: ›Substanz‹?

---

[157] [Siehe oben S. 380 ff. Vgl. Immanuel Kant: Der einzig mögliche Beweisgrund, S. 70 ff.]
[158] [Immanuel Kant: Der einzig mögliche Beweisgrund, S. 71. Die Hervorhebung stammt von Heidegger.]
[159] [Ebd. Die Hervorhebung stammt von Heidegger.]
[160] [Siehe oben S. 387 ff.]
[161] [Vgl. Étienne Gilson: L'être et l'essence.]

IV. Was ist das – die Philosophie? 471

5. Aristoteles unterscheidet, aber läßt ungesagt die Herkunft dieser Unterscheidung.

9. Die Herkunft der Unterscheidung von essentia und existentia[162]

Vgl. Manuskript (Maschinenabschrift) »*Geschichte des Seins als Metaphysik*«, S. 6 f. zu Aristoteles, »Kategorien«, cap. V.[163]

Vor der Frage, welcher Art die Distinctio zwischen essentia und existentia sei, steht die Frage, ober hier überhaupt eine *Distinctio* vorliegt und nicht vielmehr Wesentlicheres – wesend im *Sein des Seienden*.

Man könnte dann sagen: welches ist die allgemeinere und höhere Gattung von Sein, die sich in essentia und existentia als Arten gliedert. Aber dieses wäre eine Anmaßung der Begriffslogik gegenüber dem ›Sein‹.

Hier muß ein ganz eigenes Verhältnis und Ereignis walten, und sei es gar von solcher ›Art‹, daß die existentia als πρώτη οὐσία erst die essentia als δευτέρα [οὐσία] freigibt. Aber wie und inwiefern?

Der Ursprung der Unterscheidung bleibt dunkel und vermutlich deshalb, weil wir noch nicht die gemäße Weise gefunden haben, nach ihm zu fragen.

---

[162] [Siehe oben S. 387 ff. Notiz oberhalb der Überschrift:] wo sonst [davon] gehandelt? vgl. S.S. 27 [Vgl. Martin Heidegger: Die Grundprobleme der Phänomenologie. Marburger Vorlesung Sommersemester 1927. Gesamtausgabe Band 24. Hrsg. von Friedrich-Wilhelm von Herrmann. Frankfurt a. M.: Vittorio Klostermann, 1975, ³1997, S. 108–171.]
[163] [Vgl. Martin Heidegger: Die Metaphysik als Geschichte des Seins. In: Nietzsche. Zweiter Band. Pfullingen: Günther Neske, 1961, S. 399–457, hier S. 405 f.; Gesamtausgabe Band 6.2. Hrsg. von Brigitte Schillbach. Frankfurt a. M.: Vittorio Klostermann, 1997, S. 363–416, hier S. 369 f.]

10. Position = Vorstellung[164]

›ich setze hinzu‹: »Kritik der reinen Vernunft«
ab-solut-setzen: repraesentatio
loslassend-setzen – vorliegen lassen
re-praesentatio
νοεῖν – λέγειν

11. [pro-positio][165]

pro-positio – antecedens – consequens
compositio – complexio
copula
positio also von Aussage her.
›Begriff‹: Vor-stellung von etwas im allgemeinen – ›Baum‹.
συμπλοκή: σύνθεσις – ἀνάλυσις.
›Position‹: Setzung: Setzen – Gesetztes
›esse‹ = percipi? Stellen – Legen
ens =positum, »vorgestellt«! Vor-stellen?
  re-praesentatio – Wahrnehmung
ab-solute gegen ›relative‹

12. [Zum Vortrag von Gabriel Marcel][166]

ἀ-λήθεια – vérité
λόγος – ratio – Vernunft
ἐνέργεια – actus

Universalität der Philosophie

[164] [Siehe oben S. 389 ff.]
[165] [Siehe oben S. 398 ff.]
[166] [Zum Vortrag von Gabriel Marcel am 1. September 1955 siehe oben S. 418 ff. die Stellungnahme Heideggers sowie das Nachwort des Herausgebers, S. 762.]

IV. *Was ist das – die Philosophie?* 473

›*Wissenschaft*‹ – ›*Sprache*‹
griechischer Charakter der Philosophie
ἁρμονία – ὄρεξις
θαυμάζειν bei Platon und Aristoteles
›*Zweifel*‹ *Moment der Methode, nicht so große Weite* wie θαυμάζειν.
christliche Momente – *creatio*
Atomzeitalter – *Philosophie*

Gabriel *Marcel* – *die noch verborgene Grundstimmung*
Hegel – absolute Gewißheit
Fessard – ›*Seinsgeschichte*‹
Vergessenheit des Seins
›Geschichte‹ – ›*Hegel*‹
ἱστορεῖν || *Geschick*

›*Sprache*‹ – *das Fundierende von Denken und Dichten, nicht Kulturphänomen.*
›Wiederholung‹ || ›Fortschritt‹
Sprache – ›*Ausdruck*‹, ›*expression*‹
›Formensprache‹, ›Sprache der Blumen‹.

Gourinat (priv.) – Übersetzung von *Heraklit* und *Parmenides*
Satz vom Widerspruch

1. *Aristoteles*, »Metaphysik«,	*Schöpfung*
2. Heraklit,	Kontingenz
3. »Aus der Erfahrung des Denkens«.[167]	*Heutiges* – Geschichte
	ἱστορεῖν

nicht alles an diesem Nachmittag
»*Begriff der Zeit*«[168]

---

[167] [Vgl. Martin Heidegger: Aus der Erfahrung des Denkens. Pfullingen: Günther Neske, 1954; aufgenommen in: Aus der Erfahrung des Denkens (1910–1976). Gesamtausgabe Band 13. Hrsg. von Hermann Heidegger. Frankfurt a. M.: Vittorio Klostermann, 1983, ²2002, S. 75–86.]

[168] [Vgl. Martin Heidegger: Der Begriff der Zeit. Gesamtausgabe Band 64. Hrsg.

Dissociation Φύσις – Λόγος
Etymologie
φορά – Ortsveränderung
τόπος   chinesische Kunst
παρά – οὐσία
›Exaktheit‹
›Stelle‹ auf der Strecke – *Stelle* in extensio, spatium

heutige Situation
dissociation Φύσις – Λόγος
participation
›Philosophie‹ – ›System‹
Universalität
Ἀλήθεια

13. [ἀπόφανσις – πρότασις]

ἀπόφανσις (≠ enuntiatio)
πρότασις (≠ propositio) ⎬ qua *iudicium*

14. [κριτήριον – κρίσις]

Die Frage nach κριτήριον – »Gerichtshof«, »Forum«, vor dem die Meinungen sich legitimieren müssen –, wird zur beherrschenden Frage des philosophischen Denkens.
κρίσις – seinsmäßig! Nicht *regula*, wie Cicero übersetzt.
Krisis in der Krankheit, in einem Zeitalter.
iudicium.

von Friedrich-Wilhelm von Herrmann. Frankfurt a. M.: Vittorio Klostermann, 2004.]

IV. Was ist das – die Philosophie? 475

15. il a été

fuit (il fut) ist vergangen (Zeitstufe)
πέφυκε schon wesend (Zeitart?)
  und gerade *noch wesend* und erst recht vorenthaltend!
Im Griechischen keine Entsprechung zu momentum (Bewegung)
– Moment –»Augenblick«.
Im Lateinischen keine Entsprechung zu καιρός.
[Vgl.] Lohmann II. 2, [S.] 229 Anm.[169]

16. [δύναμις]

ζῷον λόγον ἔχον.
  δύναμις μετὰ λόγου.
  δύναμις τῶν ἐναντίων.
  Vermögen – Möglichkeit.
  Es *kann so oder so ausfallen.*

17. ἐπιστάμενος

Im Bild – im *Anblick*
von ihr angeblickt und ihr zu-*blickend* – ihrem Anblick sich
fügend –
  entbergend!
  An-Wesend zu *Anwesendem!*

---

[169] [Vgl. Johannes Lohmann: Vom ursprünglichen Sinn der aristotelischen Syllogistik. In: Lexis. Studien zur Sprachphilosophie, Sprachgeschichte und Begriffsforschung. Hrsg. von Johannes Lohmann. Band II, 2. Lahr i.B.: Moritz Schauenburg, 1951, S. 205–236, hier S. 229 mit Fußnote 1.]

Erster Teil: Ergänzungen

18. *[Zum Vortrag von Paul Ricœur]*[170]

Ent-sprechen – Zu-spruch
 ›sprechen‹
Λόγος
Sprache   Denken – ›Prophetie‹
›parole‹
Φάσις
       sprechen – *wer spricht?*
       ὄν θεῖον – τὸ πρῶτον
              τὸ θεῖον – νοήσεως νόησις
         Sein und Seiendes
Ricœur

[...]* – *christlicher Gott – Sein*
                    Mittelalter

19. *[Zum Vortrag von Lucien Goldmann]*[171]

verificare | τέχνη | ἀληθεύειν
›Natur‹ – ›Matérialisme‹
›Lask‹ – ›Mensch‹

1. Denken – eine *Erfahrung* des ›Seins‹ – ›Natur‹?
2. *vérité* – ἀληθεύειν
   ›Theologie‹   Hegel
   ›Geschichte‹
   das Bewußtsein – *verändernd!*
   ›wissenschaftlicher Sozialismus‹

[170] [Zum Vortrag von Paul Ricœur am 1. September 1955 siehe oben S. 423 die Stellungnahme Heideggers sowie das Nachwort des Herausgebers, S. 763.]
[171] [Zum Vortrag von Lucien Goldmann am 1. September 1955 siehe oben S. 423 ff. die Stellungnahme Heideggers sowie das Nachwort des Herausgebers, S. 763.]
* [Ein Wort unleserlich.]

IV. Was ist das — die Philosophie? 477

»*Zeit des Weltbildes*«[172]

›*Wissenschaft vom Menschen*‹! — wo?
universeller Vorgang
›Bewußtwerdung des Menschen‹ — *Sinn der Geschichte*
<u>Erkenntnis</u> *des Menschen* = ›*Philosophie*‹
   nicht ›*Wissenschaft*‹
Valéry
»*innere Wahrheit*« und »*Größe*« — ›*Vorlesung*‹ *1935*[173]— ›*Staat*‹
gegen alles philosophisch Gesagte — ›*nicht* biographisch‹
Wiederholung = *Répétition*
Die Frage, ob haltbar, wie zu begründen.

20. *[Wiederholung zu Beginn des Hegel-Seminars]*[174]

[Kant,] Kritik [der reinen Vernunft,] A 235, B 294: *III. Hauptstück der Analytik der Grundsätze:* »*Von dem Grunde der Unterscheidung aller Gegenstände überhaupt in Phaenomena und Noumena*«.
»*summarischer Überschlag*« [A 236, B 295].[175]
›Absolute Position‹ — kritisch: die Gebung eines Gegenstandes, worauf er [= der Begriff] sich bezieht, [vgl.] *A 239*, [B 298] — durch *Anschauung — sinnliche!*
»Die reine Kategorien« — Notionen — »nichts anders als Vorstellungen der *Dinge überhaupt*« (A 245/6).[176]
Was für Dinge das sind, bleibt unbestimmt — keine Beziehung auf »ein bestimmtes Objekt« ([A] 246).
›Dinge überhaupt‹ — ›Gegenstände überhaupt‹.

---

[172] [Vgl. Martin Heidegger: Die Zeit des Weltbildes. In: Holzwege, S. 69–104; Gesamtausgabe Band 5, S. 75–113.]
[173] [Vgl. Martin Heidegger: Einführung in die Metaphysik, S. 152; Gesamtausgabe Band 40, S. 208.]
[174] [Siehe oben S. 425 ff.]
[175] [Die Hervorhebung stammt von Heidegger.]
[176] [Die Hervorhebung stammt von Heidegger.]

Grenzen der Erfahrung (›Erkenntnis‹) ≠ *Grenzen des Vorstellens*.
Wäre es so, dann könnte ich niemals von einer *Grenze* reden und darüber verhandeln.
Jenseits der Grenze nicht nihil negativum, sondern <u>ens rationis</u>.
›*Der bloß transzendentale Gegenstand*‹ – ›der bloß transzendentale Gebrauch‹, [vgl. A] 247/8.
Gegenstand ≠ ›Objekt‹ im Sinne von *Gegenstand der Erfahrung*, [vgl.] A 248, B 305.
ens rationis Noumenon im negativen Verstande, [vgl.] A 290, B 347.

Gegenstand ›Ding‹ – ›Etwas‹
– Vor-stellen *nicht sinnliches:* Vorstellung,
Objekt – für Erkenntnis aber kein ›Anschauen‹?!

21. *[Zum Hegel-Seminar]*[177]

Die zweite Stunde:[178] Position – Propositio.
Kant, »Vom Grunde [der] Unterscheidung [aller Gegenstände überhaupt in Phaenomena und Noumena]« [Kritik der reinen Vernunft, A 235, B 294]: Ding an sich – repraesentatio.
›*Sein*‹ von ›*ist*‹ der ›Copula‹ (Littré):[179] *der maßgebende lichtende Horizont* für *Sinn von Sein des Seienden*.
Vgl. der kurze Hinweis auf das *vor-läufige* Denken!
»Sein und Zeit«.
Problem: ›ist‹ als der maßgebende lichtende Horizont.
Aussage – *der* ›*Satz*‹ – *re-praesentatio*.
›*Thesis*‹ (σύνθεσις – ἀνάλυσις).
Biemel – Bemerkung![180] Nicht nur historisch!

---

[177] [Siehe oben S. 425 ff.]
[178] [Gemeint ist das zweite Kant-Seminar. Siehe oben S. 395 ff.]
[179] [Siehe oben S. 400 f.]
[180] [Siehe oben S. 428.]

IV. Was ist das – die Philosophie? 479

Hegel: zwei Texte: 1. *Vorrede zur* »*Phänomenologie des Geistes*«,
2. *Einleitung* zur »Logik«.
Nur ›erzählend‹!
S. 48: der *oft zitierte Satz*! Am Beginn des Abschnitts, in den der Text gehört.[181]
Die verschiedenen Weisen des *Denkens (spekulativ!)*.
(Weshalb?)
Weil ›Sein ist *Denken*‹ – *Kant, Parmenides.*
In *Hegels Auslegung.*
›Dies, was ist, ist in seinem Sein dies: sein Begriff zu sein.‹
›Der Begriff ist das eigene Selbst *(Subjekt)* des Gegenstandes, das (welches ›Selbst‹) sich als *sein Werden* darstellt.‹[182]
Das räsonnierende Denken: Reflexion – das *Negative* des Ich, des Inhaltes in der Reflexion (die Leere): ›Die Reflexion gewinnt sich nicht zu ihrem Inhalt und ist sie nicht in der Sache.‹ ([S.] 49)[183]
Kant.
Dagegen ›das Negative‹ die Bewegung, selbst ›das Positive‹.[184]
›Subjekt‹ – ›*Selbst*‹.
Das *Subjekt die ruhende Basis*, an die der *Inhalt* geknüpft wird.[185]
Anders ist [es] im begreifenden Denken! Hier ist das Subjekt: ›der Begriff‹ – darin geht das ruhende Subjekt ›*zugrunde*‹! [Vgl. S.] 49 unten [und 50].

---

[181] [Vgl. Georg Wilhelm Friedrich Hegel: Phänomenologie des Geistes, S. 48: »Worauf es deswegen bei dem *Studium* der *Wissenschaft* ankommt, ist, die Anstrengung des Begriffs auf sich zu nehmen.«]
[182] [Georg Wilhelm Friedrich Hegel: Phänomenologie des Geistes, S. 49: »Indem der Begriff das eigene Selbst des Gegenstandes ist, das sich als *sein Werden* darstellt, [...].«]
[183] [Ebd.: »Dadurch, daß diese Reflexion ihre Negativität selbst nicht zum Inhalte gewinnt, ist sie überhaupt nicht in der Sache«.]
[184] [Ebd.: »Dagegen [...] gehört im begreifenden Denken das Negative dem Inhalte selbst an und ist sowohl als seine *immanente* Bewegung und Bestimmung, wie als *Ganzes* derselben das *Positive*.«]
[185] [Ebd.: »Dies Subjekt macht die Basis aus, an die er [= der Inhalt] geknüpft wird«.]

»es geht in die Unterschiede [...] ein«, die »Bewegung selbst wird der Gegenstand« [S. 50].

Was im Satz die Form des Prädikats hat, wird zur *Substanz selbst* – dadurch Hemmung, der Gegenstoß, [geht] *nicht zu weiteren Prädikaten fort.*

Das Subjekt ist zum *Prädikat* übergegangen! Und dieses ›die Substanz‹! ›*Wesen*‹.

Beeilung – ›Schock‹.

Der ›*philosophische*‹, spekulative (blickend – ›die Idee‹) Satz – ›der Gegenstoß‹.

Hemmung überwinden.

Der identische Satz enthält den Gegenstoß zum *gewöhnlichen* Satz, der den Unterschied in sich schließt, aber nicht *als Unterschied* und d. h. als das *Einfache*, Wahre.

Die »*Einheit des Begriffs*« zerstört die »Form eines Satzes überhaupt« [S. 51]. Die *Einheit vernichtet* nicht den Unterschied, sondern *geht als eine Harmonie hervor.*

Beispiel: »Gott ›*ist*‹ das Sein«.[186] Ein Satz, dessen Prädikat ›das Sein‹ *substantielle* Bedeutung (Wesen, Begriff) [hat]. Darin zerfließt das Subjekt. Gott ›gehört‹ in, hat sein Wesen und Währen im [Sein]. Gott scheint aufzuhören (!) als das *feste* Subjekt. Das Denken kommt nicht weiter! Das Subjekt wird vermißt (!) und *so zurückgeworfen* und so in den Inhalt »*vertieft*«,[187] in das Subjekt der Inhalt.

Der Anschein des philosophischen Satzes: sieht aus wie ein gewöhnlicher!

Ontisches Vor-stellen – ontologisches Be-greifen.

---

[186] [Georg Wilhelm Friedrich Hegel: Phänomenologie des Geistes, S. 51: »*Gott ist das Sein*«.]
[187] [Ebd. Die Hervorhebung stammt von Heidegger.]

IV. Was ist das – die Philosophie?

22. [Hegels Bestimmung des Begriffs][188]

Marcel: Übergang vom gewöhnlichen Begriff zu Hegels Bestimmung des [Begriffs].
Genauer die Absicht und Wahl des Textes.
›Begriff‹ – *Komplex aus vorausgehenden* Urteilen.
›Baum‹: Pflanze, *Gewächs* mit Ästen, *Stamm* usf.
Urteil – *Satz* → *Grundform des Denkens* → *›Sein ist Denken‹.*
Hegels Abhebungen: *materiell – räsonnierend – begreifend.*

23. [Materielles, formales und begreifendes Denken][189]

Das, was ist, ist in seinem Sein dies, *sein Begriff zu sein.*
Das ist: die *logische Notwendigkeit – ›das Spekulative‹.* Sie ist *Wissen* des Inhalts, der Inhalt aber *Begriff – Wesen.*
›Logik‹ als eigentliche *Metaphysik:* Sein ist *Denken.*
Satz – Thesis.
Denken – Begreifen.
Beim *Studium der Wissenschaft* die *Anstrengung des Begriffs auf sich nehmen,* [vgl. S.] *48.*[190]
Das *materielle* Denken – an Vorstellungen fortlaufend.
Das *formale* (räsonnierende) Denken – Freiheit von In-halt, »Eitelkeit über ihn« – ist »das willkürlich bewegende Prinzip des Inhalts« [ebd.], das in diesen einfällt.
Das *begreifende* Denken (der Begriff): von ihm unterscheidet sich das formale, räsonnierende Denken *nach zwei Seiten, die beide den Begriff erschweren.*

---

[188] [Siehe oben S. 433 f.]
[189] [Siehe oben S. 434 ff.]
[190] [Georg Wilhelm Friedrich Hegel: Phänomenologie des Geistes, S. 48: »Worauf es deswegen bei dem *Studium* der *Wissenschaft* ankommt, ist, die Anstrengung des Begriffs auf sich zu nehmen.«]

Der Begriff ist »das eigene Selbst [Subjekt] *des Gegenstandes* [...], *das sich als sein Werden darstellt«*.[191] Darin der Gegenstand an sich, an und für sich selbst. Kein ruhendes Subjekt, das Akzidenzien trägt.

24. [Versöhnung bei Hölderlin und Hegel][192]

1. und 2. Triade: *dialektischer* Gegensatz.
›Versöhnung‹ – Hegel.
›Umschlag‹ – der Wechsel des Tons.
Das Einfältige (Le Simple).
»La figure de ceux du ciel, il l'est«,
»protégé – de tendres armes«.[193] Die Sprache.
›Gipfel der Sprache‹.

25. Schlußbemerkung[194]

Zurück zum Einleitungsvortrag.
Versuch, die *Philo*sophie durch die Abhebung gegen die σοφία zu kennzeichnen.
σοφία = λέγειν τὸ σοφόν: Ἕν – Πάντα, Λόγος.
λέγειν τὸν Λόγον – ὁμολογεῖν.
φιλοσοφία = *Streben nach* der *Erkenntnis* des Seins des Seienden.
»Liebe zur Weisheit«.
Hegel: »Phänomenologie des Geistes«, Vorrede, S. 12.
Für Hegel Philosophie *nicht mehr* Philosophie.
Also das Selbe wie [für] Heraklit?

---

[191] [Georg Wilhelm Friedrich Hegel: Phänomenologie des Geistes, S. 49. Die Hervorhebungen stammen teilweise von Heidegger.]
[192] [Siehe oben S. 446 f.]
[193] [Friedrich Hölderlin: Friedensfeier, Verse 140 f.: »Mit zärtlichen Waffen umschützt, / Die Gestalt der Himmlischen ist es.«]
[194] [Siehe oben S. 455 ff.]

IV. Was ist das – die Philosophie? 483

Nein, sondern gerade Philosophie, aber in ihrer *absoluten Perfektion – Vollendung*, die absolute Metaphysik.
Allerdings jetzt Frage: Schelling.
Vollendung des absoluten Idealismus erst durch Schelling. Vgl. *Walter Schulz.*[195]

Frage der Philosophie (›Sein‹ als Antwort – Sein als Fragwürdigkeit): nach dem ὄν ᾗ ὄν – die *Leitfrage* des Denkens.
Die Grundfrage – die Frage nach dem Sein *qua* Sein, insofern Sein ist: Sein *des* Seienden – ist die Frage nach dem Sein selbst, die Frage nach dem Unterschied.
›Unterschied‹: 1. Relation zwischen gegebenen Relaten: ›Sein‹ qua ›Seiendes‹!
2. Herkunftsbereich für das Unterschiedene – der Unter-schied früher als der Unterschied.
Ἀ-*Λήθεια*.
›Vergessenheit des Unterschiedes‹ = Seinsvergessenheit.
Nichts *Negatives* – nur der erste An-schein.
Λήθη: Verbergung – Bergung – Vorenthalt.
Aus diesem erst nur *zugewiesen* – die jeweilige Offenbarkeit des Seins.
Ἀ-Λήθεια – ὄν ᾗ ὄν.
Geschick von Sein – ›Seinsgeschichte‹ | Historie – Geschehen.
Seinsgeschick – kein Prozeß, kein kausaler, kein dialektischer Ablauf.
Die Jähe – ›*Epochen*‹.
Ἀλήθεια – Ἐνέργεια – Actus purus – Wirklichkeit – *Gegenständlichkeit*.

Aufgefallen: die Kennzeichnung der Philosophie von λέγειν her.
Entsprechen – Zuspruch.[196]

---

[195] [Vgl. Walter Schulz: Die Vollendung des deutschen Idealismus in der Spätphilosophie Schellings.]
[196] [Martin Heidegger: Was ist das – die Philosophie?, S. 29; Gesamtausgabe

484   *Erster Teil: Ergänzungen*

Entsprechen – dem Zuspruch – des Unter-Schiedes.
Sprache – Sage.
Denken – ein Sagen – *abgekehrt von der Wirklichkeit.*
Kein Handeln?
Gewiß nicht im Sinne des Wirkens – Produktion technischer Effekte.
Aber Handeln im Sinne [von]: *an die Hand gehen* – mithelfen – bereiten – die Sage des Zuspruchs – Verwahrung der Offenbarkeit des Seins – ein ›Bauen‹ – Wohnenlassen!
Nietzsche: Die stillsten *Gedanken* kommen auf Taubenfüßen.[197]
Erst recht: das Zu-Denkende – die Lichtung der Wahrheit des Seins.

Grundstimmung – der neuzeitlichen Philosophie: nicht der Zweifel für sich genommen, sondern (Text S. 18): die Zuversicht – »die positive Zustimmung zur Gewißheit« als der maßgebenden Gestalt der Wahrheit.[198]
Hegel! Das absolute Sichselbstwissen.

Grundstimmung – heute? Schwer zu sagen.
1. *Offenheit* für die Geschichte der Vergessenheit des Unter-Schiedes.
2. *Gelassenheit* in die Ankunft der Wandlung der Vergessenheit des Unter-Schiedes.

›Ergebnis‹ – der Dekade? Nicht in Sätzen niederzulegen – im Sinne eines Protokolls. Aber eine Art von Stimmung: daß wir durch die Gespräche uns dahin geführt sehen, *wo* alle wünschen, daß das

---

Band 11, S. 25: »Das [...] Entsprechen, das dem Zuspruch des Seins des Seienden entspricht, ist die Philosophie.«]
[197] [Vgl. Friedrich Nietzsche: Also sprach Zarathustra II, Die stillste Stunde.]
[198] [Die Angabe »Text S. 18« bezieht sich auf das Manuskript des Vortrags. Martin Heidegger: Was ist das – die Philosophie?, S. 27; Gesamtausgabe Band 11, S. 24: »Die Stimmung des Zweifels ist die positive Zustimmung zur Gewißheit. Fortan wird die Gewißheit zur maßgebenden Form der Wahrheit.«]

IV. Was ist das – die Philosophie?

Gespräch erst jetzt *eigentlich* beginnen könnte. Aber auch hier nichts übereilen – genug, daß wir wechselweise in manches einige Klarheit brachten.

Im Klaren aber wird erst das Verborgene, nämliche *als* Verborgenes, sichtbar.

Darum: uns bescheiden mit dem, wohin wir gelangt sind.

Und es bleibt nur noch eines: zu danken.

Vor allem einen herzlichen Dank [an] Madame Heurgon, Herrn Gabriel Marcel als Gesprächsführenden – Grundstimmung *der Güte*.

›*Das Bäuerische*‹!

Dank Herrn Kostas Axelos für die anstrengende Arbeit der unmittelbaren Übersetzung.

26. [Welcher Art ist die Titelfrage?]

1. Welcher Art ist die Titelfrage?
Historisch? Geschichtlich? Geschicklich?
Ge-schick – des ~~Seins~~
auf den Weg bringen | Ereignis |
Ereignis als Ge-schick
Weg – das Wagnis der *Einweisung* auf einen *Weg* des Denkens.

Hegel – *vollendetes Streben* innerhalb der Selbstgewißheit.
Vor der ὄρεξις und *innerhalb* der Ἀλήθεια.

2. Ent-sprechen dem | Sein |.
Was heißt Sein?
Seinsfrage.

27. *[Die Frage: Was ist das – die Philosophie?]*

Ist die Frage: Was ist das – die Philosophie?
1. eine philosophische-reflektierende,
2. oder eine philosophische-transzendierende (Philosophie der Philosophie),
3. oder ganz anderer Art und Weise?
Wie das ›*Was ist*‹ gemeint?
Im Sinne von *Wesen* als *essentia* und diese als die allgemeinste, alles einende Vorstellung?
Oder ›Wesen‹ verbal?
Was heißt dies? ›*Währen*‹ – ›Ort‹.
Wie und worin bleibend?

28. *[φιλοσοφία]*

φιλοσοφία
   und πόρος
     διαπορεῖν
     εὐπορεῖν
       ἀπορία!

29. *[φιλόσοφος]*

φιλόσοφος
   φίλος – *Eigener*
   zugehörig | ἁρμονία
   verfügt in
Vgl. φύσις κρύπτεσθαι φιλεῖ,[199] nicht »streben nach«.

---

[199] [Heraklit, Fragment 123 (Diels).]

IV. *Was ist das – die Philosophie?* 487

30. *[Erläuterung der Philosophie oder
Einblick in die Philosophie]*

Erläuterung der Philosophie
[aus einer Erörterung ›des‹ vorläufigen Denkens].[200]
Gleichwesentlich die Aussage über die Philosophie und was wie solche Aussage aussieht – und das Ungesagte, aus dem *Erläuterung spricht.* Das Vordenken *in dieses.*
[Entsprechen dem Zuspruch (des Unter-Schiedes)].[201]

Oder

Einblick in die Philosophie
 Einsichtnehmen. ———— ›Spruch‹ – ›Sprache‹
 Einblitz in das Denken.
 Einblick in das Ge-Stell.

31. *Einblick in die Philosophie*

Zwischenphase – Entsprechen
 im Anklang an ὁμολογεῖν – τὸ αὐτὸ γάρ[202]
 bereiten die Einkehr in die | *Kehre* |
 Kehre – nicht ›Umkehr‹ als Abkehr
  nicht Rückkehr

---

[200] [Die eckigen Klammern in der Handschrift.]
[201] [Die eckigen Klammern in der Handschrift.]
[202] [Parmenides, Fragment 5 (Diels): τὸ γὰρ αὐτὸ νοεῖν ἐστίν τε καὶ εἶναι.]

32. [Das griechische Denken]

Das griechische Denken – λέγειν.
ὁμολογεῖν ist nicht in die Rede nur ›eingebettet‹. Es ›ist‹ diese selbst; ›ist‹ hier transitiv genommen, d. h. das λέγειν trägt und stimmt und leitet das νοεῖν. Das λέγειν ist nicht zuerst »sagen«, das dann ein für sich vorhandenes Denken in sich aufnimmt. Sagen ist *so anfänglich dem Sein gehörig* – τὸ αὐτό –, daß es in sich Denken und Dichten ist. ›Sein‹ so anfänglich in die Sage (μῦθος) verwiesen. Aber wie nur in hohen seltenen Augenblicken – der *Grat*.

33. Das Denken der Griechen und das Sagen

Vgl. Parmenides: τὸ γὰρ αὐτό.[203]
Vgl. Λόγος: A[naximander] H[eraklit]   *1942/44*[204]
Die Philosophie als Entsprechen schon von [den] Griechen her, aber anders – anfängliche Überlieferung noch nicht *aufgenommen*! Anderer *Bezug zur Sprache*.
Vgl. Vigiliae II, [S.] 144.[205]
Einblick in die Philosophie.
›*Kehre*‹ – ›Denken‹ – *sprachloses – Denken als Sage*.
›Logik‹ ein Gerüst, das sie noch nie hatte – Logistik – ein Hohn!

---

[203] [Parmenides, Fragment 5 (Diels): τὸ γὰρ αὐτὸ νοεῖν ἐστίν τε καὶ εἶναι.]
[204] [Vgl. Martin Heidegger: Der Spruch des Anaximander. Gesamtausgabe Band 78. Hrsg. von Ingeborg Schüßler. Frankfurt a. M.: Vittorio Klostermann, 2010; Parmenides. Freiburger Vorlesung Wintersemester 1942/43. Gesamtausgabe Band 54. Hrsg. von Manfred S. Frings. Frankfurt a. M.: Vittorio Klostermann, 1982, ⁵2018; Heraklit. Freiburger Vorlesung Sommersemester 1943 und Sommersemester 1944. Gesamtausgabe Band 55. Hrsg. von Manfred S. Frings. Frankfurt a. M.: Vittorio Klostermann, 1979, ³1994.]
[205] [Vgl. Martin Heidegger: Vigiliae und Notturno. Gesamtausgabe Band 100, S. 193.]

IV. Was ist das – die Philosophie?

34. [Hegel nach Walter Schulz][206]

Hegel geht es um die sich im Vermitteln begreifende Reflexion (Walter Schulz, Schelling, [S.] 171).[207]
  Das Denken versteht sich in seiner Vermittlung als die *Wirklichkeit* zu verwirklichen.
  ›Einheit von Denken und Sein‹ – das Absolute, ›die Idee‹.
  (Schelling nimmt im voraus ›die Natur‹ ins Absolute hinein.)

35. [Sein qua ~~Sein~~]

Die ›Endlichkeit‹ und ›Relativität‹ des Seins qua ~~Sein~~.

36. [Leitfrage und Grundfrage]

Die Leitfrage der Philosophie und die *Grundfrage des Denkens.*
  Die Frage des Gesprächs sollte deutlicher werden durch die Kennzeichnung der Frage, die man die Leitfrage der Philosophie nennen kann.
  Die Kennzeichnung – *wie?*
  Einleitung des Gesprächs.
  Hauptbedenken: die Kennzeichnung der Philosophie – Nietzsche nun versuche aber eine Überwindung der Metaphysik. Also anders denken. Wie?
  Zurückgedreht – Verwindung? [Entsprechen – Zuspruch.][208]

---

[206] [Siehe oben S. 456.]
[207] [Walter Schulz: Die Vollendung des deutschen Idealismus in der Spätphilosophie Schellings, S. 171: »Da ist kein Bewußtsein darüber, um was es Hegel ging, um die Frage der sich im Vermitteln begreifenden absoluten Reflexion.«]
[208] [Die eckigen Klammern in der Handschrift.]

37. [Das Geschickliche des Seinsgeschickes]

Das *Geschickliche* des Seinsgeschickes läßt sich nicht metaphysisch-historisch vorstellen.
Es liegt *außerhalb* der Unterscheidung von Apriori und Aposteriori.

38. [Die Jähe]

Die Jähe der Epochen des Seinsgeschicks.
[Vgl.] Holzwege, [S.] 193, 309 ff.[209]

39. [Logik]

Λόγος *und Logik*
Hegels »Logik«

40. »Logik«

›Die Einheit‹ im ›ist‹ – ›das *Element*‹.
›Denken‹ und ›Sein‹
›*Subjekt*‹ – ›*Objekt*‹
– in ihrer Wahrheit – zu *Formen* herabgesetzt! [Vgl.] Logik, [S.] 43.[210]
Objektive – subjektive Logik.
Sphäre der Vermittlung.

---

[209] [Vgl. Martin Heidegger: Nietzsches Wort »Gott ist tot«. In: Holzwege, S. 193–247, hier S. 193; Der Spruch des Anaximander. In: Holzwege, S. 309 ff.; Gesamtausgabe Band 5, S. 209, 335 ff.]
[210] [Vgl. Georg Wilhelm Friedrich Hegel: Wissenschaft der Logik. Erster Teil. Hrsg. von Georg Lasson (= Sämtliche Werke, Band III). Leipzig: Felix Meiner, 1923, S. 43.]

IV. Was ist das – die Philosophie?

41. Vorwort[211]

Hinweis auf Weg.
Wesenswandel der Wahrheit.
Vgl. Höhlengleichnis 1942 und Humanismusbegriff.[212]
ἀλήθεια.
Sein der Wahrheit und Wahrheit des Seins. [Vgl.] Vigiliae II, [S.] 138.[213]
Vgl. *Wahrheit-Vortrag!*[214]
Hinweis auf Lohmann, Lexis.[215]

---

[211] [Möglicherweise handelt es sich um Notizen zu einem ursprünglich geplanten Vorwort zur Veröffentlichung des Vortrags »Was ist das – die Philosophie?«. Siehe das Nachwort des Herausgebers, S. 764.]

[212] [Vgl. Martin Heidegger: Platons Lehre von der Wahrheit. In: Geistige Überlieferung. Das Zweite Jahrbuch. Berlin: Helmut Küppers, 1942, S. 96–124; Platons Lehre von der Wahrheit. Mit einem Brief über den »Humanismus«. Bern: A. Francke, 1947; beide Texte aufgenommen in: Wegmarken. Frankfurt a. M.: Vittorio Klostermann, 1967, S. 109–194; Gesamtausgabe Band 9. Hrsg. von Friedrich-Wilhelm von Herrmann. Frankfurt a. M.: Vittorio Klostermann, 1976, ³2004, S. 203–238, 313–364.]

[213] [Vgl. Martin Heidegger: Vigiliae und Notturno. Gesamtausgabe Band 100, S. 189 f.]

[214] [Vgl. Martin Heidegger: Vom Wesen der Wahrheit. Frankfurt a. M.: Vittorio Klostermann, 1943; aufgenommen in: Wegmarken, S. 73–97; Gesamtausgabe Band 9, S. 177–202.]

[215] [Vgl. Lexis. Studien zur Sprachphilosophie, Sprachgeschichte und Begriffsforschung. Hrsg. von Johannes Lohmann. Bände I–IV. Lahr i. B.: Moritz Schauenburg, 1948–1954. Vermutlich meinte Heidegger den dort in Band II, 2 (1951) veröffentlichten Beitrag von Johannes Lohmann: Vom ursprünglichen Sinn der aristotelischen Syllogistik. Siehe dazu oben S. 475.]

ZWEITER TEIL

DENKSPLITTER

1. [Die Frage nach dem Ding.]
Wiederholung [der ersten Stunde][1]

Wir stellen die Frage: was ist ein Ding? Und wir nennen diese Frage eine Grundfrage der Metaphysik. Was Metaphysik ist, erfahren wir nur, wenn wir eine solche Frage durchfragen und mitfragen. Weitläufige Erklärungen des merkwürdigen Wortes und seiner noch merkwürdigeren Geschichte sind lehrreich, aber jetzt nicht wesentlich. Das Wort gebrauchen wir hier lediglich, um anzudeuten: die Frage und ihre Behandlungsart gehört in die Mitte der *Philosophie*.

Dieses Wort besagt: Liebe zur Weisheit.

Weisheit – das ist ein Wissen; und zwar nicht von diesem und jenem, auch nicht von allem, sondern das Wissen um das Wesen dessen, was ist und nicht ist; das wesentliche Wissen um das Sein und den Schein des Seienden, das Wissen, aus dem mittelbar – nie unmittelbar – die ersten und letzten Entscheidungen fallen. Gesetzt daß sie wissentlich fallen – ohne dieses sind sie ja auch keine Entscheidungen.

Philosophie ist nicht die *Weisheit* selbst, sondern *Liebe* zur Weisheit. Liebe – das ist der Wille, daß das Geliebte sei, was es ist und wie es ist. Liebe zur Weisheit bedeutet dann: wollen, daß jenes wesentliche Wissen sei. Solches Wissen ist nur, indem es wird. Und es wird, indem es als Wissenwollen geschieht. Dieses Geschehen des Wissenwollens aber heißt Fragen. Philosophie ist daher die Entschlossenheit zum wesentlichen Fragen nach dem Sein und Schein dessen, was ist und nicht ist. Philosophie ist die Leidenschaft der Nüchternheit.

[1] [Aus dem Schuber A 30 a. Bei der vorliegenden Aufzeichnung handelt es sich um die Wiederholung der ersten Stunde der von Heidegger unter dem Titel »Grundfragen der Metaphysik« im Wintersemester 1935/36 an der Universität Freiburg gehaltenen Vorlesung. Vgl. Martin Heidegger: Die Frage nach dem Ding. Zu Kants Lehre von den transzendentalen Grundsätzen. Tübingen: Max Niemeyer, 1962, S. 1–8; Gesamtausgabe Band 41. Hrsg. von Petra Jaeger. Frankfurt a. M.: Vittorio Klostermann, 1984, S. 1–10. Zur Wiederholung der zweiten Vorlesungsstunde siehe unten Nr. 48.]

Freilich, damit wissen wir nicht, was Philosophie [ist] – wir wissen es nur, wenn wir uns in die Freiheit dieser Leidenschaft bringen und in ihr handeln, d. h. fragen. Und diese Fragen sind sehr bekannt, vielleicht sogar langweilig. [Für Süßigkeiten und Unterhaltungen und sonstwelche Seelenschwellungen gibt es genug andere Einrichtungen. Ein Hörsaal ist nun einmal keine Konditorei.][2] Mit der Philosophie kann man außerdem nichts anfangen, d. h. man kann sie nie unmittelbar auf irgendetwas anwenden, z. B. auf die Wissenschaften. Philosophie kann nur den Standort und den Bereich, die Haltung und Anstrengung des Fragens *verwandeln*. Diese Verwandlung ist um so echter, je weniger sie sichtbar wird, je mehr sie sich ganz nur in die geleistete Arbeit verlegt. Und Philosophie ist jenes Denken, worüber die Dienstmägde lachen. Dieses Lachen ist der Sieg des Selbstverständlichen über das von ihm aus gesehen Verrückte.

Außer dieser Kennzeichnung der Philosophie im Allgemeinen gilt es besonders, unsere Frage näher zu bestimmen. Woran denken wir, wenn wir ›Ding‹ sagen? Drei Bedeutungen: 1. die engere, 2. die weitere, 3. die weiteste. Wir halten uns an n. 1. Sogleich eine Verlegenheit. Die Wissenschaften und Verfahrensweisen. Dies zwingt zur näheren Bestimmung dessen, was wir wissen wollen. Die Dingheit des Dinges – ein Unbedingtes. Überspringen und doch in eine Nähe zu den Dingen. Vielleicht gerade aus dieser Ferne zurück.

---

[2] [Die eckigen Klammern in der Handschrift.]

Denksplitter

2. *Der unscheinbare Sachverhalt*[3]

Der unscheinbare Sachverhalt[4]
↓
(Ereignis des Ver-Hältnisses)

Der unscheinbare Sachverhalt[5]

In der *Unzugänglichkeit* des Unumgänglichen *gründet* es,
daß die Wissenschaften wesensmäßig außerstande sind, ihr
eigenes Wesen vorzustellen.
Vgl. [S.] *18* unten.

*

[3] [Aus dem Schuber B 7, 8. Die Überschrift des Gesamtkonvoluts auf dem Umschlag, mit dem Heidegger die beiden Teilkonvolute »Der unscheinbare Sachverhalt« und »Die Gegenständlichkeit und der unscheinbare Sachverhalt« zusammengefaßt hat. Auf dem Umschlag ferner notiert:] Einführung S. 124, letzte Zeilen [vgl. Martin Heidegger: Einführung in die Metaphysik. Tübingen: Max Niemeyer, 1953, S. 124; Gesamtausgabe Band 40. Hrsg. von Petra Jaeger. Frankfurt a. M.: Vittorio Klostermann, 1983, ²2020, S. 171 f.] / vgl. Die Frage nach dem Wesen der Technik [vgl. Martin Heidegger: Die Frage nach der Technik. In: Vorträge und Aufsätze. Pfullingen: Günther Neske, 1954, S. 13–44; Gesamtausgabe Band 7. Hrsg. von Friedrich-Wilhelm von Herrmann. Frankfurt a. M.: Vittorio Klostermann, 2000, S. 5–36.] / noch nicht dargestellt im Hinblick auf Ver-Haltnis und das Gewährende |Ereignis|
[4] [Überschrift auf dem Umschlag, mit dem Heidegger die folgenden Aufzeichnungen (S. 497–508) zusammengefaßt hat. Auf dem Umschlag ferner notiert:] *»Wiss. u. Bes.«* [Vgl. Martin Heidegger: Wissenschaft und Besinnung. In: Vorträge und Aufsätze, S. 45–70; Gesamtausgabe Band 7, S. 37–65.] / vgl. S. 5 und 6 [Diese Seitenangabe bezieht sich auf das Manuskript des Münchener Vortrags vom 4. August 1954. Vgl. Gesamtausgabe Band 7, S. 40 f.]
[5] [Rechts neben der Überschrift die Notiz:] vgl. 26/27 [Diese und die weiter unten im Text folgende Seitenangabe beziehen sich auf das Manuskript des Münchener Vortrags vom 4. August 1954. Vgl. Gesamtausgabe Band 7, S. 58 f. und S. 53.]

Das Un-umgängliche im Sinne des Nichteinzukreisenden

Das Um-*stellen*, das ein Gegenstandsgebiet einer Theorie einheitlich auf ihr Wirkliches versuchen könnte, ist nicht nur faktisch nicht durchführbar – das Um-Stellen wäre auch *im Wesen* dem Anwesenden als solchen stets ungemäß.

*

Der unscheinbare Sachverhalt

und das πρότερον τῇ φύσει – εἶναι der ὄντα.
Das Sein gehört in den unscheinbaren Sachverhalt *als Geschick des Ereignisses*.

*

Der unscheinbare Sachverhalt

1. *von der Wissenschaft her gezeigt* –
 sein ›*daß* er west‹ – das übergangene unzugängliche Unumgängliche
2. daß und wie die Wissenschaft als solche in ihm *west*
3. was der unscheinbare Sach-Verhalt ist –
 a) Ἀ-Λήθεια – | *Vergessenheit* | des U[nterschiedes],
 b) die äußerste Vergessenheit in der Weise des Ge-Stells
4. Zurück – zu Wissenschaft – als Theorie der Wissenschaft
5. Ge-Stell als *Wesen* der Technik
6. Ge-Stell – Ἀ-Λήθεια – Ver-Hältnis → | Ereignis |

Der unscheinbare Sachverhalt

Denken wir ihn als das Sein selbst, als solches (und d. h. stets *nur* als Sein *des* Seienden), dann zeigt sich schon dem *griechischen* Denken *etwas* – wenngleich nur auf die ihm entsprechende Weise –, von Sichentziehen des Sich-heraus-Stellenden, Aufgehenden als solchen, von fortwährendem Übergangenwerden.

Vgl. z. B. Aristoteles, Met. α 1, 993 a 30 sqq.:

Ἡ περὶ τῆς ἀληθείας θεωρία τῇ μὲν χαλεπή, τῇ δὲ ῥᾳδία. σημεῖον δὲ τὸ μήτ' ἀξίως μηδένα δύνασθαι θιγεῖν αὐτῆς μήτε πάντας ἀποτυγχάνειν, ἀλλ' ἕκαστον λέγειν τι περὶ τῆς φύσεως.[6]

b 9 sqq.: ὥσπερ γὰρ τὰ τῶν νυκτερίδων ὄμματα πρὸς τὸ φέγγος ἔχει τὸ μεθ' ἡμέραν, οὕτω καὶ τῆς ἡμετέρας ψυχῆς ὁ νοῦς πρὸς τὰ τῇ φύσει φανερώτατα πάντων.

Bonitz: »Wie sich nämlich die Augen der Eulen gegen das Tageslicht verhalten, so verhält sich der Geist in unserer Seele zu dem, was seiner Natur nach unter allem am offenbarsten ist.«[7]

»Wie nämlich die Augen der Nachtvögel zu der glänzenden Helle sich verhalten, der am Tage, so auch der Seele, da unsere, das Vernehmen zu dem, was, von sich her aufgehend, das Schimmerndste ist von allem.«

*

Der unscheinbare Sachverhalt

nicht nur die Gegend der Wissenschaften, sondern die Wesensgegend des *Menschenwesens*, der *Sterblichen*.

Weshalb jedoch von Wissenschaften her in betontem Sinne zeigbar?

---

[6] [Aristotelis Metaphysica. Recognovit W. Christ. Lipsiae, in aedibus B. G. Teubneri, 1886, α 1, 993 a 30–b 2. In bezug auf θιγεῖν und πάντας folgt Heidegger hier den Lesarten der Handschriften A^b bzw. A^b E.]

[7] [Aristoteles, Metaphysik. Uebersetzt von Hermann Bonitz. Aus dem Nachlaß hg. von Eduard Wellmann. Berlin: Georg Reimer, 1890, α 1, 993 b 9 sqq.]

›Wissen‹ – Ἀλήθεια.
Der unscheinbare Sachverhalt als *Anklang* des Ereignisses.
Das <u>Wohnen</u> im <u>Ereignis</u> und Sagen aus ihm!

Die Natürlichkeit *(Geschichtlichkeit)* der Meta-Physik und *Gegenständlichkeit* des Gesprochenen!
Anwesendes als solches – Mensch.
Eine gewisse Weise des Gegenüber: ἀντικείμενον
An-wesen
Das Einander-An-wesen von Anwesen*dem* und Menschenwesen!
Nie aber Sein als solches ein Anwesendes.
An-wesen west nicht an!

*

Der unscheinbare Sachverhalt

ist keineswegs das an den Gegenständen gemessene Gegenstandlose – gar noch das ›Sein‹ in der Differenz zum ›Seienden‹ oder gar ›das Sein‹ im Sinne des Seiendsten und das als ›*Grund*‹ des Seins – ›die Transzendenz‹ qua Gott!
Sondern eher das verborgene ›Wesen‹ des *U[nterschiedes]* selber, *worein* das Wesen der Wissenschaft versammelt bleibt in eins mit dem ›Wirklichen‹ – | das Geschick des Seins | als *An-wesen* – Geschick als [Ereignis][8] Vergessenheit.

Ein Weg zum *unscheinbaren Sachverhalt*:
   Besinnung auf das *Wesen der Wissenschaft*, und dies in zwei Schritten:
   1. Wenn von *daher* (notwendig ungemäß) der unscheinbare Sachverhalt gewiesen,
      dann

---

[8] [Die eckigen Klammern in der Handschrift.]

Denksplitter

2. den Sach-verhalt *selber, aus sich* in *seinem* Unscheinbaren *anklingen lassen* ← | Ἀλήθεια, vgl. dort!
3. In diesem Anklang aber doch noch *das Wesende* Verschweigen *und* d. h. dieses *verschweigen* selber.
Das Geheimnis des Verschweigens.

*

Der unscheinbare Sachverhalt

Das Sichentbergen im Sichentziehen | Umweg.
Vergessenheit des U[nterschiedes], des Sichverschließenden allem Vorstellen [Griechen – Nietzsche].⁹
Die *Vergessenen – Vorbeigang.*

Der unscheinbare Sachverhalt
  die Gegend
  die Besinnung

Der *Sachverhalt* ›an sich‹
  nicht von ›Gehen‹ her, aber *auch nicht* von einem gegenständlichen Gegenüber!
  Sondern: *an sich:* d. h. der <u>Brauch</u> *im Ereignis.*

*

---

⁹ [Die öffnende eckige Klammer in der Handschrift.]

Der unscheinbare Sachverhalt

nicht vom ›Gehen‹ des Menschen her,
sondern: aus ihm *selber* –
        aber hier gerade erst die eigentliche
        Bewegung zum Menschenwesen –
        (Brauch) aus (Ereignis)
der *Ver-halt* (V[er]-H[ältnis] – Ereignis)
›Sache‹
nicht aus der Wissenschaft und für sie – Vor*gehen*
                                Nachstellen
      bei solchem Gehen – ein *Verwahrtes*
      Nicht-Gängliches!
              in mehrfachem Sinne
Aber so nur Hinweis in ›*Gegend*‹.
›*Wesens-quell*‹ – was ist dies?

*

Der unscheinbare Sachverhalt[10]

Das Unumgängliche – bei welchem Gehen?
Das Unzugängliche – für welches Gehen?
Das stets Übergangene – in welchem Gehen?

Gehen – im Gang der Wissenschaft,
          der *Be-Trachtung*,
          das *vor*-stellend – *nach*-stellende – *sicher*-stellende Vorgehen,
          unter dem Maß der Sicherung des Fest-stellens in das Ständige.

---

[10] [Die eckigen Klammern innerhalb dieser Aufzeichnung (außer bei: V[er]-H[ältnis]) in der Handschrift. Auf dem ersten Blatt oben rechts die Notiz:] Wiss. u. Bes. [Vgl. Martin Heidegger: Wissenschaft und Besinnung.]

Gehen: in welcher Be-wegung?
das ›Trachten‹ — Wissenwollen —
Aufenthalt im [Ge-Stell]
| Einrichten — Be-stellen |
Be-Trachten ist in sich: Betreiben des nachstellenden Vorstellens,
ist be-stellt aus dem Ge-Stell.

Der unscheinbare Sachverhalt

Welchen Wesens ist der unscheinbare Sach-Verhalt selber?
Er gehört in die Nähe von *Entzug* und *Verweigerung* und *Verwahrlosung.*
All dieses anfänglich zu denken aus dem *Ereignis des Verhältnisses* | vgl. 5.[11]
Zunächst (innerhalb des Vorbeigangs) gehört alles in das *Ge-Stell* — als *die vollständige Vergessenheit des Ereignisses.*
Das ›unscheinbare‹ ist bestimmt: aus der *Vergessenheit,*
Un-umgänglichkeit aus Ereignis *(Ἀλήθεια),*
Un-zugänglichkeit aus den *Notwendigkeiten* des ›Ver-fallens‹,
die in allem Vor-stellen — Nach-stellen walten.

Der unscheinbare Sachverhalt

Sach-Verhalt (Verwahrnis eines Strittigen — und deshalb Frag*wür*digen).
[Sonst: *Beziehung zwischen etwas und etwas* (etwas als etwas — Subjekt-Prädikat-Beziehung).
Durch die <u>anfänglicher</u> *gedachte Bedeutung des Wortes ist auf den Wesensbereich des Genannten* (stets übergangenes unzugängliches Unumgängliches) *hingewiesen.*
Der Sach-Verhalt gehört in das Ereignis.

---

[11] [Diese Angabe bezieht sich auf die Seite 5 der vorliegenden Aufzeichnung, siehe unten von S. 504 (»aus ihm selber«) bis S. 505 (»*Vergessenheit der Ἀλήθεια*«).]

Das Wesen und Wesensgeschick der ›*Wissenschaft*‹ (scientia usf., ἐπιστήμη, τέχνη) in die [Ἀ-λήθεια].
Der unscheinbare Sachverhalt – als *Wesensquell der Wissenschaft*.
Inwiefern: auf welche Weise und weshalb *entspringt dem unscheinbaren Sachverhalt die Theorie des Wirklichen*, d. h. *das Wesensgeschick*, in dem die Theorie des Wirklichen geschieht?

Der unscheinbare Sachverhalt

Ein möglicher Einwand:
daß er von ›Gehen‹ – Um*gehen*, Zu*gehen auf* – her, also in gewisser Weise gegenständlich gekennzeichnet ist und *nicht* als *das*, was er *in sich* ist.
›*In sich*‹ – heißt? | Wohin zurückzudenken? Dies ausgedeutet (vgl. *3*)[12] durch die tiefere Bedeutung des Wortes ›Sachverhalt‹ (was besagt auf dem Denkweg dieser *Bedeutungswandel* dieses ›*Wortes*‹?).
Der Einwand ist in gewisser Weise berechtigt – so wie auch der Weg des Vortrags[13] aus dem uns gewohnten Vorstellen ausgehen muß und damit schon im Ansatz festgelegt ist.

Der Einwand besteht zurecht – solange man den Vortrag nur *aussage*mäßig versteht und bei einer Kenntnisnahme endet.

Der unscheinbare Sach-verhalt

aus ihm selber (aus dem V[er]-H[ältnis]) her gedacht, betrifft die volle | *Gegenständigkeit* | der Wirklichkeit *und* der Theorie:

---

[12] [Diese Angabe bezieht sich auf die Seite 3 der vorliegenden Aufzeichnung. Siehe oben von S. 503 (»*Sach-Verhalt*«) bis S. 504 (»Theorie des Wirklichen geschieht?«).]
[13] [Vgl. Martin Heidegger: Wissenschaft und Besinnung.]

1. das doppeldeutig Unumgängliche: *das Offenkundige-Sichentziehende*
   (das ereignishafte Wesen der Ἀλήθεια)
   [Ἀ-Λήθεια]   Φύσις – Λόγος
   | ἐόν | Ἕν
                   Νοῦς
2. das Unzugängliche: (1) als *das Sichverschließende* allem Vorstellen (Vergessenheit)
3. das stets Übergangene: *(1) als (2)* – vorbeigehend am Seinsgeschick

unscheinbarer Sachverhalt: die vergessene Vergessenheit der Ἀλήθεια

Der unscheinbare Sachverhalt

zeigt sich nicht nur allein, sondern notwendig nur auch in der Wissenschaft.
Das *Wesen* der *Wissenschaft*: Wissenschaft: das bestellte Vorstellen
                           des Gestells;
            menschliche Einrichtung –
            aber ›der Mensch‹?   [Gebrauchtes im Brauch –
                                            |
                                       (Ereignis)

Der *unscheinbare Sachverhalt* – in sich verhüllt:
            das *Ereignis des V[er]-H[ältnisses]*

Be-sinnung – *Gelassenheit* | sich frei geben in die Verfügung
      zur Fragwürdigkeit in den ereignenden Bereich
            fragend hervor-rufen das Geheiß –

Zeigen: daß und wie das Wesen der Wissenschaft nicht nur als Theorie der Wirklichkeit, sondern als doctrina und ἐπιστήμη im *Ganzen* ihrer ›Geschichte‹ dem *unscheinbaren Sachverhalt* entspringt, weil sie ihm *zugehört*.

Zweiter Teil

Wissenschaft und *Wissen*: νοεῖν – λέγειν
| εἶναι |

*

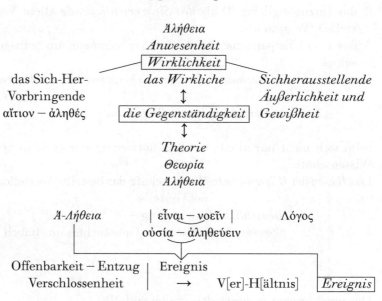

D[urchblick]

Ἀλήθεια
Anwesenheit
Wirklichkeit
das Sich-Her-   das Wirkliche   Sichherausstellende
Vorbringende   ↕   Äußerlichkeit und
αἴτιον – ἀληθές   die Gegenständigkeit   Gewißheit
                     ↕
                   Theorie
                   Θεωρία
                   Ἀλήθεια

Ἀ-Λήθεια | εἶναι – νοεῖν | Λόγος
                   οὐσία – ἀληθεύειν

Offenbarkeit – Entzug | Ereignis
Verschlossenheit | →   V[er]-H[ältnis]   Ereignis

*

Zu Ἀλήθεια

οὐκ ἴσμεν δὲ τὸ ἀληθὲς ἄνευ τῆς αἰτίας (Met. α 1, 993 b 23 sq.).
ἀρχή – *λόγος*
αἰτία somit τὸ ἀληθέστατον, das *Vorliegenlassende*, Entbergendste.
φανερώτατον!
ὂν ὡς ἀληθές – κυριώτατον ὄν.
Das *Ver-An-Lassende*,

nämlich: des Anwesenden als solchen, d. h. seiner Unverborgenheit — das Eigentlich-Entbergende!

ἐπιστήμη θεωρητική (τις) — ὂν ᾗ ὄν, θεωρεῖν, ἀλήθεια!
ἐπιστήμη πρακτική (ἔργον).

*

Ἀλήθεια — An-wesen — Vor-liegen.
Der unscheinbare Sach-Verhalt

ist das ›gegenüber‹ einer Sache — der entscheidende Wesensabgrund zwischen Mensch und Tier. | ob-iectum, Gegenstand
   Was heißt ›gegen-einen-über‹? | *ἀντικείμενον*
   gegen — entgegen — auf einen Zu-Kommen, *An-wesen*
   ›über‹ — ›einen‹, d. h. über-legen — als von sich her *vor-liegend*
   1. An-wesen und Von-sich-her-*vor-liegen*!
   2. Aber wo und wie? Wo ›An‹? Und wie ›wesend‹?
An-wesen und Vor-liegen nur in der Ἀ-Λήθεια — und diese selbst?
Ist sie *nur* die *Aufgedecktheit des vordem Verdeckten*? Aufgedeckt wie und durch wen ent-*deckt*?
   Oder Un-Verborgenheit (wesend aus Verbergung)?

Ἀλήθεια und An-wesen — Vor-liegen
als unscheinbarer Sach-Verhalt

Das ›Gegen-einen-über‹ ist noch nicht notwendig *Gegen-stand* — als | ›*Objekt*‹ |.
Das Gegen-einen-über: das Anwesende und Vorliegende.
   Inwiefern ›ist‹ es als solches je das *Selbe*?

obiectum (synonym mit materia circa quam):
   »proprie autem illud assignatur *obiectum* alicuius potentiae vel habitus, sub cuius *ratione* [Beziehung] omnia referuntur ad potentiam vel habitum, sicut homo et lapis referuntur ad visum,

inquantum sunt colorata, unde coloratum est proprium obiectum visui« ([Thomas von Aquin,] Summa theologica I. 1. 7 c.).
»obiectum comparatur ad actionem ut materia« (S. th. I II 18. 2. ob. 2; I. 1. 7 c.).
Synonym auch mit subiectum: »sic enim se habet subiectum ad scientiam sicut obiectum ad potentiam vel habitum« [S. th. I. 1. 7 c].

*

Die Gegenständigkeit und der unscheinbare Sachverhalt[14]

Die Gegenständigkeit[15]

als *Ver-halt* (≠ bloße ›Beziehung‹ qua Relation)
weder nur als Charakter der *Gegenstände* bzw. *Wesen* des Wirklichen als *Anwesenden der Anwesenheit*,
noch als Charakter der *Vor-gestelltheit*,
sondern als [(Ereignis)] – *Sichbegebendes!*

*

Die Gegenständigkeit[16]

?

ereignet im Ge-Stell [Ereignis].

Die Gegenständigkeit und der unscheinbare Sachverhalt.
(als)

---

[14] [Überschrift auf dem Umschlag, mit dem Heidegger die folgenden Aufzeichnungen (S. 508–511) zusammengefaßt hat.]
[15] [Die eckigen Klammern innerhalb dieser Aufzeichnung in der Handschrift.]
[16] [Die eckigen Klammern innerhalb dieser Aufzeichnung in der Handschrift.]

1. *Die Anzeige des unscheinbaren Sachverhalts von der Wissenschaft her.*
2. Was er in sich selber ist [Ἀ-Λήθεια] → *Ge-Stell.*
3. Inwiefern *er* die Gegen-ständigkeit ereignet und damit das Wesensgeschick der *Wissenschaft* als die *Tatsache der Wissenschaft.*

*

Die Gegenständigkeit

→   ←   *einig-zweiseitig*

ist sie nicht *von der Physik* – unter der Theorie der Unbestimmtheitsrelation – erörtert,
nicht sie als solche –
    sondern?

*

Der unscheinbare Sachverhalt[17]

der *in der Wissenschaft* waltet.
Somit die Weise der Wissenschaft, *ihr Vorgehen* von da her,
und *dessen* Gesichtskreis etwas Unscheinbares!

*

---

[17] [Rechts neben der Überschrift die Notiz:] D[urchblick] II

510   *Zweiter Teil*

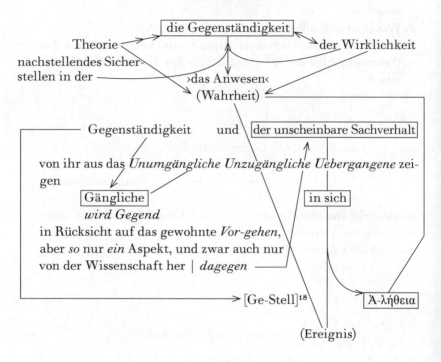

*

Das Wirkliche als Gegenstand – Gegenstand und Theorie

Welches wie geartete und ent-worfene *Wirkliche* verlangt die *Gegenständigkeit* – so, daß erst in *ihr* und durch *sie* das Anwesende ›wirklich‹ ist – im Sinne des bestellenden Bestands?

Das Gegenständige als solches gehört noch mit zum Anwesen und somit zur Wirklichkeit.

---

[18] [Die eckigen Klammern in der Handschrift.]

Die Gegenständigkeit ist keineswegs nur das Ergebnis eines *Setzens*, sondern das Vor-stellen entspricht und läßt sich zusprechen An-wesend-Wirkliches als *Gegen-ständiges*.
(Vgl. die Formen des Denkens – als Kategorien der | οὐσία |.)

*

D[urchblick]

Die *Theorie* als Be-Trachtung | das eigentliche *Trachten*.
Bearbeiten: das *Wirkliche*, seinen Bezirk als Gegenstandsgebiet, die *Gegenständigkeit* auf ihre (der Theorie) Weise.
Her-stellen, Zum-voraus-*ein-stellen*, -bringen, *Vor*-stellen, das In-den-Schutz- und Verläßliches-sicher-stellen – des Wirklichen in seiner Gegenständigkeit – *Gegenstandsgebiet*.
Das *Aufeinander-zu-gehen* von Theorie und Wirklichem
  im Medium (μέσον) der Gegenständigkeit!
Das *Wesen der modernen Wissenschaft* – von der *Gegenständigkeit des Wirklichen* her.
Der *unscheinbare Sachverhalt*, der in ihr waltet.
Die *Gegend*, in die ihr Wesen gehört, *aus der es herkommt*.
Der *unscheinbare Sachverhalt* und das *Aufeinander-zu-gehen* – in welchem Bereich?
                              (Sach-Verhalt)

3. Das Wesen der Wahrheit[19]
Zu »Beiträge«[20]

I

Wahrheit – Wissen – ›Wissenschaft‹

Das ›Wesen‹ der Wissenschaft bringt sich jetzt selbst an den Tag – indem sie ihrem *Ende* entgegen treibt, und zwar sehr eindeutig und rasch; dieses Ende aber ist nicht ihr Aufhören, sondern vermutlich der Beginn eines sehr langen End-zustandes, der von ihr selbst als Vollendung schließlich gepriesen wird.

Sie ist eine – <u>die</u> Technik des technischen Könnens und Beherrschens des Nutzbaren, und zwar im Felde der Natur und der Geschichte, geworden und wird ihre ›Triumphe‹ noch ›feiern‹. Sie findet jetzt ihr Ziel, indem es hier[21] ganz handgreiflich aufgezwungen wird.

Dagegen war es noch eine Täuschung und ein Durcheinandermischen von ganz Gegensätzlichem, wenn – wie in meiner Rektoratsrede[22] – noch geglaubt und glauben zu machen versucht wurde,

---

[19] [Aus dem Schuber B 9, 3 d (Konvolut »Wahrheit – Werk – Zeug«, Dritter Teil: »ἀλήθεια«). Überschrift auf dem Umschlag, mit dem Heidegger das aus 28 Blättern (ohne Umschläge) bestehende Konvolut zusammengefaßt hat. Zuerst veröffentlicht (hrsg. von Friedrich-Wilhelm von Herrmann) in: Heidegger Studies 18, 2002, S. 9–19.]

[20] [Vgl. Martin Heidegger: Beiträge zur Philosophie (Vom Ereignis). Gesamtausgabe Band 65. Hrsg. von Friedrich-Wilhelm von Herrmann. Frankfurt a. M.: Vittorio Klostermann, 1989, ³2003. Die vorliegende Aufzeichnung ist dem V. Teil (»Die Gründung«) und dort dem Abschnitt c (»Das Wesen der Wahrheit«) zuzuordnen.]

[21] [So die Handschrift. Möglicherweise handelt es sich um einen Schreibfehler für »ihr«.]

[22] [Vgl. Martin Heidegger: Die Selbstbehauptung der deutschen Universität. Breslau: Wilh. Gottl. Korn, 1933; durchgesehene Neuauflage hrsg. von Hermann Heidegger. Frankfurt a. M.: Vittorio Klostermann, 1983; aufgenommen in: Reden und andere Zeugnisse eines Lebensweges 1910–1976. Gesamtausgabe Band 16. Hrsg. von Hermann Heidegger. Frankfurt a. M.: Vittorio Klostermann, 2000, S. 107–117.]

von der Wissenschaft könne noch ein Wissen kommen oder sie könne in ein Wissen zurückgenommen und dadurch erst vollendet werden.

›Wissenschaft‹ in ihrem Endzustand hat mit ›Wahrheit‹ und Wissen nichts zu tun.

Die politisch-völkische Zielsetzung für die ›Wissenschaft‹ ist ganz in der Ordnung – denn sie gibt dem Ende die ihm zugehörige ›Verklärung‹; das Ende wird damit endgültig gemacht. Daher wäre es ein Irrtum, *dagegen* noch ein Wort zu sagen.

Was dagegen eigentlich in jener Rede gewollt ist, gehört in die Bemühung um das *Fragen*, um den Willen zur äußersten Klarheit – in den höchsten Entscheidungen.

Da gilt es die Frage nach dem Wesen der *Wahrheit* selbst, ob wir noch einmal ein solches Wesen zu gründen vermögen, ob der Sprung aus der Seinsvergessenheit in das *Sein*, die Gründung des *Da-seins* noch einmal ein Anfang werden kann. Das Irrige aber ist die Meinung, solches könnte aus einem Heutigen und unmittelbar Nutzen und Kräfte ziehen.

In der Richtung einer ursprünglichen Gewinnung des Wesens der *Wahrheit* – in der grundsätzlichen Abkehr von der ›Wissenschaft‹ – gehen die Vorträge über den Ursprung des Kunstwerkes.[23]

Bisher standen alle Überlegungen noch unter dem Einfluß der ›Wissenschafts‹auslegung des 19. Jahrhunderts – diese muß ins rein Technische abgewandelt und ganz sich selbst überlassen werden.

Das Wesen der ›Wahrheit‹ von Grund aus Anderes – aus dem anderen Anfang entfalten.

---

[23] [Vgl. Martin Heidegger: Der Ursprung des Kunstwerkes. In: Holzwege. Frankfurt a.M.: Vittorio Klostermann, 1950, S. 7–68; Gesamtausgabe Band 5. Hrsg. von Friedrich-Wilhelm von Herrmann. Frankfurt a.M.: Vittorio Klostermann, 1977, ²2003, S. 1–74.]

II

formaler Begriff
der Eröffnung – Offenheit
Verborgenheit[24]

Wahrheit – formaler Begriff der Eröffnung

Eröffnung (Offenheit) des Verschlossenen (der unaustragbaren Verbergung) – das Verschlossene nicht beseitigt, sondern erst als solches mit eröffnet; völlige Eröffnung *wäre keine mehr | reine Offenheit* – das Nichts. Im Gegenteil – die äußerste Offenheit erst als die Eröffnung der innersten Verbergung.
Inwiefern ist das so und warum?
Un | verborgenheit – ja, aber in *Bezug auf Verbergung*.

Grunderfahrung von ›*Offenheit*‹
Offen – ›Verschlossen‹
Raum – *Ausdehnung* – Er-streckung
Durchmessung –
›Da-‹

Wahrheit || *die offene Stelle*

Die Offenheit *im* Verschlossenen
    Entbergung am Verborgenen | das *Inzwischen*
    (Lichtung)

In der Wahrheit ist Verschlossenheit, Verborgenheit selbst mit er-öffnet, gerade indem *durch* sie das Verschlossene *ein solches* bleibt.
Als ein solches aber hebt und hält es Verschlossenheit in die Offenheit.
Die *Offenheit randet* an der Verschlossenheit, er-randet diese.

[24] [Aufschrift auf dem Umschlag des Teils II.]

Die Offenheit, *so* begriffen, ›ist‹ *Zerklüftung – Ab-grund.*
Der Schrei – Notschrei nach ›Grund‹. Inwiefern? | Was heißt hier ›*Schrei*‹?
Wahrheit als un-eingerichtete!
Wieso auf Ein-richtung? | Weil *Verschlossenes*, das umrandet und doch sich versagt und so das Offene in *Ab*-grund zwingt.

ἀλήθεια – als ›*Offenheit*‹

Warum kommt diese Auslegung nicht von der Stelle? Eine bloße Sache des Wortgebrauchs? Weil sie selbst die Unverborgenheit dinghaft nimmt in der Kennzeichnung, denn Offenes und Geschlossenes kann zunächst als dinghaftes Verhältnis genommen werden – offen die ›Tür‹.
Aber Unverborgenheit sagt doch mehr: Verbergung und Entbergung, Entziehen und Schenken – vgl. Sein und Werden! –, *das Unheimliche* und *das Heimische.*
Muß erst von da aus die ἀλήθεια angesetzt werden? Welchen Anhalt haben wir dafür geschichtlich? Ἀλήθεια als Göttin! *Δίκη und die Schlüssel!*[25] φύσις κρύπτεσθαι φιλεῖ![26]
All das hat nichts von der Leere und Dürre des *Auf und Zu*! Was doch allzu sehr an das Vor-stellen erinnert und in der Tat auch über ἰδέα dorthin abfiel.
Was ergibt sich hieraus für die Kennzeichnung der Gründung des Da- als ›*offener Stelle*‹? | Das ›Inzwischen‹! Die *Un-heimlichkeit!* – | *Die Not! im Wesen des Seins selbst.*

| ›Irre‹ – das Un-eingerichtete | παντοπόρος | ὑψίπ[ολις] |
| Nähe und Ferne des Grundes! | ἄπορος | ἄπο[λις][27] |

---

[25] [Vgl. Parmenides, Fragment 1 (Diels), 14 und 22 sqq.]
[26] [Heraklit, Fragment 123 (Diels).]
[27] [Vgl. Sophokles, Antigone, Verse 360 und 370.]

*Die erste – maßgebende Einrichtung der Wahrheit
als ›Logik‹ / aber zuvor ›die Sprache‹*ˣ

und damit die Ausschaltung der Wahrheit aus den anderen ›Vermögen‹ der *Seele* – nur auf ›Erkennen‹ (vgl. Aristoteles) und die übrigen nur so, daß νοῦς die ὄρεξις leitet!
Wie aber auch im Gewohnten überall der Widerschein der ἀλήθεια sich noch erhält und erst später – als ›Gott‹ – als ens entium ›die‹ Wahrheit wird, all dieses zerbricht und durch Neuzeit *nicht wieder zurückgewonnen wird!*
Vgl. die ›Auffassung‹ und Erfahrung der Kunst, ›das *jeweilige Wissen um sie*‹!

ˣ Am Ende ist die Einrichtung der Wahrheit notwendig etwas Anderes *als sie* selbst und jeweilen *so*, wie sie den Ur-sprung erwest.
Die Wahrheit selbst vieldeutig: 1. Wahrheit an sich, 2. reine Wahrheit überzeitlich, 3. Wahrheit *als solche* | gerade Un-wahrheit.
›Die Wahrheit selbst‹!? an sich eine – west sie anders denn einrichtend? Nein, aber die *Einrichtungen* sind verschieden | *aber nicht* Verwirklichungen einer Idee!

Wahrheit – Offenbarkeit

gehört zum Wesen des Seyns – aber das Seyn selbst west als Zerklüftung (Endlichkeit) und damit auch ›Verborgenheit‹ (Un-wahrheit) (vgl. Entmachtung der φύσις 2 a)[28] nichts an sich – ›Absolutes‹ (ohne Sinn! was heißt da ›Sinn‹?).
Die *Wahrheit* an sich als *reine* Wahrheit – wie kam es zu dieser Aussonderung (Ideal)? Weil *das* Wesen (Un-wesen) nicht bewältigt wurde, weil Sein zuvor *überwältigend!*

---

[28] [Vgl. Martin Heidegger: Die Entmachtung der Φύσις. In: Zum Ereignis-Denken. Gesamtausgabe Band 73.1. Hrsg. von Peter Trawny. Frankfurt a. M.: Vittorio Klostermann, 2013, S. 122 ff. Es ist nicht klar, worauf sich die Angabe »2 a« bezieht.]

Metaphysische, seinsgeschichtliche Notwendigkeit dieses Vorgangs; kein Fehler und kein Versagen.

ἀλήθεια und das Erdhafte – das Plastische

Wie das Erdhafte in der Geworfenheit erst andrängt, und zwar als das, was allein das Seyn als Fug im Gefüge eröffnet.
Wie das Erdhafte [als] das Verschlossen-Verschließende und damit zugleich auf Entbergung Bezogene ins Offene tritt.
Wie das Standbild die entbergende Verborgenheit und Bergung der Entlassungskraft des Seyns.
(Griechische Bildhauerei – Plastik und ἀλήθεια.)
Das Wesen der Wahrheit als *Walten*!

ἀ-λήθεια

Wer vollbringt und verwaltet das Geschehen? Der Mensch *als* das Da-sein.
Wie Verborgenheit und Unverborgenheit zumal geworfen sind, wie *Geworfenheit dieses* besagt, wie sich im ›Heraus‹-treten des Seyns das Seyende zum Werk bildet – besser *umgekehrt* – und wie dieses als *Entgegen* aus der Entrückung das Walten der Welt ausmacht.

Wahrheit

Wie west Wahrheit (in ihrem vollen Wesen)? Als Da-sein!
Wie wird wesende Wahrheit (Offenheit des Verschlossenen – ἀλήθεια) *übernommen und bewahrt?*
Doch nicht in Bejahung und Verneinung wie im Urteil, wobei doch ein Vorstellen! *Offenheit* des Da- wird nicht vorgestellt, auch nicht in einer ›Sicht‹ gesehen, sondern offengehalten.
Wie aber *Offenhalt*, wo Offenbarung gründend? (Die Stimmung.) Offenhalten: über die Offenheit, das Walten der Welt als

Durchrandung verfügen, verfügend aber über es hinaus ver-setzt, entrückt sein – Entrückung und doch im Da-.

Offenhalt als gestimmter nur, wenn das Offene eingerichtet *wird*, gerade so, daß keine Leere; sondern das Offene muß *so* besetzt sein, daß das Besetzende, z. B. das Kunstwerk, in sich stimmend eröffnet. Wie geht das zu und wie dieses *aus* dem Da- und durch Da-*sein*? Wie gehört zum Bewahren der Wahrheit das *Wissen* und was ist das? Wie verhält sich ›Wissen‹ zum ursprünglichen Verstehen? Wie hallt aus Verstehen Verständigkeit, Verstand und Verständlichkeit? Weshalb rückt Wahrheit so in das *verständige Aussagen*?

Die Bewahrung der Offenheit durch Ernstnehmen, Her-stellen des Verschlossenen – nur so die *Innigkeit*, die es eigentlich zu bestehen gilt – *Inständigkeit*.

III

›Die‹ Wahrheit

Das Wort ist vieldeutig:
1. Diese und jene ›Wahrheit‹ – d. h. ein Wahres.
2. Die *Wahrheit* als allgemeines Wesen der Wahrheit – Vorstellung dessen, worin alles Wahre als solches übereinkommt; das Wahre überhaupt.
3. Das Wahre || *an sich* – losgelöst vom Meinen und Sagen und Kennen.
4. Das reine Wahre – unvermischt, gereinigt von allem ›Un-wahren‹.
5. Die Wahrheit als solche – die Wesung der Wahrheit.

Entsprechend: die Ein-richtung der Wahrheit nur von (5) aus wesentlich.

Die scheinbare Unbestimmtheit, die *Leere* der wesenden Wahrheit.

Der Vorzug des Wahren, einzelner, wirklicher ›Wahrheiten‹.

Wesentlich: die Wesung des *Streites* zwischen Welt und Erde,
die im Streit und als solcher werden –
diese Wesung gründet Geschichte –
d. h. *menschliches* Dasein.

Die Wesung der Wahrheit: ist Aussetzung in das Sein –
der Streit als Eröffnung der Verbergung –
Erstreitung des Da-.

Die irrigen Gegensätze: Wahrheit weder ›objektiv‹ noch ›subjektiv‹,
weder ›zeitlich‹ noch ›überzeitlich‹,
weder ›völkisch‹ noch ›international‹.

Keine *allgemeine Wahrheit,* d. h. ›*Wahres*‹ *überhaupt.*
Wenn ausgedacht, dann notwendig leer und stumpf.
Keine lebensnahe Wahrheit, d. h. Wahres, weil dieses immer nur Bestätigung des gerade Heutigen – und so Flucht vor der *Wahrheit.*

Wahrheit und ›Perspektive‹ || *und Grund-Wahrheit*

›Objektivität‹ der Wahrheit, d. h. nicht gefesselt an das ›Subjekt‹ – dergleichen gibt es nicht.

Wahrheit immer ›subjektiv‹, d. h. da-seinsmäßig, aber gerade deshalb gibt es nur die echte *Objektivität* – jene, die mit der Subjektivität ernst macht.

Wie aber dieses?

Daß die Da-seinsmäßigkeit der Wahrheit eben im Da-*sein* vollzogen wird.

Daß das Da-sein *so* geschieht, daß die verschiedenen Entwurfsrichtungen und Gründungsbereiche in ihrer Bezogenheit und Bedingtheit frei beherrscht werden.

Das verlangt aber die größte Tiefe und Weite des Da (Welt und Erde) und die strengste Begriffenheit. Die wahrhafte, *innere* Sicherheit des Vorgehens der eigentliche Grund der Notwendigkeit der ›Methode‹ der Grund-Wahrheit!

IV

Das Wesen der Wahrheit[29]

1. *Das eigentlich Wahre ist die Wahrheit* – ihr Wesen und das Beständnis der Wesung; also nicht dieses oder jenes Wahre, auch kein höchstes Wahres, sondern die Wesung des Wahren als solchen – denn dieses fordert das höchste Beständnis (Da-*sein*).
2. *Die Wahrheit aber ist im innersten Wesen* – <u>Un</u>-*wahrheit* (Unwahrheit ≠ Irrtum); eben dieses – daß sie nicht sie selbst ist, oder daß sie dieses ist, indem sie es *nicht* ist – dieses ›Nicht‹ kein Mangel und Fehler, sondern die Macht des ›Gegen‹ und damit die ἔρις – *Verhältnis von Wahrheit: Unwahrheit – Irre – Verborgenheit.*
3. Weil wir *dieses vergessen* und die Wahrheit aufsteigern, deshalb muß das *Un-* eigens gesagt werden. Diese Vergessenheit und Vergeßlichkeit als metaphysische zu begreifen.
4. Und weil dieses Wesen der Wahrheit *nur selten* und einzig bestehbar, deshalb muß es bewahrt werden in einem *Wahren* – die Einrichtung der Wahrheit im *Wahren*, z. B. Kunstwerk; dieses zeigt *weder* die *Wahrheit* als solche *noch* gar deren verborgenstes Wesen: die Un-wahrheit.

Werk und Wahrheit

Wahrheitsfrage.

Wenn sie hier gestellt wird, dann nicht, um das Wesen näher und besser zu umgrenzen, sondern ursprünglich gewandelt erst zu gründen. Und dieses nicht zufällig im innersten Zusammen-

---

[29] [Links neben der Überschrift die Notiz:] vgl. Werk und Wahrheit a ff. [Diese Angabe bezieht sich auf den folgenden Abschnitt, dessen Handschrift fünf von a bis e durchpaginierte Seiten umfaßt.]

hang mit der Frage nach der Kunst, weil Kunst eben nach diesem gewandelten Begriff und Wissen wesentlich vor-bereitend ist für die ursprüngliche Wesung der Wahrheit.

Daher kann diese Besinnung am wenigsten sich auf Bekanntes berufen; wo es geschieht, da immer nur in der verwandelnden Abkehr und diese Abkehr schon ein nachträglicher Rückzug auf Grund des schon vollzogenen Vor-sprungs.

Daher *kein unmittelbares* Ein-ver-ständnis zu erreichen.

Die scheinbare Vor-frage der ›*Voraussetzung der Wahrheit*‹ – ›Wille zur Wahrheit‹ (Wahrhaftigkeit).

Ausgang der ›allgemeinen‹ Wahrheitsfrage gerade von Offenheit des Verborgenen. Solche Offenheit besteht schon immer – und wie? Wir stehen in ihr; dieses *Stehen* macht uns zu solchen, die »wir« und »ich« und »du« sagen können – ›Selbstheit‹ die Wahrheits-Voraus-setzung! als Geschehnis.

Was aber ist das Verborgene? Was wir noch nicht kennen! Wer wir? *Wo und wie* Offenheit gegründet und gesichert?

Weshalb bedarf es dergleichen? Weil eine wesenhafte Verbergung die Offenheit durchzieht und schwankend macht und entbodet. Welche Verbergung? Die *des Wesens* des Wahren – *der Wahrheit!* Und wie herrscht und ist diese Verbergung? Am schwersten zu erfahren, weil sie sich am gründlichsten verbirgt in dem Anschein, daß überhaupt nichts weiter verborgen ist, daß *nichts weg* ist – das Vorschieben der *Richtigkeit.*

Wie ist es, wenn wir das Wegsein von etwas nicht einmal mehr wissen? Dann ist *Vergessenheit* – eigentliche –, auf sie müssen *wir je erst zurück*kommen.

Wir haben die Wahrheit vergessen; das untrüglichste Zeichen dafür, daß wir nur im Wahren taumeln, zwischen Wahrem und Unwahrem verhandeln | und Wahrheit? | und dabei doch ›Wahrheit‹ noch meinen müssen, aber uns davor zurückziehen.

Die *Vergessenheit* – als äußerste Da-seinsferne [vgl. die Seinsvergessenheit].[30]

---

[30] [Die eckigen Klammern in der Handschrift.]

Un-verborgenheit — als eine *Offenheit*.

›Offen‹ — auf und zu — eines ›Raumes‹, aber Raum-Zeit nur auf dem Grunde des *Da* — die *Entrückende Einrückung*. Dieses ursprünglicher als *Raum und Zeit* und Zeit-Raum. Nur wir — aus dem Nächsten kommend — meinen, es sei umgekehrt. (Vgl. Zeit-Raum in der *Sprache*! Wie Zeit-Raum bei Tieren? Warum und wie verschlossen? Weil ewig der Möglichkeit des Da *entzogen* und vom Da ausgesperrt.)

Das Da als | Streit | zwischen Welt und Erde; ›Streit‹ als Wesung der *Wahrheit* und deshalb die Einrichtung dieser, z. B. das Werk eine Bestreitung des Streites.

Das Da die Aussparung des Inzwischen und seine Durchrandung.

Die Vergessenheit aber ist eine Aussparung aus dem Da *innerhalb* seiner — auf dem Grunde der Versetztheit in es —, so daß es so aussieht, als gäbe es: Dinge und Seelen, Objekte und Subjekte.

Was wäre die Brücke ohne die Schlucht?!

Wesung der Wahrheit als Wahrheit-Sein ist Da-sein. Warum aber kann Da-sein nur sein auf dem Grunde und als *Gründende Ein-richtung* der Wahrheit? Weil die Offenheit des Verborgenen als solche das wesenhaft Verschlossene | Erde | gerade eröffnet zum Ragen und Tragen bringt.

Verborgen ist nicht nur das Wesen der Wahrheit, sondern auch und in anderer wesentlicher Weise ein wesenhaft Verschlossenes — das *Sichverschließende als solches*, jenes, was nie ein Da- *sein* kann, aber durch Da-sein im Da aufragt, so wesentlich, daß nun erst in der Berandung der Offenheit am *Verschlossenen* das Offene west.

Also muß dieses Sichverschließende wesentlich wesen bei der Ein-richtung der Wahrheit bzw. Wahrheit muß ein-gerichtet werden | vgl. *Sprache* — für ›Dichtung‹, ›Begriff‹ nicht bloße *Verleibung*!

Das Da-sein ›ist‹ die Un-wahrheit — sein Wesen ist es, die Wahrheit urwesentlich als *Un*-wahrheit zu erwesen. Das *Un*- als das Gegenhafte, *Streitende*! Streit und Kehre. Die Un-wahrheit ist nicht das Un-wesen der Wahrheit, sondern ihr Wesen und erst auf

dem Grunde dieses Wesens und ihm zugehörig das Un-wesen – *die Irre.*
Wie aber gehört zur Wahrheit als Un-wahrheit die Irre?
Wie gründet Irre in der Verbergung als Vergessenheit,
          in der Verbergung als Verschlossenheit (Erde),
          in der Verbergung als (Ereignis)?
Wo und wie entspringt der *Streit* als Wesung des vollen Wesens der Wahrheit?
Der *Streit* ent-springt nicht, sondern *ist der Er-sprung*, das Er-geschehen – *Ur-geschehnis.*
Der *Streit* als Erwesung des gegenhaften (Welt und Erde) Inzwischen.
Welt je ganz aus Ur-wesen des Streites,
Erde je ganz aus Ur-wesen des Streites,
aber das Streitende als Wesung des vollen Wesens der Wahrheit.
Das Un- und der Streit!

Die Wahrheitsvoraussetzung und das Sein

Was heißt voraussetzen: es sei »überhaupt Sinn in der Welt«? (Lotze, Metaphysik, [S.] 183.)[31] Ordnung und Gesetz? Notwendigkeit und Verstehbarkeit?

Wahrheit – als Wesen des Seienden, zu dem wir selbst gehören. Wir werden durch die Wahrheit erst in unserer eigenen Möglichkeit voraus-gesetzt – und hinken jederzeit nach mit der Meinung, *wir* machten oder müßten machen diese Voraussetzung.

Durch die Wahrheit sind wir nicht nur in das Seiende als offen erschlossenes, sondern in das Sein als solches eingelassen und auf diesem Grunde ist *unser* Menschsein wesenhaft schon Vollzug des Seins und wesentlich geschichtlich Da-*sein.*

---

[31] [Hermann Lotze: Metaphysik. Drei Bücher der Ontologie, Kosmologie und Psychologie. Hrsg. von Georg Misch. Leipzig: Felix Meiner, 1912, S. 183.]

Die Voraus-setzung der Wahrheit

Vgl. »Laufende Anmerkungen«, [S.] 118 f.³² und »Sein und Zeit«.
Was heißt das? Wesung der Wahrheit – sie als solche hat uns schon ausgesetzt, so daß wir erst auf ihrem ›Grunde‹ sein können als geschichtliche Menschen.
Dabei ist nicht entschieden, sondern Aufgabe der Geschichte, zu entscheiden und zu gründen und ein-zurichten die Wahrheit.
Frage ist: wie wir diese Ausgesetztheit bestehen, wie wir uns ihr entziehen und sie beseitigen und mißdeuten durch eine irrige Aufsteigerung der ›Wahrheit an sich‹ und der ›reinen Wahrheit‹, die wir dann hinterher zum Maßstab für uns machen, nachdem wir gerade so nicht mit der Wahrheit ernst machten.
Der Schein und die Verlogenheit des Handelns mit der Wahrheit als solcher und ihrer Über-zeitlichkeit!

Die ›Grenze‹ der Wahrheit³³

Wir wissen das Seiende nur so und so weit, wie wir sein Aussehen sehen, und wir sehen das Seiende nie, wie es aussieht, wenn wir es und sofern wir es *nicht* sehen.
Aber die Frage ist: *wie* wir es sehen und was wir als die wesentliche, maßgebende Sicht ansetzen, was ›Sehen‹ hier heißt und wie wir das Gesichtete auslegen.
Die Grenze setzen und wissen wir nur, sofern wir innerhalb der möglichen Sichten selbst Unterschiede und Grenzen, Ausgeschlossenheit, Versagen und Vergessen und Übertreibung erfahren und erweisen können.

---

³² [Vgl. Martin Heidegger: Laufende Anmerkungen zu »Sein und Zeit«. In: Zu eigenen Veröffentlichungen. Gesamtausgabe Band 82. Hrsg. von Friedrich-Wilhelm von Herrmann. Frankfurt a. M.: Vittorio Klostermann, 2018, S. 1–136, hier S. 117 f.]
³³ [Notiz rechts neben der Überschrift:] vgl. die Wahrheitsvoraussetzung [Siehe den vorangehenden Abschnitt.]

Wie aber die *Verborgenheit* selbst als zum Wesen der Wahrheit gehörig — ist dieses Grenze als Schranke? Oder ist diese Grenze nicht eigentlich das *Bestimmende*, Ent-schränkende des Daseins?

*Wahrheitsgeschehnis als Da-sein
und Wahrheits-fähigkeit des menschlichen Daseins*

Wie soll über Wahrheitsfähigkeit entschieden werden? Steht diese Entscheidung nicht in der Botmäßigkeit dessen, worüber sie entscheiden will? | *Wahrhaftigkeit* also? Schon im Entscheidungsverfahren, in der *Frage* — eine *Antwort*, die An-erkennung der *Wahrheit*. Aber eben *wie* sie geschieht und bewältigt wird, ist der Grund der Möglichkeit dafür, daß nun auch das ›Daß‹ ihrer Notwendigkeit wesentlich begriffen — oder unwesentlich beiläufig übernommen wird.

Das Wahrheitsgeschehnis

erweckt den Anschein eines nur ›idealistischen‹ Vorbaus, der niemals das *Sein* des Seienden selbst trifft, sondern nur die *Offenbarkeit*.

Aber *so* ist es nicht, sondern eben *dieses* Geschehnis west schon als Wesung des Seins selbst und *das Sein west jeweils als Wahrheit.*

Wahrheitsgeschehnis

Alle Erfahrung, die je nur *hin*führt und bestätigt und Erklärungsbereich schon voraus-setzt, fährt immer schon im Wahrheitsgeschehnis (Da-sein) als Geschehen der Offenheit — als geschichtliches — d. h. je so und so gegründet und erbaut, je *verschieden*, durch *Werk — Begriff — Tat — Glaube*.

›Die‹ Wahrheit und das (Ereignis)

Die äußerste Eröffnung der innigsten Verbergung und darin die Er-eignung. | Un-wahrheit | Der Augenblick des höchsten Geschehens – nichts Persönliches, nichts ›Allgemeines‹.
Die *ursprünglichste Aussparung des Inzwischen* als Aufsparung für das (Ereignis) – das Da- zum (Ereignis).
Von hier aus ist die Wahrheitsfrage meta-physisch zu entfalten.
Das Da- (die Da-heit) als Streit zwischen Welt und Erde.

4. [Zum Denken gehören …][34]

Zum Denken gehören:
Kühnheit des Lassens
Strenge des Sagens
Sparsamkeit des Wortes
Armut des Dienens
Leidenschaft des Haderns
Nüchternheit des Fragens
Bereitschaft des Abschieds
Überstehen des ständigen Überholtwerdens
Schweigsamkeit des Wortes
Schicklichkeit des hörenden Gesprächs
Größe des wesentlichen Wissens
Handwerk der Werkstatt.

5. *Denker*[35]

Wenige gelangen dahin, an das, was sie denken, zu denken. Die so weit gelangen, die Andenkenden, sind die Denker. Sie denken

---

[34] [Aus dem Schuber B 26 (Konvolut 68 Blatt).]
[35] [Aus dem Schuber B 26 (Konvolut 68 Blatt). Rechts neben der Überschrift die Notiz:] d[er] U[nterschied]

das dem Menschenwesen Zugedachte Zu-denkende. Die Denker wohnen in der Nähe des Zu-denkenden, von dem sie und mit dem sie bedacht sind. Sie stehen außerhalb jeder Reflexion auf sich.

6. [Soll das herrschende Denken ...][36]

Soll das herrschende Denken so weiter bestehen, wie es ist? Oder muß ein Wandel kommen? Woher und wer darf ihn einleiten? Wenn je aus dem Wesen, dann nur aus dem Seyn; dies aber ist geschicklich.
Dem ist zu achten –
aber wie, ohne es zu erfahren?

7. Was ist?[37]

Die vollendete Seinsvergessenheit.
Die vollständigste Seinsverlassenheit.
Die unbedingte Ver-wahr-losung.
Die völlige Heimatlosigkeit.
Die Not der Notlosigkeit.

[Das Wesen der ›*dürftigen* Zeit‹.]

Die Epoche und das *Epochale*.

Die äußerste – *totale Subjektivität*.
Die Verabsolutierung des *Situations-Denkens* –
Situation *aus* Subjektivität statt aus Da-sein!!

---

[36] [Aus dem Schuber B 26 (Konvolut 16 Blatt).]
[37] [Aus dem Schuber B 26 (Konvolut 7 Blatt). Die eckigen Klammern innerhalb dieser Aufzeichnung in der Handschrift.]

Zweiter Teil

8. Der Unterschied[38]

Was verlangen wir vom Seienden, wo wir das Sein kaum kennen? Wie sollten wir das Sein kennen, da wir im Unterschied beider so wenig bewandert sind, daß wir ihn nicht einmal beachten?
Wie aber der Unterschied?
Wenn er nicht nur die Unterschiedenen gewährte, sondern auf ihre Verwindung ausginge?
Wie stünde es dann mit dem Schrei nach dem Wirklichen – als dem Seienden?

9. Wesen der Technik
Gestell (als Verweigerung aus Enteignis im Ereignis)[39]

Die abwehrenden Sätze: Technik ist
1. nicht Mittel (Instrument) und damit auch nicht Zweck;
2. nicht Ausbeutung und Verzehr;
3. nichts Technisches (d. h. nie im Vorstellen von τέχνη – αἴτιον her das Wesen erfahrbar, sondern aus Seyn als Seyn):
    Geschick des Seins,
    Vollendung des Geschicks;
4. darum weder Verhängnis noch Katastrophe:
    a) überhaupt nicht durch uns zu bewerten,
    b) das Seyn selber;
5. deshalb auch nicht Fortschritt und Erlösung;
6. nichts Neutrales – und nur je nach menschlicher Verwendung;
7. Seyn braucht das menschliche Dasein.
Wesen der Technik nicht Frage nach dem Menschen zuerst, und was aus ihm wird (Jaspers, Jünger).

---

[38] [Aus dem Schuber B 26 (Konvolut 24 Blatt).]
[39] [Aus dem Schuber B 27 (Konvolut 48 Blatt).]

Denksplitter

10. *Schrumpfung der Erde und Explosion der Atombombe*[40]

Die Erde wird kleiner, weil die Möglichkeit der Explosion der Atombombe besteht. Nicht etwa umgekehrt, ist die Explosion eine mögliche Folge dessen, daß die Erde kleiner wird.

Das Auseinanderplatzen der Bombe ist die Entfesselung der gespeicherten Energie.

Diese Speicherung und Steuerung ist im Wesen die vorgängige Zerstörung der Ersteren als Zerstückung des Anwesenden in die Bestandstücke.

11. *[Die Denkenden und Dichtenden ...]*[41]

Die Denkenden und Dichtenden sind ihrer Natur nach Schenkende. Sie bleiben am meisten und reichsten dadurch beschenkt, daß sie schenken dürfen.

Wenn ihrer gedacht wird, dann soll das so geschehen, daß der Dank, den sie erfahren, mithilft, ihr Schenken fruchtbar zu machen und beständig.

12. *Universität und Gestell*[42]

Trotz aller Versuche von dort, eine Rückkehr dahin einzuleiten, muß ein Denker heute die Universität sich selbst überlassen – nämlich ihrem unaufhaltbaren Bestand-Stück-Charakter innerhalb des erst herauskommenden Gestells –, auch auf die Gefahr, daß in dieser Institution und durch sie das aufwachsende Geschlecht von dem, was ist, ausgespart wird.

---

[40] [Aus dem Schuber B 27 (Konvolut 48 Blatt).]
[41] [Aus dem Schuber B 27 (Konvolut 48 Blatt).]
[42] [Aus dem Schuber B 27 (Konvolut 46 Blatt).]

13. Die Verwahrlosung des Dinges und das Gegenstandlose[43]

Die jetzt einsetzende Zuflucht zum Gegenstandlosen bleibt an dem Gegenstand in der Abkehr erst recht gekettet. Farbe und Linie *gehören* zum Gegenständigen auch und gerade, wenn sie gleichsam verabsolutiert dem *Inhalt* von Gegenständen entzogen bleiben. In der Darstellung selbst entgehen sie niemals dem Gestellten des Gegenstandes; daß die Künstler zu ihren Bildern Abhandlungen schreiben und Theorien entwickeln müssen, spricht vollends gegen ihre Meinung, sie hätten den Gegenstand hinter sich gelassen.

Der Zuflucht zum Gegenstandlosen wird niemals durch eine Rückkehr zum Gegenstand geholfen. Die Zuflucht zum Gegenstandlosen wird vollends zur Flucht in die Verwahrlosung. Das Gegenstandlose führt niemals zum Ding – so wenig als jemals ein Fluß zu einem Stern fließen kann!

14. Kunsthistorie[44]

Was will sie? Eine Vorstellung von der Geschichte ›der‹ Kunst?

Will sie das Selbstbewußtsein dieser Geschichte werden, das Wissen von ihr, als zugehörig zu ihr, dann ist sie die Sache des 19. Jahrhunderts, in dem sich die Metaphysik vollendet.

Sie wird darum allenfalls ein Stück Metaphysik, aber niemals selbst Kunst; sie tritt auch nicht an deren Stelle; denn sie bildet nicht, sie gibt auch keine Wesensvoraussetzung für das ›Bilden‹ und ›Schaffen‹. Die Kunsthistorie ist ein Ende und weiß sich als dieses Wissen.

Oder ist sie eine *Wesens*erfahrung der Kunst? Dann denkt sie das Ende der Kunst als eines Gebildes der Macht. Dann ist die Kunsthistorie aber keine Historie mehr und vollends keine Wissenschaft.

---

[43] [Aus dem Schuber B 27 (Konvolut »Zur Aussprache«).]
[44] [Aus dem Schuber B 27 (Konvolut 89 Blatt).]

Was ist sie also und mit ihr Literaturhistorie und alles dergleichen? Ein Gewirr von ungedachten und uneingestandenen Verwirrungen, geschützt durch ein Herkommen des Bildungsbetriebs.

15. [Wie andere Vergnügungsindustrien ...][45]

Wie andere Vergnügungsindustrien, so benötigen auch die Philosophie und die Psychologie ihre Modeschau und ihre Messe. Dort werden die neuesten Roben der Gedankenlosigkeit gezeigt; hier wird die Eitelkeit zelebriert.

Sonst nennt man's Kongresse.

16. [Viele sind, zumal unter den Schreibenden ...][46]

Viele sind, zumal unter den Schreibenden und Redenden, die ihr eigenes Tun und Meinen zu leicht jedem Anderen unterstellen. So meinen sie, wenn eine Abhandlung erscheine, dann enthalte sie alles: das Letzte, was ihr Verfasser zu sagen habe. Sie meinen, dieses Gesagte sei ihm eine Woche zuvor erst eingefallen und dann möglichst rasch in die Öffentlichkeit gepreßt. Sie ahnen nichts davon, daß ein Gesagtes das Wesentliche verschweigen könnte; sie ahnen nicht, daß das wenige Gesagte ein Jahrzehnt oder zwei bedacht wurde.

---

[45] [Aus dem Schuber B 27 (Konvolut 89 Blatt).]
[46] [Aus dem Schuber B 28 (Konvolut 49 Blatt).]

17. Technik[47]

Das Unheimliche ist, daß gerade das technisch-industrielle Zeitalter in seiner steigenden Mächtigkeit ein Denken verwehrt, das dem Eigensten der modernen Technik näher kommen könnte – was allein das gemäße Aneignen und Entsprechen gewähren möchte.

18. Die Einfalt des Gevierts[48]

Einfalt nennt die anfängliche von jedem der Vier her ereignete Zugehörigkeit der Vier in das Spiel der Welt.

Einfalt – im Gegensatz zu jeder Art von Summe, im Gegensatz zu jeder bloßen Ganzheit.

Denn das Geviert ist nicht das Ganze, sondern als Welt *im* Unter-Schied zum Ding.

Das Ganze selbst ist im Ereignis des Unter-Schiedes auch nie ein mögliches Letztes und Erstes. (Das verborgene Wesen des Ἕν beruht im Ereignis des Unter-Schiedes.)

So meint denn ›Einfalt‹ vollends nicht das Primitive und Idyllische, das bloß Gegensatzlose.

Aber der Streit, der ins Geviert gehört, kommt nicht aus diesem selbst, sondern erst im Unter-Schied.

Kein Vorstellen und dessen Formalismus vermögen das Geviert zu denken.

---

[47] [Aus dem Schuber B 32 (Konvolut 8).]
[48] [Aus dem Schuber B 48 (Konvolut »Welt – das Geviert«).]

19. Das Abend-land – die Geschichte[49]

vgl. Enteignis und Ereignis

Die Geschichte des Seyns und der Untergang des Abendlandes

Des Seyns selbst wegen kann in der Verendung des Willens zur Macht kein Ende der Geschichte sein.
 Weshalb nicht? Weil das Seyn noch nicht in seine Wahr-heit eingekehrt ist. Aber muß dies sich erfüllen? Was wissen wir von dem, was dem Seyn beschieden ist? was Es bescheidet?
 Wir vermuten jetzt doch im Geringen die Wahr-heit des Seyns: daß es, das Seyn, gelichtet ist. Wie sollten wir dies vermuten, wenn nicht die Wahr-heit des Seyns uns anmutete, wenn nicht das Seyn in seiner Rück-kehr zu seiner Wahr-heit sich lichtete. Mag dies so gering und unauffällig sich ausnehmen wie nur möglich, darin hat sich schon, ehe wir es recht vermuten, ein Unvermutetes ereignet, dessen Einzigkeit uns zunächst in den Blick kommt, wenn wir an die wahr-heitlose Geschichte des Seyns denken, in der das Sein nur als die Seiendheit auf das Seiende zu erschienen.
 Aus dem Unvermuteten und kaum Gedachten dürfen wir vermuten und denken, daß das Seyn selbst seine Wahr-heit spart und daß seine Wahr-heit das Eigene hat, sich zu sparen und in solcher Sparsamkeit zugleich in sich zu bleiben und zu ruhen.
 Aus dem Seyn und als es selbst lichtet sich dieses: daß ein ›Nochnicht‹ sich ereignet und ›ist‹ – daß ein Unausgetragenes schon Gegenwart ist und daß dieses unabhängig davon sich ereignet, ob schon die Menschen im allgemeinen davon eine Kenntnis oder auch nur die rechte Ahnung haben.
 Aber west das Seyn ohne die Menschen? Muß nicht das Ereignis des Unvermuteten, daß dessen Vermutung *ist*, ein menschliches Geschick angehen?

---

[49] [Aus dem Schuber B 49. Überschrift und die folgende Notiz auf dem Umschlag, mit dem Heidegger die folgenden Aufzeichnungen zusammengefaßt hat.]

Die Wahr-heit des Seyns ist das ›noch-nicht‹ Gewährte, das Gesparte. Darin birgt sich ›mehr‹ Wirklichkeit als in allem Wirklichen, das sich als das Seiende vordrängt und nach seinen Abläufen und Vorgängen die Stadien und Phasen der Geschichte, ihren Anfang, Fortgang und ihr Ende zu bestimmen scheint. Doch die Geschichte ist nicht das Geschehen von Seiendem, sondern das Seyn als Geschick, wobei das Seyn lange Zeit sein ereignishaftes, schickendes Wesen verborgen hält.

Achten wir nur auf die Geschichte als das Geschehen und Geschehende, dann läßt sich bei der wachsenden Vorherrschaft des Technischen in aller Wahrheit über das Seiende auch die Geschichte in die Rechnung nehmen und ein Ende vorausberechnen. Das Ende des Geschehenden, d. h. innerhalb der alles Seiende bestimmenden Seiendheit, ist aber nie das Ende der Geschichte als des Geschicks, weil die Seiendheit, als das ausschließliche Sein geltend, sogar noch jeden Beginn des Geschicks des Seyns im eigentlichen Sinne hintanhält, insofern die Seiendheit (Wille zum Wissen) wissenlos die Wahrheit des Seyns dem Seyn verwehrt. Aber dieses Verwehren ist nur der letzte Anschein der Vorherrschaft des wahr-heitlosen Seins.

*

Zwischen Heimatlosigkeit und Heimkunft

Erstmals ist jetzt ein gleichmäßiges Weltzeitalter. Einförmig umklammert es die Erde durch den Willen. Dieser verwehrt der Erde, daß sie den Himmel er-blüht (durch ihr Blühen zum lichtenden Leuchten bringt), der die Erde in das Einfache ihrer Wesen er--lichtet. Im Er-blühen und Er-lichten wird das bergend-entbergende Zwischen ereignet, in dessen Offenes die Gegend der Wahr--heit des Seyns ein edelmütiges Entgegnen rufen kann. Dieses verwahrt das Er-eignis als das Geschick, insofern das Entgegnen dem einzig eigentlichen Beginn der ungesprochenen Sage entschwebt. Der Beginn des bereitenden Wohnens.

Denksplitter

*

Der Abend der Zeit

ist der Untergang der Zeit als der Wahrheit (Ἀλήθεια) des Seins in die Wahr-heit des Seyns, das als das Ereignis den Beginn ereignet und den anderen, den beginnlichen Morgen schenkt. ›Zeit‹ ist verwandelt in das Heimende der Heimat. Heimen ist das bergsame Erblühenlassen der verhaltenen Nähe des Ereignisses.

Das wohnende Wahren der Wahr-heit kehrt zurück in das Einfache der wenigen, geringen Dinge und der sanften Verhältnisse in allem Geschick und Aufgang.

›Der Aufgang‹, das sei künftig der Name der beginnlich ereigneten ›Natur‹. Der Aufgang, in der Heimat erscheinend und sie überscheinend, versagt sich jeder Vergegenständlichung durch die Wissenschaften, die der ›Technik‹ entspringen.

Ohnedies haben die Wissenschaften im Umkreis der Heimat alle Möglichkeiten des Weiterbestehens und Neuentstehens eingebüßt. Sie können, auch dem Anschein nach nicht, die Nähe des Aufgangs nie mehr bedrohen.

Das Heimende der Heimat ist das Gewahrsame, woraus die Wohnenden empfangen die Sammlung in die Wahr-heit, als welche der huldvolle Schmerz ihnen gegnet und das Bleibende schickt, das je und je das Denken in das denkende Andenken ruft.

*

Geschichte

Die Geschichte als das Geschick des im Ereignis Ereigneten.

Das Geschick lichtet geborgen sich im einzig-eigentlichen Beginn des Bringens und Befreiens der ungesprochenen Sage.

Lange ruht im Beginn die Geschichte und wartet ihres Wesens. Das ist die Rück-kehr in die Wahr-heit des Seyns. Dieses ereignishafte Wesen der Geschichte läßt sich niemals metaphysisch denken und verstehen. Aus der Metaphysik entsprungen ist aber die Historie. Für diese ist die Geschichte dasjenige, was sich in der nachrechnenden Historie als die Vergegenständlichung des Vergehenden darbietet. Das Geschichtliche ist das Vergangene und die ›Gegenwart‹ als vergehende. Von diesem ›Gehen‹ her wird die Geschichte als Bewegung des ›Geschehens‹ verstanden.

*

Das Lang-same

Wie langsam ist die Geschichte des Seyns. Das Lange des Auslangens in das Einstige ist ihr Wesen. Dieses Lang-same gehört zum Behutsamen der Wahr-heit, die bergsam ist im Bergen der Lichtung der Verbergung.

Das Lang-same verlangt sich in das Einstige.

Geschichte ist Rück-kehr, beginnliche, in das Einstige des Einzigen.

Wie vereilt dagegen ist das Vielerlei, das die Historie durch ihre Vergegenständlichung des Vergehenden als Geschichte anbietet.

20. Der Brauch[50]

Der Brauch der Sterblichen im Ge-Viert
und der Vor-rang des Geringen –
Die Sterblichen: die Denkenden im Sinne der nicht eigens und
             der eigens Entsagenden – der Dank / das Verdanken – die Denker und die Dichter –
                      die Auszeichnung des Geringen –
Die Stiftung des Gewährten und das *Ver*-sagen.
Inwiefern liegt in Vorrang und Auszeichnung gerade *kein* Anthropologismus?

[50] [Aus dem Schuber B 49.]

Denksplitter

Die gebrauchte, in das Verdanken verwiesene Gelassenheit.
Die Freiheit aus der gebrauchten Gelassenheit.
Die Befugnis und die Befreiung in den Brauch.
Die Freiheit der Sterblichen und das Freie der Lichtung im Ereignis.
Der Brauch und die Not im Ereignis.
Die Nötigung dieser Not und die Freiheit der Sterblichen.

21. *[Sein – Seyn]*[51]

	S	(Sein – Seyn)
	als	
	E	(Ereignis des Einzigen
	der	im Einstigen des Erscheinens)
	H	(Huld, Hehl, Heitere, das Heilige)
	im	
	W	(Wort, Weitende Weite, Würde, Wink,
	zum	Wahr-heit, Welt)
	R	(Riß, Rückkehr, Ruhe, Ring)
	als	
	E	
	aus	
	F	(Fragheit, Fug der Fuge)
Seynsgeschick		Fügung – Schickung – [Schicksal]
›Abendland‹ [E. d. F.]		[die Liebe – der Grimm]

---

[51] [Aus dem Schuber B 51 (Konvolut »Seyn«). Die eckigen Klammern innerhalb dieser Aufzeichnung in der Handschrift.]

22. Die Gelassenheit (Gelassenheit und Verhältnis).[52]
D[urchblick]

Gedächtnis – Dichtung

1. Das Gelassensein als das Gehören dem Ereignis; Ihm im Wesen überlassen anfänglich.
2. In der Wesensfolge erst: Lassen – als Fahrenlassen: die Subjektivität und mit ihr das animal rationale.
3. Zugleich aber einlassen das verwundene Wesen der Metaphysik.
4. So ab-lassen von der bloßen Verneinung.
5. Be-ruht aus der Ruhe der Huld des Ereignisses (Gelassenheit und Freiheit – ›frei‹ – [das] geschont-schonende-Behüten).
6. In der Gelassenheit sind wir *frei*, d. h. geschont – gespart (parcere) – ungenutzt in die bloße Not – *behütet*.

Wir sind frei aus der Freiheit, die einzig freit und – ereignend in der Gedächtnis – *be*-freit.

Das Freien des H – des Hehls der Huld.

23. Philosophie[53]

Nur ein Geringes von dem, was wir dem Anschein nach ›philosophisch‹ sagen, ist ›Philosophie‹ – d. h. ein Denken, das sich als Sage ereignet und in der geeigneten Sage bleibt. Jedesmal ist es auch dann noch in die Unscheinbarkeit einer ›Bewegung‹ des Seyns verborgen, die ein Sichbewegen seiner Ruhe ist und nur als stiller Klang den Grundton im Wesen des Menschen erschweigt.

Das Meiste der ›Philosophie‹ ist Erörterung über Philosophie, ihr Gewordenes und über die ihr dienliche Veranstaltung, Darstellung und Geltung.

---

[52] [Aus dem Schuber B 51 (Konvolut »Die Dichtung«).]
[53] [Aus dem Schuber B 51 (Konvolut »Die Dichtung«).]

Denksplitter

Man hängt sich nur an das ›Meiste‹ und kennt nicht das Geringe.
Aber im Umkreis der eigentlichen Vollbringungen des Denkens läßt sich das ›Geringe‹ und ›das Meiste‹, was nur ein quantitativer Unterschied ist, so nicht unterscheiden. Das Geringe als die eigentliche Ereignung der gedenkenden Sage wird nur geschenkt inmitten der pflügenden, umschaffenden, erringenden, vorbereitenden und alles bestellenden Besinnung. Es ist wie das Bestellen des Ackers und das Reifen des Korns, beide gehören zusammen — insgleichen der Sonnenschein und der Regen und die nährende Kraft des Bodens. Aber die Vollbringenden müssen die Grenzen wissen, damit nicht, was nur Bestellung ist, als Gedeihen erscheint und die Gediegenheit gefährdet wird.

24. ›Die Welt‹[54]

ist keineswegs das, was international sich tut und fördert und den Einfluß sichert. Es ist aber auch nicht das, was in einem völkischen Eigensinn nur gerade vor der Haustür gesucht wird.
Ohne die wesenhafte Erfahrung der Geschichte des einfachen Geschicks des Seyns wird nicht Welt offenbar und kein Weltverhältnis zum Gedeihen gebracht.

25. *Was erklingt im Klang der Stille?*[55]

Die Sage der Antwort, die singend dem Klang sich fügt, müssen wir dem Sänger überlassen.
Die Gefahr der Übereilung des Gesanges durch den Gedanken.
Die Gefahr der Verzögerung des Gedankens durch den Gesang.

---

[54] [Aus dem Schuber B 51 (Konvolut »Die Dichtung«).]
[55] [Aus dem Schuber B 51 (Konvolut »Die Dichtung«).]

26. Das Volk der Denker und Dichter[56]

ist, seynsgeschichtlich gedacht, das Volk der Dichter — die das ›und‹ zwischen Denker und Sänger erfahren und aus dem Verhältnis, das die Dichtung ist als Gedächtnis, austragen.
  Das ›Dichten‹ und das Warten.

27. Die Sage des Denkens — Weg[57]

Der weiteste und zugleich schwerste Weg des Denkens ist der aus einer lang und vielfältig gewachsenen Erfahrung des Zu-denkenden in die Sage des Gedachten.
  Denn die Sage ist nicht Ausdruck, der, recht gewählt, sich nur dem Erlangten wie einem Vorhandenen anzumessen brauchte. In der Erfahrung des Denkens ist das Zu-denkende noch nicht erlangt.
  Die Sage ist die Gebärde des Geschicks der Bürde des Zu-denkenden als eines geschicklich-geschichtlich Gedachten. Dieses ist nur, was es ist, wenn es das Zu-denkende nur erst einfach zur Sprache bringt und es also fahren läßt zu ihm Selber.
  So hatte ich um 1925 alles, was in »Sein und Zeit« steht, und einiges mehr, auf wechselvollen Wegen erfahren und als die Seinsvergessenheit auszutragen versucht, ohne sie schon beim Namen zu nennen, und doch ist erst alles zwischen 1925 und [19]27 in der Sage *gedacht* worden und als Gedachtes ins Denken gehoben.
  Die folgenden zwei Jahrzehnte galten der selben Erfahrung des Selben — das Erfahren war reifer und deshalb noch mannigfaltiger und die denkende Sage noch vorläufiger, weil als zu sagende noch einfacher. Durch die Zwiesprache mit dem singend-denkenden Dichter hindurch rein ins Eigene des Denkens —

---

[56] [Aus dem Schuber B 51 (Konvolut »Die Dichtung«). Rechts neben der Überschrift die Notiz:] D[urchblick].
[57] [Aus dem Schuber B 51 (Konvolut »Die Sage des Denkens«).]

28. Aussteh den Übergang[58]

Der Übergang ist die Vergessenheit des Unterschiedes, aus der und als welche sich das Geschick des Seyns ereignet.
Ausstehen: etwas in seinem Abschied zum ungenahten Wesen wahren.
Denn: Wahrnis gewährt der Unterschied.

Streite nicht in Widerlegungen mit dem, was du verlassen hast, um in sein vergessenes Ge-wesen zu gelangen.
Verlassen heißt: ausstehen.
Verkenne nie das Einfache des Geschicks.
Denke –
Dichte die Sache;
   sie, die unsingbar, ist doch das Sägliche.
Denke die Unterscheidung
   [den Austrag des Übergangs; der ist verlassen zu Gunsten dem Einlaß des vergessenen Ge-wesens].
Denke die Unterscheidung aus dem Unterschied.
Denke die Jähen des Selben, die entschieden aus dem Unterschied.
Denke im Unterschied den Scheid (Welt) als Ereignis der Enteignis (Abschied) zur Sache.
Dichte die Sache.
Dichte und leiste
   die weiteren Verzichte.
Laß ab vom Nachzug der Reflexion;
   alle ›Situation‹ ist nur der Reflex der Reflexion der noch mächtigen Subjektivität –
   alles noch: Vor- und Her-stellen:
Diese grimmige Verstörung des Dichtens der Sache.
   – Die Verzichte auf:
   die *Vor-bilder* der ›Philosophie‹,
   den *Aufwand* der ›Reflexion‹.

[58] [Aus dem Schuber B 51 (Konvolut »Die Sage des Seyns«). Die eckigen Klammern innerhalb dieser Aufzeichnung in der Handschrift.]

Schreibe die Schrift des Unterschiedes der Sache zu.
Laß dieser die Ankunft in die Inschrift der Welt,
    geschrieben als Nach-Schrift des Werkes der Enteignis
    in das Geschick, als welches die Sprache waltet –
    nur dieses Geringe –
Denke die Jähe des Selben –
    die Jähen der Schiede – | Ding Welt Ereignis Sage |
    wie Jähe jeweilend das Geschick.
Der Schied der Unterscheidung –
    Ab-schied – Untergang |
Die Unterscheidung der [Anschein] des Unterschiedes.
Die Unterscheidung | *austraghaft* (im Ereignis) das Wesende des
    Übergangs.
Doch dieser gebaut aus der vergessenen und deshalb ungedachten
    Differenz
    und darin sein Geschick.

29. *[Bleibe in der Ortschaft des Unterschiedes]*[59]

Bleibe in der Ortschaft des Unterschiedes;
baue die Verwandtschaft in die Enteignis
    (bauen: sich ein-lassen auf … φύειν, fui);
    | eigentlich: d. h. dichtend-denkend |
pflege das Hand-werk der Schrift des Unterschiedes
    [die Schrift: die nach-schreibende Zu-schreibung des Dinges an
    die Sache;
    diese Zu-schreibung (nicht Beschreibung) ist die Inschrift des
    Gesprächs der Welt]
unscheinbar *durch* das Freundliche aus der Güte der Armut des
    Denkens;

---

[59] [Aus dem Schuber B 51 (Konvolut »Die Sage des Seyns«). Die eckigen Klammern innerhalb dieser Aufzeichnung in der Handschrift.]

unscheinbar *in* der Strenge des einsamen Schweigens
[das nach-schreibende Zu-schreiben: Dictare — Dichtung];

nicht mehr vor-bereiten,
sondern: *bereiten die Schrift*;
aber stets: das Vordergründige der *Beschäftigung*,
 und zwar Beschäftigung mit der *Historie der Metaphysik*;
 | Leibniz |
bereite die Schrift des Unterschiedes
als eine Trift (Flur) des Gesprächs der Welt.

Der Einsamkeit des Ereignisses gehören;
durch sie wegbleiben
 [trotz des Anscheins, als entstehe erst durch Wegbleiben das Einsame].

Der Philosophie den Star stechen; d.i. ihr erst das Auge des Denkens öffnen.

Der Hand-werker der Schrift des Denkens.

Das Hand-Werk der Sage des Denkens ist die Inschrift des Gesprächs der Welt in die Sprache der Sache.

Die Inschrift als Nach-schrift der Zuschreibung des Seyns an den Unterschied.

Bauen die Sprache der Sache.

Denken: gelöst von den Fesseln der ›*Wissenschaft*‹,
 außerhalb der noch ärgeren Verunstaltung durch
 ›Weltanschauung‹ und ›Lebenslehre‹,
 außerhalb der Poesie und ›Kunst‹,
 durch eine Kluft getrennt von ›Erlebnis‹ und ›Glauben‹.

Denken ist Erfahren der Sache. | *Fahrt und Fährte*
Erfahren ist Handeln auf der Fahrt zu ihr.
Handeln ist die Hand an-legen.
Die Hand, die schreibt (die Schrift des Unterschiedes), an-legen –
an die Sprache der Sache.

Die Inschrift des Gesprächs der Welt – in die Sprache der Sache.

Denken ist nicht Vor-stellen von Gegenständen
und deshalb kein Be-schreiben, Abschreiben –
und deshalb kein Be-trachten.
Denken geht nicht nur nicht auf Gegenstände,
 Denken geht überhaupt nicht auf etwas zu –
 Denken ist, was es ist, indem es sich angehen läßt im Ereignis
des Unterschiedes von der Sache.

30. *Von der Philosophie*[60]

Warum wir im Philosophieren immer wieder auf sie stoßen? Weil sie, wo sie ihren Gang geht, nichts hat, woran sie sich lehnen könnte und möchte. Sie bewegt sich als ein Ganzes in sich selbst; im Ganzen innerhalb des Im-Ganzen (Transzendenz) des Daseins.

Kann sie als dieses Weg führend und tragend sein oder nur aufklärend? ›Nur‹? Die Frage ist, welche Möglichkeiten dem Dasein gestellt sind, wohin sich dieses verlaufen hat, ob es sich überhaupt verlaufen hat.

Es könnte auch sein, daß die Philosophie das Dasein, das volle von sich aus eben schon seiende und seine Existenz betreibende, auf eine bestimmte Weise zurück- und festlegt. Daß die Ausuferung des Daseins immer so enthemmt ist, daß es der Philosophie eigen ist – *eine*, eine große entscheidende *Hemmung*.

---

[60] [Aus dem Schuber B 60.]

Denksplitter

Hemmung aber ist die Philosophie nur aus der Nicht-Philosophie gesehen – in sich aber gerade *Befreiung zur Freiheit.*
Freiheit begriffen als exsistentes Seinlassen des Seienden als solchen im Ganzen.
In dieser Gelassenheit übernimmt die Philosophie die erste und letzte *Sachlichkeit.*
Diese Sachlichkeit keine am Weg liegende Maxime und nichts, was man so eben bewerkstelligt; vor allem nicht das, was man so dafür hält: als sei das Kriterium derselben das Einleuchten für jedermann, der unbeteiligt an die Dinge hingerät.
Die Sache der Philosophie und erst recht deren Sachlichkeit – die Offenbarkeit dieser Sache nur für die Wenigen; und daher an den höchsten Einsatz des tiefsten Daseins gebunden.
Das, was jeden – Freien – angehen könnte und doch nur von Einzelnen gerade ausgeht und Wenigen eingeht.
Daher die große Schwierigkeit für alle Auseinandersetzung und die Gespräche, das rechte Feld und die rechte Bahn zu gewinnen und innezuhalten. – Gewöhnlich ein Gemisch von Ansprüchen und Kriterien und Scheinmaßstäben, zumal durch den Schein der Wissenschaftlichkeit, auf die sich zu berufen heute wirklich ein recht trauriges Bemühen ist.
Die Sache der Philosophie – *das Sein* – *nur in ihrer* Sachlichkeit, in der Offenbarkeit der Freiheit des Seinlassens.
Die Sache der Philosophie ist daher kein Ding, verteilt sich nicht in Sachen, die wir so finden, um uns damit zu beschäftigen. Die Sache der Philosophie ist nur im Singular – ganz singulär und singulär das Ganze.
Die Sache ist nur als *ihre* Sachlichkeit; die Philosophie bleibt daher unsachlich, wenn sie meint, das Sein oder dergleichen lasse sich für sich verhandeln und das Übrige sei Zugabe und Notbehelf und Verlegenheit.
Konkret: zur Sache, dem Sein, gehört das ›Dasein‹, weil es die Transzendenz ist und nur als diese das *Sein* eröffnet.
Die Sache in ihrer Sachlichkeit aber ist die exsistente Endlichkeit und verlangt daher zu ihrer sachlichen Bewältigung wahr-

hafte Verendlichung; d. h. eine solche, die aus der Sache *(Sein)* gefordert ist und einzig ihrer Wahrheit dient; *diese* Verendlichung ist die *Zeit*. Und die Zeit wieder nur in der von ihr selbst geforderten transzendentalen *Gefaßtheit*.

Ergründung des Grundes und *Entfaltung der Welt* ist ein und dasselbe, weil *ergründende Entfaltung* eben die Weise ist, in der die Transzendenz (ekstatisch-horizontal) erkannt sein will.

Daher ist der Entwurf des Philosophierens nie nur eine Hypothesis, eine Vorwegnahme, sondern der Entwurf reicht auf den Grund und drängt hinaus die *Grenzen*. Die Grenzen kein Zaun, sondern das stimmende Umwalten und d. h. Bedeuten!

*

Der Anfang der Philosophie und die Sorge

Sorge – das Sein des Seienden, dem es um das Sein geht.

Damit ist das Sein als solches schon offenbar geworden, und zwar im Ganzen und d. h. ungegliedert, ob Sein des Menschen oder des übrigen Seienden – alles noch ungeschieden und doch im Ganzen da.

Und gerade nur von hier aus verständlich, warum die Seinsfrage *nicht* nach dem Menschen und der Existenz fragt, sondern warum nach dem Seienden im Ganzen in der Gestalt der ›Welt‹ – Kosmos.

In diesen noch aufgenommen – ein gewandelter Rest der Geborgenheit kommt in und ist noch in der Ungeborgenheit, und gerade deshalb ist sie solche.

Und doch die Sorge das Auf-sich-selbst-Geworfensein des Daseins, ohne daß ihm dieses klar und Begriff wäre, und gerade hierdurch die ganze Last und Macht des Seienden als solchen erfahren.

Während das Wissen und gar das absolute – bei Hegel – eine scheinbare Befreiung ist. Die Sorge ist ihren ersten Weg zum Vorhandenen – ›Idee‹ – ganz durchgegangen und hat dabei auch gerade das Dasein als ›Subjekt‹ und Bewußtsein gefunden und mußte in diesem die Befreiung finden und mußte dabei zum Absoluten zurückkehren.[61]

Aber es ist eine Befreiung *innerhalb* und mit den Mitteln der bleibenden Gebundenheit in die erste eingeschlagene Richtung der Seinsfrage (Vorhandensein und seine dialektische Beseitigung – λόγος – διαλέγεσθαι, vgl. Hegelvorlesung W.S. 30/1).[62] Die Freiheit muß in einer neuen Besinnung *ganz* wiederholt werden; einer neuen, die auch ein neues Verhältnis zur ganzen Geschichte hat und nicht eine weitere Stufe oder Ausformung der Hegelschen Position werden und bleiben kann. Aber gerade deshalb ist die Auseinandersetzung mit Hegel ebenso zentral wie die Neuaneignung der Antike. Beides ist Eins, das heißt das umfassende Ergreifen unserer ganzen existenziellen Geschichte.

*

Der Anfang der Philosophie

Die Seinsfrage – d. h. das Freilassen des Seienden als solchen.

Dieses Fragen aber ist in sich der Anfang des Fragens überhaupt; dieses Überhaupt ist das Fragen im Ganzen nach dem Ganzen: erstmals an die Grenze gehen und Grenze erst erfahren.

NB: Nicht ist das philosophierende Fragen eine Erweiterung des *wissenschaftlichen*, sondern umgekehrt dieses eine Verengung, und zwar *wesentliche* der Philosophie; wesentliche Verengung: [die Wissenschaft fragt][63] nicht nur nicht nach dem Seienden im Ganzen, sondern in eins damit nicht mehr nach dem Sein! Sondern lediglich nach Seiendem, d. h. nach diesem oder jenem, und somit auf dem Weg zu *Gebieten* und Bezirken.

---

[61] [Auf der rechten Blattseite die Notiz:] Vorhandenheit – Bewußtsein – Unglück des Bewußtseins (Zerrissenheit) – Glück – Absolute Einheit

[62] [Vgl. Martin Heidegger: Hegels Phänomenologie des Geistes. Freiburger Vorlesung Wintersemester 1930/31. Gesamtausgabe Band 32. Hrsg. von Ingtraud Görland. Frankfurt a. M.: Vittorio Klostermann 1980, ⁵1997.]

[63] [Handschrift: sondern.]

Woher aber der Anstoß zu jenem eigentlichen Fragen? Wie sieht die *Fragwürdigkeit* aus, die jenes Fragen auslöst? Gehört diese Fragwürdigkeit und deren Bildung nicht auch schon zum Philosophieren? *Allerdings.* Es ist das erste Erwachen, und zwar Erwachen aus der und in der Un-geborgenheit.

Philosophie bringt sich zwar *auf sich selbst* als eigenste Möglichkeit, aber nicht frei schwebend von sich aus; sondern in ihr wird gerade die Geworfenheit des Daseins und die Notwendigkeit mächtig.

Die Grundform dieser Macht ist die Ungeborgenheit, in der das Dasein von der Sucht nach Geborgenheit hoffnungslos und überlegen zugleich umgetrieben wird.

Jedes wirkliche Philosophieren muß in seiner Art in diesen Anfang zurück; und das später kommende hat es nicht leichter, im Gegenteil: es hat überdies gegen sich die Verführung durch die verhärtete Überlieferung und Meinung, gegen [sich] die ständige Einrede, es sei ja alles schon geschehen.

Die *Gefahr der Abschwächung der Fragwürdigkeit* durch ein vermeintlich *Beantwortetes,* nicht erst durch das fehlende *Fragevertrauen.*

Und daher die große Aufgabe: gegen die *ganze* Geschichte der Philosophie und zugleich *mit* ihr die ursprünglichste Fragwürdigkeit erwecken, und zwar nicht durch Predigen und Sentimentalität, sondern durch konkretes Fragen selbst, durch Ausbreitung und Verfestigung der Ungeborgenheit, die erst recht gefährdet ist durch die Macht des Christentums.

*

Ausgang der Philosophie

Fichte an Schelling 1801 (Briefwechsel, S. 84): »Es kann nicht von einem *Seyn* [...], sondern es muß von einem *Sehen* ausgegangen werden«.[64]

Doch: weder von einem Seienden noch von einem Sehen, sondern vom *Verstehen des Seienden* als solchen.

Dieses Verstehen wohl ein Sein, aber das Sein, das *sieht*, und zwar das *Seiende als solches* – Zeit.

Es gilt, die ursprüngliche, einheitliche, *innere* Offenheit dieses Ausgangs zugleich in seiner Art zu *sein* in Ansatz und Vor-satz für die ganze Philosophie zu bringen.

*

Philosophie und die Wissenschaften

Daß Wissenschaften ent-standen, *nur* eine Folge, und nicht einmal eine notwendige, der Existenz der Philosophie. Aber schon gar nicht *Grund* der Philosophie noch gar ihr *Inhalt*.

*

Philosophieren als ›helfende‹ Ent-sagung.
Opfer und Begnügung

Ent-sagung als innerstes Welt-lassen der *Welt-form* und ihrer Verschwiegenheit.

Helfend – nicht dem Einzelnen, nicht den Vielen und der ›Gesellschaft‹, sondern vor dem: dem *Da-sein*, daß es das ›Sein‹ uns wieder gebe.

---

[64] [Fichtes und Schellings philosophischer Briefwechsel, aus dem Nachlasse Beider herausgegeben von I. H. Fichte und K. Fr. A. Schelling. Stuttgart und Augsburg: J. G. Cotta'scher Verlag, 1856, S. 84.]

Ist das Da-sein der Hilfe bedürftig? Ja, es *wird* so es – im *Fragen* der Philosophie.
Sie macht das ›Sein‹ frag-würdig. Aber diese ›Hilfe‹ keine Überlegenheit.

*

›*Wesen der Philosophie*‹[65]

Warum suchen wir ständig und vor allem das *Wesen* der Philosophie? (Nicht so in den ›Wissenschaften‹!)
Weil sie etwas Grundwesentliches ist! Was denn? Und wo? Was hat sie zu geben, d. h. zu *sein*?
Von der Beantwortung dieser Fragen hängt es ab, <u>wie</u> wir nach dem Wesen fragen, in welcher Richtung und in welchem Ausmaß – nicht herabgleiten zu Wissenschaftsbegründung und dergleichen.
Philosophie muß ein Licht aufstellen – das *Licht* des Daseins!
Aber nicht als bare Erleuchtung und Bezauberung,
auch nicht als banale Wissenschaft und Forschung,
auch nicht als Weltanschauung,
sondern als innerstes Geschehen der Frag-würdigkeit des Daseins.
Also 1. *Fragen*,
2. die *Würdigkeit* des *Daseins* als *Stätte* des Seins.
Die Würde kommt ihm in und aus seiner Irdischheit.
Was der Mensch da *erfrägt, ist das Da-sein* in ihm!
Dieses Fragen und die Gestimmtheit.

*

---

[65] [Rechts neben der Überschrift die Notiz:] vgl. letzter Abschnitt des Kantbuches und Beilagen [Vgl. Martin Heidegger: Kant und das Problem der Metaphysik. Bonn: Friedrich Cohen, 1929; Gesamtausgabe Band 3. Hrsg. von Friedrich-Wilhelm von Herrmann. Frankfurt a. M.: Vittorio Klostermann 1991, ²2010, S. 204–246.]

Philosophie und Wissenschaft

Wie aber ein Begriff der *Erkenntnis* zu nehmen?
So weit, wie *Wahrheit, Enthüllung.*
Und die Grundmöglichkeiten der Erkenntnis, *theoretisch und praktisch* z. B.?
Auch hier ist *Philosophie* nicht etwa auf Seite des ›Theoretischen‹ zu setzen.
Sondern <u>vor</u> beide – vgl. Kant: Philosophie *praktische Menschenkenntnis*!
Während Wissenschaft auf die Seite der theoretischen fällt.
Schwierigkeit mit der griechischen Terminologie!
Oder gerade hier: θεωρία der *höchste βίος*!

*

Wissenschaft (Philosophie und Wissenschaft)

Alle wissenschaftliche Erkenntnis ist ontische, und zwar ontisch-*positive.*
Philosophische Erkenntnis aber ist *ontologisch* – ontologisch-ontisch.
Ontologisch aber, d. h. auf Sein des Seienden und dieses im Ganzen.
Nicht das Sein *isoliert,* auch nicht nur eine Umschaltung, sondern ontologische Differenz als solche.
Sein von Seiendem – das Seiende mit, aber nicht ontisch-positiv.
Als *Ontologie* und nur als diese ist sie zugleich *Ontik* und als diese in Einheit zugleich *Logik.*

*

Philosophieren = sich Gott erschaffen

Philosophieren als *Umsturz* der Idee – Anhebung und Aufruhr zum Umsturz.

Sich Gott erschaffen: *nicht* als Ding beweisend herstellen, nicht *praktisch* fordern, sondern transzendierend erkämpfen.

Im ganzen Kampf das Dasein: *stellen*.

Die so gestellte Übermacht mächtig werden lassen: immer im Philosophieren.

Hierzu aber die *Transzendenz* geschehen lassen als draußensein, *da-sein*, das Selbst hinter sich lassen.

Da-sein als Metaphysik.

NB: noch allzu sehr der Schein einer besseren *Bewußtseinstranszendenz*, ein Gegenüber-haben.

31. Geworfenheit[66]

Sich hinhalten an das (Seiende), dessen Züge empfangen, d. h. einverleiben in das Seinsgeschehnis.

Sichhineinhalten in das Nichts als Sichhinhalten an das Seiende.

Widerstehen und es ankommen lassen, um seiner mächtig zu werden.

32. Die Dinge[67]

in einem ganz weiten Sinne: alles Seiende, was vor uns kommt als in sich stehend, wenngleich in verschiedenem Sinne.

Nichts von der bloßen Stofflichkeit eines groben Stückes Stamm und dergleichen.

---

[66] [Aus dem Schuber B 61 (Konvolut »Seyn und Weltbegriff«).]
[67] [Aus dem Schuber B 62 (Konvolut »Das Ding und das Werk«).]

1. *Die Dinge* – in sich ständig, gegen-ständig, aber nicht als ›Objekte‹ des Untersuchens, sondern umwest und durchwest von *Welt* (Welt und Erde).
2. *Die Dinge* – in der Verschleierung, Verdunstung und Vernutzung des Gewöhnlichen, Alltäglichen, Verlorenen – Gewöhnlichkeit, alltägliches Wissen (?) des ›Da‹.
3. *Die Dinge* – *herausgenommen* auf die Ebene und in das Blickfeld (!) einer Untersuchung (deren Hinsichten).
4. *Die Dinge* – in der Abgrenzung der bloßen Dinge gegen den Menschen (lebendige und leblose).
5. *Die Dinge* – im Sinne des nur leblos Vorhandenen im weiteren Sinne;
hier wieder: a) das bloß Stoffliche – Stamm, Holz, Sand,
b) das ›Zeug‹ – ›die Maschine‹.

33. Ἀ-ληθεσία[68]

Wo ist noch ein Schimmer der Ἀ-ληθεσία? Wo zeigt eine Spur dahin? Wie kann uns noch ihr Wesen an-sprechen (be-merken), wenn uns schon das ἐόν und ὄν gleichgültig geworden?[69] Wenn jeder unscheinbare Ort ihres Scheinens verschüttet bleibt und nicht aufzukommen vermag gegen den *Bestand*?

Nicht oft und nicht eindringlich genug können wir uns darauf besinnen, wie verworren jetzt und wie unbestimmt und gleichgültig sich das Anwesen des Anwesenden zeigt und wie zugleich doch, aber durch das Genannte vollends verstellt, das Anwesen des Anwesenden als das Gestell des Bestandes herrscht und durch die universalhistorische Dokumentation bereits interplanetarische Umfänge annimmt.

---

[68] [Aus dem Schuber B 63 (Konvolut »Hegel und die Griechen«).]
[69] das ἐόν heute anzeigen durch ›*das, was ist*‹ | das Ge-stell |, doch aus vorblickender Abhebung vom Ding her.

*

Ἀ-Ληθεσία

Ent-bergnis
  Bergen: I. *Verbergen*
                  a) *Verstecken* – Verdecken
                     (entziehend)
                  b) *Verstellen* – in gewandelter
Wie?   Weise Zeigen
Ver-gessenheit   (täuschend)
Λήθη   c) *Verhüllen* – Schleier
vgl. Vier Hefte II 123 f.[70]   Vorenthaltend-Ge-*währen*,
                     die eigentliche Gewähr aus
                     solcher Wahrnis.
              II. Bergen *(Verwahren)*
                  (Ver-Hältnis)

Demgemäß die Weisen des Ἀ-ληθεύειν, Ent-*Bergen*.
  I. a) *Ent-decken* – *Vorzeigen*
      b) *Verstellung beseitigen* – Anwesendes vorliegen-lassen
      c) Ent-hüllen – *Entschleiern*
         α) das Nackte, Unverhüllte
         β) Enthüllen das Geheimnis als Geheimnis
      die eigentliche *Ver-Wahrnis* | *Hüten* | der Χάρις

*

---

[70] [Vgl. Martin Heidegger: Vier Hefte I und II (Schwarze Hefte 1947–1950). Gesamtausgabe Band 99. Hrsg. von Peter Trawny. Frankfurt a. M.: Vittorio Klostermann, 2019, S. 176 f.]

Ἀ-Λήθεσία | ἐόν |

als Grundzug des Anwesenden als eines solchen, d. h. Grundzug des Anwesens *des* Anwesenden.
Dieses Anwesen von Anwesendem selber.
ἐόν beruht in der Ἀ-Λήθεια, deshalb aus ihr der Spruch über ἐόν!!

*

Ἀληθεσία – ἐόν

Anwesen des Anwesenden
west
aus und *als Ent*bergnis (Entborgenheit).
Was heißt hier west? Auch noch An-wesen? Oder bleibt dieses unbestimmt, *wie* Ἀληθεσία ist? (Göttin!) Und weshalb dieses? Was sagt uns dieses Verhüllte des Wesens und der Wesensherkunft der Ἀ-Λήθεσία? Die Ἀληθεσία (Zwiefalt) fällt und bleibt in der *Vergessenheit. – Was sagt dieses?*
Vgl. *Vier Hefte II, [S.] 123 f.*[71]

34. Zum Wort Ἀλήθεια[72]

vgl. »Vorträge und Aufsätze«, [S.] 257 ff.[73]

Immer wieder ist der Gebrauch dieses Wortes und die einfache Übersetzung ein Anstoß, an dem man sich stößt, weil man selber

---

[71] [Vgl. Martin Heidegger: Vier Hefte I und II (Schwarze Hefte 1947–1950). Gesamtausgabe Band 99, S. 176 f.]
[72] [Aus dem Schuber B 63 (Konvolut »Hegel und die Griechen«).]
[73] [Vgl. Martin Heidegger: Aletheia (Heraklit, Fragment 16). In: Vorträge und Aufsätze. Pfullingen: Günther Neske, 1954, S. 257 ff.; Gesamtausgabe Band 7. Hrsg. von Friedrich-Wilhelm von Herrmann. Frankfurt a. M.: Vittorio Klostermann, 2000, S. 263–288, hier S. 267 ff.]

von seiner Vormeinung sich nicht lösen kann, das Wort besage doch »Wahrheit«, wobei man übergeht, daß dieses Wort in solchen Fällen nichts sagt, oder aber die geläufige Definition der Wahrheit nennt im Sinne der Übereinstimmung der Erkenntnis mit dem Gegenstand – wobei man sich wiederum über das Element, darin Erkennen und Gegenstand zusammenkommen, keine Gedanken macht. Dieses Element ist jedoch die Unverborgenheit, genauer die Entbergung, in der das Anwesende anwest und das Vernehmen vernimmt.

Nicht anders steht es mit dem Element für die Gewißheit und die Subjekt-Objekt-Beziehung. Doch man will diesen einfachen Verhältnissen nicht nachdenken; man will noch weniger in diesem Einfachen das Bestürzende verstehen, das unser Denken trifft. Man rettet sich in Gemeinplätze. Man redet sich heraus mit dem Hinweis, hier werde einseitig ein *griechisches* Wort durch eine gewaltsame Etymologie (Λήθη heißt ja Vergessen!) zum allein maßgebenden Sinn des Wesens der Wahrheit erhoben.

Aber – die Erläuterung des Wortes entspringt der Erfahrung dessen, was sich dem abendländischen Denken in der ὁμοίωσις, adaequatio, Gewißheit, Geltung zuspricht.

Was soll da der Hinweis, daß das deutsche Wort ›var‹ besagt: achten auf, huldigen! *Dies* allerdings bleibt in solcher Vereinzelung eine etymologische Wortklauberei – ohne Horizont und ohne Bereich einer Besinnung – z. B. darauf, daß ἀλήθεια von ›Sein‹ her gesagt und von Erkennen und selber das Element ist für beides, in welches Element auch die *var* gehört.

*

Denksplitter

Die Verwindung der Ἀλήθεια

vgl. ☐ Bremer Vortrag.[74]

Das Bauen an der Sage der Fuge.
Dieses Bauen – als Verwandlung des Bezugs zur Sprache.
Bauen an der Zugehörigkeit in das ›Wesen‹ der Sprache –
   als die *Gelassenheit der Stille.*
Bauen am *Brauch* –   Fuge

Durch Vorbereitung einer Verwandlung des Denkens –
Dieses – zuvor und sogleich in seiner Zugehörigkeit zum ›Sein‹
τὸ γὰρ αὐτό –
= ὁμολογεῖν

*

*Die Verwindung der Ἀλήθεια
und »Sein und Zeit«*

Das »und« in »Sein *und* Zeit« ist noch von einem potenzierten, von der Subjektivität sich lösenden Denkversuch im Transzendentalen bestimmt.

›Sein‹ als ›*Transzendens*‹ | im Hintergrund die ontologische Differenz |.

Der Blick auf den Zeit-Spiel-Raum – als Lichtung – geht zwar in die Richtung auf das ›Es gibt‹ und das ›Wesen‹ der Zeit – als Ἀ-λήθεια –, aber alles nur tastend.

Jetzt: »Sein *und* Zeit« in seinem eigentlichen Versuch zurückzunehmen in die Verwindung.

*

---

[74] [Vgl. Martin Heidegger: Logos (Heraklit, Fragment 50). In: Vorträge und Aufsätze, S. 207–229; Gesamtausgabe Band 7, S. 211–234.]

558 Zweiter Teil

Die Verwindung der Ἀλήθεια und »Vom Wesen des Grundes«

Mit der Umgehung (?) von »Sein und Zeit« wird auch die Abhandlung »Vom Wesen des Grundes« nach Ansatz und Wegrichtung hinfällig [vgl. die Kritik in der Vorlesung »Der Satz vom Grund«, 1955/56].[75]

Gerade in dieser Abhandlung ist, obwohl es auf der Hand liegt, das Wort vom Sein als Grund nicht eigens gehört und schon gar nicht bedacht.

Zugleich aber geht der Blick in den Zeit-Spiel-Raum, d. h. die ›Freiheit‹ im Sinne des *Wesens* der Wahrheit, also doch in der Richtung der Verwindung der Ἀλήθεια. Alles bleibt *tastend* und zum Teil rückfällig; und doch hält der Denkweg die Spur in das einmal Erblickte: Wahrnis des ›Seins‹, wobei die Wahrnis als solche braucht das Menschenwesen als den Sterblichen – ›Tod‹ und ›Sein‹.

Geschick (nicht ›des‹ Seins als des Geschickten, auch nicht ›des‹ Seins als des Schickenden), sondern: Geschick: Gewährnis | die Wahrnis des Seyns.

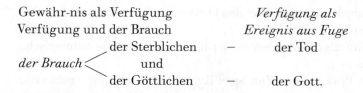

Gewähr-nis als Verfügung   *Verfügung als*
Verfügung und der Brauch   *Ereignis aus Fuge*
            der Sterblichen   –   der Tod
der Brauch   und
            der Göttlichen   –   der Gott.

---

[75] [Die eckigen Klammern in der Handschrift. Vgl. Martin Heidegger: Vom Wesen des Grundes. In: Jahrbuch für Philosophie und phänomenologische Forschung. Ergänzungsband. Festschrift für Edmund Husserl zum 70. Geburtstag. Halle a. S.: Max Niemeyer, 1929, S. 71–110; aufgenommen in: Wegmarken. Frankfurt a. M.: Vittorio Klostermann, 1967, S. 21–71; Gesamtausgabe Band 9. Hrsg. von Friedrich-Wilhelm von Herrmann. Frankfurt a. M.: Vittorio Klostermann, 1976, ⁵2004, S. 124–175; Der Satz vom Grund. Pfullingen: Günther Neske, 1957, S. 85 f.; Gesamtausgabe Band 10. Hrsg. von Petra Jaeger. Frankfurt a. M.: Vittorio Klostermann, 1997, S. 68 f.]

35. Hegel und die Griechen[76]

Denken wir Hegels System als die Vollendung der Philosophie und die Griechen als deren Beginn, dann schließt der Titel das Ganze der Philosophie und ihrer Geschichte in sich ein. Besinnen wir uns auf diesen Sachverhalt, dann mag deutlich werden, inwiefern die Sache des Denkens auf dem Spiel steht. Hegel ist der erste Philosoph, der das Ganze der Geschichte der Philosophie in ihrem Gang philosophisch denkt und so die Philosophie selbst als ihre Geschichte begreift. Solches wird möglich durch die Entfaltung der Philosophie zum System der spekulativen Dialektik. In deren Gesichtskreis bestimmt sich die Philosophie der Griechen als »der Beginn der eigentlichen Philosophie«.[77] Er ist die Stufe der Thesis. Hier erscheint das Sein als das unbestimmte Unmittelbare, d. h. im *Noch-nicht* der vollendeten Bestimmung und Vermittelung, die erst im absoluten Sichselbstwissen des absoluten Geistes vollzogen wird. Der Vortrag versucht zu zeigen, wie Hegel im Lichte dieser Deutung des ›Seins‹ die vier Grundworte der griechischen Philosophie: Ἕν (Parmenides), Λόγος (Heraklit), Ἰδέα (Platon), Ἐνέργεια (Aristoteles), auslegt.

Demgegenüber öffnet sich die Möglichkeit zu bedenken, daß und wie in dem, was die genannten Grundworte für die *griechische* Erfahrung sagen, die Ἀλήθεια (Entbergung) hereinspielt. Dies geschieht freilich so, daß die Ἀλήθεια in ihrem Wesen und dessen Herkunft ungedacht bleibt, nicht nur bei den Griechen,

---

[76] [Aus dem Schuber B 63 (Konvolut »Hegel und die Griechen«). Auf der rechten Blattseite die Notiz:] Zusammenfassung des in der Gesamtsitzung der Heidelberger Akademie der Wissenschaften am 26. Juli 1958 gehaltenen Vortrags. [Vgl. Martin Heidegger: Hegel und die Griechen. In: Die Gegenwart der Griechen im neueren Denken. Festschrift für Hans-Georg Gadamer zum 60. Geburtstag. Tübingen: J. C. B. Mohr (Paul Siebeck), 1960, S. 43–57; aufgenommen in: Wegmarken, S. 255–272; Gesamtausgabe Band 9, S. 427–444.]

[77] [G. W. F. Hegel: Vorlesungen über die Geschichte der Philosophie. Einleitung: System und Geschichte der Philosophie. Vollständig neu nach den Quellen hrsg. von Johannes Hoffmeister. Leipzig: Felix Meiner, 1940, S. 232: »Die eigentliche Philosophie beginnt erst im Abendland.«]

sondern immer entschiedener in den folgenden Epochen der Geschichte der Philosophie.

Die Ἀλήθεια bleibt ungedacht und doch überall im Spiel. Demgemäß ist *sie* die Sache des Denkens, die auf dem Spiel steht.

Hegel sagt von der Philosophie der Griechen: »Es ist nur bis zu einem gewissen Grade Befriedigung darin zu finden«,[78] nämlich die Befriedigung des Triebes des Geistes zur absoluten Gewißheit. Dieses Urteil Hegels über das Unbefriedigende der griechischen Philosophie ist von der Vollendung der Philosophie her gesprochen, in der sich die Wahrheit als absolute Gewißheit bestimmt hat. Im Gesichtskreis des spekulativen Idealismus bleibt die Philosophie der Griechen im Noch-nicht der Unvollendung. Achten wir indes auf das Rätselhafte der Ἀλήθεια, die über dem Beginn der griechischen Philosophie und über dem Gang der ganzen Philosophie waltet, dann zeigt sich auch für unser Denken die Philosophie der Griechen in einem Noch-nicht. Allein dies ist das Noch-nicht des Ungedachten, der auf- und vorbehaltenen Wesensfülle, kein ›noch nicht‹, das, weil mangelhaft und dürftig, uns nicht befriedigt, sondern ein ›noch nicht‹, dem wir nicht genügen und kein Genüge tun.

36. *Weltisches Ereignis unter-scheidet das Selbe*[79]

Zu Ereignis gehört die Fuge, die, in sie geeignet, der Sterbliche hütet, indem er Welt erbaut.

So muß vom Sterblichen her gesehen, der hütend dies Fürwort des Wortes sagt, *eigens* ein Vereignen kommen; dieses nur so, daß Ereignis *selber* sich er-eignet, d. h. *ent*eignet zu Welt. So ist *nötig* hier das *Eigens*![80] Die *Verweigerung* aber in der Weise der Entbergung (der Beständigung) des *Willens*.

---

[78] [G. W. F. Hegel: Vorlesungen über die Geschichte der Philosophie, S. 144.]
[79] [Aus dem Schuber 67, 7.]
[80] *nur* von Fuge her? dies ›nur‹ gibt es nicht – aus *Welt – Stille*.

Das Wahr-los für die Kehre.
Alles gesagt aus der Erfahrung des *Unter-Schiedes* – als Ereignis der Welt.
Er-fahren – als Be-wegung – aus | Ereignis |.
Dies eine *Daß*: *Ereignis weltisch sich enteignet.*
Das Ereignis: das Gebirge des Daß. [Vgl.] Vier Hefte I, [S.] 112.[81]
Der Unter-Schied nicht mehr, nach der Kehre, aus der *Differenz* (Austrag und dessen Vergessenheit), *sondern aus Ereignis der Welt als der Stille des Ratsals.*
Das Wahrlos west nur in der Gewähr des Willens.
›*Wesen*‹: das Wie des Seyns selber aus ihm, jetzt kehrig – das *Ereignis des Unter-Schiedes.*

| das ›Selbe‹ |

Ereignis verweigert sich und verstellt sich im Sichzusammennehmen; so entbirgt es sich als Wille. Aber Ereignis gewährt sich wahrlos im Gestell. Dieses bleibt auch noch als Wille verborgen: Wille ist der Wille des Gleichen als der Wille zum Willen. Im Äußersten des Wahr-losen lichtet sich bisweilen eines und anderes. Daß im Geschick der Frühe das Wahr-los wese und das Geschick die Wahr-losung werde, bis sie sich in die Ver-wahr-losung sammle, deutet sich erst aus dem Gelicht des Unterschiedes.

II

Wenn Ereignis aus der Verweigerung zurückkehrt und in die Kehre einkehrt, geht, ereignet, das Wesen des Menschen in die Sterblichkeit weg – so ereignet sich *ein* Gelicht des Gevierts.
Denn mit dem Tod ereignet sich, wenn er ins Wesen sich bewegt, der *Riß* des Schiedes.
Das Unter- geht ins Eigene.

---

[81] [Vgl. Martin Heidegger: Vier Hefte I und II (Schwarze Hefte 1947–1950). Gesamtausgabe Band 99. Hrsg. von Peter Trawny. Frankfurt a. M.: Vittorio Klostermann, 2019, S. 80 f.]

37. Nähe und Ferne[82]

Nähe[83] und *Ferne* bezeichnen den in seiner Größe wechselnden Abstand zwischen dem Gegenstand und dem Betrachter.
›Abstand‹ – die *Entfernung* zwischen zwei Punkten auf einer Linie.
›Entfernung‹ – das *Wieviel* der dazwischen liegenden *Strecke*.
Nähe – die weniger große Ferne. Wie gering muß Ferne sein, daß sie Nähe wird? Gemessen nach der Zeitdauer für das Durchlaufen der *Entfernung*.
Entfernt: *in die Ferne gerückt*.

Nähe-Ferne: Abmessungen der *räumlichen* Erstreckung – *Abstand zwischen Raumörtern und Zeitpunkten* (Breite und Tiefe des Meeres, Höhe des *Himmels*).
Nähe und Ferne setzen Raum und Zeit voraus.
Raum und Zeit wesen in (Nähe und Ferne) qua *Welt* – *Gelicht des Gebirgs des Unter-Schiedes*.
Abstand als Strecke – gegenständig.
Abstand – ekstatisch – *eksistierend*.
Die ›Entfernungen‹ und die ›Ferne‹ – Wie gemeint? *Zweideutig*.
Die Verkleinerung der Strecken – als bestellbare Möglichkeit des Bestellens – ist nicht nur auch eine Verringerung des ekstatischen Abstandes, sondern ein *wesentlicher Wandel*.
Inwiefern? (Insofern jetzt weder Nähe noch Ferne.)
Weshalb? (Weil *zum voraus* das bestellende Verhalten *herrscht* (gewandelt aus Gestell).)
Ob und inwieweit jeweils erreicht und erreichbar, ist nicht das Entscheidende.
Die Entscheidung schon gefallen – mit dem Gestell.
Vorstufe: Gegenständigung des Anwesenden.
Aufstand aus Gestell.

---

[82] [Aus dem Schuber B 67, 7.]
[83] [Darüber die Notiz:] vgl. Do [?]

Denksplitter

Mit der Ferne *schwindet* auch Nähe – inwiefern?
Aus der *Nähe* west *Ferne* – beide weltisch das Selbe – im Ereignis des Unter-Schiedes.

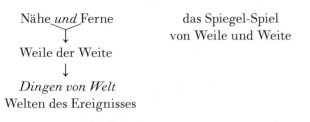

*

Welt – Weile-Weite – Ding

Unverborgenheit – nicht selber als Anwesen, sondern aus Ereignis von Welt.
    Weltend – *er-weltend Ding*.
    Verweilt in die Weite des *Weltischen*, winkt in die Weite des *Eigentümlichen*. ⎫ Ding
    Weitet verweilend – erweltet: *Ding*.
    Das Weite verweilt ⎫ ihr Spiegel-Spiel   erweltet weltisch
und Weile erweitet. ⎭ ⟶ Ver-sammeln
Ding versammelt Welt ins Eigentum.

*

Ein Glanz von Welt[84]

ist die Unverborgenheit des Anwesenden; sie ist erfüllt mit Ausblick in das Aussehen dessen, was unserem Vorstellen als Gegenstand erscheint.

---

[84] [Rechts neben der Überschrift die Notiz:] Ἀγχ. 78 [Diese Angabe bezieht sich auf die Seite 78 des Manuskripts des Feldweggesprächs »Ἀγχιβασίη«. Vgl. Martin

Durch den Zauber dieses Glanzes kehrt alles, was in ihm erscheint, zu dem zurück, worin es ruht.
Unverborgenheit als Gelicht – | freie Weite |
               des Gebirgs   Welt
Weltet: Ding   Erweltet Ding

*

Horizont west weder aus dem Vorstellen und seinem Entwerfen; noch aus dem Gegenstand und seinem Begegnen.

Vielmehr aus dem, worin Entwerfen und Begegnen sich ergehen – aus dem *Gelicht* des Gebirgs – als dem Ereignis von Welt.

38. Das Ding[85]

Das Ding ist noch nicht *als Ding gedacht. Wenn es als Ding gedacht wird, erfahren wir Welt. Aus Welt* ereignet sich alles Anwesende *anders.*

Das Ding dingt weltisch; daher je verschieden nach dem Welten der Vierung. Alles Anwesende im Anwesen aus Ding fügt sich im Riß des Unterschiedes anders als jede Schichtung und Stufung des Wirklichen innerhalb der Metaphysik; inwiefern ist hier die Scheidung bzw. Nichtscheidung von Lebendigem und Leblosem maßgebend? Seyn und Mensch – Φύσις | ζωή | ζῷον λόγον ἔχον.

*

Heidegger: Ἀγχιβασίη. Ein Gespräch selbstdritt auf einem Feldweg zwischen einem Forscher, einem Gelehrten und einem Weisen. In: Feldweg-Gespräche (1944/45). Gesamtausgabe Band 77. Hrsg. von Ingrid Schüßler. Frankfurt a. M.: Vittorio Klostermann, 1995, S. 1–159, hier S. 103 f.]

[85] [Aus dem Schuber B 67, 7. Die eckigen Klammern innerhalb der vorliegenden Aufzeichnung – außer bei »U[nterschied]« – in der Handschrift.]

Denksplitter 565

Ding – das Eigentümliche im strengen Sinne

Ding dingt Welt
aber
Welt ereignet Ding.
Insofern Ding dingt, hat sich Welt ereignet.
Ding ist – dingend-ereignet – das Eigentum des Ereignisses.
Ding dingt, was sich ereignet, was sich ihm, was sich zu ihm –
    im Spiegel-Spiel ereignet hat.
Ding ist – wesenhaft – als Eigentum eigentümlich;
die Eigentümlichkeit des Dinges ereignet dingend seine weltische
Einzigkeit; es ist unauswechselbar.

*

Nur was gering, wird einmal Ding

Was aus dem weltisch Gelichteten aber – ist gering?
Was aus *dem Ring und Kranz des Selben* rein ereignet.

[Wie vordem der U[nterschied] vergessen geblieben, so *bleibt jetzt*
das Anwesende und sein Geschick *weg* – zugunsten des Geringes
des Dinges.]

*39. Die geschickhafte Herausforderung in das Bestellen
und die moderne Physik*[86]

Eine naheliegende und darum weit verbreitete Selbsttäuschung
der Physik könnte sich noch dadurch sichern wollen, daß sie mit
dem Eingeständnis aufwartet, ihr Geschäft und die Absicht auf

---

[86] [Aus dem Schuber B 68, 3. Über der Überschrift die Notiz:] Zu Heisenberg-Vortrag, S. 25 f. [Das lautlose unmittelbare Tönen des Geschicks im Gestell] [Die eckigen Klammern in der Handschrift. Vgl. Werner Heisenberg: Das Naturbild der heutigen Physik. In: Die Künste im technischen Zeitalter. Dritte Folge des

eine Weltformel betreffe doch nur die materielle Natur und lasse die Belange der Kultur und Religion unangetastet. Zunächst möchte man entgegnen: Aber die technische Anwendung und Auswirkung in der Atomindustrie beweise doch, daß die kernphysikalische Vorstellung von der Natur zerstörerische Folgen habe für die Veränderung des Weltzustandes. Dieser Hinweis ist unnötig, weil er den wahren Sachverhalt nicht trifft; denn die neuzeitliche Vorstellung der Natur in ihrem letzten Gefolge und zügellosen Vorspann, der Kernphysik, hat das Ganze des Seienden schon angezehrt, weil diese Wissenschaft aus dem gestellhaften Wesen der modernen Technik stammt. Dieses Wesen ist anfänglicher als Physik und Technik; es lichtet und verstellt zugleich das ›Seiend‹ im Sinne des Ereignisses, d. h. der Fuge des unendlichen Verhältnisses.

Vgl. bereits das Feldweggespräch 1944/45.[87]

40. Das Geringfügige und das Ge-Stell[88]

Wie läßt sich das Geringe des Ge-Vierts im Weltalter des seine eigene Vergessenheit bestellenden Ge-Stells zum Scheinen bringen?

Kann es denn, darf es erscheinen?

Das Unscheinbare und dessen Scheinen.

Das Scheinen in der an-fangenden Lichtung des Ereignisses.

Jahrbuchs Gestalt und Gedanke. Hrsg. von der Bayerischen Akademie der Schönen Künste. München: R. Oldenbourg, 1954, S. 43–69; Martin Heidegger: Die Frage nach der Technik. In: Vorträge und Aufsätze. Pfullingen: Günther Neske, 1954, S. 13–44, hier S. 25 ff.; Gesamtausgabe Band 7. Hrsg. von Friedrich-Wilhelm von Herrmann. Frankfurt a. M.: Vittorio Klostermann, 2000, S. 5–36, hier S. 22 ff.]

[87] [Vgl. Martin Heidegger: Ἀγχιβασίη. Ein Gespräch selbstdritt auf einem Feldweg zwischen einem Forscher, einem Gelehrten und einem Weisen. In: Feldweg-Gespräche (1944/45). Gesamtausgabe Band 77. Hrsg. von Ingrid Schüßler. Frankfurt a. M.: Vittorio Klostermann, 1995, S. 1–159.]

[88] [Aus dem Schuber B 68, 5.]

*41. [Was ist Bewegung?]*⁸⁹

Was ist Bewegung? Die erste Antwort hat Aristoteles mit dem Einblick in die ἐντελέχεια gegeben, die es erlaubt, auch das menschliche Handeln von der Bewegung her zu bestimmen.

*42. Die Grunderfahrung der ›Seinsvergessenheit‹*⁹⁰

1. Die erste, allein mögliche Darstellung innerhalb der Geschichte der Metaphysik: das *Nicht-Denken-an* – indes sogleich und stets vermerkt.
2. Aber *dieses* kein ›*Versäumnis*‹⁹¹ – sondern *notwendig* woher? In der *Vergessenheit* des *Seins als solchen, daß* dieses als Ereignis die *Enteignis* bleibt.

*43. [Die Frage nach der Technik]*⁹²

Das Befremdliche der Natur

Nicht mehr unmittelbar zugänglich im alltäglichen Erfahren.
Elektrotechnik – Atomtechnik.
Oder aber dieses Erfahren und Exist[ieren] auf diese Bestände bestellt und angepaßt.

---

⁸⁹ [Aus dem Schuber B 72, 3. b).]
⁹⁰ [Aus dem Schuber B 74, 7.]
⁹¹ [Darüber geschrieben:] Humanismus-Brief S. 18 [Vgl. Martin Heidegger: Über den Humanismus. Frankfurt a. M.: Vittorio Klostermann, 1949, S. 18; aufgenommen in: Wegmarken. Frankfurt a. M.: Vittorio Klostermann, 1967, S. 145–194, hier S. 160 f.; Gesamtausgabe Band 9. Hrsg. von Friedrich-Wilhelm von Herrmann. Frankfurt a. M.: Vittorio Klostermann, 1976, ⁵2004, S. 313–364, hier S. 328 f.]
⁹² [Aus dem Schuber B 75, 1. a). Die vorliegenden Aufzeichnungen beziehen sich auf den von Heidegger am 18. November 1953 an der Technischen Hochschule München gehaltenen Vortrag »Die Frage nach der Technik«. Vgl. Martin Heidegger: Die Frage nach der Technik. In: Die Künste im technischen Zeitalter. Dritte Folge des Jahrbuchs Gestalt und Gedanke. Hrsg. von der Bayerischen Akademie

Woher?
Das so Vor-gestellte:
Natur als *Energieapparat und* ›*Reservoir*‹.
Die Energie selber und ihr *Bestand*charakter.
Das so Vor-gestellte *verstellt* die *waltende Natur.*

*

Die Frage nach der Technik

Weiter auslangend und darum entscheidender als die Frage nach dem Meistern-wollen und Meistern-können ist die Besinnung auf den Weg, der uns erst in ein Ver-hältnis zum *Wesen* der Technik bringt.

Denn auf diesem Weg gelangen wir in die Ortschaft, die ›geistlich‹ ist und das Technische zwar nicht verleugnet und verwirft, aber im Ganzen zum voraus verwindet.

Auch dann, wenn man sich damit abfindet, daß die Technik *nicht* zu meistern sei, bleibt man, nur in der Weise der Abfindung, im Bezirk des Meistern-wollens und im Ratlosen – oder man verfällt dem *Fatalismus*.

*

Je ausschließlicher der Mensch überall im Technischen aufgeht und der Technik seine Weisen des Vorstellens entnimmt, um so entschiedener verstellt sich ihm das *Wesen* der Technik.

Die Frage nach diesem erscheint notwendig als eine einseitige Blickrichtung, die an den praktischen Fragen, die der Übermacht der Technik entstammen, vorbeizugehen scheint.

*

der Schönen Künste. München: R. Oldenbourg, 1954, S. 70–108; aufgenommen in: Vorträge und Aufsätze. Pfullingen: Günther Neske, 1954, S. 13–44; Gesamtausgabe Band 7. Hrsg. von Friedrich-Wilhelm von Herrmann. Frankfurt a. M.: Vittorio Klostermann, 2000, S. 5–36.]

Denksplitter

Bei der Einführung wesentlicher Namen und Sätze die Aussage entsprechend *eigens* vorbereiten und unmittelbar die Hörer ansprechen.

Inwieweit kann und darf der Bereich genannt werden, aus dem der Vortrag spricht.

Vermerk, daß es sich um Besinnung handelt, um die Bemühung, den Weg aufzuhellen, der in den wesentlichen Bezug zum Wesen der Technik führt – *nicht* um Ratschläge und Hilfsmittel, praktisch mit der Macht der Technik fertig zu werden.

*

Zum Aufbau des Vortrags

Zu S. 19 ff.[93]

Wie ist die Kennzeichnung der modernen Technik anzusetzen?

Gemäß der Thematik ausgehen vom Instrumentalen. Auch sie ist Instrument – aber von welcher Instrumentierung? *Ein* hervorstechendes *Instrument* ist die Physik. Sogar das wesentliche, denn *vermittelst* der Physik erst *wird moderne Technik möglich*.

Notwendig – aber nicht hinreichend.

Denn aus Physik ergibt sich Technik nicht von selbst als Folge. Physik ist theoretisch. Technik ist praktisch – eigenständig als *Konstruktion*. Das heutige Wechselverhältnis. Die ontisch-historische Feststellung dieses Verhältnisses zeigt auf Beachtenswertes – aber dadurch keineswegs die Beziehung beider im Wesen geklärt. Im Gegenteil – solange man sich mit dieser wichtigen Feststellung begnügt, verhindert das so anscheinend klare Verhältnis die Frage nach seinem Wesen und Wesensgrund.

---

[93] [Diese Angabe bezieht sich auf das Manuskript von Heideggers Vortrag »Die Frage nach der Technik« am 18. November 1953 in München. Vgl. Gesamtausgabe Band 7, S. 22 ff.]

Aber die Physik selbst?
Gar eine *Folge* des *Wesens* der Technik.
Gibt es infolge der Physik ohne weiteres auch moderne Technik? Nein. Wohl dagegen ist umgekehrt die Physik bereits eine Folge dessen, daß das Wesen der modernen Technik schon waltet, ohne daß dies schon eigens zum Vorschein kommt.
Auf diese Weise entsteht der gegenteilige Anschein: moderne Technik eine *Anwendung* der *Physik.* Das ist sie in gewisser Weise, und zwar so, daß die Physik ihrem Wesen nach im Dienste des Wesens der Technik steht.
Wesensverhältnis.
Physik als ›*Wissenschaft*‹ – und diese?
Technik als *Entbergung*!
Physik und Technik.

44. *[Zu Heisenberg]*[94]

Zu Heisenbergs Satz
(der mit der Unbestimmtheitsrelation zusammenhängt)[95]

(Siehe *diese Blätter*, S. 5 f.)[96]
1. Er spricht vom Menschen und seinem Selbst, das *er selber* ist.

---

[94] [Aus dem Schuber B 75, 1 c).]

[95] [Die vorliegende Aufzeichnung bezieht sich auf Werner Heisenberg: Das Naturbild der heutigen Physik. In: Die Künste im technischen Zeitalter. Dritte Folge des Jahrbuchs Gestalt und Gedanke. Hrsg. von der Bayerischen Akademie der Schönen Künste. München: R. Oldenbourg, 1954, S. 43–69, hier S. 60: »Wenn man versucht, von der Situation in der modernen Naturwissenschaft ausgehend, sich zu den in Bewegung geratenen Fundamenten vorzutasten, so hat man den Eindruck, daß man die Verhältnisse vielleicht nicht allzu grob vereinfacht, wenn man sagt, daß zum erstenmal im Laufe der Geschichte der Mensch auf dieser Erde nur noch sich selbst gegenübersteht, daß er keine anderen Partner oder Gegner mehr findet.« S. 61: »In unserer Zeit aber leben wir in einer vom Menschen so völlig verwandelten Welt, [...] daß wir gewissermaßen immer nur uns selbst begegnen.«]

[96] [Diese Angabe bezieht sich auf die Seiten 5 und 6 der vorliegenden Aufzeichnung. Siehe unten S. 573 ab »Gemäß der Art und Tragweite des Satzes ...«.]

Denksplitter

2. Er spricht von dem, was ›dem Menschen‹ begegnet.
Zu 1. Wer oder was und wie *ist* ›der‹ Mensch? Welche Vorstellung vom Menschen ist hier leitend? Vgl. Entwurf, S. 8.[97] »*Der menschliche Organismus*«.[98]
Zu 2. Hinsicht auf das Begegnen und das Begegnende – *was* be-gegnet.
Die Bestimmung des Be-gegnens (Gegend):
a) im weitesten und hohen Sinne: An-gehen als Erscheinendes Anwesen;
b) Gegenüberstehen als vor-gestellter, *gestellter*, be-stellter *Bestand*.
Frage: Wer ist der Mensch selber, der sich begegnet? Was *von* sich begegnet *ihm*? Wem ihm? Die »*vom Menschen* hervorgerufenen Strukturen«?[99] Was ist damit gemeint? Doch nicht einfach die technischen Apparate für sich, sondern diese als *Gemächte* des Menschen – und das *Gemächte* umfaßt offenbar auch die Art des Vorstellens und Nachstellens im *Experiment*.
Doch:
1. Ist das *nur* menschliches Gemächte, Menschenhaftes? Oder ist nicht auch noch und gerade die Natur, die in ihren Kräften den Menschen fesselt, *das Fremde*?
2. Gemächte ist ›nur‹ die Art der Beständigung, Vergegenständlichung.
3. Und selbst diese ist *nicht Gemächte*, auch nicht der *Mensch* – als Organismus –, sondern das, was ihn so und so angeht.

---

[97] [Vgl. Martin Heidegger: Die Frage nach der Technik. Entwurf. In: Vorträge. Teil 2: 1935 bis 1967. Gesamtausgabe Band 80.2. Hrsg. von Günther Neumann. Frankfurt a. M.: Vittorio Klostermann, 2020, S. 1091–1111, hier S. 1102.]
[98] [Werner Heisenberg: Das Naturbild der heutigen Physik, S. 56 f.: »An solchen Stellen erscheint dann die Technik fast nicht mehr als das Produkt bewußter menschlicher Bemühung um die Ausbreitung der materiellen Macht, sondern eher als ein biologischer Vorgang im Großen, bei dem die im menschlichen Organismus angelegten Strukturen in immer weiterem Maße auf die Umwelt des Menschen übertragen werden«.]
[99] [Werner Heisenberg: Das Naturbild der heutigen Physik, S. 61. Die Hervorhebung stammt von Heidegger.]

Was also ist richtig an dem Satz?
1. Das Ausschließliche – nur noch ›Menschliches‹,
2. dieses als Gegenständiges, Bestandhaftes – ›Objektives‹ notwendig *subjektiv*.

Aber dieses *Objektive*, Gemächtehafte, Menschliche ist gerade nicht der Mensch selbst – für sich genommen –, sondern der Mensch in der Vergessenheit seines Wesens und d. h. in der Vergessenheit des ereignenden Brauches.

In Wahrheit begegnet der Mensch gerade *nicht* sich *selber*, er wohnt nicht in seinem *Wesen*, sondern treibt in der Vergessenheit umher, die ihn beansprucht, wobei sie sich selber vergißt und der Anschein sich breit macht, *sie* sei der Mensch selber und *alles* nur *sein* Gemächte und *so* nur er selbst.

Nach Heisenberg kennzeichnet es die *neue Situation* des Menschen überhaupt, nicht nur der ›*Physik*‹. Nach Heisenberg *gilt es: sich damit abzufinden* und *doch* noch eine *Sicherheit* in den Regungen des Geistes zu finden.[100]

Weg der Kernphysik und Kennzeichnung der Physik: jeweils Theorie – als solche endgültig in ihrem Bereich, aber nicht *für alles* ›gültig‹. So fort und fort richtige Theorien suchen, aber stets qua *Physik* als *nachstellendes Betrachten*.

Heisenberg spricht *in diesem Satz nicht als Physiker*, obzwar ihm die *Situation* der *Atomphysik* als Modell *gilt*.

Heisenberg spricht in diesem Satz über die Situation des Menschen.

Mensch und ›*Situation*‹ – Lage, Stand – Ort des Menschen, faktisch!

›Der‹ Mensch!

---

[100] [Werner Heisenberg: Das Naturbild der heutigen Physik, S. 62: »Unserer Zeit ist nun offenbar die Aufgabe gestellt, sich mit dieser neuen Situation in allen Bereichen des Lebens abzufinden, und erst wenn das gelungen ist, kann die ›Sicherheit in den Regungen des Geistes‹, von der der chinesische Weise [Dschuang Dsi, vgl. S. 58] spricht, wiedergefunden werden.«]

Denksplitter 573

(Wo im Vortrag auf diesen Satz eingehen?)[101]
Gemäß der Art und der Tragweite des Satzes darf er erst *nach* der Frage besprochen werden, die das *Ge-Stell* als solches noch bedenkt und dabei aus dem Vorstellen eines ›Was‹ sich lösen muß.
Anspruch und Entsprechung –
bei dem Hinweis auf *Ge-fahr und Ge-schick*.
Das *Ge-Stell* hat weder nur etwas Gefährliches in seinem Gefolge noch kann es nur als etwas *Geschicktes* vorgestellt werden.
In dem, was der Satz meint, das *Wahre* erst *befreien* und so zeigen: daß der Mensch gerade *nicht* sich selber begegnet (vgl. S. 6),[102] sondern dem Ge-Stell entgegnet und so in der äußersten Gefahr nahe ist dem Scheinen des Winkes – der das *Rettende zeigt*.

Was er [Heisenbergs Satz] sagt, trifft einen echten Anschein, und *daß* es so *scheint*, darin verbirgt sich das Walten des Geschicks der *Ver-gessenheit* des Anfänglichen – | das *Ereignis* |.

Der Satz ist *richtig* – *für* das herrschende, *gegenständliche* Vorstellen. (Der Mensch als Organismus, der Strukturen verfertigt und sie ›überträgt‹ – worauf denn?)

Aber der richtige Satz verstellt gerade ganz Anderes – was anders noch ist als das *Gegenteil*, das man ihm entgegensetzen muß zunächst.

Daß der Mensch gerade *nicht* sich selbst begegnet, ja nicht einmal nur sich entfremdet ist – das Befremdende, was Fremde birgt.

*

---

[101] [Vgl. Martin Heidegger: Die Frage nach der Technik. In: Die Künste im technischen Zeitalter. Dritte Folge des Jahrbuchs Gestalt und Gedanke. Hrsg. von der Bayerischen Akademie der Schönen Künste. München: R. Oldenbourg, 1954, S. 70–108, hier S. 97 f.; aufgenommen in: Vorträge und Aufsätze. Gesamtausgabe Band 7. Hrsg. von Friedrich-Wilhelm von Herrmann. Frankfurt a. M.: Vittorio Klostermann, 2000, S. 5–36, hier S. 28.]

[102] [Diese Angabe bezieht sich auf die Seite 6 der vorliegenden Aufzeichnung. Siehe unten ab dem nächsten Absatz.]

Zu Heisenberg

Die *Unmöglichkeit* einer vermeintlich totalen Trennung von Subjekt und beobachtetem Objekt beweist in keiner Weise, daß jetzt und *so* die Subjekt-Objekt-Beziehung überwunden sei — im Gegenteil: sie ist jetzt erst in ihrer ganzen für die moderne Physik konstitutiven Unumgänglichkeit bejaht.
Wohl ein »Bruch« mit der klassischen Physik (vgl. v. Weizsäcker, Physik der Gegenwart, [S.] 110),[103] aber dieser Bruch zerbricht gerade nicht die Grundstellung, sondern *schreit nach ihr.*
Vgl. Goethe.

*

Zu Heisenberg

Die Subjekt-Objekt-Beziehung bestimmt sich aus der (beruht in der) *Gegenständigkeit* als dem Vorboten und Kundschafter der Beständigkeit des Bestandes. Die neuzeitliche Physik bewegt sich als Theorie der Natur in der *Gegenständigkeit,* d. h. in dem Wechselbezug, der waltet zwischen dem *Sichherausstellen* der Natur als ›Energie‹ einerseits zum ›Objekt‹ und dem sicherstellenden Nachstellen andererseits als dem ›Subjekt‹.

Im Verlauf der Entwicklung der modernen Atomphysik wurde die Forschung auf einen neuen Tatbestand aufmerksam, der sich bei der experimentellen Bewährung dessen ergab, was theoretisch als ›Kern und Feld‹ zur Kennzeichnung der ›Atome‹ angesetzt war. Was grundsätzlich physikalisch als Ortsbestimmung *und* Impulsbestimmung *nötig bleibt,* stößt *hinsichtlich* der Ausführung *sowohl* von seiten der sich herausstellenden Mikro-Natur *als auch* von seiten der experimentellen *Apparatur* an eine Grenze — insofern die sich herausstellende Natur zufolge der sie verändernden

---

[103] [Carl Friedrich von Weizsäcker / Johannes Juilfs: Physik der Gegenwart. Bonn: Athenäum-Verlag, 1952, S. 110. Die Hervorhebung stammt von Heidegger.]

Apparatur sich *nicht mehr zugleich* nach Ort und Bewegungsimpuls bestimmen läßt. Die Subjektivität des sicherstellenden Subjekts greift durch die von ihm benötigte Apparatur massiv, nämlich effizient-kausal, in die Objektivität des sich herausstellenden Objekts ein; diese entzieht sich anders und mehr noch als bisher der vermeintlich reinen Sicherstellung der Natur an sich. Die experimentierende Subjektivität ist jetzt ausdrücklich in die eingeschränkte Objektivität mit eingebaut, ›strukturiert‹; die Subjektivität gehört jetzt ausdrücklicher als bisher, nämlich auch hinsichtlich der experimentellen Apparatur, zur Objektivität. Zur Objektivität gehört der ausdrückliche Einbau der Subjektivität. Die Subjekt-Objekt-Beziehung ist jetzt eine *noch* massivere als bisher. Sie ist *radikalisiert* und darum ferner einer möglichen Verwindung denn je zuvor. Mit Rücksicht auf sie wird für das *Denken* die Unzugänglichkeit des Unumgänglichen noch deutlicher aufweisbar.

45. *[Wissenschaft und Besinnung]*[104]

[...] als die Mannigfaltigkeit nebeneinandergeschobener Disziplinen. In dieser Vorstellung vom Ganzen der Wissenschaften bleiben wir auch dann noch hängen, wenn wir darauf ausgehen, die Vielfalt der Disziplinen in das Netz eines Systems der Wissenschaften einzufangen, um im System das Wesen der Wissenschaft zu begreifen. Allein dieses Wesen fällt uns jederzeit zwischen den Maschen des Netzes hindurch und weg. Darum lösen wir uns aus diesem Netz.

---

[104] [Aus dem Schuber B 75, 1. d). Bei der vorliegenden Aufzeichnung handelt es sich um zwei Seiten (oben links paginiert als 14a und 15) aus einer früheren Version des Vortrags »Wissenschaft und Besinnung«. Vgl. Martin Heidegger: Wissenschaft und Besinnung. In: Vorträge und Aufsätze. Pfullingen: Günther Neske, 1954, S. 45–70; Gesamtausgabe Band 7. Hrsg. von Friedrich-Wilhelm von Herrmann. Frankfurt a. M.: Vittorio Klostermann, 2000, S. 37–65, hier S. 53 f.]

Wir versuchen, auf einem anderen Weg in die Nähe des Wesens der Wissenschaft zu gelangen. Wir fragen: Welches ist jener unscheinbare Sachverhalt, der sich in der modernen Wissenschaft verbirgt? Wir versuchen zu antworten, indem wir unser Augenmerk eine Weile auf einige Wissenschaften richten.

Die Physik macht die leblose Natur zu ihrem Gegenstand. Die folgende Kennzeichnung beschränkt sich auf die klassische Physik. Diese behält ihren eigenen Geltungsbereich gegenüber der Atomphysik, die sich allerdings nicht mehr auf jene zurückführen läßt. Die Gegenständlichkeit des Gegenstandes der Physik bestimmt sich durch den im voraus und für alle Erscheinungen des Gebietes vor-gestellten gesetzlich ablaufenden, raumzeitlichen Bewegungszusammenhang von Massenpunkten. Die Vorgänge in diesem Gegenstandsgebiet gelten für wissenschaftlich erkannt, sobald sie aus der vorgreifend vorgestellten Einheit seiner Verfassung erklärt und d. h. als vorausberechenbar gesichert werden können.

[Darum betrifft der Streit um die leitende Naturvorstellung innerhalb der Wissenschaft stets die Frage nach der Gegenständlichkeit, die das Maß gibt, dem gemäß der Wissenschaft die Natur als ihr Gegenstandsgebiet geliefert wird. Zufolge den Leitvorstellungen der Quanten- und Atomphysik wird die Natur heute als diskontinuierlich und in der Dualität von Korpuskel und Welle vorgestellt. Nach einem Wort Heisenbergs ist durch die Quantenphysik das Kausalitätsprinzip widerlegt. Das will physikalisch sagen: die durchgängige eindeutige Vorausberechenbarkeit der Folgen eines Vorgangs gilt als unmöglich. Demgegenüber geht die neueste Theorie der Natur, die Albert Einstein jüngst entwickelt hat, bereits über die von der heutigen Atomphysik angesetzte Diskontinuität des Feldes und über die Dualität von Korpuskel und Welle hinaus zu einer einheitlichen Vorstellung von einem kontinuierlichen, wohlgeordneten, in allen seinen Abläufen voraussehbaren Universum bewegter Massenpunkte.][105]

---

[105] [Der vom Herausgeber in eckige Klammern gesetzte Textteil ist in der Handschrift durchgestrichen.]

Die Theorie der Natur bearbeitet das Anwesende als ein Gegenstandsgebiet, dessen Gegenstände dadurch im voraus auf irgend eine Weise eingekreist sind. Das wissenschaftliche Vorstellen kann jetzt seine Gegenstände um*stellen*, es kann um die Gegenstände herumgehen. Die so im einzelnen umgehbaren Gegenstände sind dadurch wissenschaftlich wißbar geworden. Sie sind, wenngleich immer wieder nur vorläufig, sichergestellt und für die Wissenschaft zu erneuter Bearbeitung abgestellt.

46. *Die Mehrdeutigkeit im Wesen des ὑποκείμενον (subjectum)*[106]

1. Das Vor-liegende als das vorhandene, anwesende Ding — τόδε τι;
2. das Unterliegende für das Herabsagen in der Aussage;
3. das *Schon*-vorliegende als οὐσία, *das Was, das Vor-vorhandene* zu (1) und (2);
4. dazu dann das subjectum als fundamentum absolutum: *ego — cogito.*

Auf dieses verwandelt übertragen (1) — (3).

Vgl. Kants Satz vom ›Ich denke‹ und ›*Möglichkeit*‹ der Erfahrung.

47. *Kants Begriff der* ›*Erscheinung*‹[107]

Erscheinungen sind »bloße Vorstellungen« — außer diesem aber, so wie sie vorgestellt werden, sind sie nichts.[108]

---

[106] [Aus dem Schuber B 76, d).]
[107] [Aus dem Schuber B 76, d).]
[108] [Immanuel Kant: Kritik der reinen Vernunft. Nach der ersten und zweiten Original-Ausgabe neu hrsg. von Raymund Schmidt. Leipzig: Felix Meiner, 1926, B 518 f.: »Wir haben […] bewiesen, daß alles, was im Raume oder der Zeit angeschauet wird, […] nichts als Erscheinungen, d. i. bloße Vorstellungen, sind, die so, wie sie vorgestellt werden, […] keine an sich gegründete Existenz haben.«]

Entscheidend: 1. Wo und wie sind die Vorstellungen?
2. Wie verhält sich in ihnen das Vorstellen und das Vorgestellte?
3. Ist das Vorgestellte nur ein Gegenständliches, das steht im und durch das Stellen des Vorstellens, oder ist es schon von sich zum Stehen gekommen, auf dessen Grund es erst Gegen-stand wird?

*

Kant: Erscheinungen

Erscheinungen sind außer unseren Vorstellungen nichts (A 507, B 535).[109]

1. ›Erscheinungen‹ sind insgesamt bloße Vorstellungen und nicht Dinge an sich selbst, d. h. sie sind Dinge für uns, Dinge *qua vorgestellte* in ihrem Begegnischarakter; sie sind, was sie sind, innerhalb des Vorstellens und Begegnens.
2. Wie ist das Vorstellen und das Vorgestellte zu nehmen?
   a) Als im ›Subjekt‹ Vorhandenes und irgendwo drinnen Verschlossenes wie in einem Ding?
   b) Oder als für den Menschen Geschehendes, aber gerade *so* diesen eröffnend für das Begegnis?
3. Das entscheidende Problem ist das Sein [des] *Erscheinens* selbst, die Seinsart dieses Geschehens: ob und wie es in sich nicht nur intentional, sondern *Entrückung*, *Versetztheit* und so gerade *Inständigkeit*.

---

[109] [Immanuel Kant: Kritik der reinen Vernunft, A 507, B 535: »Woraus denn folgt, daß Erscheinungen überhaupt außer unseren Vorstellungen nichts sind«.]

Denksplitter

48. *[Die Frage nach dem Ding].*
Wiederholung der zweiten Stunde[110]

In der ersten Stunde wurde die Frage genannt, die in dieser Vorlesung gefragt werden soll: was ist ein Ding?
Diese Frage zu fragen ist eine Zumutung. Es ist außerdem eine Zumutung, dafürzuhalten, diese Frage sei eine philosophische und das Fragen sei ein Philosophieren. Die Tatsache, daß derjenige, der die Frage aufstellt und zum Fragen eine Anleitung gibt, Professor der Philosophie ist, beweist nicht im mindesten, daß das Fragen ein Philosophieren sei. Ganz im Gegenteil: die Gefahr, daß es nur – eben auf Grund des Philosophielehrstuhls – Philosophie *zu sein scheint*, ist *hier* am größten. Und die Existenz eines Philosophen in der Gestalt des Philosophieprofessors ist die schwierigste, weil dieser aufgrund dessen, daß er sich ständig mit Philosophie beschäftigt, allzu leicht auf den Gedanken kommt, das, was er betreibe und erstrebe, sei Philosophie. Zumutung über Zumutung, die nur dadurch abgeschwächt werden, daß Sie die völlige Freiheit haben, sich darauf nicht einzulassen.

In der Anatomie läßt sich leicht entscheiden, ob es sich darum handelt oder nicht – wir sehen die Leiche; in der Chemie können wir fast schon mit der Nase allein feststellen, ob wir am rechten Platz sind; in der Zoologie sehen wir die Tiere; in der Geschichtswissenschaft begegnet uns die Gestalt Friedrichs des Großen oder das Zeitalter der Reformation oder Bismarck; wir stellen ohne Mühe fest: da ist Geschichte. In der Kunstgeschichte werden Bauwerke als Kunstwerke gezeigt. In der Rechtswissenschaft wird mit dem Reichsgesetzblatt und der Gesetzlehre gearbeitet. In der

---

[110] [Aus dem Schuber B 76, d). Die vorliegende Aufzeichnung stellt die Wiederholung der zweiten Stunde der von Heidegger unter dem Titel »Grundfragen der Metaphysik« im Wintersemester 1935/36 an der Universität Freiburg gehaltenen Vorlesung dar. Vgl. Martin Heidegger: Die Frage nach dem Ding. Zu Kants Lehre von den transzendentalen Grundsätzen. Tübingen: Niemeyer, 1962, S. 8–11; Gesamtausgabe Band 41. Hrsg. von Petra Jaeger. Frankfurt a. M.: Vittorio Klostermann, 1984, S. 10–14. Zur Wiederholung der ersten Vorlesungsstunde siehe oben Nr. 1.]

Theologie mit der Bibel. Und die Mathematik vollends erkennen wir gleich als solche.

Aber die Philosophie? Hier kann nichts vorgezeigt werden, woran sie sich unmittelbar ausweisen sollte. Philosophie hat eigentlich keinen Gegenstand und doch ist wiederum alles Gegenstand: von der Leiche, von der chemischen Verbindung, vom Tier, vom Strukturgesetz, von der geschichtlichen Tat ist [es] immer nur ein Schritt zur Philosophie. Aber dieser Schritt, der ist es; er nimmt sich immer aus, als ginge er ins Leere; es ist ein wesentlich anderer Schritt als der von einer chemischen Verbindung zur anderen; oder von der chemischen Verbindung zum Tier; vom Tier zu einem Bauwerk. Und es ist gut, daß wir uns hier nichts vormachen, d. h. nicht auch so eine Art Anatomie, Chemie, Zoologie oder Geschichtskenntnis erwarten.

Es ist gut, wenn uns die Frage, die hier gestellt wird, auf lange hinaus befremdlich bleibt und befremdlicher wird, trotzdem wir sie scheinbar eindeutig umgrenzen, indem wir in der ersten Stunde bestimmten: 1. was in Frage steht – das Ding, und zwar in der Bedeutung des Vorhandenen um uns herum; 2. woraufhin diese Dinge befragt werden – auf ihre Dingheit; diese nichts Dinghaftes mehr, nicht mehr bedingt, sondern ein Unbedingtes.

Die *zweite* Stunde sollte sogleich damit beginnen, die Dinge nun eben auf ihre Dingheit abzufragen. Das geschieht am sichersten, wenn wir einfach auf die Dinge zugehen und zusehen, wohin wir dabei geraten und wie weit wir dabei kommen.

Es war aber nötig, eine Zwischenbetrachtung einzuschieben. Wenn wir unversehens auf die Dinge um uns herum zugehen, halten wir uns in der alltäglichen Erfahrung und wir nehmen das, was sie gibt, als Wahres.

Zwei Beispiele – das von der Sonne des Hirten und der Astrophysik und das von gewöhnlicher Technik und von ›wissenschaftlicher Technik‹ – belehrten uns, daß es hier verschiedene Stufen gibt.

Daher ist ein *Doppeltes notwendig*: 1. daß die Wahrheit der alltäglichen Erfahrung als Grundstufe eigens begründet wird;

2. daß gezeigt wird, in welchem Wahrheitswesen die verschiedenen Wahrheitsstufen eben Stufen sein können.

Wir werden später sehen, daß die verschiedenen Wahrheitsstufen zwar in einer oft befremdlichen Weise sich unterscheiden, daß sie aber gleichwohl alle in derselben Grundhaltung durchschritten werden. Dagegen ist die philosophische Wahrheit nicht etwa nur eine in derselben Fortgangsrichtung noch weiter abgelegene – höhere – Stufe, sondern sie ist von völlig anderer Art.

Wenn wir jetzt in der Grundstufe Fuß fassen, dann bedenken wir immer, daß ihre Wahrheit eigens begründet werden muß. Vgl. S. 12 oben.[111]

49. [Zwei Entwürfe zum Gutachten über Hermann Mörchen, »Die Einbildungskraft bei Kant«][112]

Begriff der Einbildungskraft – dunkel und zweideutig – aber ebenso *zentral*.

Nach [...][113] der positive Teil der »Kritik«,

1. weil dunkel, beiseite gelassen – Kant selbst nur wenig thematisch [darauf] eingegangen;

2. psychologisches Element – also eher auszumerzen.

Erst Philosophie ermöglicht hier zu sehen: *nicht psychologisch*;

2. eine recht wohl eindeutige *Struktur.*

---

[111] [Diese Seitenangabe bezieht sich auf das Manuskript der Vorlesung. Vgl. Martin Heidegger: Die Frage nach dem Ding. Gesamtausgabe Band 41, S. 17: »Wir blicken nach der alltäglich gewohnten Weise im Umkreis dessen umher, was uns umgibt. [...]«]

[112] [Aus dem Schuber B 76, d). Auf einem den vorliegenden Aufzeichnungen beigehefteten Zettel die Notiz:] Kant, Einb[ildungskraft] Mörchen [Vgl. Hermann Mörchen: Die Einbildungskraft bei Kant. Diss. Marburg 1928. Veröffentlicht in: Jahrbuch für Philosophie und phänomenologische Forschung. Band XI. Halle a. S.: Max Niemeyer, 1930, S. 311–495. Bei den vorliegenden Aufzeichnungen handelt es sich um zwei Entwürfe Heideggers zu seinem Dissertationsgutachten. Zu der von ihm bei der Philosophischen Fakultät der Universität Marburg eingereichten Endfassung siehe unten Nr. 50.]

[113] [Drei Wörter unleserlich.]

Diese Untersuchungen erfordern freilich eine grundsätzliche Auseinandersetzung mit Kants transzendentalphilosophischem Problem, verstanden als einem ontologischen, und können bei ihrer Schwierigkeit und Vernachlässigung nicht Gegenstand einer Dissertation sein.

Vgl.[114]

Das der systematische Hintergrund der vorliegenden Untersuchung. Ihr Verfasser setzt [sich] die Aufgabe, Kants Lehre von der Einbildungskraft in den verschiedenen Schriften und Stadien seines Denkens zu verfolgen und darzustellen.

Nicht im Sinne einer Registratur von Definitionen und Meinungen über die Einbildungskraft, sondern in der Weise, daß jeweilig aus den verschiedenen Zusammenhängen heraus die Untersuchung zu einem sachlichen Verständnis des Phänomens selbst fortgeführt wird.

Außerordentlicher Fleiß – ungewöhnliche Eindringlichkeit – und überraschende Selbständigkeit.

*

Das Grundproblem des positiven Teils der »Kritik der reinen Vernunft« ist die Möglichkeit der Metaphysica generalis, d. h. der Ontologie. Ontologische Erkenntnis aber – darin liegt Kants Entdeckung – ist, obzwar a priori und erfahrungsfrei, doch sachhaltig (synthetisch). Die ›Möglichkeit‹ einer solchen Erkenntnis muß begründet werden. Sofern nun nach Kant Erkenntnis bedeutet: durch das Denken bestimmtes Anschauen, konzentriert sich die Frage nach der Möglichkeit der ontologischen Erkenntnis auf das Problem der inneren Möglichkeit einer reinen (apriorischen) Einigung von reiner Anschauung und reinem Denken. Anschauung (Receptivität) und Denken (Spontaneität) sind die beiden

---

[114] [An dieser Stelle wollte Heidegger offensichtlich auf seine eigene Kantinterpretation hinweisen. Siehe dazu unten den zweiten Entwurf (S. 583 f.) und die Endfassung (S. 587) des Gutachtens.]

»Stämme« der Erkenntnis, die »einer, obzwar uns unbekannten Wurzel« entwachsen.[115] Diese zwei ›Stämme‹ fungieren für Kant als die »zwei Grundquellen der Gemüts«.[116]
Nun ist es eine merkwürdige und in ihrer grundsätzlichen Tragweite bis heute außer Acht gelassene Tatsache, daß Kant in seiner »Kritik der reinen Vernunft« gerade da, wo er die positive Auflösung seines Problems gibt, plötzlich und entgegen der traditionellen Lehre von den zwei E[rkenntnisstämme]n αἴσθησις und νόησις von *drei* Grundquellen des Gemüts spricht; als dritte, d. h. zwischen beide eingeschoben, fungiert die ›*transzendentale Einbildungskraft*‹. Sie übernimmt die apriorische Einigung von reiner Sinnlichkeit und reinem Verstand und sie kann diese Funktion üben, sofern sie etwas vom Charakter der Sinnlichkeit hat – sie ist *Anschauung* – und etwas vom Charakter des Verstandes – sie ist frei vollziehbar vom Subjekt ohne Angewiesenheit auf den Gegenstand. Die transzendentale Einbildungskraft aber ist, radikal ontologisch als Zeitlichkeit verstanden, nichts anderes als die von Kant nicht weiter gesuchte gemeinsame Wurzel der beiden Stämme Sinnlichkeit und Verstand. Aus dieser Interpretation erwächst eine völlige Verlegung des Zentrums der »Kritik der reinen Vernunft«, das im Schematismuskapitel zu suchen ist, das freilich erst noch auch als »seltsame Vorstellungsweise« Kants bezeichnet werden durfte, die »[z]um Glück [...] keine *beherrschende* Bedeutung« gewonnen habe.[117]
Die vorstehend skizzierte neue Interpretation der »Kritik der reinen Vernunft« (vgl. meine demnächst erscheinende Abhandlung »Kants Kritik der reinen Vernunft und die Idee einer Fundamentalontologie«)[118] habe ich seit mehreren Jahren öfter in

---

[115] [Immanuel Kant: Kritik der reinen Vernunft. Nach der ersten und zweiten Original-Ausgabe neu hrsg. von Raymund Schmidt. Leipzig: Felix Meiner, 1926, A 15, B 29: »[...] daß es zwei Stämme der menschlichen Erkenntnis gebe, die vielleicht aus einer gemeinschaftlichen, aber uns unbekannten Wurzel entspringen«.]
[116] [Immanuel Kant: Kritik der reinen Vernunft, A 50, B 74.]
[117] [Heinrich Maier: Philosophie der Wirklichkeit. Band I: Wahrheit und Wirklichkeit. Tübingen: J. C. B. Mohr (Paul Siebeck), 1926, S. 116 f., 122.]
[118] [Vgl. Martin Heidegger: Kant und das Problem der Metaphysik. Bonn: Fried-

584   Zweiter Teil

Vorlesungen vorgetragen.[119] Sie bildet den systematischen Hintergrund der vorliegenden Dissertation.

Kants Begriff der *Einbildungskraft* ist für Kant ebenso zentral wie dunkel und zweideutig. Die [neukantische Auffassung der »Kritik«][120] ist diesem Phänomen nicht nur ausgewichen, sondern [sie][121] versucht es auch als *psychologischen Rest* aus Kant wegzuinterpretieren. Die transzendentale Einbildungskraft ist aber keine psychologische Tatsache, sondern ein existenzial-ontologisches Phänomen. Sofern Kant selbst nicht zur Klarheit kam und auf die Einbildungskraft in ganz verschiedenen Zusammenhängen zurückgreift, u. a. [in der] »Anthropologie«, [in der] »Kritik der reinen Vernunft« [und in der] »Kritik der Urteilskraft«, gilt es, Kants Lehre von der Einbildungskraft in den verschiedenen Schriften und den verschiedenen Stadien und Problemgebieten zu verfolgen und darzustellen. Aber freilich nicht in der Weise einer Registratur von exzerpierten Definitionen und Sätzen darüber, sondern so, daß jeweils aus dem Problemzusammenhang die Untersuchung selbst zu einem *Verständnis* des Phänomens fortgeführt werde.

Der Verfasser hat diese Aufgabe mit einem außerordentlichen Fleiß, ungewöhnlicher Eindringlichkeit und überraschender Selbständigkeit gelöst. Die Untersuchung gibt zum ersten Mal eine

---

rich Cohen, 1929; Gesamtausgabe Band 3. Hrsg. von Friedrich-Wilhelm von Herrmann. Frankfurt a. M.: Vittorio Klostermann, 1991, ²2010.]

[119] [Vgl. Martin Heidegger: Logik. Die Frage nach der Wahrheit. Marburger Vorlesung Wintersemester 1925/26. Gesamtausgabe Band 21. Hrsg. von Walter Biemel. Frankfurt a. M.: Vittorio Klostermann, 1976, ²1995, S. 269 ff.; Phänomenologische Interpretation von Kants Kritik der reinen Vernunft. Marburger Vorlesung Wintersemester 1927/28. Gesamtausgabe Band 25. Hrsg. von Ingtraud Görland. Frankfurt a. M.: Vittorio Klostermann, 1977, ³1995, S. 276 ff.]

[120] [In der Handschrift ist »Die« zu »Der« korrigiert, während die folgenden vom Herausgeber in eckige Klammern gesetzten Wörter durchgestrichen sind. Außer der Korrektur deutet auch das Pronomen »er« (siehe die folgende Fußnote) darauf hin, daß Heidegger »Die neukantische Auffassung der ›Kritik‹« durch »Der Neukantianismus« ersetzen wollte. In der Endfassung des Gutachtens kehrte er indes zu seiner ursprünglichen Formulierung zurück. Siehe unten S. 588.]

[121] [Handschrift: er.]

ausführliche, vor allem aber philosophisch interpretierende Darstellung der Kantischen Lehre von der Einbildungskraft. Für den 1. Abschnitt und ebenso für den 3. Abschnitt standen dem Verfasser überhaupt keine Anweisungen zur Verfügung. Die Interpretation des sehr schwierigen und verschlossenen Problemzusammenhangs in der »Kritik der Urteilskraft« ist für sich schon eine ausgezeichnete Leistung. Es wird deutlich, wie die Einbildungskraft eine zentrale Vermittlungsfunktion zwischen Anschauung, Verstand und Vernunft und zugleich zwischen Erkenntnis- und Begehrungsvermögen zu übernehmen hat und daß sie im Grunde identisch ist mit der Urteilskraft, sofern Kant dieser einen [...][122] Bezug zum ›Lebensgefühl‹ zuschreibt. Die Kritik geht überall auf die Erhellung der positiven Darstellungsfunktion der Einbildungskraft und vermeidet doch jedes gewaltsame Zusammenbiegen der bei Kant auseinander strebenden Fragerichtungen.

Aber auch der 2. Abschnitt, vor dem der Verfasser zunächst zurückschreckte, ist selbständig gearbeitet und weit entfernt von einem Referat meiner Interpretation. Von grundsätzlicher Bedeutung ist die Betonung des Zusammenhangs des Schematismuskapitels mit der 1. Auflage der »Kritik der reinen Vernunft« und die wertvolle Auseinandersetzung (S. 201 ff.)[123] mit der Abhandlung von Ernst Robert Curtius, Kant-Studien XIX (1914).[124]

Schließlich hat der Verfasser über den Rahmen seiner Aufgabe hinaus versucht, eine Orientierung über die Geschichte des Begriffes der imaginatio zu geben, die notwendig lückenhaft bleiben mußte, was ich aber für die Gesamtbeurteilung der Untersuchung nicht in Rechnung setzen darf.

Ich freue mich, mit dieser *letzten* der von mir der Fakultät zur Annahme empfohlenen Dissertationen zugleich auch die *beste* der

---

[122] [Ein Wort unleserlich.]
[123] [Vgl. Hermann Mörchen: Einbildungskraft bei Kant, S. 417 ff.]
[124] [Vgl. Ernst Robert Curtius: Das Schematismuskapitel in der Kritik der reinen Vernunft. Philologische Untersuchung. In: Kant-Studien 19, 1914, S. 338–366.]

[Arbeiten]¹²⁵ vorlegen zu können, die während meiner Marburger Lehrtätigkeit entstanden sind. Ich bitte die Dissertation mit dem Prädikat ausgezeichnet anzunehmen und den Kandidaten zur mündlichen Prüfung zuzulassen.

50. Gutachten über Hermann Mörchen, »Die Einbildungskraft bei Kant«¹²⁶

Das Grundproblem des positiven Teils der »Kritik der reinen Vernunft« ist die Möglichkeit der Metaphysica generalis, d. h. der Ontologie. Ontologische Erkenntnis aber – das besagt Kants Entdeckung – ist, obzwar apriori (erfahrungsfrei), doch synthetisch (sachhaltig). Die ›Möglichkeit‹, d. h. das Wesen einer solchen Erkenntnis muß aufgezeigt werden. Sofern nun nach Kant Erkenntnis bedeutet: durch Denken bestimmtes Anschauen, konzentriert sich die Frage nach der Möglichkeit der ontologischen Erkenntnis überhaupt auf das Problem der inneren Möglichkeit einer ›reinen‹ (apriorischen) Einigung von reiner Anschauung und reinem Denken. Anschauung (Receptivität) und Denken (Spontaneität) sind die »beiden Stämme der Erkenntnis«, die einer »gemeinsamen«, uns zwar unbekannten »Wurzel« entwachsen.¹²⁷ Die ›zwei Stämme‹ fungieren für Kant als die »zwei Grundquellen des Gemüts«.¹²⁸

Nun ist es eine merkwürdige und in ihrer grundsätzlichen Tragweite bis heute übersehene Tatsache, daß Kant in der »Kritik der reinen Vernunft« gerade da, wo er die positive Auflösung seines Grundproblems gibt, unvermittelt und entgegen dem auch

---

¹²⁵ [Vom Herausgeber gemäß der Endfassung des Gutachtens ergänzt. Siehe unten S. 589.]
¹²⁶ [Aus der Promotionsakte Hermann Mörchen, Universitätsarchiv Marburg, Signatur UniA MR 307d Nr. 306.]
¹²⁷ [Immanuel Kant: Kritik der reinen Vernunft, A 15, B 29: »[...] daß es zwei Stämme der menschlichen Erkenntnis gebe, die vielleicht aus einer gemeinschaftlichen, aber uns unbekannten Wurzel entspringen«.]
¹²⁸ [Immanuel Kant: Kritik der reinen Vernunft, A 50, B 74.]

von ihm sonst festgehaltenen Ansatz von ›*zwei* Grundquellen‹ (αἴσθησις – νόησις) *drei* Grundquellen des Gemüts einführt; als dritte, d. h. zwischen den beiden genannten, fungiert die *transzendentale Einbildungskraft*. Sie übernimmt die apriorische Einigung von Sinnlichkeit und Verstand. Und sie kann diese Funktion übernehmen, da sie sowohl etwas vom Charakter der Sinnlichkeit hat, als Anschauung nämlich, als auch etwas vom Charakter des Verstandes, sofern sie frei (spontan) vollziehbar ist ohne Angewiesenheit auf einen anwesenden Gegenstand. Diese transzendentale Einbildungskraft aber enthüllt sich bei weiterdringender, über Kant wesentlich – aber in seiner Richtung – hinausgehender fundamentalontologischer Interpretation als die Zeitlichkeit. Diese aber ist nichts anderes als die von Kant angemerkte ›uns unbekannte gemeinsame Wurzel‹ der ›beiden Stämme‹. Was bei Kant als Einbildungskraft *zwischen* Sinnlichkeit und Verstand steht, *liegt* rechtverstanden als Zeitlichkeit *beiden zugrunde*. Aus dieser phänomenologischen Interpretation der »Kritik der reinen Vernunft« erwächst eine völlige Verlegung des Zentrums der »Kritik« aus der transzendentalen Deduktion in das Schematismuskapitel. Diese 10 Seiten der »Kritik«, die seit Kant als ebenso verwirrt wie verwirrend, als »fatal« und »seltsam« gelten,[129] bekommen jetzt zum ersten Mal solches Licht, daß sie selbst zur Lichtquelle für die Grundproblematik dieses Werkes werden.

Die vorstehend skizzierte Interpretation von Kants »Kritik der reinen Vernunft« (vgl. meine demnächst erscheinende Abhandlung: »Kants Kritik der reinen Vernunft und die Idee einer Fundamentalontologie«)[130] habe ich seit mehreren Jahren in meinen Vorlesungen vorgetragen.[131] Sie bilden den systematischen Hintergrund der vorliegenden Dissertation.

---

[129] [Vgl. Heinrich Maier: Philosophie der Wirklichkeit. Band I, S. 116 f.]
[130] [Vgl. Martin Heidegger: Kant und das Problem der Metaphysik; Gesamtausgabe Band 3.]
[131] [Vgl. Martin Heidegger: Logik. Die Frage nach der Wahrheit. Marburger Vorlesung Wintersemester 1925/26. Gesamtausgabe Band 21, S. 269 ff.; Phänome-

Das ›Vermögen‹ der Einbildungskraft ist für Kant ebenso zentral wie dunkel und zweideutig. Die neukantische Auffassung der »Kritik« ist diesem Phänomen nicht nur ausgewichen, sondern sie sucht es sogar als psychologischen Rest aus Kant wegzuinterpretieren. Die transzendentale Einbildungskraft ist aber keine psychische Tatsache und kein möglicher Gegenstand der Psychologie, sondern ein existenzial-ontologisches Phänomen.

Sofern nun Kant selbst nicht ins Klare kommt über diese »unentbehrliche Funktion der Seele« (A 78, B 103), jedoch ständig in allen zentralen Problemen darauf zurückgreift, gilt es, Kants Lehre von der Einbildungskraft in den verschiedenen Werken, Stadien und Problemgebieten zu verfolgen und darzustellen; aber freilich nicht, um eine Registratur äußerlich exzerpierter Definitionen und Sätze anzulegen, sondern so, daß aus dem jeweiligen Problemzusammenhang heraus das sachliche Verständnis des Phänomens und seiner Wesensbedingungen angestrebt wird.

Der Verfasser hat diese Aufgabe mit einem außerordentlichen Fleiß, mit ungewöhnlicher Eindringlichkeit und überraschender Selbständigkeit gelöst. Die Untersuchung gibt zum ersten Mal eine ausführliche, vor allem aber *philosophisch interpretierende* Darstellung der Kantischen Lehre von der Einbildungskraft.

Für den I. Abschnitt (»Kants anthropologische Erörterungen der Einbildungskraft«) und vor allem für den III. Abschnitt (»Die Einbildungskraft in der Kritik der ästhetischen Urteilskraft«) standen dem Verfasser überhaupt keine systematischen Anweisungen zur Verfügung. Die Interpretation der Einbildungskraft und ihrer Funktion in der »Kritik der Urteilskraft« ist für sich schon eine ausgezeichnete Leistung. Es wird deutlich, wie die Einbildungskraft eine zentrale Vermittlungsfunktion zwischen Anschauung, Verstand und Vernunft und schließlich zwischen Erkenntnis- und Begehrungsvermögen zu übernehmen hat. Ihre

nologische Interpretation von Kants Kritik der reinen Vernunft. Marburger Vorlesung Wintersemester 1927/28. Gesamtausgabe Band 25, S. 276 ff.]

verhüllte Identität mit der ›Urteilskraft‹ wird sichtbar und die Zugehörigkeit beider zum ›Lebensgefühl‹ (Selbsterfahrung des Daseins). Die Kritik des Verfassers zielt überall auf die Erhellung der *positiven* Leistung der Einbildungskraft, vermeidet aber doch jedes gewaltsame Zusammenbiegen der bei Kant auseinanderstrebenden Fragerichtungen.

Aber auch der II. Abschnitt (»Die Einbildungskraft in der Kritik der reinen Vernunft«) ist selbständig gearbeitet und weit entfernt von einem Referat meiner Interpretation. Von grundsätzlicher Bedeutung ist die Betonung des Zusammenhangs des Schematismuskapitels mit der 1. Auflage der »Kritik« und die wertvolle, musterhafte Auseinandersetzung (S. 201 ff.)[132] mit Ernst Robert Curtius' Abhandlung (vgl. Kantstudien XIX 1914).[133]

Schließlich hat der Verfasser über den Rahmen seiner Aufgabe hinaus eine Orientierung über die Geschichte des Begriffes φαντασία und imaginatio zu geben versucht, die notwendig lückenhaft bleiben mußte, was ich aber für die Gesamtbeurteilung der Arbeit nicht[134] in Rechnung setzen darf.

Ich freue mich, mit dieser *letzten* der von mir der Fakultät empfohlenen Dissertationen zugleich auch die *beste* der Arbeiten vorlegen zu können, die während meiner Marburger Lehrtätigkeit entstanden sind.

Ich bitte die Fakultät, die Arbeit mit dem Prädikat *ausgezeichnet* anzunehmen und den Kandidaten zur mündlichen Prüfung zuzulassen.

Marburg, 13. Mai 1928   Heidegger

---

[132] [Vgl. Hermann Mörchen: Einbildungskraft bei Kant, S. 417 ff.]
[133] [Vgl. Ernst Robert Curtius: Das Schematismuskapitel in der Kritik der reinen Vernunft.]
[134] [Handschrift: jedoch nicht.]

51. Das Verhältnis des Menschen zum Absoluten[135]

bleibt dunkel – jedenfalls ist es nicht, auch nicht innerhalb der Dimension der Hegelschen Metaphysik, zureichend entfaltet.
(Das *Bei-uns-sein-wollen* – des Willens des Wissens.)
Gewußtsein-wollen durch uns?
Wir im Strahl – unser Wesen: der *Widerstrahl*.

Der Wider-strahl
    als Strahlen – das leuchtende *Zu*-sehen – der Erfahrung –
    aber als Wider – unsere *Zu-tat*,
    und gerade durch diese das Zu-sehen ermöglicht.
Die Zu-tat – der *Umkehrung* –
transzendental –
und darin verborgen *unser* Wesensverhältnis zum *Sein des Seienden* – dieses Verhältnis kommt verborgener Weise ins Spiel.

›Die Tat‹ bringt nichts Fremdes hinzu, sondern kehrt nur das Wesende – *in sich* sich Enthaltende *um*.

Das je ›Neue‹ (Transzendentale) ist der ›Gegenstand‹, an dem das *Alte* erfahren wird – aber der neue Gegenstand *ist gerade die Gegenständlichkeit* des alten.

Der *Wider-strahl*: wir sind *der Spiegel*, worin sich das Transzendentale, Ontologische als solches spiegelt – und so in das Absolute zurück- und hineingespiegelt wird (Logik).

[Aber die ›Differenz‹ – vergessen!!]

Was dazu getan – nichts ›Unsriges‹.

---

[135] [Aus dem Schuber B 77, 2. Diese und die folgende Aufzeichnung (siehe unten Nr. 52) beziehen sich auf Heideggers Interpretation der Einleitung von Hegels »Phänomenologie des Geistes«, die aus Seminarübungen 1942/43 hervorging. Vgl. Georg Wilhelm Friedrich Hegel: Phänomenologie des Geistes. Nach dem Texte der Originalausgabe hrsg. von Johannes Hoffmeister. Hamburg: Felix Meiner, 1952, S. 63–75; Martin Heidegger: Hegels Begriff der Erfahrung (1942/43). In: Holzwege. Frankfurt a. M.: Vittorio Klostermann, 1950, S. 105–192; Gesamtausgabe Band 5. Hrsg. von Friedrich-Wilhelm von Herrmann. Frankfurt a. M.: Vittorio Klostermann, 1977, ²2003, S. 115–208. Die eckigen Klammern innerhalb der vorliegenden Aufzeichnung in der Handschrift.]

Und das *Tun*? Ist die Entfaltung [unseres Wesens? welchen Wesens?].
[Diese Fragen gehen über die Metaphysik als solche hinaus.]
Zu-tat — das transzendentale ›*Strecken*‹ — das Festmachen der zwei Haftebügel!!
Das eigentliche *Wesen* der *Zutat*, der Umkehrung liegt aber darin, daß im Ganzen das Absolute *umgekehrt* wird.
Nicht *es* in seiner ontischen Entfaltung als Metaphysik in sich fortgehend,
    sondern: das Absolute: in seiner letzten (ersten) Wahrheit,
    das *Vor-Strecken des Zutuns* (vgl. *Hegel!* n. 8)[136]
(*summum ens* als ens commune — als essentia).
Damit *vor*-gestreckt die Stationen des transzendentalen *Weges*.
Dieser Weg — das *Sichdarstellen* in seiner *eigenen absoluten transzendentalen Wahrheit*.
Das Vor-strecken des Zutuns heißt zugleich
Ausstrecken als seine Entfernung,
Abstrecken — der ›Ausgang‹ — das ›natürliche Bewußtsein‹ — ›Natur‹.
Die Zutat als die dialektische Umkehrung.
Die Umkehrung des Absoluten — daß es nicht ›nur‹ ›in sich‹ unmittelbar ruht, sondern vermittelt in der Absolutheit des Absoluten.
Dazu: das Vor- und Aus-strecken der Wirklichkeit des Wirklichen — als ›Werden‹, d. h. als das *Er-fahren*.

52. [*Das Verhältnis des Menschen zum Absoluten*][137]

Die Darstellung des erscheinenden Wissens, nämlich in seinem Erscheinen (dazu Zitat), *ist* selbst das Erscheinen der Wissenschaft,

---

[136] [Gemeint ist der 8. Absatz (Heidegger: »Abschnitt«) der Einleitung. Vgl. Georg Wilhelm Friedrich Hegel: Phänomenologie des Geistes, S. 68 f.; Martin Heidegger: Hegels Begriff der Erfahrung, S. 145; Gesamtausgabe Band 5, S. 158.]
[137] [Aus dem Schuber B 77, 2. Die eckigen Klammern (einschließlich der dop-

d. h. des absoluten Erkennens, d. h. des Erkennens des Absoluten, d. h. des Strahls, als welcher das Licht der Wahrheit leuchtet.

Die Darstellung *ist* die Parusie selbst des Absoluten, ›ist‹ im Sinne von Sein (das Erscheinen [die Erfahrung, darin: *Zu-tat*]), das in der οὐσία, der Parusie ruht. Die Darstellung ist das sich aufführende Auftreten des absoluten Erkennens.

Sie muß in sich selbst absolutiert, d. h. aus sich (d. h. aus dem Absoluten) notwendig und vollständig sein.

Weil die Darstellung angegangen ist von der Parusie des Absoluten, ist die Notwendigkeit und Vollständigkeit im Erscheinen des erscheinenden Wissens nötig.

Die Vollständigkeit der Gestalten des erscheinenden Wissens ist beschlossen in der Notwendigkeit des Ganges im Erscheinen.

Die Notwendigkeit des Ganges ist das Unaufhaltsame des Fortgangs des unumgänglich Auftretenden. Das Unaufhaltsame und Unumgängliche aber kommt aus der Gewalt des *Fortrisses*.

Der Fortriß reißt darin, daß die Absolutheit des Absoluten dieses in sich zurück reißt. Damit dies möglich ist, muß über alles Erscheinen hinweg für seinen ganzen Umfang schon das Auftreten eigens von der Absolutheit her angegangen, gerissen und gehalten werden. Dazu ist nötig, daß die Absolutheit als solche eigens zum Voraus wird, Voraus des Ganges scheint, und zwar sogleich so, daß das Absolute eine Rückkehr vollständig, vom äußersten Ende zum Äußersten vollziehen kann. Die Absolutheit des Absoluten (die Parusie) muß sich daher eigens und in der äußersten Entäußerung aus der vollendeten Er-Innerung zeigen und in diesem Sichzeigen gesichtet und vernommen sein. Nur so ist die Bewegung des Erscheinens des absoluten Wissens in den Gang und auf den Weg gebracht.

Notwendigkeit und Vollständigkeit des Erscheinens beruhen in der Parusie selber, insofern diese im Vorhinein in der genannten

---

pelten eckigen Klammern) innerhalb der vorliegenden Aufzeichnung in der Handschrift.]

Weise als die Gewalt des Waltens des Absoluten in der Absolut*heit* selber waltet.

Sie waltet in solcher Weise durch das, was in Hegels Erörterung zuletzt gesagt wird (n. 15),[138] weil alles darauf zu strebt: in der Umkehrung. Diese west in der Erfahrung. Diese ist die Einheit des Erscheinens, insofern es geschehen muß als das Wesende der Absolutheit, das Absolute aber nur ist, indem es schon *[an und für sich]* bei uns ist und bei uns sein will.

Die Umkehrung kehrt zuvor und so erst die Absolutheit in die vom Absoluten als dem Strahl be-rührte und so in den Aufruhr des Vernehmens gebrachte Stätte des Erscheinens.

Die Umkehrung ist nicht eine Zugabe zur Erfahrung, als sei diese schon Erfahrung ohne die Zutat; sie gehört als Zutat zum Wesensbau der *Erfahrung selbst, als welche die Parusie west*. Denn die Parusie benötigt als die Absolutheit des Absoluten von diesem aus dieses Da-zu der Stätte des Erscheinens – des Erscheinenden. Das Absolute ist nicht und kann nicht das Absolute sein »ohne« ... »die begriffne Geschichte« (Schluß der »Phänomenologie des Geistes«).[139]

Dieses ›nicht ohne‹, die Zu-tat, die mit der Par-usie wesen, sind jedoch in der Metaphysik nur ontisch-ontologisch zur Erscheinung gebracht, ohne selbst sich aus der Wahrheit des Seyns zeigen zu können. Dieses ist der Metaphysik verweigert. Die Metaphysik ist selbst das in solcher Verweigerung gleichwohl Zugelassene [die Ἀ-Λήθεια].

Die Umkehrung ist das Wesende in der Erfahrung als dem Sein des Seienden [als der Differenz].

[[Die Umkehrung west in der verborgenen Differenz und als diese; denn Umkehrung sagt: *daß eines vor das andere gekehrt*

---

[138] [Gemeint ist der 15. Absatz (Heidegger: »Abschnitt«) der Einleitung. Vgl. Georg Wilhelm Friedrich Hegel: Phänomenologie des Geistes, S. 73 f.; Martin Heidegger: Hegels Begriff der Erfahrung, S. 172 ff.; Gesamtausgabe Band 5, S. 187 ff.]

[139] [Georg Wilhelm Friedrich Hegel: Phänomenologie des Geistes, S. 564.]

wird, und zwar *anders als sonst*; dieses ›eines vor das andere‹ überhaupt aber ist die Differenz, die sowohl ontologisch als auch vollends schon ontisch vergessen bleibt.]]

Beachte den Zusammenhang zwischen Hegels Umkehrung in der Erfahrung als der Re-flexion der Absolutheit in das Scheinen des Absoluten selber und Kants transzendentaler Reflexion in der »Amphibolie« der Reflexionsbegriffe.

Die Umkehrung selbst ist unsere Zutat; wenn sie das ist, dann muß unser Tun und Wesen im vorhinein bis zum Absoluten in seiner Absolutheit reichen. In der Parusie sind wir, die Bestrahlten, von uns aus beim Absoluten – so allein vermögen wir an seiner Absolutheit etwas zu tun, wir fügen nichts bei, wir lassen nur zu, daß sie über dem Absoluten her als solche scheine, daß dieses qua und ἦ geschehen kann.

Wenn *wir* aber im Absoluten beim Absoluten sind und wenn dieses zu vernehmen und im voraus für alles und in allem Erkennen und Verhalten festzuhalten und anzueignen der erste Schritt in dem Denken ist, das Hegel vollzieht, wie steht es dann mit dem seltsamen Lärm, den Kierkegaard gegen Hegel aufgebracht hat?

Ist aber die Umkehrung im Verhältnis zum natürlichen Bewußtsein das Widernatürliche; oder das Übernatürliche, oder vielleicht nur gerade die Natur dessen, wovon das Natürliche seinerseits in seiner Weise zehrt?

53. Hölderlin: »Der Rhein«[140]

Hölderlin ist jener Dichter der Deutschen, dessen Werk am weitesten in ihre Zukunft hinausgesetzt und deshalb ihnen noch fern ist. Wir dürfen uns nicht vermessen, diese Ferne, in der Hölderlins Werk steht und wartet, mit einem Sprung und Schlag einzuholen. Doch wir müssen uns bereitmachen, um zu diesem Werk unterwegs zu sein.

---

[140] [Aus dem Schuber B 78.]

Inwiefern ist nun aber dies Werk die zukünftigste Dichtung? Weil es uns in die äußerste Entscheidung stellt, und das ist die über Sein oder Nichtsein. Unser Sein aber ist die Geschichte – das will sagen: die schaffende Bewahrung des Mitgegebenen und das gründende Ergreifen des Aufgegebenen. Nichtsein aber – verhängnisvoller als das bloße Nichts – ist das Versinken in die Geschichtslosigkeit.

Hölderlins Werk stellt uns in die Entscheidung über unsere Geschichte, indem es das Wesen und den Grund der Geschichte nennt. (Dichterisch davon sagen bedeutet, unser Wissen und unseren Willen mit der Grundstimmung durchstimmen.) Diese Wahrheit solchen dichterischen Sagens wird nicht als allgemeiner Satz ausgesprochen, sondern die Wahrheit der Dichtung wird von jeder Kunst jeweils in das einzelne Werk gesetzt. Deshalb dürfen wir jene Wahrheit über das Wesen und den Grund der Geschichte nicht in der Form einzelner Aussagen aus den verschiedenen Dichtungen abheben und zusammenstellen, sondern wir müssen die einzelnen Werke je in sich und aus [sich] wissen und d.h. immer in den Willen heben.

Hölderlin sagt am unmittelbarsten und reichsten, zugleich aber auch am dunkelsten und ursprünglichsten von jener Wahrheit in der Dichtung »Der Rhein«. Hier meint er den »edelsten der Ströme« [Vers 32], der jenes Gefüge der Erde und jenen Umkreis geschichtlicher Welt durchströmt, deren ursprünglich gewachsene Einheit wir in diesen Tagen erneut bedenken.

Doch selbst die Beschränkung auf diese einzige Dichtung muß ein bloßer Fingerzeig bleiben. Wir können nicht, wie es sein müßte, in langer Ausdauer jedes Wort der 15 Strophen und diese selbst in ihren abgründigen und doch einfachen Bezügen auslegen.

Der Fingerzeig will unser Fragen auf ein Wesentliches hinlenken, einzig in der Absicht, daß künftig diese Dichtung nie mehr aus dem Umkreis unserer höchsten Besinnungen entschwinde.

54. Der Satz vom Grund[141]

Der Satz vom Grund

    Die Sage des Λόγος

        Das Ereignis der Vierung

            Das Geläut der Stille

                Das Ver-Hältnis der Fuge

                    Die Fuge zur Sage

                        Sage als Bauen

*

Die Sage des Λόγος

    Die Vergessenheit des Unter-Schiedes

        Der Vorenthalt des Ereignisses

            Der Vorenthalt als Entbergung

                Die Entbergung des Anwesenden

                    Das Ortlose des Anwesens

                      »U.«

                    Der Λόγος und das Gründen

                    $\left[\begin{array}{c}\text{Vorwalten des}\\\text{Anwesen}den\end{array}\right]$ ἀρχή

                    Die Ἀλήθεια und *die αἰτίαι*

                    Der Λόγος und die *Aussage*

---

[141] [Aus dem Schuber B 79, 2. Der Titel ist in der Handschrift in eckige Klammern gesetzt. Im zweiten Teil der Aufzeichnung ist »U.« als »Unterschied« oder »Unter-Schied« aufzulösen.]

Denksplitter

55. *Inwiefern Sein das Nichts ›ist‹*[142]

                   1. als *Nicht*-das-Seiende –
                   2. dieses (1) in sich – das Nichtende
                       zu Seiendem und ihm selber

Umkehrung   der Unterschied für Seiendes und Zeit
    des   3. (1) und *(2)* als Unterschied sich entziehend
Ereignisses   nicht die Wahrheit gewährend
    in   *Vergessenheit* – als Verbergung
Vergessenheit   und Vorenthalt
    und   4. diese Entfaltung des ›Nichts‹ ruft
  Ge-Stell   als die Verwindung des ›Seiend‹
                   selbst zum ~~Sein~~ –

56. *Übergang von einer Tonart zur anderen.*
[Der Satz vom Grund.] Wiederholung zur 9. Stunde[143]

Der Satz vom Grund sagt als Satz vom Sein dieses: Sein und Grund: das Selbe. Sein: der Ab-grund. Wenn wir das eine und das andere des so Gesagten gegeneinanderhalten und es logisch denken, müssen wir feststellen, daß hier Widersinniges gesagt und gegen die Logik gedacht werde. Sein und Grund: das Selbe – dies heißt doch: Sein: der Grund. Wie soll damit das andere vereinbar sein, was der Satz vom Sein zugleich sagt: Sein: der Ab-Grund? Das Selbe, nämlich ›Sein‹, kann doch nicht zugleich Grund und Ab-Grund sein. Oder ›ist‹ der Grund in Wahrheit doch, nämlich als Sein, der Ab-Grund? Vor wie nach bewegen wir uns mit sol-

---

[142] [Aus dem Schuber B 79, 2.]

[143] [Aus dem Schuber B 80, 1. Die vorliegende Aufzeichnung stellt eine Wiederholung zur neunten Stunde der von Heidegger im Wintersemester 1955/56 an der Universität Freiburg gehaltene Vorlesung »Der Satz vom Grund« dar. Vgl. Martin Heidegger: Der Satz vom Grund. Pfullingen: Günther Neske, 1957, S. 117–128; Gesamtausgabe Band 10. Hrsg. von Petra Jaeger. Frankfurt a.M.: Vittorio Klostermann, 1997, S. 99–109. Die sechs Seiten der Handschrift sind oben links von 44 bis 49 durchpaginiert.]

chen Fragen und Aussagen in Widersprüchen und überdies im Abstrakten. Unser Verstand sträubt sich gegen solche Aussagen. Und wir tun gut daran, dieses Sträuben möglichst lange auszuhalten. Nur dürfen wir es bei solchem Sträuben nicht bewenden lassen, denn sonst laufen wir Gefahr, unsere Gegenmeinungen nur deshalb für richtig zu halten, weil sie uns geläufig sind. Unvermutet halten wir jede Zumutung, anders zu denken, von unseren Meinungen fern. Wir ersparen uns dadurch Ausblicke, die erlauben könnten, ganz anderes zu erblicken. Dieses Andere hat sein Rätselvolles[144] einfach darin, daß es uns näher ist als das, was wir sonst für das Nächstliegende halten. Zunächst liegt es uns fern, den Grund als Ab-grund zu denken. Versuchen wir es, dann denken wir anders als sonst. Die soeben gestellte Frage gewährt, falls wir ihr nachgehen, vielleicht einen entscheidenden Ausblick in einen Grundzug des Seins. Die Frage lautet: Oder ›ist‹ der Grund in Wahrheit doch, nämlich als Sein, der Ab-Grund? Die Frage birgt die Möglichkeit eines vielleicht sogar entscheidenden Ausblicks in sich. Inwiefern? Nach dem Satz vom Sein hat das Sein den Hauptzug des Gründens. Sein ist Grund. Wenn es nun glücken sollte, den Grund als Ab-Grund zu denken, was denken wir dann? Wir denken dies, daß vom Gründen der Grund wegbleibt, daß das Gründen in sich gerade das Grund-*lose* ist. Wenn es glückte, dies zu denken, daß es einen Grund des Grundes nicht gibt, dann fiele aus dem so Gedachten ein Licht auf das Sein, wenn anders wahr bleibt: Sein und Grund: das Selbe.

Immer, wenn wir solchen nach dem ersten Anschein abstrakten, paradoxen und überscharfsinnigen Sätzen und Fragen begegnen, steigt in uns der Verdacht auf, es könnte dabei irgendein Kunstgriff sein Unwesen treiben, und zwar mit Hilfe einer Wortspielerei. Solcher Verdacht ist bisweilen berechtigt, aber nicht immer. Weshalb nicht immer? Weil Wortspielerei zwar eine Unart ist, aber als Unart auf eine rechte Art zurückweist, nämlich auf das Wortspiel.

---

[144] [Auf der rechten Blattseite die Notiz:] das Rätselvolle: die Nähe selber als die Fuge des Ver-Hältnisses

Denksplitter

Beides: Wortspielerei und Wortspiel, sind nicht das Gleiche. Eines ist es, wenn wir mit Wörtern und ihren verschiedenen Bedeutungen spielen. Ein anderes ist es, wenn das Wort mit uns spielt. Dieses Wortspiel gehört zum Wesen der Sprache. Wenn wir es nicht vermöchten, dieses hohe Spiel zu hören, gäbe es kein Sagen, das klingt, kein Denken, das schwingt. Freilich besteht für uns immer die Gefahr, daß wir das aus verborgenen Quellen gespeiste Wortspiel der Sprache nur in einer Wortspielerei nachspielen. Im letzteren Fall schüben wir nur aufgegriffene Wortbedeutungen hin und her, ohne daß wir zuvor und stets aus einem Einblick in die Sache *darauf hörten*, was sich uns aus dieser zuspricht. Darum ist es in der Tat nötig, dort auf der Hut zu sein, wo wir befürchten, es seien bloße Kunstgriffe im Spiel.

Diese Befürchtung mußte bereits dort auftauchen, wo wir durch einen Wechsel der Tonart aus dem Satz vom Grund in den Satz vom Sein gelangten: *Nichts* ist *ohne* Grund. Nicht *ist* ohne *Grund*. Im zweiten Satz, dem Satz vom Sein, liegt der Ton auf dem ›ist‹ und auf ›Grund‹. Woher haben ›Sein‹ und ›Grund‹ jetzt den Ton? Nur aus der Willkür einer anderen Betonung durch uns? Oder gibt die Betonung des ›ist‹ und des ›Grund‹ doch nur in unserem Sprechen für uns den Ton zurück, der aus dem klingt, wovon der Satz vom Grund unausgesprochen, weil noch ungedacht, sagt? Indem wir diesen Sachverhalten nachdenken, gelangen wir auf den Weg, der uns erlaubt, eigens zu erläutern, was die Worte ›Grund‹ und ›Sein‹ sagen. Durch die *Erläuterung* des Satzes vom Grund leiten wir die *Erörterung* des Satzes ein. Die Erörterung bringt den Satz vom Grund an seinen Ort, d. h. dorthin, wo sich das Wesen des Satzes und dessen, was er sagt, versammelt. Darum sagen wir: die Erörterung erörtert den Satz vom Grund *in* den Satz vom Sein.

Wir achten noch einmal auf den Wechsel der Tonart im Satz vom Grund. *Nichts* ist *ohne* Grund. Nichts *ist* ohne Grund. Der Ton verlagert sich vom Nichts auf das ›ist‹. In der ersten Tonart bleibt das ›ist‹ unbetont. Und der Satz sagt in der Umschreibung: Jedes Seiende hat einen Grund. Das ›ist‹ wird durch ein ›hat‹ umschrieben. So wie wir sagen: »Der Feldberg ist ohne Schnee«, oder:

»Der Feldberg hat keinen Schnee«. Das unbetonte ›ist‹ in ›*Nichts ist ohne Grund*‹ wird gebraucht wie in dem Satz: »Das Kind ist traurig.« Die Lehre vom Denken, die ›Logik‹, pflegt dieses ›ist‹, um mit Kant zu reden, das ›Verbindungswörtchen‹ zu nennen. Die Copula verbindet das Subjekt des Satzes ›das Kind‹ mit dem Prädikat ›traurig‹. Im Fall des Satzes vom Grund das Subjekt ›Nichts‹ mit dem Prädikat ›ohne Grund‹ oder ›grundlos‹. Wechseln wir dagegen den Ton des Satzes und sagen: Nichts *ist* ohne *Grund*, dann sagt das betonte ›ist‹ soviel wie: Nichts existiert, oder: Nichts hat ein Sein ohne Grund. ›Ist‹ spricht jetzt nicht so sehr als Verbindungswort zwischen Subjekt und Prädikat, sondern nennt ›Sein‹ gerade als das *Prädikat*. So wie in dem Satz: Die Natur ist, sonst könnte sie keine Energie liefern.

Jetzt erhebt sich die Frage: Wie steht es mit dem Wechsel der Tonart im Satz vom Grund? Haben nur *wir* das betonte ›ist‹, in der Bedeutung von ›existiert‹, willkürlich in das gewöhnlich unbetont gesagte ›ist‹ hineingelegt, das mehr im Sinne der Copula spricht? Oder haben wir *nur* das im unbetont gesprochenen ›ist‹ schon anklingende ›existiert‹ aus dem Satz herausgehört? In der Tat handelt es sich beim Wechsel der Tonart um ein in gewissem Sinne jetzt notwendiges Heraushören des anderen Tones und nicht um ein willkürliches Hineinlegen. Somit klingt im ›ist‹ sowohl der erste als auch der zweite Ton. Grammatisch ausgedrückt heißt dies: das ›ist‹ spricht zweideutig, und zwar von Haus aus. Von welchem Haus? Irgendwo steht der vor einem Jahrzehnt geschriebene Satz: »Die Sprache ist das Haus des Seins.«[145] Die Vielfalt, in der das ›ist‹ tönt, kommt aus dem Wortspiel, das im Wesen unserer Sprache spielt. Wenn wir achtsamer darauf merken, hören wir es überall, in den unscheinbarsten Sätzen, z. B. in dem angeführ-

---

[145] [Martin Heidegger: Brief über den »Humanismus«. In: Platons Lehre von der Wahrheit. Mit einem Brief über den »Humanismus«. Bern: A. Francke, 1947, S. 53–119, hier S. 53; aufgenommen in: Wegmarken. Frankfurt a. M.: Vittorio Klostermann, 1967, S. 145–194, hier S. 145; Gesamtausgabe Band 9. Hrsg. von Friedrich-Wilhelm von Herrmann. Frankfurt a. M.: Vittorio Klostermann, 1976, ⁵2004, S. 313–364, hier S. 313.]

ten Satz: »Das Kind ist traurig«. Wir müssen uns allerdings davor hüten, solche Sätze wie grammatische Schulbeispiele ins Leere zu rücken, statt sie aus dem unmittelbaren Gespräch zu hören. Geschieht dies, dann entfaltet sich das Wortspiel unserer Sprache, hier das Wortspiel des ›ist‹, *noch* reicher als es nach dem bisher Gesagten scheinen mag. Im Gespräch kann der Satz »Das Kind ist traurig« sagen: das Kind ist *traurig* und nicht bloß verstimmt. In diesem Gesprächsfall gilt es auszumachen, *welche* Stimmung das Kind im Augenblick des Gesprächs hat. Der Satz kann aber auch lauten: das Kind *ist* traurig für den Fall, daß z. B. jemand meint, das Kind mache nur eine traurige Miene, scheine nur traurig. Das ›ist‹ besagt: ist wirklich; das Kind *existiert* als trauriges. Und bei dieser Gelegenheit bemerken wir, daß in dem ›ist‹ des Satzes noch eine andere Bedeutung mitschwingt, nach der das ›ist‹ bedeutet: das in der Aussage Gesagte ist in Wahrheit so. Hören wir genauer hin, dann finden wir, daß das ›ist‹ im Satz gewöhnlich in allen drei Bedeutungen zugleich spricht. Im unmittelbaren Gespräch der alltäglichen Erfahrung will der Satz »Das Kind ist traurig« nicht nur das Prädikat ›traurig‹ mit dem Subjekt ›das Kind‹ verbinden, sondern sagen, daß das Kind als trauriges existiert und daß dies sich in Wahrheit so verhält. Wenn wir die dreifache Bedeutung des ›ist‹ durch gelehrte Titel unterscheiden, können wir von einer kopulativen, existenziellen (die Existenz und die Wirklichkeit meinenden) und einer veritativen, d. h. die Wahrheit (veritas) der ganzen Aussage betreffenden Bedeutung des ›ist‹ sprechen.

Mit dem Hinweis auf die dreifache Bedeutung des ›ist‹ im Satz sagen wir nichts Besonderes und nichts Neues. Schon Aristoteles hat die Mannigfaltigkeit erblickt, in der das Seiende hinsichtlich seines Seins (und d. h. zugleich des ›ist‹) gesagt wird. Was er da erblickte, hat Aristoteles in den kurzen Satz zusammengefaßt: τὸ ὄν λέγεται πολλαχῶς. Das Seiende kommt hinsichtlich des Seins im Sagen auf eine vielfache Weise zum Vorschein.

Auch wenn wir sorgsam in der Acht behalten, daß erst lange Zeit nach Aristoteles, nämlich im Beginn des 19. Jahrhunderts, *Hegel* durch Einsicht in das Wesen des spekulativen Satzes im Unterschied zum gewöhnlichen Satz, eine neue Bedeutung des ›ist‹ erblickte, muß das Urteil lauten: die Philosophie ist bisher über den Satz [des] Aristoteles τὸ ὂν λέγεται πολλαχῶς nicht hinausgelangt, nämlich nicht hinaus zu einer Erörterung der Herkunft des mannigfaltigen Sinnes, in dem das Sein jeweils das Seiende zum Vorschein bringt und dabei *selbst in gewisser Weise* zum Vorschein kommt.

57. *Der Weg*[146]

›*Was Sein?*‹ — die naheliegende Frage
      und demnach nie die nächste
›Wie‹ — ›Wo‹ — *Aufenthalt* und *Gang* || ›Weg‹
     Wohnen — *Bauen*

*

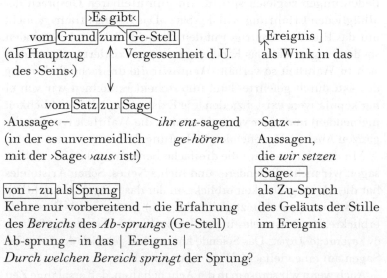

›Aussage‹ —   *ihr ent*-sagend   ›Satz‹ —
(in der es unvermeidlich   *ge-hören*   Aussagen,
mit der ›Sage‹ ›*aus*‹ ist!)   die *wir setzen*

Kehre nur vorbereitend — die Erfahrung   des Geläuts der Stille
des *Bereichs* des *Ab-sprungs* (Ge-Stell)   im Ereignis
Ab-sprung — in das | Ereignis |
Durch welchen Bereich springt der Sprung?

---

[146] [Aus dem Schuber B 80, 1. Die eckigen Klammern innerhalb der vorliegenden Aufzeichnung — außer bei »U[nterschiedes]« — in der Handschrift. Im zweiten Teil ist »d. U.« als »des Unterschiedes« oder »des Unter-Schiedes« aufzulösen.]

Denksplitter

das Unscheinbare des Sprunges
das Sichfinden im schon vollzogenen Sprung – das ›*Es gibt*‹

Inwiefern ist dieser Weg *nötig*? Inwiefern sind wir auf diesen Weg *gerufen*? *Insofern* Sein [als Ereignis aus Ver-Hältnis der Fuge] als *Brauch* die Wahrnis des Ereignisses *verlangt* – die *Sterblichen* in das Ent-sagen ruft – daß sie das *Eigentum bauen* für ein Wohnen des Gottes der Götter und der Menschen zwischen geöffnetem Himmel und geretteter Erde.
    Der Weg des Denkens ist *ein* Weg des Bauens.
    [Alles Handwerkliche dieses Weges und das, was er im geschichtlichen Gesichtskreis darstellt – Überwindung der Metaphysik und dergleichen alles – bleibe im Hintergrund.]

Die Schritte auf dem Weg

1. Die Erfahrung des Ge-Stells.
2. Das Andenken der Vergessenheit (die *Ver-Stellung*) des U[nterschiedes].
3. (1 und 2) Anspruch des Seins des Seienden | des U[nterschiedes] |

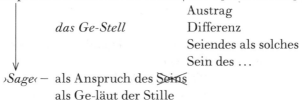

                                               Austrag
                    das Ge-Stell   Differenz
                                               Seiendes als solches
                                               Sein des ...
   ›*Sage*‹ – als Anspruch des ~~Seins~~
            als Ge-läut der Stille

die Schritte in das ›Unterwegs‹
   das Er-fahren: bereiten den Durchgang
   das Er-fahren: bauen
   das Er-fahren: auf dem Weg bleiben

Die *Schritte* auf dem Weg in das Unterwegs –
als Schritte der Erörterung des *Satzes* vom Grund
                 in die *Sage* des ~~Seins~~.

Der Schritt und Gang durch das ›Es gibt‹.
Der Schritt durch die ›Differenz‹.

58. [S̶e̶i̶n̶ ist ...][147]

1)
S̶e̶i̶n̶ ist, weil nie Ding,
größer denn der Gott.
Er, das reichste Ding,
höchster Himmel, tiefste Erde,
bleibt vereignet dem Gering,
dessen Stille läutet
aus dem Lautenspiel
der Fuge.

2)
Wär der Gott das Sein,
er fände nie sein Selbst;
denn Sein gehört dem Seyn,
das ruht im Nichts der Stille.
Ihr Geläut gewährt die Fülle
allem, gar dem reinsten Ding,
und bleibt ereignend doch
nur Spiegel-Spiel,
Ver-Hältnis allem, jedem das
Ge-Ring,
Geviert der Fuge.

59. Der Denker[148]

Jeder Denker denkt nur einen Gedanken und dessen Zu-Denkendes ist je und je *das Selbe*.

Der Zug aller Wege aller Denker ist der Selbe.

Zu dem zurückzufinden, wohin sie *immer* schon vorausgegangen sind, den einen Gedanken als solchen ans Licht zu heben.

Je größer ein Denker, um so länger braucht er, um so inständiger hält er aus.

Das Selbe aber nicht das Gleiche – *im Gegenteil*!

---

[147] [Aus dem Schuber B 80, 1. b).]
[148] [Aus dem Schuber B 80, 1. b).]

Denksplitter 605

60. [*Der Satz vom Grund*] – *Bremer Vortrag*[149]

Grund und *Gründen*   das Wort ›Grund‹
Gründen und Sein

Ἀ-Λήθεια   der Grund im ›Wesen‹:
⟵⌒⟶   der Ab-Grund
| Verwindung |

Die <u>Verwandlung</u> des Satzes vom Grund
vgl. Die Verwindung der Ἀλήθεια

*

Der Satz vom Grund

und der »*Grundsatz des Unbedingten*«, vgl. Fr. H. Jacobi, Werke III, [S.] 403 ff.[150]
›Alles Bedingte setzt zuletzt ein Unbedingtes voraus.‹ Vgl. »Von den Göttlichen Dingen und ihrer Offenbarung« (1811), [S.] 169.[151]
Die Stelle [S.] 169 ff. genauer zu durchdenken.

*

---

[149] [Aus dem Schuber B 80, 1. b). Die vorliegenden Aufzeichnungen beziehen sich auf den von Heidegger am 25. Mai 1956 im Club zu Bremen gehaltenen Vortrag »Der Satz vom Grund« sowie auf die Freiburger Vorlesung gleichen Titels vom Wintersemester 1955/56. Vgl. Martin Heidegger: Der Satz vom Grund. In: Der Satz vom Grund. Pfullingen: Günther Neske, 1957; Gesamtausgabe Band 10. Hrsg. von Petra Jaeger. Frankfurt a. M.: Vittorio Klostermann, 1997. Die folgenden Notizen vor dem ersten Sternchen finden sich auf dem Umschlag, mit dem Heidegger die weiteren Aufzeichnungen zusammengefaßt hat.]
[150] [Friedrich Heinrich Jacobi: Von den Göttlichen Dingen und ihrer Offenbarung. In: Friedrich Heinrich Jacobi's Werke. Dritter Band. Leipzig, bey Gerhard Fleischer d. Jüng., 1816, S. 245–460, hier S. 403 ff.]
[151] [Vgl. Friedrich Heinrich Jacobi: Von den Göttlichen Dingen und ihrer Offenbarung. Leipzig, bey Gerhard Fleischer d. Jüng., 1811, S. 169: »Daß alles Werden nothwendig voraussetze ein Seyn oder *Seyendes*, welches nicht geworden ist, alles Veränderliche und somit Zeitliche ein Unveränderliches Ewiges, alles Bedingte zuletzt ein nicht bedingtes *Absolutes*«.]

Das Wort ›Grund‹

spricht heute nicht an; nicht mehr? Oder noch nicht? Woran liegt es? Daran, daß es nur im logischen Sinne als das Begründende gehört wird – in der Leere und Ausblicklosigkeit des formalen Rechnens. Das Nichtansprechen beruht auf dem geläufigen Nichthörenkönnen – || [liegt] *nicht* am Wort und *seiner* Herkunft.

Um so entschiedener muß das überdies schöne Wort gewahrt bleiben – aus der Fülle des noch ungedachten Wesens des *λόγος*.

Nicht das Wort preisgeben! Dies *geschicklich* verwehrt – nur der Weg ins Hören möchte ursprünglicher angelegt sein – nicht gängiger zwar, aber tragender, bringender, bedachtsamer.

Zum Wort ›Grund‹ vgl. Goethe, *Sonette I, Mächtiges Überraschen*:
»Was auch sich spiegeln mag von Grund zu Gründen,
Er wandelt unaufhaltsam fort zu Tale.«

*

Der ›Grund‹ und das ›Weil‹
(der Grund als der Ab-grund)

Das Weil nennt den Grund als den *gründenden*, an dem jedes Warum abprallt.

Das ›*Dieweilen*‹ – das Vor-liegen-lassen – das Aufgehenlassen – *das Versammeln*, Bergen.

Das ›Weil‹ – nur der Wink erst in das Wesende des ›Grundes‹.

Der Grund ist *im Wesen* der Ab-Grund, insofern jedes Ergründen aufhört – ›im Wesen‹, d. h. in das Gewährende gedacht,
das nicht mehr die Art des Aufgehenlassens, des Anwesens hat,
das im ›Lassen‹ verbirgt: das Ereignis,
der Ab-Grund *während* im Ver-Hältnis.

*

Das Wort vom Sein : Grund

›Das Wort‹ — eines unter bekannten Wörtern, sogar abgebrauchten. Aber mit der Sage — der *sinnenden* — wandelt sich das ›Wesende‹ des ›Wortes‹, es kommt aus dem Geläut der Stille.
Wort — nicht mehr nur verlautendes Nennen einer sprachlichen (!) Bezeichnung, sondern ›Sein‹ und ›Grund‹ gehen zurück in die ⤬
In der Durchkreuzung schwindet jede Mitte — sie entfällt in den Ab-Grund.
Die Durchkreuzung als *sinnende*.

*

Der Satz vom Grund

Die *Verwandlung* des Satzes als Grundsatzes in das Wort vom Sein. *Anders anlegen.*
Sowohl das unvorbereitete andere Betonen (Vorlesung 55/56)[152] *als auch* der Hinweis auf das Überhören des ›ist‹ bleiben *äußerlich* und geben *keinen* Einblick in die Verwandlung des Denkens — aus dem Vorstellen in das Besinnen [Ent-sagen].[153] Der Wechsel der Betonung kann nachträglich beigezogen werden, genügt aber nicht als Leitweg.

*

›Gründen‹ und ›Sein‹

Mit dem Schritt und Hören des Wortes vom Sein als Grund kommt der Rückgang ins Ge-wesen des Seins (vgl. Gründen und Ἀλήθεια) ins Spiel.

---

[152] [Vgl. Martin Heidegger: Der Satz vom Grund, S. 75; Gesamtausgabe Band 10, S. 60.]
[153] [Die eckigen Klammern in der Handschrift.]

Sein als Grund im Sinne der Ἀ-Λήθεια, d. h. deren Verwindung in die Gewahrnis als Ereignis.
Damit wird das Vordergründige der Seinsfrage (Sein qua Anwesenheit, d. h. ›Zeit?‹) umgangen.
Die andenkende Besinnung ist geschicklicher.
Die ›Destruktion‹ verliert ihr Vordringliches zugunsten der Verwahrung der Überlieferung im Geschick — als dem Sein selber.

*

Der Grund — als Λόγος
(vgl. Grund und Unter-Schied)

Λόγος als versammelnd-bergendes Aufgehen-, Vor-liegen-, An-wesen-Lassen.
Aber entscheidend: das Lassen verbirgt sich *(Λήθη)* (hier west der Entzug des Ereignisses *als* Ereignisses), so daß — im Gründen als ›Sein‹, d. h. An-wesen — (das *Lassen*) sich verbirgt und so das Während-Gewährende des Grundes als des Grundes. | Wie ἀρχή und αἴτιον?
Erst hierdurch deutlich: wie Λόγος zu Anwesen wird bzw. für Ἓν Πάντα stehen kann.
Im Anwesen-lassen bleibt das ›Lassen‹ *als solches* im Entzug *zurück*, aber nicht schlechthin fort. | *Zurück — als Λήθη*.
So dann nur An-wesen!
Das Aufgehen-lassen — *Aus-einander-lassen* von Seiendem und Sein.
Gewähr des [Unter-Schiedes],[154] aber nicht als eines solchen.
Gewähr — im Rückbehalt des *Lassens* im Aus-einander-lassen.
Wobei der Anschein aufkommt, der Sein als Seiendes und umgekehrt erscheinen läßt — beide werden *durch* den Unterschied ortlos (wahr-los).

---

[154] [Die eckigen Klammern in der Handschrift.]

Und das Er-gründen und Begründen (ἀρχή – αἴτιον) hebt an, weil es freie Bahn hat durch das Ort- und Herkunftlose der ⟨Unterschiedenen⟩.[155]

Doch woher und wie ist das Be-gründen und Ergründen gewiesen? Durch *Sein als Grund* – so: Seiendes als ...

*

Das Wort vom Sein im Grundsatz des Grundes

Durch den Wechsel der Tonart kann das Wort vom Sein niemals hörbar werden, solange die Tonart nur durch die lautliche Betonung der Wörter im Satz bestimmt wird und darin sich erschöpft (und die Wörter im geläufigen Sinne verstanden werden). Es bedarf vielmehr des Wandels im *Hören* der Sage ›des‹ Seins. | Woher und wie dafür der Anlaß und die Weisung?

Diese Sage in der Metaphysik (*Hören* als Auslangen nach ...).

Diese Sage als das Geläut der Stille.

Der bei der bloßen Änderung der Betonung beharrende Wechsel kann höchstens als ein äußeres Zeichen dienen, um einen – völlig verhüllten – Zusammenhang zwischen ›*ist*‹ (Sein) und ›Grund‹ anzudeuten. | Das Deuten reicht nicht weit genug.

So ist das Wort vom Sein zunächst gerade nicht Antwort, sondern dunkles Zeichen für die Fragwürdigkeit einer Frage nach dem ›Wesen‹ des Grundes und Hinweis auf das Rätsel der Seins-Vergessenheit.

Zum Sein gehört, was im Wort ›Grund‹ als dessen Wesen und Wesensherkunft sich verbirgt, gehört das, was auch der λόγος noch nicht sagt – wohin somit auch das ›Sein‹ gehört. Wie dann überhaupt das ›*Gehören*‹?

(Ereignis) und Ver-Hältnis

Gründen – als ›Wesen‹ des Grundes (ratio – λόγος): Gewahrnis –

---

[155] [Die spitzen Klammern in der Handschrift.]

Lassende – ins aufgehend-vorliegend-tragende An-wesen ↔ [das Gegen-über].[156]
[›Das Wort vom Sein‹ = das Wesen der Sage kommt aus dem Ereignis als der Wahrnis des S̶e̶i̶n̶s̶.][157]
Vgl. die Verwindung der Ἀ-Λήθεια (Fuge).
Sein: der Grund – das ungehörte Wort!
Der Versuch, einen Weg ins Hören zu finden: »Sein und Zeit« frägt nach dem ›Sinn von Sein‹. ›Sinn‹ hier ›Wegrichtung‹, Wegweisung, und zwar: Wegweisung in die Wahrnis des ›Seins‹,
d. h. des Seins *für* Seiendes,
d. h. des Unter-Schiedes.
Wahrnis: Bergen der Lichtung des Gründens als solcher.
An der Wegweisung bauen: d. h. *Be-sinnung.*

*

›*Gründen*‹ *(Ἀλήθεια) – Rückgang in sein* ›*Wesen*‹

Es wahrt als gewährt und d. h. zugleich gewahrt in der Gewahrnis des Lassens, d. h. Gewährnis der Freigabe ins Aufgehen, Vorliegen, Versammlung, Tragen, *An*-wesen, Gegen-über – *Scheinen.*

Gewahrnis der Freigabe … ⎯⎯ Halte
darin (Ereignis) der Lichtung ⎯⎯ und
⎯⎯ Hall
Gewahrnis der Freigabe
Bergung des Ent-bergens
Λήθη des ἀληθεύειν
als Verwindung der noch als solcher ungedachten Ἀ-Λήθεια.
Im Griechentum Ἀλήθεια nur *gesagt*
für dieses ↑ nicht weiter und anders sagbar.

---

[156] [Die eckigen Klammern in der Handschrift.]
[157] [Die eckigen Klammern in der Handschrift.]

Denksplitter

In das *so* gedachte ›Gründen‹ zugleich zurücknehmen die *vier αἰτίαι* und d. h. die *ποίησις* (vgl. »Die Frage nach der Technik«).[158]
Vom ›Gründen‹ her auch die ἀρχή als solche und ihre Entfaltung — πρῶτον ὅθεν, vgl. 55/56 (das nicht Vorgetragene der letzten Vorlesung)[159] —, wobei εἶναι schon eingeschränkt gegen γιγνώσκειν (Denken) und gegen γίγνεσθαι (werden).
Diese Beschränkung bezeugt, daß εἶναι ᾗ εἶναι — An-wesen u. a. — ungedacht bleibt, sogar bleiben muß.
›Sein‹ als Zu-spruch!

Gründen — Grund || *Vor-stellen* ||

Vor-stellen — Her-stellen — etwas *nach* etwas stellen — richten — ›rechnen‹.
Der seinsgeschichtliche Wandel im Vorstellen —
vom νοεῖν des Parmenides und λέγειν —
bis zum Vorstellen im Sinne Nietzsches als *Festmachen* innerhalb des Willens zur Macht.

61. *Weshalb der Satz vom Grund bei Leibniz?*[160]

Weil hier eine *Möglichkeit* gegeben, im seinsgeschichtlichen Gespräch, zurück zu den Griechen, vor in das Atomzeitalter, in das Wort vom Sein zu weisen — d. h. das, was »Sein und Zeit« versuchte, einfacher und zugleich reicher und anfänglicher ins Sagen zu bringen. Aber zunächst bleibt es nur bei dem Versuch, das vorstellend-rechnende Denken im Sinne der Metaphysik (ratio —

---

[158] [Vgl. Martin Heidegger: Die Frage nach der Technik. In: Vorträge und Aufsätze. Pfullingen: Günther Neske, 1954, S. 13–44; Gesamtausgabe Band 7. Hrsg. von Friedrich-Wilhelm von Herrmann. Frankfurt a. M.: Vittorio Klostermann, 2000, S. 5–36.]
[159] [Vgl. Martin Heidegger: Der Satz vom Grund, S. 182 f.; Gesamtausgabe Band 10, S. 163 f.]
[160] [Aus dem Schuber B 80, 1. c).]

λόγος) gegen das besinnliche abzuheben und zu verwinden – zugunsten des besinnlichen Hörens auf das Wort vom Sein. Daß in diesem Hinweis immer auch vom ›Sein‹ die Rede ist, zeigt noch die Verhaftung in die Überlieferung.

Noch kein Sagen aus der Fuge.

Weshalb der Satz vom Grund? Weil in ihm der Grund eigens zum Vorschein kommt, Grund aber die verhüllte, unkennbar gebliebene Lichtung des ›Seins‹ des Seienden ist.

*

Die Rede vom Zuspruch des Seins

bleibt in mehrfacher Hinsicht beirrend:
1. ›Sein‹ sagt hier bereits: S̷e̷y̷n̷. | ohne Artikel
2. Der ›Zu-spruch‹ ist nicht Äußerung des sonst schweigenden ›Seins‹ –
 sondern S̷e̷y̷n̷ ereignet das Ver-Hältnis als ›Zu-spruch‹.
3. Der ›Spruch‹: aus dem Wesen der Sprache als dem Geläut der Stille.
4. Das Zu- wendet sich nicht dem Menschen erst zu – als einem außerhalb oder unterhalb des ›Seins‹ Stehenden –
 das ›Zu‹ liegt im Ereignis, im Brauchenden, dem ein Ent-sagen zugehört.

62. *Die Sprache*[161]

Die Sprache ist, als das Gespräch des Unterschiedes, in ihrem Wesen selber das Ungesprochene. Die Sprache kommt nie zur Sprache. Sie ist aber auch nie schon bei sich selbst. Sie bleibt das

---

[161] [Aus dem Schuber B 82, 4. Auf jedem der fünf Blätter der vorliegenden Aufzeichnung findet sich oben in der Mitte die römische Zahl IV notiert, die auf dem fünften Blatt auch im Text auftaucht. Ihre Funktion konnte nicht eruiert werden.]

Un-gesprochene. Sie mischt sich nie in das Gespräch — denn dies ist ihr Wesen und dieses ist das Gesparte. Die Sprache ist der Zuspruch des Wortes in die Entsprechung; ist diese selber | sie ereignend |. Die Stille des Brauchs ereignet Sparnis und Armut in den Rat — der versammelnd-bergend das ›Un-‹ aufbehält und mit ihm die Schonung be-rät.

Die Sprache spart sich in das Un-Gesprochene des Ge-sprächs.

Die Sprache ist so der Brauch. Denn Sprache ist: das S̶e̶y̶n̶.

Die Sprache ist das Wort des Seyns

Wesender ist sie dies, als die Ἀλήθεια das Wort des εἶναι ist; denn dort sagt ›Wort‹ noch Wesenderes als hier. Sprache gehört nicht als Eigenschaft dem Menschen als dem sprechenden Lebewesen.

Sprache gehört auch nicht nur in das Seiende als solches, insofern sie vorkommt.

Das S̶e̶y̶n̶ gehört — ihr er-eignet — im Brauch der Sprache als dem Ratsal des Un-Gesprochenen.

Sprache

Der Anschein, daß die Sprache auch nur vorhanden ist,
    daß sie ein Vermögen und Besitz des Lebewesens Mensch ist,
    daß sie irgendwie zum ›objektiven Geist‹ gehöre und als dieses Wirkliche wirke,
    oder — was dasselbe ist — daß sie von Gott verursacht und geschenkt.

Wie aber dieses, daß als die Sprache im Sinne des Gesprächs des Unterschiedes — das S̶e̶y̶n̶ sich ereignet.

Das Eigentliche im *Brauch* ist die *Sprache* — mit ihr kommt das Un-gesprochene in das Un-gesagte der Sage der Vergessenheit des Unterschiedes.

Das Un-gesagte als das eigentliche *Vergessene* der Vergessenheit.

Aber fern allem Reden *über* Sprache, denn Sprache rein vereignet in die E[ignis] des ~~Seyns~~.

In der Sprache west, als die Sprache ereignet sich – der Unter-Schied.
Das Menschen-wesen im ~~Seyn~~ – als das weltende Ding.

Aber zugleich ›ist‹ und bleibt ›die Sprache‹ für das Vorstellen das nur Äußere – der Anschein des *Ausdrucks* – oder höchstens des Elements.
Doch dieses ist jetzt (IV) das Wesen der Vergessenheit in der Einheit der Kehre in die Vergessenheit. Sprache kündet sich an als das Un-Heimische, die Gefahr alles Fahrens und Wohnens.

63. ›Sprache‹[162]

In ihrem Wesen birgt sich das Menschenwesen; dieses geborgen im *Seyn*.
In der Sprache verbirgt sich ›Wesen‹, ›Wesen‹ von Menschsein und Seyn; nicht als könnten ›Mensch‹ und Sein auf die Sprache zurückgeführt werden – sondern hier ist ein und derselbe Bezug, als welcher das Seyn sich ereignet als Ereignis aus Ereignis der Fuge.

64. *Das Wesen der Sprache*[163]

ruht im Ereignis der Welt als der Enteignis zum Ratsal der Stille.
Das Gespräch der Welt spricht das Wesen der Sprache.
Der Mensch spricht die Sprache im Sagen.
Die Sprache ist nichts Menschliches –
der Mensch ist Sprachliches.

---

[162] [Aus dem Schuber B 82, 4.]
[163] [Aus dem Schuber B 82, 4.]

Denksplitter

Die Sprache ist nicht durch den Menschen, aber gleichwohl nicht ohne den Menschen.
Das Wesen der Sprache braucht das Menschenwesen –
zur Wahrnis des Gesprochenen – Ungesprochenen.

[Die Sprache ist weder menschlichen noch göttlichen Ursprungs – sie hat überhaupt keinen Ursprung, wenn darunter eine schöpferische Verursachung vorgestellt wird.
Die Sprache west im Ereignis der Welt als dem Wesen des Seyns.
Die Sprache ist kein Erzeugnis des menschlichen Geistes.
Dieser selber erst war ins Wesen gezeugt aus dem Wesen der Sprache.]¹⁶⁴

65. *[Maschinentechnik – Ent-götterung – Saekularisierung]*¹⁶⁵

Maschinentechnik

Inwiefern ist sie eine wesentliche Verwandlung des Umgehens mit dem Seienden? Weil durch *vorgehendes* Sicheinrichten in diesem, und dies, weil durch Vor-gestelltheit und Her-stellung bestimmt.
| die einrichtende *Her-richtung*
Die *Berechnung* – im Sinne der Richtigkeit (der Wahrheit) – auf das Beständige.
Die Beständigkeit in der Gestalt der Ausbreitung und Verwandlung und Verfügbarmachung der ›Energien‹.
Die ›Konstruktion‹ – inwiefern verschieden vom theoretischen Entwurf des vor-stellenden Vor-bauens (Wissenschaft)? Inwiefern gleichläufig mit dieser?
Die verhüllte Grundbedingung der Technik: das Wesen des Seienden als *Machenschaft*.
Der Unterschied zwischen ›Werkzeug‹, Zeug und Maschine.

---

¹⁶⁴ [Die öffnende eckige Klammer in der Handschrift.]
¹⁶⁵ [Aus dem Schuber B 83, 5.]

*

Ent-götterung

meint nicht einfache Beseitigung der Götter, sondern etwas weit Wesentlicheres: die Schaffung der *Unmöglichkeit* einer Entscheidung über das Gotthafte; die Un-möglichkeit wird geschaffen in der Gestalt einer Unbedürftigkeit zu solcher Entscheidung, sei es, daß sie vermeintlich entschieden im christlichen Sinne, sei es, daß sie für genügend ersetzt gehalten wird durch die Betonung einer allgemeinen ›christlichen‹ Weltanschauung.
Die *Entgötterung* verfestigt sich deshalb von zwei Seiten:
1. daß sich das Weltbild verchristlicht,
2. daß sich das Christentum verweltanschaulicht.
Das Zeitalter der völligen Fraglosigkeit und allseitigen Erlebbarkeit.

*

›Saekularisierung‹ und Neuzeit

Das Schlagwort von der Saekularisierung hört sich oft so an, als sei die Neuzeit nichts anderes als das fortgesetzt saekularisierte Mittelalter. Wenn etwas Wahres am Bezug der Neuzeit zum Christentum ist, dann dieses: die Neuzeit entfaltet zunächst ihr Wesen unter einer ständigen Verchristlichung, wodurch aber das Christentum selbst immer neuzeitlicher wird und mit dem Neuen Testament immer weniger gemein hat, was eben die jeweilig benötigte und apologetisch gesicherte ›Modernität‹ der christlichen Kirchen erlaubt. Je wesentlicher die Neuzeit zu ihrem Wesen kommt, um so unmöglicher wird die anfängliche Verchristlichung.

Denksplitter 617

66. [*Nur Vor-gänger können Nachfolger sein*][166]

Nur Vor-gänger können Nachfolger sein. (Die Verwandlung beider — wie die Früheren zu Nachfolgern werden und die Späteren die Vor-gänger sind.)
Die *Aus-einander-setzung* mit dem *Wesen* der *Metaphysik als geschickliche* — das Wesen zugleich das Ganze des Geschicks des (U[nterschiedes]).
Das *mehr* als eine Voraussetzung!
Zugleich ein Übergang — zwar nicht Ausgehen von Mensch und Sein qua Subjektivität, wohl aber von Menschenwesen im Bezug auf *Wahrheit des Seins* (die Sterblichen) — ›Metaphysik des Daseins‹ (Kantbuch).[167]
Das Geschick des Seins ist in sich Geschicklichkeit der Sterblichen. (Sein zum Tode: auf sich zu kommen lassen den Tod als *Gebirg* des Seyns — sich halten in der Ankunft des Todes.)
Wie jedes Ent-sagen im Ereignis als Aussage gedeutet werden kann vom metaphysischen Vorstellen her, so läßt sich auch jede *Be-wegung* des entsagenden Denkens als ›dialektisch‹ vorstellen.
Diese Auslegung ist richtig und doch fällt durch dieses übergeworfene Netz und seine Maschen alles Wesende hindurch.
Historisch-philosophiehistorisch gesehen ›*gründet*‹ das entsagende Denken unmittelbar geschichtlich in der Metaphysik der Subjektivität.
Es nennt sich im Kantbuch selbst noch ›*Metaphysik des Daseins*‹.
Aber die Metaphysik der Subjektivität gründet im Ganzen des Wesensgeschicks der Metaphysik.

*

---

[166] [Aus dem Schuber B 87, 5.]
[167] [Vgl. Martin Heidegger: Kant und das Problem der Metaphysik. Bonn: Friedrich Cohen, 1929, S. 195 ff. Gesamtausgabe Band 3. Hrsg. von Friedrich-Wilhelm von Herrmann. Frankfurt a. M.: Vittorio Klostermann, 1991, ²2010, S. 218 ff.]

Die Kehre

nennt nicht (vgl. Bremer Vorträge 1949 und Humanismusbrief)[168] eine Wendung und Wandlung des Denkers und seines Denkens.
Die Kehre ist das Stillste des Ereignisses, insofern sich dieses aus der Vergessenheit kehrt in das des Ereignisses als solchen.
Die Kehre ist die Verwindung des Geschicks von Sein (U[nterschied]) im Ereignis.
Das Geschick des S̶e̶y̶n̶s̶ aber ist in sich die Geschicklichkeit des Denkens.
Mit der Kehre ereignet sich der Brauch als solcher in das Ent--sagen.

67. Die Ausflucht in eine ›mehrwertige Logik‹[169]

Die Ausflucht in die ›mehrwertige Logik‹
und
Einkehr in die Herkunft des Λόγος aus dem Ereignis

vgl. ›Seinsvergessenheit‹

Die Ausflucht in die mehrwertige Logik läßt nicht nur alles im ungedachten Bisherigen, sondern befestigt dieses noch durch den Vorbau seiner Nutzbarkeit im heutigen, künftigen Rechnen. Die Rede von der *Wertigkeit*!

---

[168] [Vgl. Martin Heidegger: Einblick in das was ist. Bremer Vorträge 1949. In: Bremer und Freiburger Vorträge. Gesamtausgabe Band 79. Hrsg. von Petra Jaeger. Frankfurt a. M.: Vittorio Klostermann, 1994, ²2005, S. 1–77, hier vor allem den vierten Vortrag »Die Kehre«, S. 68 ff.; Über den ›Humanismus‹. In: Platons Lehre von der Wahrheit. Mit einem Brief über den ›Humanismus‹. Bern: A. Francke, 1947, S. 53–119, hier S. 71 f.; Brief über den Humanismus. In: Wegmarken. Frankfurt a. M.: Vittorio Klostermann, 1967, S. 145–194, hier S. 159; Gesamtausgabe Band 9. Hrsg. von Friedrich-Wilhelm von Herrmann. Frankfurt a. M.: Vittorio Klostermann, 1976, ³2004, S. 313–364, hier S. 327 f.]

[169] [Aus dem Schuber C 1, 4. Überschrift auf dem Umschlag, den Heidegger um das Blatt gelegt hat.]

Denksplitter

In der ›mehr‹ als zweiwertigen, ontisch-reflexiven Logik wird etwas gesucht, was so nicht zu finden ist: gleichsam die Logik der Logik, die durch Potenzierung sich selber fassen soll.
Statt der Ausflucht in die Mehrwertigkeit der Logik gilt es, aus der ›Logik‹ heraus und in das Wesende des λόγος ein-zugehen – Logos als »Lese« (»Vorträge und Aufsätze« und »Der Satz vom Grund«).[170]
Lese – Anwesenlassen und Ereignis.
Sofern wir dem nachdenken, erweist sich die Logik und die Mehrwertigkeit als in das Ge-Stell gehörig.
Dieses das erste Scheinen des Ereignisses, welches Scheinen sich selber nicht als solches erfahren kann.

68. *Endlichkeit des Seins*[171]

›Endlichkeit‹ – was möchte mit diesem Wort hinsichtlich des ›Seins‹ gesagt werden?
Achte darauf, nicht ein Opfer dieses Wortes zu werden;
vielmehr aus dem ›Sein‹ denken und dieses –
im Ganzen seines *Geschicks*;
also nicht im üblichen Sinne des Leersten und Allgemeinsten, wie es auch in Hegels Logik angesetzt wird;
auch nicht in den üblichen Gegensätzen Sein und …
vgl. »Einführung in die Metaphysik«[172]

---

[170] [Vgl. Martin Heidegger: Logos (Heraklit, Fragment 50). In: Vorträge und Aufsätze. Pfullingen: Günther Neske, 1954, S. 207–229, hier S. 209 ff.; Gesamtausgabe Band 7. Hrsg. von Friedrich-Wilhelm von Herrmann. Frankfurt a. M.: Vittorio Klostermann, 2000, S. 211–234, hier S. 215 ff.; Der Satz vom Grund. Pfullingen: Günther Neske, 1957, S. 178 f.; Gesamtausgabe Band 10. Hrsg. von Petra Jaeger. Frankfurt a. M.: Vittorio Klostermann, 1997, S. 160 f.]
[171] [Aus dem Schuber C 2, 2.]
[172] [Vgl. Martin Heidegger: Einführung in die Metaphysik. Tübingen: Max Niemeyer, 1953, S. 71 ff.; Gesamtausgabe Band 40. Hrsg. von Petra Jaeger. Frankfurt a. M.: Vittorio Klostermann, 1983, ²2020, S. 100 ff.]

Endlich: beschränkt – begrenzt – bedingt – unvollkommen,
oder: der Ort – als | das *Sichverbergende Bergen* | εἶναι aus
nicht der *bloße* Entzug – Ἀ-λήθεια
dieser gehört auch zu
Seins-vergessenheit bedenken, nicht um sie zu beseitigen, sondern um sie zu bedenken –
| Vergessenheit | das Sichverbergen – zur Lichtung gehörend
| Bergen: *nicht freigeben* | Sparnis

*

Inwiefern will das philosophische Denken Einheit und Ganzheit?
Inwiefern fordert das philosophische Denken das System?
[Vgl.] Walter Schulz zu *Fichte*.[173]

Einheit und Ganzheit wovon?

Des Seienden im Ganzen,	Ἕν und ὄν
d. h. seiner Erkanntheit,	Einigen – Versammeln
d. h. des *Seins*.	zumal Anwesenlassen

Was heißt hier ›Sein‹?
Gegenstandsbewußtsein: *wissen* von dem Unabhängig-von-mir-Vorhandensein.
Vorhandenheit – *An-wesenheit*.
Anwesenheit und Wissen vor ihr! Vgl. Walter Schulz, Fichte, S. *14 oben*.[174]
Re-flektieren = ins transzendentale Bewußtsein zurücknehmen!
Bestimmung – Begrenzung: determinatio – *terminus*.
Un-endlich = grenzenlos – un-bestimmt.
Grenze und Anerkennung.
Stimme und formales Gehören.

---

[173] [Vgl. Walter Schulz: Johann Gottlieb Fichte: Vernunft und Freiheit. Pfullingen: Neske, 1962.]
[174] [Vgl. Walter Schulz: Johann Gottlieb Fichte, S. 14.]

Be*stimmung*:
(1) wozu bestimmt (das Zugewiesene) – *wohin* gehörig,
(2) Angabe, Festlegen des *Wofür*, das Sichanweisen an (1).

*

›*Endlichkeit des Seins*‹
  nicht erst von Endlichkeit des Denkens
  als des entsagenden Fragens – das *Vordenken*,
  sondern Lichtung des Sichverbergenden Bergens,
     nicht als bloße ›Privation‹ – diese nur Verbergend.

Der *Brauch* – gehörend in das Ereignis.
  Ereignis als solches ›angewiesen auf‹.
  In welchem ereignishaften Sinn?
  Keine bloße Bedingtheit, Abhängigkeit,
  sondern das Positionieren des Endlichen.
  Ortschaft und Ereignis als Ort ereignend.
  Gegendhaftes.

*

Den Brauch nicht von Endlichkeit als Bedingtheit her, sondern aus dem Brauch und Gebraucht – dem anderen Sinn von ›Endlichkeit‹.
  Diesseits der metaphysischen Unterscheidung von Endlichkeit und Unendlichkeit.

*

Endlich – formal voraussetzend: unendlich.
  Unendlich – gegründet auf: endlich.
  Auf diesem Weg nicht zur Sache zu gelangen.

*

Zweiter Teil

Die Endlichkeit des Seins

»Ohne Mühe erreicht das nächste Zeitalter, was alle Lebenstätigkeiten des vorhergehenden in Anspruch genommen.«

Winckelmann[175]

Vom ›Sein‹ etwas gesagt: Endlichkeit.
Wie ›Sein‹ gedacht? erfahren? zugesprochen?
Seinsfrage: man stößt sich am ›Sein‹ und überhört die Frage, weicht dem Denkwürdigen aus und dem, daß dieses Denkwürdige erst dem Denken seine Würde gibt – nämlich gebraucht zur wahrenden Entsprechung.
Aber ›Sein‹? Nicht das an sich Seiende.
Fragwürdig, ob an sich oder für uns, ob beides, ob keines, solange nicht der überlieferte Spruch gehört wird.
Anwesen – Anwesenlassen – Anwesendes   Lichtung
(ontologische Differenz)?

Ende – Ort – ›Versammlung‹ – ›Einigen‹?
›Grenze‹; nicht ab-solut –
also relativ? | Verhältnis – Bezug
| Ereignis |

Endlichkeit nicht zu erfahren, solange ›Sein‹ nicht in sein Eigenes gedacht.

---

[175] [Dieses Zitat konnte bei Johann Joachim Winckelmann nicht nachgewiesen werden. Vgl. aber den Brief von Christian Carl Josias Bunsen an einen ungenannten Empfänger vom 13. Juli 1813. In: Christian Carl Josias Freiherr von Bunsen. Aus seinen Briefen und nach eigener Erinnerung geschildert. Von seiner Witwe [Fanny Bunsen]. Deutsche Ausgabe, durch neue Mittheilungen vermehrt von Friedrich Nippold. Erster Band: Jugendzeit und römische Wirksamkeit. Leipzig: F. A. Brockhaus, 1868, S. 36 f.: »Die Gelehrsamkeit vernichtet sich selbst, die vollkommenste am ersten; denn ohne Mühe erklimmt das nächste Zeitalter, was alle Lebensthätigkeit des vorangehenden brauchte.«]

ontologische Differenz und Lichtung
Woher der Hinweis auf die Frage nach der Endlichkeit?
Woher die Notwendigkeit der Frage?

Seinsfrage und ›Sinn von Sein‹ — Verstehbarkeit — Entwurf
　　　　　　　　　Verstehbarkeit und Be-Stimmung
　　　　　　　　　die ontologische Differenz
Verstehbarkeit und die maßgebenden Menschen —
wie aber diese, wenn der Mensch als der Sterbliche gebraucht?

Die Seinsfrage in ihrer Abhebung gegen die Metaphysik hilft nicht weiter, sondern bleibt in der Philosophie hängen.

Nicht nur Endlichkeit des Denkens (Vorläufiges II, [S.] 60),[176] Denken als Vordenkendes Fragen, sondern dieses so aus der Entsprechung zur Endlichkeit des ›Seins‹.

Ende: Ort; endlich: örtlich; Endlichkeit: Örtlichkeit.
　　Örtlichkeit des Anwesens-Anwesenlassens: *hingehörend zu ... und in ...*, versammelt aus der und in die Lichtung.
　　Ortschaft des Ortes: Lichtung des sichverbergenden Bergens.
　　Lichtung ... in der ereignenden Enteignis.
　　　　　　Befugnis　　Lichten — als Freigeben

Versammlung und Be-Grenzung; Grenze als πέρας —
　　　　　　　　　　Umschließen — Abschließen?
Be-enden —　　　　　Voll-enden
Jede Vollendung ein Ende — als Aufhören im Hingehören zu ...
Hingehörenlassen jeweils endlich —

---

[176] [Vgl. Martin Heidegger: Vorläufiges I–IV (Schwarze Hefte 1963–1970). Gesamtausgabe Band 102. Hrsg. von Peter Trawny. Frankfurt a. M.: Vittorio Klostermann, 2022, S. 170 f.]

69. Der An-fang[177]

Der An-fang – Beginn und Ἀ-λήθεια

Der An-fang fängt nicht als An-fang an – zuerst fängt er nicht an, sondern beginnt. Der Beginn als Schickung von Anwesen. Das also Geschickte als Anwesenlassen. Dieses als ἀρχή – αἴτιον – ›Grund‹. Der An-fang verbirgt sich im *Beginn* [daher Lichtung des Sichverbergenden Bergens]. Lichtung bleibt selbst als solche verborgen – in der [Schickung von ›Unverborgenheit‹], die selbst [weil darin Zusage von Anwesen] alsbald und nur im ›Aussagen‹ einheimisch. Demnach geschickt: τὸ γὰρ αὐτὸ νοεῖν …[178] – *ohne* Bestimmung des αὐτό.

*

πάντα τὸ αὐτό

Alles – das Selbe, d. h. Jegliches selber geeignet zum Selben.
Das Endliche des Sichgehörens.

*

Der An-fang fängt an – Stille

vgl. Lichtung …

Im An-fangen (er-eignenden) wird jede Gegend des Ge-Vierts zu ihr selbst ent-eignet und so in die Fuge des Ratsals geborgen.
Nicht *mit* dem Anfang anfangen; sondern: der An-Fang selber

---

[177] [Aus dem Schuber C 2, 5 (Konvolut »Aigina«). Überschrift auf dem Umschlag, mit dem Heidegger die folgenden Aufzeichnungen zusammengefaßt hat. Alle eckigen Klammern in der Handschrift.]
[178] [Parmenides, Fragment 5 (Diels).]

fängt an. Dieses Anfangen-*lassen* ein Entsagen. Das Entsagen — selber schon als angefangenes erfahren.

An-fangen und An-gehen —
An-fang und An-gang | ›Sache‹
Aber dieses An-fangen-Lassen nicht aus der Absicht auf den Begründungszusammenhang des Systems, sondern:
Die Fügsamkeit in den Brauch — zu Entsagen
die Befugnis des Ge-Vierts. | der Dank

*

An-Fang

vgl. 3a[179]

Der *erste Anfang* bleibt *als* An-fang verborgen, nämlich als *Geschick* von Anwesenheit in Unverborgenheit, deren Zusammengehören mit Vernehmen — Sagen.

Vom Ge-Viert nur ein Gegenüber von Anwesenheit zu Anwesen entborgen, nie Unverborgenheit als solche, d. h. als Lichtung.

Das Geschickhafte bleibt verborgen | Schickung als Ereignen.

Anwesenheit zeigt sich als ἀρχή und αἴτιον des Anwesenden; demgemäß das νοεῖν und λέγειν als λόγον διδόναι, ἀρχή und αἴτιον als ὑποκείμενον — als *Grund*. Daher nötig das Begründen, Zeigen und Beweisen.

Der erste Anfang: τὸ πρῶτον ὅθεν | das waltende Woher.

Der andere Anfang: der Anfang anders; *nicht* als der waltende Grund des Anwesenden, sondern *Geschick von Anwesenheit* (das (Woher), *Wie* des Woher).

Schicken-Lassen, Anwesen-*Lassen [Lichtung]*.

---

[179] [Diese Angabe bezieht sich auf die Seite 3a der vorliegenden Aufzeichnung. Siehe unten S. 626 f. von »Der Anfang 1. als ἀρχή [...]« bis »[...] bemächtigt sich das [Ge-Stell].«]

›Ende‹ des ersten Anfangs

Der andere Anfang – nicht ein zweiter, ungleicher, sondern *der selbe*, aber anders, nämlich als solcher, als An-Fang: Er-eignis (Ge-Stell).

Wenn *als solcher*, dann nicht eine höherstufige Bewußtheit. Er verlangt vielmehr die Preisgabe des bisherigen Wissens (Dafürhaltens – reor), der Ratio, zugunsten des Entsagens.

Alles wird durch ihn anders.

›Der erste Anfang‹ – dies heißt jetzt: der Anfang zuerst; hier zu fragen: Anfang wessen? Der Anwesenheit und Wahrheit.

Der Anfang anders: der An-Fang selbst; keine Frage mehr nach Anfang wovon; beim ›Anfang zuerst‹ gibt es das Ende als Vollendung – diese wird eigentlich bestimmt durch den Anfang anders, durch *ihn selbst* | im Ge-Stell |.

Das Ende der Philosophie ergibt sich aus dem Anfang selber.

Die Sprache und der Mensch im ersten Anfang

ein Anwesendes unter anderen, wenngleich durch λόγος ausgezeichnet; aber dieser noch ortlos; weil der Ort der An-fang, dieser jedoch noch nicht als er selbst.

Dagegen: im An-Fang selbst: Sprache, Lichtung, Zeige, Sage – im Ereignis.

Doch im Ende: die Sprache ge-stellhaft; kybernetische Information.

Der Anfang anders ›ist‹ der An-fangende An-Fang.

Der Anfang
1. als ἀρχή, αἴτιον, principium, causa, Grund, Ursache, das erste *Von-woher* (Herkunft für Vorliegenlassen von etwas *als* etwas);
2. als Er-eignen aus Befugnis durch die Fuge des Ratsals.

Im ersten Anfang vom Ge-Viert *nur das Gegenhafte* des Gegenüber (ἀντικείμενον, ὑποκείμενον, dazu συμβεβηκότα) von Anwesen-

heit (entborgener) zu entbergendem Anwesen. Dagegen schon *verborgen* Unverborgenheit als solche, d. h. als Lichtung (Befreiung).
Dessen bemächtigt sich das [Ge-Stell].

»Sein und Zeit« und der An-fang:
›radikaler‹ denken heißt: der Wurzel zu, aus dem An-Fang denken.

»Sein und Zeit« ein *Zwischenstadium* zwischen dem ersten und dem anderen Anfang.

Das ›Transzendentale‹, obzwar nicht Gegenständlichkeit, sondern *Anwesenheit*, Anwesenlassen – Sein das transcendens schlechthin. (Solange von transcendens die Rede, solange noch die Spur von Meta-physik.)

Aber Verstehen? Indes geworfener Entwurf – Unverborgenheit. Auch die Kehre befreit noch nicht entschieden in das Ereignis. *Anwesen*lassen – aus Anwesen-*Lassen* – Ereignis (Zeit und Sein).

*

Kehre des Anfangs

Die Kehre – als die Kehre des Anfangs: Kehre im Anfang selber | von ἀρχή zu Ereignis |.
Der erste Anfang kehrt sich in den anderen.
Der *Anfang zuerst* – der *Anfang anders.*
Die Kehre des Geschickes von Anwesenheit in das Ereignis des Ratsals.
In der *Kehre* – die Vollendung des ersten Anfangs.

Kehre: ⇡ Ge-Stell des Anwesens   ↓ das Ge-Stell
      ⇣ Ereignis der Fuge des Ratsals   als der Wendeort
                                                    in der Kehre des Anfangs

Zweiter Teil

10.–22. Mai 1964

70. *Aigina*[180]

τοῖσιν Αἴγιναν προφέρει στόμα πάτραν
διαπρεπέα νᾶσον· τετείχισται δὲ πάλαι
πύργος ὑψηλαῖς ἀρεταῖς ἀναβαίνειν.

Pindar, Isthmia V[181]

*

[Destruktion der Geschichte der Philosophie heißt nicht Zerstörung und Beseitigung der Geschichte, sondern Abbau der metaphysikgeschichtlichen Auslegung aus der Erfahrung der Seinsgeschichte, heißt das Seinsgeschick als solches für das Gespräch des Denkens mit seiner Sache zur Sprache bringen.][182]

Der Prozeß der Auflösung der Philosophie in die Wissenschaften — alt, aber jetzt erst auf breiter Front begonnen — dieser *Prozeß* ist das Ende der Philosophie, das vermutlich von langer Dauer sein wird. Er kehrt sich nicht von der Philosophie ab, gibt ihr nicht den Abschied, sondern achtet gerade auf die in ihr liegenden Beiträge zur Einrichtung der neuen Wissenschaften.

[Daß die Wissenschaften jetzt mehr und anders auf ihre Geschichte achten, dafür dürfte die Tatsache mitbestimmend sein,

---

[180] [Aus dem Schuber C 2, 5. Überschrift auf dem Umschlag, mit dem Heidegger die folgenden Aufzeichnungen zusammengefaßt hat. Dieser Titel und das dem folgenden Pindar-Zitat vorangestellte Datum beziehen sich auf Heideggers zweite Griechenlandreise im Frühjahr 1964.]
[181] [Pindari carmina cum Fragmentis edidit Bruno Snell. Lipsiae, in aedibus B. G. Teubneri, 1953, Isthmia V 43–45.]
[182] [Das vom Herausgeber in eckige Klammern Gesetzte ist in der Handschrift durchgestrichen.]

daß die Geschichtlichkeit in den allgemeinen Gesichtskreis der Erfahrung gerückt ist.]¹⁸³

*

Weder Ge-Stell noch Vergessenheit gehören zur Sage des Ratsals, aber zum Holzweg und Übergang – in der Befreiung *von* ihr noch gebunden an die Metaphysik.
 Die *Kehre* des Anfangs – vom ersten zum anderen.
 Die *Kehre* des Geschicks zum Ereignis des Ratsals.

An-Fang   der Anfang selber – die Fuge°
        Lichtung – Ereignis ⌒ Enteignis
Ge-Viert

Fuge des Ratsals   der ferne Gott

Befugnis   Brauch – die Sterblichen

Ge-läut der Stille   (Sage – Entsagen – Da)

° Der An-fang nicht Anfang *von* Etwas, weder des Denkens noch des Seins. Der An-fang: das Ereignis des Ratsals selber *(Ereignis des Ge-Vierts in der Fuge des Ratsals)*.

*

Lichtung und Sprache – die Sprache spricht°

Die Sprache, die spricht, die, worauf der Mensch *als* der sprechende der Vier hört, ist beheimatet in der gegnend-gewährend-sparenden Lichtung.

---

¹⁸³ [Das vom Herausgeber in eckige Klammern Gesetzte ist in der Handschrift durchgestrichen.]

Darum fragen: inwiefern die Sprache in die Lichtung gehört.
Nicht aber: inwiefern in der Sprache ›Wahrheit‹ liegt – diese Frage nur aus jener zu erörtern – dabei Wahrheit in Bezug auf Lichtung d. . . .;[184] nicht hinsichtlich der Richtigkeit von Meinung und Sätzen.

Lichtung . . . | Aufriß | Zeichnung der Zeige – Sagen der Sage – aus Ge-läut der Stille.

Lichtung (in sich Be-freiend-Er-eigend) – nie für sich, sondern *in sich*: Lichtung des verbergenden Ge-Birgs des Ge-Läuts der Stille.

° Die sprechende Sprache – und die vom Menschen gesprochene
   (die Sage)   Sprache, gesprochen und für den Menschen nur sprechbar im Entsagen (der Dank).

gegnend: das Entsagen
Er-eignend: das Entsagen   Durch dieses übernimmt der Mensch die Be-Fugnis, die ihn in das Ge-Viert gehören läßt –
gehören: das denkende-gedankenarme Wohnen –
darin das Dichterische und Undichterische.

Sprache: Insofern die Sprache in die Lichtung gehört, gewährt sie Offenbarkeit von An- und Abwesen.
Wie gehört die Sprache in die Lichtung? Als die Sage – *die Zeige.*
In der Zeige – die Weise des *Befreiens* der Lichtung das Ge-Vierts.

---

[184] [Gemäß der weiter unten folgenden Formulierung vermutlich aufzulösen als: Lichtung des verbergenden Ge-Birgs des Ge-Läuts der Stille.]

Denksplitter

Wäre die Sprache zur Benutzung, als Instrument gebildet, dann müßte sie mit den steigenden Möglichkeiten der Nutzung selber sich bereichern; aber sie verarmt und zerfällt durch die Nutzung, und zwar durch die bestellende Einrichtung als kybernetische Information. Also? Nutzlos – der Dank.

*

Ἀ-Λήθεια → Lichtung ... | die Freie der gegnend-sparenden Verwahrnis –

das Ereignis des Ge-Vierts

Mit der ereignismäßigen Auslegung der Ἀ-Λήθεια gelangt erst die Erfahrung der Geschichte der Metaphysik als Geschick von Anwesenheit (An- und Abwesen) in den ihr gemäßen Bereich.

   Das φαίνεσθαι, ἰδέα, εἶδος – Licht und Sehen werden *vordergründig*.

→ *Lichtung und Geläut der Stille* (›Sprache‹) – Sage und Zeigen – μῦθος.

   Lichtung – aus Ereignis erfahren – Mutter des Lichtes und des Lautes.

Gewahrnis von Zeit und Raum

Anwesen – Heranweilen, -währen in die Lichtung,

davon das Erscheinen im Licht (φαίνεσθαι, εἶδος, ἰδέα – ϝιδ) nur eine Weise;

das offenkundige Sichzeigen | Zeignis und Sage.

[Wie von hier aus: Ge-wesen – Zu-kunft – Gegenwart im Vortrag »Zeit und Sein«?][185]

An-, Ab-wesen

und

Lichtung aus Ereignis: der gegnend-sparenden-bergenden Fügung des Ratsals?

---

[185] [Die eckigen Klammern in der Handschrift. Vgl. Martin Heidegger: Zeit und Sein. In: Zur Sache des Denkens. Tübingen: Max Niemeyer, 1969, S. 1–25, hier S. 12 ff.; Gesamtausgabe Band 14. Hrsg. von Friedrich-Wilhelm von Herrmann. Frankfurt a. M.: Vittorio Klostermann, 2007, S. 3–30, hier S. 16 ff.]

*

*Die Seinsfrage und der unumgängliche Holzweg
des anderen Denkens*

Das andere Denken beginnt auf dem Holzweg (»Sein und Zeit«). Sichlösen von der Art der Überlieferung (›Übergang‹) bleibt Bindung an sie. Der Anfang ist nicht unmittelbar zu erreichen. Aber auch nicht durch eine Vermittlung. Anfang läßt sich nicht vermitteln; ist überhaupt nicht Sache des Denkens. Vielmehr bleibt das Denken die Sache des An-fangs als des brauchenden Ereignisses.

Die Insel und das Ge-Stell. Der Griff nach der Insel. Der Lärm der Maschine. Sieht zum Fenster hinaus in das Verständliche einer nur neugierigen Öffentlichkeit.
Lichtung – das Freie der Verwahrnis und[186] Sparnis – im Ereignis als solchen. Wichtig für die Loslösung vom ›Licht‹ der Vernunft und jeder Anthropomorphie. Aber nicht dabei verharren; nur Durchgang zu: *Ge-Viert.*

Lichtung und Gegend	vor-räumlich
(Lichtung nicht: ein leeres Loch)	vor-zeitlich
Wichtig aber auch für Ereignis	Zeit-Raum *gewährend*
und Enteignis, Brauch und Ratsal.	die Freie: gegnend-
Die Fügung *geht durch* das *Freie*	gewahrend-sparend
des Bergens.	
Das Freie durchweltet – Durchlassung –	ereignend-enteignend
›Spiel‹.	

Das Freie ist nichts anderes als die *gegnende* Fügung, nicht gegenständlich vorstellbar, nicht beschreibbar. Der ent-sagende Dank – *höre die Stille.*

---

[186] [In der Handschrift ist »und« mit »»Spiel«« (siehe 11 Zeilen weiter unten) durch einen Doppelpfeil verbunden.]

Denksplitter

*

*Sein und Darstellung (Vorstellung → Vernehmen);
diese – inwiefern zum ›Sein‹ gehörend?*

Inwiefern ist die Dar-stellung bestimmend für das ›Sein‹ (d. h. Anwesenheit) des absoluten Geistes? Mit der Subjektivität wird die Anwesenheit zu einer solchen, die *ihr selbst* gegenwärtig werden muß (Ἀλήθεια [...]*! εἶναι – νοεῖν). Gegenwart aber überdies Sich*vergegenwärtigen* im Gegenwärtigen des Anwesens [[Gegenwärtigung und Anwesen – | Ἀ-Λήθεια]].[187] Demnach welche Stufe von *Anwesen*? (Läßt sich dies von der *Vermittlung* her *bestimmen*?) Demnach ausgehend von der unmittelbaren Anwesenheit?
  Wie der Strukturzusammenhang zwischen Anwesen und *Vermittlung*?
  Wie der Einbau in die Subjektivität?
  Oder ist es umgekehrt? Subjektivität in den Zeit-Spiel-Raum: in die Lichtung des sichverbergenden Bergens?
  ›Vermittlung‹ – nur eine *formale* Struktur? Woher die *Formalität*?
  Was heißt Vermitteln? Zusammenbringen – was? wie?

*

Die Bestimmung des Denkens

Nicht nur und nicht zuerst, was dem Denken aufgegeben, wozu geheißen, sondern von woher bestimmt! Für beides und sein Zusammengehören geeignet: die Mehrdeutigkeit des Wortes ›Bestimmung‹ – von 3 zu 1, von 1 zu 3.

---

[187] [Die doppelten eckigen Klammern in der Handschrift.]
* [Ein Wort unleserlich.]

3. Bestimmung im Sinne von: Umgrenzung – gesagt –
   Ent-sagen,
2. Bestimmung im Sinne von: Berufung | ge-eignet, |
1. Bestimmung im Sinne von: Gestimmt ⁄ aus dem Geläut
   der Stille.
   ~~ge-eignet~~ || be-fugt – Klang des
   Entsagens
   | ge-braucht | zum ›Sein‹ gehörend; weshalb
   ›Sein‹ selber noch ge-eignet in das Ereignis

Der Wandel im Verständnis der Stimmung:
1. Stimmung als Befindlichkeit des Daseins | ge-stimmt zu …
2. Stimmung als Stimmen aus dem Geläut der Stille –
   be-stimmt für … (im Brauch)
   be-stimmt von …

1. ›Wahrheit des Seins‹: das wahre Sein; das Sein des wahrhaft Seienden; das wahrhaft Seiende; das Sein. Platon: ἀληθές – ὄντως ὄν.
2. ›Wahrheit des Seins‹ (des unbestimmten Unmittelbaren): das Wesen (Reflexion); die Wahrheit des Wesens; der Begriff. Hegel: Wahrheit als Gewißheit des absoluten Wissens (das wahre Sein: der absolute Geist).
3. ›Wahrheit des Seins‹ (Heidegger): Offenbarkeit des Anwesens, Unverborgenheit des Anwesens – was An-wesen als solches gewährt: *die Lichtung des sich verbergenden Bergens* – als das Ereignis – das Freie für den sparenden Entzug – | für die sich entziehende Sparnis |.

Wie ist das Verhältnis zwischen a) »Die Seinsfrage – der Holzweg des Denkens«, und b) »Das Ende der Philosophie und die Bestimmung des Denkens«?[188]

---

[188] [Vgl. Martin Heidegger: Die Seinsfrage. Der Holzweg. In: Zum Ereignis-Denken. Gesamtausgabe Band 73.2. Hrsg. von Peter Trawny. Frankfurt a. M.: Vit-

(b) ist dem (a) einzuordnen.
Was besagt dann die Rede von der ›Überwindung der Metaphysik‹? Nichts geringeres als das Ende der Philosophie, im Ge-Stell erfahren; demnach ›Überwinden‹ fahren lassen; noch aus Denken und seiner Bemühung her gesprochen; nicht aus der *Sache*.
Wie verhält sich dazu die Frage: welches ist die Sache des Denkens? Darin beschlossen die Frage: woher wird und wie das Denken be-stimmt? Aus der Sache, in die es gehört | Ereignis |.
Be-stimmung als Be-fugnis (Fuge des Ratsals).
Die Seinsfrage und die Frage: welches die Sache des Denkens? Jene gehört in diese. Und diese? Einkehr in die Überlieferung: erfahren das Geschick von ›Sein‹. Dieses als | *Einblick in das, was ist* | − | das Ge-Stell |.
Der andere An-fang − Ἀ-Λήθεια als Lichtung …

Auf Ge-Stell − Ereignis − Be-fugnis − Fuge des Ratsals ist die Logik des Allgemeinen und Besonderen, der Konkretion und Abstraktion nicht mehr anwendbar. Die andere ›Logik‹ ist die Erörterung des Ent-sagens in die Sage der Fuge des Ratsals. Kein ›Verwirklichen‹ in die ›Wirklichkeit‹ des absoluten Geistes; oder in den gesamten Prädikationsprozeß, sondern Schweigen | aus der Fuge des Ratsals | außerhalb der ontologischen Differenz.

εἶναι | νοεῖν | Anwesen und Gegenwärtigen | Lichtung … |: Ereignis.
[Hegel: Wirklichkeit − Vernünftigkeit.][189]
Einbezug des ›Geistes‹ und des ›Absoluten‹ in das Ereignis (Fuge des Ratsals).
| alles in der vollständigen Unverborgenheit |
Nicht: Sein in Wissen und Gewißheit sich darstellend,

---

torio Klostermann, 2013, S. 1265−1324; Das Ende der Philosophie und die Aufgabe des Denkens. In: Zur Sache des Denkens. Tübingen: Max Niemeyer, 1969, S. 61−80; Gesamtausgabe Band 14. Hrsg. von Friedrich-Wilhelm von Herrmann. Frankfurt a. M.: Vittorio Klostermann, 2007, S. 67−90.]
[189] [Die eckigen Klammern in der Handschrift.]

sondern: Wissen und Gewißheit in der Lichtung ... geborgen und gebraucht. [Dies jedoch keineswegs als eine bloße dialektische Überhöhung des absoluten Wissens.][190]
Sondern: Einbezug in eine ganz andere Dimensionalität.

Die Befreiung von der Dialektik, d. h. der Auslegung der Bewegung vom ›Sein‹ her.

›*Dialektik der Bewegung*‹ [Dialektik als Bewegung; Bewegung als Dialektik][191] ist der Versuch, An- und Abwesen in ihrer Zusammengehörigkeit *im Übergang* zu denken – der Übergang als solcher nur vernommen durch das Ja – Anerkennen des Widerspruchs, d. h. das Zusammengehören von An- und Ab-.

›Dialektik‹ bleibt im *Sein als Anwesen* hängen – ›Verlegenheit‹ | Vergessenheit des Seins als solchen |.

Bewegung läßt sich nicht aus ›Sein‹ denken; vielmehr muß erst ›Sein‹ als Ereignis erfahren, d. h. zum Verschwinden gebracht werden.

Inwiefern ist dann ›Bewegung‹ noch Problem? Verlockung und Gefahr, alles wieder dialektisch (thetisch ...) zu nivellieren.

Das Ereignis ent-sagen der Befugnis,
das Enteignis   ⇌

Was heißt es: Die Philosophie besinnt sich notwendig und daher stets auf sich selbst?

Inwiefern ist dies in ihrer Sache (Sein als An-wesenheit – An- und Abwesen – Lichtung des sichverbergenden Bergens – Ereignis) begründet?

Inwiefern ist diese Besinnung keine bloße Beschäftigung mit sich selbst?

Wie wandelt sich dieses alles für das Denken als Ent-sagen?

Inwiefern liegt in diesem schon das κρίνειν – die Kritik?

---

[190] [Die eckigen Klammern in der Handschrift.]
[191] [Die eckigen Klammern in der Handschrift.]

Woher die Notwendigkeit des Denkens? [Aus der Not der Notlosigkeit – Ge-Stell.]¹⁹²
Ist das Gespräch notwendig ›dialektisch‹?
Welcher Art ist dies *entsagende* Gespräch? *Frage und Antwort?*
Oder anders? In der Sache –

Lichtung und Licht. Wandel des Lichtes.
Lichtung nur räumlich – oder das vorzeitlich-vorräumlich *Freie* des Bergens und daher sich Verbergens?

Sprache: Stehen wir vor einem einzigartigen Wandel unseres Verhältnisses zu unserer (indogermanischen) Sprache?
Der äußerste Positivismus – bestellendes Verwahren
Das Äußerste der spekulativen Logik – die absolute Rationalität ⟶ Ge-Stell.

*

*Zu: Die Seinsfrage – der Holzweg*¹⁹³

Vgl. »Nietzsche II«, »Die seinsgeschichtliche Bestimmung des Nihilismus«, S. 335 ff. ¹⁹⁴
[S.] *338:* »die Seinsfrage aushalten«, »*unterwegs zum* ›*als Sein*‹«¹⁹⁵ | ~~Sein~~; Sein *entfällt.* Gleichwohl: die Seinsfrage – *der* Holzweg.
Geschichte, nach der es mit dem Sein als Sein nichts ist¹⁹⁶ – das ›als Sein‹ bleibt verborgen.

---

¹⁹² [Die öffnende eckige Klammer in der Handschrift.]
¹⁹³ [Vgl. Martin Heidegger: Die Seinsfrage. Der Holzweg. In: Zum Ereignis-Denken. Gesamtausgabe Band 73.2, S. 1265–1324.]
¹⁹⁴ [Vgl. Martin Heidegger: Die seinsgeschichtliche Bestimmung des Nihilismus. In: Nietzsche. Zweiter Band. Pfullingen: Günther Neske, 1961, S. 335–398; Gesamtausgabe Band 6.2. Hrsg. von Brigitte Schillbach. Frankfurt a. M.: Vittorio Klostermann, 1997, S. 301–361.]
¹⁹⁵ [Martin Heidegger: Die seinsgeschichtliche Bestimmung des Nihilismus, S. 338; Gesamtausgabe Band 6.2, S. 304.]
¹⁹⁶ [Ebd.: »Geschichte, in der es mit dem Sein selbst nichts ist«.]

Zu [»Nietzsche«] II, [S.] 343: ›Wille‹ als *Anwesen*lassen – vgl. II, [S.] 467.[197]

metaphysisches Wollen ⟵ dieses als Anwesen-*Lassen*
                              (Seins-Geschick)
                              Er-eignen
Brauch in das ›Lassen‹ als ›Wollen‹
vgl. Ἀγχιβασίη[198]

Die Frage: »Warum ist überhaupt Seiendes und nicht vielmehr nichts?« (II, [S.] 347)[199] [Leibniz – Schelling][200]

71. Die Sache und die Sage[201]

                         ontologische Differenz
                         der Brauch
                         die Gegenwende

Die Herkunft der ontologischen Differenz.

Inwiefern ist das Seinsgeschick, näher bestimmt, das Geschick in die ontologische Differenz?

Die ontologische Differenz läßt sich weder transzendental-horizontal aus dem geworfen-entwerfenden Da-sein denken noch aus dem Ereignis ohne Eingehen auf den Brauch (vgl. »Identität und Differenz«).[202]

---

[197] [Vgl. Martin Heidegger: Entwürfe zur Geschichte des Seins als Metaphysik. In: Nietzsche. Zweiter Band, S. 455–480, hier S. 467; Gesamtausgabe Band 6.2, S. 417–438, hier S. 426.]
[198] [Vgl. Martin Heidegger: Ἀγχιβασίη. Ein Gespräch selbstdritt auf einem Feldweg zwischen einem Forscher, einem Gelehrten und einem Weisen. In: Feldweg-Gespräche (1944/45). Gesamtausgabe Band 77. Hrsg. von Ingrid Schüßler. Frankfurt a. M.: Vittorio Klostermann, 1995, S. 1–159.]
[199] [Martin Heidegger: Die seinsgeschichtliche Bestimmung des Nihilismus, S. 347; Gesamtausgabe Band 6.2, S. 313.]
[200] [Die eckigen Klammern in der Handschrift.]
[201] [Aus dem Schuber C 3, 1.]
[202] [Vgl. Martin Heidegger: Identität und Differenz. Pfullingen: Günther Neske,

Warum wird in »Zeit und Sein«²⁰³ gerade der Brauch ausgespart?
Denke: das Verhältnis der Gegenwende im Brauch zu der Lichtung im Sinne des Entbergens der sich entziehenden Bergung. *Die Gegenwende im Brauch gehört in und macht aus das Eignen der Lichtung.*
Die Sage der Sache wird verwahrt durch die Weise des Sagens als Aussagen im Vortrag.
Die Gegenwende im Brauch bringt keinen Ausgleich, den es in der Endlichkeit des Ereignisses nicht gibt.
→ vgl. »Vorläufiges« III, [S.] 51 zur Kritik von »Sein und Zeit«²⁰⁴

*

›*Sein selbst*‹
[das *brauchende* Ereignis]²⁰⁵

Sein: Anwesenheit – der Wink hin zur ›Zeit‹ verfänglich. Weil »Sein und Zeit« transzendental-horizontal denkt – und das heißt vom Seins*verständnis* her – wird Zeit als Zeitlichkeit und Temporalität das zunächst Fragwürdige. ›Sein‹ bleibt relativ auf Da-sein. Damit ein Sachverhalt geahnt, aber noch nicht gedacht.
Das Ereignis als brauchendes – *das* ›*Selbst*‹ καθ' αὐτό – besagt: *Ereignis in sich zusammengehörig mit dem Gebrauchten* (den Sterblichen), vgl. »Vorläufiges« III, [S.] 47.²⁰⁶
Der Brauch und die Be-Stimmung.

1957; Gesamtausgabe Band 11. Hrsg. von Friedrich-Wilhelm von Herrmann. Frankfurt a. M.: Vittorio Klostermann, 2006.]
  ²⁰³ [Vgl. Martin Heidegger: Zeit und Sein. In: Zur Sache des Denkens. Tübingen: Max Niemeyer, 1969, S. 1–25; Gesamtausgabe Band 14. Hrsg. von Friedrich-Wilhelm von Herrmann. Frankfurt a. M.: Vittorio Klostermann, 2007, S. 3–30.]
  ²⁰⁴ [Vgl. Martin Heidegger: Vorläufiges I–IV (Schwarze Hefte 1963–1970). Gesamtausgabe Band 102. Hrsg. von Peter Trawny. Frankfurt a. M.: Vittorio Klostermann, 2022, S. 270 f.]
  ²⁰⁵ [Die eckigen Klammern in der Handschrift.]
  ²⁰⁶ [Vgl. Martin Heidegger: Vorläufiges I–IV. Gesamtausgabe Band 102, S. 267 f.]

Die Botschaft und der Brauch.
Hinfälligkeit des Ursprungs der Zeit-Kairos-Frage *und* der ontologischen Differenz.

72. Sagen und ›Logik‹[207]

Der Angriff auf die Logik ist Angriff auf die Aussage, genauer: auf die Ansetzung der Aussage als des maßgebenden Sagens.

Der Angriff betrifft die Anmaßung und ist daher nur eine Einschränkung, die gerade die ›Logik‹ als Theorie der Aussage in ihrem Bezirk beläßt, wenn nicht gar noch näher umgrenzt *durch* die Schranken.

73. Denken als Ent-sagen[208]

Denken im Ereignis: als *Ent-sagen* nicht ein Vorhersagen-Ontisches, sondern ein *Vor-sagen* des Ge-sprächs im Ge-Viert. | Die Sage *der* Fuge ist *dieses Gespräch.*

Sprache ist anderes als nur ›Institution des Denkens‹.
Das *Ge-spräch* – *vor*-sagen.
Nicht Sprache als ›transzendentale Größe‹.
Nicht bloß methodische Sicherstellung der Möglichkeit des vernünftigen Gesprächs. Worüber?

*

---

[207] [Aus dem Schuber C 3, 2.]
[208] [Aus dem Schuber C 3, 3. Überschrift auf dem Umschlag, mit dem Heidegger die folgenden Aufzeichnungen zusammengefaßt hat. Unter der Überschrift die Notiz:] dazu »Unterwegs zur Sprache«, »Die Sprache« / wichtig [Vgl. Martin Heidegger: Die Sprache. In: Unterwegs zur Sprache. Pfullingen: Günther Neske, 1959, S. 11–33; Gesamtausgabe Band 12. Hrsg. von Friedrich-Wilhelm von Herrmann. Frankfurt a. M.: Vittorio Klostermann, 1985, ²2018, S. 7–30.]

Das Ent-sagen das Ant-worten, das zugleich ein ständiges Fragen ist.
Er-bitten des Anspruchs.
Erbitten: das Hörenkönnen.
Vgl. »Die Frage nach der Technik«: das Fragen die Frömmigkeit des Denkens.[209]

*

In *welchem* Sinne ist das *Ent-sagen* zugleich ›*Askese*‹ und ›*Verzicht*‹, und das worauf? Auf: Offenbarung und deren Vorteile, Einverständnis und dergleichen.
[Vgl.] Goethe [in] »Unterwegs zur Sprache«[210]

*

Das Ent-sagen und die transzendentale Fragestellung

Läßt das Ent-sagen im gebrauchten Ausstehen
der Lichtung des sichverbergenden Bergens
nicht das Transzendentale hinter sich?

Läßt das Ent-sagen als das eigentliche Entsprechen
im Ereignis – als ›Sprache‹ – das transzendentale Fragen
überhaupt nicht mehr in die Sicht kommen?

»Vorläufiges« I, S. 100[211]

*

---

[209] [Martin Heidegger: Die Frage nach der Technik. In: Vorträge und Aufsätze. Pfullingen: Günther Neske, 1954, S. 9–40, hier S. 40; Gesamtausgabe Band 7. Hrsg. von Friedrich-Wilhelm von Herrmann. Frankfurt a. M.: Vittorio Klostermann, 2000, S. 5–36, hier S. 36: »Denn das Fragen ist die Frömmigkeit des Denkens.«]
[210] [Vgl. Martin Heidegger: Der Weg zur Sprache. In: Unterwegs zur Sprache, S. 239–268, hier S. 259; Gesamtausgabe Band 12, S. 227–257, hier S. 247 f.]
[211] [Vgl. Martin Heidegger: Vorläufiges I–IV. Gesamtausgabe Band 102, S. 77 f.]

Denken: das entsagend erblickende Vordenken des Ereignisses aus dem Ereignis.

Vordenken – darin das gelassen stete ›Antworten‹.

[Antwort auf eine Frage und Antwort (Entgegnen) auf die Sage.]²¹²

Der Anfang des Denkens ist Antwort auf den Zuspruch und so auch sein Gang.

In der Metaphysik: Fragen.

Im entsagenden Denken: Vordenken – Ant-worten.

*

Bloßes Ansehen, Feststellen
und ↕
das her-vor-bringende Er-blicken des Sichzeigenden,
                                   des Anblicks,
                                   des Aussehens, das uns anblitzt.

Vor-*bringen:*   in die Lichtung geleiten – Ankommen*lassen* –
                      freigeben | was beseitigen?

*

Entsagen als entbergendes Bergen aus der Befugnis
in das Vordenken

Sagen: zeigen, was vordem verborgen, noch nicht sichtbar;
            wie aber sichtbar machen?

Zu sagen: Sein als Sein: *Anwesen*-lassen als Anwesen-*lassen.*
   Wie dahin gelangen, wie das zu Sagende er-langen?
   Im Ausgang wovon? Anwesen.
   Alles geschicklich.

²¹² [Die eckigen Klammern in der Handschrift.]

Denksplitter

Nicht mit Hilfe der Auslegung auf *Ermöglichung* im Sinne der Konstitution von Gegenständlichkeit.

Ermöglichung: von ›Herstellen‹, ποίησις aus. Das Formale des ›Ermöglichens‹ verfänglich!

Statt konstituierende ›Setzung‹ das Vordenken: das Gewähren – Eignen.

Wie spielt in diesem Ent-zeigen das Erblickenlassen, die Evidenz als ἐνάργεια – das In-sich-Leuchten des Sichverbergens – Ereignis der Enteignis?

(*Verbindlichkeit* des Entsagens: für wen und wann? Die Wenigen nicht für jedermann beliebig; schon gar nicht für die metaphysisch Vorstellenden.)

*

Die ›Wahrheit‹ – ›Verbindlichkeit‹ des Ent-sagens

ist die Eigen-heit im Ereignis, daß das Sagen und wie es eignet – nämlich in die Enteignis zur Fuge.

Inwiefern noch nie die ›Wahrheit‹ des metaphysisch-ontologischen Denkens bedacht wurde.

Welche ›Evidenz‹ hat die Auslegung von ὄν als ἰδέα, als ἐνέργεια, als actualitas?

Daß ›die Wissenschaften‹ und das gewöhnliche Vorstellen sich gleichwohl in dieses unausgewiesene Gedachte fügen.

Das Er-weisen im Entsagen weder Beweis noch Ausweis.

Das Kriterium solchen Denkens.

Verbindlichkeit für wen? Für Wenige.

*

*Die Frage nach Rechtfertigung, Wahrheit, Verbindlichkeit,
Gültigkeit, Gewißheit, Sicherung, Ausweisung, Begründung*

niemals zuerst und d. h. für sich zu erörtern – jede Erörterung führt schon in den Ort dessen, von woher und wofür, wovon Obiges bestimmt wird – abgesehen davon, daß Obiges selber irgendein ›ist‹ und eine Bestimmung des eigenen Seins verlangt.

*

Die ›spezifische Wahrheit‹

Wie wird die ›spezifische Wahrheit‹, die ›Wahrheit überhaupt‹ als solche in ihrem ›Wesen‹ *gerechtfertigt?*
Nach Maßgabe des ›kritischen Bewußtseins‹?

›Regulative Idee‹ – wo beheimatet? Kant: Vernunft = Vermögen der Ideen!
Heuristisch für die Weise des Vorstellens.
Vgl. Kant über ›Vorstellungen‹.
›Idee‹: »Begriff aus Notionen, der die Möglichkeit der Erfahrung übersteigt«.[213]
›Der Vernunftbegriff‹ (Vernunft = Vermögen der Ideen)!

*

*Die Frage nach der Legitimation und Verbindlichkeit
des (philosophischen) Denkens*

Wie zu erörtern, wenn nicht zuvor gedacht ist?
Das Wagnis des Denkens das Erste – weil [Ansprechen][214] von

---

[213] [Immanuel Kant: Kritik der reinen Vernunft. Nach der ersten und zweiten Original-Ausgabe neu hrsg. von Raymund Schmidt. Leipzig: Felix Meiner, 1926, A 320, B 377.]
[214] [Handschrift: angesprochen. Heidegger hat die Formulierung »weil ange-

Seiendem auf Sein – und dieses Wagnis (geschicklich); vollends gar bei der ›Seinsfrage‹.
(»Der Satz vom Grund«!) (»Holzwege«!)[215]
Ob und wie Legitimation und Verbindlichkeit – zuletzt?
[Die formalistische, scheinbar überlegene und ›kritische‹ Nörgelei.][216]

*

Läuten: ›Zeichen‹ – Zeigen
      rufen
      versammeln er-eignen
      andenken

*

sagen – ent-sagen

zeigen   Zeichen und Zeige
 deuten   ›Wurzel‹
 weisen   radix
 winken   von wo aus …
 vermuten   wohin zurück …
 läuten
 denken
 vor-denken ›stillen‹

      das Zeigende

---

sprochen von Sein« korrigiert zu »weil angesprochen von Seiendem auf Sein« und dabei wohl versäumt, »angesprochen« zu »Ansprechen« zu korrigieren.]
[215] [Vgl. Martin Heidegger: Der Satz vom Grund. Pfullingen: Günther Neske, 1957; Gesamtausgabe Band 10. Hrsg. von Petra Jaeger. Frankfurt a. M.: Vittorio Klostermann, 1997; Holzwege. Frankfurt a. M.: Vittorio Klostermann, 1950; Gesamtausgabe Band 5. Hrsg. von Friedrich-Wilhelm von Herrmann. Frankfurt a. M.: Vittorio Klostermann, 1977, ²2003.]
[216] [Die eckigen Klammern in der Handschrift.]

*

Entsagen – Verhältnis von repraesentatio und reflexio

Preetorius-Festschrift, XVI ff.[217]
»Nietzsche II«, S. 458 ff., *463 ff.*[218]

Gründet die re-praesentatio in der reflexio?
Das *re* der re-praesentatio als reflexio.
Und die *praesentatio?*
Beide gehören zusammen als das Selbe.
Vor-stellen ist Auf-sich-zurück-für-sich-stellen.
Aber dieses Selbe eigentlich: das Ent-sagen.
»Nietzsche II«, [S.] 464 f.[219]

74. *Ἀ-Λήθεια und λόγος*[220]

Der λόγος im Sinne der Aussage ist niemals der Ort der Ἀλήθεια. Das Umgekehrte gilt: Die Ἀλήθεια (τὸ πεδίον Ἀληθείας, »das Gefild der Unverborgenheit«) ist der Bereich, darin sich der λόγος aufhalten, bewegen und so erst als der λόγος wesen kann.

---

[217] [Vgl. Martin Heidegger: Anmerkungen über die Metaphysik (Aus den Jahren 1936–1946). In: Im Umkreis der Kunst. Eine Festschrift für Emil Preetorius. Hrsg. von Fritz Hollwich. Wiesbaden: Insel-Verlag, 1954, S. 117–136; in veränderter Form unter dem Titel »Überwindung der Metaphysik« aufgenommen in: Vorträge und Aufsätze. Pfullingen: Neske, 1954, S. 67–95; Gesamtausgabe Band 7. Hrsg. von Friedrich-Wilhelm von Herrmann. Frankfurt a. M.: Vittorio Klostermann, 2000, S. 67–98. Die Angabe XVI ff. bezieht sich auf die Abschnitte XVI ff., S. 130 ff.; Vorträge und Aufsätze, S. 81 ff.; Gesamtausgabe Band 7, S. 83 ff.]
[218] [Vgl. Martin Heidegger: Entwürfe zur Geschichte des Seins als Metaphysik. In: Nietzsche. Zweiter Band. Pfullingen: Günther Neske, 1961, S. 455–480, hier S. 458 ff., 463 ff.; Gesamtausgabe Band 6.2. Hrsg. von Brigitte Schillbach. Frankfurt a. M.: Vittorio Klostermann, 1997, S. 417–438, hier S. 417 ff., 422 ff.]
[219] [Vgl. Martin Heidegger: Entwürfe zur Geschichte des Seins als Metaphysik. In: Nietzsche. Zweiter Band, S. 464 f.; Gesamtausgabe Band 6.2, S. 423 f.]
[220] [Aus dem Schuber C 3, 3.]

Denksplitter

Nötig ist hier die Bestimmung, was ›Ort‹ heißt.

Ort ist einmal die Stelle, an der etwas angetroffen wird. An dem so verstandenen Ort kann etwas, obzwar nicht notwendig und ausschließlich, vorkommen. Sofern der λόγος wahr oder falsch sein kann, läßt sich an ihm die Ἀλήθεια vorfinden.

Ort besagt zum anderen: die Versammlung, die Herkunft und Möglichkeit gewährt. In diesem Sinne ist der λόγος keineswegs der Ort der Ἀλήθεια, vielmehr gibt die Unverborgen*heit* erst die Möglichkeit, daß Unverborgenes sich zeigen und im Aussagen bestimmt werden kann.

Das δηλοῦν des λόγος, sein Offenbarmachen von etwas als etwas, erbringt niemals Offenbar*keit*. Diese muß es schon geben, damit ein λόγος entbergend-verstellend sein kann.

Das Gefild der Unverborgenheit ist Gebild im Ereignis.

Weil λόγος als Aussagen ein Sagen, ein entbergend-verbergendes Zeigen ist, wohnt er in der Ἀλήθεια.

Weil die Ἀλήθεια die Sage braucht, besteht der Bezug zum λόγος.

Weil im λεγόμενον die ὄντα gesagt sind, εἶναι aber als Anwesen Gabe und Gewähr aus der Ἀλήθεια ist, besteht die Verbindung von Ἀλήθεια und λόγος.

75. *Ent-sagen und ›die formale Anzeige‹*[221]

Ent-zeigen
Ent-hören
Ent-rufen
Ver-danken

und die ›formale An-zeige‹ (»Sein und Zeit«) – Sage und Zeige.

An-sage
›formal‹ || ›material‹ – inhaltlich – geschicklich – ›konkret‹?

[221] [Aus dem Schuber C 3, 3.]

forma — materia
μορφή — ὕλη
εἶδος — ὕλη   ποίησις
›Form‹ || ›Inhalt‹

Zeigen in Jenes, was jeweils geschicklich einzig dieses, das so An-
-gezeigte — noch nicht eigens selbst Gezeigte.
Was wir, das An-zeige, gezeigt[222] — hängt dies alles nicht doch
noch im Vorstellenwollen — von allem; weil das Wesen als κοινόν
des γένος für εἴδη verabschiedet ist?

Die ›Anzeige‹

Was meint die Rede von dem ›*Selben*‹, das die Denker denken?
Das ›Selbe‹, ›Identische‹, ›Zusammengehörige‹.
Wie?
Inwiefern   εἶναι — ὄντως ὄν qua ἰδέα oder ἐνέργεια
             das Selbe mit dem Ereignis?
             mit dem Ge-Birg der Befugnis?
Das Zusammen und seine Einheit bestimmt sich, enthüllt sich mit
jedem jeweilig Selben anders.

Die Anzeige — ein vorläufiges Erblickenlassen
              der Einheit des Selben | Her und Hin — *zeigen*.
Die ›selbige‹ An-zeige.
Die ›selbige‹ An-sage.
Das Ent-sagen — als *An-zeigend-Vermutendes*.

*

---

[222] [So die Handschrift. Vermutlich ist gemeint: Was wir als das, was Anzeige ist, gezeigt …]

Ent-sagen

das erblickende Hören   des Blitzes der Stille
das lichtende Echo

*

Ent-sagen
Verdanken

die Sprache des Verdankens
→ »Dank der ...«, »Dank des ...«
die Sage der Huld
       das Unholde

*

Ent-sagen (Ent-zeigen)

Ent- wie ↑↓	Ent-fangen
	entvahen (mhd.)
	Ent-winken
Ent- wie ↑↓	Ent-bieten
	Ent-fehlen
Ent- wie	Ent-falten – Auseinander-falten – *Ge-Viert*

ent- als ›ant‹ (Antwort), ἀντί, »gegen«
↳ Ent-sagen: absagen einer Sache, verzichten auf ...
  hier: Absagen der verstellenden Aussage

*

Ent-bergen
als
Ent-sagen
↓
das eigentliche Ent-bergen

Das uneigentliche beschränkt sich auf das Bringen des Unverborgenen – ohne das Hinterlegen in das Ge-Birg.

*

Wort und Sache

Zuvor die erblickte, nach dem zeigenden Wort rufende Sache. Am Beispiel: der Aufenthalt des Ge-Vierts.

*

Schema des ›als‹-Problems vom λόγος ἀποφαντικός her[223]

$$\lambda\acute{o}\gamma o\varsigma$$
$$(\varphi\omega\nu\acute{\eta}\ \sigma\eta\mu\alpha\nu\tau\iota\kappa\acute{\eta})$$

λόγος ἀποφαντικός
κατάφασις   ἀπόφασις

ἀληθεύειν – ψεύδεσθαι
↓
σύνθεσις }
διαίρεσις } νοεῖν – νοῦς

---

[223] [Rechts neben der Überschrift die Notiz:] zu S. 84 f. [Diese Seitenangabe bezieht sich auf das Manuskript der Freiburger Vorlesung Heideggers vom Wintersemester 1929/30. Vgl. Martin Heidegger: Die Grundbegriffe der Metaphysik. Welt – Endlichkeit – Einsamkeit. Gesamtausgabe Band 29/30. Hrsg. von Friedrich-Wilhelm von Herrmann. Frankfurt a. M.: Vittorio Klostermann, 1983, ⁵2004, S. 460.]

Entsagen – inwiefern sagt es einfältig-vierfach?
Daß im Entsagen – als Sagen – die Symphonie, der Zusammenklang gleichzeitig (im selben Augenblick) erreicht wird.
Aber hier ist Symphonie der Einklang aus dem Geläut der Stille – der Einklang der Einfalt des Ge-Vierts.

Das Entsagen: *die Sage des Schweigens* –
            die nicht mehr spricht: vom zu Sagenden –
            das verschwiegene Schweigen.

            Wie aber das Schweigen verschweigen?
            Wie anders als durch ein Sprechen, das von Nebensachen spricht, die überall eigens die Sache verdecken?

Das Behutsame – auf die Hut des Her und Hin achtende Entsagen.

76. ›Überwindung der Metaphysik‹[224]

Die Preisgabe der Seinsfrage ist der Verzicht auf ›die Überwindung der Metaphysik‹, genauer: *der Verzicht auf Überwindung* (das Überlassen der Metaphysik ihrer Verfestigung in der Vergessenheit) ist die einzig mögliche Verwindung.
    Also ist die Metaphysik unüberwindlich? Allerdings, d. h. sie gehört zur ›Natur‹ des Menschen, insofern dieser als Seiender in das Seiende vor dieses versetzt bleibt. Die Einsicht in diese Unüberwindlichkeit ist keine Kapitulation vor der Metaphysik, sondern die eigentliche Bestimmung ihrer Grenze.
    Die Unüberwindbarkeit der Metaphysik bezeugt nicht ihre Stärke, sondern ihr wesenhaftes Unvermögen zum an-fänglichen Denken.

---

[224] [Aus dem Schuber C 3, 4.]

Sofern *diese* Unüberwindbarkeit bedacht wird, zeigt sich immer noch eine seltsame Angewiesenheit auf sie, welche Angewiesenheit gleichwohl keine ist, insofern sie für das anfängliche Denken nichts erbringt.

Darum bleibt das anfängliche Denken *rücksichtslos*.

Zeichen der Unüberwindbarkeit der Metaphysik

Die Vormacht der Technik | *Kybernetik*.
Die Logistik.
Kybernetik *und* Logistik – das *Ge-Stell* – ›der technische Staat‹.
Verfestigung in der Vergessenheit des Ereignisses.
Der Ausbau der vergessenen Vergessenheit
zur rationalisierten, manipulierbaren Rationalität.

Somit bleibt es [bei dem], ja kommt es erst zum *Vorbeigang* der Weisen des Denkens, ohne daß gesagt werden könnte, was das an-fängliche Denken erbringt – es sei denn die Vor-Bereitung der Sage des Geläuts der Stille.

Der Vorbeigang – wo?
In der *Ortschaft der Fuge* des Ratsals,
nie in der Metaphysik.

77. *Ent-sagen.*
Die Be-Stimmung des Denkens in das
an-fängliche Entsagen[225]

Gegenüber der von der Technik, der Wissenschaft, der Industriegesellschaft *im* Ge-Stell diesem nachvollzogenen Weltveränderung vermag das bloß vorstellende Denken unmittelbar nichts.

---

[225] [Aus dem Schuber C 3, 4. Die eckigen Klammern innerhalb der vorliegenden Aufzeichnung in der Handschrift.]

Bedenken wir jedoch, daß die genannte Weltveränderung nicht nur auf einer voraufgehenden Änderung des Denkens beruht, daß diese Änderung zugleich von einer eigenen Lichtung des ›S̶e̶i̶n̶s̶‹ als [Ge-Stell] bestimmt wird, dann gelangt das eigentliche Denken in eine ausgezeichnete Aufgabe, die auf eine lange Zeit hinaus sich nicht verständlich machen und vorführen läßt.

Wie kann indes das anfängliche Denken, gesammelt in den Vorbeigang, Weisendes sagen, das anspricht?

Inwiefern kann dies zunächst nur aus dem anscheinend schon Bekannten kommen?

Die *Zeichen* der Unüberwindbarkeit der Metaphysik.

Sie zeigen jedoch nicht, ohne daß das Eigenste der Metaphysik gezeigt worden. Wenn aber dies geschehen, bedarf es dann noch der Zeichen?

78. *Ent-sagen*[226]

Für alles Sagen des Ereignisses gilt:

Das vor-stellende Denken entstellt im vorhinein das Ereignis; es verstellt sich schon jeden Weg in das Ereignis. Deshalb gelangt es nicht einmal dahin, das Ereignis zu vergegenständlichen; dafür müßte es das Ereignis schon erblickt haben; dies sagt: das vorstellende Denken müßte vom Gebirg der Fuge angeblickt werden, im Licht seines stillen Blickes sich aufhalten. Dazu müßte es erwacht sein in die Befugnis zum Brauch des Entsagens. Das Entstellen und Vorstellen geschieht in der Vergessenheit des Ereignisses.

Es erreicht sein Äußerstes im Ge-Stell, das den Menschen in das Bestellen ›stellt‹.

---

[226] [Aus dem Schuber C 3, 5.]

79. *Das Entsagen und der Schritt zurück*[227]

→ die Herkunft des Apriori°

Verlangt das Denken als Ent-sagen in sich den steten Schritt zurück (⇄), insofern ihm der Einblick in die Eigenheit des ›Seins‹ jedesmal schon voraufgegangen sein muß, um das Erblickte selber, und zwar in einer ihm entsprechenden Weise, sagen zu können.

→ Ist jedoch der Einblick *in* das Ereignis *aus* dem Ereignis nicht schon gewährt durch die Vereignung im Brauch. Das Ent-sagen in sich der eigentliche, aus dem Ereignis bestimmte ›Schritt zurück‹: Im Ent- als Entblicken und Enthören, welchem Ent- zugleich wird: sich vor das zu denkende Ereignis der Fuge bringen und das zu Sage[nde] an [das] Ereignis zurückgeben – damit Sagen in die Sage selbst, in das Ge-Birg zurücklegen.

⇄ Das zweifache ›zurück‹ – gemäß der Fuge: Ereignis der Enteignis.

° Inwiefern hat das πρότερον τῇ φύσει seine Herkunft aus dem Ereignis, das den Schritt zurück bestimmt?
Mit dem ›Sein‹ auch verwunden das ›Wesen‹ und das Apriori.

*

Entsagen und Sprache und Überlieferung des Denkens

In welche Sprache gelangt das Ent-sagen gemäß dem zu-Sagenden ⟨Fuge⟩[228]?

Anknüpfen an das Zitat aus Wilhelm von Humboldt im Schluß des Vortrags »Der Weg zur Sprache«.[229] Humboldt spricht vom

---

[227] [Aus dem Schuber C 3, 5. Über der Überschrift die Notiz:] → siehe: *der Schritt zurück*

[228] [Die spitzen Klammern in der Handschrift.]

[229] [Vgl. Martin Heidegger: Der Weg zur Sprache. In: Unterwegs zur Sprache. Pfullingen: Günther Neske, 1959, S. 241–268, hier S. 268; Gesamtausgabe Band 12.

»inneren Zwecke der Sprache«[230] – das ist die *Welt*bildung. Aus dem Ereignis gedacht die Sage – die Zeignis der Fuge des Ge-Vierts im Ereignis der Enteignis.

›Das Zurück‹: Sein als solches sagen.
Im Licht dieser Zeignis die Erleuchtung.
Woher bestimmt sich der »innere Zweck der Sprache«?
Wie die Sprache als Sprache be-stimmt?
Inwiefern Sprache – die Sage der Fuge im Ereignis?
Nur im zeigenden Hinweisen vernehmlich.
Weder zu beweisen noch nur leere Behauptung.
Die Sprache der *Überlieferung* des Denkens.

80. Die Sprache spricht[231]

d. h. die Sprache ist die Sage des Ereignisses,
ist das Geläut der Stille der Fuge des Ge-Vierts;
der Mensch spricht *eigentlich* im Ent-sagen;
das Ent-sagen: der Dank;
der Dank als Denken;
das Dichten als Sagen ein ausgezeichnetes Denken;
das *Dichten* des Malers?

Hrsg. von Friedrich-Wilhelm von Herrmann. Frankfurt a. M.: Vittorio Klostermann, 1985, ²2018, S. 227–257, hier S. 256 f. Heidegger zitiert an dieser Stelle aus Wilhelm von Humboldt: Über die Verschiedenheit des menschlichen Sprachbaues und ihren Einfluß auf die geistige Entwicklung des Menschengeschlechts. Hrsg. von Eduard Buschmann. Berlin: Dümmler, 1836, §§ 10–11.]
[230] [Wilhelm von Humboldt: Über die Verschiedenheit des menschlichen Sprachbaues, § 10.]
[231] [Aus dem Schuber C 3, 5.]

81. Endlichkeit[232]

Endgültiges gibt es, wo ein Ende waltet
und dieses Walten als in die Endlichkeit
gehörend erfahren ist.

Endlichkeit: die Ortschaft des Seins, d. h.
des An- und Ab-wesen-Lassens.

Entsage dem Sein die Ortschaft in ihr
Eigenes.

Sage die Frage.

82. Das Ereignis[233]

Man frägt, *was* sich ereigne, und findet weder die Frage gestellt noch beantwortet; daher bleibe das Ereignis ohne Bezeichnung und namenlos.

Aber das ›Ereignis‹ ist selbst das Stimmende, Zeigende, das jene Frage, *was* sich ereigne, als unnötig und unmöglich erweist. Das Ereignis er-eignet – *läßt* in *ihr* Eigenes *frei* die Orte der *Ortschaft* und ihre Gegenden.

Wobei das Ereignen der Sterblichen in ihre Endlichkeit als brauchendes Vereignen ausgezeichnet – bestimmt in die Wahrnis der Lichtung des sichverbergenden Bergens.

---

[232] [Aus dem Schuber C 4, 4.]
[233] [Aus dem Schuber C 4, 4.]

83. Denken und Reflexion[234]

im Sichverdanken in der Weise des Ent-sagens
die Befugnis dem Ereignis.

Das ent-sagende Denken (früher gesucht als das besinnliche und andenkende):
armselig
ortschaftlich (topologisch)
vorenthaltlich
brauchsam
eigentümlich
tautologisch im reflexionsfreien ›als‹.

Es entzieht sich aller Informatik und bedarf keiner Bestätigung durch die Gesellschaft und ihre Antreiber.

Die Reflexion und das Pochen auf sie bleiben in der Subjektivität (des ›Ich‹, des ›Wir‹, des ›man‹) hängen aus Angst vor der Macht des Einfachen. Anscheinend der Ort des gründlichen Denkens, bleibt die Reflexion gerade kurzsichtig gegenüber der anfänglichen Be-Stimmung der Sterblichen.

84. Die ontologische Differenz die crux[235]

Die Mehrdeutigkeit und der Leitgedanke

Der unbestimmte Leitgedanke gleich grob wie entschieden: Sein kein Seiendes.
  Aber erfahren als das nichtende Nichts (1929 »Was ist Metaphysik?«).[236]

---

[234] [Aus dem Schuber C 4, 4.]
[235] [Aus dem Schuber C 4, 4.]
[236] [Vgl. Martin Heidegger: Was ist Metaphysik? Bonn: Friedrich Cohen, 1929;

Der Leitgedanke gleichsam vorstellend-aussagemäßig gedacht und maßgebend für die Versuche, die ontologische Differenz als solche zu denken und dabei eine Mehrdeutigkeit zu durchlaufen, die jeweils auf eine anders gedachte Identität orientiert bleibt. Also schon der Leitgedanke beirrend in der Hinsicht, eine in ihm gesetzte Relation zu denken; obzwar nie in der Weise, daß für vorliegende Relata nachträglich die Relation gesucht wird, sondern die ›Relation‹ läßt die Relata entspringen. Hierbei die fortwährende Schwierigkeit, im Vorstellen zu verharren.

Leitgedanke; demnach eine Differenz als Verschiedenheit; als ›der Unterschied‹; διαφορά als der ›Austrag‹; die ›Zwiefalt in der Einfalt‹.

Die Differenz als ›Identität‹ im Sinne des Ereignisses (»Identität und Differenz«).[237]

*

Die ontologische Differenz und die Ereignis

Die crux meines Denkens seit dem Frühjahr 1927 ist: ›die ontologische Differenz‹.

Der unablässige Versuch, durch die ontologische Differenz hindurch das Beispiel-lose dessen zu denken, was im Anfang und *für* den Anfang des abendländisch-europäischen Denkens im Geschick des Seins ungedacht bleiben mußte, das Eigentümliche der Ἀλήθεια als solcher (die Lichtung, d. h. das Entbergen der sich entziehenden Befugnis in *der* Ereignis).

*

aufgenommen in: Wegmarken. Frankfurt a. M.: Vittorio Klostermann, 1967, S. 1–19; Gesamtausgabe Band 9. Hrsg. von Friedrich-Wilhelm von Herrmann. Frankfurt a. M.: Vittorio Klostermann, 1976, ⁵2004, S. 103–122.]

[237] [Vgl. Martin Heidegger: Identität und Differenz. Pfullingen: Günther Neske, 1957; Gesamtausgabe Band 11. Hrsg. von Friedrich-Wilhelm von Herrmann. Frankfurt a. M.: Vittorio Klostermann, 2006.]

Ontologische Differenz
keine Bestimmung von Sein und Seiendem
(aber u. a. Leitsatz),
nicht einmal eine mögliche Unterscheidung,
sondern das Selbe, dessen Selbigkeit jedoch fragwürdig.
      (Seiendes?)   (Sein?)
Hinter die ἀλήθεια zurück, d. h.
in das Ereignis (Brauch) voraus – |
das ›Gleichursprüngliche‹, | Ortschaft
der An-fang im Reichtum (das verborgene ›Ganze‹ der Endlichkeit).

Die Herkunft der ontologischen Differenz aus der Verkennung, besser: aus dem Vorenthalt der ἀλήθεια als solcher – λήθη.

85. [Nähe][238]

Daß geschehe
Nähe
unter Sternen:
Untergang
zum fernen
An-Fang

*

Nähe: Nahnis der Winke einer Ankunft der Gottheit des letzten
      Gottes.

An-Fang: zu sich – d. h. zum Ereignis – zur ereignenden Befugnis
      einholen – an sich unseiend: vereignend die Enteignis.

[238] [Aus dem Schuber C 4, 6.]

86. [Im Ge-Stelle][239]

Im Ge-Stelle
erfahre – in ihm gestellt –
den Vorschein des brauchenden
Ereignens des Ge-Vierts in
die Gegend *der Befugnis*
bereitend die Bereitschaft
für das Entwachen
in den denkenden Dank.

87. Das mißverstandene Mißverständnis[240]

Einen Denker, d. h. sein Denken verstehen heißt: diesem Denken vordenken. Dies meint aber nicht: das Gleiche in seiner Verlängerung vorstellen, sondern will sagen: eine und die andere der ungehobenen Möglichkeiten des zu Denkenden aufschließen und darstellen und so das schon Gedachte des Denkens auf eine andere Bahn bringen.

Ein Denken verstehen heißt darum nicht: das gerade Gedachte erfassen und fest-halten, denn dieses wäre dann nicht mehr das Gedachte eines Denkens, das als endliches notwendig unterwegs bleibt, das Unterwegs als seinen einzigen Aufenthalt kennt.

Darum ist jedes feststellende Verstehen ein Mißverständnis – nicht nur des Denkers, sondern des Denkens, das keine Endgültigkeit kennt und zuläßt. Daß ein Denken immer schon anderswo sich aufhält als im gerade feststellbaren Gedachten, heißt: es ist unterwegs und versucht, die Mitdenkenden auf den Weg des Unterwegs zu bringen.

Dieses notwendig waltende Verhältnis zwischen Gedachtem und zu Denkendem erweckt den Anschein, als wolle der Den-

---

[239] [Aus dem Schuber C 4, 6.]
[240] [Aus dem Schuber C 4, 6.]

kende einem Verstandenwerden ausweichen und alle Versuche des Nachverstehens als Unvermögen des Verstehens ausgeben und hinter sich lassen — während es gilt, die Mitdenkenden in das Unterwegs zu bringen, das der Vordenkende selbst in keiner Weise übersieht oder gar als gesichertes schon vor sich hat.

Das Denken lernenlassen lernen — gelangen in den Bereich einer ganz anderen Not, seitdem es mit der Endlichkeit des Denkens gemäß der Endlichkeit des Seins ernst geworden ist. Die Standpunkte sind abgelöst durch das Unterwegs; das gilt vor allem vom Standpunkt der Dialektik — die eine Bewegung im Unterwegs nur vortäuscht. Statt der festen Doktrin waltet das Her und Hin des fragenden Unterwegs.

88. *Das Ge-stelle*[241]

Die Universität wird unausweichlich zur Fachschule. Man sollte damit ernst machen. Die ›geistige‹ Orientierung übernehmen die Politologen. Die Rettung und Überlieferung des ›Geistes‹ geschieht abseits. Es ist vergeblich, gegen die Raserei der technischen Welt unmittelbar vorzugehen. Dies alles muß ohne Resignation gesehen werden. Oft ist dies nicht leicht, aber fruchtbarer als alle aussichtslosen Versuche, Gewesenes zu retten. Hinter der technischen Welt waltet ein Geheimnis. Sie ist kein bloßes Gemächt des Menschen. Ob und wann der Mensch dieses Nüchterne als das ›fertig [?] Nüchterne‹ erfährt, weiß niemand. Genug, daß dieser Bezug noch offen bleibt.

Die Unruhe an den Universitäten hat tiefe Gründe, ohne daß die Beunruhigten und die Verantwortlichen genügend deutlich davon wissen. Die armselige Äußerung der Rektoren kennzeichnet die Lage, wie sie seit langem besteht. Der sogenannte Staat sollte eindeutig sagen, was er hier will oder gar wollen muß: eine im weitesten Sinne verstandene, alle Gebiete treffende *technologi-*

---

[241] [Aus dem Schuber C 4, 6.]

sche Ausbildung. Dahinter walten Mächte, deren man durch kein Organisieren Herr wird und schon gar nicht durch das törichte Geschwätz von der ›Demokratie‹, ›*der* Gesellschaft‹ — die sich bereits dem Unheimischen und der Abschnürung von jeder tragenden Überlieferung preisgegeben haben.

(Frage: auf *wen* kommt denn die Zukunft zu?)

89. *[Ein Maß für die wesenhaften Dinge]*[242]

Das Denken wird zur Ideologie umgefälscht und herabgesetzt. Die Politologen sind der Verderb der Politik. Die Universitäten gehen an ihrer eigenen Mittelmäßigkeit zugrunde.

Die Verdüsterung und Verwirrung der Welt sind groß. Gleichwohl merkt der Mensch immer noch nicht, daß er nicht das Wesen ist, das sich selbst macht.

*

Gibt es zum Unheimlichen der ›Öffentlichkeit‹ noch eine ›Alternative‹? Deutlicher gefragt: gibt es *vor* diesem Gerede von ›Alternativen‹ noch ein Maß für die wesenhaften Dinge? Durch welche Höllen muß der Mensch noch hindurch, bis er erfahre, daß er sich nicht selbst macht?

Die »Wegmarken«[243] sind ein Experiment; ihnen zu *folgen*, kann nur bereit sein, wer sie schon kennt. Das sind wenige. Aber diese Wenigen wären schon genug. Sie vermöchten das Warten. Dies ist abgründig verschieden von Hoffen. Hoffnung gehört in den Umkreis der Machenschaft und der Herstellung von ›Stetigkeit‹.

---

[242] [Aus dem Schuber C 4, 6.]
[243] [Vgl. Martin Heidegger: Wegmarken. Frankfurt a. M.: Vittorio Klostermann, 1967; Gesamtausgabe Band 9. Hrsg. von Friedrich-Wilhelm von Herrmann. Frankfurt a. M.: Vittorio Klostermann, 1976, ³2004.]

90. Huld[244]

Das ego der Subjektivität gehört an eine *Stelle* — sogar *die Stelle* der Subjektivität in der sich noch entziehenden Ge-Stellnis.

Dem Anschein nach stellt sie sich selbst auf sich selbst als fundamentum absolutum et inconcussum.

In Wahrheit aber wird diese Stelle ›gestellt‹ durch die Wandlung der veritas in die certitudo.

Woher der Wandel der Wahrheit?

Woher der Wandel der Ἀλήθεια zur Wahrheit?

Wandelt sich überhaupt die Ἀλήθεια?

Oder *währt* sie gerade in der Weise des Entzugs und seiner geschicklichen Vielfalt?

Daß in dieser verborgenen Weise die Ἀλήθεια ›wirkt‹ — nicht ›wirkt‹, sondern sich entziehend-er-eignend — stellend das ›Her--stellen‹.

Das Her-vor-bringen in die Jeweiligkeit wird über das Fernere des Effekts zum Bestellen (ἔργον) der bestellbaren Bestände. Beständigkeit des Bestellbaren — darauf wird das Anwesen eingeebnet.

›Anwesenheit‹ — der Titel für die Epochen des Anwesens als endliches Geschick des Seins.

Die Herkunft der ›Wahrheit‹ aus der ihr Eigenes vorenthaltenden Ἀλήθεια.

Der *Vorenthalt* der Ἀλήθεια winkt in das Ereignis [als An-fang].

Diesen Bereich denkend, gelangen wir erst zur Sache des Denkens; gewinnen wir einen Einblick in das Geschick der ›Seinsvergessenheit‹ und der Notwende der Verwindung der Metaphysik.

[Unhaltbar: »Platons Lehre von der Wahrheit« — näher der Sache: »Hegel und die Griechen«.][245]

---

[244] [Aus dem Schuber C 4, 7. Die eckigen Klammern innerhalb der vorliegenden Aufzeichnung in der Handschrift.]

[245] [Vgl. Martin Heidegger: Platons Lehre von der Wahrheit. In: Geistige Überlieferung. Das Zweite Jahrbuch. Berlin: Helmut Küppers, 1942, S. 96–124; aufgenommen in: Wegmarken. Frankfurt a. M.: Vittorio Klostermann, 1967, S. 109–144; Gesamtausgabe Band 9. Hrsg. von Friedrich-Wilhelm von Herrmann. Frank-

Aber noch nicht genügend gedacht das Ereignen in *der Anfängnis* des Anfangs als des Ältesten des Alten. Aus ihr und aus dem ihr eigenen Vorenthalt das Eigentümliche der *Überlieferung* im Seinsgeschick denken.

(Vgl. »Anaximander«, [in:] »Holzwege«; »Was ist das – die Philosophie?«; »Der Satz vom Grund«.)²⁴⁶

Der Fanatismus des Machens
und
die Gefängnis in der Machbarkeit

sind die ungehörte *Zeugenschaft* für   *die Verwindung*
die Macht der Bestellbarkeit –   *der*
diese aber: der Wink in die Gestellnis,   *ontologischen Differenz*
die Ohnmacht der Subjektivität,
die Macht des Brauches,
der Segen des Sichverdankens,
die Armut der Gelassenheit.

*

Der Dogmatismus der ›kritischen Theorie‹ so brüchig wie ihr ontologischer Nihilismus des operativen Modelldenkens.²⁴⁷

---

furt a. M.: Vittorio Klostermann, 1976, ⁵2004, S. 203–238; Hegel und die Griechen. In: Die Gegenwart der Griechen im neueren Denken. Festschrift für Hans-Georg Gadamer zum 60. Geburtstag. Tübingen: J. C. B. Mohr, 1960, S. 43–57; aufgenommen in: Wegmarken, S. 255–272; Gesamtausgabe Band 9, S. 427–444.]

²⁴⁶ [Vgl. Martin Heidegger: Der Spruch des Anaximander. In: Holzwege. Frankfurt a. M.: Vittorio Klostermann, 1950, S. 296–343; Gesamtausgabe Band 5. Hrsg. von Friedrich-Wilhelm von Herrmann. Frankfurt a. M.: 1977, ²2003, S. 321–373; Was ist das – die Philosophie? Pfullingen: Günther Neske, 1956; aufgenommen in: Identität und Differenz. Gesamtausgabe Band 11. Hrsg. von Friedrich-Wilhelm von Herrmann. Frankfurt a. M.: Vittorio Klostermann, 2006, S. 3–26; Der Satz vom Grund. Pfullingen: Günther Neske, 1957; Gesamtausgabe Band 10. Hrsg. von Petra Jaeger. Frankfurt a. M.: Vittorio Klostermann, 1997.]

²⁴⁷ [Am rechten Rand die Notiz:] Vorl. III [Vgl. Martin Heidegger: Vorläufiges I–IV. Gesamtausgabe Band 102. Hrsg. von P. Trawny, Frankfurt a. M., 2022, S. 239 ff.]

Denksplitter

*

Das Geschreibe über die ›Verwirklichung der Philosophie‹. Unterlassen einer zureichenden Frage nach dem Sinn von ›Wirklichkeit‹. Diese Frage nur fragbar, wenn ›die Seinsfrage‹ zuvor fragwürdig geworden ist.
Dieses aber nur möglich im seinsgeschicklichen Denken – und dieses wiederum im Schritt zurück in die Anfängnis des An-fangs.
Kritisch dazu nötig die Klärung der Herkunft und der Grenzen der Dialektik.

*

›wirkliches Wissen‹ und ›verwirklichtes Wissen‹

91. [Jeder Gedanke][248]

Jeder Gedanke
    – wie jeder der seltenen –
        ein ortloser Wiederklang
           verborgenen Rufens
               aus vorenthaltender
                  Stille

umirrend den Brauch,
    die Botschaft der Eignis
        enteignet ˣ
           der Befugnis

           [ˣ weggereicht an die Befugnis
             weil aus ihr verfügt
             in die brauchende Eignis]

---

[248] [Aus dem Schuber C 5, 1. Die eckigen Klammern innerhalb der vorliegenden Aufzeichnung in der Handschrift.]

*

Der Brauch des Sagens:
　Denken, Dichten, Dienen, Danken
　　　　das Ver-Hältnis im Dienen und Danken

*

Nichten: Enteignis – Vorenthalt

*

Fugfern der Gebrauchte
durchbebt vom Wort her [?]
vergeblich –
findet das Warten:
den Anstieg des Hörens.

*

Wann kommt die Sprache
aus welchem der Häuser
am Himmel?
　Die Sprache des Abschieds –
　bringt sie den Ausklang
　des ehedem Gedachten
　auf seine Bahn?
　in seitlichen Hohlwegen?
　des Unscheinbaren?

*

Denksplitter 667

Der Augenblick kommt, genauer: er geht,[249] indem
Es keine Zeit mehr *gibt*, wo das Ereignis das gibt,
sein Geben zurückholt –
Wohin?
In den eigenen Abgrund.

92. Versehen *und* ent-sagen[250]

S. u. Z. $\left(\begin{array}{c} \text{O.} \\ \text{Br.} \end{array}\right)$

Ein Ab-grund zwischen beiden –
außerhalb des Feldes des ›hermeneutischen Zirkels‹.
Die Kehre *verbleibt* noch im Bereich von »Sein und Zeit«.
Das Befremdende der Ortschaft.
Der Brauch im Vorenthalt.
Auch das Weltspiel *ungemäß.*
Ent-sagen und die andere Bestimmung der *Phänomenologie.*
Das *Zeit*lose ist weder das Überzeitliche noch das übliche Ewige.
Das ›Bemerken die Ortschaft‹ in der Weise des Ent-sagens –
das Bemerken *anfänglicher.*

China kommt – als einziges Welt-Volk.
    Die endliche Rückkehr Laotses.
    Zu einer Zeit, da man *mit Recht* einen vollendeten machenschaftlich-erfahrenen Rassismus verurteilt, blendet man sich selbst, um nichts mehr zu ahnen – geschweige denn zu denken – vom hohen Gedanken der Bestimmbarkeit eines Volkes zu ihm selbst.
    Das Gegenbild: das Gemengsel der Amerikaner.

---

[249] [Darüber geschrieben:] *vergeht*
[250] [Aus dem Schuber C 5, 1. In der Überschrift ist »und« doppelt unterstrichen. Die darunter geschriebenen Abkürzungen sind wie folgt aufzulösen: S[ein] u[nd] Z[eit], O[rtschaft], Br[auch].]

93. [Stiller als die Stille][251]

Stiller als die Stille:
   das Unscheinbare
     das nichtende Nichts | *gegnen gegenderweise*
      der Brauch   *Ortschaftwärts*

*

Das Nichten: das zweifältige ›Ent-‹ im Brauch.
Dem entspricht: das Ent-sagen.
Die Sage des ›Seins[x] selbst‹ | der ontologischen Differenz (die Benennung noch von der Metaphysik her gesagt)
Das ›Sein selbst‹: *nicht mehr* nur Sein und dessen Gesetzlichkeit.

[x] In drei Jahrzehnten

94. ›*Endlichkeit des Seins*‹ – *die Eignis*[252]

Sein als Sein des Seienden (Anwesenlassen des Anwesenden) als in die ereignende Lichtung, d. h. in das Ereignis.
  Der Charakter des Ereignisses ist die Endlichkeit. Denn Ereignis ist begrenzend (Ge-Viert) begrenzt. *Grenze:* das Be-stimmende.
  Es gibt kein ›ab-solutes Sein‹; Sein als Anwesenheit bleibt nicht nur angewiesen auf Lichtung, von dieser nicht nur nicht ablösbar, sondern die ereignende Lichtung gibt erst Anwesenlassen als Gewahrnis von Anwesendem.

Solange ›Sein‹ als Grund gedacht wird, zeigt es sich als ein schon Vorliegendes, von dem her; d. h. als Anwesendes.

---

[251] [Aus dem Schuber C 5, 1.]
[252] [Aus dem Schuber C 5, 4.]

›Endlichkeit‹ vorgestellt in Abhebung gegen das Un-endliche –
was Endliches aufhebt. ›Endlichkeit‹ aus dieser Beziehung herausnehmen und im Ereignis denken.

›Grenze‹ und Be-Stimmung; Be-Stimmung und Eignis.
  Endlichkeit aus Ereignis; Endlichkeit und Tautologie
  Endlichkeit als Eignis – | (das tautologische ›als‹)
              die Tautologie im Ereignis |
Das ›als‹ und das ›als solches‹ gehören in das Eignen, das etwas an
es und zu ihm selbst verweist und damit zu allem, was ihm eignet.
| Das ›als‹ im Vorstellen. |

95. Die Ortschaft[253]

Vom Ge-Stelle (d. h. vom Geschick des Austrags als Anfang)
  durch die Gestellnis
    zur Eignis
      in den Brauch
        aus der Be-Fugnis   zum *An-fang*

*

Das *Gestelle* – die Versammlung des Stellens, des Herausforderns auf die Bestellbarkeit, worin die Vergegenständlichung sich ver-endet.
  Das Ge-Stelle ist bereits vom Ereignis her gedacht und nur so zu denken: das Anwesen in der Weise des Willens zum Willen [das Sein des Seienden im Ganzen] zurück- und eingekehrt in das Ereignis –

---

[253] [Aus dem Schuber C 5, 6. Die eckigen Klammern innerhalb der vorliegenden Aufzeichnung in der Handschrift.]

zugleich damit der Anfang – der eine einzige –
anders gedacht – nämlich als der An-fang.

Die *Gestellnis* – das andere, ereignismäßige Gesicht des Ge-Stelles –
dessen Übergang in die Eignis, durch den hindurch – und vermutlich nur so – die Eignis als solche (gegenüber dem Sein des Seienden im Ganzen) sich lichtet.

Die *Be-wëgung*
↕ das ›Von-durch-zu-im-aus‹ˣ
das *Einfache* – unterschieden gegen ἀρχή und principium.

ˣ ortschaftlich – *nicht räumlich*
auch Zeit-Spiel-Raum ungemäß

Die Topo-logie des Seins
ist die Sage des Ortes: des *Geschicks* des Austrags.

Dieser Ort gehört in die Ortschaft,
als welche die Befugnis im Vorenthalt
die Be-wegung fügend fügt.

Kategoriale Anschauung – *weisendes Erkunden und Bemerken der Ortschaft.*
Nicht ›System‹ – sondern: seinsgemäße und sachgemäße Topo-logie des Seins.

Von da zu:[254]

*

---

[254] [Es ist unklar, ob hier die Aufzeichnung abbricht oder zur folgenden übergeleitet wird.]

Die Ortschaft
Anfang und Ereignis – Austrag

Die nur langsam gewonnene nähere Bestimmung der Rede vom ersten und vom *anderen Anfang* (als dem An-Fang). Der andere Anfang ist kein zweiter, abgesetzt gegen den ersten, sondern er ist der eine erste und einzige, dieser jedoch anders, in anderer Weise, nämlich aus der *eigens* sich lichtenden und demgemäß als solcher erfahrbaren Ἀλήθεια. Das eigens Sichlichten und Brauchen ist das zunächst sich entziehende Ereignen, das Ereignis der Anwesenheit – d. h. des Austrags.

Ereignis: die Eignis der bislang verborgenen und daher ungedacht gebliebenen Ἀλήθεια zu ihr selbst.

Die Be-wëgung der Ortschaft.

Sprache und Austragen.

Verwandlung des Geschicks des Austrags in den Brauch der Befugnis.

Die *Ἀλήθεια als solche – als An-Fang*.

Die Ortschaft für den Ort ›Anfang‹.

*

Kritik der ›Seinsfrage‹ – Sprache und Austrag

Wenn Sprache stets [und nur?] Sprache (sagend) des Anwesenden ›ist‹, im Anwesenden jedoch Anwesenheit je schon vorgedacht wird, Sprache somit ungesprochen schon Sprache der Anwesenheit, *dann* müßte die Sprache doch einmal auch das Sagen von Anwesenheit gewähren.

Oder liegt gerade in dieser Forderung das Verkennen des Austrags als des Ver-Hältnisses von den ›Differenten‹?

Heißt der Austrag nicht gerade Vorrang des Ver-Hältnisses – als zwiefältig-einfältiges ›Lassen‹ – Gewährnis des Austrags?

Demnach bleibt es bei der schon öfter vermuteten (vgl. Misch)²⁵⁵ Unmöglichkeit, die ontologische Differenz vorzustellen und gleichsam nach der einen ›Seite‹ – der des ›Seins‹ – weiterzufragen (›Sinn‹, ›Wahrheit‹ des Seins).

Kommt die Beirrung aus der leichtfertigen Meinung über die Sprache: sie sei erstlich und gar nur Sprache des Seienden, wobei gerade das Naheliegende übergangen wird, daß sie *als solche* Sprache schon Sprache des Seins ist?

Wie steht es dann mit dem Spruch: Ἔστι γὰρ εἶναι?²⁵⁶

Aber genügt es denn zu betonen, *auch* und gerade ›Sein‹ werde schon gesprochen?

Liegt vielmehr in diesem nachträglichen Zugeständnis die eigentliche Vergessenheit – nämlich die des Austrags?

Somit: Vergessenheit (als verhüllender Entzug) ja, aber *Vergessenheit des Austrags*.

›Seinsvergessenheit‹ – eine Halbheit? Mehr noch: eine *ganze Verkennung der Sache*; eine *Verwirrung* der Seinsfrage; mehr noch: das Steckenbleiben in einer Sackgasse.

Nötig: die Bestimmung der vermeintlichen ›Seinsfrage‹ zur Frage nach der ontologischen Differenz.

Dies aber doch in »Identität und Differenz« betont!²⁵⁷ Ja und nein.

Indes: von der ontologischen Differenz aus gesehen: dem ›Sein‹ als dem einen *Differenten* nachgegangen statt der *Differenzialität*.

Doch handelt es sich überhaupt um ›Differenz‹, Unterschied?

Eher Austrag als *Lichtung*

und diese in sich zwiefaltende Einfalt –

dies eine Spur – und dennoch *ungemäß*.

---

²⁵⁵ [Vgl. Georg Misch: Lebensphilosophie und Phänomenologie. Eine Auseinandersetzung der Dilthey'schen Richtung mit Heidegger und Husserl. Bonn: Friedrich Cohen, 1930, S. 256 ff. – Siehe dazu oben S. 86 die Fußnote 103.]

²⁵⁶ [Parmenides, Fragment 6 (Diels), 1.]

²⁵⁷ [Vgl. Martin Heidegger: Die onto-theo-logische Verfassung der Metaphysik. In: Identität und Differenz. Pfullingen: Günther Neske, 1957, S. 31–67, hier S. 40 ff.; Gesamtausgabe Band 11. Hrsg. von Friedrich-Wilhelm von Herrmann. Frankfurt a. M.: Vittorio Klostermann, 2006, S. 51–79, hier S. 59 ff.]

Das ›Sein selbst‹: der als solcher ungedachte Austrag.
Das Ungedachte dessen, was ungemäß ontologische Differenz genannt wurde seit S.S. 1927 (Schluß der Marburger Vorlesung, § 16).[258]

96. Die ›Gegenwendigkeit‹[259]

von Entbergen und Verbergen ist *nicht* ›*dialektisch*‹ gemeint im [Sinne] einer Zuspitzung auf-zuhebender Gegensätze.
Verbergen nicht ›Gegensatz‹.
Indes Entbergen verbirgt im Sinne des Vorenthalts und des Entzugs.
Verbergen ≠ Verstellen oder gar Beirren.
Entbergen des sichverbergenden Bergens der Befugnis ist einfältig das Eignen der Lichtung. [Diese wiederum *vor* Raum und Zeit – ihnen erst diese Aus-dehnungsmöglichkeit gewährend.][260]

*

Daß unser Denken den Anfang immer wieder zu dürftig erfährt und ansetzt – woran liegt dies? Wo liegt hier die Maß-Gabe?

*

---

[258] [Vgl. Martin Heidegger: Die Grundprobleme der Phänomenologie. Marburger Vorlesung Sommersemester 1927. Gesamtausgabe Band 24. Hrsg. von Friedrich-Wilhelm von Herrmann. Frankfurt a. M.: Vittorio Klostermann, 1975, ³1997. Der § 16 dieser Vorlesung (S. 255–291) bezieht sich auf das Problem der Kopula. Vermutlich meint Heidegger die §§ 19–22 (S. 324–469), die sich auf das Problem der ontologischen Differenz beziehen.]
[259] [Aus dem Schuber C 5, 8.]
[260] [Die eckigen Klammern in der Handschrift.]

Gegenwende und Nichten

Nichten: die Enteignis in den Vorenthalt.

Darin: weggereicht an die als solche unzugangbare Befugnis, aus der wir verfügt bleiben in die Eignis – mit dieser geeignet dem Brauch und der Gegenwende seiner Sage.

97. *Befugnis und Brauch*[261]

Inwiefern sind sie das *Selbe*? Insofern Befugnis verengt wie Brauch auf das Menschenwesen *hin* – nicht aus diesem her und gar als dieses gedacht werden.

Be-fugnis kann aber auch die ganze Weite der Fügung des Ge-Vierts nennen, aber je nach der Gegend verschieden.

Be-Fugnis dann: Ereignis aus der Fuge und *als* diese.

›Brauch‹ dagegen nennt das Ereignende dessen, worin das ›Wesen‹ der Sterblichen wohnt.

Die Befugnis zunächst zweideutig:
1. *die Be-Fugnis:* das ereignende Enteignen des Ver-hältnisses aus der Fuge;
2. Befugnis: der ereignete Brauch.

98. *Austrag (Differenz)*
und die Verwandlung der Transzendenz[262]

Schon das mittelalterliche transcendens im Sinne der Transzendentalien ist wie das κοινόν und commune vom vorstellenden Denken aus gesagt; wie nämlich für solches Vorstellen das vorgestellte, vernommene ›Seiende‹ (Anwesende) als solches überstiegen wird vom ›Sein‹, wie dieses auf das Seiende *zu* vorgestellt das πρότερον ist.

---

[261] [Aus dem Schuber C 6, 3.]
[262] [Aus dem Schuber C 7, 1.]

Denksplitter

Alle Bestimmungen des Seins im Sinne des transcendens werden vom vorstellenden Denken her und für dieses gesagt, *auch* noch in »Sein und Zeit«, wenngleich dort die Frage es auf die Differenz absieht, die in »Vom Wesen des Grundes« *in* die Transzendenz (!) gegründet wird.[263] Allein auch die Umkehrung genügt nicht, von der prinzipiellen Schwierigkeit alles Umkehrens ganz abgesehen, daß es dem Umgekehrten erst recht zugekehrt und an es gefesselt bleibt. Das bloße Umkehren erbringt nie das entwindende, d. h. in den An-fang befreyende Vereinen.

Wenn daher Sein als ›Übergang‹ bestimmt wird, bleibt diese Bestimmung im ›transcendens‹ hängen; und die Kennzeichnung als Einigung stellt ›das Seiende‹ noch so vor, als sei es das ganz Andere zum Sein – und nur dieses –, während es doch nur das ganz Andere ist als in den Austrag (d. h. das Seyn) Gehöriges. Aber wie gehören je unterschieden ›Sein‹ und ›Seiendes‹ in den Austrag des Unterschiedes? Als Über-Kommnis und Ankunft.

Wie steht es aber mit den Bestimmungen *Über-Kommnis* und *Ankunft*?

Sie sagen vom ›Sein‹ – als Φύσις Λόγος Ἕν – her das *Selbe* und *darin* gerade den für das Selbe wesentlichen *Unterschied*.

Über-Kommnis: weder subjektives Apriori (transzendental) noch transcendens, sondern alles Kommen und jede Kunft aus dem *Zwischen des Schiedes* – als dem Ereignis.

99. *[Hinter den Leit-Satz zurück]*[264]

Hinter den Leit-Satz zurück
in das Einfältige voraus.

*

---

[263] [Vgl. Martin Heidegger: Vom Wesen des Grundes. In: Wegmarken. Frankfurt a. M.: Vittorio Klostermann, 1967, S. 21–71, hier S. 33 ff.; Gesamtausgabe Band 9. Hrsg. von Friedrich-Wilhelm von Herrmann. Frankfurt a. M.: Vittorio Klostermann, 1976, ⁵2004, S. 123–175, hier S. 137 ff.]

[264] [Aus dem Schuber C 7, 3.]

Hierbei bietet die Metaphysik, auch die *seinsgeschicklich* erfahrene, keinen Widerhalt mehr; dieser gibt sich nur noch durch den begangenen Holzweg.

Statt Anwesendes und Anwesenheit – die Dinge im Ereignis der Be-Fugnis im Blick auf den Brauch des Entsagens.

Der *Wink der Bestellbarkeit*; ihr Zweideutiges, bergend die Umkehr zum Rückweg.

Inwieweit darf das Bestellbare noch von der Anwesenheit (Gegenständlichkeit) her gekennzeichnet werden? Soweit das rechnende Denken sich darin aufhält und von ihr behext bleibt.

*

Hinter den Leit-Satz,
hinter dieses Geschick zurück
zum er-eignenden Anfang.

Aber muß hierfür sogar ›Anwesenheit‹ preisgegeben werden – zugunsten der *Dinge*, ihrer Dingnis? Aber stehen wir damit nicht vor der gleichen Schwierigkeit, nur unter anderem Namen?

Ding – Dingnis im Ereignis der Befugnis des Ge-Vierts.

*

Ist nicht gerade die Bestellbarkeit – das Ge-Stell – *der* Wink zu den Dingen?

Die Zweideutigkeit – entscheidend.

Jeden Anschein einer negativen Bestimmung des Ge-Stells vermeiden.

Aber *zugleich* von der Aussage – λόγος
zum *Ent-sagen*: das Einfältige (Endige) | zurück.

100. Das An-nehmen[265]

Das Annehmen des Brauches in den eignenden An-Fang der Befugnis des Ge-Vierts.

Das Hören der Be-Stimmung aus der Stimme des Geläuts der Stille des Ratsals.

Die Vergessenheit der Lichtung und die Beschränkung der ungedachten Annahme im Beginn des Denkens.

Die Annahme und der unbedachte Leitspruch für die Metaphysik.

Die Annahme der lichtenden Eignis und die Preisgabe der Differenz.

Die Annahme und die ὑπόθεσις Platons; das πρότερον φύσει.

Die Annahme und das Entsagen der Sage der eignenden Befugnis des Ge-Vierts.

Die Annahme und das Vordenken.

Der Rückweg in das Annehmen.

Das Vorbereiten des Annehmens auf dem Rückweg, der erst des Holzweges in die Differenz braucht.

Das An-nehmen und das Ge-Stell (gestellt unterstellend – statt annehmend).

Das An-nehmen und die Freiheit.

---

[265] [Aus dem Schuber C 7, 4. Überschrift auf dem Umschlag, mit dem Heidegger die folgenden Aufzeichnungen zusammengefaßt hat.]

Das An-nehmen des Gehörens in die Nahnis des Zeit-Spiel-Raums.

Die Lichtung des sich verbergenden Bergens und das annehmende Entwerfen in das Ge-Viert.

Das An-nehmen und das Anwesende.

Die in der Unterstellung mitübernommene, jedoch unbedachte Annahme.

Das An-nehmen (Vordenken)

der Weg ins An-nehmen
der Weg des Denkens
Das Annehmen: das Anwesende –

Inwiefern bleibt unser Denken nicht hinreichend bereit im An-nehmen?
 Stets denkt es zu kurz, zu eng, zu übereilt, zu vorgreifend, zu griffig; nehmen: *nicht* als hinnehmen, sondern rauben, ansichreißen; greifend – stellend –

101. Sprache[266]

ent-sprechen der Sprache:
Ent-sagen die Sage
diese: rufend ins eignende
    Ver-Hältnis
das Einfache in der Eignis
    des Brauches

---

[266] [Aus dem Schuber C 8, 1.]

*102. Das Verhältnis zum Denken des Griechentums
als dem Anfang der Philosophie*[267]

Der Anspruch der Verbindlichkeit
[und der absolute Gültigkeitsanspruch von Kants Sätzen].

*

Das Bedürfnis der Befriedigung des Gedachten.   Hegel
Die Bedrängnis des Ungedachten im Gedachten.   Heidegger

Die Befriedigung: auf-
hebend. Das Ungedachte:
sich entziehend.
Der Entzug beruht in der
Enteignis. Diese ist älter
als das Ereignis.
Doch hinsichtlich der
Rede vom Ungedachten
und Gedachten, vom
Denken bleibt zu fragen:
was *heißt* Denken? Von
woher ist das Denken
als solches gewiesen
in seine Bestimmung?

Das Ungedachte nicht ein beliebiges,
zufällig vom Denken außer acht
gelassenes Nichtgedachtes.
Das Ungedachte findet sich auch nicht
nicht innerhalb des Gedachten.
Das Ungedachte ist vielmehr das *im*
Denken des Gedachten und *durch*
dieses Denken Noch-nicht-Gedachte –
somit auch kein bloßer Rest des noch
zu Denkenden, der als Zusatz zum
Gedachten nachzutragen.
Das Un-gedachte ist jenes, dessen das
Gedachte als solches immer schon
bedurfte und das es gleichwohl nicht
denken konnte.
Im Ganzen der Geschichte des
Denkens und seiner Befriedigung
(Aufhebung der Gegensätze)
ist das Ungedachte das notwendig
Noch-nicht-Gedachte – Benötigte.

---

[267] [Aus dem Schuber C 10, 2. Überschrift auf dem Umschlag, mit dem Heidegger die folgenden Aufzeichnungen zusammengefaßt hat. Die eckigen Klammern innerhalb der vorliegenden Aufzeichnung in der Handschrift.]

Das Ungedachte ist die im Er-eignis zu denkende Lichtung des Sichverbergenden Bergens der Befugnis des Ge-Vierts.

*

Der Rückgang in den Anfang der Philosophie

Vom Anfang bis zum Ende – | Das Ganze der Geschichte als *ein*
                                        Geschick
und der Schritt zurück. | d. h. im Ereignis, und zwar
                                        Schickung von ›Anwesenheit‹.

Kein Bruch mit der Überlieferung – sondern?
Aber auch keine ›Aufhebung‹ – sondern?

*

Das Verhältnis zur griechischen Philosophie

»Hegels Verhältnis zur Geschichte der Philosophie ist das spekulative und nur als dieses ein geschichtliches.« »Identität und Differenz«, [S.] 39.[268]

---

[268] [Martin Heidegger: Die onto-theo-logische Verfassung der Metaphysik. In: Identität und Differenz. Pfullingen: Günther Neske, 1957, S. 35–73, hier S. 39; Gesamtausgabe Band 11. Hrsg. von Friedrich-Wilhelm von Herrmann. Frankfurt a. M.: Vittorio Klostermann, 2006, S. 51–79, hier S. 54.]

Die Geschichte der Philosophie in den
Stufen der Momente des ›Logischen‹
(der absoluten Idee).

Daher: die griechische Philosophie   ↓
    die Stufe der Unmittelbarkeit –   *Method.*
    das schon Gedachte als Vorstufe   ›Aufhebung‹
    des vollständig Gedachten.   ›Bedürfnis‹ nach
                                           Befriedigung
                                           ↕

Für uns das *Ungedachte*, und zwar jenes,   *Method.*
was alles bisher Gedachte als   ›*Schritt zurück*‹
solches gewährt – zugleich aber   *Bedrängnis* durch [x]
dem Denken sich mehr und mehr   das alles bestim-
entzieht.   mende Ungedachte

Ἀ-Λήθεια – Wahrnis – Gewährnis der Lichtung des sich verbergen-
                           den Bergens [nicht ›Wahrheit‹]
das Ungedachte   [var: geben – zugeneigt – sich haltend – sich
im *Geschick*   richtend nach]
das Schicken als   [›Wahrheit‹: »das Ergebnis eines methodisch
Vorenthalt   gesicherten Verfahrens der Bewahrheitung«
                           (›Verifizierung‹), Blumenberg, Paradigmen,
                           [S.] 19[269]]
                           Hegel: ›die reine Wahrheit‹: ›die absolute
                           Idee‹ – ›das Logische‹.
                           Nietzsche: »*Wahrheit ist die Art von Irrtum,*
                           ohne welche eine bestimmte Art von leben-
                           digen Wesen nicht leben könnte. Der Wert
                           für das Leben entscheidet zuletzt.« (Wille
                           zur Macht, n. 493 (1885))[270]

---

[269] [Hans Blumenberg: Paradigmen zu einer Metaphorologie. In: Archiv für Begriffsgeschichte 6, 1960, S. 5–142, hier S. 19.]
[270] [Friedrich Nietzsche: Der Wille zur Macht. Drittes und Viertes Buch. Zweite, völlig neugestaltete und vermehrte Ausgabe (= Nietzsches Werke, Band XVI). Leipzig: Kröner, 1911, n. 493.]

Ἀ-Λήθεια: ›Lichtung ...‹ | noch ungedacht.

ˣ *Schritt zurück:* An-denken den An-fang | die Vereignung im Ereignis, in den er--eignenden An-Fang – nicht Rückschritt an den Beginn der Philosophie *hinter das Geschick von Anwesenheit* (Anwesenlassen).
Der Schritt in das Ge-Stell.

*

Weshalb im griechischen Denken keine ›Reflexion‹?

[Reflexion: Zurückbringung des Vorstellens vom Vorstellen des Objekts auf das vorstellende Subjekt.]

Weil das griechische Denken dessen nicht bedurfte. Weshalb nicht?

Weil gemäß der Offenbarkeit des Seienden qua Anwesenden und des λέγειν und νοεῖν qua Anwesen zu ... der Mensch schon – als ζῷον λόγον ἔχον gelichtet – mit im Licht stand.

Weil kein Verfallen an das Anwesende als Objekt für ... – so auch kein Rückgang auf das Subjekt.

Weil kein ›Vorstellen‹.

103. Prüfung aus der Be-Stimmung[271]

Wie das (vorstellende) Denken geprüft wird –
geprüft: auf die Probe gestellt, ob es der Be-Stimmung entspricht (als Entsagen).
Nicht das *Denken prüft* | *sich* | – als vorstellendes sich vorstellend, als Bewußtsein im Selbstbewußtsein,
sondern: das Denken als Entsagen im Ereignis wird geprüft an der Be-Stimmung der Sache des Denkens; inwiefern kann diese zum Prüfstein werden? Be-Stimmung der Sache des Denkens und das Geschick des Seins – d. h. des Anwesenlassens von Anwesendem – die möglichen Epochen des Geschicks (der Eignis) und deren Überlieferung.

Sich prüfen lassen: Inwiefern ›Prüfung‹?
Woraufhin? Daraufhin, ob es sich auf seine, auf die ihm als solche gewiesene Sache einläßt.

*

Der An-fang des Denkens
das <u>Geschick</u> der Lichtung des ...
aber als solches <u>nicht</u> erfahren –
sondern: M[ensch] und Seiendes.
Weder Anfang mit dem ›Objektiven‹, Unmittelbaren noch mit ›Subjektivem‹.

*

---

[271] [Aus dem Schuber C 11. Die erste Seite der vorliegenden Aufzeichnung ist als Faksimile abgedruckt bei Walter Biemel: Martin Heidegger in Selbstzeugnissen und Bilddokumenten. Reinbek bei Hamburg: Rowohlt Taschenbuch Verlag, 1973, S. 146.]

Zweiter Teil

Ver-Haltnis und Ereignis

Wo darüber von mir gehandelt? Anfrage bei Jean Beaufret.
Ver-*Halten* – Ver- als *Sammeln* –
Halten als *Hüten*.

*

Das mit Absicht Fremdartige im Titel »Zur Sache des Denkens«[272]

1. Ein Beitrag zur Frage nach der Bestimmung der Sache des Denkens – Evokation;
2. »*Zur Sache* ...«: das Denken aufrufen – Provokation.
Nicht mehr länger die Seinsvergessenheit vergessen, in der das Denken seit Jahrtausenden geschickhaft sich aufhält.
Das Ge-schick [des] Denkens an-nehmen –

*

[Das Wesen der Sprache][273]

Kein ding sei wo das wort gebricht.

Der Schlußvers sagt vom Wort, somit von dem, was der Überschrift zufolge das ganze Gedicht im dichterischen Sinn hat. Der Dichter spricht eigens vom Wort. Er nennt den Bezug der Dich-

---

[272] [Vgl. Martin Heidegger: Zur Sache des Denkens. Tübingen: Max Niemeyer, 1969; Gesamtausgabe Band 14. Hrsg. von Friedrich-Wilhelm von Herrmann. Frankfurt a. M.: Vittorio Klostermann, 2007.]

[273] [Bei der vorliegenden Aufzeichnung handelt es sich um eine Seite (oben links die Zahl 3) aus einer früheren Fassung des ersten der drei Vorträge Heideggers über »Das Wesen der Sprache«, in dem Stefan Georges Gedicht »Das Wort« ausgelegt wird. Vgl. Martin Heidegger: Das Wesen der Sprache. In: Unterwegs zur Sprache. Pfullingen: Günther Neske, 1959, S. 157–216, hier S. 163 f.; Gesamtausgabe Band 12. Hrsg. von Friedrich-Wilhelm von Herrmann. Frankfurt a. M.: Vittorio Kloster-

tung zum Wort. Der Dichter und das Wort – gibt es Erregenderes und Gefährlicheres für die Dichtung und den Dichter als diesen Bezug, vollends dann, wenn er zu bedenken gibt, ob dieser Bezug zum Wort vom Dichter geschaffen wird oder ob das Wort für sich das Dichten braucht und im Dichten erst den Dichter zu dem werden läßt, der er ist? [[Aber dürfen wir die Entfaltung solchen Nachdenkens auf den einen herausgerissenen Schlußvers stützen, den wir überdies und ohne Begründung in eine Aussage umformten?]] All das macht uns nachdenklich. Zugleich aber zögern wir, uns auf solches Nachdenken einzulassen; denn es stützt [sich] doch nur auf den einen herausgerissenen Schlußvers, den wir dazu noch in eine Aussage umformten, ohne diesen Eingriff zu begründen. Vielleicht ist dieses Vorgehen übereilt? [[Aber es drängt sich uns fast auf,]] Und doch ist es keine bloße Willkür. Wir werden zu der Umformung fast gedrängt, wenn wir bemerken, daß der erste Vers der Schlußstrophe mit einem Doppelpunkt endet. Dieser weckt die Erwartung, im Folgenden werde etwas ausgesagt. Wäre dies der Fall, dann müßte [[, weil die Aussage im Indikativ spricht, der Schlußvers heißen: Kein ding ist wo das Wort gebricht. Statt dessen lautet er:]] dem Doppelpunkt, so wie dem zweiten,[274] der sich noch im Gedicht findet, im 1. Vers der V. Strophe, eine Verszeile in Anführungszeichen folgen, die eine Aussage bezeichnete. Diese fehlen hier. Vor allem aber müßte der Schlußvers, als Aussage im Indikativ stehend, lauten: [Kein Ding ist, wo das Wort gebricht.] Statt dessen hören wir:

Kein ding sei wo das wort gebricht.

Der Dichter spricht, grammatisch vorgestellt, im Conjunktiv statt im Indikativ. Dies befremdet. Die Redeweise scheint allerdings in unserer Sprache nicht ganz ungewöhnlich zu sein. In Goethes

mann, 1985, ²2018, S. 147–204, hier S. 153 f. – Textteile, die Heidegger zwar nicht durchgestrichen, aber durch andere Formulierungen ersetzt hat, wurden vom Herausgeber in doppelte eckige Klammern gesetzt.]
[274] [Darübergeschrieben:] anderen

»Einleitung zum Entwurf einer Farbenlehre« steht folgendes: »Damit wir aber nicht gar zu ängstlich eine Erklärung zu vermeiden scheinen, so möchten wir das Erstgesagte folgendermaßen umschreiben:[275] die Farbe sei ein elementares Naturphänomen für den Sinn des Auges ...«. In der Entsprechung zu Goethes Text böte somit die Schlußstrophe des Georgeschen Gedichtes den gleichen Fall – auf den Doppelpunkt folgt ein »sei«. Doch hören wir die Strophe deutlicher:

> So lernt ich traurig den verzicht:
> Kein ding sei wo das wort gebricht.

*

Ist »die Stimme der Wissenschaft« eine »unangreifbare und anonyme Autorität«?
Zu Gadamer, »Die Universalität des hermeneutischen Problems«.[276]

*

>Sprache< und Ereignis

»die alles umgreifende Form der Weltkonstitution«
»Grundvollzugsweise unseres In-der-Welt-Seins«[277]

---

[275] [Heidegger hat den Doppelpunkt unterstrichen und auf der rechten Blattseite die Bemerkung hinzugefügt:] und auch *ohne* Anführungszeichen

[276] [Hans-Georg Gadamer: Die Universalität des hermeneutischen Problems. In: Philosophisches Jahrbuch 73, 1966, S. 215–225, hier S. 215; Gesammelte Werke Band 2: Hermeneutik II. Wahrheit und Methode. Ergänzungen. Register. Tübingen: J. C. B. Mohr (Paul Siebeck), 1986, S. 219–231, hier S. 219: »[...] wie sich unser natürliches Weltbild [...] zu jener unangreifbaren und anonymen Autorität verhält, welche die Stimme der Wissenschaft darstellt.«]

[277] [Hans-Georg Gadamer: Die Universalität des hermeneutischen Problems, S. 215; Gesammelte Werke Band 2, S. 219.]

[Sprache »Haus des Seins«][278]
Wenn aber ›Sein‹ im Seins-Geschick dem Ereignis übereignet wird?

*

be-stimmen:
   durch die Stimme festsetzen,
   anordnen (ausrichten auf),
   nach Merkmalen abgrenzen (erst 18. Jahrhundert).
›Stimme‹: Herkunft unbekannt
   umstimmen
   verstimmen   Stimmung

104. Die Sache des Denkens[279]

Wie auszumachen? Wer bestimmt sie? Mit welcher Verbindlichkeit?

Das Denken: die Philosophie. Welche? Ihre ganze Geschichte? Wie diese erfahrbar? Aus dem heutigen Denken? Wenn aber die Philosophie heute in ihr Ende gelangt wäre? Wie das erweisen, ohne Philosophie, ohne über die Sache des Denkens einen Bescheid zu haben? Leicht zu sehen, daß wir uns mit diesen Fragen im Kreis bewegen. In welchem Kreis? Was heißt hier Kreis?

Wir sollen über die Sache des Denkens entscheiden und müssen

---

[278] [Martin Heidegger: Brief über den »Humanismus«. In: Platons Lehre von der Wahrheit. Mit einem Brief über den »Humanismus«. Bern: A. Francke, 1947, S. 53–119, hier S. 53; aufgenommen in: Wegmarken. Frankfurt a. M.: Vittorio Klostermann, 1967, S. 145–194, hier S. 145; Gesamtausgabe Band 9. Hrsg. von Friedrich-Wilhelm von Herrmann. Frankfurt a. M.: Vittorio Klostermann, 1976, ⁵2004, S. 313–364, hier S. 313. – Die eckigen Klammern in der Handschrift.]
[279] [Aus dem Schuber C 11, 4. Links neben der Überschrift die Notiz:] vgl. Vorl. I, [S.] 122 f. [Vgl. Martin Heidegger: Vorläufiges I–IV (Schwarze Hefte 1963–1970). Gesamtausgabe Band 102. Hrsg. von Peter Trawny. Frankfurt a. M.: Vittorio Klostermann, 2022, S. 93 f.]

hierzu darüber schon einen Bescheid haben? Voraus-gesetzt für das Suchen der Geschichte!²⁸⁰ Oder wird die Sache des Denkens nicht durch uns bestimmt? Durch wen sonst? Durch einen Gott, durch ›die Gesellschaft‹, durch ›die Wissenschaft‹, durch irgend ein Seiendes?
Oder einzig nur durch das Zu-denkende – für welches Denken? Für unser Denken. Was ist dieses? Wer entscheidet darüber? Wir selbst? Oder ist darüber schon entschieden? Durch wen? Durch das zu Denkende? *Für* wen?
Indes besteht ein Kreis nur, wo die selbe Ebene einer gleichartigen Bahn maßgebend bleibt.
Die Sache der Philosophie. Die Philosophie am Ende.
Dieses Ende von seinem Anfang her. Und der Anfang vom Ende her. Oder nicht mehr von diesem – sondern von der *An-Fängnis* des Anfangs? (Der andere Anfang – der Anfang anders.) | Aigina |²⁸¹

Die Sache des Denkens (Philosophie) nicht in jedem Zeitalter auf die gleiche Weise zu bestimmen.
Jetzt die besondere Lage – ›am Ende‹.

Der Reichtum des An-Fangs zu erfahren – das Gleichanfängliche.

Der Weg zur *Sache als solcher* (verschieden von der ›Sache selbst‹).

Das Einfache des ersten Anfangs und seine Entschiedenheit.
Parmenides: Δίκη – den Sinn zeigend auf Ἀλήθεια.
Unverborgenheit ≠ Wahrheit (vgl. »Sein und Zeit«, [S.] 213).
»Hegel und die Griechen«, Schluß, 1957 ff.²⁸²

---

²⁸⁰ inwiefern dieses Voraussetzen ein Kreis? Wohin gehört es? [Auf-ent-halt] [Die eckigen Klammern in der Handschrift.]
²⁸¹ [Diese Angabe bezieht sich auf das Konvolut »Aigina«. Siehe oben S. 628 ff. Nr. 70.]
²⁸² [Vgl. Martin Heidegger: Hegel und die Griechen. In: Wegmarken. Frankfurt a. M.: Vittorio Klostermann, 1967, S. 255–272, hier S. 267 ff.; Gesamtausgabe Band 9. Hrsg. von Friedrich-Wilhelm von Herrmann. Frankfurt a. M.: Vittorio Klostermann, 1976, ⁵2004, S. 427–444, hier S. 439 ff. Die Angabe »1957 ff.« bezieht

›Wahrnis‹ – | Gewährnis |
Gewährnis → τὸ γὰρ αὐτό …,[283] Anwesen und Sinnen gehören zusammen (Eins *verlangt* (?) das Andere)

105. Inwiefern ist die Frage nach der Bestimmung der Sache des Denkens zu einer Besinnung auf die Überlieferung des Denkens genötigt?[284]

Wie muß dabei die Überlieferung gedacht werden? Offenbar im Hinblick darauf, wie die Bestimmung der Sache geschah und weitergegeben und aufgenommen wurde. Für eine solche Bestimmung reicht die überlieferte Betrachtung und Darstellung der Geschichte der Philosophie nicht aus. Denn mit dem Namen ›Philosophie‹ ist die Bestimmung der Sache schon vorausgesetzt. Auch eine Geschichte der Probleme der Philosophie bleibt unzureichend, wenn anders die Probleme aus der Fragwürdigkeit der Sache entspringen, die dabei schon als bestimmt vorausgesetzt wird.

Die Frage nach der Bestimmung der Sache des Denkens ist von eigener Art. Sie läßt sich auch nicht in der Frage: Was ist das – die Philosophie? unterbringen.[285]

Die Frage nach der Bestimmung der Sache des Denkens bewegt sich in einer eigenartigen (bislang nicht erfahrenen) Dimension. Wie läßt sich diese bestimmen? Vermutlich nur aus der Bestimmung der Sache des Denkens, genauer aus dem, was hier *Bestimmung* meint.

sich offensichtlich auf die Zeit der Entstehung des erstmals am 20. März 1958 in Aix-en-Provence gehaltenen Vortrags und auf dessen erste Veröffentlichungen 1959 und 1960.]

[283] [Parmenides, Fragment 3 (Diels).]
[284] [Aus dem Schuber C 11, 5.]
[285] [Vgl. Martin Heidegger: Was ist das – die Philosophie? Pfullingen: Günther Neske, 1956; aufgenommen in: Identität und Differenz. Gesamtausgabe Band 11. Hrsg. von Friedrich-Wilhelm von Herrmann. Frankfurt a. M.: Vittorio Klostermann, 2006, S. 3–26.]

106. ›Das Sein selbst‹ und das Ereignis[286]

Was heißt dies (vgl. Humanismusbrief):»Das Sein (ist) Es selbst« und die Wendung »das Sein selbst«?[287]
Wie ist diese Tautologie zu denken?
Die Rede ist dort vom »Verhältnis«[288] – nämlich vom Verhältnis des Seins zum Dasein.
Sein (ist) aber zugleich: Sein des Seienden, d. h.
                             Seinlassen: das Seiende.
Somit wird im Verhältnis gedacht:
Verhältnis des Seinlassens: das Seiende im Ganzen – zum Dasein.
V[er]-H[ältnis] meint hier nicht die bloße Relation, sondern: Verhalten als Verhaltenheit: An-sich-Halten, und zwar als Verhalten im Sinne des austragenden Behaltens als Bergen. [Vorenthalt der bergenden Lichtung als Ereignis.][289]
Sein selbst: von ihm her gedacht: das Ver-hältnis. Dies aber – in all seinen genannten Momenten – beruht im Ereignis. ›Sein‹, nämlich Anwesenheit wird zurückgenommen in das in der Anwesenheit schon vorweg eignende Ereignen. Die *Selbigkeit* des Selbst von Anwesenheit meint die vielfältige Zusammengehörigkeit – Gehören in die Versammlung des Verhältnisses ruht in der Vereignung des Ereignisses.

*

[286] [Aus dem Schuber C 11, 5.]
[287] [Martin Heidegger: Brief über den »Humanismus«. In: Platons Lehre von der Wahrheit. Mit einem Brief über den »Humanismus«. Bern: A. Francke, 1947, S. 53–119, hier S. 75 f.; aufgenommen in: Wegmarken. Frankfurt a. M.: Vittorio Klostermann, 1967, S. 145–194, hier S. 161 f.; Gesamtausgabe Band 9. Hrsg. von Friedrich-Wilhelm von Herrmann. Frankfurt a. M.: Vittorio Klostermann, 1976, ⁵2004, S. 313–364, hier S. 330 f.: »Der Mensch ist vielmehr vom Sein selbst in die Wahrheit des Seins ›geworfen‹«. »Doch das Sein – was ist das Sein? Es ›ist‹ Es selbst.«]
[288] [Martin Heidegger: Brief über den »Humanismus«, S. 77; Wegmarken, S. 163; Gesamtausgabe Band 9, S. 332: »Das Sein selber ist das Verhältnis«.]
[289] [Die eckigen Klammern in der Handschrift.]

Die Bestimmung – meines Denkens

aus dem Anfang –
aus dem Geschick des Seins –
nicht eine bloße Um- und Fortbildung heutiger Philosophie dieses Jahrhunderts.
Die Frage nach dem Sinn von Sein – kein Fort-schritt (»Vorläufiges« II, [S.] 138).[290]

      Entwurfbereich – *Ἀ-Λήθεια*.
Auch nicht ›Wahrheit‹.
Was heißt Überwindung der Metaphysik?
Zurückgelangen in den An-fang.
Und das *Ge-Stell* – die Bestellbarkeit.
   | der technische Regelkreis *(Subjekt-Objekt-Beziehung)*

*

Welcher Zurüstung es bedarf,
um Gesprochenes des Denkens zum Sprechen zu bringen

Kant hat am Beginn seiner Antwort auf die Kritik Eberhards (1790) einen Satz ausgesprochen, der zunächst gegen die Anmaßung und Kleingeisterei von Eberhard gerichtet ist – im Kern jedoch eine Anweisung enthält, die für alle Auslegung maßgebend bleiben muß.

Der Titel der Kantischen Schrift lautet: »*Über eine Entdeckung,* nach der alle neue Kritik *der reinen Vernunft* durch eine ältere entbehrlich gemacht werden soll«.

Der Beginn der Schrift: »Herr Eberhard hat die Entdeckung gemacht, daß [...] ›die *Leibniz*ische Philosophie eben so wohl

---

[290] [Vgl. Martin Heidegger: Vorläufiges I–IV (Schwarze Hefte 1963–1970). Gesamtausgabe Band 102. Hrsg. von Peter Trawny. Frankfurt a. M.: Vittorio Klostermann, 2022, S. 229 f.]

eine Vernunftkritik enthalte, als die neuerliche, wobei sie dennoch einen auf genaue Zergliederung der Erkenntnisvermögen gegründeten Dogmatism einführe, mithin alles Wahre der letzteren, überdem aber noch mehr in einer gegründeten Erweiterung des Gebiets des Verstandes enthalte.‹]«[291]

Der entscheidende Satz sagt: »allein wie viele für neu gehaltene Entdeckungen sehen jetzt nicht geschickte Ausleger ganz klar in den Alten, nachdem ihnen gezeigt worden, wornach sie sehen sollen!«[292]

Der Satz, den wir als Grundsatz der Auslegung dem Kantischen Text entnehmen können, besagt: Für alle denkende Zwiesprache mit der Geschichte des Denkens ist vor allem anderen nötig: ›*das Zeigen, wonach wir sehen sollen*‹. Kant bestimmt dies am Schluß seiner Schrift: »über dem Wortforschen dessen, was [ältere Philosophen] gesagt haben, dasjenige [...] sehen [...], was sie haben sagen wollen«.[293]

Allein — wessen bedarf es, um ein solches Zeigen wagen und vollziehen zu können? Zeigen, wonach wir im überlieferten, schon gedachten und unser Denken mitbestimmenden Denken sehen sollen — das Zeigen enthält eine Forderung, die an die versuchte Auslegung des Gedachten ergeht. Diese Forderung muß, wenn sie das Beliebige und Zufällige vermeiden will, ihrerseits bestimmt und in einem gewissen Sinne notwendig sein. Bestimmt wodurch? Durch das, wonach wir sehen sollen. Dies muß ein Denkwürdiges und somit für unser Denken etwas der Befragung Würdiges sein. Dergleichen müssen wir schon erblickt haben, um zeigen zu können, wonach wir sehen sollen. Wie können wir ein solches Denkwürdiges erblicken? Nicht anders als so, daß uns der Sinn nach diesem Denkwürdigen steht, d.h. daß wir von ihm her als

---

[291] [Immanuel Kant: Über eine Entdeckung, nach der alle neue Kritik der reinen Vernunft durch eine ältere entbehrlich gemacht werden soll. In: Kant's gesammelte Schriften. Hrsg. von der Königlich Preußischen Akademie der Wissenschaften. Band VIII. Berlin: Georg Reimer, 1912, S. 185–252, hier S. 187. Das vom Herausgeber in eckige Klammern Gesetzte wurde nach dem Kant-Text ergänzt.]
[292] [Ebd.]
[293] [Immanuel Kant: Über eine Entdeckung, S. 252.]

einem solchen betroffen sind. Doch woher die Betroffenheit durch ein Denkwürdiges?

Sie kann nur aufkommen und sich entfalten in einem Denken, das sich schon auf das überlieferte Gedachte eingelassen hat. Allerdings – aber dies genügt nicht, abgesehen davon, daß die Rede vom Sicheinlassen auf das überlieferte Gedachte noch recht unbestimmt spricht. Die Frage bleibt, wie das Denken auf das überlieferte Gedachte sich einläßt, sich einlassen muß, um da von Denkwürdigem betroffen zu werden. Denkwürdig ist solches, was noch nicht hinreichend gedacht, was gar überhaupt noch nicht gedacht ist. Allein das noch nicht Gedachte kann das Denken nur dann als ein zu Denkendes beanspruchen, wenn dieses noch nicht Gedachte in allem überlieferten Gedachten und durch seine Überlieferung hindurch schon mitspricht – obzwar ungehört und deshalb nicht bedacht. Sollte dieses Ungehörte, doch überall Mitsprechende im überlieferten Denken gar noch jenes bleiben, was die Überlieferung des Denkens nicht nur trägt, sondern dem Denken allererst seinen Anfang gewährt, ohne selbst gedacht zu sein – dann müßte sich dieses Ungehörte als das Unerhörte für das Denken bekunden und es so betroffen machen wie nichts sonst im Bereich des Denkens. Dieses Unerhörte im Denken und für das Denken ist jenes, was am Anfang des Denkens, das dann Philosophie heißt, mit dem Namen ἀλήθεια genannt wird. Nach dem so Genannten, was allem bisherigen Denken seinen Anfang und sein Feld schon gewährt hat, aber gerade deshalb ungedacht bleiben mußte – nach der Ἀλήθεια soll das Denken sehen, wenn anders es ein Denken bleiben und d. h. denkender werden soll.

So kann denn das Denken an diesem Denkwürdigen nicht vorbeigehen, d. h. es fernerhin ungedacht lassen. Indes sieht es heute so aus, als herrschte ein Widerwille im Denken, dorthin zu sehen, wonach wir sehen sollen. Man mißdeutet vielmehr vorschnell dieses Sehen nach der Art als halb mystisches, halb mythisches, in jedem Falle als unkritisches Gebaren auf dem Felde des Denkens. Aber gibt es eine höhere und weiter reichende Kritik des Denkens als das unterscheidende Herausheben und Bedenken dessen, dem alles bisherige Denken überhaupt seit je seine Möglichkeit verdankt?

107. ›Technik‹, ›Wissenschaft‹ und Denken[294]

Doch wer läßt sich noch treffen von den unsichtbaren Pfeilen des Denkens? Das Gerede und Geschreibe wird immer leerer, immer massenhafter, immer wirksamer. Das Denken jedoch ›wirkt‹ nicht. Es hält sich im Nutzlosen auf und bereitet diesem seinen Ort. Ob der Mensch an diesem noch einmal umkehren wird, weiß niemand. Was auch immer kommen mag, die Denkenden bleiben an jenes Bereiten gebunden. Die Inständigkeit in ihm gewahrt ein Wissen (d. h. ein Gesehen-Haben), das die Wissenschaft weder kennen noch erweisen kann. Vermutlich stehen wir erst am Beginn eines Denkens, das die Unheimlichkeit und das Geschickhafte des Wesens der Technik als Geschehnis des ›Seins‹ erfahren läßt. Darin gilt es unterwegs zu bleiben.

Unterwegs im Bleibenden des Fragwürdigen-Denkwürdigen.

108. Zur Frage nach der Bestimmung der Kunst[295]

Der Ton liegt auf der Bestimmung. Nach ihr sei gefragt. Das Wort ›Bestimmung‹ ist mehrdeutig. Einmal meint es die Umgrenzung von etwas *als* das und jenes; Bestimmung als Determination – Definition. Sodann meint ›Bestimmung‹ soviel wie Zwecksetzung; etwas bestimmen *zu* und *für* etwas. Ferner kann Bestimmung

---

[294] [Aus dem Schuber C 12, 2.]

[295] [Aus dem Schuber C 12, 2. Die vorliegende Aufzeichnung stellt vermutlich die Einleitung zu einem in kleinerem Kreis gehaltenen Vortrag dar, für dessen Hauptteil sich Heidegger auf die überarbeitete Reinschrift seines am 4. April 1967 in der Akademie der Wissenschaften und der Künste in Athen gehaltenen Vortrags stützte. Vgl. Martin Heidegger: Die Herkunft der Kunst und die Bestimmung des Denkens. In: Vorträge. Teil 2: 1935 bis 1967. Gesamtausgabe Band 80.2. Hrsg. von Günther Neumann. Frankfurt a. M.: Vittorio Klostermann, 2020, S. 1327–1343.]

meinen das Bestimmende — das, *von woher* etwas ist und sein kann, was es ist. Vornehmlich in *diesem* Sinne sei nach der Bestimmung der Kunst gefragt.

Vor 150 Jahren sagte Hegel in seinen »Vorlesungen über die Ästhetik«: »Man kann wohl hoffen, daß die Kunst immer mehr steigen und sich vollenden werde ...«. Hegel denkt somit keineswegs an ein Ende der Kunst. Gleichwohl fährt der begonnene Satz fort mit einem »aber«: »... aber ihre Form hat aufgehört, das höchste Bedürfniß des Geistes zu seyn.« (WW X, [S.] 135)[296]

Die Kunst ist für Hegel »das sinnliche Scheinen der absoluten Idee«, d. h. sie ist eine Weise der Darstellung des Absoluten. Aber diese Form der Darstellung des Absoluten, die Kunst, hat aufgehört, ›höchstes Bedürfnis‹ zu sein. Gleich zu Beginn seiner Vorlesung faßt Hegel diesen Gedanken noch schärfer in dem Satz: Die Kunst »ist und bleibt [...] nach der Seite ihrer höchsten Bestimmung für uns ein Vergangenes.« [S. 16] ›Höchste Bestimmung‹, d. h. als bestimmt für die Darstellung des Absoluten.

Seit wann ist für Hegel die Kunst nach ihrer höchsten Bestimmung ein Vergangenes? Seit langem schon — seitdem die klassische Kunst in Hellas — alle Künste — den Bezug zu den Göttern und zum Gott der Götter stiftete und prägte. Hernach wurden im Christentum die biblische Offenbarung und der Glaube der maßgebende Bezug zum Absoluten. Die Kunst blühte auch dann noch, aber sie verlor ihre ›höchste Bestimmung‹. In der Neuzeit, zumal seit dem Zeitalter der Aufklärung wird die Vernunft in der Form des ›Systems der Wissenschaft‹ zur herrschenden Form der Darstellung des Absoluten. ›Wissenschaft‹ nach dem Vorgang von Fichtes ›Wissenschaftslehre‹ = spekulative Philosophie des absoluten Wissens.

In Hegels Satz: »Die Kunst ist und bleibt nach der Seite ihrer höchsten Bestimmung für uns ein Vergangenes«, nennt das »für

---

[296] [Georg Wilhelm Friedrich Hegel: Vorlesungen über die Ästhetik. Hrsg. von H. G. Hotho. Erster Band (= Georg Wilhelm Friedrich Hegel's Werke. Vollständige Ausgabe durch einen Verein von Freunden des Verewigten. Zehnter Band. Erster Abtheilung). Berlin: Duncker und Humblot, 1835, S. 135.]

uns« das in der gegenwärtigen dialektischen Entwicklungsstufe absolute Wissen der spekulativen Philosophie.

Zufolge des sich *lange* vorbereitenden Siegeszuges der neuzeitlichen Naturwissenschaft im 19. und 20. Jahrhundert sieht sich die Kunst auf eine einzigartige Weise der Macht der Wissenschaft ausgesetzt. Noch im Beginn des 20. Jahrhunderts galten Kunst und Wissenschaft als gleichgeordnete Kulturwerte. Heute muß der Titel umgestellt werden und lauten: Wissenschaft und Kunst (kein gleichgeordnetes Nebeneinander). ›Wissenschaft‹ heißt Naturwissenschaft: Physik, und die Bestimmung der Kunst, ihr Endzweck ist fraglich geworden. (Weltvorstellung.)

So konnte neulich in dem Vortrag von E. Fischer gesagt werden: »eine weit zurückreichende Kunstperiode ist schon zu Ende gegangen«.[297] Aber dieses Ende vermögen wir nur dann gebührend zu erfahren, wenn wir uns entschließen, den Anfang dieser weit zurückreichenden Kunstperiode sachgerecht [zu] denken, und Klarheit darüber gewinnen, wohin diese Kunstperiode zurückreicht – nämlich zur Kunst in Hellas.

Not ist, daß wir uns auf die Frage nach der Bestimmung der Kunst einlassen, wobei ›*Bestimmung*‹ jetzt nenne das *Bestimmende*, das, was die Kunst als Kunst in ihrem Eigentlichen gewährt. Nur im Gesichtskreis dieser Frage läßt sich entscheiden, ob Hegels Bestimmung der Kunst und die Kennzeichnung der Kunst als »ein Vergangenes« das letzte Wort über die Kunst ist und für eine heutige Besinnung auf die Kunst weit genug trägt.

Doch ist eine Auseinandersetzung mit Hegels Aesthetik nicht beabsichtigt.

Schon deshalb nicht, weil der Grundzug seiner Aesthetik in die große Überlieferung der Selbstauffassung der Kunst gehört, die, kurz gesagt, die metaphysische [ist]: *Versinnlichung* des *Nicht*sinnlichen. Wir fragen vielmehr nach dem, was dieser Deutung als das

---

[297] [Das Zitat konnte nicht verifiziert werden. Bei dem von Heidegger erwähnten Referenten handelt es sich möglicherweise um den österreichischen Schriftsteller und Kunsttheoretiker Ernst Fischer (1899–1972).]

Bestimmende zugrunde liegt, aber bisher *nicht* eigens erfahren oder gar gedacht wurde.

[...]*   Hinweis
wie Kunst erfahren   Anlassung – Athen [S.] 3–9/25[298]
Hellas und die Götter   → [...]**
Athene
τέχνη

109. [Immer bleibt es gewagt, ein Gedicht auszulegen][299]

Immer bleibt es gewagt, ein Gedicht auszulegen; denn die meisten Hörer vermögen dann nicht die Hauptsache: durch das Gedachte hindurch in das *singende* Sagen des Gedichtes zurück- oder gar erst einzukehren. Die meisten erliegen dem Anschein, als sei durch die Auslegung das Gedichtete in Gedachtes aufgelöst – während doch alles daran liegt, das Gedicht als *Gesang* zu hören.

Aber dürfen wir dieses Hören und Nichthören dem Belieben der Einzelnen überlassen? Wenn nicht, gibt es Wege, dieses Hören zu wecken und zu lenken? *Wer* darf sie und mit welchem Anspruch und aus welcher Bestimmung gehen? (Vgl. Febr. 51.)[300] Wo und wie verlaufen solche Wege?

---

[298] [Diese Angabe bezieht sich auf die Seiten 3–9 und 25 der überarbeiteten Reinschrift des Athener Vortrags. Vgl. Martin Heidegger: Die Herkunft der Kunst und die Bestimmung des Denkens, S. 1328–1332 und S. 1341 (»Durch den Hinweis [...] Doch bedenken wir dies für einen Augenblick nachdenklicher.«]
[299] [Aus dem Schuber C 14, 1. a).]
[300] [Vgl. Martin Heidegger: Erbetene Vorbemerkung zu einer Dichterlesung auf Bühlerhöhe am 24. Februar 1951. In: Revue de Poésie. La parole dite, Nr. 90, Oktober 1964, S. 52–57; aufgenommen in: Reden und andere Zeugnisse eines Lebensweges 1910–1976. Gesamtausgabe Band 16. Hrsg. von Hermann Heidegger. Frankfurt a. M.: Vittorio Klostermann, 2000, S. 470–472.]
 * [Ein Wort unleserlich.]
 ** [Ein Wort unleserlich.]

Dichtung – Gedichte – Sache der Bildung, der Erbauung, des Genusses?
Dichtung und Literatur.
Läßt sich das Hören einfangen in Regeln? Oder entwächst es je nur dem Gefühl und Gemüt?

ˣ Wenn das Dichten ein Denken braucht, dann sagt dies keineswegs, daß Gedichte durch Gedanken erst entstehen oder gar aus Gedachtem bestehen.
Was heißt es dann?

110. Dichten – dihton – dictare[301]

Dichten – das Wort geht zurück auf das althochdeutsche dihton: etwas er-sinnen, im Nachsinnen es zum Erscheinen bringen und das Erscheinende in der Sprache niederlegen. Das althochdeutsche Wort gelangt dann im 9. Jahrhundert in den Bedeutungsbereich des lateinischen dictare. Dies Wort ist das Intensivum zu dicere, »sagen«. Dichten als dictare ist ein Sagen des Sagens. Das Wesen des Dichtens läßt sich zwar nicht aus den Bedeutungen der Wörter dihton und dictare gleichsam abschöpfen. Aber das von den genannten Wörtern her bestimmte Wort ›Dichten‹ kann uns eine Weisung geben, um das Wesen des Dichtens zu bedenken.

Dichten ist ein Sagen, was anderes meint als ein bloßes Ausdrücken in ein Aussprechen. Freilich gestehen wir auch zu, daß wir jetzt das, was Sagen und Sprechen heißt, nur im ungefähren vorstellen.

*

[301] [Aus dem Schuber C 14, 3.]

Das Dichten und der Schmerz

Dichten ist dictare — Nachsagen. Es spricht dem Zuspruch des Maßes nach, mit dem alles Wesen vermessen ist. Es sagt das Zugesprochene indes in das Leuchten und Zittern des Scheinenden, durch das jegliches Wesende den Menschen anblickt. Darum erzittert das Sagen im Singen der Anblicke. Sie lassen das Scheinen erscheinen. Sie sind Bilder. Das Sagen des Dichtens spricht nicht in Bildern als Vorbildlichem, sondern aus dem Bilden als den Anblicken.

Das Dichten ist als *Nachsage* des Zuspruchs des Scheinenden ein Scheinen, das der Ankunft des Maßes aus den gesungenen Bildern antwortet. Dieses nachsagende Scheinen in der Ankunft ist *Anscheinen*.

Woher quillt es? Aus dem Ahnen und Fühlen, aus [dem] Menschen nur — oder

aus dem H. [?] Anscheinen der *großen Seele*?   *Schmerz*

111. Verwahrlosung[302]

Die wesentliche Weltverweigerung geschieht in der Verwirrung, die durch die technische Vergegenständlichung sich ergibt. Der Mensch ist der Technik nicht nur noch nicht nachgekommen, nicht nur noch nicht gewachsen — sondern diese kann gemäß ihrer *Weltlosigkeit* von sich aus gar kein möglicher Existenzbereich des Menschen sein; sie scheint es nur zu sein, im Sinne eines ständigen Weltverzehrs und der Verunstaltung in eine Un-welt.

---

[302] [Aus dem Schuber C 17, 3.]

112. Die Weltdeutigkeit der Sprache als des Gesprächs des Unterschieds[303]

Von der gewöhnlichen, logischen Auffassung der Sprache her gesehen, besteht für die Sprache und ihre Wörter die Forderung der Eindeutigkeit, die eigens festgelegt und abgemacht sein soll als Mittel der Sicherung des Vorstellens und Vorgehens: die Eindeutigkeit des Begriffs. Ihr gegenüber ist die Sprache im Wesen mehrdeutig. Aber die ›*Mehrdeutigkeit*‹ selbst meint so nur etwas, was in der Abhebung *gegen* die vorige Auffassung, also von ihr her, gemeint ist. Das ›Mehr‹ ist nur das Verlassen des ›Eines‹. Das ›Mehr‹ gründet darin, daß die Sprache die Welt, d. h. hier das Ereignis des Brauches im Gespräch hält.

Im Welten als solchen ruht das winkende Ding.

Winken ist das ereignishafte Weisen und Deuten.

Deutig ist die Welt als weltende, d. h. weisend (nicht deutbar).

Die (strenge) abschiedliche Fuge der Welt fügt die *Welt*deutigkeit der Sprache. Das ›Mehr‹ hat keinen Sinn mehr, weil der Maßstab des logisch-begrifflichen Vorstellens wegfällt.

Die Weltdeutigkeit der Sprache ...

Sie besagt nicht nur das, daß jede Sprache im Humboldt[schen Sinne] eine »Weltansicht« ausdrückt,[304] was Humboldt so versteht, daß das Ganze von Objekten im Subjekt sich darstellt (Kantisch gedacht).

Welt in Weltdeutigkeit ist das Sagen selber – der *Unterschied*.

Weltdeutigkeit ist die Sprache als das Gespräch des Unterschieds, welcher Unterschied ist *der Abschied im Ereignis des Brauches*.

---

[303] [Aus dem Schuber C 21, 1 (Bündel 135 Blatt).]
[304] [Wilhelm von Humboldt: Über die Verschiedenheit des menschlichen Sprachbaues und ihren Einfluß auf die geistige Entwicklung des Menschengeschlechts. Hrsg. von Eduard Buschmann. Berlin: Dümmler, 1836, § 9.]

Weltdeutig sagt nicht, daß sie ›Welt‹ bedeutet, sondern daß die Sprache *unterschiedlich* als das Eigentum des Ereignisses Welten ereignet, und d. h. wahrt und abschiedlich birgt.

Die *Ein-falt* des Unterschieds in den Abschied west gerade als die *Weltdeutigkeit* des *Gesprächs*. Das Einfältige ist weltdeutig.

113. Das Gespräch[305]

Nur das Gespräch behält das Ungesprochene in der Sprache. Darum könnte vielleicht ein geschriebenes Gespräch einiges vom Ungesprochenen verwahren.

Das Ungesprochene ist das Wort der Stille. Das Wort ist die Versammlung der Gewahrnis im Ereignis. Die Stille ist das Beruhigen des U[nterschiedes] in die Sache.

Das Ungesprochene ist das eigentlich Behausende in der Sprache. Es enteignet in das Rätsel des U[nterschiedes]. Das Ungesprochene ist das eigentlich Sprechende der Sprache – darum *ist* die Sprache als Gespräch. Dieses ist geschicklichen Wesens.

Wie die landläufigen Vorstellungen von der Sprache aus der *Verkennung* des Gesprächs stammen.

Sind Platons ›Dialoge‹ Gespräche in dem jetzt genannten Sinne? Wenn ja, in welcher Weise? Wenn nein, inwiefern nicht? Der platonische Dialog ist von der *Dialektik* des εἶδος und der κοινωνία der εἴδη bestimmt.

Jetzt ist not, daß sich das Denken aus dem geschicklichen Gespräch der Wahrheit des Seyns bestimme und die Sage dieses Gesprächs zur Sprache bringe.

---

[305] [Aus dem Schuber C 21, 1 (Bündel 135 Blatt).]

114. Das Gespräch[306]

Schicklich dem Denken ist einzig das Gespräch; aber das Gespräch, das verschwiegen das Schweigen zur Sprache bringt, nämlich das Erschweigen des Sagens selber als der Stille der Fuge des Ratsals (im Seyn ge-stillt | ver-strömt – verheitert).

Eigentliches Schweigen, das sich selbst noch verschweigt, ist nur im geeigneten Gespräch.

Das Erschweigen des Wortes der Stille ist als das Sagen im Sinne des Vor-sagenden-Nachsagens, als ereignet-gefügtes Ge-denken des Geschicks des Ereignisses.

So – erschweigend-verschweigende Sage – ent-spricht das Gespräch als Sprache der Verheiterung des hehlenden Hehls der Huld. Das Gespräch spricht die unscheinbare Spur des Seyns in der Sprache. So – entsprechend – ist es schicklich im Geschick – und selbst geschicklich in der Geschichte des Seyns.

Das Gespräch ist die weltend-redend unausweichliche Unterbrechung der Stille, in welcher Unterbrechung das Ratsal der Stille, der *Unterschied* des Seyns zur Sprache kommt, die unsprechbar bleibt – im Täglichen.

*

Das Gespräch

das einmal einzig das Geschickliche der Jähe der Schickung der Kehre zu sagen hat und als diese Sage geschichtlich währt, wenn sie zu bleiben vermag als Gedächtnis.

Nicht aber kann es meinen, lehrhaft allgemeingültig Vorstellbares darzustellen zur Kenntnisnahme vieler *Beliebiger.*

Das Gespräch ist am schicklichen Bauen der geschicklichen Behausung des Wohnens der Hirten des Ereignisses.

---

[306] [Aus dem Schuber C 21, 1 (Bündel 148 Blatt).]

Gleichwohl fügt sich hier der äußerste Riß zwischen der *Einzigkeit* des Einen Selben des Ereignisses der Fuge und der *Einzigkeit* des einmal nur gewährten Gedankens — der behält im schicklichen Seyn-lassen das Seyn — Ablassen von seiner Stimmung.

Das Gespräch

die einzig unscheinbare Feier des Seyns. Die stillste Feyer des Seyns — seine eigentliche vor-denkendste Vor-feier und darum hirtentümliche Hüterschaft (Vigil) ist das *Denken* — das Denken als Gedächtnis des Gesprächs. Stiller noch, erschweigend-verschwiegener, weil klanglos arm an Tönen, andenkend nur, unscheinbarer denn der Gesang — ist das Gespräch.

Zu seiner Zeit einmal mag es seyn ein Anlaß den wenigen Verwandten zum Gang auf dem Weg der Sage des unaussprechbar Ungesprochenen der Verheiterung des Hehls im Ratsal.

Das Gespräch des Denkens der äußerste Abschied in den Unterschied zur Nähe des Fragens.

Das Seynlassen ›des‹ Seyns.

⟵) Ratsal (⟶

So auch nur ein Versuch, unendlich einfacher noch das Selbe zu sagen.

115. Das Unübersetzbare[307]

Die Sage der Sprache des Unterschiedes ist eine wesenhaft geschickliche, jähe, *eine*, diese Sprache, und als diese, entsprechend ihrem Ereignis im Ungesprochenen, bleibt sie wesenhaft *unübersetzbar*. Das ist kein Mangel, als sei sie dadurch auf einen besonderen Sprachumkreis eingeschränkt und nicht *weltgängig* im internationalen Sinne. Sondern *so* geschicklich bleibt sie dergestalt in ihrer Unübersetzbarkeit zugleich geschont und die Schonende sel-

---

[307] [Aus dem Schuber C 21, 1 (Bündel 148 Blatt).]

ber, daß die Menschentümer zu ihr und in sie *über*setzen müssen – in der Art der Erweckung ihres Wesens als eines Geschicklichen.

116. Philosophie[308]

Wer den Weg des Glaubens rein erfährt, braucht keine Philosophie mehr. Diese ist, wenn sie ihr Wesen begreift, weder für noch gegen den Glauben. Sie ist selbst ein Weg. Er führt nicht so weit. Er ist für den, der ihn gehen muß, schwerer; manches würde in der Verständigung leichter, wenn die Kirche, ohne sogleich zu verdammen, die Philosophie als das nähme, als was sie im Neuen Testament genannt ist, als Torheit. Woran sich das Denken seinerseits ›ärgert‹, ist nicht die Gläubigkeit des Glaubens, sondern die maßlose Verwischung der Grenzen.

117. Phänomenologie und die Seinsfrage[309]

Das Leitwort für die Phänomenologie ›zu den Sachen selbst‹
1. betrifft das Wie des Vorgehens und Verfahrens der Philosophie:
    ohne Vormeinung die Sachen angehen,
    diese selbst sprechen lassen,
    alles Historische ausschalten;
2. aber die bestimmt sich aus dem Was der Sachen,
    d. h. die ungefragte Frage in der Maxime:
    a) welches die *Sache* des Denkens? (Sein, Anwesen; Ἀλήθεια, Ereignis)
    (woher die verbindliche Antwort? Überlieferung – Bewahrung),
    b) von welcher Art das Denken? (Entsagen)

---

[308] [Aus dem Schuber C 21, 1 (Bündel 148 Blatt).]
[309] [Aus dem Schuber C 26, 1. b). Überschrift auf dem Umschlag, mit dem Heidegger die drei durchpaginierten Blätter dieser Aufzeichnung zusammengefaßt hat.]

kein Beschreiben, kein Erklären, kein Erläutern,
kein Erörtern, sondern: Entsagen;
3. so erst der Erweis der *Herkunft* der Maxime
aus der Sache des Denkens | diese Anderes noch als das
(Lichtung des Sichverbergens) Prinzip der Wissenschaften:
vgl. Einleitung zu »Sein und sich richten nach dem Gegen-
Zeit« stand
4. die Sache (Sein selbst) *sprechen lassen!*
Inwiefern keine ›Dialektik‹ (vgl. »Holzwege«, Hegelaufsatz: διαλέγεσθαι),[310] wenn ›Sein selbst‹ im Sinne der Wahrheit des Seins? Vgl. 2 b).

Die Frage nach dem ›Sinn‹ von Sein:
Sein qua Anwesen (Abwesen),
Sinn: Entwurfsbereich – Offenheit, worin ›Sein‹ qua An-wesen sich zeigt –
der Kreuzweg [?]: An-wesen
    1. qua ›Gegenwart‹ – Wink in die ›Zeit‹,
    2. qua: Herein-weilen in die Unverborgenheit.
An-wesen und Ἀλήθεια – diese jedoch: *Lichtung des Sichverbergens.*
Seins-Vergessenheit →← *nötig* das (endliche) Enthüllen – Zeigen – Sagen.
Statt
Sinn von Sein: *Wahrheit* (qua Offenheit) des ›Seins‹.
Diese Entbergung aber gerade das *Wesende* des An-wesens.
Verwandlung des ›Wesens‹ (essentia – genus) in die *Eigenheit.*
Sein – und Zeit – als Ab-weg.
Anwesen und An-wesen-lassen – dieses Lassen selber
Gewährend – Eignis – Er-eignis.

---

[310] [Vgl. Martin Heidegger: Hegels Begriff der Erfahrung. In: Holzwege. Frankfurt a. M.: Vittorio Klostermann, 1950, S. 105–192, hier S. 168 ff.; Gesamtausgabe Band 5. Hrsg. von Friedrich-Wilhelm von Herrmann. Frankfurt a. M.: Vittorio Klostermann, 1977, ²2003, S. 115–208, hier S. 182 ff.]

Die Seinsfrage als Holzweg (der unzugängliche Wald: die Ἀ-Λήθεια).

Vergessenheit

›Sein‹ und ›Mensch‹
An-wesen: Lichtung des Sichverbergens und Hut der Lichtung.
Er-eignis und Brauch –
daß ›Sein‹ das Menschenwesen braucht zur Hut – *die Sterblichen und der Tod* – und doch nie durch den Menschen ›gesetzt‹ (keine Position),
vorgebildet in ›Seinsverständnis‹ (Sein ›subjektiv‹!),
vorgebildet in Zugehörigkeit der ›Welt‹ zu Da-sein.

Sein und Sprache –
das Schlüsselwort: die ›Seins-Vergessenheit‹
der Durchgang: das Ge-Stell – zwielichtig!
Ereignis
›Endlichkeit‹ – und Ereignis
das Endliche-Bedingte im Ent-sagen (Zeigen: eingewiesen in das Ereignis)

118. *Weg und Methode*[311]

Methode
Die zu denkende Sache vorstellend, als vorgestellter ihr nachgehen, hinter ihr her sein mit dem Griff nach ihr – im Begriff.
Die Wandlung des Weges – zur Methode.
Durch das Vor-stellen ist der Weg schon zurückgelegt und d. h. zugleich als Weg vergessen.
Die Zusammengehörigkeit von Werk und Methode im Unterschied von Gegend und Weg.

---

[311] [Aus dem Schuber C 26, 7.]

Von der Methode der Schritt zurück – d. h. zugleich: fragender fragen.

Solange jedoch alles sich im Bezirk des ›Bewußtseins‹ abspielt, bleibt das weghafte Denken unvernehmbar – in seinem Gering-Fügigen.

›Vom Weg abkommen‹ im Sinne von: den Wegcharakter des Denkens nicht ›sehen‹.

119. ›Wahrheit‹[312]

»Les preuves fatiguent la vérité.«
Georges Braque, »Le jour et la nuit«[313]

Das Wort gilt zuerst vom Denken.

Unser von der Herrschaft der Wissenschaften mißleitetes Denken wird vor diesem Wort erschrecken.

Die Wahrheit – das Wahre
bleibt nur frisch, wenn es nicht von Beweisen angestrengt, an den Strang von Beweisketten gefesselt wird – Beweise verstellen das Wahre.[314]

Das Wahre – das Unverborgene – Sichverbergende.

Wie aber wird es erfahren? Im intuitus, in der Evidenz.

Aber *sie* bestimmen sich nach dem, was dem *Einblick* sich öffnen soll.

Dieser keine bloße Schau und gar eine ohne Vorbereitung unternommene.

Erst wenn wir zugleich Angeblickte – Er-äugte sind im Ereignis, vermögen [wir] – selten genug – den Einblick, vermögen wir ihn vor allem einzuüben.

---

[312] [Aus dem Schuber C 27, 1.]

[313] [Georges Braque: Le jour et la nuit. Cahiers 1917–1952. Paris: Gallimard, 1952, S. 34.]

[314] [Randbemerkung ohne Einfügungszeichen:] Was ermüdet, ermattet? Die Lichtung des Sichverbergens wird erschwert, niedergehalten durch solches, was es nicht verträgt und erträgt.

*»Il faut se contenter de découvrir,
mais se garder d'expliquer.«*[315]

So entschieden das Wort (oben) kein Freibrief für willkürliches Behaupten, so nachhaltig bleibt es ein Anruf zur Besinnung darauf, was ein Beweis dieses Sagens des Wahren sein möchte.

120. Der Weg in das Ereignis[316]

erst sichtbar und zu bauen, wenn schon in das Ereignis erwacht, wenn in den Aufenthalt im Ereignis gelangt. Dann zeigt sich der Wink in das Ereignis als das Ge-Stell, d. h. als das Eigene der modernen Technik.

Vom Anwesen, Anwesenlassen über das Ge-Stell zum Ereignis. Hier wird das Ge-Stell und das Ereignis auf keinen Fall durch etwas Anwesendes erklärt, auf dieses gegründet.ˣ Wo kein Grund mehr, da für das auf sich beharrende Vorstellen das Nichts der Bodenlosigkeit – aber für das gewandelte, sich wandelnde Denken ganz anders, denn nie bloßer Grund.

ˣ Ereignis nicht mehr auf transzendentalem Wege zu erreichen; denn dieser Weg setzt den Ausgang vom Seienden voraus. Und wenn ›transzendental‹ für Auslegung von Sein als solchem gebraucht? Vgl. Beilage ›transzendental‹. Aber das Ereignete bleibt Ereignen. Nirgends ist – nach Art von Vorhandenem, Anwesendem – Ereignetes gegeben, von dem aus das Vorstellen zum Ereignis transzendieren könnte.

Darum ist hier auch keine Dialektik mehr am Platz.

---

[315] [Georges Braque: Le jour et la nuit, S. 21.]
[316] [Aus dem Schuber C 27, 1.]

121. Die Sage der Fuge des Ratsals aus dem Ereignis[317]

zeigt und bereitet einen Aufenthalt, der sich für den Blick in die technische Welt und vor der in dieser waltenden Macht durchaus wie reine Illusion darbietet.

Aber die Frage bleibt, ob denn die technische Welt erst – nach gewohnten historischen Vorstellungen von den sich ablösenden Zeitaltern – durch ein nachfolgendes Anderes zum Verschwinden gebracht werden kann oder ob nicht vorbei an der technischen Welt in ihr selbst Aufenthalte aus dem Ereignis möglich sind; offenkundig ein andersartiges Verhältnis, das bisher noch nie vorkam und nicht vorkommen konnte.

Also ›zwei Welten‹? Dies wäre äußerlich gedacht.

Vielmehr aus der anscheinend ohnmächtigen, geringen Fuge des Ratsals ein Zulassen der technischen Welt.

Diese erst vollendet das Geschick von Sein als Anwesen und Anwesenlassen.

Geschick aber ist schon aus dem Ereignis her gedacht – dies zugleich inmitten des Schwundes der ›Geschichte‹ und ihrer Überlieferung.

122. Die Bracht des Andenkens[318]

Bringen

Was und wie Andenken bringt und so erglänzen läßt.

1. *Erläuterung:*   ins Reine bringen; die metaphysischen Bestimmungen und Bezüge, die bisher im Verhüllten walten, eigens als solche hervorheben;

---

[317] [Aus dem Schuber C 27, 1.]

[318] [Aus dem Schuber D 3, 5. Die Überschrift und der folgende Hinweis auf »Bringen« (zur Erläuterung des Ausdrucks »die Bracht«) auf dem Umschlag, mit dem Heidegger die beiden Blätter dieser Aufzeichnung zusammengefaßt hat.]

	z. B. ›Sein‹ als Anwesen; Anwesen als bestimmt durch ›Zeit‹ und ›Unverborgenheit‹; ›Sein‹ in den mehrfachen Bezügen – U[nterschied].
2. *Besinnung:*	*auf die Spur bringen;* gemeint ist die Spur, die schon gezogen und hinterlassen worden durch das, was verborgenerweise die ganze Metaphysik in allen Hinsichten trägt und stimmt: die Vergessenheit des U[nterschiedes] (Ver*windung*); ›bringen‹ besagt hier: setzen – weisen – tragen.
3. *Erörterung:*	*zur Ortschaft geleiten;* die Ortschaft ist das Ereignis, worin Vergessenheit versammelt ist; worin die Verwindung der Vergessenheit ereignet wird; wo die Wahrnis der Wahrheit des U[nterschiedes] sich entfaltet.
4. *Erschweigung:*	das Ereignis ins Ver-Hältnis bringen; ins Ver-Hältnis bergen.

Überall ist das *Bringen* – als hervor-heben, tragen, weisen, geleiten, bergen (›schenken‹) – ein Geheißenes.

Überall ist das Bringen ein Dar-bringen; die ent-sagende Sage, die aus dem Ver-Hältnis [Fuge]³¹⁹ *her* sagt und ihm so zugleich antwortet und es verdankt.

Das Geheiß ruft aus dem Ereignis als Ereignis in das Ver-Hältnis. Das Heißen ist brauchend.

Die *Bracht* als *Aufleuchten* des Ver-Hältnisses als solchen, d. h. als Ver-Haltenden, ist die Verwindung der Vergessenheit.

Das Bringen der Bracht bringt überall nur Empfangenes, Gespartes, Gefundenes.

---

³¹⁹ [Die eckigen Klammern in der Handschrift.]

123. Das rückgängige Denken und das Sprachwesen[320]

Das her-vor-rufende Denken ist wesenhaft unterwegs – es ist, was es ist, nur als Rückgang auf dem Rückweg aus der Rückkehr.

Dieses Denken bereitet den Gang der Sterblichen in das Wohnen im Ereignis.

Das rückgängige Denken ist die Sage des Rückweges.

Im Rückweg, nämlich in der Bewegung seiner, läutet die Stille des Ver-Hältnisses.

Das Geläut braucht die Sage, die in ihrem Gesprochenen nichts *ausspricht*, sondern *spricht*, um das Ungesprochene *so* und *nur* so zu *schweigen*, und dies verschwiegenermaßen.

Das Geläut der Stille birgt das Wesen der Sprache.

Die Sage des Denkens spricht, indem sie dem Sprachwesen entspricht und es so zum Wort bringt.

Inwiefern muß jedoch das Denken als dieses entsprechende, her-vor-rufende Sage des Sprachwesens eine *Zwiesprache* mit dem Dichten sein?

Insofern die Stille des Schiedes aus dem Ver-Hältnis ihr Brauchen im *Scheinen* (Leuchten und Läuten) seiner Blicke ereignet.

Inwiefern ist diese Zwiesprache zwischen Denken und Dichten ein vom *Denken* geleitetes Gespräch? Insofern das Denken auf dem Rückweg dem Dichten *voraufgeht*.

Inwiefern ist das Gespräch erläuternde Erörterung des Gedichtes? Weil das Her-vor-Rufen in sich Er-Örterung der Ortschaft des Schiedes ist.

*

Die Sage des Rückweges

ist weder Ausdruck einer Ansicht noch Stimme des Weltgeistes. Sie sagt nichts aus, sagt nichts an. Sie sagt nur. *Her* rufend das Er-

---

[320] [Aus dem Schuber D 3, 6.]

eignis (in den von ihm ereigneten *Brauch*[321] der Hut des Ratsals) und all dies *vor* in das Ver-Hältnis — entspricht sie dem *Wesen* der Sprache als der Ortschaft des Ratsals. Solches Entsprechen wird rein aus dem ereignend Gebrauchten und seiner Gelassenheit gestimmt.

Die Sage des Rückweges spricht aus seiner Be-Wegung. Der Bezug zum Anfang des Ereignisses, der sich im Beginn als dem Geschick des ›Anwesenden‹ und seiner vergessenen Zwiefalt verbirgt, ist weder historischer noch geschichtlicher Art. Sie ist aber auch, die Sage, kaum geschicklich, denn sie vermag auch zur Kehre noch kein reines Entsprechen. So bleibt die Sage jäh und vor allem grundlos, weil außerhalb möglicher Begründung.

Sie gerät unvermeidlich ins Dunkel; denn sie scheut sogar am meisten die Verständlichkeit.

In der Epoche des Vorbeigangs ist sie notwendig der Gefahr ausgesetzt, von der Metaphysik her, und gar aus einem durch sie selber allererst geweckten Bedenken des Wesens der Metaphysik her, mißdeutet und der Metaphysik einverleibt zu werden. Man setzt diese absolut; mit dem Anschein des Rechtes, da die Metaphysik in der Verwindung ihres Wesens nicht verschwindet (jedenfalls auf lange hinaus *noch* nicht). Man erklärt alles aus der absolut gesetzten Metaphysik, wobei man sie fortwährend und unvermerkt abändert und schließlich nur noch den Namen beibehält, der keine Sache mehr hat, die er nennen soll.

Daß die Sage des Rückweges und jeder Schritt des hervorrufenden Denkens der Mißdeutung in der Metaphysik anheimfällt (mit Vorliebe durch die Hegelsche, trotz »Holzwege«),[322] darf weder verwundern noch Anlaß sein, über mangelndes Verständnis zu klagen. Der Mangel ist hier das Zeichen für einen notwen-

---

[321] Der Brauch und die ereignete Hut steht im *Vorbeigang*.
[322] [Vgl. Martin Heidegger: Hegels Begriff der Erfahrung. In: Holzwege. Frankfurt a. M.: Vittorio Klostermann, 1950, S. 105–192; Gesamtausgabe Band 5. Hrsg. von Friedrich-Wilhelm von Herrmann. Frankfurt a. M.: Vittorio Klostermann, 1977, ²2003, S. 115–208.]

dig aufkommenden Widerstand, der mit dem Unverwundenen der Metaphysik gegeben ist.

Darum wird im Vorbeigang nötig, den Rückgang gegen das Beharren auf der Metaphysik abzusetzen und d. h. zu sagen, was nach dieser Hinsicht der Rückgang *nicht* ist. Diese Absetzung ist nur ein Notbehelf.

Die Sage des Rückweges

ist
weder kosmologisch (trotz ›Welt‹ im Unterschied: Welt – Ding)
noch anthropologisch (trotz Vorrang der Sterblichen im Ereignis),
weder transzendental-ontologisch (trotz Verwindung des Seinsgeschicks)
noch existenziell (trotz Wesentlichkeit des *Brauches* und der Hut),
weder prophetisch (trotz Vordenken in den Anfang)
noch poetisch (trotz Gespräch des Denkens mit [dem] Dichten).

Darum kann die Sage
nicht historisch das Antiquarische betreuen,
nicht eine Renaissance des vorsokratischen Denkens inszenieren,
nicht Epochen dialektisch verrechnen,
nicht Situationen (Lagen) zergliedern (nur anvisieren),
aber auch nicht Geschichte (im historisierenden Mißverstehen) verleugnen.

Geschichte bleibt gewahrt als *Jähe* des Geschicks – nämlich des ›Anwesenden‹; gewahrt in der Verwindung des Geschicks in das Ereignis. Aber die Verwindung verwandelt alles, so daß in einem höheren, anfänglichen Sinne die Geschichte verschwindet. Dies aber nie durch Flucht vor dem ›Zeitlichen‹ in die Transzendenz.

*

Das her-vor-rufende Denken (vgl. Erörterung)

ist in sich Er-örterung der Ortschaft des Schiedes, d. h. der Be-Wegung des Rückweges.

Die Erörterung des Gedichtes ist nur eine Weise der eigentlichen *Erörterung*; diejenige, die sich aus dem Gespräch des Denkens mit dem Dichten ergibt.

Erörterung ist gebraucht vom Ver-Hältnis her als der Ortschaft des Ratsals.

Erörterung und Her-vor-Rufen gehören zusammen und gehören, eigens gebraucht, einig in den *Rückgang*.

*

Der Rückgang

auf dem Rückweg, d. h. gebraucht aus der Rückkehr. Doch Weg und Kehr und Gang sind unzertrennlich, weil eingefaltet in die Einfalt des Ver-Hältnisses.

Der Rückgang ist Sage des Her-rufens und Vor-rufens – Sage ›des‹ … im ereignishaften Sinne.

Der Rückgang geht in die Gelassenheit des gönnenden Hervorrufens; dessen Sage schweigt das Ver-Hältnis.

Die Sage entreißt das Ver-Hältnis keineswegs seiner Verborgenheit, gar um es in die gewohnte Unverborgenheit zu bringen. Die Sage vergönnt dem Ver-Hältnis die entsprechend-schonende steigende Verhüllung.

Gönnen als Zurückbleiben auf dem Rückgang in das bloße Her--vor-Rufen des Ereignisses in sein Zurück zum Ratsal des Ver-Hältnisses.

Gönnen als: bereiten die Ortschaft des Fragwürdigen des Rückweges und seiner Bewegung.

Gönnen als Sage, die das Ver-Hältnis schweigt.

*

Der Schritt zurück – nämlich im *Rückgang.*
Welches ist der erste Schritt zurück? Der Gang ist Gang der her-vor-rufenden Sage.
Der erste Schritt – als Her-Ruf der Vergessenheit des Unter-Schiedes.

124. *Geschichte – Historie – Information (Bezug)*[323]

Dadurch, daß Historie zur Information wird, d. h. entschieden und ausschließlich aus dem Ge-Stell für dieses bestellt, rückt auch die Dokumentation in den Charakter der Information. Die Geschichte wird in das Gleichförmige der bestellbaren Nachricht eingeebnet. Diese radikale Historisierung der Geschichte beseitigt sie nicht und so wenig, daß erst jetzt der Historismus absolut und die nivellierte ›Geschichte‹ zum universalen Bezirk des Geschehens wird – was alles so aussieht, als trete der Mensch aus der Geschichte heraus. Aber dieser scheinbare Austritt ist der besinnungslose Eintritt in die absolute Historie.

125. *Die Be-Fugnis*[324]

als der An-fang in den Brauch,
als die Vereignung in das
Vermögen des einzig verlangenden Mögens,
als die Ent-fangnis
in das Geläut der Stille,
als der Dank
der ko. [?] Ent-fangenden
   das Glocken-Spiel.

---

[323] [Aus dem Schuber D 4.]
[324] [Aus dem Schuber D 4.]

Zweiter Teil

126. Die Be-fugnis[325]

Angesichts des anscheinend endgültigen Geschichtsganges der Philosophie sieht das entsagende Denken im Gesichtsfeld der Metaphysik fast wie Willkür aus, die sich nicht mehr an die vorgegebenen und üblichen Regeln, Prüfsteine und Forderungen hält – sondern gerade diese *zuerst* hinter sich läßt.

Und doch hat dieses Denken die ihm eigene Weisung: die Be--fugnis.

Woher anders möchte die Befugnis ihm gewiesen sein als durch die Weisen, die aus der Fuge im Ereignis jeden Schritt verfügen – wie einen hohen, heiligen Tanz, dessen Schritte aus dem Unbegangenen des Welt-Spiels be-stimmt und in ihr Melos gegliedert sind.

Die Be-fugnis – ihr Fug aus dem Brauch.

127. Sätze von der Sprache[326]

Die Sprache spricht; der Mensch spricht, indem er der Sprache entspricht.[327]

Das Wesen der Sprache (ist) die Sprache des Wesens.[328]

---

[325] [Aus dem Schuber D 4.]
[326] [Aus dem Schuber D 5, 11.]
[327] [Martin Heidegger: Die Sprache. In: Unterwegs zur Sprache. Pfullingen: Günther Neske, 1959, S. 11–33, hier S. 32 f.; Gesamtausgabe Band 12. Hrsg. von Friedrich-Wilhelm von Herrmann. Frankfurt a. M.: Vittorio Klostermann, 1983, ²2018, S. 7–30, hier S. 30: »Die Sprache spricht. Der Mensch spricht, insofern er der Sprache entspricht.«]
[328] [Martin Heidegger: Das Wesen der Sprache. In: Unterwegs zur Sprache, S. 159–216, hier S. 200; Gesamtausgabe Band 12, S. 147–204, hier S. 189: »Das Wesen der Sprache : Die Sprache des Wesens.«]

Die Sprache ist das Haus des Seins, »darin wohnend der Mensch ek-sistiert, indem er der Wahrheit des Seins, sie hütend, gehört.« (Humanismusbrief, [S.] 22)[329]

»Sprache ist lichtend-verbergende Ankunft des Seins selbst.« (Humanismusbrief, [S.] 16)[330]

»Die Sprache ist nicht ein verfügbares Werkzeug, sondern dasjenige Ereignis, das über die höchste Möglichkeit des Menschseins verfügt.« (»Hölderlin und das Wesen der Dichtung«, S. 7)[331]

128. Der von Parmenides gehörte μῦθος des εἶναι. Die anfängliche Sage des Anwesens[332]

Nötig wird vor allem, die Anwesenheit, den im Griechentum erfahrenen Zug des Seins, wieder zu holen, herbeizurufen, ihn zu verwahren, um ihn behalten zu können. Das Holen ist ein erneutes Staunen, wodurch die Anwesenheit freilich noch nicht eigens gedacht und das Denken ihr gemäß vollzogen wird.

Hierfür bleibt anzumerken, was zwar leicht verständlich, aber nur schwer zu vollbringen ist: Je inständiger wir denkend in die Nähe des Anwesens von Anwesendem gelangen, um so hörender werden wir für das Ungesagte im μῦθος, den Parmenides zu ver-

---

[329] [Martin Heidegger: Über den Humanismus. Frankfurt a. M.: Vittorio Klostermann, 1949, S. 22; aufgenommen in: Wegmarken. Frankfurt a. M.: Vittorio Klostermann, 1967, S. 145–194, hier S. 164; Gesamtausgabe Band 9. Hrsg. von Friedrich-Wilhelm von Herrmann. Frankfurt a. M.: Vittorio Klostermann, 1976, ⁵2004, S. 313–364, hier S. 333.]

[330] [Martin Heidegger: Über den Humanismus, S. 16; Wegmarken, S. 158; Gesamtausgabe Band 9, S. 326.]

[331] [Martin Heidegger: Hölderlin und das Wesen der Dichtung. München: Albert Langen / Georg Müller, 1937, S. 7; aufgenommen in: Erläuterungen zu Hölderlins Dichtung. Frankfurt a. M.: Vittorio Klostermann, 1944; Gesamtausgabe Band 4. Hrsg. von Friedrich-Wilhelm von Herrmann. Frankfurt a. M.: Vittorio Klostermann, 1981, ⁵2012, S. 33–48, hier S. 38.]

[332] [Aus dem Schuber D 6, 3.]

nehmen hatte. Nur in einem griechisch bestimmten, aber zugleich nicht mehr griechischen Denken wird die anfängliche Sage des Seins wieder für uns holbar.

Ihr erstes Wort, dem alles nachkommende Denken der Philosophie bis zu deren Ende folgt, lautet:

ἔστι γὰρ εἶναι.[333]

Dies Gesagte bleibt bis zur Stunde am schwersten zu denken. Halten wir uns an das geläufige Verständnis von ›ist‹ und ›Sein‹, dann sagen die Worte ganz Unbestimmtes, was vermutlich doch verstanden wird, so daß es einer weiteren Erläuterung nicht bedarf. Wir hören dann: »Es ist nämlich Sein.« Das betonte ἔστι, »Es ist«, sagt demnach, daß gerade »Sein« ist und μηδὲν [...] οὐκ ἔστιν,[334] und »Nichts nicht ist«. Das, was ist, stellen wir als Seiendes vor. Wenn Sein im betonten Sinne ist, ist es Seiendes, wenn nicht gar das in ausgezeichneter Weise Seiende. Sagen wir vom Sein: es ist, dann wird es für uns unversehens zum Seienden, während doch offenkundig vom Sein gesagt werden soll, das nicht unter das Seiende, τὰ ἐόντα, einzureihen und dort unterzubringen ist. Bei dieser Deutung des Wortes verkehrt sich offenbar sein zu Sagendes ins Gegenteil. Woran liegt dies? Nur daran, daß wir das Wort ἔστι γὰρ εἶναι vorschnell erläutern, indem wir uns an die gängige und doch verständliche Unbestimmtheit von ›ist‹ und ›Sein‹ halten? Aber diese Unbestimmtheit trägt doch wieder so weit, daß wir Sein und Seiendes unterscheiden können. Der Hinweis auf diesen Unterschied führt jedoch dahin, daß wir auf Ungereimtes im ἔστι γὰρ εἶναι treffen. Allein wie steht es mit der Unterscheidung von Sein und Seiendem? Hängt sie nicht in der selben Unbestimmtheit, mit der das ›ist‹ und das ›Sein‹ behaftet bleiben? Halten wir uns doch nur an den grammatischen Unterschied von Sein als Verbum und

---

[333] [Parmenides, Fragment 6 (Diels), 1. Auf der rechten Blatthälfte die Notiz:] ein (be)gründendes Sagen; sofern Anwest Anwesen, west an Anwesendes. [Auf einem der vorliegenden Aufzeichnung beigefügten Blatt findet sich von Heidegger unter der Überschrift »Parmenides« das gesamte Fragment 6 nach der Ausgabe von Diels zitiert.]

[334] [Parmenides, Fragment 6 (Diels), 2.]

Seiendem als Substantivum. Worauf gründet aber diese grammatische Unterscheidung, wenn nicht auf einer Auslegung des Sagens als der Aussage? Diese sagt über etwas Vorliegendes solches aus, was ist. In der Aussage als solcher spricht demnach schon ein Verständnis von Seiendem und Sein, spricht deren Unterscheidung. Der Versuch, das Wort ἔστι γὰρ εἶναι zu denken, bleibt im Ausweglosen stecken. Aber er bringt uns zugleich auf die Vermutung, woran es liegen mag, daß die Deutung des Wortes mißglückt.

Liegt es an dem, daß wir ›ist‹ und ›Sein‹ ebenso im Unbestimmten lassen wie die Unterscheidung von Sein und Seiendem? Mehr noch: Liegt es an dem, daß wir nicht beachten, wie gerade diese für uns maßgebende Unbestimmtheit dazu führt, das Wort ἔστι γὰρ εἶναι vorschnell als eine Aussage zu hören, die über εἶναι (Sein) aussagt: ἔστι (Es ist)?

Liegt es an dem, daß wir unbedacht von einem Verständnis von Sein und Sagen Gebrauch machen, das nicht hinreicht zu einem Denken, das jenes Wort nachzudenken und wiederzudenken vermag?

Vermutlich gelangen wir eher in die Nähe dessen, was ἔστι γὰρ εἶναι sagt, wenn wir uns mit der geläufigen Unbestimmtheit von ›ist‹ und ›Sein‹ nicht mehr begnügen, zugleich aber fragen, ob das ἔστι γὰρ εἶναι nicht selbst einen Hinweis auf die ihm eigene Weise des Sagens gibt.

129. Das Eigentümliche der Metaphysik[335]

wird erst durch die recht verstandene Überwindung der Metaphysik denkbar und Aufgabe eines neuen Nachdenkens – das sich als der eigentümlichen Geschichte der Metaphysik zugehörig denkt.

Dieser zunächst lange verborgene Sachverhalt ist der zureichende, aber als solcher zuvor verhüllte Grund dafür, daß meine Vorlesungen und Übungen überall Auslegungsversuche der meta-

---

[335] [Aus dem Schuber D 7, 5.]

physischen Grundstellungen bleiben, wobei das eigene, die Auslegung führende Denken und sein zu Denkendes nicht eigens bedacht sind.

Das Ab-Gründige des An-denkens, das im Ent-sagen sich aufhält.

*

Das Verfängliche der Kehre

besteht darin, daß man im Frage-Ansatz von »Sein und Zeit« stekken bleibt; denn wenn in der Kehre nur das Sein den Vorrang hat vor dem Dasein (und nicht mehr das Dasein vor dem Sein), bleibt das Schema ›Da-sein und Sein‹ erhalten.

In Wahrheit aber geht mit dem Verschwinden des Seins im Ereignis durch dieses das Da-sein in das Ereignis ein als das Gebrauchte. Das Schema verschwindet und damit auch die Möglichkeit, das Denken aus dem Ereignis in das Ereignis noch als Kehre zu kennzeichnen.

Entsprechend läßt sich auch das Seins-Geschick (verwirrend ›Seins-Geschichte‹ genannt) nur aus dem Ereignis im Ereignis denken – Geschick von Anwesenheit und Geschick selbst aus dem sich vorenthaltenden Ereignis.

Nötig zu sagen, und zwar deutlicher: das Verhältnis von Geschick und Ereignis (vgl. »Zeit und Sein« und Seminarprotokolle).[336]

---

[336] [Vgl. Martin Heidegger: Zeit und Sein. In: Zur Sache des Denkens. Tübingen: Max Niemeyer, 1969, S. 1–25; Gesamtausgabe Band 14. Hrsg. von Friedrich-Wilhelm von Herrmann. Frankfurt a.M.: Vittorio Klostermann, 2007, S. 3–30; Protokoll zu einem Seminar über den Vortrag »Zeit und Sein«. In: Zur Sache des Denkens, S. 27–58; Gesamtausgabe Band 14, S. 31–64.]

Denksplitter

130. Ge-Stell – Gesellschaft – ›Kommunismus‹[337]

Zu bedenken, inwiefern der Vorrang des ›Seins‹ (im Sinne des ökonomischen Produktionsprozesses) vor dem ›Bewußtsein‹ (im Sinne des ideologischen Überbaues, idea = perceptio, Vorstellung) schon vorbereitet die Möglichkeit: Produktionsprozeß wird maßgebend bestimmt durch die neuzeitliche Technik und diese in einem mit der neuzeitlichen Naturwissenschaft zeigt sich als seinsgeschicklich bestimmt durch das Ge-Stell.

So prägt das Ge-Stell – das (Ereignende) der Technik – die ›Gesellschaft‹ und die kommunistische Politik ebenso [wie] diejenige der westlichen Demokratien.

Das Bedrohende nicht die gesellschaftliche Revolution, sondern vordem und allein die Herrschaft des Ge-Stells.

Alles Politische ist nach Was und Wie – nicht nur qua Organisation – ge-stellhaft.

131. Ge-Stell und Gesellschaft[338]

Ge-Stell und Ereignis.

Insofern im Ereignis der Brauch die Sterblichen ereignet, und insofern das Ge-Stell das sich noch vorenthaltende Ereignis, gehört zum Ge-Stell das Stellen des Menschen auf die Bestellbarkeit.

Dieses Stellen erstellt das Menschsein als die Industrie-Gesellschaft und d. h. die *Institutionen*.

in*stituere*.

Institution eine ge-stell-hafte Bestimmung des Menschseins; insgleichen die ›Kultur‹ und die ›Natur‹.

Ge-Stell und Subjektivität.

Entsprechend die Bestimmung der ›Politik‹.

---

[337] [Aus dem Schuber D 8, 11.]
[338] [Aus dem Schuber D 8, 11.]

Weder Diktatur noch Demokratie entsprechen der *im* Ge-Stell waltenden ›Welt‹, und d. h. der Technik- und Wissenschaftsherrschaft.

132. Das Ge-Stell[339]

Alles entwurzelt – weggezerrt in die Bestände. Niemand merkt mehr, was geschah, niemand spürt noch den Verlust.

Das Berechenbare herrscht, setzt die Maßstäbe, bietet überall sich an, zwingt alles in seine Geleise, bemißt die Bedürfnisse, gewöhnt in das Bestellbare, erstickt die Besinnung durch den Anschein, das Rechnen sei als Rechnen mit und auf … schon das Besinnen.

Die Bestellung des Menschen im Ge-Stell ist das in seiner Reichweite noch verborgene Anzeichen der Befugnis der Sterblichen in die (ereignende) Fuge des Ratsals.

Wann und wie es zum Zeichen wird, weiß niemand.

133. Vergessenheit[340]

meint die anfängliche Vergessenheit des Ereignisses – ereignet aus der Enteignis der Fuge | Ge-Birg | Gelassenheit des Ratsals | St[erbliche]

Dagegen ist der notgedrungen zunächst gebrauchte Titel ›Seinsvergessenheit‹ für das geläufige Denken irreführend; denn es kann nicht verstehen, daß ›Sein‹ hier meint die Wahrnis von Sein, aus der es geschickt als Anwesen. Das geläufige Denken kann solches nicht nur nicht denken, sondern es wird allem zuvor sich dar-

---

[339] [Aus dem Schuber D 8, 14.]
[340] [Aus dem Schuber D 10, 2.]

auf berufen, daß doch gerade in der Metaphysik, die das Sein des Seienden — gleichviel wie auch immer — [denkt,] das Sein *das* Gedachte bleibt und daher niemals das Vergessene heißen kann. Wie soll denn gar noch die Metaphysik mit der ›Seinsvergessenheit‹ gleichgesetzt werden? ›Sein‹ wird in der Metaphysik nicht nur selbst — als Sein des Seienden — ausdrücklich gedacht, es ist überall im gewöhnlichen Meinen und Sagen das Bekannteste (aber freilich auch, wie im S.S. 1941 [in der Vorlesung über] »Grundbegriffe« gezeigt,[341] das Verborgenste).

Anfänglich vergessen kann nur sein, was seither — auch und gerade in der erstanfänglichen Lichtung von Anwesen — verborgen blieb: die Lichtung des Sichverbergens — das er-eignende Lassen von Anwesen. In der Vergessenheit geborgen bleibt bislang das Sein als solches, d. h. Sein als Anwesen — geschickt in der ereignenden Schickung aus dem Ereignis. Wird die Rede von der ›Seinsvergessenheit‹ in diesem Sinne verstanden, dann besagt die Erörterung der Frage nach dem Sein als solchen nicht die Beseitigung der Vergessenheit, sondern vielmehr das Entschwindenlassen des ›Seins‹ in die Vergessenheit, die jetzt selber die Erörterung ihrer selbst verlangt. Damit verschwindet das Seinsdenken selbst, mit ihm die Wahrheitsfrage.

Die Vergessenheit wird als solche erfahren, indem das Denken versucht, aus der Erfahrung und im Einblick in das Ge-Stell aus der Vergessenheit (des Ereignisses) zu wecken, um sie selber als Enteignis zu zeigen und mit dieser die Ortschaft des Ereignisses. | [Ge-Birg der Befugnis][342] Die Ortschaft zugleich des Aufenthalts der Sterblichen — als die langher verborgenerweise gewohnte, indes freilich noch nicht be-wohnte.

Das Wecken aus der Vergessenheit muß das ›Sein‹ fahrenlassen — kein Festhaltenwollen des Seins durch Beseitigung der Ver-

---

[341] [Vgl. Martin Heidegger: Grundbegriffe. Freiburger Vorlesung Sommersemester 1941. Gesamtausgabe Band 51. Hrsg. von Petra Jaeger. Frankfurt a. M.: Vittorio Klostermann, 1981, ²1991, S. 55 ff.]
[342] [Die eckigen Klammern in der Handschrift.]

gessenheit –, sondern: Erörtern der Vergessenheit als Enteignis und Verschwindenlassen des Seins.

*

Die Vergessenheit des Ereignisses ist, insofern der Mensch ihr vereignet bleibt, für diesen ein Schlaf mit offenen Augen. In ihr – d. h. im Bezirk der Metaphysik – wird zwar Sein verstanden und gedacht – als Sein des Seienden –, aber nie *als* Sein; auch das ipsum esse (ὂν καθ' αὑτό) ist noch und nur gedacht als ἀρχή für …, als Grund.

Aus diesem Schlaf mit offenen Augen zu wecken ist das Schwerste – inwiefern?[x] (Siehe das Wort von Georges Braque.) Dieser Schlaf – die Vergessenheit – kein bloßer Zustand im *Menschen* als ζῷον λόγον ἔχον, sondern der Gebrauchte, und zwar – im Vorenthalt.

→ Sondern der Mensch in der Vergessenheit als Wahrnis des Seins.

Deshalb: schlafend mit offenen Augen,
          suchend und doch nicht erblickend,
                    nicht wach für das Ereignis im Ereignis.

[x] Die offenen Augen versichern, zu sehen; sie sehen, aber blicken nicht; stehen nicht im Licht des Blitzes des Sichverbergens.
  (der Blitz der Stille)
  das erblickende Hören
  das lichtende Echo

*

Erwachen aus der Vergessenheit
  d. h. zugleich der *Abschied vom ›Sein‹* als dem gegenwärtigen Anwesen und *Anwesen*lassen.

Der Abschied vom Sein in diesem Sinne läßt das Sein fahren; wohin? In das Ge-Birge. Die Verwandlung des Geschicks in das Ereignen. Der Reichtum des Anwesens und Anwesen-*Lassens* ge--rückt [?] in die Nahnis des Ge-Vierts.

Wie geht es im Abschied vom Sein mit der Ἀ-Λήθεια?

Sie gelangt für das Erfahren in das Selbe mit dem Ereignis – das Gebirg der Befugnis.

Abschied vom Sein – in der Folge: die Metaphysik ihr selbst überlassen.

*

Vergessenheit

Erwachen aus der Vergessenheit des Ereignisses.
Erwachen im Ereignis.
Erwachen in den Aufenthalt in der Fuge des Ge-Vierts.
[Daß wir so dahin gelangen, wo wir uns eigentlich – d. h. vom Ereignis her be-stimmt – aufhalten.]³⁴³

Wie aber das Wecken? Anrühren unser Da-sein in seinem Eigensten (d. h. im Seinsbezug).

Anrühren das Wohnen der Menschen –
das undichterische Wohnen | die Bestandsicherung
das *Wohnen [aufenthaltslos]*³⁴⁴ ↳ Anwesenlassen

Im Sagen des Ge-Stells ([...]*) schon das erste Anrühren als Wecken – Erwachenlassen aus der Vergessenheit.

Die Vergessenheit selber: Geschick – erfahrbar.

*

---

³⁴³ [Die eckigen Klammern in der Handschrift.]
³⁴⁴ [Die eckigen Klammern in der Handschrift.]
* [Ein Wort oder zwei Wörter unleserlich.]

Vergessenheit und das vorstellende Denken

Die Vergessenheit des Ereignisses, das Sichentziehen des Ereignisses selbst im Aufgang des An-wesens läßt nur An-wesen zu, d. h. *dieses* verlangt ein ›Sein zu‹ … Seiendem, d. h. das Gegenwärtigen, d. h. das Vernehmen: νοεῖν – λέγειν, das Her-stellen in die Unverborgenheit, wobei nicht einmal die das Entbergen bestimmende Verbergung vernehmbar werden kann.

Das Her-stellen, Vor-bringen in die Unverborgenheit – ἐπιστήμη, τέχνη, θεωρεῖν – wird als praesentatio zur re-praesentatio, sobald animus, anima, ψυχή auf sich zurück das Gesichtete – ἰδέα – beziehen und alles in diesem Bezug unterbringen, der sich schließlich zur Subjekt-Objekt-Beziehung verfestigt, um dann als Subjektivität des Geistes den Bezug alles Erscheinens und Wissens und Handelns auszumachen.

134. Vergessenheit des Ereignisses[345]

Im Titel ›Seinsvergessenheit‹ wird das zu Denkende zugleich angezeigt und verstellt. Denn die Vergessenheit betrifft ›das Sein‹ – aber ›das Sein‹ als schon gedacht im Sinne des Ereignisses. Vergessenheit des Ereignisses ›ist‹ das Ereignis als Enteignis.

Auch die Rede von der Vergessenheit des Austrags hängt noch in der Differenz von Seiendem und Sein. Aus der Rede von der ›Seinsvergessenheit‹ läßt sich nie ersehen, inwiefern die Vergessenheit als Verweigerung der Lichtung des Ereignisses als Ereignisses aus diesem selbst, und zwar aus dem Ereignis als der Enteignis kommt.

So bleibt die Rede von der ›Seinsvergessenheit‹ ein stumpfes Wort und beirrend.

---

[345] [Aus dem Schuber D 10, 2. Die eckigen Klammern innerhalb der vorliegenden Aufzeichnung in der Handschrift.]

Sobald *Vergessenheit* gedacht ist [Ἀ-Λήθεια], kann das ›Sein‹ als Anwesen ... nicht mehr genannt werden. Vgl. »Hegel und die Griechen«, Schluß.[346]

›Seinsvergessenheit‹ ist ein zwiespältiger Titel; und sofern ›Sein‹ nicht aus der Absage als Ereignis gedacht ist, irreführend.

Der Name ›Seinsvergessenheit‹ ist ein Zwitter; ›Sein‹ gehört in die Metaphysik. *Vergessenheit* läßt sich hinreichend nur im Ereignis denken. [Aber in diesem Zwitter verbirgt sich zugleich Geschick von Sein im Ereignis: Sein als Geschick des Ereignisses.]

In allen Versuchen des Übergangs, der Überwindung und Verwindung (Sprung, Schritt zurück und dergleichen) schleichen sich unvermeidlich Zwitterbegriffe ein.

Sobald diese Zwitterbegriffe wegfallen, gelangt das Entsagen ins Freie, das sich aus dem Ereignis ergibt.

Solange dagegen die Rede von der ›Seinsvergessenheit‹ zugelassen wird, bleibt die denkende Erörterung in der Zwickmühle; denn man kann mit einem gewissen Recht von der Metaphysik her versichern, hier werde doch ›das Sein‹ gedacht – nämlich als Sein des Seienden und als ipsum esse. Die Entgegnung auf dieses Versichern – daß indes nie Sein *als* Sein gedacht werde, d. h. Sein in seiner Wahrheit – bleibt nichtssagend, solange das Ereignis nicht zur Sprache kommt.

Die äußerste Vergessenheit des Ereignisses waltet[347] dort, wo das Ereignis, sich zueignend, sich verhüllt und dies entsprechend unbedacht bleibt, vielmehr alles sich noch im Bisherigen zu bewegen scheint – ungenau benannt: das technische Zeitalter – das *Ge-Stell* – das Stellen [↔ Position!].

---

[346] [Vgl. Martin Heidegger: Hegel und die Griechen. In: Die Gegenwart der Griechen im neueren Denken. Festschrift für Hans-Georg Gadamer zum 60. Geburtstag. Tübingen: J. C. B. Mohr, 1960, S. 43–57; aufgenommen in: Wegmarken. Frankfurt a. M.: Vittorio Klostermann, 1967, S. 255–272; Gesamtausgabe Band 9. Hrsg. von Friedrich-Wilhelm von Herrmann. Frankfurt a. M.: Vittorio Klostermann, 1976, ⁵2004, S. 427–444.]

[347] [Darüber geschrieben:] Walten – Welten?

Die äußerste Vergessenheit dort, wo sie als solche vernehmlich werden kann, aber nicht vernommen wird, durch das Weisen in das *Ge-Stell*.

Dieses *nicht das Eigentliche nur* der modernen *Technik*, sondern des ›Seins‹ des Seienden *im Ganzen*.

Das Weltalter noch namenlos.

135. *Die Seinsvergessenheit*[348]

Ihr ereignishaftes Wesen besteht darin, daß der Mensch in seinem Wesen vom Seyn selbst im Seyn (Ereignis) vergessen wird.

Der neuzeitliche Mensch (nur er?) ist der vom Seyn Vergessene. Die Vergessenen und die Begonnenen, sie sind schon gleichzeitig; aber alles spricht noch zu ›Gunsten‹ jener.

Der Vergessene zu sein, ist das Furchtbarste; denn selbst der Ausgestoßene ist noch im Ausstoß in irgendeiner Weise behalten. Vom Seyn vergessen [daß das Seyn den Menschen nicht mehr *angeht*, nicht – noch nicht – *heimsucht!*][349] – nicht nur dies, daß der Mensch das Sein noch vergessen hat. Aus der rein erkannten Vergessenheit, der gemäß das Seyn den Menschen vergißt, können wir erst die Huld ahnen, die das Menschenwesen in das Gedächtnis ruft. Der also vergessene Mensch ist es, dem nichts anderes bleibt als selbst sich selbst und sein Wesen zu vergessen, um er selbst zu sein. Die Weise, sich selbst als den Vergessenen zu vergessen, ist die Technik. Ihr Wesen gründet in der Seynsvergessenheit. Die Technik ist das Ereignislose schlechthin – das ist furchtbarer als das bloße Nichts. Aus dem Ereignislosen kommt das Unheil, das ursprünglicheren Wesens ist denn alles Verhängnis und das Verderben.

Wir sehen dies alles erst im stillen Licht der Huld.

*

[348] [Aus dem Schuber D 10, 2.]
[349] [Die eckigen Klammern in der Handschrift.]

Seinsvergessenheit und Vergessen

Wenn aber die Seinsvergessenheit der Grund der Metaphysik ist, diese aber nicht einfach eine Abirrung, sondern eine Strecke des Weges, Grund für solches aber nie etwas nur Negatives sein kann, dann muß die Seinsvergessenheit als die ursprüngliche Vergessenheit aus einem Undank entspringen, der furchtbarer bleibt als alles Furchtbare sonst, weil der Undank vielleicht in seinem ›Un‹ vor allem Positiven und Negativen aus dem Riß kommt und aus der Huld. Daraus könnten wir erahnen, inwiefern das Vergessenkönnen in einem echten Sinne – nicht das bloße Wegstoßen und die Gleichgültigkeit – etwas von Segen und Heilendem in sich birgt.

136. *Vergessenheit und das Unvergeßliche*[350]

vgl. Verwindung der Kehre

Die Verwindung der | Metaphysik | [Seinsvergessenheit][351] sieht aus wie die anmaßendste *Übersteigung* ihres Übersteigs, und doch ist, wie die Verwindung denken möchte, *Abstieg*.
 Wohin? Herab aus der Übersteigung
zum Seienden? zum Sein?
zum *U[nterschied]*!
Durch diesen eine Eignung *[Gelangen]*[352] in die Fuge.

*

---

[350] [Aus dem Schuber D 10, 2. Die Überschrift und der folgende Verweis auf dem Umschlag, mit dem Heidegger die folgenden Aufzeichnungen zusammengefaßt hat.]
[351] [Die öffnende eckige Klammer in der Handschrift.]
[352] [Die eckigen Klammern in der Handschrift.]

Vergessenheit und Unvergeßliches

Ist aber die Vergessenheit nicht das eigentliche Vergessene und das ganz und gar nicht Unvergeßliche, vielmehr das *Vergeßlichste*? Allerdings!

Was ist aber dann geschehen, wenn die Vergessenheit eigens genannt ist?[353] Ist dann die Vergessenheit nicht schon verwunden? Aber wie? Inwieweit? Nur so, daß wir auf ›Sein‹ aufmerksam werden als das Denkwürdige, ohne schon die Denkwürdigkeit und deren Herkunft zu erfahren? Nur so, daß alles doch im Ratlosen bleibt? Denn nicht die Rede davon sei, daß Seinsvergessenheit *bislang* herrschte, jetzt aber ein *Beginn* ist ihres Schwindens – inwiefern?

Mit dem Nennen der Seinsvergessenheit ist ›etwas‹ vom Sein gesagt? Was?

Inwiefern Wink in Ereignis und Fuge?

*

Das Unvergeßliche und das ›Unvordenkliche‹

Das Unvordenkliche ist von unserem Denken als Vorstellen her so genannt (man könnte auch das ›Unvergeßliche‹ entsprechend von unserem Vergessen als Nicht-behalten her deuten).

Das Unvordenkliche ist dann jenes, dem unser Denken nie zuvorkommen kann, weil das Vorstellen von etwas je schon der Zugestelltheit als solcher nachfolgt, ihr botmäßig bleibt. Das Vorstellen von Anwesendem bewegt sich in der Transzendenz von Anwesenheit.

Das Un-vor-denkliche ist das πρότερον τῇ φύσει, das *a priori* (*Sein* von Seiendem).

---

[353] und *dann* und *damals*, da sie nie genannt worden!

Dieses Unvordenkliche ist bekannt – und somit nicht vergessen; Seinsvergessenheit besteht also *nicht*, das Unvordenkliche gehört zum Unvergeßlichen!
Aber wie? Im Sinne des je schon *Vor*-Gestellten.

*

Die Herkunft aus dem Unvergeßlichen

Das Unvergeßliche kündigt sich je und je, wenngleich ganz unbestimmt, darin an, daß Es eine Vergessenheit schlechthin nicht gibt; schon *wenn* diese gesagt ist (Es gibt und wir sagen), ist das Unvergeßliche genannt.

Das Unvergeßliche ist hier gedacht im Sinne der Vergessenheit als Ver-Bergung (ereignishaft – nicht vergessen als nur und zuerst menschliches Versäumnis).

Das Un-Verbergliche: je und je schon Gelichtete – also τὸ μὴ δῦνόν ποτε?[354] Zu wenig, denn Ver-Bergung ist *auch* noch der Fülle des ereignend-verhaltenden Bergens zu danken. Das ›Un-‹ – auch noch ungenügend, weil privativ und nicht reine Herkunft.

Das Unvergeßliche ist als solches immer noch von der Vergessenheit her genannt, und zwar so, daß es bei dieser – als unbedachter – sein Bewenden hat.

Das Un-vergeßliche ist Jenes, was Vergessenheit gewährt und ereignet: ist die Fuge. Diese ist aber anderes als nur das *Positive* zu jener Privation, denn sie ist Gewährnis von Beiden: Vergessenheit *und Un*-Vergessenheit, und ist als solche Gewährnis des Ereignisses des ›Un-‹, ist in sich als Fuge *ent-fliehend* – ereignend das Ent- als Enteignis und Abgeschiedenheit.

---

[354] [Vgl. Heraklit, Fragment 16 (Diels).]

137. Vergessenheit[355]

Was veranlaßt Denkende, auf die Vergessenheit zu weisen? Wer sind Denkende? Was heißt Vergessenheit? Was ist vergessen? Ging durch die Vergessenheit etwas vormals Gedachtes, im Andenken Gewahrtes verloren? Oder wird durch die Vergessenheit ein noch nie Gewahrtes vorenthalten? Wie aber dennoch dies ein Vergessenes? Wenn schon – beschäftigt es nur ein Denken, das abseits der Not des Zeitalters seinen Träumen nachhängt? Reicht dieses Vergessene jemals in den Bereich, dem das Schicksal der heutigen Menschen überantwortet ist? Gilt die Vergessenheit als ein Mangel oder gar als ein Verhängnis? Oder ist sie eine bislang verweigerte Morgengabe für den Anfang des Menschen? Wer mag davon wissen? Was zu wissen kaum ein Gott sich anmaßen dürfte, so dessen Eigenes noch unter einer Weisung steht.

138. ›Seinsvergessenheit‹[356]

d. h.: die zum Ereignis gehörende Verbergung seiner selbst durch die ihm eigene Schickung von Anwesen. Wie gehört Anwesen in das Ereignis? Inwiefern beruht es[357] in der Unverborgenheit im Sinne der *Lichtung*? Inwiefern gibt sich das Ereignis – sich entziehend – in und mit der Gabe der Unverborgenheit, so zwar, daß diese verborgen bleibt als solche, d. h. gehörend der Bergung und d. i. Eignung in die Enteignis der Fuge des Ratsals?

Inwiefern die hier genannten Bezüge zwischen ›Sein‹ und Ereignis im Ereignis nicht ›dialektisch‹ dargestellt werden dürfen; vielmehr die Herkunft der ›Dialektik‹ aus dem Ereignis zu erkennen – als dem Vor-stellen eigen.

---

[355] [Aus dem Schuber D 10, 3.]
[356] [Aus dem Schuber D 10, 3.]
[357] [In der Handschrift ist durch einen Pfeil der Bezug von »es« auf »Anwesen« angezeigt.]

(Sprache und Ereignis:) Sprache als Haus des Seins, Haus als Ereignis und Sprache als Sage Eigentum des Ereignisses.

Die nächstliegende Konsequenz der Seinsvergessenheit im Sinne des Nichtdenkens an das, was Sein heißt und *An*wesen, und was dieses besagt: Entbergung, Mitgift von Lichtung (Brauch) (›Zeit‹).

*

<u>Die</u> ›*Vergessenheit*‹,   nämlich ›des‹ Ereignisses.
   ›Ereignis‹ nicht nur das *Vergessene*, sondern
Λήθη   ⟶   der *Vergessend*-Verbergend-Entziehende
   Vorenthalt – als die Enteignis.
Die Rede von ›Seinsvergessenheit‹ ein Notbehelf – wie durchgängig die Rede vom Sein als solchem.
↪*Aber diese als vorenthaltende Verbergung – als Enteignis.*

*

Ge-Stell (⟷ Er-stellen), das die Sterblichen stellt, so zwar, daß sie das Ge-Stell nicht als dieses erfahren, sich sogar dagegen zur Wehr setzen, indem sie sich aufspreizen in ein selbstherrliches, eigenmächtiges Er-stellen (was dem Anschein nach dem Ge-Stell widerspricht, in dessen Stellen man bloß unausweichlichen Zwang sieht im Unterschiede zum frei fortschreitenden Er-stellen und Planen).

Inwiefern das Ge-Stell den Spielraum läßt einer Freiheit.

Gegenüber der schrankenlosen Anmaßung des Er-stellens ist nötig, daß die Sterblichen sich entsprechend *mit zurücknehmen lassen* in einen anderen Bereich des Wohnens.

139. ›Seinsvergessenheit‹[358]

Der Ton im Wort.

Man verhört sich allzu leicht; man hört den Titel wie das moralisch urteilende Wort ›Pflichtvergessenheit‹. Aber nötig ist zum voraus, gleichsam in die Gegenrichtung, ganz anders zu hören.

Das Wort ›Seinsvergessenheit‹ nennt *das* Geschick des Seins, das die bisher höchste Gabe an das Denken und das Dasein des Menschen zu vergeben hat: *die Metaphysik*.

Die Verwindung der Seinsvergessenheit ist nicht die Beseitigung eines Mangels, nicht das Nachholen eines lange Zeit nicht beachteten Versäumnisses, sondern der Weg in das Wohnen im Geheimnis. Und wenn der Mißton bisweilen anklingt im Wort ›Seinsvergessenheit‹, dann liegt er nur im Versuch, erst einmal das Nichtachtenwollen auf sie wachzurütteln und von der Versklavung an die nur historisch übernommenen Lehren der philosophia perennis zu befreien. Es gilt die Würde des *Wesens* der Metaphysik, nicht nur diese in irgendeiner Gestalt, vor das Denken zu bringen.

*

Seinsvergessenheit

Die *metaphysisch-ontologisch* vorgestellte Seinsvergessenheit, d. h. Verborgenheit des *Seins* als des Seins von Seiendem, welches Sein aber zugleich zum ipsum esse wird (vgl. Bonaventura, Itinerarium [mentis in Deum, cap.] V, 3–4).

Daß alles Vorstellen zunächst dem Seienden anheimfällt und auch, wenn gewiesen, ›Sein‹ von ›Seiendem‹ durch dieses erklärt und nicht dessen achten will, wie im ›Seiend‹ schon ›Sein‹ sich birgt.

---

[358] [Aus dem Schuber B 10, 3.]

Das Gewicht dieser Erläuterungen verhüllt durch den Anschein ihrer Leere und Abgezogenheit.

Wie jedoch die Metaphysik als Ganzes in der Seinsvergessenheit liegt und wie dieses Geschick der Grund der zunächst genannten Seinsvergessenheit bleibt.

Die *ereignismäßig* gedachte Seinsvergessenheit ist die Sparnis des Unter-Schiedes in das Ver-Hältnis.

Vergessenheit ist nicht mehr nur Verbergende Bergung, sie ist sparender Vor-behalt, enteignend das verwundene Geschick des Seins in die Fuge.

Vergessenheit als Vergessenheit *des* Unter-Schiedes: der Vorenthalt, der sparende, das Ereignis *als* Ereignis.

*

Seinsvergessenheit

Sein heißt stets: Sein von Seiendem, Sein für Seiendes.

Seinsvergessenheit besagt: Vergessenheit des *Seins von* Seiendem, *für* Seiendes.

Vergessenheit von Sein als solchem.

Sein als solches aber gibt es nur im Sinne von Sein *des* Seienden.

Sein als solches gibt sich demnach in der Unterscheidung des Seins zu Seiendem. Woher gibt es diese Unterscheidung? Ist sie das Gemächte und der Erfolg einer unterscheidenden Tätigkeit? Als Vermögen der Unterscheidung gilt die ratio – Verstand – Vernunft. Die Unterscheidung heißt distinctio. Ist die Unterscheidung von Seiendem und Sein eine distinctio rationis? Aber der Unterschied ruht im Sein als *Sein von* Seiendem. Der Unterschied ist keine Relation, die sich *nachträglich* zwischen den beiden vermeintlich für sich bestehenden Relaten – hier Seiendes, dort Sein – hin und her spannt.

Der Unterschied ist nicht ein vom Vorstellen angefügter Nachtrag zum Seienden und Sein, kein Nachtrag zum Unterschiedenen;

der Unterschied ist, wenn dies Wort erlaubt wird, der Vor-trag des Unter-schiedenen in seine Unterschiedenheit.

Seinsvergessenheit besagt: Vergessenheit des so zu denkenden Unterschiedes.

›Vergessenheit‹ aber bedeutet: Verborgenheit, und zwar aus einem Verbergen, das birgt, indem es verhüllt und entzieht. Die so zu denkende Vergessenheit kein Mißgeschick, das irgendwann den Unterschied befallen hat.

Das bergend-verhüllende Verbergen ist die Weise, wie *der Unterschied selber west als Beginn der Lichtung* von Seiendem als solchem, d. h. in dessen Sein.

Insofern der Unterschied sich in die Verhüllung zurückbirgt und nur insofern, trägt er das Unterschiedene: Seiendes in seinem Sein, vor ins Unverborgene. Solcher Vortrag beruht in der Verbergung. Diese, d. h. die Vergessenheit, ist kein Mißgeschick, kein Mangel, sondern gerade das Schenken des Unterschiedenen, das Schicken desselben.

Die Vergessenheit des Unterschiedes ist in sich das Geschick von Sein des Seienden.

Soweit wir diesem nachdenken, können wir die Vergessenheit zeigen und sie als Denkwürdiges erweisen.

Die jetzt erläuterte Vergessenheit ist früher als das, was in sie gehört.

Nach der gewohnten Vorstellung kann es nur ein Vergessen von solchem geben, was zuvor gegeben und behalten war, dann aber – durch das Vergessen erst – abhanden kam, wegfiel. Vergessen besagt hier: nicht mehr behalten und nicht behalten können.

Und es scheint, als ließe sich auch von diesem Begriff des Vergessens her auf eine sachgemäße Weise von der Seinsvergessenheit sprechen. Diese Bedeutung von Seinsvergessenheit ist sogar die naheliegende und geeignet, eine Wegweisung in die eigentliche Bestimmung zu geben.

Im alltäglichen, aber auch im wissenschaftlichen Vorstellen ist das Seiende gegeben. Wir denken aber nicht an das Sein, obzwar [wir] ständig im ›ist‹-Sagen uns bewegen.

140. Seinsvergessenheit – ihre Stufen in den Anfang[359]

Die neutrale Rede: Sein bleibt vergessen! [*Wer* vergißt? *Was* verbirgt sich?][360]

1. Wo nur Seiendes gemeint, bestellt und vorgestellt wird, kommt es nicht dazu, an das *Sein* des Seienden zu denken, selbst wenn im ständigen ›ist‹-Sagen davon die Rede ist: Sein bleibt vergessen in dem Sinne: es wird nicht eigens mit vorgestellt. (Doch Vergessen nur, wo etwas zu Behaltendes oder gar Behaltenes! Allerdings. Sein ist behalten im Seinsverständnis und *so gerade* – dieses Behaltene – enthüllt.)
2. Wo *Sein* von Seiendem *beachtet* wird, braucht noch nicht Sein *als* Sein eigens in die Vorstellung [zu] gelangen. Das beachtete und zergliederte Sein (z. B. die Gegenständlichkeit der Gegenstände in Kants »Kritik der reinen Vernunft«) braucht nicht eigens als ein Geschick von Sein und *dessen* Lichtung bedacht [zu] werden. Dies Vergessen liegt tiefer als (1).
3. Nach der Art Kants bedenkt die Metaphysik überall das *Sein* und denkt doch niemals an den Sinn von Sein als solchem – an das, was ›Sein‹ heißt und wie es in dieses Geschick gelangt.[361]
4. Damit in einem bleibt auch unbedacht, was es mit dem ›Sein‹ auf sich hat, insofern es Sein von Seiendem, Sein *des* Seienden ist. Es bleibt das Denken an den Unterschied als solchen aus, an dessen Herkunft.
5. In dem Vorgenannten ist Vergessenheit überall als Vergessen im Sinne [des] Nichtdenkens an …, des Entfallenlassens, Nichtbewahrens und Nichtbehaltens gemeint.
6. Die Frage erhebt sich: wie kommt es zu diesem Vergessen im Sinne des Unbeachtetlassens? Hängt es nur an einer Nachlässigkeit des Vorstellens oder wird das Vorstellen von Seiendem selber gerade nicht in *Anspruch* genommen von *dem*, was un-

---

[359] [Aus dem Schuber D 10, 3.]
[360] [Die eckigen Klammern in der Handschrift.]
[361] [Am linken Rand die Bemerkung:] (2) und (3) in der Folge umkehren

bedacht schon vor-gestellt wird, *woran* demnach zu denken wäre?
7. Der Anspruch des zu-Denkenden bleibt aus – das zu-Denkende verbirgt sich als solches (Aus*bleiben*). Diese Verbergung ist die Vergessenheit im wörtlichen und eigentlichen Sinne.
8. Indes können wir sie nur insofern nennen, als wir meinen, das Sein bedürfe dessen, daß an es gedacht werde.
9. Wir meinen dies nicht nur, sondern erfahren eindeutig, daß überall und je, wo ›Seiendes‹ ›ist‹, Sein schon in Lichtung west, welche Lichtung ruft, gewahrt zu werden in ihrer Wahrnis.
10. Ruft diese Lichtung im ›Sein‹ als solchen? Sucht nicht dieser Ruf gerade, was vor allem überhört wird – vielleicht weil er ein Ruf der Stille ist? | vgl. *Sein und Seyn*

Die Vergessenheit ist Verbergung – nämlich des Anwesens als solchen in seiner Entbergung.

Die Vergessenheit ist die Verbergung der Entbergung des Unterschiedes als solchen.

Die Vergessenheit ist als diese Verbergung des Vorenthalts der Entbergung des Unterschiedes und seiner Wahrnis.

Die Vergessenheit verbirgt diesen verbergenden Vorenthalt.

Die Vergessenheit vergißt sich selber.

Darum sieht es so aus, als gäbe es dergleichen nicht. Denn es ist kein Anhalt an einem Vergessenen, dessen Vergessenheit bedacht sein möchte.

Und dennoch haben wir die Vergessenheit als solche genannt und es ergibt sich die Besinnung, wie solches Nennen möglich ist.

141. [Das Wesen der Sprache – Beilagen zum Manuskript][562]

Beilage – Manuskriptseite 30[563]

Aber diese Vorstellung sagt uns nichts darüber, ob das Dichten es ist, was das Denken in diese Beziehung zieht, oder umgekehrt, oder ob beide zueinander in die Nachbarschaft ziehen, die Ziehenden oder gar die Gezogenen und die Bezogenen sind. Im letzteren Fall zieht erst die Beziehung die Bezogenen in ihren Bezug. Im Hinblick auf die Nachbarschaft von Dichten und Denken heißt dies: die Nachbarschaft läßt erst Dichten und Denken nachbarlich und als Nachbarn, als einander nahe Wohnende ›sein‹. Aber die Nachbarschaft besteht doch nicht zuvor und für sich. Wer sie als so Bestehendes vorstellt, macht sie unweigerlich zu einem an sich vorhandenen Gegenstand; in der gelehrten Sprache der Philosophie ausgedrückt, heißt dies: er hypostasiert die Nachbarschaft zum ὑποκείμενον, er stellt sie als etwas von sich her Vorliegendes, an sich Anwesendes vor. Dergleichen werden wir nirgends antreffen, aber doch einen Ausweg finden, und zwar in der Lehre der neuzeitlichen Metaphysik, daß alle Beziehungen zwischen Gegenständen nur sind als Setzungen der synthetischen Tätigkeit des Bewußtseins. So wäre denn auch die Nachbarschaft zwischen Dichten und Denken eine Tatsache, eine Sache der Tat des Bewußtseins, etwas durch unser Vorstellen jeweils erst Gesetztes. Damit schwindet vollends jede Möglichkeit auch nur des Gedankens, die Nachbarschaft vermöge von sich her Dichten und Denken allererst zu Nachbarn zu prägen. Es bleibt dabei: die Nach-

---

[562] [Aus der blauen Mappe 23. Bei den vorliegenden Aufzeichnungen handelt es sich um Beilagen zu den Manuskriptseiten 30, 42 und 43 der drei am 4. und 18. Dezember 1957 und am 5. Februar 1958 im Studium generale der Universität Freiburg gehaltenen Vorträge. Vgl. Martin Heidegger: Das Wesen der Sprache. In: Unterwegs zur Sprache. Pfullingen: Günther Neske, 1959, S. 157–216; Gesamtausgabe Band 12. Hrsg. von Friedrich-Wilhelm von Herrmann. Frankfurt a. M.: Vittorio Klostermann, 1985, ²2018, S. 147–204.]

[563] [Vgl. Martin Heidegger: Das Wesen der Sprache, S. 188; Gesamtausgabe Band 12, S. 177 f.]

barschaft wird nur dadurch bewirkt, daß Dichten und Denken in ihr Gegenüber gelangen. Demgemäß bedenken wir, wie das geschieht. Wir befreien uns so auf dem längst üblichen Wege aus der Verlegenheit. Wir erklären, was das Dichten ist, und erklären, was das Denken ist, woraus sich in der Folge ergeben muß, inwiefern sie in eine Nachbarschaft gelangen. Der Vorschlag ist so einfach wie natürlich. Dennoch zerfällt er, kaum daß wir ansetzen, ihm zu folgen, ins Unmögliche.

Beilage – Manuskriptseite 42[364]

Aus der griechischen Tragödie ist uns ein Wort überliefert, das wir nie ausdenken werden, sobald wir versuchen, es griechisch zu denken, und dadurch bereit sind, in dem so Gedachten sein Ungedachtes zu vermuten. Das Wort enthält alles, was auch beim Versuch dieser Vorträge auf dem Spiel steht. Das Wort gehört in einen Chorgesang der Agamemnon-Tragödie des Aischylos (v. 176) und lautet: τῷ πάθει μάθος, »(im) Erleiden Erblicken«. Noch geraffter und beinahe formelhaft können wir sagen: πάθος – μάθος, »Erleiden: Verstehen – Erblicken – Einsehen«. Es klingt wie eine Identität, klingt verständlich und bringt uns in die Gefahr, es doch ungemäß zu verstehen. Denn wir sind es gewöhnt, Erleiden sowohl wie Erfahren[365] als Weisen des Erlebens zu – erleben. Im Erlebnis wird das Erlittene und Erfahrene auf unser Ich, auf das Subjekt zurückgenommen, wird als dessen Zustand verstanden und einer Abfolge von Zuständen eingeordnet. Aber die griechischen Worte πάθος und μάθος nennen keine Erlebnisse, keine subjektiven seelischen Zustände, die sich, man weiß nicht wie, auf Objekte beziehen. Es genügt auch nicht zu sagen, πάθος und μάθος meinten objektive Vorgänge. Ganz anderes ist genannt. Πάθος meint: sich in ein Verhältnis zu solchem bringen lassen, was uns dabei auf-

---

[364] [Vgl. Martin Heidegger: Das Wesen der Sprache, S. 197; Gesamtausgabe Band 12, S. 186.]
[365] [Randbemerkung:] er-fahren: auf einen Weg gelangen, in welchem Gelangen wir erlangen, daß Solches nach uns langt, was uns wandelt.

geht, aufgehend uns angeht, angehend uns an sich nimmt, an sich nehmend uns hält, in unser Wesen wahrt und hütet, daß wir so wir selbst sind als die in solcher Weise Angenommenen – keine Subjekte, die Erlittenes, Erfahrenes in ihre Erlebnissphäre aufnehmen. Πάθος ... inwiefern μάθος?[566]

Beilage – Manuskriptseite 43[367]

Gilt es nun, mit der Sprache eine Erfahrung zu machen, dann denken wir das Erfahren in dem Sinne, daß es uns eigens in ein Verhältnis zu Sprache bringt. Hierbei geht uns das Wesen der Sprache auf, und zwar als das Verhältnis, das uns zu sich und in sich einbehält. So wäre denn die Sprache nicht etwas, wozu wir in einem Verhältnis stehen, dies so gemeint, daß eine Beziehung von uns zur Sprache und der Sprache zu uns besteht. Die Sprache ist das Verhältnis selber, das mit Ver-Hältnis Genannte als das erfahren, was an sich haltend uns verhält, unserem eigenen Wesen den Halt, die Hut, die Verwahrung verleiht. Die Sprache ist das so zu denkende Verhältnis aller Verhältnisse, worin wir uns bewegen als die, die wir sind: die Sterblichen, jene, die im Verhältnis zum Tod sind, zum Tod als Verhältnis. Aus dieser Bemerkung dürfen wir, falls sie einen wahren Sachverhalt vermutet, entnehmen, daß die Sprache und der Tod im Wesen verwandt sind. Gewiß bleiben wir vom Einblick in diese Verwandtschaft weit entfernt, weil die Denkwege dahin noch nicht gebaut sind. Aber diese Verwandtschaft zwischen Sprache und Tod kündigt sich uns seltsamerweise dort beinahe aufdringlich an, wo sie gerade nicht vorkommt: beim Tier. Weder spricht das Tier noch stirbt es, das Tier lebt *nicht* im Verhältnis, als welches Sprache und Tod die Sterblichen in ihr Wesen einbehalten. Gleichwohl dächten wir zu kurz, wollten wir dieses ›Nicht‹ in einem bloß negativen Sinne abschätzen.

---

[566] [Randbemerkung:] Erfahrung, Möglichkeit, Ermöglichung – der Weg dahin
[567] [Vgl. Martin Heidegger: Das Wesen der Sprache, S. 198; Gesamtausgabe Band 12, S. 187.]

Der Versuch, uns vor eine Möglichkeit zu bringen, mit der Sprache eine denkende Erfahrung zu machen, muß dergestalt auf die Sprache hinausdenken, daß sie als das Verhältnis aller Verhältnisse erblickbar wird, Dadurch fällt erst Licht in das, was hier überall das Wort ›Verhältnis‹ meint.

NACHWORT DES HERAUSGEBERS

Der vorliegende Band 91 der Gesamtausgabe vereinigt bisher unveröffentlichte Texte und Aufzeichnungen aus dem Nachlaß Heideggers, die weder in thematischer Hinsicht noch hinsichtlich ihrer Entstehungszeit eine Einheit darstellen. Daß sich insgesamt gewisse Schwerpunkte in der Logik im Sinne der Frage nach Wahrheit, Sprache und Aussage sowie im Anfang der 30er Jahre ergeben haben, ist eher als Zufall zu betrachten, denn die Planung dieses Bandes der IV. Abteilung war eben mit der Absicht verbunden, in ihm Nachlaßstücke gleichsam aufzufangen, die zwar veröffentlichungswürdig erscheinen, aber, aus welchen Gründen auch immer, nicht an denjenigen Orten innerhalb der Gesamtausgabe mitveröffentlicht werden konnten, an die sie vielleicht besser hingepaßt hätten. Der Erste Teil des Bandes gibt unter dem Titel »Ergänzungen« den Text von vier größeren Konvoluten wieder, von denen drei von Heidegger selbst nach thematischen Gesichtspunkten zusammengestellt wurden. Der Zweite Teil bringt unter dem Titel »Denksplitter« den Text von 141 kürzeren Aufzeichnungen. Daß der mit dem Titel des Bandes und seiner beiden Teile zugegebene Ergänzungs- und Splittercharakter des hier edierten Materials nicht automatisch auch schon einen Hinweis auf eine mindere Qualität darstellt, wird aus den weiter unten folgenden Bemerkungen zu den einzelnen Stücken ohne weiteres hervorgehen.

Vorangestellt sei diesen Bemerkungen ein Hinweis auf die vom Herausgeber im allgemeinen, d. h. in allen Teilen des vorliegenden Bandes – wenn unten nicht anders angegeben – getätigten editorischen Eingriffe. Die vier großen Hauptkonvolute wurden mit römischen Zahlen, deren Teilkonvolute mit großen lateinischen Buchstaben, einzelne Aufzeichnungen eines Teilkonvoluts mit arabischen Ziffern durchgezählt. Eine arabische Ziffer markiert demnach jeweils den Beginn einer neuen Aufzeichnung, die meist ein einzelnes Blatt, bisweilen aber auch mehrere Blätter umfaßt.

Die Überschriften der Konvolute, Teilkonvolute und Aufzeichnungen stammen meist von Heidegger selbst. Nur die in eckige Klammern gesetzten Überschriften stammen vom Herausgeber. Auch sonst stammt alles, was in eckigen Klammern erscheint – Wörter, Wortgruppen und Wortteile, Stellenangaben und Fußnoten – vom Herausgeber, es sei denn, es wird in Fußnoten auf die Herkunft der eckigen Klammern aus der Handschrift verwiesen. Innerhalb von Zitaten und Übersetzungen dienen eckige Klammern in der Regel zur Markierung von Ergänzungen, Erläuterungen oder Kommentaren Heideggers zu dem von ihm zitierten oder übersetzten Text. Stammen Ergänzungen, abweichend von dieser Regel, vom Herausgeber, so ist dies jeweils in einer Fußnote vermerkt. Auch in eckige Klammern gesetzte Punkte [...] stammen innerhalb von Zitaten immer vom Herausgeber und markieren Lücken im Vergleich zum zitierten Original. Die Rechtschreibung einschließlich der Klein- und Großschreibung und der Zeichensetzung wurde korrigiert, wobei Rücksicht auf die für Heidegger charakteristischen und von ihm bewußt gewählten Schreibweisen genommen wurde. Eindeutige Grammatikfehler (z. B. falsche Kasusformen) wurden stillschweigend korrigiert, Wörter in eckigen Klammern nur dort ergänzt, wo dies für die Schlüssigkeit des Satzbaus und das Verständnis des Textes notwendig war. Nicht übliche Abkürzungen wurden aufgelöst, übliche Abkürzungen vereinheitlicht (z. B. sq. und sqq. statt f. und ff. bei Angaben von Stellen aus lateinischen oder griechischen Texten). Unter den nicht aufgelösten Abkürzungen verweisen inc[ipit] und fi[nis] auf den Anfang und das Ende einer Texteinheit. Die Texteinteilung (Absätze, Leerzeilen, räumliche An- und Zuordnung von Textteilen auf einem Blatt) wurde beibehalten, soweit dies für die Erfassung des Inhalts notwendig oder förderlich erschien (besonders bei stichwortartigen Aufzeichnungen), sonst den Konventionen des Drucktextes angepaßt, wenn dadurch die Erfassung des Inhalts nicht beeinträchtigt oder, im Gegenteil, gefördert zu werden schien. Insbesondere hat der Herausgeber von der Möglichkeit einer Modifizierung der Zeichensetzung und des Zeilenumbruchs Gebrauch gemacht, wenn erstens offensichtlich war, daß Heidegger in dieser Hinsicht keine eigene Sorgfalt hatte walten lassen, und zweitens dadurch der Inhalt des Textes für den Leser besser erschlossen werden konnte. Nachträglich von Heidegger an den Rändern oder an zunächst frei gebliebenen Stellen der Blätter oder zwischen den bereits geschriebenen Zeilen eingetragene Ergänzungen wurden vom Herausgeber nach Möglichkeit in den fortlaufenden Text integriert, andernfalls in Fußnoten gesetzt. Unterstreichungen wurden, mit Ausnahme der farbigen Unterstreichungen in den Vortrags- und Vorlesungstexten, durch Kursivdruck wiedergegeben. Wo im vorliegenden Band kursiv gedruckte Wörter unterstrichen erscheinen, handelt es sich um die Wiedergabe von zusätzlichen Unterstreichungen einzelner Wörter innerhalb von bereits unterstrichenen Wortgruppen. Doppelte Anführungszeichen wurden nur bei Zitaten, Werktiteln, Übersetzungen und Beispielen aus der natürlichen Sprache gesetzt, in allen anderen Fällen einfache Anführungszeichen. Zitate und Literaturangaben wurden gemäß den von Heidegger benutzten oder wahrscheinlich benutzten Ausgaben geprüft, korrigiert und, falls unvollständig, in eckigen Klammern im Haupttext oder in Fußnoten ergänzt. Besonderes Augenmerk hat der Herausgeber auf die Ergänzung von bibliographischen Angaben zu den von Heidegger erwähnten eigenen Schriften gelegt, um mit deren Hilfe für die undatierten Aufzeichnungen einen Terminus post quem ihrer Entstehung anzuzeigen. In eckige Klammern gesetzte Fragezeichen [?] markieren unsicherer Entzifferungen der Handschrift, in eckige Klammern gesetzte Punkte mit Sternchen [...]* unentzifferte Textstellen, wobei in solchem Fall eine Fußnote jeweils über die (ungefähre) Anzahl der unentzifferten Wörter Aufschluß gibt.

*

Das im vorliegenden Band an erster Stelle der »Ergänzungen« unter dem Titel »Aristoteles: Seinsfrage und ›Metaphysik‹ – Allgemeines« edierte Handschriftenkonvolut besteht aus zwölf vom

Herausgeber von A bis L durchgezählten Teilkonvoluten, die von einem titellosen Umschlag zusammengefaßt sind. Ein zweiter Umschlag mit der Aufschrift »Aristoteles / Seinsfrage / u. / ›Metaphysik‹ / Allgemeines« faßt lediglich die Teilkonvolute A und B zusammen, diente aber der Betitelung einer maschinenschriftlichen Abschrift (siehe dazu unten) sowie auch der archivarischen Erfassung des Gesamtkonvoluts als Grundlage und wurde deshalb auch vom Herausgeber als Gesamttitel übernommen. Tatsächlich spitzt sich die Thematik, wie die Titel und Inhalte weiterer Teilkonvolute zeigen, auf die Begriffe δύναμις und ἐνέργεια zu, wie sie im Buch Θ der Aristotelischen »Metaphysik« entwickelt werden. Abgesehen von dieser spezielleren Thematik erlauben es auch einige äußere Merkmale wie zum Beispiel die Tatsache, daß bisweilen die Rückseiten studentischer Vorlesungsanmeldungen für das Sommersemester 1930 als Schreibunterlage dienten, das Gesamtkonvolut in einen engen Zusammenhang mit der Aristoteles-Vorlesung Heideggers vom Sommersemester 1931[1] zu bringen und die Entstehung zumindest der Mehrzahl der zu ihm gehörigen Aufzeichnungen auf die Jahre 1930–1931 zu datieren. Einige der Aufzeichnungen stellen unvollendete und durch neue Ausarbeitungen ersetzte Seiten des Manuskripts der genannten Vorlesung dar oder sind durch entsprechende Vermerke bestimmten Seiten dieses Manuskripts zugeordnet (siehe im vorliegenden Band S. 26 ff., 30 ff., 34 ff., 109). Den Anlaß für die erneute Hinwendung zu dem zentralen Buch Θ der Aristotelischen »Metaphysik« mag die Erörterung der Leitfrage der Philosophie gegeben haben, aus deren Zusammenhang Heidegger in seiner Vorlesung vom Sommersemester 1930 das Problem der menschlichen Freiheit entwickelte, und hier insbesondere die Erörterung der Frage, ob das Verständnis von Sein im Sinne von Wirklichkeit und Wahrheit mit der These vereinbar ist, der gemäß das antike und das von ihm

[1] Vgl. Martin Heidegger: Aristoteles, Metaphysik Θ 1–3. Von Wesen und Wirklichkeit der Kraft. Freiburger Vorlesung Sommersemester 1931. Gesamtausgabe Band 33. Hrsg. von Heinrich Hüni. Frankfurt a. M.: Vittorio Klostermann, 1981, ⁵2006.

ausgehende metaphysische Seinsverständnis bis zu Hegel von der οὐσία im Sinne der beständigen Anwesenheit bestimmt ist.[2] Eine Aufzeichnung des Konvoluts verweist ausdrücklich auf einschlägige Seiten des Manuskripts jener Vorlesung (siehe im vorliegenden Band S. 69).

Für die Edition stand dem Herausgeber neben der Handschrift eine maschinenschriftliche Abschrift zur Verfügung.

Die Handschrift (DLA: A: Heidegger, Martin 1/Schuber/A 21a) besteht einschließlich der Umschlagblätter, denen fast alle Überschriften für die Teilkonvolute entnommen sind, aus insgesamt 194 Blättern bzw. Zetteln kleineren Formates, die sich folgendermaßen auf die einzelnen Teilkonvolute verteilen: A. Das Aristotelische Seinsproblem. ›Ontologie‹ und ›Theologie‹ — ›Analogie‹ (12). B. Aristoteles — Allgemeines (8). C. Termini (17). D. Vollzug (2). E. δύναμις (45). F. Kategorien (15). G. Das πολλαχῶς (18). H. Analogie (10). I. Leitfäden der Interpretation von Met. Θ (20). J. κίνησις — ἀεί (27). K. ποίησις (4). L. [Zur Auseinandersetzung mit den Megarikern] (16). Ein weiteres im selben Schuber zusammen mit den genannten Konvoluten aufbewahrtes Konvolut mit dem Titel »Phys. Γ / S. S. 28« umfaßt die Aufzeichnungen Heideggers zu einem von ihm im Sommersemester 1928 an der Universität Marburg gehaltenen Aristoteles-Seminar, die bereits im Rahmen des Bandes 83 der Gesamtausgabe herausgegeben wurden und daher für den vorliegenden Band nicht wieder berücksichtigt zu werden brauchten.[3] Bisweilen finden sich zwei oder mehr Blätter durch fortlaufende Paginierungen zu einer zusammenhängenden Aufzeichnung verbunden, wodurch sich die Abweichung der Anzahl der Blätter von der Anzahl der Aufzeichnungen erklärt.

---

[2] Vgl. Martin Heidegger: Vom Wesen der menschlichen Freiheit. Einleitung in die Philosophie. Freiburger Vorlesung Sommersemester 1930. Gesamtausgabe Band 31. Hrsg. von Hartmut Tietjen. Frankfurt a. M.: Vittorio Klostermann, 1982, ²1994, S. 66–73.

[3] Vgl. Martin Heidegger: Aristoteles Γ 1–3. Übungen im Sommersemester 1928. In: Seminare: Platon – Aristoteles – Augustinus. Gesamtausgabe Band 83. Hrsg. von Mark Michalski. Frankfurt a. M.: Vittorio Klostermann, 2012, S. 1–22.

Die maschinenschriftliche Abschrift (DLA: A: Heidegger, Martin 1/Mappen/grün 26) besteht aus einem Titelblatt mit der Überschrift »Martin Heidegger / *Aristoteles* / Seinsfrage / und / ›Metaphysik‹ / Allgemeines« und 143 durchgehend paginierten Blättern im Format DIN A4. Sie gibt die Teilkonvolute und die zu diesen gehörigen Aufzeichnungen der Handschrift einschließlich des Konvoluts zum Aristoteles-Seminar vom Sommersemester 1928 in der Reihenfolge wieder, in der sie noch heute in Marbach archiviert sind. Die Überschriften der Teilkonvolute finden sich hier als zentrierte und meist doppelt unterstrichene Überschriften eingetragen, während die Überschriften der einzelnen Aufzeichnungen linksbündig ausgerichtet und einfach unterstrichen sind. Zahlreiche Lücken im Typoskript markieren Stellen, an denen der Abschreiber bzw. die Abschreiberin die Handschrift nicht entziffern konnte. Das Fehlen jeglicher handschriftlicher Anmerkungen und Korrekturen legt den Schluß nahe, daß Heidegger die Abschrift nicht geprüft oder gar autorisiert hat.

Der Herausgeber hat die maschinenschriftliche Abschrift als Hilfe bei der Entzifferung der Handschrift dankbar benutzt, aber anhand des Befundes der Handschrift die Lücken der Abschrift ausgefüllt, zahlreiche Fehllesungen korrigiert und insgesamt den handschriftlichen Text gemäß den oben angegebenen Richtlinien editorisch bearbeitet.

*

Das Handschriftenkonvolut, das durch einen Umschlag mit der Aufschrift »Aussage / ›Logik‹ / Denken – Seyn / *Wahrheit* / Kopula« zusammengefaßt ist, besteht aus neun Teilkonvoluten, von denen die ersten acht, vom Herausgeber von A bis H durchgezählt, im vorliegenden Band an zweiter Stelle der »Ergänzungen« unter dem Titel »Aussage, ›Logik‹, Denken – Seyn, Wahrheit, Kopula« ediert wurden. Das neunte Teilkonvolut, mit der Überschrift »Kopula / aus S.S. 1927 / S. 46–56«, besteht aus der Handschrift des Vierten Kapitels des Ersten Teils der Marburger Vorlesung Heideggers vom Sommersemester 1927 und wurde bereits im Rahmen des Bandes 24 der Gesamtausgabe ediert.[4] Lediglich drei diesem Konvolut beiliegende Zettel, die den Zuordnungsvermerk »Kopula« bzw. »Copula« aufweisen, wurden vom Herausgeber, nach dem Kriterium sachlicher Nähe, als die Abschnitte 17, 23 und 32 in das als B gezählte Teilkonvolut eingefügt. Hinweise zur Datierung der Aufzeichnungen der acht hier edierten Teilkonvolute ergeben sich aus der von Heidegger selbst angezeigten Datierung des Teilkonvoluts »Kopula« (B) auf die Jahre 1930/31, aus ausdrücklichen Verweisen Heideggers auf von ihm in den Jahren 1927–1929 veröffentlichte Schriften und auf von ihm in den Jahren 1925–1935 gehaltene Vorlesungen, aus inhaltlichen bzw. terminologischen Eigenheiten und in Einzelfällen auch aus äußeren Merkmalen des von Heidegger verwendeten Schreibmaterials (Rückseiten von studentischen Vorlesungsanmeldungen). Demnach stellt sich die Sache ungefähr so dar, daß Heidegger gegen Ende der 20er Jahre seine sämtlichen bisherigen Überlegungen zum Themenkomplex »Wahrheit – Sprache – Aussage – Kopula« zu sichten und die dafür relevanten Notizen zu sammeln begann und dann im Zuge der Vorbereitung und Ausarbeitung jener Vorlesungen, in denen die »Logik« mit- oder hauptthematisch wurde, die so entstandenen Notizensammlungen ergänzte und um neue erweiterte. Soweit genauere Datierungen und Zuordnungen der einzelnen Teilkonvolute möglich sind, wird darauf im Anschluß an die folgende Beschreibung der Editionsgrundlagen eingegangen.

Für die Edition stand dem Herausgeber neben der Handschrift eine maschinenschriftliche Abschrift zur Verfügung.

Die Handschrift (DLA: A: Heidegger, Martin 1/Schuber/B 35) besteht einschließlich der Umschlagblätter, denen alle Überschriften für die Teilkonvolute entnommen sind, aus insgesamt 155 Blättern bzw. Zetteln kleineren Formats, die sich folgender-

---

[4] Vgl. Martin Heidegger: Die Grundprobleme der Phänomenologie. Marburger Vorlesung Sommersemester 1927. Gesamtausgabe Band 24. Hrsg. von Friedrich-Wilhelm von Herrmann. Frankfurt a. M.: Vittorio Klostermann, 1975, ³1997, S. 252–320.

maßen auf die einzelnen Teilkonvolute verteilen: A. Negation – Kopula (36), B. Kopula (32 plus 3 [siehe oben]), C. Umbildung der Wesenscharakteristik der Aussage und Aussagewahrheit (17), D. Wahrheit und Sagen – Aus-sagen – Aus-legung (6), E. Sein und Denken. Urteil als Funktion der Einheit, ›Verbindung‹ (Subjekt–Prädikat), Synthesis (10), F. ›Logik‹ (13), G. Metapolitik als ›Logik‹ (21), H. Das Vorgehen (die Anstrengung) und die Weisung (17). Nur in wenigen Fällen finden sich zwei oder höchstens drei Blätter durch fortlaufende Paginierungen miteinander verbunden. Ein dem Teilkonvolut »Kopula« beigelegter siebenseitiger maschinenschriftlicher Bericht eines Kollegen Heideggers, offensichtlich eines Sprachwissenschaftlers – ohne Datierung und ohne Nennung des Autors – über das Thema »Copula« (so auch der handschriftliche Vermerk Heidegger am oberen Rand der ersten Seite), blieb für die Edition unberücksichtigt.

Die maschinenschriftliche Abschrift (DLA: A: Heidegger, Martin 1/Mappen/orange 1) umfaßt 65 (von 72 bis 136 paginierte) Blätter im Format DIN A4 (die Seiten 1–71 stellen die Abschrift des hier nicht mitzuedierenden neunten Teilkonvoluts der Handschrift dar). Wie im Falle der maschinenschriftlichen Abschrift des Aristoteles-Konvoluts finden sich auch hier die Überschriften der Teilkonvolute zentriert und doppelt unterstrichen, während die Überschriften der einzelnen Aufzeichnungen linksbündig ausgerichtet und einfach unterstrichen sind. Wiederum markieren Lücken im Typoskript unentziffert gebliebene Stellen der Handschrift, wiederum deutet nichts auf eine Prüfung oder Autorisierung der Abschrift durch Heidegger hin.

Die editorische Bearbeitung der genannten Quellen erfolgte nach dem gleichen Muster wie im Falle der Aufzeichnungen zu Aristoteles. Allerdings erwies es sich als möglich und angezeigt, die Reihenfolge der Teilkonvolute gegenüber der heutigen archivarischen Ordnung der Handschrift und gegenüber der davon abweichenden Ordnung, in die der Autor der maschinenschriftlichen Abschrift das Material gebracht hat, nach dem Kriterium der Datierbarkeit wenigstens teilweise zu modifizieren. Legt man die im vorliegenden Band vom Herausgeber durchgeführte Zählung von A bis H zugrunde, so stellt sich die Reihenfolge der Teilkonvolute im Falle der im Deutschen Literaturarchiv aufbewahrten Quellen folgendermaßen dar: C – D – E – F – H – G – B – A (Handschrift), B – A – C – D – E – F – H – G (Abschrift). Auf eine wiederum etwas andere Reihenfolge weist der übergeordnete Titel hin, mit dem Heidegger offensichtlich nur die Überschriften der Teilkonvolute zusammenfassen wollte: »Aussage [C – D], ›Logik‹ [F], Denken – Seyn [E], Wahrheit [?], Kopula [A – B]«. Der Herausgeber hat das Teilkonvolut »Negation – Kopula« an die erste Stelle (A) gesetzt, da in ihm keine Vorlesungen Heideggers nach 1929 erwähnt sind, das Teilkonvolut »Kopula« an die zweite Stelle (B), da es von Heidegger selbst auf die Jahre 1930/31 datiert ist und keine Hinweise auf Vorlesungen Heideggers nach 1931 enthält. Davon bildet die jetzt im Teil B als Abschnitt 23 erscheinende Aufzeichnung mit ihrem Hinweis auf die Vorlesung vom Sommersemester 1935 nur scheinbar eine Ausnahme, da diese Aufzeichnung aus dem Teilkonvolut »Kopula / aus S.S. 1927 / S. 46–56« stammt (siehe oben). Die Teilkonvolute »Umbildung der Wesenscharakteristik der Aussage und Aussagewahrheit« (C), »Wahrheit und Sagen – Aus-sagen – Aus-legung« (D) und »Sein und Denken« (E) wurden an die dritte, vierte und fünfte Stelle gesetzt, da manche der zu ihnen gehörigen Aufzeichnungen frühestens 1930 oder 1931 entstanden und Hinweise auf spätere Vorlesungen fehlen. Dem Teilkonvolut »Logik« (F) gebührt die sechste Stelle, da die auf seinem Umschlag unter der Überschrift befindliche Notiz »vgl. über ›Copula‹ / vgl. über ›Aussage‹« die Existenz der vorgenannten Konvolute (A-E) vorauszusetzen scheint. Außerdem bezieht sich eine der zu ihm gehörigen Aufzeichnungen auf die der Wahrheitsproblematik gewidmete Vorlesung Heideggers vom Wintersemester 1931/32.[5] Das Teilkonvolut »Metapolitik als ›Logik‹« (G) kann

---

[5] Vgl. Martin Heidegger: Vom Wesen der Wahrheit. Zu Platons Höhlengleichnis und Theätet. Freiburger Vorlesung Wintersemester 1931/32. Gesamtausgabe Band 34. Hrsg. von Hermann Mörchen. Frankfurt a. M.: Vittorio Klostermann, 1988, ²1997.

wegen des in ihm zentralen Begriffs der »Metapolitik« und der an diesen geknüpften wissenschafts- und universitätspolitischen Überlegungen am ehesten in das Rektoratsjahr 1933/34 datiert werden, während das Teilkonvolut »Das Vorgehen (die Anstrengung) und die Weisung« (H) bis in wörtliche Anklänge hinein ganz offensichtlich in den unmittelbaren Umkreis der Vorlesung vom Sommersemester 1934 gehört.[6] Diese beiden Teilkonvolute waren daher auf jeden Fall an die siebente und achte Stelle zu setzen. Es versteht sich von selbst, daß die so hergestellte relative chronologische Ordnung der Teilkonvolute nicht bedeutet, daß Heidegger diese nicht auch teilweise gleichzeitig gepflegt und nachträglich um weitere Aufzeichnungen bereichert haben kann.

*

Das an dritter Stelle der »Ergänzungen« unter dem Obertitel »Der Satz vom Widerspruch« edierte handschriftliche Material setzt sich zusammen aus dem Vortrag gleichen Titels in zwei verschiedenen Fassungen sowie fünf Konvoluten mit Aufzeichnungen aus dem thematischen Umkreis dieses Vortrags. Die zweite Fassung des Vortrags ist diejenige, die Heidegger am 16. Dezember 1932 im Freiburger »Kränzchen« hielt. Der geeignete Ort für die Veröffentlichung der beiden Fassungen des Vortrags wäre der von Günther Neumann herausgegebene Band 80.1 der Gesamtausgabe gewesen, der unveröffentlichte Vorträge aus den Jahren 1915–1932 umfaßt.[7] Da aber zum Zeitpunkt der Vorbereitung jenes Bandes noch keine genügende Klarheit über die Natur des relevanten, sehr unübersichtlichen und teilweise extrem schwer lesbaren handschriftli-

---

[6] Vgl. Martin Heidegger: Logik als die Frage nach dem Wesen der Sprache. Freiburger Vorlesung Sommersemester 1934. Gesamtausgabe Band 38. Auf der Grundlage der Vorlesungsnachschrift von Wilhelm Hallwachs hrsg. von Günter Seubold. Frankfurt a. M.: Vittorio Klostermann, 1998; Gesamtausgabe Band 38 A. Auf der Grundlage des Originalmanuskripts neu hrsg. von Peter Trawny. Frankfurt a. M.: Vittorio Klostermann, 2020.

[7] Vgl. Martin Heidegger: Vorträge. Teil 1: 1915 bis 1932. Gesamtausgabe Band 80.1. Hrsg. von Günther Neumann. Frankfurt a. M.: Vittorio Klostermann, 2016.

chen Materials erzielt worden war, kam stattdessen nur ein Konvolut mit Aufzeichnungen zur Veröffentlichung, das wie die fünf im vorliegenden Band erstmals veröffentlichten Aufzeichnungskonvolute aus dem thematischen Umkreis des Vortrags stammt.[8] Die positive Kehrseite dieses vielleicht als mißlich zu empfindenden Umstandes ist es, daß nun die den Satz vom Widerspruch betreffenden Texte und Aufzeichnungen in einem größeren Zusammenhang präsentiert werden können. Wie bereits Günther Neumann unter Hinweis auf das Deckblatt des von ihm edierten Konvoluts festgestellt hat, gehen die diesbezüglichen Überlegungen Heideggers unter anderem auf ein von ihm im Wintersemester 1928/29 an der Universität Freiburg durchgeführtes Seminar über »Die ontologischen Grundsätze und das Kategorienproblem« zurück.[9] Auch in verschiedenen Vorlesungen und schließlich in seinen Freiburger Vorträgen über die »Grundsätze des Denkens« kam Heidegger immer wieder auf den Satz vom Widerspruch zu sprechen,[10] widmete diesem aber niemals — so schien es bisher — so viel Aufmerksamkeit wie dem Satz der Identität und dem Satz vom zureichenden Grund. Dieser Anschein erweist sich nunmehr als trügerisch. Vielmehr sind die dem Satz vom Widerspruch zuzuordnenden Manuskripte ein eindrucksvolles Dokument für die Art und Weise, wie sich Heidegger in jenem Urlaubswintersemester 1932/33 im geschärften Bewußtsein einer gegenwärtigen Krise der Wissenschaften gerade wieder den Griechen widmete: »Wenn dieser sich auseinandersetzende Rückgang an den Anfang der abendländischen Philosophie nicht mehr gelingt, dann ist das

---

[8] Vgl. Martin Heidegger: Vorträge. Teil 1, S. 517–526.
[9] Vgl. Martin Heidegger: Vorträge. Teil 1, S. 553. Auf das besagte Seminar verweisen auch andere Aufzeichnungen. Siehe im vorliegenden Band S. 257.
[10] Vgl. Martin Heidegger: Aristoteles, Metaphysik Θ 1–3. Freiburger Vorlesung Sommersemester 1931. Gesamtausgabe Band 33, S. 65 f.; Die Grundfrage der Philosophie. Freiburger Vorlesung Sommersemester 1933. In: Sein und Wahrheit. Gesamtausgabe Band 36/37. Hrsg. von Hartmut Tietjen. Frankfurt a. M.: Vittorio Klostermann, 2001, S. 1–80, hier S. 56–62; Grundsätze des Denkens. In: Bremer und Freiburger Vorträge. Gesamtausgabe Band 79. Hrsg. von Petra Jaeger. Frankfurt a. M.: Vittorio Klostermann, 1994, ²2005, S. 79–176.

Ende von Philosophie und Wissenschaft besiegelt. [...] Aristoteles, der Entdecker des Satzes vom Widerspruch, ist zugleich der Vollender des Anfangs der abendländischen Philosophie. Bei ihm die Fülle des Anfangs und andererseits mit die höchste Möglichkeit des Wiederanfangs.«[11] Für etliche der Aufzeichnungen, die, zum thematischen Umkreis des Satzes vom Widerspruch gehörig, die Ausarbeitung der Vortragsfassungen vorbereitet und begleitet haben mögen, ergibt sich aus dem verwendeten Schreibmaterial (Rückseiten von studentischen Vorlesungsanmeldungen) als Terminus post quem ihrer Entstehung das Sommersemester 1932. Immer wieder verraten Zuordnungsvermerke wie »Kränzchen«, »zu III« oder »Schluß« (siehe im vorliegenden Band S. 269, 294 f., 297, 306 f.) den unmittelbaren Zusammenhang mit der Arbeit am Vortragstext. Die Wiederanknüpfung an die Thematik des Satzes vom Widerspruch im Rahmen der Vorlesung des Sommersemesters 1933 macht es wahrscheinlich, daß wenigstens einige der Aufzeichnungen bis in diese Zeit hineinreichen.

Für die Edition stand dem Herausgeber die in acht Konvolute gegliederte Handschrift (DLA: A: Heidegger, Martin 1/Schuber/C 24) zur Verfügung, wobei das Zettelkonvolut mit dem Titel »Der Satz vom Widerspruch« bereits, wie oben erwähnt, im Band 80.1 der Gesamtausgabe ediert wurde und daher für den vorliegenden Band nicht mehr zu berücksichtigen war. Ein von einem Umschlag mit der Überschrift *»Der Satz vom Widerspruch (1932)«* zusammengefaßtes Konvolut besteht aus 14 in mehreren Anläufen (1 2 3 4 4 5 – 1 2 – 1 2 – 2) paginierten, auf Seite 1 wiederum mit *»Der Satz vom Widerspruch«* überschriebenen Blättern, die einen zusammenhängenden, gegliederten, weitgehend ausformulierten und nur stellenweise durch Stichwörter unterbrochenen, an dem nicht zu breiten rechten Rand mit Bemerkungen versehenen Text

---

[11] Siehe im vorliegenden Band S. 199. Vgl. auch Heideggers Brief an Jaspers vom 8. Dezember 1932: »Ich habe die letzten Jahre ganz den Griechen gewidmet, und sie lassen mich auch in diesem Urlaubssemester nicht los.« (Martin Heidegger / Karl Jaspers: Briefwechsel 1920–1963. Hrsg. von Walter Biemel und Hans Saner. Frankfurt a. M.: Vittorio Klostermann – München, Zürich: Piper, 1990, S. 149.)

enthalten, sowie zwei Zetteln mit Aufzeichnungen, die keinen bestimmten Stellen des übrigen Textes zugeordnet sind. Ein zweites Konvolut, bestehend aus 13 durchgehend paginierten, im Querformat linksseitig mit einem zusammenhängenden, gegliederten und vollständig ausformulierten Text und rechtsseitig mit Bemerkungen und Ergänzungen beschriebenen Blättern, vier als »Beilagen« (»zu Seite 3« [paginiert als 1 und 2] und »zu Seite 4f.« [paginiert als a und b]) bezeichneten Blättern und sieben Zetteln mit nicht näher zugeordneten Aufzeichnungen, ist von einem Umschlag mit folgender Aufschrift zusammengefaßt: »*Über den Satz v. Widerspruch / z. T. umgearbeitet im Zusammenhang / mit der Vorlesung im S.S. 33 / vgl. dort zwischen S. 19 u. 20.*« Außerdem findet sich auf der Seite 1 neben der Überschrift »*Der Satz vom Widerspruch*« auf der rechten Blattseite der Vermerk: (Kränzch. 16. XII. 32). Dieser äußere Befund läßt in Verbindung mit einem formalen und inhaltlichen Vergleich der beiden in sich zusammenhängenden Texte den Schluß zu, daß das zweitgenannte Konvolut den am 16. Dezember 1932 gehaltenen Kränzchen-Vortrag enthält, während das erstgenannte Konvolut im Vergleich dazu eine erste, nicht vorgetragene und wahrscheinlich kurz zuvor entstandene Fassung darstellt. Der ausdrückliche Verweis auf die Vorlesung vom Sommersemester 1933 ist wohl so zu verstehen, daß die Seiten 19 und 20 des Vorlesungsmanuskripts (= GA 36/37, S. 56–62) eine Umarbeitung eines Teils des Vortrags darstellen, nicht aber, daß die zweite Vortragsfassung selbst eine solche Umarbeitung darstellt, die anläßlich der Ausarbeitung der Vorlesung erfolgte (welch letztere dann auch bereits vor Mitte Dezember 1932 zu datieren wäre),[12] oder daß eine dritte, vielleicht im Frühjahr 1933 entstandene und jetzt verlorene Fassung existierte. Die neben den beiden Vortragsfassungen im vorliegenden Band zu edierenden

---

[12] Am 16. März 1933 schrieb Heidegger an Jaspers, er brauche »den April für die Semestervorbereitung«, worunter sicherlich auch die Ausarbeitung der Vorlesung fiel (Martin Heidegger / Karl Jaspers: Briefwechsel, S. 150). Wohl aber könnten die oben genannten Beilagen »zu Seite 3« und »zu Seite 4f.« zusammen mit dem Vorlesungsmanuskript entstanden sein.

fünf Konvolute mit Aufzeichnungen aus dem thematischen Umkreis des Vortrags umfassen, einschließlich der Umschläge, denen die meisten der übergreifenden Titel entstammen, insgesamt 204 Blätter, die sich folgendermaßen auf die einzelnen Konvolute verteilen: A. [Die Grundsätze der ›Identität‹, des ›Widerspruchs‹] (21), B. ἔλεγχος (40), C. Die ›Begründung‹ des Satzes (69), D. Aristoteles Met. Γ (62), E. Zur Geschichte des Satzes vom Widerspruch (12). In manchen Fällen sind zwei oder mehr Blätter durch Paginierungen zu jeweils einer Aufzeichnung verbunden, auf einigen Zetteln finden sich lediglich Überschriften notiert.

Da von der Handschrift noch keine Transkription existierte, war vom Herausgeber zunächst ein solche herzustellen und dann mehrmals sorgfältig mit der Handschrift zu kollationieren. Hinsichtlich der editorischen Bearbeitung der beiden Vortragsfassungen galt es, die an den rechten Seitenrändern bzw. auf den rechten Blattseiten befindlichen Bemerkungen und Ergänzungen entweder, wenn sie bestimmten Stellen des fortlaufenden Textes zuzuordnen und in diesen ohne Störung des Zusammenhangs einzuordnen waren, entsprechend zu integrieren oder aber in Fußnoten jeweils dort einzufügen, wo sie nach formalen und inhaltlichen Kriterien am ehesten hingehören. Durch Kursive hervorgehoben wurden in den Vortragstexten – gemäß Heideggers Anweisung – nur die mit Tinte, nicht die mit Blei- oder Buntstift unterstrichenen Wörter. Auffällig ist an den beiden Vortragsfassungen die Bemühung Heideggers um eine systematische und sehr ins Detail fortschreitende Gliederung in Teile, Kapitel, Unterkapitel und Abschnitte, die aber im Falle der ersten Vortragsfassung noch nicht ganz konsequent durchgestaltet erscheint. Der Herausgeber hat besonderen Wert auf die genaue Rekonstruktion dieser Gliederung gelegt und diese wegen ihrer schwer überschaubaren Komplexität auch im Inhaltsverzeichnis des vorliegenden Bandes angezeigt. Die den Vortragstexten beiliegenden Aufzeichnungen wurden jeweils im Anschluß als Beilagen wiedergegeben, wobei die beiden Aufzeichnungen mit den Überschriften »Beilage zu S. 3« und »Beilage zu S. 4 f.« eine Sonderrolle spielen, da nur sie

in der Handschrift der zweiten Vortragsfassung ausdrücklich als
»Beilagen« bezeichnet sind und längere, voll ausformulierte Texte
enthalten. Was die editorische Bearbeitung der fünf Konvolute
mit Aufzeichnungen aus dem thematischen Umkreis des Vortrags betrifft, so wurde für den Teil A, weil hier ein beschrifteter
Umschlag fehlt, auf die Überschrift der ersten zu ihm gehörigen
Aufzeichnung zurückgegriffen, die auch der archivarische Titel
ist. Diejenigen Zettel, auf denen sich lediglich Überschriften notiert finden, wurden als Fußnoten wiedergegeben. Daß die jetzige
archivarische Reihenfolge der Blätter zumindest nicht *ganz* der
Intention Heideggers entspricht, ergibt sich daraus, daß eindeutig
zusammengehörige (weil textmäßig direkt zusammenhängende
und durchpaginierte) Zettel auseinandergerissen erscheinen. Der
Herausgeber hat sich dazu entschlossen, zwar diese Zusammenhänge wiederherzustellen, aber nicht insgesamt eine nach inhaltlichen Kriterien erfolgende Umgliederung vorzunehmen.

*

»Was ist das – die Philosophie?« ist im Rahmen des vorliegenden
Bandes der Titel des *Gesprächs* in Cerisy-la-Salle (1955), zu dessen
Einleitung Heidegger seinen zuerst 1956 bei Günther Neske in
Pfullingen veröffentlichten *Vortrag* gleichen Titels hielt.[13] Nach-

---

[13] Vgl. Martin Heidegger: Was ist das – die Philosophie? In: Identität und Differenz. Gesamtausgabe Band 11. Hrsg. von Friedrich-Wilhelm von Herrmann. Frankfurt a. M.: Vittorio Klostermann, 2006, S. 3–26. – Zum Folgenden vgl. Jean Beaufret: En France. In: Günther Neske (Hg.): Erinnerung an Martin Heidegger. Pfullingen: Günther Neske, 1977, S. 9–13; ders.: Dialogue avec Heidegger. IV: Le chemin de Heidegger. Paris: Éditions de Minuit, 1985, S. 82 f.; Jean-Paul Aron: August 1955. Das Heidegger-Kolloquium in Cerisy. In: Jürg Altwegg (Hg.): Die Heidegger Kontroverse. Frankfurt a. M.: Athenäum, 1988, S. 28–38; Walter Biemel: Heidegger als Lehrer. In: Gesammelte Schriften. Band 1: Schriften zur Philosophie. Stuttgart: frommann-holzboog, 1996, S. 447–472; Dominique Janicaud: Heidegger en France. Paris: Éditions Albin Michel, 2001, I. Récit, S. 147–162, II. Entretiens, S. 12–15 (Kostas Axelos), S. 42–43 (Walter Biemel), S. 238 (Roger Munier); Richard Wisser: Vom Weg-Charakter philosophischen Denkens. Würzburg: Königshausen & Neumann, 1998, S. 463–467; Kostas Axelos: Heidegger à Cerisy ou

dem sich sowohl auf französischer Seite – etwa bei dem Hegel-Forscher Jean Hippolyte, der damals Direktor an der École normale supérieur war – als auch bei Heidegger selbst der Wunsch konkretisiert hatte, diesen in Frankreich einem französischen und internationalen Publikum sich präsentieren zu lassen, ergriff Jean Beaufret, der seit 1946 mit Heidegger in Kontakt stand, im Frühjahr 1955 die Initiative zur Organisation eines Treffens im Rahmen der Colloques de Cerisy. Das Centre Culturel International de Cerisy-la-Salle war 1952 durch Anne Heurgon-Desjardins (1899–1977) begründet worden, nachdem zuvor schon deren Vater Paul Desjardins (1859–1940) in der Abtei von Pontigny und nach dem Ende des Zweiten Weltkriegs auch Anne selbst in Royaument zahlreiche jeweils mehrtägige Gespräche mit Wissenschaftlern und Intellektuellen unterschiedlichster Provenienz – sogenannte Décades – veranstaltet hatten. In Cerisy-la-Salle, einer kleinen Gemeinde in der Normandie, diente und dient bis heute das aus dem mütterlichen Erbe von Anne Heurgon stammende, gegen Anfang des 17. Jahrhunderts erbaute und nach schweren Beschädigungen durch die deutsche Wehrmacht wieder instandgesetzte Schloß als würdiger Veranstaltungsort. Im comité d'honneur, das zusammen mit der Leiterin des Centre Culturel über die Einladungen nach Cerisy zu beraten hatte, gab es auch Einwände gegen eine Einladung Heideggers, nämlich von Seiten des aufgrund seiner jüdischen Abstammung 1940 vom Vichy-Regime aus dem öffentlichen Dienst entlassenen Philosophen Vladimir Jankélévitch, der in der Folge aus Protest das comité verließ und nie wieder nach Cerisy kam. Während Heidegger außer Walter Biemel, den er gewissermaßen als Familienmitglied betrachtete, und einigen weni-

qu'est-que la philosophie? In: S.I.E.C.L.E Colloque de Cerisy. 100 ans de rencontres intellectuelles de Pontigny à Cerisy. Éditions de l'IMEC, 2005, S. 371–376. – Weiteren Aufschluß über das Gespräch in Cerisy verdankt der Herausgeber dem von Herrn Detlev Heidegger zur Veröffentlichung vorbereiteten Briefwechsel zwischen Martin Heidegger und Jean Beaufret. Vgl. dort die Briefe Beaufrets an Heidegger vom 27. Juli 1955, 9. August 1955 und 21. September 1955 sowie die Briefe Heideggers an Beaufret vom 1. August 1955, 14. August 1955, 16. September 1955, 9. März 1956 und 16. Juni 1956.

gen Studenten keine weiteren deutschen Teilnehmer wünschte, da nicht »ein ›Philosophenkongreß‹ mit viel[en] Neugierigen« entstehen sollte,[14] wurden aus Frankreich, Belgien, der Schweiz und weiteren Ländern über 50 Personen zur Teilnahme eingeladen, angesehene Gelehrte ebenso wie noch Studierende. Wegen der »starken Reaktionen«, die Heideggers Name »in manchen Kreisen der französischen öffentlichen Meinung« erregt hatte,[15] beschränkte sich allerdings die öffentliche Ankündigung der Veranstaltung auf die Angabe der Zeit – vom 27. August bis zum 4. September 1955 – und des Themas – »Qu'est-ce que la philosophie?«.

Beaufret, der anläßlich eines Besuches bei Heidegger im Juli mit diesem die wünschenswerte Organisation des Treffens in Cerisy besprochen und diese Wünsche dann an Frau Heurgon weitergeleitet hatte, wurde in den praktischen Dingen, die mit der Frankreichreise des Ehepaars Heidegger verbunden waren, durch Gilbert Kahn und Kostas Axelos unterstützt. Kahn, Neffe von Léon Brunschvicg und späterer Übersetzer der »Einführung in die Metaphysik«, war damals Lektor für Französisch an der Universität Freiburg und konnte aufgrund seiner engen Kontakte zu Heidegger als Vermittler agieren. Axelos, der damals am Centre national de la recherche scientifique seine Dissertation über Marx und Heidegger vorbereitete, machte sich vor allem als Dolmetscher verdient. Zusammen mit Beaufret empfing er das Ehepaar Heidegger am 19. August um 12.45 Uhr am Pariser Gare de l'Est und begleitete es dann zu den verschiedenen Stationen des Programms, das der Fahrt in die Normandie vorausging: zu Beaufrets Wohnung in Paris-Ménilmontant, wo unter einem Kastanienbaum das erste Treffen mit dem Dichter René Char stattfand; zu Notre-Dame mit dem Denkmal Karls des Großen; in das von den Existenzialisten frequentierte Café de Flore; zum Schloß von Versailles; in die ägyptische und griechische Sammlung des Louvre; schließlich für

---

[14] An Elfride Heidegger, 28. Juni 1955. In: »Mein liebes Seelchen!«. Briefe Martin Heideggers an seine Frau Elfride 1915–1970. Hrsg. von Gertrud Heidegger. München: Deutsche Verlags-Anstalt, 2005, S. 307.

[15] Richard Wisser: Vom Weg-Charakter philosophischen Denkens, S. 463.

mehrere Tage nach Guitrancourt in das Ferienhaus des Psychoanalytikers Jacques Lacan und seiner Frau Sylvia Bataille-Lacan, die mit ihren Gästen, zu denen auch Roger Munier gehörte, Ausflüge unternahmen, unter anderem zur Kathedrale von Chartres.

In Cerisy wurden Martin und Elfride Heidegger, die als Gäste von Frau Heurgon im schönsten Zimmer des Schlosses wohnen durften, am Samstag, dem 27. August 1955, durch Beaufret offiziell begrüßt. Zu den Teilnehmern, die sich hier versammelt hatten, gehörten neben den bereits genannten Personen – ich treffe eine Auswahl, wähle die alphabetische Reihenfolge und deute jeweils nur den *damaligen* Status der jeweiligen Person an: der gerade in Zürich bei Emil Staiger sich habilitierende Germanist Beda Allemann; der noch im Schuldienst stehende Philosoph Gilles Deleuze; der an der Universität Löwen lehrende Phänomenologe und Heidegger-Übersetzer Alphonse De Waelhens; der Jesuitenpater und Hegelianer André Fessard; der an der Pariser Sorbonne lehrende und zum comité d'honneur gehörende Maurice de Gandillac; der an der École pratique des hautes études tätige Philosoph und Literaturtheoretiker Lucien Goldmann; die am Gymnasium und an der Universität in Genf lehrende Philosophin Jeanne Hersch; der christlich orientierte Philosoph und Dramatiker Gabriel Marcel (der im Mai dieses Jahres einen Vortrag in Freiburg gehalten hatte); der als Schüler von José Ortega y Gasset in Madrid tätige Philosoph Julián Marías Aguilera; der in Paris Philosophie studierende Alexis Philonenko; der an der Universität Straßburg lehrende Philosoph Paul Ricœur.[16] Weitere gemäß den Quellen mit Wortbeiträgen in Erscheinung tretende, im Abschnitt IV des Ersten Teils des vorliegenden Bandes aber, wie die eben genannten, nur mit ihrem Nachnamen bezeichnete Teilnehmer waren Henry Bugbee, Olivier Burgelin, Jean Choay, Charles Delloye, Karl Albert Dondeyne, André Doremus, Morand Kleiber, Jeanne Parain-

---

[16] Wie aus dem Brief Heideggers an Beaufret vom 1. August 1955 hervorgeht, konnte Jean Hyppolite wegen einer Reise nicht nach Cerisy kommen, lud aber dafür Heidegger für das nächste Jahr an die École normale ein.

Vial, Jean Starobinski, Antoine Vergote und André Wylleman. Für die Herren Gourinat, Léger, Langang und d'Harcourt, die zu den studentischen Teilnehmern gehörten, konnten die Vornamen nicht ermittelt werden. Da Heidegger Französisch zwar verstand, aber kaum selbst zu sprechen wagte, versah Axelos auch im Schloß von Cerisy die Aufgabe des Dolmetschers in beide Richtungen, indem er die deutschen Beiträge Heideggers für das Publikum ins Französische und die meisten französischen Beiträge aus dem Publikum für Heidegger ins Deutsche übersetzte. Beaufret präsentierte gleich nach der offiziellen Begrüßung des Ehrengastes einen von diesem vorgeschlagenen Arbeitsplan, der bei Marcel und Goldmann insofern auf Bedenken stieß, als diese angesichts der geplanten Seminare über Texte klassischer Philosophen eine Ablenkung von Heideggers eigener Philosophie befürchteten. Dennoch wurde an dem Arbeitsplan, mit einigen Modifikationen, festgehalten. So hielt Heidegger am Sonntag, dem 28. August 1955, seinen Vortrag »Was ist das – die Philosophie?«. In unmittelbarem Anschluß daran verlas Beaufret die von ihm selbst zusammen mit Axelos angefertigte französische Übersetzung des Vortrags.[17] Noch am selben Tag sowie am folgenden Montag (29. August) wurde diskutiert, wobei Heidegger zunächst zur Beantwortung einiger Fragen angesetzt zu haben scheint, die ihm in schriftlicher Form vorgelegt worden waren. Der Dienstag und der Mittwoch (30. und 31. August) waren der Interpretation der Ersten Betrachtung (»Vom Dasein überhaupt«) der Ersten Abteilung von Kants vorkritischer Schrift »Der einzig mögliche Beweisgrund zu einer Demonstration des Daseins Gottes« gewidmet. Da schon am Dienstag wiederum Bedenken gegen die Kommunikationsform des Seminars laut wurden, zumal Heidegger, wie es auch in seiner akademischen Lehrtätigkeit stets der Fall gewesen war, die Zügel fest in der Hand hielt, schlug dieser am Mittwoch vor, daß auch andere Teilnehmer Vorträge zum Tagungsthema halten

---

[17] Vgl. Martin Heidegger: Qu'est-ce que la philosophie? Traduit de l'allemand par Kostas Axelos et Jean Beaufret. Paris: Gallimard, 1957.

sollten. Dieser Vorschlag wurde sofort positiv aufgegriffen, so daß der Donnerstag (1. September) mit Vorträgen von Marcel, Marías, Ricœur und Goldmann begann.

Marcel bestand gegenüber der Aussage Heideggers vom Vortag, es gebe keine Heideggersche Philosophie, auf der einzigartigen Gestimmtheit, die ein philosophisches Werk ebenso als ein solches von Heidegger erkennen lasse wie ein musikalisches Werk als ein solches von Brahms oder Debussy. Die aus der geschichtlichen Tiefe des Volkes schöpfende Sprache Heideggers werfe allerdings das Problem der Übersetzbarkeit ins Französische oder Englische auf. Die französische Übersetzung mancher Termini bleibe stumm, bei manchen anderen sei unklar, ob emotionale und wertende Konnotationen erlaubt seien oder nicht. Einerseits wende sich Heidegger gegen philosophische Wertbegriffe, andererseits sei seine Haltung gegenüber dem Nihilismus und seine kurzzeitige Bindung an den Nationalsozialismus kaum anders als im Sinne einer Wertung zu verstehen. Mit dem Hinweis auf die mangelnde Eignung der französischen Sprache, die Differenz von Sein und Seiendem wiederzugeben, spitzte Marcel das Problem der Übersetzbarkeit zu demjenigen der Kommunikation und der Gemeinschaft der Geister überhaupt zu und richtete an Heidegger die Frage, wie er zur Idee der Universalität und des Katholizismus stehe. Kann nicht – so fragte er weiter – gegenüber der von Heidegger stark gemachten griechisch-ontologischen Tradition auch religiös orientierten Denkern wie Pascal, Kierkegaard und Wust ein spezifisch philosophischer Wert beigemessen werden? Er selbst jedenfalls sehe die Philosophie an eine Offenbarung verwiesen, die allein die gesuchten Antworten gewähre. Das letzte Wort gehöre nicht dem Weisen, sondern dem Heiligen. – Marías unternahm es in seinem Vortrag, Philosophie als eine menschliche Tätigkeit zu fassen, die eine bestimmte Funktion im Leben erfüllt, indem sie auf eine bestimmte Situation antwortet und als solche Antwort eine frühere Tätigkeit vertritt. Während die Technik eine Reaktion auf die räumlich-zeitliche Abwesenheit von Dingen darstelle, die der Mensch brauche, und die Wissenschaft eine Reaktion auf das Unbrauchbarwerden von Dingen, das den schlichten Umgang mit ihnen in das Fragen nach ihrer Konstitution umlenke, antworte die Philosophie auf jene Verborgenheit der Zukunft, des Todes und des Gottes, die das menschliche Leben umschließe und diesem seine Einheit und Ganzheit verleihe. Als solche Antwort vertrete die Philosophie den früheren Glauben an Offenbarung durch das Orakel, indem sie die Wirklichkeit als in ihrem Grunde konsistent aufdecke und diese Konsistenz als Sein interpretiere. – Ricœur stellte die Frage, in welchem Verhältnis die hebräische Tradition zur Philosophie stehe. Einerseits, so antwortete er selbst, könne man die Tradition der Propheten nicht in die Philosophie einführen, da es sich bei Jahwe um etwas ganz anderes handle als beim Sein. Andererseits könne man jene Tradition aber auch nicht aus der Philosophie ausschließen, denn der durch die griechische Übersetzung von Exodus 3, 14 (Ἐγώ εἰμι ὁ ὤν) vollzogenen Identifizierung Jahwes mit dem Sein korrespondiere die umgekehrte Bewegung, in der Aristoteles das Sein mit dem höchsten Seienden identifiziere und somit seine Ontologie als Theologie formuliere. Legt uns nicht gerade die Begegnung der griechischen mit der hebräischen Tradition die Frage nahe, so spitzt Ricœur seine Überlegung zu, ob das Sein das Sein sein kann, ohne das erste Seiende zu sein? Auch im Sinne Heideggers müsse man ja fragen, wer im Zuspruch des Seins spreche und wem das Dasein entspreche. – Goldmann schließlich setzte in seinem Vortrag das Denken Heideggers zum Marxismus ins Verhältnis und konfrontierte ihn dann mit Stellen aus dessen Schriften – unter anderem aus der zwei Jahre zuvor veröffentlichen »Einführung in die Metaphysik« –, die Hinweise auf die Haltung des Denkers zum Nationalsozialismus zu enthalten schienen.

Heidegger antwortete auf einige in den Vorträgen berührte Fragen und kehrte dann zum ursprünglichen Arbeitsplan zurück. Er selbst erläuterte am Freitag (2. September) einige Absätze der Vorrede von Hegels »Phänomenologie des Geistes«, Allemann am Samstag (3. September) Hölderlins Hymne »Friedensfeier«, deren vollständige Handschrift im Jahr zuvor in London wiederentdeckt und in der Nouvelle Revue Française zusammen mit einer französischen Übersetzung veröffentlicht worden war.[18] Mit einem Versuch Heideggers, in Wiederanknüpfung an seinen Einleitungsvortrag die Grundstimmung seines eigenen Denkens zu charakterisieren, und einer kurzen Dankesrede Marcels, der sich gleichsam zum »Gesprächsführer« des Publikums entwickelt hatte, endete das Gespräch von Cerisy-la-Salle am Sonntag (4. September), so daß es sich streng genommen »nur« um eine Enneade handelte. Vor der Heimreise nach Freiburg konnte das Ehepaar Heidegger noch, begleitet von Beaufret, Axelos und Allemann, den Maler und Bildhauer Georges Braque in seinem Atelier in Varengeville besuchen.[19]

Im Rahmen des bald nach seiner Heimkehr aus Frankreich zum Druck vorbereiteten Vortags »Was ist das – die Philosophie?« wollte Heidegger »im Anhang einiges aus [s]einen übrigen Bemerkungen, vor allem vom letzten Tag [der Dekade], bringen«, während er sich bezüglich einer öffentlichen Dokumentation des übrigen Materials kategorisch ablehnend äußerte: »Eine auch nur teilweise Veröffentlichung der Gespräche und Seminare halte ich für ganz unmöglich. Es gäbe die schlimmste Quelle für neue Missverständnisse.«[20] Diese Einschätzung, die Frau Heurgon mit ihrem Gast teilte,[21] bezog sich allerdings auf die damalige Situa-

---

[18] Vgl. Beda Allemann: Hölderlins Friedensfeier. Pfullingen: Günther Neske, 1955. Wie aus Heideggers Brief an Beaufret vom 1. August 1955 hervorgeht, sollten ursprünglich von Hegel nur die Einleitung in die »Logik« und statt Hölderlins Hymne »Friedensfeier« nur Mörikes Gedicht »Um Mitternacht« behandelt werden. Das Erscheinen der französischen Übersetzung der »Friedensfeier« führte dazu, daß diese zunächst zusätzlich in das Programm mit einbezogen wurde und dann, wegen Mangels an Zeit, das Mörike-Gedicht ganz ersetzte. Ferner geht aus demselben Brief hervor, daß ursprünglich als vierter Text die Einleitung in Heideggers »Einführung in die Metaphysik« in einer von Roger Munier herzustellenden französischen Übersetzung behandelt werden sollte.

[19] Vgl. die von Allemann aufgenommene Photographie in Walter Biemel: Martin Heidegger in Selbstzeugnissen und Bilddokumenten. Reinbek bei Hamburg: Rowohlt, 1973, S. 100.

[20] Heidegger an Beaufret, 16. September 1955.

[21] Vgl. den Brief von Beaufret an Heidegger vom 21. September 1955.

tion und war sicherlich zum großen Teil der Vorsicht geschuldet, die Heidegger bezüglich der Rezeption seines Denkens in Frankreich mit gutem Grund walten lassen wollte. Heute, im zeitlichen Abstand von 66 Jahren und vor dem Hintergrund der nun fast vollständig vorliegenden Gesamtausgabe, kann die Veröffentlichung des Gesprächs in Cerisy, wenn sie mit philologischer Umsicht erfolgt, kaum mehr als Quelle möglicher Mißverständnisse, sondern vielmehr als äußerst wertvolle Quelle der Bereicherung unserer Kenntnisse der Entwicklung des Verhältnisses zwischen Heidegger und Frankreich gelten.

Die Edition des Materials, das dem Gespräch in Cerisy-la-Salle zugeordnet werden kann, beruht auf drei im Heidegger-Nachlaß im Deutschen Literaturarchiv Marbach befindlichen Konvoluten, die im Folgenden mitsamt der Art und Weise beschrieben werden, wie sie Eingang in die Edition gefunden haben.

1. Ein titelloses Typoskriptkonvolut (DLA: A: Heidegger, Martin 1/Mappen/gelb 12; im Folgenden als »Konvolut A« bezeichnet), das insgesamt 130 – nicht durchgehend paginierte und nicht durchgehend mit derselben Schreibmaschine beschriebene – Blätter im Format DIN A4 umfaßt, ist zusammmengesetzt aus (in Klammern ist jeweils die Anzahl der Seiten angegeben): a) maschinenschriftlichen Transkriptionen von Nachschriften der Gespräche am Samstag (4), Montag (9), Dienstag (13), Mittwoch (18), Donnerstag (6), Freitag (12), Samstag (13) und Sonntag (8); b) zwei maschinenschriftlichen Fassungen des Diskussionsprogramms am Sonntag/Montag (2/2); c) maschinenschriftlichen Fassungen der Vorträge von Marcel (8), Marías (5) und Ricœur (3) am Donnerstag; d) maschinenschriftlichen Fassungen von paraphrasierenden französischen Übersetzungen der einleitenden Bemerkungen Heideggers am Mittwoch (3), der Stellungnahme Heideggers zu den Vorträgen am Donnerstag (7) und des Hegel-Seminars am Freitag (14); e) einer maschinenschriftlichen Fassung der Dankesrede Marcels am Sonntag (3). – Als für die Edition relevant erwiesen sich aus diesem Konvolut, das Heidegger durch Beaufret erhielt, die maschinenschriftlichen Transkriptionen von Nach-

schriften der Gespräche (a), die beiden maschinenschriftlichen Fassungen des Diskussionsprogramms (b) sowie die Dankesrede Marcels (e), also 90 der 130 Seiten. – Die Transkriptionen enthalten neben dem deutschen oder französischen Wortlaut der Gesprächsbeiträge selbst auch Angaben zum Datum und Programm des jeweiligen Tages sowie, vor dem jeweiligen Gesprächsbeitrag, den Namen des jeweils Sprechenden. Die oben erwähnte, aus sekundärer Quelle bekannte Dolmetschertätigkeit von Axelos ist in den Transkriptionen nicht dokumentiert. – Die beiden Fassungen des Diskussionsprogramms behaupten insofern einen Sonderstatus, als sie die einzigen Blätter aus dem gesamten Konvolut darstellen, die handschriftliche Rand- und Interlinearbemerkungen sowie weitere Bearbeitungsspuren Heideggers aufweisen. Die erste Fassung bringt unter der Überschrift »Programme de discussion« 29 von 1 bis 29 durchgezählte Fragen zu Heideggers Vortrag, wobei sich nach jeder Frage in Klammern der Name des Fragestellers angefügt findet. Die zweite Fassung bringt – ohne Überschrift, aber mit der Zeitangabe »29/8 – matin« – noch einmal 27 Fragen zum Vortrag, von welchen 21, bei teilweise veränderter Reihenfolge und Formulierung, die Fragen der ersten Fassung wiederholen. Außerdem finden sich hier die Fragen durch die handschriftlich ergänzten Ziffern 1 bis 7 und entsprechende Klammern am linken Seitenrand zu sieben Gruppen zusammengefaßt. Dieser Befund läßt sich, zumal wenn man auch die handschriftlichen Kennzeichnungen »I Fass[un]g« und »II« beachtet, wohl in der Weise deuten, daß im Anschluß an den Vortrag Heideggers am 28. August unter den Hörern Fragen gesammelt und jenem dann zur Vorbereitung der Diskussion in schriftlicher Form übergeben wurden. Die auf den 29. August datierte zweite Fassung könnte so zu erklären sein, daß für die Vormittagssitzung dieses Tages die von Heidegger am Vortag nicht beantworteten Fragen noch einmal, zusammen mit einigen neuen Fragen zu sieben Gruppen zusammengefaßt, auf das Diskussionsprogramm gesetzt wurden, wobei die Ziffern 1 bis 7 offensichtlich die geplante Reihenfolge der ebenso zusammenfassenden Beantwortung der Fragen markieren. Welche Fragen Heidegger letztlich wie beantwortete, ist nur durch dessen Marginalien hindurch zu erahnen. Lediglich für zwei von Marcel gestellte Fragen ist durch die Transkription der Gesprächsnachschriften ein Platz in der »Discussion générale« am Montagmorgen bezeugt. — Die Vorträge von Marcel, Marías und Ricœur wurden als längere nicht von Heidegger stammende Texte von der Edition ausgeschlossen und deshalb im Rahmen der vorstehenden Darstellung des Ablaufs der Dekade in ihrem jeweiligen Inhalt zusammengefaßt, damit die Stellungnahme Heideggers verständlicher wird. — Auf die französischen Übersetzungen mußte nicht zurückgegriffen werden, da für das in ihnen Übersetzte bzw. Paraphrasierte jeweils authentischere Quellen zur Verfügung standen.

2. Ein titelloses Konvolut (DLA: A: Heidegger, Martin 1/Schuber/B 59; archivarischer Titel: Konvolut Notizen bei der »Décade Philosophique« 1955; im Folgenden als »Konvolut B« bezeichnet) umfaßt insgesamt 54 Blätter, von denen 8 Blätter im Format DIN A4 mit der Maschine und 46 Blätter kleineren Formats mit der Hand beschrieben sind. Bei den Typoskripten handelt es sich um (in Klammern jeweils die Anzahl der Seiten): a) eine Teilnehmerliste (1); b) eine Fassung des Vortrags von Marías mit einigen wenigen Marginalien von Heideggers Hand (Fragezeichen und das Wort τέχνη) (4); c) eine Fassung der Dankesrede Marcels (3). Bei den von Heideggers Hand stammenden Manuskripten handelt es sich um (in Klammern jeweils die Anzahl der Seiten): d) die vollständig ausformulierte Einleitung »Zur 2. Seminarsitzung«, d. h. zum zweiten Kant-Seminar am Mittwoch (6); e) die ebenfalls im zweiten Kant-Seminar verwendeten Zitate aus Kants »Reflexionen zur Metaphysik« (1) und aus dem »Dictionnaire de la langue française« von Émile Littré (1); f) Notizen zu den beiden Kant-Seminaren am Dienstag und Mittwoch (5); g) Notizen zu den Vorträgen von Marcel, Ricœur und Goldmann am Donnerstag (10); h) Notizen zu Hegel und zum Hegel-Seminar am Freitag (15); i) Notizen zur Hölderlin-Sitzung am Samstag (1); j) Notizen zur Schlußsitzung am Sonntag (4). Nicht von Heideggers Hand

stammende Manuskripte sind eine Liste mit den Namen einiger Teilnehmer (1); eine Notiz zu Ricœur (1); eine Notiz von Deleuze für Beaufret (1). – Als für die Edition relevant erwiesen sich aus diesem Konvolut (in Klammern die Seiten im vorliegenden Band bzw. die Ziffern der Beilagen zum Abschnitt IV des Ersten Teils): die Einleitung »Zur 2. Seminarsitzung« (d), die als authentischere Quelle die entsprechenden Seiten aus dem Konvolut A ersetzen konnte (S. 395–398); die Zitate aus Kants »Reflexionen« und aus Littré (e) (S. 398 und 400 f.); die Notizen zu den beiden Kant-Seminaren (f) (Beilagen 6, 7, 8, 10 und 11), zu den Vorträgen von Marcel, Ricœur und Goldmann (g) (Beilagen 12, 18 und 19), zu Hegel und zum Hegel-Seminar (h) (Beilagen 1, 20–23, 34, 39, 40) und zur Hölderlin-Sitzung (f) (Beilage 24). Die Notizen zur Schlußsitzung blieben von der Edition ausgeschlossen, da sie nur eine flüchtige Vorstufe zu ausführlicheren Notizen darstellen (siehe dazu weiter unten). Die Fassung der Dankesrede Marcels ist zwar mit einer anderen Maschine geschrieben als die Fassung aus dem Konvolut A, stimmt aber mit dieser wörtlich überein.

3. Ein titelloses Konvolut (DLA: A: Heidegger, Martin 1/Schuber/B 70; archivarischer Titel: Was ist das – die Philosophie? Beiträge zur Diskussion 1955; im Folgenden als »Konvolut C« bezeichnet) umfaßt insgesamt 49 Blätter, von denen 17 Blätter im Format DIN A4 mit der Maschine und 32 Blätter kleineren Formats mit der Hand beschrieben sind. Bei den Typoskripten handelt es sich um (in Klammern jeweils die Anzahl der Seiten): a) eine Fassung des Vortrags von Marcel am Donnerstag mit einigen wenigen Marginalien (Strichen, Fragezeichen und einem Verweis auf die »Holzwege«) von Heideggers Hand (7); b) eine Fassung der Schlußbemerkung Heideggers am Sonntag mit handschriftlichen Korrekturen und Ergänzungen von Heideggers Hand (6); c) eine Fassung der Dankesrede Marcels am selben Tag (3); d) eine Fassung der Antwort Heideggers auf die Dankesrede Marcels mit handschriftlichen Korrekturen von Heideggers Hand (1). Bei den von Heideggers Hand stammenden Manuskripten handelt es sich um (in Klammern jeweils die Anzahl der Seiten): e) die vollstän-

dig ausformulierten einleitenden Bemerkungen zur Hölderlin-Sitzung am Samstag (3); f) Notizen zur Vorbemerkung zum ersten Kant-Seminar am Dienstag (1); g) Notizen zu den Diskussionen und zur Schlußsitzung am Sonntag (22); h) Notizen zur Schlußbemerkung am Sonntag (6). Als für die Edition relevant erwiesen sich aus diesem Konvolut (in Klammern die Seiten im vorliegenden Band bzw. die Ziffern der Beilagen zum Abschnitt IV des Ersten Teils): die handschriftlich vollständig ausformulierten einleitenden Bemerkungen zur Hölderlin-Sitzung (e), die als authentischere Quelle die maschinenschriftliche Fassung aus dem Konvolut A ersetzen konnte, wobei die inhaltlichen Überschüsse des Typoskripts gegenüber dem Manuskript in Form von Fußnoten aufgenommen wurden (S. 438 f.); die maschinenschriftliche Fassung der Schlußbemerkung (b), die, weil von Heidegger handschriftlich korrigiert und ergänzt, als authentischere Quelle die Fassung aus dem Konvolut A ersetzen konnte (S. 455–461); die maschinenschriftliche Fassung der Antwort Heideggers auf die Dankesrede Marcels (d), die, weil von Heidegger handschriftlich korrigiert, als authentischere Quelle die Fassung aus dem Konvolut A ersetzen konnte (S. 466); die Notizen zur Vorbemerkung zum ersten Kant-Seminar (f) (Beilage 5), zu den Diskussionen und zur Schlußsitzung (g) (Beilagen 2–4, 9, 13–17, 26–33, 35–38, 41) und zur Schlußbemerkung (h) (Beilage 25). Die maschinenschriftliche Fassung der Dankesrede Marcels stimmt mit den Fassungen aus den Konvoluten A und B wörtlich überein.

Der Gesamttitel »Was ist das – die Philosophie? Gespräch in Cerisy-la-Salle« wurde vom Herausgeber gemäß der verbürgten öffentlichen Ankündigung des Treffens und der knappen Vorbemerkung in dem von Heidegger veröffentlichten Vortrag ergänzt. Für die editorische Bearbeitung der maschinenschriftlichen Transkriptionen aus dem Konvolut A galten die folgenden Richtlinien: Zeitangaben in deutscher Sprache wurden nach einheitlichem Schema (Wochentag – kalendarisches Datum – Zählung des Tages innerhalb der Dekade) in eckigen Klammern ergänzt und ersetzen, wo im Typoskript vorhanden, Datumsangaben in französischer Sprache; allen französischsprachigen Textteilen wurden jeweils in unmittelbarem Anschluß in eckigen Klammern deutsche Übersetzungen des Herausgebers angefügt; die Sprechenden werden jeweils nur mit ihrem in Kapitälchen gesetzten Nachnamen gekennzeichnet, auch dort, wo sich im Typoskript zusätzlich Vornamen (bzw. deren Initialien) und Titel genannt finden (zur Identifizierung der Personen siehe die einleitenden Ausführungen der Herausgebers zum Gespräch in Cerisy); im Typoskript enthaltene »Regieanweisungen« wurden kursiv gesetzt und ebenfalls durch deutsche Übersetzungen ergänzt (in eckige Klammern gesetzte Informationen zum Programm, denen keine französische Version vorausgeht, stammen ganz vom Herausgeber); die im Typoskript durchgehend mit lateinischen Buchstaben geschriebenen griechischen Wörter wurden in griechische Schrift umgesetzt; eindeutige Hör-, Tipp-, Rechtschreib-, Satzzeichen- und Grammatikfehler (die in deutschsprachigen Textteilen teilweise gehäuft auftreten) wurden stillschweigend korrigiert; auch Syntaxfehler in deutschsprachigen Passagen von Beiträgen französischer Muttersprachler wurden behutsam korrigiert, obwohl sie wohl so gesprochen worden waren; gelegentliche französisch-deutsche Mischsätze (z. B. Starobinski: »où Kant eine Voraussetzung von der ›preuve de l'existence de Dieu‹ macht«) wurden nicht repariert, aber in eckigen Klammern in »rein« deutsche Sätze übersetzt; eigentümliche Schreibweisen, die sich in den handschriftlichen Notizen Heideggers finden, wurden auch für die Wiedergabe der entsprechenden Wörter im Typoskript übernommen; unterstrichene Wörter wurden kursiv gesetzt; wo sich im Typoskript drei oder mehr Punkte finden, die jeweils auf eine nicht mehr näher eruierbare Weise Lücken entweder im mündlichen Vortrag oder in der Transkription der Gesprächsnachschriften anzeigen, wurden (ohne eckige Klammern) drei Punkte gesetzt; die Absätze folgen nicht immer dem Typoskript, zumal dort, wo Sinnzusammenhänge durch zu häufige Absätze zerstückelt erschienen; vom Herausgeber ergänzte Wörter und sinnverändernde Eingriffe in den Text sind stets durch eckige Klammern und Fußnoten kenntlich gemacht.

Nachwort des Herausgebers 771

Die als Beilagen wiederzugebenden handschriftlichen Notizen Heideggers wurden, so weit wie möglich, den verschiedenen Sitzungen bzw. Seminaren zugeordnet und in die entsprechende Reihenfolge gebracht. Bei rund der Hälfte der Notizen (siehe namentlich die Beilagen 1–4, 13–17 und 26–40) war eine eindeutige Zuordnung nicht möglich, doch ist ohnehin eine mehrfache Verwendung derselben Notizen im Laufe der Dekade wahrscheinlich.

*

Die im Zweiten Teil des vorliegenden Bandes unter dem Titel »Denksplitter« zusammengestellten, aus einem Zeitraum von über vier Jahrzehnten stammenden Aufzeichnungen wurden von Herrn Dr. Hermann Heidegger † und Herrn Prof. Dr. Friedrich-Wilhelm von Herrmann im Zuge ihrer regelmäßigen Arbeitsaufenthalte im Deutschen Literaturarchiv Marbach aus dem Heidegger-Nachlaß für die Veröffentlichung im Rahmen der Gesamtausgabe ausgewählt. Es handelt sich um insgesamt 460 Blätter, die 140 voneinander unabhängige, vom Herausgeber mit arabischen Ziffern durchgezählte Einheiten darstellen. Von diesen bestehen viele lediglich aus einem einzigen Blatt, doch finden sich auch kleinere und größere Konvolute von bis zu 30 Blättern, deren Einheit jeweils durch verschiedene Mittel wie wiederholte Überschriften oder Zuordnungsbegriffe, Paginierungen und Umschlagblätter angezeigt ist. Nur zum kleineren Teil sind diese »Splitter« als Fragmente in einem engeren Sinne und als flüchtige Notizen zu charakterisieren, vielmehr in den meisten Fällen als relativ selbständige und in sich abgeschlossene, vollständig ausformulierte und bisweilen sogar kalligraphisch gestaltete Überlegungen. Auch gibt es Entwürfe und Sekundärtexte zu anderen Texten Heideggers: Vorüberlegungen, Beilagen und alternative Einleitungen zu Vorträgen, verworfene und ersetzte erste Fassungen einzelner Vortragspassagen, Wiederholungen von Vorlesungsstunden usw. Nur zwei der hier edierten Texte wurden in einer vorläufigen Form bereits früher veröffentlicht: 1. »Das

Wesen der Wahrheit« (= Denksplitter Nr. 3), herausgegeben von Friedrich-Wilhelm von Herrmann in den Heidegger Studies 18, 2002, S. 9–19; 2. »Prüfung aus der Be-Stimmung« (= Denksplitter Nr. 102) als Faksimile der Handschrift in Walter Biemel: Martin Heidegger in Selbstzeugnissen und Bilddokumenten. Reinbek bei Hamburg: Rowohlt Taschenbuch Verlag, 1973, S. 146. Der zuletzt genannte Faksimile-Druck gibt zugleich einen guten Eindruck von der typischen äußeren Gestalt der »Denksplitter«, die, mit wiederum zwei Ausnahmen, Handschriften darstellen, die in den Schubern des Heidegger-Nachlasses im Deutschen Literaturarchiv (DLA: A: Heidegger, Martin 1/Schuber/ ...) aufbewahrt sind. Die Ausnahmen sind: 1. das von Heidegger am 13. Mai 1928 bei der Philosophischen Fakultät der Philipps-Universität Marburg eingereichte handschriftliche Gutachten über die Dissertation von Hermann Mörchen über »Einbildungskraft bei Kant« (= Denksplitter Nr. 50), das im Universitätsarchiv Marburg liegt (Signatur UniA MR 307d Nr. 306); 2. die Beilagen zum Vortragszyklus »Das Wesen der Sprache« (= Denksplitter Nr. 141), die in Form einer maschinenschriftlichen Abschrift in einer der Mappen des Heidegger-Nachlasses archiviert sind (DLA: A: Heidegger, Martin 1/Mappen/blau 23).

Die Anordnung der »Denksplitter« erfolgte nach ihrem archivarischen Ort in den Schubern, die innerhalb der vier Hauptgruppen A, B, C und D mit arabischen Ziffern durchgezählt sind. Dieser archivarische Ort ist jeweils in einer Fußnote zur Überschrift in der verkürzten Form »Aus dem Schuber ...« angegeben, wobei oft auch auf ein größeres Konvolut innerhalb des Schubers hingewiesen wird, dem die Aufzeichnung zugeordnet ist. Die Datierung und die Zuordnung der jeweiligen Aufzeichnung zu bereits veröffentlichten Texten Heideggers geht in vielen Fällen aus Verweisen hervor, die in der Aufzeichnung selbst enthalten sind, in vielen anderen Fällen wurden, soweit dies sicher möglich war, entsprechende Verweise vom Herausgeber ergänzt. Dabei wurde bei den bibliographischen Angaben meist auch die jeweilige Erstveröffentlichung berücksichtigt, damit der Leser schnell über den möglichen Terminus post quem der Entstehung der jeweiligen Aufzeichnung informiert wird. Die innere Gliederung der »Denksplitter« und insbesondere derjenigen, die Konvolute von Aufzeichnungen darstellen, wurde einheitlich wie folgt gehandhabt: Deutliche Abgrenzungen innerhalb einer unabhängigen Aufzeichnung (größerer Abstand zwischen den Zeilen, waagrecht gezogene Linien bzw. Striche, Binnenüberschriften) werden jeweils durch eine Leerzeile vor dem nächsten Absatz oder vor einer Binnenüberschrift angezeigt, während unabhängige Aufzeichnungen (einzelne Blätter oder mehrere durchpaginierte Blätter) innerhalb eines Konvoluts jeweils durch ein Sternchen (*) voneinander abgegrenzt sind. Wo eine bewußte, quasi ästhetische Seitengestaltung offensichtlich war oder die genaue Anordnung der Wörter und Textteile auf dem Blatt und diverse graphische Elemente für das Verständnis des Sinnes relevant erschienen, wurde dies nach Möglichkeit im gedruckten Text abgebildet. Die von Heidegger oft nur durch ihre Anfangsbuchstaben angezeigten Grundworte des seinsgeschichtlichen Denkens (siehe hierzu auch die Denksplitter Nr. 21 und 22) wurden vom Herausgeber meist ausgeschrieben. Eckige Klammern wurden nur manchmal bei der Auflösung von »U.« und »V.-H.« gesetzt, weil statt der vom Herausgeber gewählten Auflösungen dieser »Chiffern« als »U[nterschied]« und »V[er]-H[ältnis]« auch die Schreibweisen »U[nter-Schied]« und »V[er]-H[altnis]« möglich wären.

*

Mein Dank gilt dem Nachlaßverwalter, Herrn Arnulf Heidegger, für die Übertragung der Herausgabe dieses Bandes an mich und für die konstruktive Zusammenarbeit in den mannigfachen Fragen seiner Gestaltung. Ganz besonderen Dank schulde ich Herrn Prof. Dr. Friedrich-Wilhelm von Herrmann für seine ständige beratende Begleitung aller meiner Arbeiten an diesem Band und namentlich für seine unverzichtbare Hilfe bei der teilweise schwierigen Entzifferung der Handschriften, bei der Entschlüsselung von kryptischen Hinweisen und bei der Verifizierung von Verweisen Heideggers auf Stellen in seinen Handexemplaren von Schriften anderer Autoren. Frau Gudrun Bernhardt und Herrn Dr. phil. Ulrich von Bülow danke ich für ihre freundliche und geduldige Hilfe bei der Bereitstellung der Quellen aus dem Deutschen Literaturarchiv in Marbach, Herrn Prof. Dr. Guy van Kerckhoven für seine kundige Entzifferung einiger Stellen, an denen Heidegger die Gabelsberger Stenographie verwendet hat. Herrn Dr. Carsten Lind vom Archiv der Philipps-Universität Marburg im Hessischen Staatsarchiv Marburg gebührt mein Dank für die umstandslose und geschwinde Übermittlung des Dissertationsgutachtens für Hermann Mörchen, Herrn Detlev Heidegger für die Möglichkeit der Einsichtnahme in den Briefwechsel zwischen Martin Heidegger und Jean Beaufret, Herrn Prof. Dr. Max Kunze für seine Hilfe bei der Auffindung eines angeblichen Winckelmann-Zitats, Herrn Prof. Dr. Dr. Günther Neumann für einige Ratschläge und Hilfe bei der Entzifferung. Schließlich möchte ich meinen tief empfundenen Dank an François Fédier † aussprechen, der aus dem Gespräch in Cerisy die französischsprachigen Teile und meine deutschen Übersetzungen derselben überprüft und wertvolle Vorschläge zu Verbesserungen gemacht hat. Es war dies eine der letzten größeren Arbeiten, die der Schüler Jean Beaufrets, Heidegger-Übersetzer und Betreuer der französischen Gesamtausgabe der Schriften Heideggers für diesen Denker auf sich genommen hat. Seinem Gedenken sei der vorliegende Band gewidmet.

Agrinio, im August 2021   Mark Michalski